/ 教育治理与领导力丛书 /　　王定华 总主编

［美］
加里·D. 鲍里奇
Gary D·Borich
 著

杨鲁新
 译

张　宁
 译校

有效教学方法

Effective Teaching Methods

(Ninth Edition)

 华东师范大学出版社
全国百佳图书出版单位
上海

图书在版编目(CIP)数据

有效教学方法:第9版/(美)加里·D.鲍里奇著;
杨鲁新译.—上海:华东师范大学出版社,2020
(教育治理与领导力丛书)
ISBN 978-7-5760-0926-2

Ⅰ.①有… Ⅱ.①加… ②杨… Ⅲ.①教学法—研究
Ⅳ.①G424.1

中国版本图书馆 CIP 数据核字(2020)第 219576 号

教育治理与领导力丛书
有效教学方法(第9版)

总 主 编	王定华
著　　者	[美]加里·D.鲍里奇
译　　者	杨鲁新
译　　校	张　宁
策划编辑	王　焰
责任编辑	曾　睿
责任校对	林文君
装帧设计	膏泽文化
出版发行	华东师范大学出版社
社　　址	上海市中山北路3663号 邮编 200062
网　　址	www.ecnupress.com.cn
电　　话	021-60821666　行政传真　021-62572105
客服电话	021-62865537
门市(邮购)电话	021-62869887
地　　址	上海市中山北路3663号华东师范大学校内先锋路口
网　　店	http://hdsdcbs.tmall.com
印 刷 者	青岛双星华信印刷有限公司
开　　本	16 开
印　　张	43
字　　数	673 千字
版　　次	2021年1月第1版
印　　次	2023年11月第4次
书　　号	ISBN 978-7-5760-0926-2
定　　价	158.00 元
出 版 人	王　焰

(如发现本版图书有印订质量问题,请寄回本社客服中心调换或电话021-62865537联系)

Authorized translation from the English language edition, entitled EFFECTIVE TEACHING METHODS: RESEARCH-BASED PRACTICE, LOOSE LEAF VERSION, 9th Edition by BORICH, GARY D., published by Pearson Education, Inc., Copyright © 2017.

All rights reserved. No part of this book may be reproduced or transmitted in any form or by any means, electronic or mechanical, including photocopying, recording or by any information storage retrieval system, without permission from Pearson Education, Inc.

CHINESE SIMPLIFIED language edition published by EAST CHINA NORMAL UNIVERSITY PRESS LTD., Copyright © 2020.

本书译自 Pearson Education, Inc. 2017 年出版的 EFFECTIVE TEACHING METHODS: RESEARCH-BASED PRACTICE, LOOSE LEAF VERSION, 9th Edition by BORICH, GARY D.。

版权所有。未经 Pearson Education, Inc. 许可,不得通过任何途径以任何形式复制、传播本书的任何部分。

简体中文版© 华东师范大学出版社有限公司,2020。

本书封底贴有 Pearson Education(培生教育出版集团)激光防伪标签,无标签者不得销售。

上海市版权局著作权合同登记　　图字:09 - 2018 - 201 号

总 序

王定华

人类社会进入21世纪第3个十年后,国际政治巨变不已,科技革命加深加广,人工智能扑面而来,工业4.0时代渐成现实,各种思想思潮交流交融交锋,人们的学习方式、工作方式和生活方式发生很大变化。中国正在日益走进世界舞台中央,华夏儿女应该放眼世界,胸怀全局,不忘本来,吸收外来,继往开来,创造未来。只是,2020年在全球蔓延的新冠肺炎疫情,波及范围之广、影响领域之深,历史罕见,给人类生命安全和身体健康带来巨大威胁,给我国和各国的经济社会发展带来巨大挑战,对世界经济与全球治理造成重大干扰。教育作为其中的重要领域,也受到剧烈冲击。这是一次危机,也是一次大考。教育部门、各类学校、出版行业必须化危为机,抓住机遇,迎接挑战,与各国同行、国际组织良性互动,把教育治理及各项工作做得更好。

一切生命都需要新陈代谢,否则必然灭亡;任何文明都应当交流互鉴,否则就会僵化。一种文明只有同其他文明取长补短,才能保持旺盛活力。① 习近平总书记深刻指出:"改革开放已走过千山万水,但仍需跋山涉水,摆在全党全国各族人民面前的使命更光荣、任务更艰巨、挑战更严峻、工作更伟大。……必须坚持扩大开放,不断推动共建人类命运共同体。……我们必须高举和平、发展、合作、共赢的旗帜,……维护国际公平正义。"② 这些重要指示为新时代各行各业改革发展、砥砺前行、建功立业指明方向、提供遵循。

---

① 习近平:《深化文明交流互鉴 共建亚洲命运共同体——在亚洲文明对话开幕式上的主旨演讲》,光明日报,2019年5月16日。
② 习近平:《在庆祝改革开放40周年大会上的讲话》,新华网,2018年12月18日。

在我国深化教育改革和改进学校治理过程中,必须立足中国、自力更生、锐意进取、创新实践,同时也应当放眼世界、知己知彼、相互学习、实现超越。我国教育治理的优势和不足有哪些？我国中小学校长如何提升办学治校能力、打造高品质学校？① 美国等西方国家的教育是如何治理的？其管理部门、督导机构、各类学校的权利与义务情况如何？西方国家的中小学校长、社区、家长是如何相互配合的？其教师、教材、教法、学生、学习是怎样协调统一的？诸如此类的问题,值得以广阔的国际视野,全面观察、逐步聚焦、深入研究;值得用中华民族的情怀,去粗取精、厚德载物、悦己达人;值得用现代法治精神,正视剖析、见微知著、发现规律。

现代法治精神与传统法治精神、西方法治精神既有相通之处,又有不同之点。现代法治精神是传统法治精神的现代化,同时也是西方法治精神的中国化。在新时代,现代法治精神包括丰富内涵:第一,全面依法治国。就是各行各业都要树立法治精神,严格依法办事;就是无论官民都要守法,官要带头,民要自觉,人人敬畏法律、了解法律、遵守法律,全体人民都成为法治的忠实崇尚者、自觉遵守者、坚定捍卫者,人民权益靠法律保障,法律权威靠人民维护;就要做到有法可依、有法必依、违法必究、执法必严,自觉守法,遇事找法,解决问题靠法。第二,彰显宪法价值。宪法是全国人民共同意志的体现,也是执政党治国理政的基本制度依托和最高行为准则,具有至高法律效力。严格遵循宪法是建设社会主义法治国家的首要任务和基础性工作。第三,体现人文品质。法律是治国之重器,良法是善治之前提。法治依据的法律应是良法,维护大多数人利益,照顾弱势群体权益,符合社会发展方向;执法的行为应当连贯,注重依法行政的全局性、整体性和系统性;法律、法规、政策的关系应当妥处,既严格依法办事,又适当顾及基本国情。第四,具有中国特色。坚定不移地走中国特色社会主义法治道路,坚持党的领导、人民当家作主、依法治国有机统一,不断促进国家治理体系和治理能力

---

①2018年1月《中共中央国务院关于全面深化新时代教师队伍建设改革的意见》提出"提升校长办学治校能力,打造高品质学校"。

现代化,为实现"两个一百年"奋斗目标、实现中华民族伟大复兴的中国梦提供有力法治保障。第五,做到与时俱进。顺应时代潮流,根据现代化建设需要,总结我国历史上和新中国成立后法治的经验教训,参照其他国家法治的有益做法,及时提出立、改、废、释的意见建议,促进物质、精神、政治、社会、生态等五个文明建设,调整公共权力与公民权利的关系结构,约束、规范公共权力,维护、保障公民权利。

树立现代法治精神,必须切实用法治精神推进社会治理创新。过去人们强调管理(Management),现在更提倡治理(Governance)。强调管理时,一般体现为自上而下用权,发指示,提要求;而强调治理,则主要期冀调动方方面面积极性,讲协同,重引领。治理是各种公共的或私人的机构,或者个人管理其共同事务的许多方式的总和,是使相互冲突的或不同的利益得以调和并且采取联合行动的持续过程。① 治理的实质是建立在市场原则、公共利益和认同之上的合作。它所拥有的管理机制不单是依靠政府的权威,还依赖合作网络的权威,其权力是多元的、相互的,而非单一或自上而下。② 治理是公共利益最大化的社会管理过程,其最终目的是实现善治,本质是政府和公民对社会公共生活的合作管理,体现政府、社会组织与公民的新型关系。

政府部门改作风、转职能,实质上都是完善治理体系、提高治理能力。在完善治理体系中,应优先完善公共服务的治理体系;在提高治理能力时,须着力提升公共事务的治理能力。教育是重要的公共事务,基础教育又是其重中之重。基础教育作为法定的基本国民教育,面向全体适龄儿童少年,关乎国民素质提升,关乎中华民族伟大复兴,是国家亟需以现代法治精神引领的最重要的公共服务,是政府亟待致力于治理创新的最基本的公共事务。

创新社会治理的体系方式、实现基础教育的科学治理,就是要实行基础

---

① 李阳春:《治理创新视阈下政府与社会的新型关系》,中共中央党校学报,2014年第5期。
② Anthony R. T. et al: Governance as a trialogue: *government-society-science in transition*. Berlin:The Springer Press, 2007:29.

教育的善治,其特点是合法性、透明性、责任性、适切性和稳定性,实现基础教育治理体系和治理能力现代化。实行善治有一些基本要求,每项要求均可对改善基础教育治理以一定启迪。一是形成正确社会治理理念,解决治理为了谁的问题。基础教育为的是全体适龄儿童少年的现在和未来,让他们享受到公平而有质量的教育,实现全面发展和健康成长。二是强化政府主导服务功能,解决过与不及的问题。基础教育阶段要处理好政府、教育部门、学校之间的关系,各级政府依法提供充分保障,教育部门依法制定有效政策,学校依法开展自主办学,各方履职应恰如其分、相得益彰,过与不及都会欲速不达、事倍功半。三是建好社区公共服务平台,解决部分时段或部分群体无人照料的问题。可依托城乡社区构建课后教育与看护机制,关心进城随迁子女,照顾农村留守儿童。还可运用信息技术、人工智能,助力少年儿童安全保护。四是培育相关社会支撑组织,解决社会治理缺乏资源的问题。根据情况采取政府委托、购买、补贴方式,发挥社会组织对中小学校的支撑作用或辅助配合和拾遗补缺作用,也可让其参与民办学校发展,为家长和学生提供一定教育选择。五是吸纳各方相关人士参加,解决不能形成合力的问题。中小学校在外部应普遍建立家长委员会,发挥其参谋、监督、助手作用;在内部应调动教师、学生的参加,听其意见,为其服务。总之,要加快实现从等级制管理向网络化治理的转变,从把人当作资源和工具向把人作为参与者的转变,从命令式信号发布向协商合作转变,在加快推进教育现代化进程中形成我国基础教育治理的可喜局面。

  2019年初,中共中央、国务院印发了《中国教育现代化2035》。作为亲身参与这个重要文献起草的教育工作者,我十分欣慰,深受鼓舞。《中国教育现代化2035》提出推进教育现代化的指导思想:以习近平新时代中国特色社会主义思想为指导,全面贯彻党的十九大和十九届二中、三中全会精神,坚定实施科教兴国战略、人才强国战略,紧紧围绕统筹推进"五位一体"总体布局和协调推进"四个全面"战略布局,坚定"四个自信",在党的坚强领导下,全面贯彻党的教育方针,坚持马克思主义指导地位,坚持中国特色社会主义教育发展道路,坚持社会主义办学方向,立足基本国情,遵循教育规律,坚持改革创新,以凝聚人心、完善人格、开发人力、培育人才、造福人民为工作目标,培养德、智、体、美、劳全面发展的社会主义建设者和接班人,加快推进教育现代化、建设教育强国、办好人民满意的教育。将服务中华民族伟大复兴作为教育的重要使命,坚持教育为人民服务、为中国共产党治国理政服务、为巩固和发展中国特色社会主义制度服务、为改革开放和社会主义现代化建设服务,优先发展教育,大力推进教育理念、体系、制度、内容、方法、治理现代化,着力提高教育质量,促进教育公平,优化教育结构,为决胜全面建成小康社会、实现新时代中国特色社会主义发展的奋斗目标提供有力支撑。

《中国教育现代化2035》提出了推进教育现代化的八大基本理念:更加注重以德为先,更加注重全面发展,更加注重面向人人,更加注重终身学习,更加注重因材施教,更加注重知行合一,更加注重融合发展,更加注重共建共享。明确了推进教育现代化的基本原则:坚持党的领导、坚持中国特色、坚持优先发展、坚持服务人民、坚持改革创新、坚持依法治教、坚持统筹推进。

《中国教育现代化2035》提出,到2035年,我国将总体实现教育现代化,迈入教育强国,推动我国成为学习大国、人力资源强国和人才强国,为到本世纪中叶建成富强、民主、文明、和谐、美丽的社会主义现代化强国奠定坚实基础。建成服务全民终身学习的现代教育体系、普及有质量的学前教育、实现优质均衡的义务教育、全面普及高中阶段教育、职业教育服务能力显著提升、高等教育竞争力明显提升、残疾儿童少年享有适合的教育、形成全社会共同参与的教育治理新格局。

立足新时代、推进教育治理体系和治理能力现代化,应当积极推进教育治理方式变革,加快形成现代化的教育管理与监测体系,推进管理精准化和决策科学化。提高教育法治化水平,构建完备的教育法律法规体系,健全学校办学法律支持体系。健全教育法律实施和监管机制。提升政府综合运用法律、标准、信息服务等现代治理手段的能力和水平。健全教育督导体制机制,提高教育督导的权威性和实效性。提高学校自主管理能力,完善学校治理结构。鼓励民办学校按照非营利性和营利性两种组织属性开展现代学校制度改革创新。推动社会参与教育治理常态化,建立健全社会参与学校管理和教育评价监管机制。要开创教育对外开放新格局。全面提升国际交流合作水平,推动我国同其他国家学历学位互认、标准互通、经验互鉴。扎实推进"一带一路"教育行动,加强与联合国教科文组织等国际组织和多边组织的合作,提升中外合作办学质量。完善教育质量标准体系,制定覆盖全学段、体现世界先进水平、符合不同层次类型教育特点的教育质量标准,明确学生发展核心素养要求。优化出国留学服务。实施留学中国计划,建立并完善来华留学教育质量保障机制,全面提升来华留学质量。推进中外高级别人文交流机制建设,拓展人文交流领域,促进中外民心相通和文明交流互鉴,鼓励大胆探索、积极改革创新,形成充满活力、富有效率、更加开放、有利于高质量发展的教育体制机制。

　　立足新时代、推进教育治理体系和治理能力现代化,应当全面落实立德树人根本任务。广泛开展理想信念教育,厚植爱国主义情怀,加强品德修养,增长知识见识,培养奋斗精神,不断提高学生思想水平、政治觉悟、道德品质、文化素养。树立健康第一理念,防范新冠病毒和各种传染病;强化学校体育,增强学生体质;加强学校美育,提高审美素养;确立劳动教育地位,凝练劳动教育方略,强化学生劳动精神陶冶和动手实践能力培养。[1] 建立健全中小学各学科学业质量标准和体质健康标准。加强课程教材体系建设,科学规划大中小学课程,分类制定课程标准,充分利用现代信息技术,丰富创新课程形式。创新人才培养方式,推行启发式、探究式、参与式、合作式等教学方式,培养学生创新精神与实践能力。建设新型智能校园,提炼网络教学经验,统筹建设一体化智能化教学、管理与服务平台。利用现代技术加快推动人才培养模式改革,实现规模化教育与个性化培养的有机结合。创新

---

[1] 王定华:《试论新时代劳动教育的意蕴与方略》,课程·教材·教法,2020年第5期。

教育服务业态,建立数字教育资源共建共享机制,完善利益分配机制、知识产权保护制度和新型教育服务监管制度。

　　立足新时代、推进教育治理体系和治理能力现代化,应当特别关注广大教师的成长诉求。百年大计,教育为本;教育大计,教师为本。教师是人类灵魂的工程师,是时代进步的先行者,承担着传播知识、传播思想、传播真理的历史使命,肩负着塑造灵魂、塑造生命、塑造新人的时代重任,是教育改革发展的第一资源,是实现中华民族伟大复兴的重要基石。当前,工业化、信息化、新型城镇化、农业现代化迅速发展,国际竞争日趋激烈,国家经济社会发展对高素质人才的渴求愈发迫切,人民群众对"上好学"的需求更加旺盛,教育发展、国家繁荣、民族振兴,亟需一批又一批的好教师。所以,必须从战略高度充分认识教师工作的极端重要性,优先规划、优先投入、优先保障,创新教师治理体系,解决编制、职称、待遇的制约,真正加强教师队伍建设,造就师德高尚、业务精湛、结构合理、充满活力的高素质专业化创新型教师队伍。广大教师和教育工作者需要学习了解西方教育发达国家的新的教育理念和教育思想,并应当在此基础上敢于超越、善于创新。校长是教师中的关键少数。各方应加强统筹,加强中小学校长队伍建设,努力造就一支政治过硬、品德高尚、业务精湛、治校有方的校长队伍。

　　"教育治理与领导力丛书"是华东师范大学出版社为适应中国教育改革和创新的要求、推动中国教育现代化进程,而重点打造的旨在提高教师必备职业素养的精品图书。为了做好丛书的引进、翻译、编辑,华东师大出版社相关同志做了大量扎实有效的工作。首先,精心论证选题。会同培生教育出版集团(Pearson Education)共同邀约中外专家,精心论证选题。所精选的教育学原著均为培生教育出版集团和国内外学术机构推荐图书,享有较高学术声誉,被200多所国际知名大学广泛采用,曾被译为十多种语言。丛书每一本皆为权威著作,引进都是原作最新版次。其次,认真组织翻译。好的版权书,加上好的翻译,方可珠联璧合。参加丛书翻译的同志主要来自北京大学、北京外国语大学、北京师范大学、华东师范大学、浙江大学、南京大学等"双一流"高校,他们均对教育理论或实践有一定研究,具备深厚学术造诣,这为图书翻译质量提供了切实保障。再次,诚聘核稿专家。聘请国内相关专业的专家学者组建丛书审定委员会,囊括了部分学术界名家、出版界编审、一线教研员,以保证这套丛书的学术水准和编校质量。"教育治理与领导力丛书"起始于翻译,又不止于翻译,这套丛书是开放式的。西方优秀教育译作诚然助力我国教育治理改进,而本国优秀教育创作亦将推动我国学校领导力增强。

华东师范大学出版社王焰社长、曾睿编辑邀请我担任丛书主编,而我因学识有限、工作又忙,故而一度犹豫,最终好意难却、接受邀约。在丛书翻译、统校过程中,我和相关同志主观上尽心尽力、不辱使命,客观上可能仍未避免书稿瑕疵。如读者发现错误,请不吝赐教,我们当虚心接受,仔细订正。同时,我们深信,这套丛书力求以其现代化教育思维、前瞻性学术理念、创新性研究视角和多样化表述方式,展示教育治理和领导力的理论和实践,是教育现代化进程中广大教师、校长和教育工作者所需要的,值得大家参阅。

王定华

2020年夏于北京

(王定华,北京外国语大学党委书记,国际教育学院教授、博士生导师,国家督学、国家教师教育专家咨询委员会副主任委员,曾任教育部基础教育一司司长、教育部教师工作司司长、中国驻纽约总领事馆教育领事。)

前　言

很多发展因素正不断改变课堂教学的面貌,如共同核心课程标准、差异化教学、新的教育技术、普通教育课堂中的特殊群体、认知和学术语言能力,以及一些新法案的提出,如"力争上游"和"反应干预法"等,这些发展都为课堂教学带来了挑战。撰写本书的目的是帮助你为迎接这些挑战做好准备,并发现其中可供专业成长和发展的机遇。

《有效教学方法》(第9版)中继续强调前几个版本中的四个目标,如下所示:

- 呈现一些有效的教学实践。这些实践选自于最新的课堂研究,其结果从实证上明显基于研究的现代教学实践对学习者产生了积极的成效,因此可以取代那些年代久远的关于好教学的流传建议。本书的主要目标是描述这些教学实践,并介绍它们如何在课堂中使用,从而使你成为一名有效的教师。

- 采用友好对话的形式来描述这些有效的教学实践。课堂上的用语是非正式的,那么没理由用很正式的语言写一本关于课堂的教师用书。因此,本书在表述上比较直接,避免进行复杂的铺陈、不切题的讨论,或使用生涩难懂的语言。其目的就是以一种易于理解的方式快速讲清要点,以便你可以立即应用这些课堂实践。

- 实践应用性。本书对课堂教学的正面建议向你展示出如何使学生参与学习过程,如何管理课堂,以及如何在现今多样化的课堂中提高学生成绩。而通过课堂视频、书面的课堂对话和个案研究等大量实例,本书还以简洁、有序的方式告诉你如何实现这些结果。

● 现实可行性。有些有效教学的文献过于理论化并带有臆测性,本书则描述了教师在真实课堂中的有效做法,以及他们认为什么是有效的教学实践。书中关于有效教学的理论绝不是空谈,因为大部分呈现的内容都直接来自多年的研究和对实际课堂的观察。

这就是本书的四个目标:以对话的形式来呈现和说明,如何应用有效、基于研究以及在现今多样化课堂具有应用性和可行性的教学实践。

本版更新内容

读过《有效教学方法》前几版的读者会发现,本版的每一章都做了修订。因为教学的各个方面几乎都在发生着快节奏的变化,引发了新的研究,这使第9版在前几版的基础上做出大量的更新和扩充,而且为了让新手教师充满自信,并让他们在课堂观察和实践教学的第一天就快速胜任,本版还提供了广泛的功能补充。

具体更新包括新的内容和应用程序,如:

● 扩充了共同核心标准及其在课堂中的应用。这些更新的内容讨论了有效教师所使用的基于研究的策略、方法和实践,它们可以帮助你达到这些标准(第五章)。

● 加入了总括各章内容并与章节主题紧密相连的学习成果部分,然后在每章的结尾处增加了总结性陈述。

● 解释了因为学术语言能力(CALP)而导致的学业失败风险,并为有风险的学习者提供了策略。如果不提供这些学习策略,学习者的表现可能低于其潜力水平,从而引发其产生不良的自我概念、不当行为、对学校不感兴趣以致出现高辍学率等一系列恶性循环(第三章)。

● 为你所在学校的积极行为干预(PBIS)计划提供了策略。学生出现调皮、不遵守纪律和寻衅等问题行为,对教师来说始终是一大挑战。新增内容为你提供了改善学生行为的具体步骤,这与国家认可应用的行为干预计划

前 言

相一致(第四章)。

- 为推动"不让一个孩子掉队"(NCLB)向"力争上游"(RTT)的持续转变提供了一个切实可行的详细说明,因为这会影响到你的教学和学习者。本次更新描绘了从"不让一个孩子掉队"到新法案的过渡过程,以便评估学业成绩,并促进普通课程中每一位残障儿童的进步(第十三章)。

- 通过几个实践案例阐明了逐步释放责任的概念。这些案例应用了五步法,包括监控与诊断、呈现与组织、指导学生实践、反馈与纠正和达到掌握等。这些步骤使得责任分配发生了变化:从教师承担呈现内容的全部责任,逐步转变到学生接受为自己的学习负责,最终达到掌握内容的阶段(第九章)。

- 增加一些实践案例,展现了将技术融入课程计划的教学场景。本次更新首先介绍了技术在课程计划中的重要性和应用方式(第五章),以及如何与教学的目的、标准和目标相结合,然后用现实世界中实际应用的课程案例来展示如何使用(第七章)。

- 提供了建构主义理论与实践的扩展案例。这些案例和教学场景充分说明,当学习者用自己创建的规则和假设解释所观察的事物,并在越来越广阔的认知网络中实现新的意义,那么他们也为学习的内容赋予了整体性和价值,即为"深度学习"(第十章)。

除了这些新增内容,我们还保留并更新了下列内容:

- 将强调课堂管理重要性的章节提前了(第三章和第四章)。
- 加入了与学生联系的部分(第三章),包括在专业学习共同体的师生之间以及课堂与学校之间发展互信和自信的重要性。
- 在第四章中扩充了与家庭合作的信息,包括家庭对学生及其课堂行为的影响,以及准备、实施和评估家长会。
- 提供了在直接、间接、建构主义和合作学习形式下开展形成性评价的有益建议。

增强型电子版

本书提供了增强型培生电子文本,具有下列功能:

- 第9版提供了视频页边注释功能。大多数章节包含二至三个视频,学生将通过视频聆听专家讲座,观看多样化课堂中的教学片段,并边听、边观摩有效教师谈论和实践那些促进学习的策略。视频都伴有反思性问题。

- 电子版的各章结尾都以链接形式呈现了与本章学习成果相应的章节测试。这些测试采用多项选择题的形式,使读者可以检测他们对各章讨论的概念、研究、策略和实践等的掌握情况。

- 每个案例结尾处都提供了案例问题和反馈,帮助学生做好认证准备。①

本版组织结构

- 第一章介绍了有效教师的特征及其在课堂中的行为。本章也使你了解美国国家专业教学标准委员会(NBPTS)和美国州际新教师评价与支持联合会(InTASC)的相关标准,这对你获得专业认证和资格非常重要。

- 第二章讨论了适应性教学、差异化教学以及个体差异和学习者多样性(如先前成绩、学习风格、文化和语言、家庭生活)如何影响学生学习需求和课堂管理。本章将向你介绍现今多元文化、多样化的课堂,教英语学习者、移民群体、有风险和有特殊需求学习者的实质和挑战,以及如何缩小不同社会经济水平的学生的成绩差距。

- 第三章和第四章探讨了课堂管理,并提供了一系列的技巧和策略,可

---

① 这些功能仅在由 www.pearsonhighered.com/etextbooks 独家出品的培生电子文本中提供,或者可订购培生电子文本活页版(ISBN 0134054873)或培生电子文本访问代码卡(ISBN 0134056175)。

前 言

以使你在教学初期从关注自我快速转变到关注自身对学生的影响。

● 第五章"目的、标准和目标"向你展示了如何评估你在课堂上对知识、思考和解决问题行为的达成程度。本章扩展了对认知与情感行为的传统分类,将元认知、解决问题、决策、批判性思维和评价等重要的高阶目标包容进来。它也明确了州、共同核心标准以及你的课堂目的和目标之间的关系。

● 第六章"单元和课时计划"将提升你的设计技能,使你在持续的课程计划过程中将学科内容与教学方法和学生成果联系起来。本章向你显示了如何形成主题课程和跨学科课程,从而促进学习者的高阶思维过程和解决问题的能力。它还为你提供了一些工具,可以用于在多样化的课堂中区分你的教学。

● 第七章是新修订的章节,它用实例说明了你有哪些时机可以把技术融入课程计划,以实现更好的学习。本章描述了如何把教育和网络化教学技术有效地整合到课程计划中。更新的章节图表向你展示出在线资源如何与课程计划过程中的每个步骤无缝衔接。通过多个整合技术的课程计划案例,你可以充分了解如何使用各种在线工具和资源来丰富课堂教学,并像接下来几章所展现的那样为你的教学增添一些令人欣喜的建构主义元素。

● 第八章的教师提问向你展示了如何针对认知复杂度的不同层次提出问题,以及如何通过探询和后续问题提升高阶思维和解决问题的能力。本章将帮助你提出恰当问题,从而使学习者不仅能在直接教学中做出快速、坚决和正确的回应,而且还能在间接教学和自我导向学习中提出和回答高阶问题。

● 第九章和第十章为你提供了一份可交替使用的教学活动清单,你可以根据学习者的需求和教学目标来混合和搭配,以便在多样化的课堂中更好地实现区分教学的目的。第九章提供了一些直接教学方法的教学策略(如解释、呈现、操练与练习、背诵),第十章则探讨了间接教学方法(小组讨论、概念学习、探究和解决问题的活动)。

● 第十一章主要关注自我导向和建构主义学习,以及如何使用元认知策略、教师调节和课堂中的社会对话来帮助学生掌控、调整学习并为自己的学习负责。你将学着激发学生的直觉和想象力以促进他们自主学习,要把自己作为一种资源,从而让学生拥有探索和发现的主动权。本章提供了让学生成为学习主体的有效工具和技巧。

● 第十二章讨论了合作学习,以及有效组织和管理小组与团队活动的合作过程,从而提升沟通技能、自尊心和解决问题的能力。它将向你介绍,学习者的热情、动机和创造力可能在他们一起完成实际项目和行为表现中,为建立思想伙伴关系和学习共同体而被激发出来,也将告诉你如何教授学生在课堂内外所需的民主与协作能力。

● 第十三章更新和扩充了有关测评标准和对学生标准化评估的信息,包括你需要了解的如何评估课堂中有特殊需求的学习者。在过去的10年中,没有哪项教育发展比使用标准化测试引发的争议更多。按照最新确立和修订的教育法案,标准化测试被用于制定有关升级、为高级学术课程选拔学生、高中毕业和评估特殊群体等一系列的高风险决策。本章探讨了如何用反应干预模型,教师自制的客观题、论述题、表现评估和档案袋等来评测学生成绩以及解释学生的进步。本章不仅可以帮你评估所有学生的日常理解情况,还将帮助你缩小学生日常表现与他们标准化测试结果之间的差距。

《有效教学的观察技巧:基于研究的实践》一书可以作为本书的配套书目或后续读物。(G. 鲍里奇,2016,纽约:泰勒-弗朗西斯)

本版内容特色

第9版的特色包括:

● 学习成果和InTASC标准两部分可以让你聚焦每章的关键层面。

● 实践部分提供了实际的教学建议、策略和技巧,可以帮助新教师把课本知识延伸到他们第一个课程计划中,同时向他们展示了将理论付诸实践的切实方法,并给出实践建议、策略和技巧。这些建议包括如何应用建构主义原则，进行差异化教学，在多样化课堂教授有特殊需求的学习者，将技术和网络化教学融入课程计划中，应用多元智力概念，编写跨学科的单元计划，实现掌握学习，开展基于项目和问题的学习，以及使用档案袋和表现评估为学习者提供自我评价的机会。本书中出现了很多实践环节，包括关注在线学习的应用、关注课堂中的数字化游戏和关注合作学习。

- 第一章和附录A中包含一份自我汇报式的调查工具，用于测量你对自己作为教师的关注、对教学任务的关注，以及对自身之于学生影响的关注。这些工具可以用来记录你作为教师的历时成长和发展。

- 第四章包含一个实用的视觉模板，可以用于组织你的单元和课时计划，使你能形象地构想课时与单元的关系，从而更好地体现州级标准，并为学生的标准化评估做好准备。

- 第五章、第十一章、第十二章和附录C中包含一份关于高阶思维和解决问题的列表，可以帮助你在课堂上实现一种鼓励学生解决问题、做决策和进行批判思考的课程。

- 章节末的练习或应用

◇章节末的总结部分与前面学习成果紧密相连，它用易于理解的形式重述关键概念，以便读者在完成现场体验、观察任务和实践教学时进行参考。讨论与练习部分回顾了每个章节中最重要的内容，其关键答案在附录B中呈现。

◇每章结尾的专业实践部分提供了实际操练的机会，让你如同身临真实课堂一般进行决策和解决问题。三组活动为你练习本章所学内容提供了一系列的机会，从而使你提升从中学到的技能。

◇每章结尾的现场体验和实践活动鼓励你结合各章的内容，如课程计划、课堂管理、文化多样性和基于项目的学习等，来做决策和解决实际的课堂问题。

◇电子档案活动引导你结合每章的相关信息创建一个专业成果档案袋。这个档案袋将成为你的一个自我展示工具，你可以通过它把自己最好的一面展现给其他人，比如你将在教师预备项目中遇到的未来导师，实习期间的合作教师或督导，专业同行，以及最重要的——未来雇主。档案袋将收录你在课程内外的最佳表现和成果。

☒关键术语和定义列表概述了所有重要的定义、概念和教学实践，这些是你通过教学实践考试和达到所在州的专业认证要求所需复习的内容。

教师辅助材料

下列材料教师可以在培生网站的教育者专栏下载。教师输入作者或书名，选择书目版次，然后点击"资源"键登录并下载补充教材。

教师资源手册和试题库（ISBN 0134056159）

教师资源手册和试题库包含各个章节的内容概览、与大学课堂和现场实践相关的教学活动，以及一个强大的章节测试题合集。

幻灯片（ISBN 0134056299）

幻灯片包括关键概念汇总、图表和其他用以提高学习的图形工具。设计这些用以帮助学生理解、组织和强化核心概念和理论。

测试程序（ISBN 0134056167）

测试程序（TestGen）是一款功能强大的测试生成器，教师可以安装在电脑上并使用 TestGen 试题库文件中的文本。各种测试，包括方程、图表和科学计数法，既可打印出来也可在线使用。

TestGen 仅由培生教育出版公司提供。教师在个人电脑上（Windows 或 Macintosh）安装 TestGen，然后创建课堂测试题和用于其他专门渠道（比如通过局域网或因特网）的试题。试题库也叫测试项目文件（TIF），一般包含大量的测试试题。这些题目按照章节排列，可用来创建一份依托相关教材的试题。

致　谢

　　本书的完成离不开很多人的贡献。其中最要感谢的是许多专家和学者们,他们对课堂生活的研究为本书所描述的有效教学方法提供了重要启示。

　　我也要感谢郝永伟和马丁·通巴里对第七章的补充,他们把最先进的技术引入课程计划过程中。同时,我要感谢那些花时间审阅这本书的教育者们:奥尔巴尼州大学的奥德丽·W.胡德博士,南伊利诺伊大学卡本代尔分校的黛博拉·伯里斯博士,得克萨斯农工大学科珀斯克里斯蒂分校的玛丽亚·德尔·卡门·特杰达－德尔加多,得克萨斯女子大学的克伦·邓拉普,以及奥格斯堡学院的克里斯托弗·E.史密斯博士。

　　我还要感谢那些多年来与我分享教学见地的老师们。其中,来自得克萨斯奥斯汀独立校区,特别是威廉·B.特拉维斯中学和特拉维斯高地小学的老师们,为我们提供了很多的观摩机会,是他们使本书得以成形并描绘出有效的教学方法。

GDB

奥斯汀,得克萨斯

目 录

上

总　序 ·· 1

前　言 ·· 1

第一章　有效教师 ·· 1

什么是有效教师？ ·· 2
　　一个新方向 ·· 2

促成有效教学的关键行为 ·· 7
　　授课清晰 ·· 7
　　教学多样化 ·· 9
　　教师任务导向 ·· 11
　　学生参与学习过程 ·· 12
　　学生成功率 ·· 14
　　五种关键行为小结 ·· 16

与有效教学相关的辅助行为 ·· 17
　　使用学生的想法和贡献 ·· 17
　　组织课程内容 ·· 19
　　提问 ·· 20

在实践中：关注建构主义 ·· 22
　　探询 ·· 24

教师情感 ··· 26
　　对各个社会经济层面的学习者进行有效教学 ····················· 27
教学的复杂性：借鉴30年的教师专业标准 ································ 28
　　教师专业标准 ·· 29
　　向真实的教学世界过渡 ·· 33
更多信息 ··· 35
案例 ··· 36
总结 ··· 38
关键术语 ··· 39
讨论与练习 ·· 39
专业实践 ··· 42

第二章　理解你的学生 ··· 45

不是所有学生都一样 ··· 47
　　适应性教学 ·· 48
　　差异化教学 ·· 50
普通智力对学习的影响 ·· 51
　　对智力的误解 ··· 52
　　普通智力对特殊智力 ·· 52
特殊智力对学习的影响 ·· 53
　　多元智力 ··· 53
　　社会情感智力 ··· 55
在实践中：关注课堂中的多元智力 ····································· 56
　　课堂中可以教导、鼓励和培养的智力特征 ····················· 58
文化、社会经济地位和语言能力对学习的影响 ······················ 60
　　文化对学习的影响 ··· 60
　　社会经济地位对学习的影响 ······································· 62
　　语言能力对学习的影响 ··· 63
个性和学习风格对学习的影响 ··· 65

学龄期的埃里克森危机 ·· 66

　　学习风格 ··· 68

　　　学习风格中的文化差异:注意事项 ························ 70

同伴群体对学习的影响 ·· 71

家庭生活和社会环境对学习的影响 ······························ 73

教师在促进所有学生学业成就方面的作用 ·················· 78

教师与课堂中的文化、语言和社会经济偏见 ·············· 79

最后建议 ··· 82

案例 ··· 83

总结 ··· 84

关键术语 ··· 86

讨论与练习 ··· 86

专业实践 ··· 87

第三章　课堂管理Ⅰ:建立学习氛围 ·························· 89

与学生联系 ··· 90

　互信与自信 ··· 91

　无条件接受每个学生的学习潜力 ······························ 91

　探索与发现的机会 ··· 92

赢得信任并成为领导者——传统的方式 ······················ 92

　专家权威 ··· 93

　参照权威 ··· 93

　法定权威 ··· 94

　奖励权威 ··· 94

小组发展的阶段 ··· 95

　第一阶段:形成 ··· 95

　第二阶段:冲突 ··· 96

　第三阶段:规范 ··· 97

　第四阶段:表现 ··· 99

在实践中:关注课堂管理的民主方法 ·············· 99
创建有效的课堂气氛 ························ 102
　社会环境 ···························· 103
　组织环境 ···························· 105
　建立规则和秩序 ························ 108
课堂管理中的问题领域 ······················ 111
　监督学生 ···························· 111
　进行过渡 ···························· 113
　布置任务 ···························· 114
　结束讲课 ···························· 116
文化回应的课堂管理 ······················· 118
做好第一天计划 ·························· 121
　铃响之前 ···························· 122
　自我介绍 ···························· 123
　准备一个介绍性活动 ······················ 123
　规则和期望 ··························· 124
　介绍所教的学科 ························ 124
　结束 ······························ 124
让课堂和学校成为专业学习共同体 ················ 125
案例 ································ 127
总结 ································ 128
关键术语 ······························ 131
讨论与练习 ···························· 132
专业实践 ······························ 133

第四章　课堂管理Ⅱ:促进学生参与 ················ 135

课堂管理中的人文主义传统 ···················· 137
和谐沟通 ······························ 137
　合作学习 ···························· 139

课堂管理的应用行为分析传统 ·············· 140
    行为矫正 ························· 140
    学校积极行为干预（PBIS） ············· 142
课堂管理传统 ·························· 143
课堂管理的整合方法 ······················ 145
    低调的课堂管理 ····················· 146
    处理顽固的捣乱行为 ··················· 148
    对不当行为的反应 ···················· 149
    奖励和强化 ······················· 151
    激励对惩罚 ······················· 152
家庭对课堂行为的影响 ····················· 154
确立对家长会的需求 ······················ 155
为家长会做准备 ························ 155
    开展家长会 ······················· 156
    评价家长会 ······················· 157
在实践中：关注家长参与 ···················· 157
家长会的话题：做好准备 ···················· 158
    学业与社会/行为问题 ·················· 159
    忽视或虐待孩子 ····················· 159
    欺凌行为 ························ 159
    学校危机 ························ 160
文化回应的课堂管理 ······················ 160
案例 ······························· 162
总结 ······························· 163
关键术语 ···························· 165
讨论与练习 ·························· 165
专业实践 ···························· 167

第五章 目的、标准和目标 ··· 169

目的、标准和目标·· 170
    泰勒的目的发展方法··· 171
教育标准的由来·· 173
    课程标准和基本技能的示例·· 175
    共同核心州立标准··· 177
理解框架·· 177
    目标的意图··· 177
    行为意味着什么？·· 178
准备行为目标的步骤··· 178
    确定学习成果·· 178
    界定条件·· 181
    说明准则水平·· 183
    简化目标·· 186
认知、情感和意识运动领域·· 186
    认知领域·· 187
在实践中：关注认知科学的新领域··································· 192
    情感领域·· 194
    意识运动领域·· 196
    精准教学框架·· 198
对行为目标的一些误解·· 200
    是否某些行为更受期待？··· 200
    什么是真实的行为？··· 200
    不太复杂的行为是否更易教授？·································· 201
    认知、情感和意识运动行为是否相互排斥？··················· 202
目标的文化根源·· 202
案例··· 203
总结··· 205

- 关键术语 ······ 206
- 讨论与练习 ······ 207
- 专业实践 ······ 208

第六章　单元和课时计划　211

- 教师作为决策者 ······ 212
  - 教学目的和目标知识 ······ 212
  - 学习者知识 ······ 213
  - 学科内容知识 ······ 213
  - 教学方法知识 ······ 213
  - 学科教学知识 ······ 214
  - 反思性实践与默会知识 ······ 214
- 单元和课时计划 ······ 215
  - 系统视角 ······ 215
  - 制订计划的决策 ······ 216
- 学科和跨学科单元计划 ······ 220
  - 学科(纵向)单元计划 ······ 221
  - 跨学科(横向)单元计划 ······ 225
- 制订课时计划 ······ 234
- 在实践中:关注跨学科课时计划 ······ 234
  - 决定从哪里开始 ······ 236
  - 提供多样化学习 ······ 238
- 教学事件 ······ 240
  - 开始:一些课时计划问题 ······ 241
- 课时计划实例 ······ 250
- 案例 ······ 260
- 总结 ······ 261
- 关键术语 ······ 263
- 讨论与练习 ······ 263

专业实践 264

第七章　教学中的技术整合 265

为什么在教学中使用技术？... 267
使用什么技术可以提高教学有效性？................................. 269
  Web 2.0 技术 269
  促进知识建构的 Web 2.0 技术 271
  虚拟世界 274
  促进知识组织的 Web 2.0 技术 275
在实践中：关注课堂中的数字游戏 275
  社交演示 279
  课程管理技术 279
在实践中：关注在线学习的应用 280
  手机 284
如何将这些技术整合到教学中？....................................... 285
  通过 IWB 引起注意（预热） 286
  告知学生目标（预热，目标和意图） 287
  激发对先前学习的回忆（复习） 287
  呈现内容（输入，示范） 288
  引发期待行为（检查理解，指导练习） 289
  提供反馈（指导练习，总结） 290
  评估课程成果（独立练习） 290
  评估技术整合的有效性 291
案例 292
总结 293
关键术语 295
讨论与练习 295
专业实践 296

第八章 提问策略 299

什么是问题？ 300
　　80%的课堂时间消耗在什么上面？ 302
　　我们问的问题恰当吗？ 302
提问的目的是什么？ 303
　　什么是聚敛性问题和发散性问题？ 303
　　关于聚敛性问题和发散性问题有什么研究发现？ 304
提问的目标是谁？ 305
用怎样的顺序提问？ 307
用什么层次的问题？ 309
　　知识 309
　　理解 311
　　应用 311
　　分析 312
　　综合 313
　　评价 315
　　提问类型汇总 316
什么是探询性问题？ 316
如何使用等候时间？ 319
在实践中：关注有效的课堂提问 322
　　课堂提问的调查研究结果 322
什么是文化回应性提问？ 323
　　等候时间 324
　　节奏 324
　　参与结构 325
　　语言 326
提问时的常见问题有哪些？ 327
　　你的问题是否太复杂、模棱两可或有双重理解？ 327

你只接受期待的答案吗? …………………………… 328
　　你为什么要问这个问题? …………………………… 329
　　你会自问自答吗? ……………………………………… 330
　　你会把问题用作惩罚吗? ……………………………… 331
案例 …………………………………………………………… 333
总结 …………………………………………………………… 334
关键术语 ……………………………………………………… 336
讨论与练习 …………………………………………………… 337
专业实践 ……………………………………………………… 338

下

第九章　直接教学策略 …………………………………… 339

教与学的分类 ………………………………………………… 341
直接教学策略简介 …………………………………………… 344
　　什么时候适合进行直接教学? ……………………… 348
在实践中:聚焦掌握学习 …………………………………… 349
　　直接教学的实例 ……………………………………… 351
直接教学策略 ………………………………………………… 354
　　监督和诊断以衡量进展 ……………………………… 354
　　呈现和组织 …………………………………………… 355
　　指导学生练习 ………………………………………… 359
　　反馈和纠错 …………………………………………… 363
　　达到掌握 ……………………………………………… 366
　　周期性的复习 ………………………………………… 368
直接教学的其他形式 ………………………………………… 371
　　直接教学的课程计划示例 …………………………… 371
文化回应的直接教学 ………………………………………… 372

案例 ·································· 374
　　总结 ·································· 376
　　关键术语 ······························ 377
　　讨论与练习 ···························· 378
　　专业实践 ······························ 379

第十章　间接教学策略　381

　　学习的认知过程 ······················ 386
　　　阅读 ································ 387
　　　写作 ································ 388
　　　数学和科学 ·························· 389
　　　社会研究 ···························· 389
　　直接教学与间接教学的比较 ············ 390
　　　间接教学和建构主义教学的策略 ······ 391
　　　间接教学的实例 ···················· 394
　　内容组织 ······························ 397
　　　概念学习 ···························· 399
　　　探究学习 ···························· 401
　　　以问题为中心的学习 ················ 402
　　在实践中:关注探究性学习 ············ 404
　　概念活动:归纳和演绎 ················ 406
　　　应用归纳和演绎 ···················· 408
　　使用示例和非示例 ···················· 408
　　使用问题 ······························ 410
　　学习者经验和使用学生的想法 ·········· 412
　　　变化的观点 ·························· 412
　　　有效使用学生的想法 ················ 412
　　学生自我评价 ·························· 413
　　使用小组讨论 ·························· 414

文化回应的间接教学 ·················· 419
　　案例 ···························· 420
　　总结 ···························· 422
　　关键术语 ·························· 425
　　讨论与练习 ························· 425
　　专业实践 ·························· 427

第十一章　自我导向和建构主义学习 ············ 429

　　自我导向学习 ························ 430
　　在实践中：关注深度学习和建构主义方法 ········· 434
　　元认知 ··························· 437
　　教师调节 ·························· 438
　　　最大回应机会区 ····················· 439
　　　触及最大回应机会区 ··················· 442
　　功能性错误 ························· 443
　　互惠教学 ·························· 444
　　课堂中的社会对话 ····················· 448
　　内部言语的作用 ······················ 449
　　自我导向学习的示例对话 ·················· 449
　　　自主探究的教学步骤 ··················· 455
　　教授终身学习的认知策略 ·················· 455
　　　阐述/组织 ······················· 456
　　　理解监控策略 ····················· 457
　　　问题解决策略 ····················· 457
　　基于项目的学习策略 ···················· 460
　　　任务在基于项目学习中的作用 ············· 460
　　　学习者在基于项目学习中的角色 ············ 461
　　　教师在基于项目学习中的角色 ············· 461
　　在实践中：关注基于项目的学习 ··············· 462

文化回应的自我导向学习 ………………………… 464

案例 …………………………………………………… 465

总结 …………………………………………………… 467

关键术语 ……………………………………………… 470

讨论与练习 …………………………………………… 471

专业实践 ……………………………………………… 471

第十二章 合作学习与合作过程 …………………… 473

合作的成果 …………………………………… 474

态度和价值观 …………………………………… 474

亲社会行为 ……………………………………… 475

不同视角和观点 ………………………………… 475

整合的身份 ……………………………………… 475

高阶思维过程 …………………………………… 476

合作学习活动的组成部分 …………………… 477

师生互动 ………………………………………… 477

生生互动 ………………………………………… 478

任务专门化和材料 ……………………………… 478

角色期望和责任 ………………………………… 478

在课堂中建立合作任务结构 ………………… 479

在实践中：关注合作学习 …………………… 489

团队导向的合作学习活动 …………………… 494

学生团队成就分配（STAD） …………………… 494

小组游戏竞赛 …………………………………… 495

第二类交错搭配 ………………………………… 495

团队协助下的个性化 …………………………… 496

团队导向的合作学习活动概览 ………………… 497

文化回应的合作学习 ………………………… 498

案例 …………………………………………… 500

总结 · · · · · · 502
关键术语 · · · · · · 503
讨论与练习 · · · · · · 504
专业实践 · · · · · · 505

第十三章 评估学习者 507

常模参照测试和标准参照测试 · · · · · · 508
 标准参照测试 · · · · · · 511
 常模参照测试 · · · · · · 511
测试蓝本 · · · · · · 512
客观测试题 · · · · · · 513
 对/错题 · · · · · · 513
 配对题 · · · · · · 514
 多项选择题 · · · · · · 516
 高水平的多项选择题 · · · · · · 518
 填空题 · · · · · · 521
 客观测试题的优缺点 · · · · · · 521
论述测试题 · · · · · · 523
 延伸回应的问题 · · · · · · 523
 限制回应的问题 · · · · · · 523
 什么时候使用论述题? · · · · · · 524
 论述题的评分标准 · · · · · · 527
效度和信度 · · · · · · 529
 效度的类型 · · · · · · 529
 信度的类型 · · · · · · 530
评分和分级系统 · · · · · · 531
 与其他学生的比较 · · · · · · 531
 与既定标准的比较 · · · · · · 531
 与能力倾向的比较 · · · · · · 532

成绩与努力的对比 ·· 533
　　　成绩与进步的对比 ·· 533
　标准化测试 ·· 534
　　　形成性评价与终结性评价 ·· 534
　　　帮助学生准备标准化测试 ·· 536
　表现评估 ·· 539
　在实践中:关注表现评估 ·· 539
　档案袋 ·· 542
　　　档案袋原理 ··· 542
　　　建立档案袋 ··· 544
　　　档案袋评估和成绩报告单 ·· 550
　　　计划一个档案袋讨论会 ·· 551
　评估普通课堂中特殊学生的学业进步 ······································ 551
　　　从《不让一个孩子掉队法案》过渡到"力争上游" ························ 551
　　　2004年残疾人教育改善法案的再授权 ··································· 552
　　　反映干预法(RTI) ·· 554
　案例 ·· 557
　总结 ·· 558
　关键术语 ·· 561
　讨论与练习 ·· 562
　专业实践 ·· 563

附录A　教师关注检查表 ·· 565
附录B　各章问题和活动的参考答案 ······································ 569
附录C　高阶思维和解决问题的列表 ······································ 585
术语表 ·· 591
主题索引 ·· 607
译后记 ·· 643

第一章　有效教师

学习成果

完成本章学习后,你将了解并能够:

- 解释研究在展现教学策略和方法如何促进学生表现方面的作用。
- 考查有助于成为有效教师的关键教学行为。
- 比较和对比作为有效教师你能使用的方法,并且讨论可以满足学生多样化需求的教学方式。
- 讨论标准在教学中的作用。
- 评估影响你过渡到真实教学世界的关键因素。

美国州际新教师评价与支持联合会(InTASC)

学完本章,你将能够达到以下 InTASC 有关有效教学的标准:

标准1　学生发展。教师理解学生如何成长与发展,认识到学生学习与发展的模式因个体在认知、语言、社会、情感和身体等各层面以及多层面交织产生的差异而各有不同,并能设计与实施适合学生发展和具有挑战性的学习体验。

标准4　内容知识。教师理解所教学科的核心概念、探究工具和结构,并创设使学生易于理解和有意义的学习体验,以确保学生掌握学习内容。

标准6　教学评价。教师理解和使用多种评价方法,使学生参与自身成长,监控学生的进步,并引导教师和学生制定决策。

♥♥♥♥♥

如何轻松、快捷地回答"什么是有效教师"？每个教师都曾问过这样的问题，不管是新教师还是老教师。这看起来似乎是个简单的问题，但实际上却有很多不同的答案。教学是一项复杂而艰巨的任务，要求教师要具备一些非凡的能力。虽然经过数十年的经验积累和研究探索，时至今日，我们依然难以回答"什么是有效教师"，这仍是教育领域所面临的最重大的问题之一。

本章并不打算提供有关有效教师的具体定义，而是向你介绍一些有效教师所采用的对学生产生正面效果的实践形式。这些有效的教学实践虽然不能完整地描绘何为有效教师，但却可以为你成为有效教师打下重要的基础，并让你更好地领会后面章节中的内容。后面的章节会把这些实践与其他教学层面融合起来，如课堂管理、课程计划、技术整合、问题导向和建构主义学习策略、学习者评估，以及为与学生建立良好关系所需的态度和性情等。这些话题将使你对有效教师有一个丰富而全面的了解，而且更重要的是，帮助你成为一名有效教师。

什么是有效教师？

如果你生在1个世纪以前，那么回答"什么是有效教师"这个问题可能会很简单：好教师就是一个好人，是一个符合社会理想中好公民、好家长和好员工形象的榜样人物。那个年代里，人们评价教师首先看其品性，然后才看他在课堂中的表现。人们期待教师为人诚实，工作努力，对人慷慨、友善，对学生体贴周到，在课堂上能够条理清楚、纪律严明、富有洞察力并事事尽职尽责。这实际上意味着，成为一名有效教师需要具备所罗门王的智慧、西蒙·弗洛伊德的领悟力、阿尔伯特·爱因斯坦的学识，还要如弗罗伦斯·南丁格尔般富有奉献精神！

不过显而易见，这种关于理想教师的定义缺乏清晰、客观的行为标准，不能推以致用，也不能用于培养未来教师。

一个新方向

在过去的几十年里，关于如何界定什么是"好教学"发生了一场革命。我们已看到,按照社会的理想标准来定义好教师被证明是不现实的,而且与教师在课堂上的实际行为也不太相关。这使研究者转而研究特定的教师活动对学生特定的认知行为和情感行为的影响。"好教学"这个术语变为"有效教学",研究的焦点也从仅仅关注教师转为将教师对学生的影响也涵盖进来。这些研究课堂行为的新方法使课堂中的师生关系成为有效教学现代定义下的核心关注点。

连接教师行为与学生表现。在过去的几十年里,研究者开发了一些新方法来研究师生的课堂互动模式,其目标是要发现哪些教师行为模式能促成期望的学生表现。但在揭示这些研究发现以及对教学的启示之前,让我们先来了解一下这些研究是如何展开的。

课堂互动模式。为了收集师生课堂互动模式方面的数据,研究者经常使用一些研究工具,如图 1.1、1.2 和 1.3 所示。这些特别的工具由古德和布罗菲(Good & Brophy, 2007)为研究有效教学而设计,它们可以记录师生互动的模式。借助图 1.1 的编码指南和图 1.2 的回应形式,观察者可以对学生的回答和教师的答复与反馈进行编码。例如,在图 1.2 记录的第十次互动中,一名男生没有答出问题(在"学生回答"下编码为"0"),因没回答而被老师批评("— —"),然后老师给出答案("给出答案")。随着互动的展开,分别进行编码,那么整节课乃至不同课堂中提问—回答—反馈的模式就被记录下来了。

至于衡量个体表扬的编码表(图 1.3),观察者可以借此对教师表扬的学生正面行为进行编码(如坚持、进步、成功和好想法等),并为具体学生配以一个可以识别的数字,如 14、23、6 等。这张表不仅记录教师针对学生个别行为的表扬行为,还可记录行为的整体模式或序列。如,23 号学生被连续表扬了两次,第一次因"成功"被表扬,第二次则被赞有"好想法"。

学生性别	定义	注解
符号标记		
M	男	回答问题的是男生。
F	女	回答问题的是女生。
学生回答		
+	正确	教师认可学生的回答是正确或令人满意的。

续

学生性别	定义	注解
±	部分正确	教师认为学生的回答只有部分正确，或者虽然正确但不够全面。
−	错误	教师认为学生的回答是不正确的。
0	没有回答	学生没有回答或者说"不知道"（如果教师不等学生回答就给出反馈，要对学生的回答进行编码记录）。
教师反馈回应		
＋＋	表扬	教师用言语表扬学生（如"好"、"漂亮"、"好想法"），或用明显热情、愉悦和兴奋的口吻进行口头肯定。
＋	肯定	教师仅仅肯定学生的回答正确（如点头、重复答案、说"是"、"好"等）。
0	没有回应	教师对学生的回答没有任何回应，而是转而进行其他的事情。
−	否定	教师仅仅表示学生的回答不正确（如摇头、说"不"、"不正确"或发出"嗯"等）。
− −	批评	教师用言语批评学生（如"你不至于这么差"、"这说不通，你最好细心点"等），或者用沮丧、生气或厌恶的口吻进行口头否定。
给出答案	教师给出答案	教师为学生提供正确答案。
提问他人	教师问另一个学生	教师转换提问对象，让不同学生试着回答。
他人喊出	另一个学生喊出答案	另一个学生喊出正确答案，教师认可答案正确。
重复	重复问题	教师重复原来的问题，或者全部重复，或者使用提示（如"那么？"、"你知道吗？"、"答案是什么？"）。
线索	重新表述或给出线索	教师通过重新表述或给出线索使学生更易于回答。
新问题	提出新问题	教师提一个新问题（比如，提一个与原问题所需回答方式不同的问题）。

图1.1 提问—回答—反馈序列的编码类型

资料来源：托马斯·L.古德，《透视课堂（第5版）》(1990)，经新泽西上马鞍河培生教育出版公司许可再版和电子转载。

学生编号	性别		学生回答				教师反馈回应								
	M	F	+	±	-	0	++	+	0	-	--	给出答案	提问他人	他人喊出	重复	线索	新问题
1	□	□	□	□	□	□	□	□	□	□	□	□	□	□	□	□	□
2	□	□	□	□	□	□	□	□	□	□	□	□	□	□	□	□	□
3	□	□	□	□	□	□	□	□	□	□	□	□	□	□	□	□	□
4	□	□	□	□	□	□	□	□	□	□	□	□	□	□	□	□	□
5	□	□	□	□	□	□	□	□	□	□	□	□	□	□	□	□	□
6	□	□	□	□	□	□	□	□	□	□	□	□	□	□	□	□	□
7	□	□	□	□	□	□	□	□	□	□	□	□	□	□	□	□	□
8	□	□	□	□	□	□	□	□	□	□	□	□	□	□	□	□	□
9	□	□	□	□	□	□	□	□	□	□	□	□	□	□	□	□	□
10	□	□	□	□	□	□	□	□	□	□	□	□	□	□	□	□	□
11	□	□	□	□	□	□	□	□	□	□	□	□	□	□	□	□	□
12	□	□	□	□	□	□	□	□	□	□	□	□	□	□	□	□	□
13	□	□	□	□	□	□	□	□	□	□	□	□	□	□	□	□	□
14	□	□	□	□	□	□	□	□	□	□	□	□	□	□	□	□	□
15	□	□	□	□	□	□	□	□	□	□	□	□	□	□	□	□	□

图1.2 回应形式的编码性别

资料来源：托马斯·L.古德，《透视课堂（第5版）》（1990），经新泽西上马鞍河培生教育出版公司许可再版和电子转载。

借助这些工具，可以在研究过程中捕捉丰富、多样的课堂活动图景，还可把这些信息用于与学校成就相关的各种措施中。很显然，对单个班级的单次观察只能提供少量数据，难以揭示连贯的互动模式。然而，如果在不同时段对多个不同教师或学校进行多重观察，就可揭示出师生互动的连贯模式了。我们再把这些课堂行为模式与学生的成果联系起来，如随堂测试、学生项目、口头表现、档案袋评估和标准化测试，从而确定它们对学生表现的影响。

有效教学模式正是以这种方式开始进入不同研究者的视域中。如同所有研究一样，有效教学研究也出现过截然相反的结果，或者发现课堂互动的某些类型与学生成果不存在什么相关性。但很多研究发现，师生之间的互动模式持续促成了期望的学生成果,表现为学生学习动机更高、学习成绩更好、解决问题的能力更强、学习技能不断提升。

现在你已经了解这些研究是怎么进行的了,那让我们在接下来的章节中整体预览一下研究者所公认的促成有效教学的策略和方法。

使用:当教师表扬个体学生时使用。
目的:观察教师通过表扬强化了什么行为,并看教师对学生的表扬是如何分布的。

行为类型	学生编号	编码
		1. ___3___
1. 坚持或努力;学习时间长或刻苦	___14___	2. ___3,4___
2. 成绩上的进步(与过去相比)	___23___	3. ___3___
3. 成绩优异(正确答案,高分)	___6___	4. ___3___
4. 好想法、好建议、不错的猜测或尝试	___18___	5. ___1___
5. 想象力、创造力、原创性	___8___	6. ___1___
6. 有条理、工作细心	___8___	7. ___1___
7. 良好或听话行为、遵守规则、注意力集中	___8___	8. _____
8. 体贴、礼貌、参与分享、亲社会行为	_____	9. _____
9. 其他(具体说明)	_____	10. _____
备注:	_____	11. _____
所有答案都出现在社会研究讨论中。	_____	12. _____
特别关注表现不佳的8号学生。	_____	13. _____
	_____	14. _____
	_____	15. _____
	_____	16. _____
	_____	17. _____
	_____	18. _____
	_____	19. _____
	_____	20. _____
	_____	21. _____
	_____	22. _____
	_____	23. _____
	_____	24. _____
	_____	25. _____

图1.3 衡量个体表扬的编码形式

资料来源:托马斯·L.古德,《透视课堂(第5版)》(1990),经新泽西上马鞍河培生教育出版公司许可再版和电子转载。

促成有效教学的关键行为

在这些研究中,按照课堂评估和标准化测试的结果,大约有 10 种教师行为被确定可以促成期望的学生行为。其中,有 5 种行为得到了研究的一致证实(Borich, 2015; Brophy, 2002; Brophy & Good, 1986; Emmer & Evertson, 2012; Herrell & Jordan, 2011; Marzano, 2012; Marzano, Pickering, & Pollock, 2004; McNary, Glasgow, & Hicks, 2005; McTighe & Wiggins, 2013; Saunders, 2005; Krechevsky, Mardell, Rivard, & Wilson 2013; Willis, 2006)。另外 5 种行为也获得一些数据支持,而且似乎在逻辑上与有效教学有着合理的联系。我们称前五种行为为关键行为,因为它们是实现有效教学的必备因素;称后五种行为为辅助行为,它们可以结合关键行为共同发挥作用。以下是有效教学必不可少的五种关键行为:

1. 授课清晰;
2. 教学多样化;
3. 教师任务导向;
4. 学生参与学习过程;
5. 学生成功率。

让我们仔细看一下每种关键行为。

授课清晰

授课清晰主要指教师向全班授课的清晰程度如何,如下例所示:

有效教师

- 明确提出观点,使处于不同水平的学生都易于理解。
- 清晰解释概念,帮助学生按逻辑的顺序逐步理解。
- 表述直接,使学生能听清楚,并避免分散其注意力。

低效教师

- 使用含糊、模棱两可或不明确的语言,例如"也许是"、"似乎表明"、"可能会发生"。
- 使用过于复杂的句子,如"有很多原因促成了第二次世界大战的爆发,但其中有些原因比另一些原因更重要,让我们先来谈谈那些被认为重要的原因,但实际并非如此"。

- 指令不清晰,学生常常不能理解,需要教师进一步澄清。

在对授课清晰的相关研究中,有一个结论是教师在授课的清晰程度上存在很大差异。不是所有教师都能清楚、直接地与学生交流,相反,他们经常不知道说什么,或讲话超出学生的理解水平,或表达方式影响了其讲话内容的清晰度(Brophy, 2002; Fasset & Warren, 2010; Muijs & Reynolds, 2005; Popham, 2009)。

如果你的教学足够清晰,就可以少花一些时间翻阅资料,学生第一次听到你的问题就能正确地回答,你也可以有更多时间进行教学指导。授课清晰是一个非常复杂的行为,它与很多其他行为密切相关,比如你对内容的组织、课程的熟悉度和讲课的策略(如是否使用讨论、背诵、问答或小组形式等)。研究表明,教师在认知和口头表达的清晰度上都存在差异,进而造成了学生在认知成就测试中的差异表现(Muijs & Reynolds, 2005)。表1.1总结了一些授课清晰的具体表现和教学策略,这些内容你都将在本书中学到,特别是第八章(提问策略)、第九章(直接教学)和第十章(间接教学)。

表1.1 授课清晰的表现

授课清晰(有效教师)	教学策略示例
1. 告知学生课程目标(比如,描述哪些行为将作为课程结果被测试或被布置为作业)	按照期望的复杂度水平准备本课时的行为目标(如知识、理解等)。上课开始就暗示学生未来如何运用这些行为
2. 为学生提供先行组织者(比如把当前课程放在过去和/或未来课程内容的框架中)	参考或准备一个单元计划,明确本课需要哪些与任务相关的先前学习内容,以及体现了哪些未来课时所需的先前内容。开始上课时就告诉学生,要学习的内容是大知识背景中的一部分
3. 上课一开始就检查与任务相关的先前学习内容(比如确定学生对一些必备事实、概念的理解程度,如有必要重新教授)	上课开始时提问学生或定期检查作业,以明确学生是否掌握了与本课任务相关的先前内容
4. 缓慢而清晰地发出指令(比如必要时重复指令或将其分解为小指令)	布置较长的作业任务时,按照逐步进行的顺序来组织完成,既要发放讲义又要口头介绍
5. 知道学生的能力水平,基于学生现有理解水平或略高于其当前水平来教学(比如,了解学生的注意力时长)	根据标准化测试、先前作业和兴趣等确定学生的能力水平,并相应地重新制定教学目标

续

授课清晰（有效教师）	教学策略示例
6.用案例、图示和示范来解释和澄清（比如，借助视觉手段来解释和强化要点）	至少用一种不同于最初教学时所用的形式重述要点（比如，视觉对听觉）
7.在每节课结束时，进行回顾或总结	使用关键短语、重复或易于记忆的符号来帮助学生有效存储和日后回忆所学内容

教学多样化

教学多样化主要指教师在上课时讲授方式的变化性或灵活性（Brophy，2002；Marzano，Pickering，& Heflebower，2010；Marzano，2009）。在教学中创造多样性的最有效的方法之一就是提问。正如你在第八章将学到的，你可以把许多不同类型的问题与课时展开的节奏和次序结合起来，从而创设出有意义的教学变化（Chuska，2003；Falk & Blumenreich，2005；Walsh & Sattes，2011）。因此，有效教师需要掌握提问的艺术，知道如何区分不同问题的形式，如事实问题、过程问题、聚敛性问题和发散性问题。这些问题类型将在第八章介绍，并在第十章详细阐述。

> 观察视频中的教师如何使用补充性阅读来进行教学。注意，教师如何在她所在的小组向学生提出不同层次的问题。

有效教学的一个关键行为是教师上课时讲授方式的变化性或灵活性

多样化教学的另一个层面也许最明显,即对补充性学习材料、电脑软件、演示工具、互联网和教室空间等的使用。课堂物理结构及视觉上的多样体现也可丰富教学的多样性。研究已显示,这会影响学生的参与积极性、学习动机、单元测试成绩和表现评估(Walqui,2000)。例如,一些研究发现如果课堂提供更多样的活动和材料,学生捣乱的行为就会有所减少(Emmer & Evertson,2016;Evertson & Emmer,2016)。另一些研究也显示,教学多样化与学生的注意力有关(Borich,2004、2008)。

第七章(技术整合)、第九章(直接教学)、第十章(间接教学)、第十一章(自我导向和建构主义学习策略)和第十二章(合作学习和合作过程)将会介绍一些体现多样性的教学方法。表1.2总结了一些多样化教学的表现,以及在上述章节中谈到的教学策略。

表1.2 教学多样化的表现

教学多样化(有效教师……)	教学策略示例
1.使用能吸引学生注意力的策略(比如借助挑战性问题、视觉冲击或案例来开启一节课)	以某个活动来开启一节课,活动的形式不同于上一节课或上一个活动(比如由听的活动改为看的活动)
2.通过改变目光交流、声音和姿势等来展示热情和活力(比如改变音高和音量、转换到新活动时四处走动)	隔一段时间更换一次位置(如每十分钟一次)。通过改变语速或音量来表示内容或活动发生了变化
3.变换呈现的方式[比如介绍、提问、提供独立练习(每日)]	按看、听、做的周期性循环来建立日常活动的顺序
4.混合使用各种奖励和强化方式[比如额外的学分、口头表扬、独立学习等(每周,每月)]	建立奖励或口头表扬用语清单,以便从中随机选择。在表扬的同时要给出表扬的理由
5.把学生的想法或参与融入教学中的某些层面[比如使用间接教学或发散性问题(每周,每月)]	偶尔在计划教学时,用学生的想法来开始一节课(比如,"如果……,你会怎么做?")
6.变换提问的类型[比如发散性、聚合性(每周)]和进行探询[比如澄清、征询、调整(每日)]	使问题与课时的目标行为和复杂度相匹配,并根据单元计划变化课时目标的复杂度

表1.3　学习时间和学生成绩：以二年级阅读为例

初次测试的阅读成绩（十月）		高成功率的学生投入阅读的时间		第二次测试估计的阅读成绩（十二月）	
原始成绩（百分制）	百分比	五周内的总时间（分钟）	平均每日的时间（分钟）	原始成绩（百分制）	百分比
36	50	100	4	37	39
36	50	573	23	43	50
36	50	1300	52	52	66

备注：在第一和第二次测试之间平均有25个学日。

资料来源：基于查尔斯·W. 费希尔等，《小学教与学：新手教师评估研究汇总（新教师评估研究报告 VII–I）》，1978，圣·弗朗西斯科：远西研究与发展实验室。

教师任务导向

教师任务导向也是一种关键行为，主要指教师将多少课堂时间用于教授学术性主题。教师分配用于教授特定主题的时间越多，学生学习的机会也就越多。

例如，表1.3显示了一组二年级阅读课堂的成绩，这组成绩是随着教师的任务导向，或用于教授学术性主题的时间，在五周之内持续增加而取得的。在平均仅25个学日里，当教师把用于此教学目标的时间从每天4分钟增加到52分钟，学生的标准化测试成绩也上升了27个百分点（从39%上升到66%）。记录这些数据的研究者指出，虽然大幅度增加教学时间看起来有点不太常见，但这些小学课堂中的教师确实做到了这一点，而且即使教师任务导向的增量很小也能改善标准化测试的成绩。

对于一些与任务相关的问题，教师必须予以回答。包括：(1)我用多少时间来计划教学，并使学生做好学习准备？(2)我用多少时间进行讲解和提问？又有多少时间鼓励学生探究或独立思考？(3)我用多少时间评估学生的表现？

这些问题主要关注有多少内容被呈现、学习和评估，而非在程序性事务上花费了多少时间（如考勤、发讲义、收作业、检查材料等）。所有教师都需要为学生学习做好预备，好让他们享受学习。然而，大多数研究者都赞同，如果教师将大量时间用于教授特定主题内容，而不是花在为掌握这些内容所需的过程和材料上，那么学生的课堂表现会更出色。也就是说，如果师生互动有效地关注学科主题内容，即给予学生大量学习和实践教学内容的机会，那么这个课堂更可能取得较高的成功率。但这样的课堂也因为师生之间的关系提供了能量，从而激励和挑战着学生达到更高的理解水平(Tileston, 2010)。

这些话题将在第五章和第六章中介绍。第五章为你设定教学目的和目标做好准备,第六章则帮你准备在课堂上实施单元和课时计划。表1.4总结了一些教师任务导向的表现和这些章节中包含的有效教学策略。

表1.4 教师任务导向的表现

任务导向(有效教师……)	教学策略示例
1. 使单元和课时计划反映课程指南或所选课文的最重要特征(比如,每个单元和课时目标都可以从课程指南或课文中找到参考依据)	考查每课时内容与单元计划、课程指南和课文的相关性。与其他教师商讨课文和课程指南中最相关的部分
2. 有效处理行政和事务性的干扰(比如接待访客、通知、收款、发资料和用品等)。具体做法包括预见这些干扰、组织一些任务或把不相干的事务推到非教学时间来处理	设置限制,每小时教学中用于处理非教学事务的时间不得超过5—10分钟,尽量把其他的任务放置课前或课后
3. 以最低程度打扰课堂进程的方式,制止或阻止不当行为(比如,建立学习和工作规则,以免打扰教学时间)	针对最常见的不当行为设立规则,并贴在显眼的地方。在课堂上只指出违规者和违规行为,留待课后再处理
4. 为教学目标选择最恰当的教学模式(比如,对于知识和理解目标主要使用直接教学,对于探究和解决问题的目标则使用间接教学)	在使用单元计划、课程指南和所选课文时,把教学的内容分为:(1)事实、规则和行为序列;(2)概念、模式和抽象概念。一般而言,对前面的内容采用直接教学方法,对后面的内容采用间接教学方法
5. 用明确可界定的事件逐步地构建单元成果(如每周和每月一次的复习、反馈和考试期)	制定进度表,以清晰可见的事件来开始或结束重要的课堂活动(比如小测验和重要测验,复习和反馈期)

学生参与学习过程

另一项关键行为是学生参与学习过程,或称投入学习的时间,主要指学生在课堂中投入学习的时间量。学生参与和教师任务导向相关,但存在不同之处。我们在之前的章节中已经了解到,教师任务导向应该就所学材料为学生提供最大可能的学习和练习机会。

与教师任务导向不同,学生参与不是教师用于教授某个话题的时间量,而是学生积极投入学习材料的时间。这也称为投入率,或者说是学生投入学习的百分比。在这段时间里学生真正忙于任务,集中学习教学材料,并从教师准备的教学活动中受益。因为有时即使教师是以任务为导向,而且提供了大量学习内容,但学生却可能没有投入,这意味着学生并没有积极地思考、处理和应用教师所提供的内容。

这种不投入的现象可能涉及或明显或隐蔽的情感和心理上的疏离。当学生离开座位、聊天、看杂志或去洗手间的时候,他们显然是没投入学习。学生的不投入还可能以更难以察觉的方式存在,比如看起来精神集中但实际上却神游万里。生活中一个令人不快的事实是,课上任何时候都可能有四分之一的学生没有参与,比如因为临近午餐时间、到了星期五下午或放假前一天等而分心。要解决这种类型的不投入可能比较困难,它需要改变任务本身的结构和对学生方面的认知要求。第八章到第十二章将介绍一些教学策略,帮助你设计能够调动学生积极参与的任务和活动。

布罗菲(Brophy,2010)、埃默和埃弗森(Emmer & Evertson,2016)、埃弗森和埃默(Evertson & Emmer,2016)、埃弗森(Evertson,1995)等,已提出一些有用的建议,可以帮助教师提升学习时间,而且尤为重要的是提升学生在学习中的投入。他们的研究为教师促进学生参与提供了如下建议:

1. 制定规则,允许学生遵循个人需要和学习程序,而不必每次都获得你的许可。

2. 在教室走动,监控学生课堂作业情况,并与学生交流表明你看到了他们的进步。

3. 确保独立的作业有趣、有价值,而且足够容易,使每个学生即使没有你的指导也能够完成。

4. 尽量减少耗时性活动,如给指令和组织全班教学。将日程安排写在黑板上,可以确保学生知道去哪里、做什么。

5. 充分利用那些或符合或略高于学生现有理解水平的资源和活动。

6. 避免时间安排错误。及时阻止不当行为的发生或恶化,以免影响其他学生。

研究发现,这些教学实践对小组工作和独立的课堂作业都是有益的(Jones et al.,2007)。第十一和十二章将进一步探讨这些实践和一些具体的提升学生投入率的策略方法,包括自我导向、建构主义、合作和协作式学习。表1.5总结了一些学生参与学习的表现和上述章节中包含的有效教学策略。

表1.5 使学生参与学习过程的表现

使学生有效参与学习过程（有效教师）	教学策略示例
1. 在教学刺激后，立刻引发期待行为（比如，通过提供习题或练习册中的问题来锻炼期待的行为）	在每组教学刺激后，立即安排练习或问题
2. 在非评估性氛围中提供反馈的机会（比如，第一次可以让学生在小组中回答或通过材料不公开地回应）	在指导性练习环节开始时，要求学生不公开地回应或提供非评估性（如小组）的反馈
3. 必要时使用个人和小组活动（比如用成绩合约、光盘、游戏和模仿、学习中心等作引发动机的辅助工具）	为可能有需要的学生提供个性化的教学材料（比如，辅导习题或补充课文）
4. 用有意义的口头表扬，吸引学生参与学习过程并保持积极投入的状态	通过有意义的口头表扬和鼓励，保持一种温暖的培育氛围（如解释答案为什么正确）。有条件地表扬部分正确的答案
5. 监控学生课堂作业，并在独立练习的时间频繁地检查进展情况	在课堂作业期间，与每位学生的接触时间限制在30秒左右，提供与教学相关的答案。保持在班内转动

学生成功率

有效教学的最后一个关键行为是学生的成功率，这个术语主要指学生理解和正确完成练习和作业的比率。

在先前引用的关于教师任务导向和学生参与的研究中，呈现材料的难度水平已经成为研究的一个重要层面。在有些研究中，难度水平是以学生理解和正确回答测试问题、练习和作业的比率来衡量的。有如下三种难度水平：

- 高成功率：学生理解所教学科内容，仅偶尔因粗心而出错。
- 中等成功率：学生不完全理解，会犯一些实质性的错误。
- 低成功率：学生很少或根本不理解学科内容。

古德和布罗菲（Good & Brophy, 2007）以及马扎诺、皮克林和赫夫鲍尔（Marzano, Pickering, & Heflebower, 2010）都毫无意外地发现，学生参与，即学生积极投入、思考和使用所教内容的时间，与学生的成功率紧密相关，如图1.4所示。产生中等到高成功率的教学之所以促进了学生的表现,是因为教学内容较多处于学生当前的理解水平。这个结果最初是在讲解式或说教式的教学中发现的,这种教学教授一些基本的学术技能,学生通过练习和重复即可轻松学会(Rosenshine,1986)。但最近的研究已在思维技能教学中发现了类似的结果(Costa & Kallick,2010;Brophy,2010)。他们的研究还显示出,产生低错误率(高成功率)的教学有助于提高学生的自尊心,使学生对学科内容和学校产生积极态度,进而为学生达到更高的成就水平提供了动力。

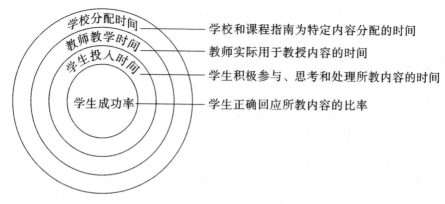

图1.4 时间层次

在典型的课堂中,一名普通学生会花一半的时间处理那些能给他们带来成功率的教学任务。但研究者发现,投入在高成功率活动上的时间超过平均水平的学生取得了更高成就,记忆力保持得更好,而且对学校有更正面的态度。这些发现建议,学生应该把60%到70%的时间用于完成那些他们几乎能完全理解、只偶尔出错的材料。

中等和高成功率可以促进对课程内容的掌握,同时也为学生应用所学内容以及基于内容进行推理、解决问题、批判和独立地思考等奠定了基础(Chaffee,2010)。很多教师用于这个学习阶段的时间不够充分,而这个阶段对于实现解决问题和批判性思考的目标是至关重要的。有效教师的一个关键活动就是组织和计划能产生中高水平成功率的教学,但随后要挑战学生超越所给信息,基于课程内容建构自己的理解和意义。

我们会在本章、第十章和第十一章进一步学习这种也称建构主义方法的学习方法。表1.6总结了一些学生成功的表现和这些章节中谈到的教学策略。

表 1.6　学生成功的表现

中高水平的成功率（有效教师）	教学策略示例
1. 设立的单元和课时内容能反映先前的学习（比如计划课程顺序时，要考虑与任务相关的先前信息）	制订一个自上而下的单元计划，识别出为实现最高层级的单元成果所必需的最低层级的课时成果。按照最符合实现单元成果的逻辑顺序来安排课时
2. 在初次回答之后要立刻纠正（比如在学生初次给出粗略答案之后，要示范正确的答案，并告诉学生如何获得正确答案）	在独立练习前提供有指导的练习，并在练习的间隙提供自我检查的方法（比如发带有正确答案的讲义）
3. 把教学分为小块（比如建立分离但有焦点的课程块，使学生在当前水平能轻松理解）	计划跨学科的主题单元，强调其中易于记忆的关系和联系
4. 按易于掌握的步骤向新材料过渡（比如根据先前确立的主题模式来改变教学的刺激，使每节课看起来都像是先前课时的延伸）	把单元计划的结构向下延伸到具体课时，这些课时紧密连接在统一的单元主题和成果下
5. 改变呈现教学刺激的步调，持续地为达成教学高潮或关键事件作铺垫	用复习、反馈和考试期形成间隔，增加和减少教学的强度和期望

五种关键行为小结

授课清晰、教学多样化、教师任务导向、学生参与和成功，这五项关键行为对有效教学至关重要。课堂研究者持续研究其他的有效教学行为，并努力深化对上述行为的理解。然而，这是第一次通过研究为清晰定义有效教学和培训教师奠定基础。这五种行为构成了有效教师的骨架，本书余下部分还将运用这些信息构建有效教师的心与脑。

你在前面已了解到，成为一名有效教师并没有什么简单的方法。要使你的教学有效，必须将许多活动精心打造为特定的行为模式。仅识别五种行为使教学看起来似乎很简单，然而你在下面的章节中会看到，要在课堂中成功地实施这五种关键行为，还需要其他辅助行为的加持。

与有效教学相关的辅助行为

为了建构关于有效教师的完整画面,你还需了解一些能帮助你在课堂中实施五种关键行为的其他行为。这些行为被视为是行使五种关键行为的辅助行为。

关于辅助行为的研究虽然也大有前景,但其研究结果不如对五种关键行为的识别那么有说服力和一致性。这也是为什么辅助行为只在与其他行为相结合的背景下应用才能发挥作用的原因,它们是催化剂,而不是反应物。以下是一些辅助行为:

1. 使用学生的想法和贡献;

2. 组织课程内容;

3. 提问;

4. 探询;

5. 教师情感(发展师生关系)。

使用学生的想法和贡献

使用学生的想法和贡献包括认可、修改、应用、比较和总结学生回答,从而促进课时目标的达成,并鼓励学生参与。注意如何使用任一种活动来实现一个或多个关键行为:

- 认可:接受学生的正确回答,并向全班重复(提升授课的清晰度)。
- 修改:使用学生的想法,可以重述,或用你自己或其他学生的话来概述(创造教学的多样性)。
- 应用:使用学生的想法教一个推论,或进一步分析一个问题(提高成功率)。
- 比较:接受一名学生的想法,并将此与该生或其他学生先前表达过的想法建立联系(鼓励参与学习过程)。
- 总结:用一名学生或一组学生所说的内容概述和回顾所教概念(提升任务导向)。

近期研究显示,对学生想法和贡献的运用已扩展到推理、解决问题和独立思考等层面。这主要是通过教师调节对话和建构主义教学策略来实现的,它们帮助学生用自己的想法、经验和思维模式重构所学内容。教师调节对话不仅要求学生正确回答问题,而且促使学生通过阐述、展开和用自己的想法评论来内化它的意义。

通过这种方式,可以鼓励学生交流自己的学习过程,帮助他们建构意义和对内容的理解(Chaille, 2007; Fosnot, 2005; Henson, 2009)。我们将在第十章和第十一章介绍建构主义教学策略和教师调节对话。

使用学生的想法和贡献还可以促进学生参与学习过程,这已成为有助于实现关键行为的常用催化剂(Emmer & Evertson, 2016; Evertson & Emmer, 2016)。思考下面这个简短的教学对话,这正是一个使用学生想法来促进参与的例子:

> 教师:汤姆,勾股定理的公式是什么?
> 汤姆:$c^2 = a^2 + b^2$.

在这里,教师不是简单说个"好",然后进行下一道题目,而是继续问:

> 教师:让我们在黑板上展示一下吧。这是一个三角形,现在我们按着汤姆所说的去做。他说高 a 的平方,加上底 b 的平方,可以得出斜边 c 的平方。克劳迪奥,你能上来用汤姆跟我们说的公式演示一下如何得出 c 的长度吗?
> 克劳迪奥:好。如果 a 等于 3,b 等于 4,那么我的解题方法是将它们的平方加起来,然后再求平方根,这就得出 c 了。
> 教师:所以,我们求 3 的平方和 4 的平方,然后将二者加起来,再求平方根。这样得出 5,也就是斜边的长度。

在运用学生想法的五种方法中,这段对话使用了哪一种呢?第一,通过画图将汤姆的回答展示在黑板上。教师采用了汤姆的答案,并把它作为依据用到下一步的教学中。第二,通过口头重复汤姆所说的,教师在全班面前认可了汤姆贡献的价值。第三,通过让另一名学生验证汤姆答案的正确性,教师对这个概念进行了总结。所有这些都是从汤姆一句简单的(仅有的)"$c^2 = a^2 + b^2$"而逐步完成的。

研究表明,使用学生的想法和贡献,尤其是在自然发生的课堂对话环境下使用,相比简单说个"好"来承认学生的回答,能够更强烈和持续地促进学生的投入(Brophy, 2010; Good & Brophy, 2007)。我们用来认可和奖励学生的标准话语(如"正确"、"好"、"对")都用得过于频繁了,以至于它们可能丧失了要表达奖励的本意。

虽然使用学生的想法看起来很简单,但它也需要技巧和设计。即使你没有计划好如何答复,你也应该把握时机,做好随时把学生的想法和贡献融入教学的准备。

组织课程内容

教师在组织要讲的内容和总结已讲完的内容时所做的陈述,称为组织架构。如果在教学活动或问题之前使用组织架构,它可以起到桥梁作用,帮助弥合学生自身所能达到的和在教师帮助下能够达成的水平之间的差距,从而使学生理解和运用所教材料。如果组织架构用在了教学活动或问题结束时,它可以强化所学内容,并将这些内容与其他教学内容建立起合适的联系。这两种组织架构的形式都与学生成就有关,而且都可以作为五种关键行为的有效催化剂。

通常情况下,之前和之后的组织架构分别采用以下形式:

教师:(上课开始时)好,我们已学过海龙鱼是如何通过改变颜色和游动方式来适应周围环境的,下面我们将学习它们如何寻觅食物。最重要的是,我们要学习海龙鱼如何生长,以及如何为其他鱼类提供能量,比如我们经常吃的鱼,使它们可以在海洋深处繁衍生存。

教师:(上课结束时)那么我们发现,海龙鱼自我保护的方式是改变自身颜色与海底的植物融为一体,或者前后摆动糊弄敌人。我们或许可以得出这样的结论:海龙鱼躲避而不是捕捉它的天敌,它们贴近海底,在不被注意的地方寻觅食物。你能想象一下,海龙鱼的聪明策略什么时候可能不起作用,使它沦为海洋深处其他鱼类的食物吗?(Palincsar & Brown, 1989)

这一系列描述阐释了一些用以组织架构的方法。一种方法是发出信号,表示方向或内容将要发生改变。清晰的信号可以提醒学生即将发生的变化,如果没有信号,学生可能混淆新旧内容,忽视二者之间的差异。比如,"我们已学过海龙鱼是如何通过改变颜色和游动方式……我们将学习……",以此为信号可以帮助学生转换思维,并为新内容提供了一个更有意义的视角。

另一种组织架构的方式是强调。你在前面的对话中能找到强调的重点吗?通过使用短语"最重要的是",教师提醒学生在活动结束时要出现的知识和理解。这种组织架构帮助学生组织后面的内容,被称为先行组织者。

在这个例子中,学生得到线索去思考海龙鱼颜色和游动方式之外的因素,包括它们如何生长,以及如何为其他鱼类的繁衍生存提供能量。这使教师的最后一个问题更有意义(即"你能想象一下,海龙鱼的聪明策略什么时候可能不起作用,使它沦为海洋深处其他鱼类的食物吗?")。学生已经得到线索,教师可能会提出这个问题,并期待他们概括那些讨论过的概念。"这很重要"、"我们一会儿再回到这一点"和"记住这一点"这样的短语,被称为口头标记语,可以用来强调最重要的知识要点。

除了使用口头标记语和先行组织者,有效教师还把课程组织为一个活动结构。活动结构是一组相关联的任务,它们在认知复杂度上存在差异,在一定程度上可以被置于学生的控制之下。为了改变对学生的认知要求,并赋予教学节奏和活力,活动结构可以按多种方式来建立(如合作的、竞争的、独立的)。对于有效教师而言,它们是让学生投入学习过程的重要工具,可以促使学生从简单回忆事实发展到较高的回应水平,进行推理、批判性思考和解决问题。

提 问

提问是另一种重要的辅助行为。很少有别的话题像教师提问这样被研究得这么多(Dantonio & Beisenherz, 2001; Falk & Blumenreich, 2005; Lewin, 2009; Nadler & Chandon, 2010)。关于教师提问最重要的研究成果之一,是对内容问题和过程问题的划分。

内容问题。教师提出内容问题,让学生直接处理所教内容。例如,教师提一个问题,看学生是否能够回忆和理解具体材料。正确答案教师已经提前知道,而且答案也在课堂上、课本中或同时出现过。这个问题不需多做解释,也几乎没有其他的意义。

研究者曾经使用多种术语描述内容问题,如下所示:

内容问题的类型

- 直接问题:问题不需要解释,也没有别的意义。

例子:在刚读的故事中,"古老"这个词是什么意思?

- 低层次问题:问题的回答只需要回忆现成的事实,而不用概括或推论。

例子:轧棉机在机械发展中取得什么突破,使它比之前所有同类型机械都优越?

- 聚敛性问题:从不同数据资源中得出一个答案。

例子:在我们呼吸的空气中有哪种化学元素?
- 闭合问题:问题没有别的可能答案或解释。

例子:计算机的中央处理器或CPU的功能是什么?
- 事实问题:问题的回答只需回忆零散的、普遍接受的知识。

例子:47除以6等于多少?

一些研究估计,教师所提问题的80%以上是直接指向具体内容的,而且已有清晰明确的正确答案(Nadler & Chandon, 2010)。而可能更重要的还有,在教师自制的测试题目和行为目标中,几乎有同样高的百分比的内容也处在回忆、知识或事实这个层面上(Borich & Tombari, 2004)。因此,测试题、行为目标和大多数教学似乎都强调那些已知的事实,正如课程指南、练习册和课文中所呈现的,很少用于解决问题、做决策、评价等高阶思考。

作为教师,提问的艺术将成为你最重要的技能之一。你向学生传达信息时的多样性将在很大程度上取决于你对问题的灵活使用。提问本身并不是目的,而只是一种手段,通过让学生处理、操作和思考所学材料,从而使他们投入学习过程中。

过程问题。从之前的讨论中,你可以看到为什么提问的问题不应该都是内容问题。为了鼓励不同的思考过程,提问也有不同的目的。教学目标还包括解决问题、引导、激发好奇心、鼓励创造性、分析、综合和判断等,所有这些都应在你的提问策略中反映出来。出于这些目的,学习内容本身不是目标,而是实现高层次目标的手段。

研究者曾经使用多种术语描述过程问题,如下所示:

过程问题的类型
- 间接问题:问题有多种可能的解释和替代意义。

例子:你用过哪些方式使用"古老"这个词?
- 高层次问题:问题的回答要求更复杂的思考过程,而不是简单回忆事实(比如,做出概括和推论)。

例子:轧棉机的发明对北美的生产态度产生什么影响?
- 发散性问题:从不同的数据资源中得出不同的正确答案。

例子:就我们目前所知的多种污染形式,要净化呼吸的空气,我们要做的第一件事是什么?
- 开放问题:不期待或不太可能只有一个正确答案。

例子:计算机技术的最新发展对你的生活有什么影响?
- 概念问题:问题的回答需要抽象、概括和推理过程的处理。

例子:用你自选的例子解释一下,除法和减法有哪些相似点?

你能看出这组过程问题和前面那组内容问题存在什么区别吗?注意,过程问题鼓励更多思考和解决问题,要求学习者运用个人知识资源积极建构自己的理解和意义,而不是按照教授的方式通过重复而获得理解。

正如我们之前所看到的,这种教学的观点代表了一种教育运动,称为建构主义。建构主义教学策略强调学生的直接体验,并把课堂对话作为教学工具,不主张讲解和传递式的教学。参考"在实践中:关注建构主义"。

在实践中:关注建构主义

建构主义是一种学习哲学,它解释了人们如何理解或学习。在20世纪的80年代晚期和90年代早期,许多心理学家开始关注建构主义学习观,认为学习是学习者在与物理和社会环境的互动中从内部建构知识的主动过程。建构主义者相信,我们所知的很多事情都受到环境和以往经历的影响。从建构主义视角来看,概念的增长是多重观点共享的结果,通过回应他人的观点来完善自己的理解。

建构主义者注重将学生吸引到丰富的反映自然环境的教学情境中。在这样的环境下,学生有机会协商意义和与他人合作。学生因此可以接触多重视角,有机会主动建构、完善和掌控他们的所见所闻,并从中获得意义。在这种环境下建构的知识是复杂的、个性化的和深刻的,学生更容易将此迁移到课本和课堂之外。通过自我建构意义,学生对自身学习掌握着主动权,而教师则作为助力学生成长的辅助者。教师不再是知识的传递者,相反,他们为使学生自主发现知识而提供引导和脚手架。在建构主义学习环境下,教师促进一种能拓展学生体验和兴趣的学习氛围,这样也为学生看到多重视角、发展自己的理解提供了机会。

> 在你观看这段视频时,观察学生如何基于他们的知识和从自身经验中获得的理解来回应教师。注意在教学期间,建构主义如何在学生学习中发挥作用。

建构主义有三个基本特征:

1. 认知冲突或困惑是学习的刺激因素,并影响对所学知识的重组及其本质。据杜威(Dewey,1938)所言,正是问题引导学习,并成为学习的组织者。而按皮亚杰(Piaget,1977)的观点,当学生现有的经验无法同化到已有的思维模式中,就会引发调和的需要。

2. 知识在协商中衍生,并构成个体建构事实的方式。合作小组非常重要,因为学生既可以检验自身的理解,也可以审查别人的理解和观点。

3. 理解来自个体对环境的反应。认知不仅存在于个体的内部,也来自分布在学生所处整体环境中的感知和体验。

通过考察建构主义视角,我们可以认识到,学习是一个持续、主动的过程,而探究是促进以认知为基础的建构主义学习方法的恰当手段。在基于探究的学习环境下,学生参与亲身实践、就主题内容提问、解决问题或展开研究,从中他们进行观察、提问和收集信息,在持续、主动的过程中不断检验他们的理解(Henson,2009;Chaille,2007)。

过程问题和我们下面要介绍的一个辅助行为——探询,都是课堂中用于促进建构主义思维和活动的重要辅助手段。我们在后面的章节中,特别是第十和十一章中,将更多地讨论直接经验的作用以及课堂中对建构主义策略的使用。

建构主义教学策略强调学生的直接体验,并将课堂对话作为教学的工具

探　询

指教师用于鼓励学生详细阐述自己或别人答案的陈述。探询可以采用一般提问的形式,也可以包括其他表达方式,比如引导学生澄清答案,征询答案的附加信息,或者调整学生的回答方向,以使其朝着更有成效的方向发展。探询经常用于把讨论推向更高的思维层面。

一般而言,当教师引导、征询和调整(如有必要)循环发生时,学生就会取得最大的成就。因为如果学生寻求事物之间的联系、进行概括和解决问题,那么他们的讨论就会系统地发展至更高的复杂水平。按这种方式,你可以在开始上课时提一个简单的事实问题,然后通过引导学生澄清问题、征询新的信息或调整答案方向,把提问推至更高的水平。

建构主义教学策略强调学生对教学内容的直接体验,并把课堂对话作为教学的工具。

一个典型的循环可以以下列方式展开:

教师:桑杰,什么是科学实验?

桑杰:哦,就是你测试某个东西。

教师:你测试什么呢?(引导)

桑杰:嗯,就是你相信的,并且想发现它是不是真实的。

教师:这是什么意思?(征询)

玛丽:他的意思是你要预测。

教师:"预测"可以用别的词表示吗?(调整方向)

奥斯卡:假设。你做个假设,然后去实验室看一下是否可以实现。

请在余下对话中,查找教师的引导、征询和调整等行为。

教师:好。那么一个科学家先做出预测或假设,然后做一个实验来看它是否可以实现,接着要做什么呢?

昆丁:这就完了。

教师:(停顿10秒不做评论,然后继续讨论)实验室与真实的世界一样吗?

大卫:科学家会努力使实验室像真实世界,但实验室要小得多,就像我们书中画的温室。

教师:那么,如果要让实验室中的发现有用,科学家必须做什么呢?(没人回答,所以教师继续)如果我的实验室发现了重要的东西,我难道不想证明这可能在真实世界中发生吗?

桑杰:你的意思是,如果它在特定的情况下是真实的,那么它在一个更一般的情况下也会是真实的?

马戈:那是概括。

教师:很好。我们看到科学研究通常是以概括来结束的。让我们总结一下,科学研究需要做哪三件事?

全班:预测、实验和概括。

教师:非常好,同学们。

有效教师为学生提供了温暖和充满鼓励的课堂氛围,让学生知道帮助无处不在

请注意,这位教师课堂中的所有元素都是全班同学提供的。假设、实验和概括

等概念在班里从没被界定过,是学生自己定义了这些概念,教师只是偶尔用"好"或"不错"等告诉学生他们什么是正确的。教师的角色仅限于引导澄清、征询额外信息和调整讨论的方向。这种由引导、征询和调整构成的循环,其目的是促进对教学内容的探究和独立发现。总的来说,学生在探究教学模式下对所学材料的记忆要比在正规讲解方式下的更深刻(Conant & Carin, 2008;Llewellyn, 2007)。

教师情感

任何人如果经历过这样的课堂——教师上课无生气、无变化、音调也无起伏,他就会意识到情感层面在教学中的合理价值了。然而,与前面讨论的其他行为不同,情感既不能在教学记录中被反映出来,也不能被课堂互动的测量工具所捕捉。聚焦面很窄的研究工具经常错失教师情感的本质,只有从更全面的视角来审视课堂,情感才会体现。这种情感的本质是你与学生建立温暖、培育关系的基础。

研究工具所漏失的,学生却可以清楚看到。学生对教师行为背后的情感和意图有着很好的感知,并会相应地做出反应。如果教师对所教的内容感到兴奋,而且通过面部表情、音调变化、姿势和动作展示出来,传递对学生的尊重和关心,那么相比那些没有展示这些行为的教师而言,他更能吸引学生的注意力,并激励他们取得更高的成就。

学生从这些情感信号中获得线索,并相应地降低或提升在课堂教学中的投入。热情是教师情感的一个重要层面。热情体现了教师在教学过程的活力、参与度、兴奋点、兴趣和与学生分享这种情感的意愿,而学生也会以此回应。我们都知道,热情是富有感染力的,它可以以多种方式传达给学生,最常见的就是通过音调的变化、姿势、眼神接触和活力。然而最重要的是,你如何协调这些迹象,以表达你关心并尊重学生带到课堂的经历、知识和理解。研究发现,教师的热情对促进学生投入和取得成就都很重要(Kuh. Kinzie. Smith & Whitt, 2005;Tischler, 2005)。

没有人可以长时间保持高涨的热情状态而不会情感枯竭,这也不是热情这个词的真正含义。适度的热情更微妙,也许这也是为什么难以对热情展开研究的原因。适度热情涉及对音调变化、姿势、眼神接触和动作等保持精妙的平衡。这些行为结合起来,向学生散发一种活力、投入和兴趣的统一信号,传达出你所关心的信息。如果把握好时机,并将这些行为纳入一个连贯模式,那么你就有可能与学生形成一种无声的行为对话,这与有声交流同等重要。

对各个社会经济层面的学习者进行有效教学

社会经济地位(SES)这个术语可以意味着很多事,但一般来说,它是一个代表收入和受教育水平的近似指标。对于课堂研究者来说,学生的社会经济地位(SES)往往由其父母的收入和受教育程度直接决定,或由他们所上学校的性质间接决定。例如,一所学校里有很高比例的学生因为父母收入水平而有资格参与由国家赞助的免费或降价午餐计划,那么该学校可以被视为是社会经济地位较低的学校。

> 观看视频并学习,多样化如何在有效地准备课程教学中发挥重要的作用?

一些学校处于贫困地区,社区的总收入和受教育水平比较低,而另一些学校则位于较富裕的社区。许多贫困地区的学校有资格享受联邦政府的特别财政资助。这些学校称为"一类"学校,其中大多数学生来自社会经济地位较低的家庭,他们可能比较贫困,处于学业失败的风险中,英语能力有限,并且/或者属于少数文化或种族群体。在美国最大的25个城市中,社会经济地位与文化或种族紧密相关。其他的联邦资助项目也在提升学生的期望值和成就水平上发挥着类似作用,比如,"共同核心标准"用于缩小高、低能力表现学生之间的差距,"力争上游"提供了高质量的早期学习项目,还有"不让一个孩子掉队"。在接下来的章节中,我们将更多地介绍这些项目及其他国家的项目,并探讨它们给你的课堂和教学带来的影响。

因为处于较低和较高社会经济地位的学生涉及一些条件方面的问题,比如,在家内外获取书籍、电脑和其他资源的机会,所以他们的存在还可能持续一段时间,这种现象不会在短时间内消失。课堂研究者已经研究了在不同环境下促成最大成就的教师实践。一些研究者(Ariza,2010;Good & Brophy,2007;McNary,Glasgow & Hicks,2005;Nieto & Bode,2012)为教师教这些学生群体提供了建议,另一些研究者则帮助教师理解这些学生群体的学习需求(Delpit,2013;Diaz-Rico,2012;Echevarria & Graves,2011;Egbert & Ernst-Slavit,2010)。表1.7总结了一些教学行为,对于较高和较低表现的学生都适用。

表1.7 帮助缩小成就差距的一些教学行为

教学行为	示 例
教师情感	提供一个温暖、充满鼓励的课堂氛围,让学生始终感受到可以获取帮助
学生回答	对学生初步的粗浅回答要给予鼓励,之后再询问下一名学生
内容组织	呈现材料后要马上提供练习所学内容的机会
内容组织	在新一部分的教学开始之前,要展示各种相关信息如何组合在一起以及如何加以运用
课堂教学	在教学模式和抽象概念之前要强调应用,先呈现最具体的材料
课堂教学	以有规律的间隔监控每位学生的进步。用进步示意图帮助记录学生的改进
课堂教学	即刻帮助那些需要帮助的学生。如有必要,使用同伴或跨年龄组导师
课堂教学	在活动转换之间保持其结构和流动以使其推进。提前组织和计划好过渡
个性化	在标准课程之外,补充一些专门的材料,以满足个别学生的需要
个性化	强调学生个人体验的重要性,以提升兴趣和注意力
纠正	要求学生进行口头或书面的推理,借以得出正确的答案
思考和决策	在课程之外补充个性化材料,有些材料可以略高于学生当前能达到的水平
思考和决策	布置作业并/或拓展项目,要求学生从课外获取原始的信息资源
课堂互动	鼓励生生和师生之间的互动,让学生在互动中负责评估自己的学习
口头活动	引导学生参与超越课本和练习册中内容的口头问答

教学的复杂性:借鉴30年的教师专业标准

至此,你可能认为有效教师只是掌握所有关键行为和辅助行为的人,但教学涉及的不仅是如何执行单一行为的知识。教师与艺术家类似,艺术家把颜色和纹理编织成一幅画,产生一种整体的效果,有效教师也必须把个别行为融入教学实践中,共同促进学生的成就。教学实践大于个别教学行为,它不同程度地融合了关键行为和辅助行为。要开展有效教学,需要精心编排关键行为和辅助行为,并把它们整合成有意义的模式和节奏,从而在课堂中实现教学的目标。

那么,真正的有效教师知道如何执行个别行为,因为他们心中有更大的教学目的。这个更大的目的要求把具体行为排列成序列和模式,这样积累产生的效果比任何单一的行为或行为的小组合所能达成的效果都要大。这也是为什么教学会涉及一种时间感和节奏感,是任何行为列表都无法传达的。这些行为之间的相互联系使每种行为在具体课堂环境下都得到了恰当的强调,这对有效教师来说非常重要,而课程、学习目标、教学材料和学习者等因素的结合,则为教师行为的恰当融合提供了一个背景。我们在之后的章节中还会介绍和讨论这些有效教学模式。

教师专业标准

本书描述的有效教学方法借鉴了30多年的有效教学研究和国家、州级教师专业标准,而且与目前学生和教师如何学习、应该学什么等观点紧密结合。

几十年来,美国的教学都反映出一种直接的教学模式。该模式期待教师向学生呈现和传递知识,而学生则接受、储存知识,并按要求再现知识(Weiss & Weiss,1998)。许多研究者和教育者都曾挑战过这种观点,表明学生不是简单接受知识,而是通过与经验发生的社会、文化、语言环境互动来主动建构知识。有效教师应该作为有能力的辅助者、教练和指导者,促进学生建构知识。换言之,学生能够而且应该被指导成为自己学习的主体。

为了响应这种更互动的教学观点,国家专业教学委员会(NBPTS)于1987年成立,目标是实现以下三个主要成果:

1. 建立高标准和严标准,明确有效教师应该知道什么和能做什么。
2. 发展和运行国家义务制度,以评估和认证符合标准的教师。
3. 推进相关的教育改革,以改善美国学校学生的学习。

国家专业教学委员会(NBPTS)由董事会管理,但其中大多数是一线教师。2001年,委员会列出了完成教学必不可少的五大提议:

1. 教师要对学生及其学习全力以赴。
2. 教师了解所教学科内容和如何向学生教授这些内容。
3. 教师负责管理和监控学生的学习。
4. 教师系统思考他们的教学实践,并从经验中学习。
5. 教师是学习共同体中的成员。

在国家专业教学委员会成立同年,州际新教师评估与支持联合会(InTASC)也成立了,为专业组织和国家机构认证新手教师设立审核标准。InTASC 标准(Miller,1992)中写了 10 项原则,之后被描述为教师知识、倾向和行为表现,换言之,即新手教师应该知道什么和能做什么。

2011 年,州首席教育官员理事会(CCSSO)更新了 InTASC 的核心教学标准,使它们适用于所有教师而不仅是新手教师的成长与发展。这些更新的标准与数学和英语语言艺术的州级共同核心标准一致,为预备、支持和认证教师提供了统一、连贯的体系。

因为你将来很可能在参与专业发展项目中用到 InTASC 标准(之后在你的职业生涯中也许还会用到 NBPTS 标准进行高级认证),所以本书讨论了一些有效教师为实现 InTASC 和 NBPTS 标准所采用的基于研究的实践。以下部分列出了 10 条 InTASC 标准,每一条都标有文中的章节和附录,为你提供了实现这些标准的有效教学方法。

学生学习

标准 1:学生发展。教师理解学生如何成长与发展,认识到学生学习与发展的模式因个体在认知、语言、社会、情感和身体等各层面以及多层面交织产生的差异而各有不同,并能设计与实施适合学生发展和具有挑战性的学习体验。(第二、六、七、十一章)

标准 2:学习差异。教师利用对个体差异和多元文化、社区的理解,确保提供包容性的学习环境,从而使每个学生都能达到高标准。(第一、二、十一、十二章)

标准 3:学习环境。教师与他人合作创设支持个体学习和合作学习的环境,鼓励学生进行积极的社交互动、主动参与学习和进行自我激励。(第三、七、八、十、十一章)

内容知识

标准 4:内容知识。教师理解所教学科的核心概念、探究工具和结构,并创设使学生易于理解和有意义的学习体验,以确保学生掌握学习内容。(第五、六、九、十三章)

标准 5:内容应用。教师了解如何把概念联系起来,并使用不同的观点使学生就真实的本地和国际问题进行批判性思考,激发学生的创造力和合作解决问题的能力。(第一、二、十、十二章)

教学实践

标准 6:教学评价。教师理解和使用多种评价方法,使学生参与自身成长,监控学生的进步,并引导教师和学生制定决策。(第五、六、十三章)

标准7:教学计划。教师借鉴学科内容、课程、跨学科技能和教学法方面的知识以及有关学习者和社区环境的知识来设计教学,从而支持每个学生达成严格的学习目标。(第二、五、六、七章)

标准8:教学策略。教师理解和运用各种教学策略,鼓励学生深入了解学科内容及其相互联系,并培养学生以有意义的方式应用知识的技能。(第八、九、十、十一、十二章)

职业责任

标准9:专业学习与道德实践。教师参与持续的专业学习,使用证据不断评估自身的实践,特别是其个人选择和行动对他人(学生、家庭、其他专业人士和共同体)的影响,并调整实践以满足每个学生的需求。(第一、二、四、六章)

标准10:领导与合作。教师寻求适当的领导角色和机会,对学生学习负责,并与学生、家庭、同事、其他学校专业人员和共同体成员合作,以确保学生成长和促进专业发展。(第二、三、四、十三章)

每种标准都有特定的专业态度和倾向,从而保证其连贯流畅、无缝衔接地应用。例如,教师履行标准2"学习差异",需要持有一个信念或倾向,即所有学生都能实现高层次的学习,学生不同的家庭背景、能力和兴趣都应得到尊重并纳入教学实践,从而使学生更好地参与学习过程。

上述标准将成为你准备参与教师预备课程和资格考试时的重要指南,比如实践系列:新手教师专业评估(如图1.5所示)或教学绩效评估(edTPA)(如图1.6所示)。这两项评估都符合共同核心标准和InTASC标准。

实践Ⅱ考查你对人的成长与发展、课堂管理、教学设计与讲解、评估与测试以及特定课程知识等方面的理解。为了使你做好应对此类或类似考试的准备,每章结尾处对10项InTASC标准的每一项都提供了具体应用案例,而且对应着每个案例,都按照实践考试的格式设置了主观题、选择题和答案。图1.5提供了实践考试概览。

教学绩效评估(edTPA)持续3至5天,一般在学生教学或实习体验结束后,由候选教师基于标准和特定学科内容进行课堂教学。该评估是对候选教师所提交的教学材料进行多项指标的评估,涉及如何计划、指导、评价和分析教学,具体材料包括教案、评价手段、未编辑的教学录像和教学材料案例,以此展示他们如何设计教学,适应不同学习者和评价学生的学习。每项评估都由合格的教师打分,他们都是有初级教师经验的学科内容专家。图1.6提供了edTPA评估过程的概览。

实践系列:新手教师专业评估是一套有效的评估体系,它为大学、州教育机构和各学区提供了有关毕业、认证和雇佣决策方面的信息。另外,学院和大学可以使用实践系列中基本学术技能部分来考查教师是否有资格参与教师教育项目。

实践系列的三个评估领域如下所述:

1. 参与教师培训项目:实践I:职前技能考试。

2. 取得教师资格证:实践II:学科内容评估。

3. 第一年教学:实践III:教师绩效评估。

实践I:职前技能考试测量阅读、写作和数学基本技能。此类评估使寻求教师培训的人有机会展示其具备了投身教育职业必需的学术技能。每个技能领域的测试持续1小时,问题采用多项选择题的形式,但写作测试除外,会包括论文部分。

实践II:学科内容评估包括对学前到高中(PreK-12)120多门学科领域的专业内容测试,一般在你完成教师预备课程后,针对你被培训和获得教学资格的学科领域进行评估。测试的数量和内容反映了你希望获得认证的学科领域和/或年级层次的特点,并由你寻求认证的州或其他认证机构来决定。虽然测试的形式有所不同,但大多数测试持续1到2小时,包括基于特定教学情境或一段话的简答题和/或多项选择题。一些典型的内容测试有"早期儿童教育"、"生物"、"物理"、"商业教育"、"普通科学"、"英语"、"文学与写作"、"体育"、"社会科学"和"艺术"。除了对具体学科内容的评估,实践II还提供:

• 学习与教学原理(PLT)测试:测试与特定年级范围有关的一般教学知识,如儿童早期、小学、初中、高中。

• 教学基础考试(TFE):测试与广泛的内容领域有关的教学知识,如多科目(小学)、英语语言艺术、数学和科学。

实践III:教师绩效评估用于评估新手教师在课堂环境下的教学技能。评估是通过直接观察教学,审核教师提供的文件和进行结构化面试。评估标准由四个领域组成:

• 教学计划;

• 课堂环境;

• 开展教学;

• 教师专业性。

访问 www.ets.org 网站获取更多信息。

图1.5 关于实践

教师绩效评估考查你对教学五个关键层面的理解:
1. 教学计划和评价
要求应试者展示他们的教学计划如何适应内容标准,并以学生的先前学习和生活经历为基础,以及如何为满足学生需求来区分教学。
2. 指导和吸引学生投入学习
要求应试者展示具体学科教学策略,以及如何引导和监控学生回答以发展其对学科内容的理解。
3. 评估学生学习
要求应试者提供课堂评价案例,提供学生学习样例和教师反馈证据,分析几名焦点学生的优势和需求。
4. 教学效果分析
要求应试者解说他们在设计、教学和评价等方面的技能。在设计方面,要求应试者基于对不同学生优势和需求的了解解释和论证他们的教学计划。在教学方面,应试者需要解释和论证一节课中的某个环节哪些层面有效、哪些可以改进以及应遵循哪些步骤。
5. 学术语言发展
要求应试者用学生的作业样例或学生参与的录像记录来汇报他们如何支持学生在口头和书面上运用学术语言,从而加深学生对学科内容的理解。

图 1.6 关于绩效评估(edTPA)

向真实的教学世界过渡

作为一名未来教师,你需要思考一个问题:"要成功进入真实的教学世界,你需要哪种类型的知识和经验?"后面的章节将传达这些知识类型,帮助你快速地攀登塑造有效教师的知识和经验阶梯。但在学习这些能帮助你快速进阶的工具和技巧之前,你应在职业生涯的现阶段花一点儿时间反思你在教学中关注什么。附录 A 中包含一份《教师关注检查表》,里面有 45 道题目,是用于评估关注阶段的自我报告工具,可以准确识别教师在职业生涯中所处的不同阶段。你可以用教师关注检查表衡量你的教学关注水平,并使用所提供的得分说明来表达你最密切关注的问题。查看过检查表后,你再返回本章继续阅读,进一步了解在教师成长和发展中这个有趣的方面。

暂停:现在请完成附录 A 的《教师关注检查表》。

现在你已经排列出你认为最重要的教学关注,那么让我们看一下这对你的教学意味着什么。你向真实的教学世界的过渡将开启教师发展的第一个阶段,有时称为生存阶段(Borich, 1993; Borich & Tombari, 1997; Fuller, 1969)。教学第一个阶段的显著特点是,你的教学关注点和计划聚焦于你自己的生存状态,而不是教学任务或学生。布洛夫(Bullough, 1989)把这个阶段描述为"职业生活的战斗期"。在这个时期,你的关注可能包括以下内容:

- 我的学生会喜欢我吗?
- 他们会听我的吗?
- 家长和其他教师会如何看我?
- 如果有人听课,我会上好吗?

在这段时期,行为管理问题将成为你计划中的重点关注方向。对于大多数教师来说,对生存或自我的关注在最初几个月的教学过程中会快速减少,但没有一个清晰的结束时间。当转换到一组新的教学关注或计划优先事项时,也就标志着它结束了。新的这组优先事项集中在怎么上好课,这个阶段以关注教学任务为标志。在这个阶段,你开始感到自信,能够管理课堂的日常事务,以及处理各种各样的行为问题。到此时,你计划教学时就不再仅仅关注课堂管理,而是转而提升你的教学技巧和实现对教学内容的更好把握。通常情况下,你在这个阶段的关注点可能包括:

- 我在哪儿能找到个性化的教学材料?
- 我有足够的时间讲完内容吗?
- 我在哪儿能获得一些跨学科主题单元的想法?
- 在多样化的课堂中教授写作技巧的最佳方式是什么?

教师计划的第三级,也就是最高水平的特点是,较少关注管理和授课方式,而更多关注教学对学生的影响。这一计划阶段有时称为影响阶段。在这个阶段,你会很自然地把学生视为不同个体,并关注每个学生是否都发挥出他/她的学习潜力。在这个最高阶段,你的主要关注点可能包括:

- 我如何提高学生的成就感?
- 我如何满足学生的社会和情感需求?
- 要调动没动力的学生,最好的方法是什么?

● 学生需要哪些技能才能为下个年级做最好的准备？

关注自我、任务和影响是大多数教师经历的自然阶段,体现了一种教师发展和成长模式,在教师职业生涯中会延续数月甚至几年的时间。虽然一些教师可能比其他教师更快地渡过这些阶段,而且强度水平也有所不同,但富勒表明,几乎所有的教师都会经历从一个阶段过渡到另一个阶段的过程,只有那些最有效和最有经验的教师才会高度投入地表达对以学生为中心(影响)的关注。

富勒的关注理论还有一些有趣的启示。教师有可能回到更早的关注阶段,比如,因为要教一个新的年级或科目,教师从关注学生回到关注教学任务,或因为要教不同和不熟悉的学生,教师从关注任务回到关注自我的阶段。教师第二次花在某个阶段的时间预计会比第一次短。

最后,这三个关注阶段不一定彼此排斥。教师的关注可能集中在某个领域,但在其他阶段可能还对此有所关注,只是关注强度有所减弱。

记录你在刚完成的教师关注检查表中的得分,并与你在课程结束后的得分进行比较,以此查明你的关注点可能朝哪个方向发生变化。

更多信息

在过去的10年里,有很多来自国家和州的教育举措,如国家数学教师委员会(NCTM),国际阅读协会(IRA)和其他组织,都曾寻求在特定学科领域为学生和教师界定出知识和行为表现。中大陆区域教育实验室(McREL)建设了一个大型数据库,综合整理了这些努力的成果。你可以访问他们的网站以了解更多标准。

下面是一个案例和考试预备练习题,旨在帮你准备认证考试(你参与的教师预备项目和所在州进行教师认证时可能要求你参加这些考试)。在本章结尾处,你还会发现一些类似的案例。基于实践Ⅱ:学习与教学原理测试的目标和内容,以及In-TASC 和 NBPTS 标准,这些深入的案例代表了本章的关键概念(见图1.5 实践Ⅱ的构成)。当你完成考试的预备练习题,你会找到试题说明和学生简答题答案得分的示例,每道多选题的正确答案和解释,以及一些额外的关于认证测试的试题。虽然这些试题不是为了对每章内容进行综合评估,但提供了有针对性的排练,可为你参加教师预备项目所要求的实践Ⅱ考试和其他考试做好准备,使你更好地适应所考的教学知识水平和试题类型。

案 例

说明：以下案例与第一章的内容有关。读完这个案例，请根据提示回答一些批判性思考问题，并把从本章中学到的知识应用到这个案例中。

特拉维斯老师教七年级一个班的英语课，班里有29名学生。在这个班中，男生的表现比较均衡，而女生则高低不等——有几名学生属于主流学生群体，少数几个学生具备有限的英语口语技能，还有几名学生天资聪慧，而大多数学生的表现处于平均水平。本案例特别关注以下三名学生。

布雷迪是个新来的学生，她有一些特殊的需求。按照官方的分类，她有"情绪障碍"，但从她的一些标准化测试成绩看，尤其是阅读理解和词汇方面的测试，她几乎接近天才的水平。她的座位被安排在教室后方的角落里，而她似乎很享受这里的与世隔绝。很多时候，布雷迪都在读小说，她目前选择的是弗兰兹·卡夫卡的《变形记》。

达莉亚是一名优等生，但她的成就主要在于学习动机强、习惯好，而不是成绩出色。她总是第一个来到教室，甚至在铃响前就开始做当天的热身练习。达莉亚正刻苦练习她的写作，而且有点急于求成。下课或放学后，她经常留下来问一些额外的关于后续作业任务的问题。她一心想成为家里第一个上大学的人。

吉姆是个普通学生，他个子很高，性格外向，对自己成为学校足球队员而兴奋不已。他很幽默，经常跟班里的同学开玩笑。虽然他出勤率很高，也从不迟到，但他的学习习惯不是很好。有时他忘记带书或拿错笔记本，对此他总以"休假"为借口。他完成任务时，经常不举手就说话，或者突然热情地打断其他学生。

在上课开始的几分钟，特拉维斯老师一边点名一边带领全班学生完成了平时的热身活动。她写下当天的引文，查找画线关键词的同义词，最后释义引文的内容。学生们也从前面的黑板上记下当日的课程和作业。一些之前缺席的学生走去查看布告栏上的班级日程，从中了解需要后补的作业。

特拉维斯老师让吉姆读一下引文："教育之根是苦的，但其果实是甜的。——亚里士多德。"

吉姆照着黑板而不是笔记本读了一下,他今天忘记带笔记本了。因为他没写下"根"这个词的同义词,特拉维斯老师等他从词库中查找。吉姆找了一会儿,但最后说"根基"。

"不错的选择。"特拉维斯老师告诉他。在她叫其他学生回答时,她悄悄地递给吉姆一页纸让他现在写下热身内容,这样他到家后就可以抄到笔记本中。在她向全班询问更多的近义词时,她一直站在他的书桌旁。吉姆不太情愿地开始写。

在讨论引文的整个过程中,布雷迪一直在读她的小说。特拉维斯老师让她读引文释义时,她毫不迟疑地回答:"为学习打基础可能很困难或艰苦,但回报却是丰硕和令人愉悦的。"布雷迪正要回到她的小说中,特拉维斯老师却继续询问。

"你能就那些'苦涩的根'举些例子吗,布雷迪?"

"好吧,比如,必须得做课堂热身,记笔记,忍受那些几乎看不懂的人。"她盯着吉姆。

特拉维斯老师承认,课堂作业可能很难。"这是些例子,布雷迪,现在跟我们说一些'甜美的果实'。"

没有回应。10秒钟后,特拉维斯老师询问:"读卡夫卡的书是甜美的果实吗?"

布雷迪耸了耸肩。特拉维斯老师继续说:"好,如果你喜欢《变形记》,那我推荐你接下来读《判决》。"布雷迪从书中抬起头,看向特拉维斯老师,脸上浮现出惊讶的神色,然后她在手上写下了书的名字。

经过讨论,全班就教育"苦涩的根"举了几个例子,都是他们不希望有的。但"甜美的果实"的例子有点难启发,所以特拉维斯老师改变了方向。

"嗯,也许现在你们看不到太多'甜美的果实',因为你们正在耕耘中,但当你高中或大学毕业时会怎么样呢?教育会为你提供什么回报呢?"

"我想成为家里第一个上大学的人。"达莉亚说。

"我会获得足球奖学金。"吉姆补充道。其他几名学生提到毕业后他们打算买什么车。就在这种分享的热情几近一片嘈杂时,特拉维斯老师引导学生就今日课程完成一个10分钟的写作作业,题目是"教育的回报"。

在接下来的10分钟里,学生进行写作,而特拉维斯老师在教室里四处走动,了解学生的进展并给出建议。就连布雷迪也将一直读的小说放在一旁开始写作。

点击 第一章 评估测试你对本章知识的掌握情况。

总　结

学习成果1.1

● 早期有效教学的定义主要侧重教师的人品,其次才是他/她在课堂中的行为。

● 大多有效教学的现代定义识别了课堂中影响学生认知和情感表现的师生互动模式。

● 许多研究发现,师生互动模式一贯地促成期望的学生成果,如学生学习动机更强,成绩更高,解决问题的能力和学习技巧都有所提升。

学习成果1.2

● 有效教学的五种关键行为和一些相关表现如下:

1. 授课清晰:有逻辑、循序渐进;讲授方式清晰、易懂;不会分散学生的注意力。

2. 教学多样化:在教学材料、提问、反馈类型和教学策略上有变化。

3. 任务导向:以成就(内容)而不是过程为导向,扩大内容范围,延长用于教学的时间。

4. 学生投入:限制分散注意力的可能性,使学生就学习内容进行操作、思考和探究。

5. 成功率:把大约60%到70%的时间用于能带来中等至高水平成功率的任务上,特别是在讲授式或传递式的教学中。

学习成果1.3

● 有效教学的五种辅助行为和一些相关表现如下:

1. 使用学生的想法和贡献:利用学生的想法推动课程目标的实现,让学生用自己的想法、经验和思维模式来详细阐述并扩展所学内容。

2. 组织架构:在课程开始提供先行组织者以及认知或心理策略,创设有不同要求的活动结构。

3. 提问:使用内容(直接)和过程(间接)问题传达事实,并鼓励学生探究和解决问题。

4. 探询:引导澄清,询问额外信息,并在必要时改变方向。

5. 教师情感：在课堂讲解中通过音调变化、姿势、眼神接触和活力等展现出生气、投入、兴奋和兴趣，所有这一切都为学生传递出一种温暖和培育的关系。

学习成果1.4

- 国家专业教学标准委员会（NBPTS）主要由一线教师作为董事会成员进行管理，他们提出了对有效教学至关重要的5个主张。
- 州际新教师评估与支持联合会（InTASC）制定了10条标准，后被描述为教师知识、倾向和表现，指出新手教师应该知道和能做的事项。

学习成果1.5

富勒（Fuller，1969）假定的教师走向专业所经历的三个关注阶段：关注自我、关注教学任务和关注对学生的影响。

关键术语

共同核心	InTASC标准	教师调节对话
建构主义教学策略	关键行为	教师任务导向
投入学习的时间	授课清晰	教学关注
辅助行为	社会经济地位（SES）	
教学多样化	学生成功率	

讨论与练习

带星号的问题在附录B中有相应答案。

*1. 在下面的列表中，请在可能出现于有效教学早期定义中的表现旁边写下数字1，一般基于好人的特征或基于感知的好教师的心理特征来描述；在可能出现于有效教学现代定义中的表现旁边写下数字2，一般基于师生互动模式来描述。

_____ 总是准时上班；

_____ 聪慧；

_____ 课后留下帮助学生；

_____ 与当权者合作；

____ 在他/她所教的年级层次有丰富的经验；

____ 变换使用高层级和低层级的问题；

____ 喜欢他/她的工作；

____ 用吸引注意力的手段使学生投入学习任务；

____ 乐于接受批评；

____ 授课时展现活力；

____ 接触过难对付的学生；

____ 总是让学生体验中高水平的成功率；

____ 使教学内容紧密契合课程指南。

2. 在你看来，右边哪些辅助行为对实施左边的关键行为最有帮助？对于给定的关键行为，可能不止一种辅助行为可以应用。把你的结果与同学的结果进行比较，并讨论存在差异的原因。

(1)____ 授课清晰　　　　　　a. 学生的想法

(2)____ 教学多样化　　　　　b. 组织架构

(3)____ 任务导向　　　　　　c. 提问

(4)____ 投入学习任务　　　　d. 探询

(5)____ 成功率　　　　　　　e. 热情

3. 如果你教五年级的数学，你会强调哪两种有效教学行为？如果教一年级的阅读呢？用本章的研究汇总表来证明你的选择。

4. 用下列技巧表明你在展示五种关键行为和辅助行为时感受到的优势。首先请注意给每个关键行为分配一个编号。

(1)授课清晰

(2)教学多样化

(3)教师任务导向

(4)学生参与学习过程

(5)学生成功率

现在，对于以下每一组选择，请在你认为自己更具优势的关键行为编号上画圈。

(1)对(2)　　　　　　　　　(2)对(4)

(1)对(3)　　　　　　　　(2)对(5)
(1)对(4)　　　　　　　　(3)对(4)
(1)对(5)　　　　　　　　(3)对(5)
(2)对(3)　　　　　　　　(4)对(5)

计算一下你画 a 和 1 的次数,以及画 a 和 2 的次数,诸如此类,在下面横线处写下频次。

____(1)

____(2)

____(3)

____(4)

____(5)

你认为有最强优势的就是频次最高的关键行为,而最弱优势的是频次最低的行为。

5. 对于五种辅助行为,请按同样的方式再次进行配对比较(见题4)。

(1)使用学生的想法

(2)组织架构

(3)提问

(4)探询

(5)热情

(1)对(2)　　　　　　　　(2)对(4)
(1)对(3)　　　　　　　　(2)对(5)
(1)对(4)　　　　　　　　(3)对(4)
(1)对(5)　　　　　　　　(3)对(5)
(2)对(3)　　　　　　　　(4)对(5)

____(1)

____(2)

____(3)

____(4)

____(5)

专业实践

现场体验和实践活动

1. 回忆你高中时一位特别有效的教师和一位低效的教师。试着对每位教师形成一种心理图像。现在按下表中的五种关键行为评价每位教师。用 1 来表示某种行为表现强,用 2 表示中等表现,用 3 表示行为表现弱。两位教师的行为概况是否不同?怎么不同?

行为	教师 X(有效)	教师 Y(低效)
授课清晰	_____	_____
教学多样化	_____	_____
任务导向	_____	_____
参与学习过程	_____	_____
成功率	_____	_____

2. 现在,围绕五种辅助行为评价这两位教师,模式相同吗?对于同一位教师的关键和辅助行为,你在评价中发现存在哪些不同?你如何解释出现的这些差异?

电子档案活动

下列电子档案活动与 InTASC 标准 9 有关:

- 什么是电子档案?电子档案包含的材料与传统档案的相同,但材料是以电子格式来获取、组织、保存和呈现的。以电子格式保存和呈现与专业发展相关的重要信息具有很多优点。第一,一份专业发展电子档案可能涵盖了你想展示给未来雇主的全部事项,但所用空间却只占文件夹、文件盒或活页夹的一小部分。第二,它可以在你需要时允许立即访问以调取你所需的特定信息,而无须在大量信息中进行笨拙的搜索。第三,它可以在几秒之内使音频、视频、图像和文本触手可及。可访问、易复制、占用最小的存储空间和便于携带等特点使电子档案成为存储和展示专业成就最先进和最有效的方法。本书每一章都会建议,你应考虑把哪些内容放入到你的电子档案中,以此展现你的专业技能和经历,并开始你的第一次教学工作。

- 如何开启一份电子档案?你可以使用个人电脑和一些常用软件,比如微软幻灯片或笔记本,来创立你的电子档案。然而,使用任意一种由网站或以下书目中

(Costantino,De Lorenzo &Tirrell-Corbin , 2008;Adams-Bullock & Hawk,2010)所指定的特定专业档案软件应用程序,都可以使任务变得更简单。此外,要记得使用免费的云服务,如坚果云、谷歌云端硬盘,经常备份你的电子档案。

下面有一些建议,可供你在创建与 InTASC 标准 9 相关的第一组电子档案时参考。

1. 本活动旨在让你体验一下创建一段两分钟的视频,你可以借此陈述你的教学理念,这经常在你第一次面试时会需要。这将使你有机会对着电脑进行自我介绍,以免到面试时因为没有提前预演而紧张得说不出话来。你需要一个不太贵的网络摄像头,配合适当软件来使用。你可能想把你两分钟的发言写出来,以便作为之后即兴演讲的大纲。你的目标是让自己看起来自然、放松,说话清晰,直接面向镜头。观察你的第一次尝试,并根据需要重复这个过程,直到你对自己的表现更自信。如果你无法使用网络摄像,只需把你的发言保存在电脑上命名为"教学理念"的文件夹中。

2. 如果你还没做,请完成附录 A 中的教师关注检查表。设置一个新的电子表格文件,并以"教师关注"命名,然后把你在关注自我、关注任务和关注影响中的得分放入文件夹。随着你的专业经验的增长,重新做一遍教师关注检查表(比如在课程结束时或以后偶尔),并把你在这三方面的新的得分与你之前的得分并排一起。随着时间的推移,注意你的得分如何从关注自我转向关注教学任务,又最终转向关注你对学生的影响。

第二章　理解你的学生

学习成果

本章学习结束后,你将学会并能够:

- 理解成为一名反思型教师的重要性;可以根据个人学习需求来调整教学。
- 避免产生对智力作用的常见误解。
- 确定一些方法,教导、鼓励和培养每位学生的技能和才智。
- 使用能满足文化、社会和语言多样化学生学习需求的教学模式和策略。
- 描述个性和学习风格在课堂中的作用。
- 利用同伴群体的成员身份来促进教学目标的达成。
- 发展能促进家庭与学校伙伴关系的方法。
- 区分教学方式,以满足所有学生的需求。
- 识别可能损害师生关系的个人偏见。

美国州际新教师评价与支持联合会(InTASC)

学完本章,你将能够达到以下 InTASC 有关有效教学的标准:

标准 2　学习差异。教师利用对个体差异和多元文化、社区的理解,确保提供包容性的学习环境,从而使每个学生都能达到高标准。

标准 3　学习环境。教师与他人合作创设支持个体学习和合作学习的环境,鼓励学生进行积极的社交互动、主动参与学习和进行自我激励。

标准 4　内容知识。教师理解所教学科的核心概念、探究工具和结构,并创设使学生易于理解和有意义的学习体验,以确保学生掌握学习内容。

标准 9　专业学习与道德实践。教师参与持续的专业学习,使用证据不断评估自身的实践,特别是其个人选择和行动对他人(学生、家庭、其他专业人士和共同体)的影响,并调整实践以满足每个学生的需求。

♥♥♥♥♥

第一章解释了教学不是简单地由教师传递知识给学生,而是师生之间进行互动。本章探讨了对于教学的对象你必须要做哪些决策。而在后面的章节中,我们将进一步思考对于所教内容和教学方法,你必须要做什么决策。

在不久之前,学生被视为空容器,教师则负责把当天的课程内容倒进去。教师认为,他们的任务就是把那些出现在课本、课程指南、练习册和学科中的适合于年级层次的内容熟练地传递给学生。

对教学如此简单地定义导致了矛盾的产生。例如,这种定义无法解释为什么一些学生成绩差,而另一些学生却成绩好,即便教师都能娴熟地传授当天的课程内容。这种定义也无法解释为什么一些学生想学习,而另一些学生甚至不想来学校;有些学生愿意完成额外的作业,而有些却几乎不做作业;一些学生积极地投入学习过程,而其他学生则不会如此。

这些现象只是每个课堂中都可能存在的一些个体差异,不管你在传授当天课程内容时多么熟练,它们总会影响到你的教学效果。要使你的教学适应个体差异,你需要做出很多有关学习者的决策,而不可能简化为简单的公式或规则。它需要你成为一名反思型教师(Hartman, 2009; York-Barr, Sommers, Ghere & Montie, 2006),即意味着你要花些时间问自己一些棘手的问题,如你的教学努力是否成功,以及你的学生存在哪些个体差异。

反思型的教师对他们的教学充满思考和自我批评。也就是说,他们会抽出必要的时间调整和区分教学,以适应学生的需求、以往的经历,然后对他们之后的课程是否成功进行分析和评判。

为了使学科内容切合学生的世界,反思型的教师会用学生的以往经历和已有知识作为教学的工具。通过降低讲授的比例,反思型的教师鼓励学生利用自身经验积极建构对他们来说有意义的理解,学生也因此掌握了学习的主动权。换句话说,反思型的教师弥合了教与学的差距,他们积极引导学生基于课程内容建立起思想伙伴关系,并鼓励他们逐步地为自身学习承担起更多的责任。

在后面的章节中,我们将更多讨论如何成为反思型教师。这样的教师会调整学科内容以适应多样化课堂中学生的个体差异,并利用学生的经验和课堂对话积极调动学生投入学习过程中。在本章,我们提供一些有关学生特殊需求的重要信息,它们将帮助你理解和认识学生的个体差异,使你可以基于此来调整你的教学。

不是所有学生都一样

任何人观察课堂时都会很快注意到,学校里的孩子在很多方面都存在着不同,比如经历、社会经济地位(SES)、文化与种族、语言能力和学习风格等。另外,许多课堂中都存在有障碍的学生,他们代表了特殊群体,如果没有教师的帮助,这个群体能取得的学业成就会非常有限。作为一名普通教师,2004年颁布的《残疾人教育改进法案》(联邦教育预算项目:《残疾人法案概论》,2011)要求你为残障学生的教育工作作出积极的贡献,包括被确定为有身体、听力、视力、心理、行为、学习、交流或其他健康障碍的各类学生。

这些特殊学习者的需求,以及在社会经济地位、文化/种族、语言水平、能力和学习风格等方面的差异,会影响到他们学什么以及你要教什么和如何教。这么显而易见的观察具有什么意义呢?毕竟,你必须教所有分配给你的学生,不管他们有哪些差异或特殊需求。有两个原因解释了为什么要对学生的个体差异和特殊需求有意识:

1. 认识到学生的个体差异和特殊需求,你将能更好地帮助学生利用自身经验和学习经历从你所教的内容中获得意义和理解。借助这些知识,你也能更好地调整你的教学以满足学生的学习需求,并对不同学生采用不同的教学方法。

2. 当你给学生提建议以及与家长谈论学生的成就表现时,你可以更好地解释他们的行为。理解学生的个体差异和特殊学习需求可以为家长、辅导员和其他教师提供重要信息,帮助他们了解,比如,杰瑞德为什么没学习,安尼塔为什么不学就会,或者安吉拉为什么不想学习。

研究者已发现,教学方法如果与学生的个人特长和需求相匹配,可以显著提高他们的成绩(Tomlinson, 2014;Tomlinson & Imbeau, 2013)。例如,以学生为中心的讨论提供了更为宽松、培育性的氛围,可以提高高焦虑学生的成绩,而以教师为中心的讲授效率更高、步调更快,可以提高低焦虑学生的成绩。在阅读教学中采用语言学方法,可以提升听觉能力高和喜欢通过听来学习的学生(听觉型)词汇方面的成绩,采用全字法则对听觉能力低和喜欢通过看来学习的学生(视觉型)更为有效。研究者发现,如果教学方法能反映学生喜好的学习方式,那么学生的成绩可以得到提升(Cushner, McClelland, & Safford, 2011; D'Amico & Gallaway, 2008; Darling-Hammond et al., 2013)。

适应性教学

使具有个体差异的学习者(如先前成绩、能力或特殊需求)达成共同教学目标的一种方法称为适应性教学。适应性教学技巧对不同学生群体采用不同的教学策略,从而避免了课堂上普遍存在的自然差异阻碍任何学习者取得成功。根据报道,有两种适应性教学方法比较有效,它们分别是补救式方法和补偿式方法。

补救式方法

补救式方法为学习者提供了所需的先备知识、技能或行为,以便他们可以从计划好的教学中受益。例如,你可以尝试在呈现重要内容之前,利用以学生为中心的讨论来降低高度紧张的学生的焦虑感,这样就使讲解对所有学生都有益。或者,在运用语言学方法教阅读之前,向听力弱的学生教授一些听力技能,那么两组学生都将从这种教学方法中获益。

要想使适应性教学的补救式方法取得成功,你需要在一个合理的时间段之内把所需的必备信息、技能或行为教给学生。如果不能做到这一点,或这么做会造成课堂时间的使用效果不佳,那么你可以采取适应性教学的补偿式方法。

补偿式方法

补偿式方法,即教师选择一种教学方法弥补已知的学习者在信息、技能或能力等方面的欠缺,一般通过改变内容呈现的方式来规避学生的弱势并发挥其优势。其实现方法有使用替换形式(图片对文字),或用额外的学习资源(教学游戏和模型)和活动(小组讨论或基于体验的活动)来补充学习的内容。这么做可能还涉及对教学技巧的调整,使之聚焦学生已知的有优势的地方。这些技巧包括对内容的可视化呈现,使用更灵活的教学展示(电影、图片、示例),转换为替代的教学形式(自定进度的教材文本、模型、基于体验的练习册),以及使用基于表现的评估程序,比如要求学生进行口头回答,或收集与主题相关的包含学生经历、想法和作品的档案袋。例如,对于阅读理解能力发展较缓慢和缺乏专业数学词汇量积累的学生,你在教他们几何单元时,可能需要辅以视觉性讲义。用图形来描绘每个定理和公理可以强调其视觉上的形态。

适应性教学的好处

要注意,适应性教学不是简单地进行能力分组,即学生被划分为不同的组别,然后以不同的速度教授大体相同的材料。一些研究已表明,高分学生和低分学生在学业表现上的差异可能会随着能力分组而变大,因为这样做会使低分学生丧失自尊心和学习的动机。

适应性教学则相反,无论学生存在哪些个体差异,它都是为了促使所有的学生取得成功。而要实现这一点,或通过补救(建构所需的知识、技能或能力,使学生从教学安排中获益),或通过补偿(强调使用一些教学方法/材料,以学生可能发展得更好的能力层面为基点)。因此,适应性教学要求教师了解学生在特定课程内容方面的学习优势和经验,以及有哪些替换的教学方法可以把学生的接受能力发挥到最大化(如视觉对听觉,讨论对讲授,学生体验导向对教材导向)。

在适应性教学中,一些最有保证的教学选择包括:
- 合作分组教学对全班教学;
- 探究对阐释呈现;
- 从规则到案例的顺序对从案例到规则的顺序;
- 以教师为中心的展示对以学生为中心的展示;
- 从经验中举例对从课文中举例;
- 分组语音教学对个性化语音教学;
- 个人回答对集体回答;
- 不出声回答对出声回答;
- 自我导向的学习对全组教学;
- 电脑驱动的文本呈现对教师呈现。

这些教学方法的每一种都被发现对某些类型的学习者更有效,而对其他类型的学习者却未必如此。在你的教学领域中,很多研究文献和课程教材都提供了具体内容领域的实例,显示出一种特定的教学方法如果结合了特定的学生特征,就可以提高学生的成绩。然而,你的课堂经验会建议你使用许多其他的方法,借助这些方法你可以改变你的教学,以适应学生的个性化需求。通过了解学生并掌握多种多样的教学方法,你就可以调整教学来满足学生的学习需求。

差异化教学

另一种相关的回应学生个体差异的方法称为差异化教学。适应性教学方法对于回应同一课堂中可能存在差异的整班学生或学生小组比较有效,比如,学生在英语能力、数字技能或与任务相关的先前知识等方面各有不同,

> 本视频解释了差异化教学的概念。注意,如何在课堂中采用差异化教学,尤其是针对英语学习者。

而差异化教学则关注个别学生或一小组学生的学业成绩。虽然在整体理念上与适应性教学类似,但差异化教学的前提是教学方法要根据个人而改变,通过采用更有针对性和个性化的方法来提升每个学生的学业成绩。开展差异化教学要认识到个体学生的学习经历、背景、学前准备、兴趣和已掌握的技能,然后为个体学生(或一小组学生)选择更为量身定制的教学策略,从而加速其学业的成功。如果只有针对大组的教学方法可用,则可能减慢其发展速度。因此,差异化教学的目标就是使每个学生的个人成长和学业成绩达到最大化,通过适应学生所处的个体能力水平并提供所需的指导和资源,使其迈上学习阶梯的下一步。

汤姆林森(Tomlinson, 2014)以及汤姆林森、恩博(Tomlinson & Umbeau, 2013)等确定了课程的三个要素——内容、过程和成果——可以进行差异化处理,从而使教学更能回应学习者的个体需求:

1. 内容。差异化可以通过改变学生获得重要学习内容的方式来体现。比如通过:(1)听、读、做;(2)逐步地呈现内容,如同阶梯上的台阶,形成一系列连续的技能培养任务;(3)为学生提供选择内容复杂度的机会,以便他们可以先做与当前理解水平相符的任务,这样每个学生都可以从中体验到学业的成功。

2. 过程。差异化的体现可以采取灵活分组的形式。比如通过(1)变换使用全班活动、合作分组、小组或个人活动;(2)基于学生的个人兴趣和当前理解水平提供学习刺激。

3. 成果。汤姆林森(Tomlinson, 2014)和斯蒂根、沙皮伊(Stiggens & Chappuis, 2012)建议改变评价的方法:(1)为教师提供一系列选择,包括口头回答、访谈、演示与再展示、档案袋和正式测试等;(2)提供适合或略高于学生当前运用水平的内容,使学生在其理解水平上受到一定挑战;(3)允许学生在表达自己所知的方式上有一些选

择,例如,讲一个故事,画一幅画,或者结合所教内容讲述真实的生活经历。

最重要的是,差异化教学为教师提供了一个机会,使教师在为特定的学生和学习目标选择教学策略时,同时考虑学生的多重特征。因此,差异化教学非常适合多样化的课堂,在这样的课堂里,学生不同的学习经历、学习风格、兴趣、技能以及代表特殊群体的缺陷都可能损害到学习。总的来说,差异化教学的目标就是为学生提供一种学习的替换路径。低于年级水平的学生可以获得一些资源,帮助他们回溯已经教过的主要目标,而高于年级水平的学生则被要求参与那些需要进行更复杂和更高级思考的工作。通过改变教学策略,教师确保每个学生都有机会以符合其自身学习优势和偏好的方式来学习。课程不再按教师教什么来定义,而是根据学生能够展示的来定义。

在第六章课程计划部分,我们将更多探讨如何在课堂中实施和管理差异化课程。现在,让我们看一些可能会影响学生学习和你的教学的个体差异。

普通智力对学习的影响

每个人都会记得小学时的一个情形,一些学生看起来学得很轻松,而另一些却不得不非常努力。到高中,学生之间的能力差距似乎就更大了。从实践角度看,我们常把聪明、机灵、能够解决问题、学得快、理解力强等描述与智力联系起来。无论在课堂还是生活中,有些人似乎比其他人具备更高的能力。这样的观察常造成学生之间产生焦虑、担忧和嫉妒。也许正是因为智力这个话题非常容易引发类似的情绪,所以它是人们谈论最多却也是对于学生行为理解最少的一个层面。

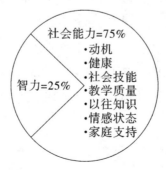

图 2.1　影响学校学习的因素

对智力的误解

教师、家长和学生对智力都有很多误解,其中最大的误解之一就是认为它是一个统一的整体。这种看法经常通过使用一些对立的词汇表达出来,比如提到不同类型的学生时,说其缓慢或快捷,表现高或表现低。遗憾的是,这些短语暗示着学生要么快捷,要么缓慢(或者要么表现高,要么表现低),但实际上,我们每个人,不管智力如何,都可能曾经二者兼具,在某些方面缓慢,而在另一些方面快捷。在完成某种具有特定性质的任务时,你可能看起来表现不佳,但在完成另一项要求不同能力的任务时,你可能会表现很出色。如此巨大的差异怎么会在同一个人身上出现呢?

每个人基于自己上学的经验、业余爱好、运动和人际关系等就可以了解到,智力水平取决于展现智力的环境和条件。诸如此类的观察使研究者研究并识别出了不止一种智力。这种看待智力的新方式使人们可以更好地理解一些典型的矛盾,比如,为什么卡洛斯词汇丰富却不善拼写,为什么伊曼善于社会学研究却不会看地图,还有为什么塔玛拉善于分析历史事件背后的原因却记不住与之相关的名字和日期。这些看似矛盾的每一种行为都可以通过每项任务所需的特殊智力来解释。这些让我们彼此不同的特殊智力,是理解学生学习需求的最有用的层面。

普通智力对特殊智力

常识告诉我们,有些能力是可以遗传的,而另一些能力则需要学习。然而,不管家长、其他教师乃至你的学生如何感觉,这些观点都高度依赖于普通智力或整体智力这个概念,即在特殊智力的环境下变得不那么重要的智力。普通智力只是中等程度地预测学习成绩,而特殊智力往往不仅预测学习成绩,而且更重要的是它还能预测学习成绩所应代表的真实表现(Borich & Tombari, 2004)。

如果我们把学校学习看作一张饼,而智力是其中的一块,那么我们可能会问:在课堂学习这张饼中,智力占多大一块?答案正如图2.1所示,大约只有25%可以归于普通智力,而大约75%要归于社会能力。所以了解学生的特长并相应改变你的教学目标和活动,相比仅仅依据普通智力来划分学生表现的做法,将更有助于实现有效教学。

特殊智力对学习的影响

特殊智力的定义和其代表的行为通常称为能力倾向。作为教师,你不可能测量课堂中的能力倾向,但你需要了解它们对学生表现的影响。学生的能力倾向可能在全区范围内的测试项目中得到了测量,或者你可以让学校顾问或心理学家测量特殊能力倾向,从而发现特定学习问题的根源。将特殊智力从普通智力中区分出来,可以帮助你看到学习者在特定领域的能力如何直接影响学习发生的程度。

多元智力

瑟斯顿(Thurstone,1947)是最早倡导使用特殊而非普通方式测量能力的学者之一。瑟斯顿的理论并不强调单一测量能力的想法,而是发展出七种不同的能力测试,包括言语理解、普通推理、记忆、数字运用、心因速度、空间关系和词语流畅度。例如,有些学习活动要求高水平的记忆能力,比如在拼词游戏和词汇考试中,需要记住准备的一长串单词。同样,空间关系、数字运用和普通推理能力对于实现高水平的数学表现会有帮助。将能力概念进行分解的一个优点是,教师可以根据学生的优势调整教学方法,弥补学生发展欠佳的能力或加强它们。

区分特殊智力在向家长解释学生表现时也比使用普通智力更有帮助。例如,为什么亚历克西斯在侧重数字问题($12+2-1=X$)的数学测试中取得了优异成绩,但是在偏重文字问题(如果鲍勃以每小时 4 英里的速度逆向划船,当前的水流速度是每小时 2 英里,那么,他要划过 16 英里需要多长时间?)的数学测试中却成绩很糟。如此明显的矛盾用特殊智力解释就会变得更好理解,尤其是如果加以指导,它们还能有所改进。

> 这段视频里的专家解释了课堂上的多元智力。关注视频中教师打算对学生使用的不同方法。

瑟斯顿的智力维度是最早一类智力分类方法,但近期又提出了有关智力的其他成分。例如,加德纳(Gardner,2011)基于现代科技社会中发现的技能,描述了八种不同智力。加德纳识别的这八种智力,以及哪些个体在这些智力层面能达到较高水平,他们又擅长于完成哪些类型的任务,都列在表 2.1 里。在这些智力基础上还可以添加第九种智力,称为生存智力,代表人物有哲学家、神学家和系统分析师,他们善于解决那些不囿于单一学科和思维方式的问题(Gardner,2006)。通过这个例子,加德纳认为转换学习形式可以开发传统课堂中可能没有注意或未充分利用的其他智力维度。

坎贝尔、坎贝尔和迪金森(Campbell、Campbell & Dickinson,1996)以及阿姆斯特朗(Armstrong,2009)将加德纳的工作付诸实践,他们针对这些智力的某些层面开发了教学材料和模块来进行区分教学。坎贝尔和同事开发的教材和方法源于观察,他们发现日常生活中的很多成功人士在传统的智力表现上得分并不高。加德纳(Gardner,2011)指出,这些个体为了成功使用了表2.1中所陈列的其他智力。他的理论可能对于教有学业风险和有特殊需求的学生特别有启发,这些学生中的某些人可能无法在传统课堂环境下通过传统的课程模式来学习。阿姆斯特朗(Armstrong,2009),格里高利(Gregory,2005),格雷戈里和查普曼(Gregory & Chapman,2006)等根据加德纳的多元智力,展示了在多样化的课堂中如何开展差异化教学。

表2.1 加德纳的多元智力

维 度	这个特定维度可能是下列学习者的优势
语言智力:语音(声音)、句法(语法)、语义(意义)和语用(情境)等能力	被描述为"语言能力高",喜欢阅读,喜欢讲故事和解释事物,记日记,写诗或展现出丰富的词汇知识
数学逻辑智力:不仅具有数字能力,还有识别模式和逻辑能力	被描述为有"数学头脑",喜欢数学课,或经常以数学方式解释他们的思考(量化元素,使用数字符号,用方程式关联事物等)
音乐智力:能够通过各种形式的音乐表达来发出和欣赏节奏、音调和音色	有唱歌和演奏乐器的能力倾向,对各种类型的音乐感兴趣,能轻松记住音乐,或寻找与音乐接触的机会(演奏乐器、听音乐、唱歌、作曲等)
空间智力:能准确而抽象地感知和处理视觉和空间元素	有很好的方向感,能轻松看懂地图,展现出艺术能力倾向,通过信息可视化展示来学习,或轻松处理三维事物(拆开并重组)
身体运动智力:能够运用和很好控制身体,能够操控物体	运动型的,享受户外运动,身体活跃,容易躁动,展现出很强的平衡感或眼手协调能力,通过"做"来学习
人际关系智力:对他人气质和动机敏感	与他人轻松相处,享受合作学习,在新的社交场合感觉舒适,认识到他人成就,或会"读人"
个人内省智力:能意识到自身的情感、信念和思维过程	表现出自我意识,善于反思,有很强的自我评价能力,倾向于独立工作,或愿意独处
自然观察智力:倾向于识别和组织自然环境中的元素	喜欢学习自然,喜欢照顾植物和饲养宠物,寻找机会徒步旅行或去动物园参观

多元智力在线评估资源：

http：//www.literacyworks.org/mi/assessment/findyourstrengths.html

http：//www.bgfl.org/custom/resources_ftp/client_ftp/ks3/ict/multiple_int/index.htm

关于加德纳多元智力理论的一些课堂实践应用包括如下内容：

1. 允许学生通过差异化的途径来实现共同目标（例如，使用网络，阅读课本，或与专家交谈）。

2. 允许学生展示他们最好的表现，而不仅是一般表现（例如，允许多次尝试并记录最好结果）。

3. 提供评估学生成就和才能的替换方法（例如，允许学生选择口头报告、档案袋、戏剧表演和书面成果等）。

4. 超越大多课业所要求的传统逻辑/语言能力标准，为学生提供增强自我认同的机会（例如，允许学生用建模型、画图或新闻广播等非传统方式展示他们所知道的内容）。

另参见在实践中：关注课堂中的多元智力。

社会情感智力

除了加德纳对智力研究的贡献，人们也越来越认识到情感在思维和学习中的重要性。这种智力观（Goleman, 2010；Lantieri & Goleman, 2008）认为，情感是有用的信息来源，它可以帮助人们理解和驾驭学习环境。这种观点相信，学习者处理情感性的信息和在完成学校任务时使用情感的方式都各有不同，例如，有的通过认识自己的情绪来改变和更好地适应任务（例如，用于合作分组）；有的能对他人的情绪做出正面回应（例如，控制个人冲动，不过度反应）；有的能认识到自己对他人的影响，并相应做出改变（例如，当结果可取时）；有的通过适应变化或有压力的环境（例如，认识某些事件的必然性）；还有的通过评估个人直觉对具体情况做出反应的准确性和适当性（例如，了解自己的决策）。

情感智力的概念对于在教学中管理学生具有直观的吸引力，特别是在合作学习和小组讨论过程中，因为学生在情感成熟度和能力方面可能存在很大差异。因此，这个概念最近已扩展到把社会情感智力涵盖进来，以此强调它在社会环境中的重要作用。而且像加德纳的其他八种智力一样，这种智力也可以在课堂中教授（Goleman, 2008, 2010）。

在实践中：关注课堂中的多元智力

下面内容描述了一位教师如何组织课堂以实现多元智力的发展：

为了在具体教育环境中实施加德纳的多元智力理论，我将我目前所教的位于华盛顿州马里斯维尔市的三年级课堂划分为七个学习中心，每个中心致力于发展七种智力的一种。学生每天大约花三分之二的时间在不同中心之间穿梭，然后在每个中心待上20至30分钟。课程按主题来展开，而中心为学生学习相关主题提供了七种不同的方式。

每天都以一段简短的讲解和讨论开始，解释当前主题的一个方面。例如，在一个关于外太空的主题单元，早上的讲解可能关注螺旋星系。而在关于非洲艺术的单元，讲解可能会描述加纳的阿迪恩卡拉纺织图案。在早上讲解之后会设置一个计时器，学生按三至四人一组在各个中心学习，最终轮流完成七个中心的学习。

在每个中心会开展什么类型的学习活动？

所有学生都以七种方式学习每天的课程。他们建模型、跳舞、合作做决策、创作歌曲、解决推理问题、阅读、写作、举例说明，所有这一切都可在同一天进行。每个中心的具体活动案例如下：

- 在个人工作中心（内省智力），学生通过研究、反思或个人项目来探索当前的研究领域。
- 在共同工作中心（人际智力），学生在解决问题、回答问题、创编学习游戏、进行头脑风暴和合作讨论当日主题的过程中发展合作学习的技能。
- 在音乐中心（音乐智力），学生围绕主题编曲、唱歌、制作自己的乐器，以有节奏的方式学习。
- 在艺术中心（空间智力），学生使用手工、谜语、图表和图片等多种艺术媒介探索相关主题领域。
- 在建筑中心（运动智力），学生建构模型、进行戏剧表演和跳舞，所有都按与当日主题内容相关的方式进行。

- 在阅读中心(言语智力),学生阅读、写作,按照很多传统的模式来学习。他们以书面形式来分析和组织信息。
- 在数学和科学中心(逻辑/数学智力),学生玩数学游戏,做手工,处理数学概念,开展科学实验,进行推理和解决问题。

在中心工作结束之后,我们会留出几分钟时间,让学生小组和个体分享他们在中心的学习情况。当日剩下的大部分时间由学生用于完成独立项目,或是个人分别完成,或是以小组形式来完成,从中他们可以应用在中心得到发展的多种技能。每日在七个中心的学习深刻影响他们的能力,使他们的学习内容更丰富、更有趣,而且得以多模态的展现。此外,家长也常评论说,他们的孩子在家里变得更爱表达。

结果如何?

我在班里开展了一项行动研究项目,用于评估这种多模式学习形式的效果。研究数据揭示了如下结果:

1. 在一年的课程中,学生的责任感、自我导向能力和独立性都得到发展。虽然没有尝试将这组学生与其他三年级班级的学生进行比较,但这些学生的自我导向能力和动机在许多观摩课堂的访客看来是非常明显的。学生熟练地开发自己的项目,收集必要的资料,并制作各种精心策划的专题展示。

2. 纪律问题显著减少。以前被确定有严重行为问题的学生在开学前六周展现出快速的改进。到了年中,他们开始为自己的小组做出重要贡献。而到了年末,他们前所未有地承担起积极的领导角色。

3. 所有学生都发展并应用了新技能。在秋季,大多数学生只描述一个中心为"最爱",也是他们感到自信的地方。(学生在七个中心的分布相对平均)。到年中,大多学生确认有三至四个最喜欢的中心。而到年末,每个学生都指出至少六个中心是最喜欢并擅长的。而且,他们都对独立项目进行了多模态展示,包括歌曲、短剧、视觉材料、诗歌、游戏、调查、谜语和团队参与的活动。

4. 所有学生的合作学习技能都有所提升。由于如此多的中心工作是合作式的,学生在聆听他人、互相帮助、分享不同活动的领导权、适应小组变化和介绍新同学加入项目等方面也变得非常娴熟。他们不仅学会了彼此尊重,而且还学会欣赏和调动身边同学独特的天资和才能。

5.学习成绩得到了提高。标准化测试分数在所有领域都高于州和国家的平均水平。在这一年所有学习领域的课堂年终考试中,学生的记忆保持程度都很高。用于回忆信息的方法主要通过音乐、视觉和动觉,显示了以不同智力学习所产生的影响。之前在学校不太成功的学生,在新的领域取得了较高成绩。

总之,很多学生说他们第一次很享受学校生活。而且随着这一学年的发展,新的技能浮现出来:一些学生发现自己有了音乐的、艺术的、文学的、数学的和其他新出现的才能和能力,其他学生则成为能干的领导者。此外,自信和学习动机也显著增强。最后,随着学生积极、主动地塑造自己的学习经历,他们也发展了责任感、自主性和独立性。

来源:摘自布鲁斯·坎贝尔所著的《课堂中的多元智力》。经许可转载自《学习革命(环境27)》,1991年冬,12—15页。版权© 1990,1996,环境研究所,www.context.org。

课堂中可以教导、鼓励和培养的智力特征

内容领域方面的专家根据加德纳(Gardner, 2011)、兰蒂耶里和戈尔曼(Lantieri & Goleman, 2008)的建议识别出其他类型的特殊智力。例如,阅读方面的专家确定了九种以上的言语理解因素,预示着完成下列事项的能力:

- 知道词的意义;
- 理解上下文意义;
- 理解组织结构;
- 遵循思维模式;
- 发现细节;
- 表达想法;
- 进行推理;
- 识别文学手法;
- 确定作者意图。

换句话说,学习者在阅读方面的一般表现可能受到任意一种智力或这些特殊智力组合的影响。这个清单以及其他类似的清单指出一种必然性,一旦界定了诸

如"进行推理"、"遵循思维模式"和"查找上下文意义"等特殊智力,那么教授这些所谓智力的组成部分也是有可能的。因为智力曾经被认为是不可改变的因素,教授智力也几乎毫无可能。

我们现在知道,智力的很多层面可以受到教学的影响。斯腾伯格建议,学习智力行为最重要的教学目标之一,就是让学生面对新的任务和环境,并学会应对这些任务和环境。他提出的应对概念主要由 20 个特征来体现,他认为这些特征是智力行为的重要催化剂(Sternberg,1994,1995)。根据斯腾伯格的观点,你应抓住在课堂活动自然流动中出现的各种机会,教授、鼓励和/或培养学生:

- 保持学习动力;
- 控制自身冲动;
- 持之以恒;
- 运用自己的能力和优势;
- 将想法付诸实践;
- 以产品或成果为导向;
- 完成任务并坚持到底;
- 自己发起行动;
- 接受暂时的失败或不足;
- 延迟满足;
- 看到大局而不只是细节;
- 在批判性思考和创造性思考之间保持平衡;
- 保持适当的自信水平。

而不要:

- 拖延;
- 归咎于他人;
- 陷于自我同情;
- 过于依赖他人;
- 陷入个人困难;
- 容易分心;

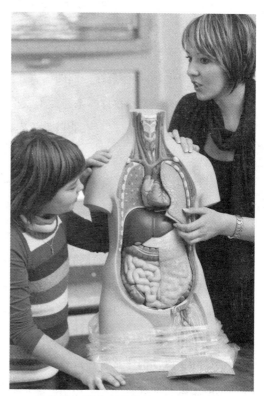

古老智力概念中的某些层面曾被认为不可改变,现在可以在课堂中被教授

- 过于分散精力。

按照斯腾伯格和格里戈连科(Sternberg & Grigorenko, 2007)的观点,智力的很多社会和情感层面,比如上述这些,都可以而且应该在你所在的教学环境下在课堂中得到鼓励。而且,课堂在你进行专题讲解、布置作业和开展小组活动的背景中,本身也是教授和强化这些重要的智力行为催化剂的合理场所。斯腾伯格的学说是彰显多维智力方法教学价值的另一个例子,根据这种说法,曾经被认为不可改变的能力、情感和倾向都可以被教授。

文化、社会经济地位和语言能力对学习的影响

虽然在过去的75年里,学校的物理环境基本保持不变,但主要参与者——学生却并非如此。当今一个典型的课堂中包含的学习者群体比美国历史上的任何时候都更加多样化。现在,很多公立学校中的学生代表着非欧洲文化,讲着多种语言。对成千上万的学生来说,英语不是他们的本族语。这种多样化不仅反映在孩子们带到学校的文化上,也体现在他们的语言、学习和动机技能层面。再说美国是一个带有少数民族的国家和教育体系已经不太准确了,更确切地说,它已成为少数民族构成的国家和教育体系。目前,非白人学生在美国所有学生群体中占40%以上,而非盎格鲁的学生目前已在全国27个最大学区里成为主流群体。加入我们学校这个文化混合体的,是越来越多样化的各种家庭模式和生活方式(Sable & Hoffman, 2008;美国教育部,2011)。

文化对学习的影响

文化、语言和社会经济地位的多样化造成课堂中的个体差异不断扩大,同时还包括有特殊学习需求的群体。教师必须为此进行精心策划,才能应对这种多样化。

例如,德尔皮、道迪(Delpit & Dowdy, 2008)和纽利普(Neuliep, 2008)提出了令人信服的论据,即来自不同文化的人群对近身控制、眼神接触、警告和教室安排等非言语性和言语性的课堂管理技巧的反应不同。例如,研究表明,来自西班牙和亚洲文化的学生对安静的私人纠正反应更正面,对于公开展示,比如把他们的名字列在黑板上,持相反态度。另外,研究者还列举很多例子说明,来自某种文化的教师在

理解学生行为上与来自另一种文化的教师存在不同(比如,对于课堂中未经请求的谈话和行动的接受程度)。这被称为互惠距离(Larson & Irvine,1999)和互惠教学(Oczkus,2010)。

一种互惠距离的形式是,教师和学生(无论有意或无意地)通过语言使用把群体中的各种个体包容进来或排除出去。例如,一名白人教师与她的非裔美国学生在交流马丁·路德·金博士的事迹时,学生们使用代词"我们"明确地把他们定位为一个群体中的成员,而把教师排除在这个群体之外,而教师也同样选择了一种使其远离班级的回应方式。下面两个例子展现了互惠距离对学生的影响:

(一个非裔美国男孩把马丁·路德·金博士的照片从书桌上拿下来涂色)
教师:我们不要现在看!午饭后再说。
学生:我喜欢他,我就想看着他。
教师:嗯,那太好了。把他先放一边,午饭后我们再为马丁·路德·金涂色。
(一个非裔美国男孩穿过教室喊道:"我们叫他金医生。")
教师:他不是你们去治感冒或嗓子疼的那种医生。(Larson & Irvine,1999, p.395)

为了充分利用小组成员的积极作用并鼓励一种融入意识而非疏离感,很多教师施行了讨论会、学生团队活动、小组活动和教学材料分享等措施,为促进学生之间展开积极的社会互动创造了机会。

伴随着这种多样性,教师需要意识到与之相关的潜在偏见。例如,性别、种族以及民族特定的服装、方言和习惯可能使我们期待和寻求某种特定类型的行为,或对课堂行为进行刻板解释,将其归结到本来没什么关系的性别、种族和民族问题上。这些例子提醒我们,你要在课堂上研究和使用的教学技巧应具有文化敏感性。

奥尔登堡(Antón-Oldenburg,2000)、米勒(Miller,2000)和纽利普(Neuliep,2008)建议,教师可通过多种方式培养学生与不同文化成员顺利和有效交流的能力——换言之,实现跨文化能力(Lustig & Koester,2009)。教师与学生要想共同建构一种可以尊重所有参与者优势和特长的文化,最重要的方式之一就是合作分组,使不同文化的学习者共同行动以完成团队目标。在接下来的章节中,我们将讨论合作分组作为发展跨文化能力的工具的重要作用,以及在多元文化课堂中教学的其他技巧。

社会经济地位对学习的影响

研究者已经研究了社会阶层、文化/民族和学业成就之间的关系(Banks & Banks, 2009; Howard, 2010; Kincheloe & Steinberg, 2007)。他们研究的普遍结论是,不同的种族和民族群体在教育成就上产生的大部分差异可以用社会阶层来解释,即便是考虑到少数民族群体有较低的社会经济地位这一因素。换句话说,如果你知道一组学生的社会经济地位(通常由父母的收入和受教育程度来定义),你就几乎可以准确地预测他们的成就。而关于他们种族和民族方面的信息则对改善这种预测没什么作用。

现在可以问一下:"造成课堂差异的社会经济地位到底是什么?"以及"作为教师,我能做什么来减少这些差异?"很显然,如果社会经济地位在学生成就中发挥着如此重要的作用,那么它所代表的一定比父母的收入和受教育程度更为具体。研究已经提供了很多有关高、低社会经济地位家庭和家庭生活方面的更有意义的特征。这些特征是收入和教育的间接结果,被认为显著地影响着学校中孩子们的学业成就。

2010年美国施行的人口普查(美国人口统计局,2011)估计,超过3500万美国人生活在贫困中,其中包括20%的儿童。有一个特征似乎可以把生活在贫困中的孩子与那些没有如此经历的孩子区分开,那就是后者更可能在年龄较小的时候从家庭和邻里之外获得世界上的知识。通过大量接触书籍、杂志、社交网络、文化事件、互联网,以及拥有这些学习资源的人,中、上社会阶层的孩子更快地发展了阅读能力和会话能力。这与父母的教育结合起来,因为父母往往使用更复杂的语言训练孩子对具体交流环境的独立性思考,所以中上阶层孩子在上学开始就具有了优势。这与来自低阶层的孩子形成鲜明对比,那些家庭可能更强调顺从和墨守成规,而不是独立性思考;可能更强调死记硬背(记忆、回忆事实等),而不是独立、自我导向的学习(Grant & Ray, 2009)。

造成这些差异的一个事实是,弱势学生的妈妈如果处于工作年龄,那么有70%的妈妈不得不在外工作。在过去的30年里,家庭的结构经历了戏剧性的变化。传统的家庭单位不再是标准和规则,而成了例外。在1965年,超过60%的美国家庭是传统型的:父亲在外工作,母亲则留在家里打理家务,并照顾孩子。而现在只有10%的家庭保持着上一代的传统家庭样式。现在的家庭更可能是双职工家庭、单亲家庭、再婚家庭,或是一个平均搬过14次家的家庭。所有这些情况都影响着家庭的结构,以及生活在其中的学龄儿童的发展。

据估计,现在出生的大多数儿童将会生活在一个一天10至12个小时见不到成人的家庭环境里。父母参与孩子教育的时间更少,生活方式更加分散精力,工作和职业压力也更大,所有这些导致了弱势学生的数量不断增加。莱文(Levin,1986)曾估计,受教育不利的学生占学龄儿童的四分之一。现在,这个比例甚至更大(美国人口统计局,2011)。这些学生不大可能接种疫苗,健康情况可能不容乐观,他们没有做好入学的准备,更容易经历学业失败和辍学。

语言能力对学习的影响

班克斯和班克斯(Banks & Banks,2009),德尔加多-盖坦(Delgado-Gaitan,2006)和瓦伦西亚(Valencia,2010a,b)指出了语言能力对于解释少数民族和移民学生成绩的重要作用。现在,很多教师要负责教英语能力有限或没有英语能力的学生。课堂中学生讲多种不同的语言,例如,在纽约、芝加哥和洛杉矶的学校系统中有100多种语言在使用,西班牙语是新移民最常使用的语言。

研究者指出,如果一个文化群体在家中使用的语言与课堂中的不同,那么这个亚文化中的成员处于劣势。那些在家中所用语言与课堂预期相符的孩子更容易把他们先前的经验迁移到课堂中,从而促进他们的学业。研究发现,在家中说另一种语言或仅使用"会话或社会语言"(基本人际交往技能,BICS)来表达自己的学习者,相比那些已获得认知学术语言能力(包括与学校教授科目相关的听、说、读、写等,CALP)的学习者,在学校的表现要差得多(Thomas & Collier,2012)。这些学者暗示,没有达到认知学术语言能力水平的移民学生可能要用7到10年的时间才能赶上他们的同伴。这些学生经常难以将他们已知的内容迁移到课堂任务中,这显示出认知学术语言能力对缩小少数文化族裔和主流学生学业表现差距的重要性。

> 这个视频探讨了文化对语言习得和学习的影响。仔细关注这种理解如何在课堂中体现。

认知学术语言能力(CALP)与早期的语言能力模型截然不同。后者侧重于用学习者所欠缺的或遗传、文化方面的因素(如天赋和语言)来解释少数群体与主流学生学业表现的差异。而CALP关注解决方案,要求与学校和教育系统的干预措施建立更具文化敏感性的联系,从而提高那些在社会、文化、语言上与主流学生不同的学生的学业成就。换言之,学校要做的不是让学生少用他们的母语、方言和文化上根深蒂固的学习风格,而是通过提供丰富和自然的教学环境来加入相关内容,从而减轻背景因素可能对学生学习产生的影响。

研究者指出,主流和少数民族学习者在学校表现上产生差异最主要的原因之一,就是他们缺乏语言能力,尤其是认知学术语言,它能够增强学习学科领域内容所需的听、说、读、写技能。用遗传或文化方面的因素,如能力倾向或少数民族地位来解释不同学习者在学校表现上的差异,后被称为文化赤字模式。这种模式关注孩子所欠缺的,而不是要为孩子提供什么以使教学成功,所以受到了强烈的批评(Valencia, 2010a)。

尽管文化赤字模式对教学实践产生过影响(例如,通过能力追踪实践),但后来还是被另一种考虑多样性的方式所取代,称为文化差异模式。文化差异模式也不无反对的声音,它假设种族差异为内在本质的问题,这种对差异的看法甚至可能导致个人采用不利于学校学习的方式来行事。文化差异模式不关注学习者的欠缺,而是侧重于解决方案,要求学校和教育系统有更多文化敏感性的联系和反应,进而可以提高那些在社会、经济和语言层面与主流学生不同的学生的学业成就。换言之,学校不是让孩子少用他们的母语、方言和文化上根深蒂固的学习风格,而是通过提供丰富和自然的教学环境来弥补这些内容,以此来规避这些背景因素可能给学习带来的影响,并把它们作为一种有价值的媒介用于传输学习。

最近,文化差异模式已得到奥格布、戴维斯(Ogbu & Davis, 2003)和奥格布(Ogbu, 1995a, b, 2008)等的修正和补充。奥格布的研究表明,虽然一个人的文化历史可能导致他/她回应学校的方式不同,但个人从经历中获得的文化参照框架才是他/她解释和回应生活事件的滤镜。有时正是这种文化框架,而不仅是一个人的文化地位,可以更好地解释为什么不同的孩子对学校的反应不同。例如,如果从家中获得的有关学校的文化框架是正面的,那么家庭与学校的差异很容易解决。但如果文化框架是负面的,那么这些差异就很难克服。文化框架可能不仅源于一个人的家庭和文化历史,还可能来自与文化和少数民族地位无关的学习者共享的框架。哪些科目受欢迎、去哪里闲逛、参加什么体育活动和如何准备阅读等都可能被那些没有共同文化历史或家庭生活的同类型人所共享,使个人获得的参考框架成为解释学生学校表现的重要补充。

下面是一些供教师参考的建议,它们源自这些框架,可以缓解文化、社会经济地位、语言与学业成就之间的关系:

- 为学习者提供更多机会来体验自我导向和建构主义的教学模式。在此模式下,他们可以把自己的背景和经验带到课堂中。
- 无论差异性有多大,都要对所有学习者保持着高期望。整体学习环境应该被提升,而不是降低。
- 把家长纳入课程计划和实施中,告知他们课程、教学技巧和评估方法方面的重要变化,以此缓解学习者受文化和/或语言能力影响而产生的表现差异。
- 形成包括多元文化和语言的学生团队群体。
- 学习和试用差异化教学技巧以适应多样化的学生,如变换教学形式(听、读、做),逐步递进地呈现教学内容,根据需求(而不是能力)自由分组,允许学生选择如何被评估(写故事、画画、讲述经历等)。

通过这些方式,你将能为缩小少数民族和主流学生群体的成绩差距做出积极贡献。

个性和学习风格对学习的影响

前面章节讨论了学生的普通智力、特殊智力倾向、语言能力和文化对学习的潜在影响。本节中,我们在这个方程式上再加上学生的人格和学习风格。

当我们用下列词汇描述一名学生,比如可靠、有创造力、独立、焦虑、快乐、专制或挑衅等,指的是学生人格中的某个层面。人格是个体特征、动机、信念和能力的综合体,包括情感反应、性格特征乃至价值观。

人格的某些部分一直处于潜伏状态,直到受到某些事情的刺激才会被激活。这解释了为什么教师有时会诧异地听说,例如,一名学生在他/她的第五节社会学课上寻衅挑事,但在另一位教师的第七节数学课上却表现害羞、愿意合作。这也是一些学生可能总与教师达不成一致的原因。虽然这种人格上的冲突也许比较少见，但如果任其发展、不加处理，很可能会损害课堂上的融洽关系。让我们看看"学龄期的危机"，以便更好地理解人格在课堂中的角色。

学龄期的埃里克森危机

一些心理学家认为,在我们生命的不同时期是由不同的人格特征占据着主导的地位。例如,埃里克森发展了有关人格如何形成的理论。他假设在人的幼儿期和老年期之间存在八个不同的人格发展阶段,并称之为危机。其中,有三个阶段发生在学龄期,如图2.2所示。

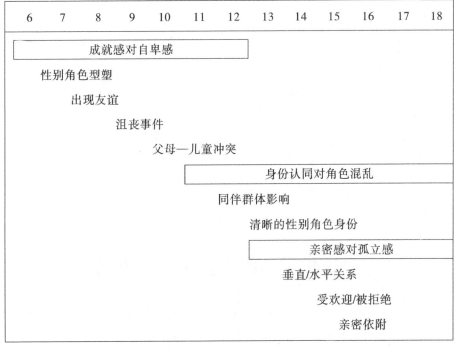

图2.2　埃里克森三个学龄期危机中的个人发展和社会发展

1. 成就感对自卑感危机；
2. 身份认同对角色混乱危机；
3. 亲密感对孤立感危机。

在第一个危机,即成就感对自卑感危机阶段,学习者寻求各种方法制造被人尊重的成果或成就。通过这种方式,孩子营造出一种有价值的感觉,以此消除在成人世界中竞争所产生的自卑感和不足感,因为成人看起来自信而能干。一开始,这种成就感的获得可能采取最简单的途径,比如擅长运动、在学校表现良好或在家里帮忙。对教师来说,这段时期特别具有挑战性,因为教师需要让学生以高成功率来参与学习,才能使他们在课堂中保有一些值得被关注的感觉。看到每个学生在课堂上都有一些成功体验,是帮助学生渡过这个危机的重要手段。

埃里克森的第二个学龄期危机——身份认同对角色混乱,是出于对自我理解的需要,也就是发现自己的身份,即"真正的我"。而对于能否形成一个一致的和可接受的自我形象,个人的性别、种族、民族、宗教和吸引力等都扮演着重要角色。这是一个摆脱幻想、伪装和言过其实,真正接受自己的过程。

社会心理学家认为,在第二个危机寻找和接受自我的过程中,个体必须体验到被承认,即对自己所在的环境要有一种控制感和成就感。当个体成为群体中的成员时,这些需求会更加强烈。哈皮恩(Harpine,2008)、帕特里夏和施穆克(Patricia & Schmuck,2001)等社会心理学家极力主张,教师要认识到小组可以为学生获得承认感、控制感和成就感提供机会,并要利用这种提高的动机来实现学业目标。这些心理学家还警告说,如果课堂不能满足这三种基本需求,可能会有大量的学生感到被教师抛弃,他们会无精打采、无所事事,导致课堂上出现动机问题和行为问题。

埃里克森第三个学龄期危机——亲密感对孤立感,涉及放弃部分自我身份,从而与他人建立亲密的关系。学会如何与教师、家长和同学相处,是学习者必须完成的关键发展任务之一,如此才能成功地解决当前的危机。与家长和教师的成功关系称为垂直关系(Hartup,1989;Underwood & Rosen,2013),它满足了学习者对安全、保障和保护的需求。与同伴的成功关系称为水平关系,这对学习者的发展同样重要,它满足了学习者对归属感的需求,并使他们获得和实践重要的社交技能。在学生入校时就为他们提供发展人际关系的机会,有助于培养他们与人相处、帮助他人和建立亲密关系等重要技巧。如果学生没有体验到健康的水平关系,没有学会发展友谊的态度和技巧,可能会产生不良后果。这种失败经常引发一种社会排斥,导致学生在学校具有攻击性和破坏性(Bernstein,2006;Hartup,1989),并经历强烈的孤独感(Libal,2007;Underwood & Rosen,2013)。帮助学生建立运行良好的水平关系,可以使他们获得发展友谊的态度和技巧,这也有助于为所有学生创设温暖和相互支持的课堂。

为了满足学生在这三个学龄期危机中的需求,教师可以积极地用多种方式吸引学生,让他们表达自己和展现自身独特性。下面是一些示例活动,可以为学生在关键学龄危机中获得承认感、控制感和成就感提供机会:

- 艺术(例如,画图、素描和绘画);
- 撰写自传回忆录(例如,关于成长中的重大事件);
- 口述的个人经历史(例如,关于一个假期);
- 合作活动(例如,团队或小组项目);
- 演示和展览(例如,使用海报板);
- 讨论一个完成的课堂活动(例如,做汇报);
- 戏剧/即兴表演(例如,对个人或历史事件的重演);
- 表演/角色扮演(例如,让人相信你是别人);
- 档案袋(例如,积累能显示变化或成长的文稿);
- 项目(例如,解决一个学校、社区或国家问题);
- 讲故事(例如,朗读或集体阅读)。

与同伴的成功关系称为水平关系,它可以满足学生对归属感的需求,并使他们获得和实践重要的社交技能。这些友谊的模式通常是在同伴群体中随着成员之间展现出强烈的忠诚、保护和互利承诺而形成的

学习风格

人格中会影响学习者学业成就的另一个层面是学习风格,它是指学习者所偏好的课堂学习条件。很多研究中提到,一些学习者倾向于以整体的(关注大画面)而不是以分析的(研究细节)的方式来学习(Irvine & York, 2001; Mshelia, 2008)。有些研究者用整体的/视觉的描述整体性学习者,而用言语的/分析的描述相对的

那种倾向。另一些研究者喜欢用"场依赖"来指称整体/视觉的学习风格,用"场独立"指称言语/分析的学习风格。那么这些研究者指的是什么呢?

这些术语基本上都指人们如何看待这个世界。场依赖的人倾向于以宏大、相互关联的方式观察世界。例如,在看一座火山时,一个场依赖的人会注意火山的整体形状、主要的颜色和地貌特征。一个场独立的人则相反,往往会近距离观察,并注意场景的具体细节。因此,他/她可能会留意到一棵棵的树、不同的岩石、喷火口的大小及相对其余结构所在的位置、显示熔岩流动的地貌特征等。

表2.2 场依赖和场独立学习者的特征

场依赖(场敏感)学习者	场独立学习者
1. 感知概念和材料的整体层面	1. 关注课程材料的细节
2. 使课程个性化——把概念和个人经验联系起来	2. 关注事实和原则
3. 向教师寻求指导和示范	3. 很少寻求与教师的身体接触
4. 寻求能加强与教师关系的奖赏	4. 仅限于手头任务与教师进行正式互动——寻求非社会性的奖赏
5. 喜欢与他人一起学习,对他人的感情和意见敏感	5. 喜欢独立学习
6. 喜欢合作	6. 喜欢竞争
7. 喜欢由教师提供组织	7. 能自己组织信息

表2.3 对场依赖和场独立学习者的教学策略

场依赖学习者	场独立学习者
1. 用身体和语言展示支持或温暖的体验	1. 与学习者直接互动;展示专业内容知识
2. 用社会性和可触摸的奖赏激发动机	2. 用非社会性的奖赏,如分数,来激发动机
3. 使用合作学习的策略	3. 使用更多的掌握学习和无差错教学策略
4. 经常使用纠正性反馈	4. 只在必要时使用纠正性反馈
5. 允许学习过程中交流	5. 强调独立项目
6. 使课程、项目和作业结构化	6. 允许学习者开发自己的结构
7. 扮演讲解、示范、检查、强化、评分或材料设计等角色	7. 扮演顾问、倾听者、协商者和辅助者等角色

库和索里尔（Ku & Soutlier,2000）、米歇利亚（Mshelia,2008）等学者相信,场依赖和场独立是个体的稳定特征,影响个人生活的很多方面,尤其是他们的学习方式,如表2.2所示。他们与斯普林格（Sprenger,2008）一起,阐明了如何使学习风格成为差异化教学的有用工具。这些研究者一致认为,场依赖和场独立的学习者存在不同的特征,这表明在课堂学习活动中,至少一些学生在思考和处理信息的方式上有所不同,而每组学生都会从不同的教学策略中受益,如表2.3所示。这些例子也说明为什么一些学习者在一种形式下学习比在另一种形式下学得更好（如,图片对文本,听对看,做对观察）。它们为你提供了一个平台,从中你可以区分视觉材料和印刷材料,以便将学习者最突出的学习风格最大化。除了在必要时区分你的教学方式,你可能还想把你对学生需求的回应方式加以区分,比如,如何回应学生作贡献的需求,如何回应他们与教师或同伴交流的需求,以及如何回应学生对社会汇报、合作活动和教师反馈的需求。所有这些都显示了学习风格的独特性,它可以提高学生的课堂参与度和学业成绩。

学习风格中的文化差异:注意事项

如果课堂中有大量的少数民族学生,是否有足够理由提倡使用场依赖的教学方式呢？如果教大量的少数民族和移民学生,教师采用的教学实践是否应更多地强调合作学习、人与运动/行动导向的活动,以及视觉/整体性的学习等？在没有资格开展文化反应性的教学之前,请记住如下几点警告:

1.谨防长存的刻板印象。瓦伦西亚（Valencia,2010a,b）警告说,诸如前文所描述的文化信息可能延续了文化赤字假设的观点,它使教师相信,这些学生有欠缺和负面的差异,因此不像大多数学生那样有学习的能力。

2.注意群体内部的差异。几乎所有关于不同文化群体学习风格倾向的研究都显示,文化群体内的差异与文化群体间的差异一样大（Cushner, McClelland, & Safford, 2011; Waxman, Tharp, & Hilberg, 2004）。平均来看,不同群体可能有所不同,但在平均值上下会有相当大的变化。如此,即使在单一文化的课堂中,使用场依赖的教学风格也可能与部分学习者偏好的学习风格无法匹配。

3.对文化回应的考虑可能使人们不再关注所谓的专家实践。一些教育者（Cartledge, Gardner, & Ford, 2008）论证了,在假设成绩差异源于学习者的内在特征(如学习风格)之前,应该排除一些学习者之外的因素,比如无效的教学实践。提供给少数民族学生的教学应该与提供给大多数学生群体的教学质量相当。

同伴群体对学习的影响

作为教师,你会很快注意到对学生行为最强有力的影响之一就是同伴群体。同伴群体通常被认为是隐性课程的来源,它可以影响甚至教会学生很多事情,比如如何在班上表现,如何为了考试而学习,以及如何与教师和学校行政人员交谈。此外,它还可以通过许多其他的方式影响到学业的成功或失败。从小学的游戏小组到高中的青年团契,学生从同伴那里学会如何以同伴群体所能接受的方式来行事,并在他人眼中建立起自己的地位(Prinstein & Dodge,2008)。

同伴群体影响学生行为的巨大能量主要源于个体对更大目标的自愿服从。教师和家长为了让学生和子女行为得当,有时必须通过乞求、恳求、哄骗和奖励等方式,但同伴群体不需要采取任何这样的行为,就能使那些通常未被言明的行为准则达到高度一致性。流行的校园时尚、新的俚语、闲逛的地方、可接受的社交伙伴和受尊重的校外活动形式,所有这一切不需要教学安排、课本,甚至无须直接的言语表达,就可以在学生之间交流并学以致用。与此相反,这些行为和其他相关行为往往由"重要他人"传播,然后被那些急切希望保持成员身份或得到特定同伴群体认可的个体所接受。

友谊的模式通常是在同伴群体中形成的,有时会遵循对忠诚、保护和互惠互利的强烈承诺。这些承诺可以产生个别的同伴文化,甚至会促成校园中帮派的形成。这样的文化可能与课堂中的学术性承诺形成竞争,而且经常会取代它们的重要性。学生为了同伴群体的利益,可以牺牲个人学习和完成作业的时间。同伴群体可能在很多不同个体的差异基础上形成,比如成绩、个性、家庭生活、外表,以及个人和社会兴趣等。但它们通常是在这些因素的复杂组合中产生的,组合的方式对于局外人来说并不总是可以辨别的,有时甚至同伴群体内部对此也难以识别(Maynard & Martini,2005;SunWolf,2008)。

在课堂中,同伴团体特征的重要性在于它们在多大程度可以促进一些行为,从而提升成员对学习过程的投入。以下是几种方法,通过创造性地使用同伴关系来促成课堂目标：

在课堂上积极影响同伴群体的一个重要方式是对班级规范进行小组讨论，告诉班级成员为得到社会认可他们应该做什么和不应该做什么，你对他们的期望是什么，以及他们对彼此的期望是什么

1.加强小组学习，小组成员来自不同的同伴群体。在形成学习和合作小组时，确保小组成员有不同的背景和兴趣，这样可以在完成任务时带入不同的技巧和才能。当不同的个体类型被分配到一起进行合作学习时，群体行为倾向遵从一个中间立场，从而可以阻止发生极端或破坏性的行为。

2.对班级规范进行小组讨论，并告诉班级成员为得到社会认可他们应该做什么和不应该做什么。告诉他们，你期待他们做什么，并举例说明他们可以期待别人做什么。与学生讨论课程开展的方式、可能干扰小组表现的问题，以及必需的规则和惯例。

3.通过促进学生彼此之间的兴趣来建立团队的凝聚力。通过下列一种或多种方式，为学生提供认识彼此的机会：建立一个以友谊为主题的公告牌；让学生写一段个人简历，供所有人在班级网站上阅读；公布一份班级名录，包括姓名、爱好、工作和职业志向等；让学生把自己制作的或真心在乎的东西带到课堂（如玩具、工具和模型等）。

4.在同伴指导的环节,安排年龄较大或更成熟的学生与年龄较小的学生互动并提供帮助,他们更有可能被尊为榜样。许多学校都有正式的同伴指导项目,称为跨学龄指导,其中指导者从高年级选出,帮助那些年龄较小、可能面临学业风险或灰心丧气的学生。研究显示,如果指导者接受过培训并被明确告知如何去指导他人,那么指导就会取得最大的成功。

家庭生活和社会环境对学习的影响

同伴群体对学习产生重要影响,而与之紧密联系的是与学习者生活、娱乐和学习相关的社会环境。在社会环境众多影响源之中,最突出的就是学习者家庭以及家庭与学校的关系。

1993年,美国州长教育改革会议为教育工作者制订了一项艰巨的工作议程。这项议程由国会修订和批准(美国教育部,1998),确立了下列国家教育目标,并就每个孩子应该知道什么和能做什么制定了明确和严格的标准。这些目标自1998年以来一直被视为最重要的目标,它们是:

1.美国所有孩子做好学习准备就要开始上学。

2.高中毕业率要至少增长到90%。

3.美国所有学生在完成四年级、八年级和十二年级的学习后,必须在具有挑战性的自然和人文科目上表现出应有的能力。

4.美国学生要在数学和科学成就上达到世界的最高水平。

5.每个成年美国人要有基本的读写能力,掌握在全球经济竞争中所需的知识和技能,并能行使公民的权利和履行义务。

6.美国的每一所学校都要摆脱毒品和暴力,为学生提供一个纪律严明、有利于学习的环境。

7.美国的教师有机会参与专业发展项目。

8.每所学校要推动家长的参与和投入,促进孩子在社会、情感和学术方面的成长。

有一个主题一直贯穿到后续的行政和立法目标,那就是人们已经认识到要想实现这些目标,就必须与家长发展真实的伙伴关系。单独强调教师、家长或行政人员任何一方成为改革的主体,都不会产生预期的结果。只有家长、社区群体和教育工作者彼此结成伙伴关系,共同积极参与,才能实现期待的目标(Epstein, 2010; DuFour、Eaker & Many, 2010; Dyches、Carter & Prater, 2012)。

当家长和教师成为伙伴时,不仅学生的成绩会提升,而且家长也能了解你和你的学校。研究证实,家庭和学校之间的协调与合作提高了学习者的成绩,改善了他们对学校的态度和课堂表现,还鼓舞了家长和教师的士气(Wright、Stegelin & Hartle, 2006)。正如InTASC标准10所说,与学生的家长和监护人建立真实的伙伴关系是教师教学实践中的基本内容,这与那些创设有凝聚力的课堂氛围、建立管理良好的学习环境、发展教学的目的和目标、实施有效教学和评估学生表现等一样重要。

要推动家长和监护人参与,你必须在整个学年中开发和加强能让家长和监护人参与和合作的"联系机制"。家庭—学校联系机制为学校与家庭的相互联系提供了机会,具体活动涉及家长会、家访、教师参与社区事务、发布时事通讯、打电话、写私人便条、家长自愿充当课堂助手,以及使用家庭课程材料等。这些努力远不止在学年开始给家长发一份讲义,要求家长必须在返校之夜出席或者偶尔给学生家里寄张便条,发展和培养家庭—学校联系机制的机会在于你为打造成功的课堂环境所付出的所有努力。

为促进这个过程,布朗芬布伦纳(Bronfenbrenner, 2005)强烈建议我们从系统—生态视角来看待家庭与学校的伙伴关系。布朗芬布伦纳看待学习者就像博物学家看待自然一样,他将其视为一个生态系统。在学习者的生态系统中,主要的系统包括家庭(可能是单亲、祖父母、养父母或监护人)、学校和同伴群体。

有一种描绘学习者生态系统的方法,就是画一系列的同心圆,如图2.3所示。同心圆的每一层和连接部分都有一个专门的术语。最中间一层称为微观系统,它包括孩子生活和度过他/她大部分时间的所有场所,如家庭、学校、课堂、托儿所、游乐场,如果孩子大了,还有工作场所。布朗芬布伦纳称这些场所为子系统,每个子系统在其内部又可以看作一个系统。学校系统由包括教师、行政人员、辅助人员、学校董事会成员和学习者等若干不同的子系统构成。家庭系统则包括夫妻、父母、兄弟姐妹等,还经常包括祖父母这个子系统。同伴系统包括在社交、学术、体育和爱好等方面建立的友谊关系。

系统的下一层包括孩子没有直接体验过的子系统,但它们对微观系统产生影响,所以也会影响到孩子们。这一层称为中观系统,可能包括家长的工作场所、他们的朋友、家长教师协会(PTA)和学校董事会等。

图 2.3　系统—生态视角下的孩子

资料来源：特里萨·M.麦克德维特和珍妮·埃利斯·奥姆罗德，《儿童发展与教育(第5版)》，©2013,第18页，经纽约州纽约市培生教育出版公司许可再版和电子转载。

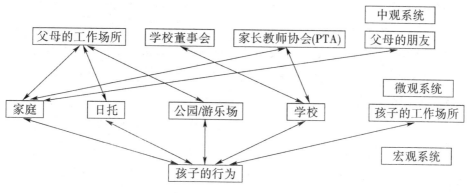

图 2.4　儿童生态系统

资料来源：海伦·L.比和丹尼斯·博伊德，《发展中的儿童(第11版)》，©2007,第364页，经新泽西上鞍河培生教育出版公司许可改编和电子转载。

最后，微观系统和中观系统存在于一个更大的环境中，称为宏观系统。这个系统指更大的文化或社会，微观系统和中观系统在这个环境中运行。图2.4显示了这些系统之间的一些关系。

系统—生态视角促使我们不只把学习者的行为看成个人的产物,而是把它看作学习者与运行于他/她所属的系统中的各种要求和压力共同作用的结果。家庭的经验和家庭系统的文化影响学生在学校的行为和表现,反过来它们也会影响家庭系统。家庭内的问题可能影响到学校适应问题,而反过来,学校适应问题也可能使家庭系统内的状况恶化。例如,从不签字和不回复教师便条的家长,可能也未必如你假设的那样对孩子的情况不感兴趣、不愿参与。家庭系统的内部动态也许能解释为什么家长在他们子女的教育问题上出现如此明显的缺席(比如,有其他兄弟姐妹需要更多的照顾,适应新生的孩子,忙于工作)。

如此,当我们试图理解家长、教师和学习者的行为时,系统—生态视角建议我们首先问自己:"在家庭—学校环境中,是什么力量驱使一个人如此行事?"如果我们的目标是促进学习者在学术和社会方面的发展,系统—生态视角会将我们最直接的关注点放在家庭与学校的伙伴关系上。

下面是一些指导原则,可以帮你理解并在课堂上促进家庭与学校的伙伴关系:

1. 从系统—生态视角看待家庭。避免把学习者或其父母、监护人的行为仅仅看作是由个体心理力量促成的。相反,要认识到家庭系统是由好几个子系统组成,包括夫妻子系统、父母子系统、兄弟姐妹子系统,以及由祖父母和雇主构成的大家庭或外系统。一个子系统发生改变,会无可避免地引发另一个子系统的变化。如果要求家长承担起更多责任,比如让孩子晚上早点睡觉,可能会引发家庭里夫妻间的争吵、对孩子的惩罚、兄弟姐妹的嘲笑,以及亲戚们的关心和批评。同样,如果学校方面要求家长在家里有所行动,督促孩子完成家庭作业,那么可能会在整个家庭系统中产生回响。这些影响可能会非常大,以至于阻碍了家长行为的改变。

2. 承认美国家庭的变化。大多数家庭中,父母都在外工作。一些关于教师对双职工家庭的信念研究显示,教师认为有工作的家长较少参与孩子的教育(Coontz,2008;Turner & West,2006)。然而,德尔加多-盖坦(Delgado-Gaitan,2006)的研究结论是,有工作和没有工作的母亲在与孩子相关的活动中投入了同样多的时间。此外,他们的数据还显示,不管母亲工作与否,孩子都同样参与课外活动。

大约27%的在校儿童来自单亲家庭,然而,很多教师还把这种家庭模式看为非常态。约翰·霍普金斯中小学研究中心的研究人员乔伊斯·爱普斯坦在报告中说,尽管并没有研究数据的支持,但教师对单亲家庭孩子的学习成就期望比较低(Epstein, 2010)。一些研究者认为,单亲家庭中对孩子提出的诸多要求,比如有组织、日程安排、例行程序以及责任分配等,实际上可以更好地帮助孩子接受学校中的组织结构(Frisbie & Frisbie, 2007; Hanson, 2005)。

3. 用赋权模式而不是欠缺模式来看待家长的参与。德尔加多-盖坦(Delgado-Gaitan, 2006)和瓦伦西亚(Valencia, 2010a, b)建议,我们应把家长参与视为一个过程,在这个过程中,我们赋予家长参与学校事务的权力和知识。通常情况下,欠缺模式的解释是用来说明文化不同的家长没有参与学校事务的原因。这些看法有时把家长描述得比较消极,比如说他们不关心或没技巧。他们提出家长不能参与孩子的教育,是因为他们长时间在外工作或仅仅是不感兴趣。但经仔细考查,研究显示那些语言和文化与学校截然不同的西班牙裔家庭真的很关心孩子,而且也具有支持孩子的能力。这个发现适用于非裔美国人、西班牙裔美国人和其他一些文化和语言群体。问题不在于他们是否可以成为学校真正的伙伴,而在于学校如何赋予他们这么做的权力。

4. 在筹划家长参与的机会时,要认识到家长的独特需求。特恩布尔和特恩布尔(Turnbull & Turnbull, 2010)鼓励教师推行无性别的育儿观和家长参与理念。他们强调,教师要认识到母亲和父亲在建立家庭-学校联系时的重要性。要为父母双方创设参观课堂的机会,制定灵活的时间表以适应双方的工作安排。有关孩子和学校的信息要通知到父母双方,并设法提升他们双方的教育技巧。最后,在建议家长如何在家里参与孩子的学习时,要考虑父亲的兴趣和需求。

5. 要理解家长和你一样:他们经历着周期性的情感、家庭和经济等问题。许多家长可能有潜在的个人、家庭、工作、健康或其他各种问题。要尽量做到不去过分怀疑家长,尤其在家长不能及时回应你的要求时。要认识到单身家长有巨大的经济、监护和职业问题。他们如果没有监督孩子做作业或让孩子出现缺席和迟到等问题,可能不是因为缺乏兴趣,而是因为他们正努力应对日常问题。当家长不能达到你的期望时,要避免对其个人进行指责。

6. 理解家庭—学校联系的多样性,尊重家庭对参与学校的程度偏好。当你在学年开始为家长/家庭的参与作计划时,要考虑和评估父母和家庭成员能够参与的各种方式。这些活动可以设置在一个连续统一体上,一端是父母和家庭成员作为信息接受者参与的活动(如家长会、给家庭寄便条和班级通信),另一端是父母和家庭成员作为积极教育决策者参与的活动(如学校和课堂咨询会、现场管理小组、教师助理和助教)。如研究所建议的,通过让家长和家庭成为伙伴,可以提高学习者在学业目标上的成就,使其更加遵守校规和课堂秩序,并改善他们对学校的态度和期望。

教师在促进所有学生学业成就方面的作用

在处于低、中、高社会经济地位以及使用多种语言的学生群体间存在着学业成就方面的差异,而课堂正是减少这些差异的一个合乎逻辑的地方。处于不利地位和语言多样化的学生有一个重要的特征:他们都难以以教师期待的方式和其他学生使用的形式来表达自己过去的经验和知识。这可能使课堂产生很多沉默的学习者(Nieto & Bode, 2012)。从学前到由联邦政府资助的补偿教育计划,许多正式的干预手段都在努力减少这种影响。然而,这些干预和计划不可能消除多样化学生群体的成绩差异,因为他们有着非常不同的家庭和生活方式。

这使教师不得不把处理学生差异作为课堂生活中的日常事务。总的趋势很明显:处于低社会经济地位和高社会经济地位以及语言多样化的学生群体,他们的家庭和出身背景为他们上学作了不同的准备。对于课堂教师来说,他们的任务就是围绕这些差异来区分和设计教学,从而尽可能地减少这些差异及其对学业成绩产生的影响。

课堂中,你可以采用多种方式来减少学生成绩差异。其中一种方式是,在教学中融入多样化的学习辅助手段,比如计算机教学软件、视听材料、学习中心和探索性学习材料,以及关于如何评估学习的替换形式。使用多样化教学材料和评估形式,可以鼓励学生运用他们自身的经验、先前学习的知识和偏好的学习形式来建构和展示所学内容。对那些受益于替换学习形式的学生来说,教学的多样性可以成为重要的资源。

另一种减少成绩差异的方式是,对所有学生都持有高期望,并对他们取得的成就有所奖赏。可能并不是所有学生都能均衡地获得教师充分的高期望以及就课外学习给予的奖励,那么你对学生的支持和鼓励就会很重要,可以让他们把个人的经验和文化带入课堂中。你在为实现这一目标提供机会时发挥的作用可能会减少学生之间的一些成就差异。

最后,作为一名多样化课堂的有效教师,你需要为学生提供机会,让他们表达自己对所知事情的理解,并运用自己的经验在所教的观点和事实之间建立起联结和关系。要鼓励学生建构自己的意义,并用他们感觉最舒服的语言和文化形式来表达他们的理解。这样做对于实现课堂教学目标有两个重要影响:促进了学生在学校中的投入和兴趣,并向他们表示有人相信他们所说的内容是有价值的。

可以用于减少课堂上学生差异的其他方式,包括下列内容:

1. 围绕学生已经有所了解的重要观点组织学习和教学。

2. 让学生比较他们所知的和你所教的,承认学生先前学习的重要性。

3. 设计教学时为学生创设机会去解决冲突和建构自己新的理解,借此使学生认识到先前知识不够充分。

4. 提供一些任务,让学生在探索问题中体验模糊性和不确定性,这些问题在实际环境中有多种解决方案。

5. 教导和鼓励学生找到自己的方法体系以达成教学目标,从而掌控自己的学习。

6. 告诉学生,在你的课堂上,知识建构是一种合作努力,共建思想伙伴关系,而不是独自摸索知识或完全由教师控制的活动。

7. 经常以多种形式监控和评估学生的知识习得情况(如口头回答、档案袋、演示、重演以及正式测试),并根据2004年再次颁布的《残疾人教育改善法案》(IDEIA)和第13章将要讨论的干预反应法来提供反馈。

很显然,随着学生在文化、语言、社会阶层和能力等各方面的差异性不断增大,而且这些差异比以往有着更多形式的重组和融合,教师将会越来越需要实施上述的这些建议。在接下来的章节中,我们将介绍很多方法和技巧,帮助你满足包括有特殊需求的学生在内的所有学生的个性化学习需求。

教师与课堂中的文化、语言和社会经济偏见

许多关于个体差异的说法表明,在课堂教学中设计一些消除偏见的做法是成为有效教师最重要的方面之一。宾特里奇、史克(Pintrich & Schunk, 2007)和沃尔

伯特(Wolpert,2005)提醒我们,你与学生在课堂上的互动方式对他们的学习动机和态度可以产生相当大的影响。

每个人都有意或无意地带有某种偏见,如果这种偏见只影响我们自己的行为而不是他人的行为,我们就用"偏好"这个词。"偏见"则属于另一方面,它可并非无害。偏见可能会伤害他人的个人成长和健康状态,如果不加控制,会极大影响学生的成长和发展。让我们看一些你可能会显露偏见的方式。

研究者曾列举过很多教师偏见的例子。例如,古德和布罗菲(Good & Brophy, 2007)总结了教师有时不平等地回应高分学生和低分学生的方式,比如他们更频繁地批评低分学生做错的答案,在与低分学生交流时传递了较低的期望,进而接受或无意地鼓励了学生较低的成就表现。其他研究者记录了教师如何有差别地回应学生,比如一些教师在回应与他们来自不同文化和语言背景的学生时,其方式与回应那些与他们有同样背景的学生有所不同(Banks & Banks, 2009;Compton-Lilly, 2000)。这些研究者指出,有些教师正通过下列方式对低分学生以及文化、语言不同的学生做出了不同的回应:

- 等待这些学生回答所用的时间更长。
- 学生稍做犹豫就给出答案。
- 对学生不太相关和不准确的答案给予表扬。
- 因为回答错误而更加频繁地批评这些学生。
- 当他们回答正确时较少表扬他们。
- 关于答案为什么不正确不给学生反馈。
- 不注意学生(如微笑),并较少提问。
- 给这些学生安排距离教师较远的座位。
- 允许这些学生更轻易地放弃。

总的来说,这些研究发现证实,教师通常没有给文化不同、成绩较低或有特殊需求的学生更多的回应机会,也没有让他们更多地接触教师。

其他类型的偏见则会影响教师点名叫到的学生。例如,教师在点名时有几种偏见形式,这些偏见包括在以下方面不均衡地叫学生:

- 非少数民族群体成员对少数民族群体成员;
- 坐在教室前半部的学生对坐在教室后半部的学生;

- 外表好看的学生对外表一般的学生;
- 能力较强的学生对能力较弱的学生。

加涅和柏林纳(Gage & Berliner,1998)根据这些分类统计了偶然发生的师生互动数量,然后从观察中确定出实际的互动数量。令人吃惊的是,他们的结果表明,每个教师在这些分类上都存在一些偏见。换句话说,每个教师都至少喜欢一类学生胜过另一类学生,他们对不同类别的学生在点名、叫到、要求回应信息或进行互动时表现出不均衡。

在教师与学生的互动方式中,以任何形式出现的偏见都是不受欢迎的,但当涉及文化、种族或语言少数群体学生时,这种偏见就尤其令人反感。美国及其教育系统是以尊重所有类型的个体差异为基础的,这意味着课堂成为体现民主价值的最重要的展示场所之一。令人不安的是,研究者报道,在多种族混合的课堂里,师生互动中存在频繁的种族偏见或文化漠视。研究指出,由于文化上的不一致,很多教师的行为降低了少数民族学生的课堂参与程度,并且/或者造成了怨恨情绪的增长(Kieff,2006;Leiding,2006;Wolpert,2005)。

这些学者提出了以下建议,以便教师在课堂中消除偏见、提高文化敏感性。每条建议都提倡对课堂权力进行公平分配,通过自愿或不自愿地叫到所有学生来提高成绩和激发动机:

1. 事先决定好提问哪些学生,尽可能使互动在各类学生中均匀分布。因为很多潜在的偏见形式很难应付,不如选择一两种你知道的或者怀疑自己最易出现的偏见形式加以处理。

2. 如果你计划只给部分学生布置特殊任务,切记随机选择学生。把所有学生的名字放入一个瓶中,再让一名学生抽取需要完成特殊任务的学生名字。这可以使你免于无意中重复选择相同的学生,给人留下你对学生有偏向的不良印象。

3. 在你认为可能存在潜在偏见的领域,尽量有意识地让处于对立面的学生进行配对。例如,少数民族和非少数民族配对,能力较强的和能力较弱的配对,容易相处的和难以相处的配对,等等。通过这种方式,当你与对子中的某个成员互动时,也会想起另一个成员。要时常调换一下对子成员,以免你的配对方式在班里太过明显。

当你发现一种偏见后,可以设计一个代码来提醒自己,然后每隔一段时间就把它记在你的课堂笔记、课本或教学计划中。例如,如果你发现自己喜爱能力强的学生明显超过了那些能力弱的学生,你可以在习题页的空白处记下一个代码,提醒自己在下次提问时选择一个能力较弱的学生。

4. 不要无意识地被课堂快速流动的事件牵着鼻子走,你可以成为一个积极的决策者,通过不断质疑和监控你和学生互动的模式来影响课堂事件的质量。

最后建议

毫无疑问,学生在能力、成绩、个性、文化、同伴群体和社会环境等各个层面的个体差异会极大地影响你的教学方法和课堂成果,那么,为什么还要把如此多样化的学生放在同一个课堂呢? 如果按照学生的智力和成绩水平、人格类型或贫困程度来划分,甚至根据最有益的同伴群体把学生隔离开来,是否会更加有效呢? 如果尝试这样的分类方法,结果可能会令人非常震惊。

很难想象在这种隔离的环境中生活会是怎样一幅情景,因为我们生活、工作和娱乐的世界是复杂而多样的。然而,美国的建立者也曾认真地考虑过这个问题。他们的答案写在美国宪法最初的10个修正案中,称为《权利法案》,另外还有《独立宣言》中写着赋予每个公民"生命、自由和追求幸福"的无限权利。这种宪法上的保障明确阻止了任何以牺牲其他群体利益为代价发展单一群体的企图。即便给予"分离而平等"的处理,隔离群体的做法也要被排除,因为不管形成分类的动机如何,甚至仅为各个群体贴上不同的标签也必然包含着不平等。

这些对于美国的课堂和有着多样、特殊需求的人口来说是重要的宪法启示。它们促进一种环境,就是不仅容忍个体之间的差异,还要颂扬人类潜在的多样性。在这个被污染、疾病、文盲等各种社会问题和科技问题变得复杂化的世界,我们需要差异化的观点、不同的能力和多样的价值观来解决这些问题。没有哪一套技能、态度、性格、人格或能力可以为我们提供解决问题所需的一切。

如果你愿意灵活地教学,就可以利用所需的多样性来解决这些问题,比如采用不同的教学方法教导具有不同能力和民族、种族背景的学生,促进家庭与学校的合作关系等。最重要的是,你的教学必须强调所有学生一起合作学习的重要性。在接下来的章节中,我们将探讨达成这些重要目标的方法。

案　例

说明：以下案例与第二章的内容有关。读完这个案例，请根据提示回答一些批判性思考问题，并把从本章中学到知识的应用到这个案例中。

安娜·拉米雷斯是一名七年级学生，她和六个兄弟姐妹及父母住在一所小房子里，距离她上的中学有一英里远。她以两个哥哥为榜样，一个在高中是一名强健的运动员，另一个在乐队里吹小号。她的姐姐在两年前 16 岁的时候辍学了，现在有一个两岁大的孩子。安娜周末的时候会帮忙照顾孩子，有时在上学的夜晚也会。她还照顾她的两个妹妹，一个 7 岁，一个 9 岁，帮她们解答功课方面的问题。

安娜对她的外甥和两个妹妹非常耐心，想尽办法让他们有事可干。她和他们一起玩耍、打闹，让他们像骑马一样地骑她，或像对待宠物狗一样给她套上皮带。她喜欢画画，经常让所有孩子围着厨房的桌子涂色或画画。在共用的卧室里，她所在的那边墙壁上贴着她为最喜爱的歌手画的素描。她的兄弟给她起了个昵称——"莱昂纳多"，因为她总是画画。

安娜也喜欢帮妈妈和阿姨们为特殊家庭聚餐准备精美的菜肴。她们一边切菜、剁调料，一边相互打趣、彼此开玩笑。这是一个很快乐的厨房，安娜在其中感到安全无虑。

不幸的是，一个非常不一样的安娜出现在道奇老师的数学课堂上。她皱着眉头拿起她的文件夹走向教室后面的指定座位。她没有在黑板上做每日热身问题，而是在笔记本中画画。到了讨论答案的时候，她就盯着她的书桌。道奇老师叫了其中一个积极举手的学生，并让他到黑板上展示作业结果。当他写完时，她告诉他做得很好。与此同时，安娜从黑板上抄下问题和答案。当道奇老师问她是否有问题时，安娜什么都没说，尽管她并不明白这道题。

接下来，道奇老师让一名优等生——胡安读一下介绍百分比概念以及它与分数和小数关系的章节。她偶尔打断他提些问题。

"如果你把二分之一转换成百分数，结果会得出什么？"

米格尔是班里考前几名的学生之一，他举起手，道奇老师叫了他。"百分之五十。"他回答说。

"非常好,米格尔。你们看,这就像钱,比如一美元的零钱,50分是二分之一美元,正如50%也代表二分之一。"

道奇老师注意到安娜正在她的笔记本背面画画,于是走到她身边,拿起本子讽刺地笑了。"哦,我以为你在画我们的作业,但看起来你只是又在画画。"

班里其他人都笑了,安娜有点儿脸红。"安娜,200的50%是多少?"道奇老师问。

安娜低下头看了一两秒,刚要回答时,道奇老师转向了正在挥手的埃德加,他给出了正确答案。

在本节课的最后环节,黑板上标出了大写、粗体的"合作学习"。道奇老师让学生们加入自选小组,完成家庭作业。道奇老师并不经常使用合作学习,这甚至违背了她的原则,因为她认为这是作弊。然而,许多在职讲座都强调合作学习,道奇老师知道如果不在教学安排中展现合作学习,她就不会得到好的评价。

数学好的学生坐在一个小组中,尽管他们实际上是分开学习,但他们总会设法在铃响之前完成任务。许多小组中有交流互动,但主要是关于数学以外的东西。安娜与其他一些早在小学就认识的同学一起学习,但他们不大能互相帮助。她只完成了几道题,而且即便如此,她也不确定它们是否正确。

铃响了,安娜离开教室。她的脚步中有了新的活力和自信。下节课是艺术课。

点击 第二章 评估测试你对本章知识的掌握情况。

总 结

学习成果2.1

- 早期的教学观念视学生为空容器,而教师负责把当天的课堂内容倒进去。这些观念没有考虑到个体差异对学习的影响。
- 了解学生的个体差异对以下方面非常重要:(1)调整教学方法以适应个体学习需求;(2)理解并客观看待个体学生学业成绩背后的原因。

学习成果2.2

- 一些教师和家长对智力的误解是认为它是单一的统一体。
- 特殊智力倾向比普通智力更能预测学校中和特定职业中的成就。

- 了解学生的特长和弱点,并相应改变教学的目标和方法,相比根据普通智力来划分学生和开展教学,能更好地促进学习。

学习成果2.3

- 特定意义下的智力和它们代表的行为通常称为能力倾向。
- 加德纳多元智力理论在课堂中的实践应用方式之一是允许学生采用不同的路径来实现共同的目标。
- 社会情感智力对于课堂中识别自身的情绪非常重要,以便调整并更好地适应任务,控制个人冲动,避免过激反应,认识到自己对他人的影响,并相应改变。
- 斯腾伯格建议,学会应对新的任务和情况是学习智力行为最重要的教学目标之一。

学习成果2.4

- 能区分低社会阶层和中高社会阶层孩子的一个重要特征是后者更快地获得了家庭和邻里之外的世界知识。
- 文化赤字模式强调孩子所缺失的,用遗传或文化因素,如天赋和语言来解释多元文化学生和主流学生的差异。文化差异模式不关注学生的欠缺,而侧重于解决方案,要求学校和教育系统有更多文化敏感性的联系和回应,从而改善在社会、经济和语言上与主流学生存在差异的学生的成就表现。

学习成果2.5

- 埃里克森提出的三个学龄危机:(1)成就感对自卑感,(2)身份认同对角色混乱;(3)亲密感对孤立感。
- 学习风格指人们学习时所倾向的课堂条件或环境条件。研究最多的学习风格是场依赖和场独立。
- 研究显示,一些学习者倾向为场依赖或整体的/视觉的,而另一些学习者倾向为场独立或言语的/分析的。
- 在实施与学生学习风格相匹配的教学策略之前,教师要谨防持有刻板印象或忽视组内的差异。

学习成果2.6

- 无论课堂内外,同伴群体都影响着学生的行为。用同伴群体的影响来促成课堂教学目标的手段有小组学习、小组规范、小组凝聚力和跨学龄指导等。

学习成果 2.7

- 与同伴群体对学习的影响紧密联系的是学生生活、娱乐和学习所在的社会环境。而其中最突出的影响源就是学生的家庭及其家庭与学校的关系。

学习成果 2.8

- 处于低、高社会经济地位和具有多样化语言的学生，他们的家庭背景为其上学所做的准备有所不同。对于任课教师来说，他们的任务应是围绕这些差异来区分和设计教学，从而尽可能地减少这些差异。

学习成果 2.9

- 几乎每位教师在与学生互动时都展现出某种类型的偏见。偏见可以通过以下方式来避免：
  - 对那些你确认有偏见的学生，要有意识地跨越学生类别进行互动；
  - 随机挑选学生来完成特定任务；
  - 隐蔽配对处于偏见类别对立面的学生，然后与对子中的两名成员互动；
  - 通过在课堂笔记中记代码，提醒自己提问那些你可能有偏见的学生。

关键术语

适应性教学	差异化教学	反思型教师
认知学术语言能力（CALP）	家庭—学校联系机制	补救式方法
	场独立	社会能力
补偿式方法	场依赖	特殊群体
文化赤字模式	水平关系	系统—生态视角
文化差异模式	学习风格	垂直关系
文化框架	相互距离	

讨论与练习

带星号的问题在附录 B 中有相应答案。有些带星号的问题可能要求学生做后续回应，这些答案没有包括在附录 B 中。

＊1. 要成为更有效的教师，你在课堂上会通过哪两种方式来运用个体差异的知识？

＊2. 描述一下你对于学校使用智力测试的立场。设想一段论述，用它来反驳那些认为所有智力都是遗传的人。

＊3. 解释社会能力在学校学习中发挥的作用。如果只有与社会经济地位相关的行为能被排除，那么在不同学生群体间测得的智力差异会如何变化？

＊4. 识别一些能力倾向或因素，它们比普通智力更有可能预测学生在所选学校科目和职业中取得成功。

5. 用你所了解的孩子生活中的具体例子解释系统—生态视角的意义。

6. 描述认知学术语言能力（CALP）计划的目的，以及一种使它在课堂中发挥作用的方式。

＊7. 加涅和柏林纳（Gage & Berliner, 1998）识别了师生互动中可能存在偏见的多种形式。指出四种，然后再列举一个你自己发现而两位学者没有提及的形式。为什么你认为加入这个很重要？你见到或遇到的什么经历使你加入这一条？如有可能，请描述这段经历。

＊8. 确定四个程序，用来减少或消除你与学生互动时可能存在的偏见。哪个最易实施？哪个最难实施？

专业实践

现场体验和实践活动

带星号的问题在附录B中有相应答案。有些带星号的问题可能要求学生做后续回应，这些答案没有包括在附录B中。

1. 使用你要教的一门学科，确定一个课程主题，使学生的能力倾向在围绕该主题的课堂测试中无法预测他们的测试成绩。你会如何向父母解释这一结果？什么教学策略可能导致了这个结果？

2. 回想你在学校中的一些观察。哪些教学实践可以用来缩小由社会经济地位引发的成绩差异？

3. 想想你要教的年级中两名具有不同学习风格的学生。每个学生可能会交给你哪些不同类型的作品,作为他们学习的证据用于他们的档案袋评估?

＊4.确定两种方法来处理你在观察的课堂中看到的捣乱的同伴群体。如何在多样化的课堂中应用这两种方法?

5.设想一名将在你的课堂中出现的有代表性社会经济地位、学习历史和文化的孩子。现在,用你自己的话解释一下家庭—学校伙伴关系的意义。你可以和这个家庭做些什么来加强在课堂中的伙伴关系?

电子档案活动

这些电子档案活动与 InTASC 标准 1 和 2 有关。

1.在本章中,你将阅读下列内容:"研究普遍得出,种族和民族群体中出现的教育成就方面的最大差异可以由社会阶层来解释……换句话说,如果你知道一组学生的社会经济地位,你就可以比较准确地预测他们的成就。而他们的种族和民族群体信息对于改善这一预测几乎没有什么作用。"

鉴于上述说法,制订一份计划,表明你在所教的年级中会做些什么来提高课堂中少数民族学生的成绩。引用本章提供的一些建议,再加入你自己的想法,然后把你的回答放入你的电子档案中一个标有"教文化多样化群体"的文件夹里。

2.准备一份简要的课程计划大纲,表明你了解从文化赤字模式和从文化差异模式来设计教学的差别,以及它的最近发展和修正。一定要明确地指出,相较于文化赤字模式,如果你采用文化差异模式,你在课堂上会具体做哪些不同的事情以适应多样化的学习者。把你的回答放入你的电子档案中一个标有"教文化多样化群体"的文件夹里。这两条信息将向他人显示你了解教文化多样化学生的关键问题。

第三章 课堂管理Ⅰ：建立学习氛围

> **学习成果**
>
> 本章学习结束后，你将学会并能够：
>
> - 创建师生互信的氛围，并无条件地接受每个学生的潜力。
> - 考查教师运用专家权威、参照权威、法定权威和奖励权威的素质，以便获得学生及其家庭的信任和尊重。
> - 确定小组发展的四个阶段、温和极限测试的不同类型及其在小组动态中的作用，并解释规则发展的过程。
> - 总结作为有效教师你将扮演的角色，以及你在开学前几周为营造信任和谐的课堂气氛将要采取的措施。
> - 认识到课堂管理中最困难的四个方面，以及如何监督学生积极参与课堂。
> - 针对多元文化、学习风格和有特殊需求的学习者，组织适应的课堂教学和活动。
> - 制订一个计划，使你从上课铃响之前到下课结束顺利度过开学的第一天。
> - 解释学习共同体的作用，以及让你的课堂成为这样一个共同体的重要性。
>
> **美国州际新教师评价与支持联合会（InTASC）**
>
> 学完本章，你将能够达到以下 InTASC 有关有效教学的标准：
>
> **标准 2 学习差异**。教师利用对个体差异和多元文化、社区的理解，确保提供包容性的学习环境，从而使每个学生都能达到高标准。
>
> **标准 4 内容知识**。教师理解所教学科的核心概念、探究工具和结构，并创设使学生易于理解和有意义的学习体验，以确保学生掌握学习内容。

标准9 专业学习与道德实践。 教师参与持续的专业学习,使用证据不断评估自身的实践,特别是其个人选择和行动对他人(学生、家庭、其他专业人士和共同体)的影响,并调整实践以满足每个学生的需求。

标准10 领导与合作。 教师寻求适当的领导角色和机会,对学生学习负责,并与学生、家庭、同事、其他学校专业人员和共同体成员合作,以确保学生成长和促进专业发展。

♥♥♥♥♥

对大多数教师来说,每天都会遇到一些课堂管理的问题。这些问题,小到违反学校或班级规则,大到涉及一些严重事件,如表现无礼、作弊、使用不当言语以及公开的攻击性行为。

管理你的课堂需要从发展互信及维持与学生的关系开始。缺乏相互信任和尊重,你将难以履行课堂教学的领导者职能。为达到此目的,本章将讨论你如何开展下列事情:

1. 设计一个有序的课堂场所,促进你的学业目标;
2. 制定课堂规则,创建使学生尊重并遵守的群体规范;
3. 调整无效的规则、制度和程序;
4. 使课堂成为一个促进归属感、信任感和团队凝聚力的场所;
5. 知道如何向其他学校专业人员和家长寻求帮助。

与学生联系

2008年以前,美国中小学75%以上的学生是白人。到了2008年,这一比例下降到60%以下,而在同一时期,拉美裔、非裔美国人和亚洲学生的比例出现了戏剧性的增长(Synder, Dillow & Hoffman, 2009;美国教育部,2011)。此外,非裔和拉美裔学生的辍学率比白人学生高得多,而且美国课堂中的多样性正在持续增加。这为教师联系学生以及为所有学生的学习提供所需的情感支持带来了挑战(Mendler

& Mendler, 2011; Powell, 2010)。

除此之外,这个情况所带来的挑战,尤其对于新手教师来说,还在于创造一个培养型的课堂氛围,设法吸引并保持学生的注意力,以激发他们积极主动地参与学习。正是这种使学习发生的培养环境成为教师日常教学成功的重要催化剂。但是,培养型的课堂氛围是如何形成的呢?

在一项印度与美国跨文化课堂研究中,研究者发现培养型课堂具有三个特征:师生间的互信与自信、无条件接受每个学习者的学习潜力以及探索与发现的机会(Borich, 2004)。

互信与自信

在课堂中建立互信与自信在于从教师中心向学生中心的转换。传统的从教师到学生的课堂模式是以呈现知识、技能和概念为目标,而在以学生为中心的课堂中,教师选择的话题可以通过学生彼此合作的直接体验来构建,借此教师走进了学生的世界。这两种模式的内容都依据课程指南来选择,但一些话题的选择充分利用了学生的直接经验。这些话题遵循建构主义模式,强调以学生直接经验和课堂对话为教学工具,而不强调讲授。互信与自信源于师生在直接与间接学习模式的无缝衔接中所作的共同努力和贡献,从中建立了一个使教师和学生相互联系的思想伙伴关系。

无条件接受每个学生的学习潜力

另一个促发学习的催化剂是教师无条件地接受学生的学习潜力。然而,无条件接受并不意味着"一切皆可"。如果问及2加2等于几,学生回答5,教师则需要帮助学生纠正。但接下来的区别在于,在重复的教师提问和学生回答中,如果无论答案的性质如何,教师都坚持把问题调整到学生当前的理解水平以帮助学生学习,那么师生间的培养关系就不会受到损害。随着时间的推移,教师对学生学习潜力的信念并不会因反复地更正错误和不断提问而减弱。换言之,教师不会以显性或隐性方式将学生划分为不同的学习潜力类别,那样将弱化教师在课堂上的支持和培育角色。这对想要营造让所有学生都获得支持并愿意参与的课堂氛围至关重要。研究结果显示,如果学生出现错误答案时担心自己的学习潜力不如他人,他们可能会放弃甚至停止未来学习的动力。

探索与发现的机会

跨文化研究也发现,互信、自信和无条件接受对激发每个学习者自主探索和发现起着重要作用。原因很简单:这些学生在整个上学期间经历了相互信任与自信,感受到了无条件的接受,他们会主动去探索和发现,而不像许多冒险超越了被告知的课堂安全范围的学生那样害怕失败。研究表明,教师的不认可导致孩子害怕失败是那些没有采用建构主义或直接体验模式的课堂中学业表现较低的最大诱因之一。建构主义和直接体验的模式包括:(1)对促进学生超越教师、自主发现知识和形成理解非常有效;(2)受到教师对学生学习潜力无条件信任的调节;(3)鼓励学生在真实的环境中主动探索和发现。

戴奇、卡特和普拉特(Dyches, Carter, & Prater,2012)建议将上述培养型课堂的特征付诸实践,并提出以下传达情感支持的建议:

- 为学生提供在课堂中做出社会性贡献的机会(如发资料、擦黑板和点名等),这为每个人的幸福都提供了一种责任感。
- 强调合作性的任务而减少对竞争性任务的依赖。
- 表扬学生为成功所付出的努力。
- 寻找和倾听学生的课外兴趣和经验。
- 鼓励学生利用他们的兴趣、经验和才能完成课堂任务,尤其是合作任务。
- 每周,在不被其他同学注意的情况下,与一位天生"安静"、不太可能主动回应或不太受欢迎的学生交谈。
- 通过角色扮演、阅读和小组作业,为学生情感和信念的形成提供机会。
- 布置一些活动,鼓励学生在不太熟悉的方向自主做出选择和决策。

每位教师怎么做才能创设这样的学习氛围?本章和下一章将向你介绍一些管理课堂的有效方法,以保持培养型的氛围并支持学生的发展。

赢得信任并成为领导者——传统的方式

据社会心理学家所说(Raven,1974;Schmuck & Schmuck,2001),要成为一名高效的领导者,教师必须通过传统的方式获得学生的信任和尊敬,即必须赢得它。

雷文(Raven,1974)提供了一种看待教师如何赢得信任和尊敬的方法,那就是通过审视教师如何成为领导者。他识别出教师可以争取的四种领导力的类型:专家权威、参照权威、法定权威和奖励权威。

专家权威

一些人成为领导者是因为别人视其为专家。成功的教师皆有专家的权威。他们的学生认为他们有能力解释或做一些事,并对一些话题有深刻的认识。这样的影响力是个人赢得的,而不是由特定头衔所赋予的。有专家权威的教师能更好地解答问题,对待教学更有激情和热情,在课堂上表现得更加自信和游刃有余。

新手教师往往很难通过专业水平来建立权威。尽管他们在其领域内也有学识、有能力,但在班级面前的迟疑和缺乏经验却让他们看起来并非如此。学生通过教师缺乏自信和犹豫不决的身体语言来判断教师的能力,并可能挑战看起来不能掌握其学科内容的教师的权威。建立专家权威的最好方法是,利用在职培训的机会和与学科相关的网络资源,以及导师和职业发展的要求,让自己与学科领域的最新成果保持接触。

参照权威

学生经常将他们尊敬和喜欢的教师视为领导。他们认为这样的教师是培育他们、值得信赖、公平和关心他们的人(Glasser,1998b;Goodlad,2004;Levine,2009)。"参照权威"这一术语描述了以这种方式获得的权威。如果询问初、高中学生为什么喜欢某些教师,他们会无一例外地将喜欢的教师描述为"公平"、"关心"和"可以交流"。即使有专家权威,没有参照权威教师也可能受到挑战、遭到忽视。

教师们常说他们宁愿被尊敬也不愿被喜欢,似乎这两者之间互不相融。索尔和索尔(Soar & Soar,1983)以及莱茨(Letts,1999)的研究表明,教师既可以被尊敬,也可以被喜欢。事实上,那些既被尊敬又被喜爱的教师,会让学生产生更大的满足感和取得更高的学业成就。古特曼(Gootman,2008)和莱文(Levine,2009)强调,由一位既能抚育学生又有能力的教师执教,更容易满足学生对课堂归属感的需求。你可以通过创设教学话题来实现参照权威,这些话题是基于学生自身经验和课堂中自然发生的对话而形成的。而为促成这些目标,你要相信所有学生的学习潜力,为学生提供相互探索和发现的机会,在你和学生之间建立一种思想碰撞的伙伴关系。

法定权威

有些角色从本质上带有影响力和权威性。警察、议员和法官等头衔,本身就带有社会权力和权威。这样的影响力是源于其角色本身,而非拥有角色的人。萨维奇(Savage,1999)将这种权威视为法定权威。教师拥有一定程度的法定权威。我们的社会期待学生把注意力集中在教师身上,尊敬教师,并服从其要求。大多数的家庭也强调听教师讲话的重要性。每一个新教师在开始上课的第一天就享有这种法定权威。

因此,在任教的最初几周,法定权威给了新教师一些喘息的空间。大多数学生也因为教师的权威地位而自发地遵守和接受新教师的权威身份。然而,仅仅依赖法定权威来树立课堂的领导者身份无异于在沙滩上筑屋。教师应利用法定权威来建立参照权威和专家权威,并与家长建立工作关系,如有需要,还应与可能对学生提供服务的监护人、其他家庭成员以及其他专业人士建立联系。

奖励权威

处于权威地位的人可以对他们所领导的人施行奖励权威。拥有这种权威的人可以通过特权、头衔和责任,或通过表扬这种更为无形的补偿形式给予他人奖励。在某种程度上,学生期望教师给予一定的奖励,教师因此具有一定的权力和权威。

然而,教师可运用的奖励形式比较少,学生无须通过教师就可获得许多的奖励。对于那些不太在乎更好成绩或教师赞许的学生,仅靠行使奖励权威来领导是比较困难的,因为他们在校外便可获得许多强化性的奖励。在这种情况下,一些教师转而运用更有形的强化物,如允许学生参加某种喜欢的活动,获得喜爱的奖品甚至是食物。通过本章的学习,教师将领会到奖励权威是课堂中的有效工具,但它不能取代参照权威、专家权威和法定权威。

尽管以上提到的每种权威,如果使用恰当,都可以成为管理课堂的合理工具,但教师,尤其是新手教师,还是应该尽快获得专家权威和参照权威。你可以通过以下方式实现专家权威,如了解学科教学领域的最新进展,完成在职学习和研究生课程,参加研讨会和研习工作坊,以及完成所在学区提供的职业发展和指导活动。从你进入课堂的第一天起,通过给予学生一种归属感和无条件相信学生的学习潜力,你就可以展现出参照权威。

小组发展的阶段

科蒂斯和卡特（Curtis & Carter,2011）、施穆克和施穆克（Schmuck & Schmuck,2001）等社会心理学家认为,你获得的社会权力资源对于在小组发展过程中指导学生十分重要。他们认为每个成功的小组都经历了一系列发展阶段,在这些阶段中,有一定的任务要完成,有关键的事要解决。小组完成任务、解决事情的方式决定着你可以高效和有效管理小组及实现教学目标的程度。你在课堂中可以推动以下四个小组发展阶段:

- 第一阶段:形成。解决接受和责任问题。
- 第二阶段:冲突。解决相互影响的问题。
- 第三阶段:规范。解决工作如何完成的问题。
- 第四阶段:表现。解决自由、控制和自我管理的问题。

第一阶段:形成

学期伊始,当学生们来到学校,他们通常关心两件事:(1)找到他们在社会结构中的位置;(2)弄清楚学校对他们的期待。这是有关融入或成为群体中成员的问题。

开学起初的几天,学生和教师很自然会问:"我如何适应这里?""谁会接纳或拒绝我?""我做什么能赢得尊重?"此时,所谓的考验就发生了。学生通过各种具体的活动觉察教师及同伴对他们的反应。在这个小组形成阶段,学生对彼此感到好奇,他们想知道班里其他成员都住哪儿,谁是他们的朋友,他们喜欢干什么,他们喜欢去哪里玩。随着彼此深入了解,他们开始发现怎样以及和谁能够融洽相处。卡斯塔尼达（Castaneda, 2004）,瑞安（Ryan, 2007）,以及兰兹曼和路易斯（Landsman & Lewis, 2011）都督促教师在开学的最初几周里积极帮助学生建立信任关系,培养学生成为小组成员的情感。

社会心理学家提醒教师,在班级小组发展的最初阶段,容易出现只关注工作和规则而导致忽视学生归属感的倾向。他们警示,那些不知道自己是否被教师接纳,以及是否和同伴们相处融洽的学生,不易集中心思学习。他们必须首先建立信任,并培养出作为一名小组成员的价值感。

表3.1列出了一些问题,你可以用于评估小组的发展(在形成阶段)。

表3.1 关于小组发展的重要问题

第一阶段:形成	第二阶段:攻坚	第三阶段:规范	第四阶段:施行
1.是否开展了让每个人相互熟悉的活动?	1.是否公开承认和讨论冲突问题?	1.是否有解决争端的过程?	1.小组能否评估自己的成效?
2.每个人都有机会被聆听吗?	2.小组能否评估自己的职能?	2.小组能否设定目标?	2.小组和个体成员能解决他们自身的问题吗?
3.学生是否和各种各样的同班同学交往?	3.新的和不同的想法是否得到倾听和评价?	3.学生能够表述出学校对他们的期待吗?	3.小组有机会独立工作并通过自己选择的媒介表达自我吗?
4.师生相互倾听吗?	4.所有成员的技能都得以发挥了吗?	4.师生之间是否相互尊重?	4.个体成员能够自我评价并为个人进步设定目标吗?
5.学生对学业和行为期待的担忧或恐惧是否得到解决?	5.所有学生都有领导的机会和责任吗?	5.对不遵守规则的学生采取什么手段?	5.小组准备解散吗?

资料来源:理查德·A.施穆克和帕特里夏·A.施穆克,《课堂中的小组发展进程(第6版)》(2001),艾奥瓦州迪比克市,Wm. C. 布朗通信公司,经麦格劳-希尔公司许可再版。

第二阶段:冲突

小组发展在形成阶段的目标是帮助学生获得安全感,并使他们感觉到自己是班级小组的一员。如果学生接纳教师为他们的领导,主动遵守规则和制度,并同意尊重班级的其他成员,那么表明在这个阶段,健康的小组生活已经出现。

在小组发展的冲突阶段,学生开始检验这些承诺的局限性。这种对局限性的检验可能表现出学生对学业期待和规则的温和挑战,从而确定在什么条件下遵从或不遵从这些规则。学生可以质疑座位安排、家庭作业任务、随堂练习的常规等。社会心理学家把这些对教师权威和领导权的友好挑战称为远离行为。在任何一个群体里,如果领导者最初建立权威是通过其地位而不是能力或信用,远离行为就会发生。这种行为代表学生在小组发展的这一阶段,对他们在上一阶段形成的班级期待和小组参与等承诺有所保留。

第二种温和的局限性检验时常伴随着远离行为而出现,那就是集中行为。当学生质疑他们个人作为小组成员如何从中受益时,集中行为就发生了。他们会问:"这对我有什么用呢?"学生所问的问题反映出一种对公正的预先关注。他们能很快注意到教师对小组个体成员的偏爱。

师生之间和学生之间远离和集中的冲突,是小组发展的一个自然部分。社会心理学家提醒教师,在此阶段不要过分反应。在这些冲突过程中,你需监督规则和秩序的遵守情况,但也要重新考虑那些可能不起作用的规则和秩序。

比尔(Buehl,2008)和克莱德勒(Kreidler,2005)呼吁教师通过举行全班讨论来解决小组冲突。他们建议教师采用以下方法来指导学生解决问题:

1. 承认问题的存在。教师让班级所有成员一致认识到有问题存在,并且将共同努力去攻克难关。

2. 说明冲突。教师明确说明冲突是什么,并且向全体学生保证,他们将有机会表明他们的观点。

3. 确定并选择回应。师生运用头脑风暴,记录解决问题的方法,并且对解决方法的短期和长期后果进行评估,剔除产生负面后果的方法。

4. 得出解决办法。全班讨论,记录大家基本认可的解决冲突的方法。

5. 设计并实施计划。全班讨论,弄清何时、何地以及如何解决冲突的各个细节。

6. 评估计划的实现。学生鉴别他们所收集的信息,以便确定计划的实现情况。教师明确检查要点,从而评估班级工作情况。当冲突解决后,全班讨论问题解决过程的价值。

第三阶段:规范

学生在小组形成阶段发展起的安全感,为他们在冲突阶段提供了挑战教师权威的安全基础。教师在冲突阶段展现出的熟练的领导能力使学生相信,他们将被倾听和得到公正的对待,而且被允许与教师共享权力和影响力。这种保证使他们在规范阶段可以接受为小组设置的学业期待、秩序和规则,接受不同小组成员的角色和职能。

规范是小组成员之间关于他们应该如何思考、感觉和行动的共有期待。社会心理学家把规范视为小组行为的基本规则。它们可以以书面或非书面形式呈现,允许所有的组员或大多数组员都自愿地同意去遵从。当大多数学生同意什么是或不是社会认可的课堂行为时,这个课堂群体就有了规范。

规范在管理课堂行为中扮演着重要的角色,但是它们的角色不同于规则和秩序。规范比规则更有个人意义,如下列课堂规范案例所示:

- 学生与老师谈话是没问题的。
- 本班学生应该互相帮助。
- 我们都要对自己的学习负责。
- 有同学回答错误时,我们不应幸灾乐祸。
- 我们要尊重他人的隐私。
- 学习是本班的首要大事。

社会心理学家认为,正面的规范在课堂里发挥着若干重要功能(Gerrig & Zimbardo, 2007; Putnam, 2006):

- 规范让小组成员明白社会互动是否恰当,并调节这些互动。有规范存在,学生能够预期他人如何参与课堂活动,别人又是如何期待自己的。
- 规范创造了小组的认同感和凝聚力。社会心理学家认为,小组形成的过程始于成员一致同意遵守小组的规范。这一过程从小组发展的形成阶段开始,到规范阶段结束。
- 规范促进了班级成员的学习成绩和良好的人际关系。如果一个班级持续坚持一些规范,这个班级更易于实现学业和社会目标。例如,同伴群体规范是影响学生学校表现的最重要的因素之一(Sunwolf, 2008)。

不管是支持还是反对教师的目标,小组规范在开学第一天,也就是小组发展的形成阶段就开始了。社会心理学家识别出两种规范发展的基本过程:扩散和凝聚。扩散发生于学生初次进入一个组或班级时,他们带着从别的班级、小组或自己成长中获得的经验期待。课间休息时,他们相互谈话,彼此间开始交流经验。他们对学业和社会行为的不同期待就在整个班级中传播和扩散开来。最终,随着学生一起参与各种活动,他们的期待开始汇聚并凝结成为一种课堂生活的共享观念,这一过程称为凝聚。

你应尽力发展一些可以支持你的课堂目标的规范。重要的是,你应知道怎样

积极影响班级规范的制定,以及辨别和改变已有的规范。下面一些建议可以用来制定、辨别和改变小组规范:

- 向全班解释小组规范的概念。与班级学生一起制定一系列规范,经过一段时间后,增加有利于小组运行的规范,删除起阻碍作用的规范。
- 组织对班级规范的讨论,并鼓励学生谈论规范。与学生探讨管理班级的方法、干扰小组表现的问题,以及必需的规则和事务。
- 任命或选举班委会,为改善班级风气、提高成绩提出建议。让小组来评价规范是否发挥作用。
- 提供一个学习榜样,引导学生尊重他人、坚持不懈和有责任心。

在规范阶段,小组健康发展的特征是小组行为的主要目标放在学业成就上。

第四阶段:表现

当小组发展到第四个阶段时,学生之间相处融洽,了解规则和各自的角色,接受小组规范,并熟悉课堂秩序。处于这个阶段的小组主要关注的是建立独立性。

正如冲突阶段的特征是测试局限性,表现阶段的特征是学生想知道他们在脱离教师独自行动时能做些什么。社会心理学家建议教师在这个阶段减少课堂控制,多教导学生设定优先顺序、规划时间和进行自我调节,从而鼓励学生实现独立的愿望。换言之,在此阶段,学生需要感受到自主探索及发现的快乐。

表现阶段随着学年或学期的结束而结束,因此这个阶段代表着一个过渡期。假设小组发展的四个阶段均已成功完成,那么学生之间以及与教师之间将会建立起关系。他们应该能够在教师的帮助和引导下进行自我管理。要成功促进小组的过渡,你需要建立一种充满信任与自信、无条件接纳和鼓励探索与发现的班级气氛,在此氛围下,小组才能得以持续发展。参照下文"在实践中:关注课堂管理的民主方法"。

在实践中:关注课堂管理的民主方法

唐娜·斯泰尔丝老师按照自己家庭会议的模式组织班会,不仅使学生可以分享想法,而且让他们自己解决了课堂问题。在斯泰尔丝的模式下,学生轮流当讨论小组长,而老师负责促进一种相互尊重的气氛,并作为小组的一员参与讨论。由于学生对其做法积极响应,斯泰尔丝决定与其他教师分享其经验。

斯泰尔丝老师是一位资深的教育工作者,有三十多年的教学经验,从幼儿园到七年级、在同一年龄层和多年龄层都曾任过教。她教过常规课程、英语与法语课程,也当过思维技能和资源拓展的教师。她目前在加拿大不列颠哥伦比亚省阿姆斯特朗市的莱恩伍德小学教五年级和六年级。不过,斯泰尔丝老师实用且有效的课堂管理方法并不源于其广泛的教学经验,而是源于其身为母亲的经历!她解释道:

> 我和丈夫在家里成功使用了多年的家庭会议。我们看到它在让孩子参与家庭决策中的积极作用。我们亲眼看到,当孩子的想法被倾听和考虑时,他们是如何一天天对自己的行为更加负责,更感受到自己作为家庭中不可或缺的一员,其自尊心又是如何不断提升。我就意识到这在课堂环境中有应用的可能性。

在她看来,家庭式班会对于促进孩子的社交、道德和智力发展有重要作用。斯泰尔丝还指出,班会可以激发个人成长、领导力、组织力、公众演说技能、思维能力和认识发展、解决问题的技能以及交际技能,所有这些为学生提供了一个学习共同体。

值得分享的观点

"班会在温暖、关爱、支持的环境下召开更容易成功,孩子们在这样的环境下舒服地学习,无所顾忌地分享观点,并自由提问和探索。"斯泰尔丝解释道,"学生在这样的课堂中彼此支持,相互合作,相互鼓励,对自己的学习及行为负责,也可以自主做决定。"

斯泰尔丝概括了几条使班会独特和有效的关键要素:

> 学生围坐成圈。
>
> 每周组织班会。
>
> 班会有固定的形式。
>
> 学生主持班会。
>
> 问题和建议都要讨论。
>
> 学生相互鼓励并称赞彼此。

斯泰尔丝坚持,在开学的最初几周用两三节课来帮助学生做好班会准备是很必要的。她提议这些课要涉及鼓励、创造性解决问题和形成团队的教学与实践。经过几次尝试后,在教师的引领和示范下,学生逐渐成为会议的领导者,并轮流引导学年中的班会讨论。

开展班会

"班会让好的班级变得更好。"斯泰尔丝说道,"会议的真正力量在于赋权给学生,激发他们的学习动机,并帮助他们发现更好的自己。师生在如此祥和、充满尊重的氛围中发出自己的声音,相互尊敬与理解也得到了发展。学生意识到课堂不仅是老师的,更是他们自己的,因此他们会更有主人翁意识和自豪感。"

在一次典型的班会上,桌子被挪到角落,学生按照指定位置围坐在一起。会议主持人宣布会议开始,然后讨论旧事物,处理新事物。最后,伴随着"谢谢"和赞美,会议结束。

如果有学生想在班会上提出问题,可以将提议写在一张纸上,纸上要包含学生的姓名和日期,然后投入教室里的意见箱,这将成为下次会议讨论的新事项。一般情况下,学生可以提三类事项:涉及一人或多人的问题、影响整个班级的问题和对班级活动的建议。

在班会期间,教师:

- 扮演教练的角色——在必要时,为会议主持者提供指导。
- 履行秘书的职责。
- 像小组成员一样表现——有需要时提供信息,必要时作出积极、有帮助的评论。

学生领导者:

- 使会议顺利进行。
- 开始或结束会议。
- 按照流程顺序开展会议。
- 遵循问题解决的步骤。
- 遵循讨论建议的步骤。
- 与每个发言者保持眼神交流。
- 像其他成员一样参与讨论。
- 让学生知晓他们是否出现问题。

- 提问、澄清或重述问题或观点。
- 总结。
- 大声而清晰地讲话。

简化责任

斯泰尔丝发现,通过开展班会,纪律问题变得微不足道。很多问题在班会上得到讨论,学生自己会决定不当行为的后果。她还观察到,学生对自己在班里的行为变得高度负责,尤其是当同伴记录他们的行为并讨论不良行为时。

"当学生选择问题解决方案时,他们就会发现其结果与选择之间的利害关系。"斯泰尔丝这样描述,"课堂中的问题不再仅仅是老师需要去解决的问题,他们本身就是班级的问题。每周的练习过程使学生成为卓越的问题解决者,他们想出公正、有效的方法帮助同学改善可能影响他人或自身学习的行为。"

把建议投入意见箱的做法为学生提供了在班委会工作的机会,使他们在学校这一年可以策划和协调很多有趣、好玩的活动。这也激发了学生在课堂上的兴趣和热情,帮助学生认同学校并感受集体归属感。"作为教师,我想不出还有什么工具有这么多的好处。每周开展一次这种形式的班会,可以成为教师使用的最有力的工具之一,而这很简单。"斯泰尔丝宣布,学生毫无例外地都很喜爱班会,而且这个方法还有利于使那些有特殊需求的学生融入班级。

斯泰尔丝写的《班会:在相互尊重的课堂中培养领导力、解决问题和决策技能》一书可以在彭布罗克出版社购买。

来源:选自教育世界网站(EducationWorld. Com)上卡拉·巴菲尔的文章,2002,经许可使用。

创建有效的课堂气氛

课堂气氛是你与学生互动时产生的氛围或情绪。你与学生联系、显示出温暖和支持、鼓励合作以及允许独立判断和选择的方式和程度,整体创造了课堂气氛。你选择什么样的方式就会出现什么样的课堂气氛,正如你选择教学方法一样。

这部分介绍有效课堂气氛的两个相关层面：一是社会环境，即你在课堂上倡导的互动模式；二是组织环境，即你对课堂的物理安排和视觉上的安排。让我们看看如何改变这些层面，从而为学习创造合适的课堂氛围。

社会环境

课堂里的社会环境可以在权威型和放任型之间变化。当处于权威型时，教师是信息、观点和教学的主要提供者，而处于放任型时，学生则成为这些事务的主要提供者。这两个极端之间存在着中间地带，在这里你和学生可以分担责任，学生在你的指导下可以被赋予选择和判断的自由。我们之前已经看到，基于学生的想法和课堂中自然发生的对话来进行教学是多么重要，这样才能将你与学生联系起来，共建思想伙伴关系。

例如，在一个较僵化的权威型气氛下，小组讨论可能遭遇巨大的失败，因为这种气氛暗示学生他们的观点不如你的重要。教学中的绝大多数时间是教师在讲而不是学生来说，自由表达观点也是你的权利而不是他们的。而在一个更为开放的氛围中，同样的小组讨论则可能会大获全胜，因为课堂的氛围提供了所有促进讨论的成分，如表达观点的自由，学生谈话的充分性和自发性。

你所创设的社交氛围是权威型的还是放任型的，或介于两者之间，取决于你看待自己的方式：你是一个精心培训和控制学生的指挥官，为学生组织和提供所有学习刺激，或是学生想法的翻译者和总结归纳者，还是作为学生的同伴，与他们一起想出点子、解决问题？考虑一下每种氛围的效果，以及如何去创设。

教学效果好的教师不仅使用多种教学策略，而且会营造多样的课堂气氛。然而，出于目标和情境的需要，教师改变气氛的能力与创设某种氛围的能力同样重要。尽管早期社会心理学研究试图说明某种氛围最有利于学习（Lippitt & Gold, 1959），但结果表明不同的氛围因预期目标的不同而各有利弊。

因为教学目标从一堂课到另一堂课、从这一周到下一周，不断发生变化，所以为支持目标的实现，课堂气氛也得随之进行调整。如果目标变换而你的课堂气氛不变，那么学生在这个阶段可能会脱离任务，或出现捣乱甚至对抗性的行为。

竞争、合作、个人主义

我们已经考察了几种方法，可以根据你的教学目标调整教师的权力，同时也改变了学生的权力。这种种改变不仅与你释放多少权力、在多大程度上控制学习的过程有关,而且与你期待学生间的互动实现怎样的竞争、合作或个性化程度有关。这三种情况如表3.2所示。从表中可以看出,当你将课堂气氛从竞争转换到合作再到个性化时,你不断降低对学习过程的控制,直到在个性化的模式下,学生几乎完全独立地承担起评判自己学习的责任。

有效学习氛围的另一个层面是教室中的物理安排或视觉安排。这种安排是一个可以变换的选择,要根据你的学习目标创设恰当的氛围

三种气氛的应用。除了为特定的教学活动创设合适的气氛,你还必须决定是否每种气氛都能同样有效地用于全班活动、小组活动和个人活动。例如,如表3.2所示,没必要所有的小组讨论都在合作的气氛中进行。

表3.2 课堂气氛的三种类型

社会气氛	典型活动	赋予学生的权力	赋予教师的权力
竞争:学生们为了正确答案或围绕教师所立标准而相互竞争。教师是答案正确性的唯一裁判	操练和练习	无	组织教学,提供刺激性材料,评估回答的正确性

续

社会气氛	典型活动	赋予学生的权力	赋予教师的权力
合作：学生在教师监控下参与对话。教师有条不紊地介入讨论，以使观点清晰，并将讨论推向更高水平	小组讨论和大组讨论	呈现观点和想法，自发、自由地发言和讨论	激发讨论，仲裁争议，组织和总结学生的贡献
个性化：学生在教师的监督下完成任务。教师鼓励学生按他们认为最好的答案完成任务。重点在于通过并自我检验	独立的课堂练习	用最可能的回答完成作业	布置任务，并且看到任务正有条不紊地完成

尽管表3.3中描述的一些气氛目标可能更普遍适用，但根据你的教学目标，你可以对学生进行多种安排，营造多样的氛围。你的工作是确保所采取的权威程度与教学目标相符（例如，你允许学生表达观点的程度，你分配给学生谈话的时间，以及你期待学生回答的自发性）。

组织环境

除了安排课堂中的社会气氛，你还需布置物理环境。不必说，教室应该布置得吸引人、光线好、舒适和色彩丰富。但是，除了预备一个彩色的布告板和保持教室整洁以外，你对教室的外部特征影响不大。通常教师们会在学期开始带一些基本的东西来营造一个温馨、高效的课堂氛围，如钟表、书架、文件夹、毯子和为小点的孩子准备的枕头等。

> 观看这位二年级的老师谈论她是如何在一天的开始引导学生从一个活动过渡到另一个活动。想一想她在决策背后的理念，尽管这样可能会使早晨变得比较忙碌。

然而，可能比这些事物更重要的是课堂中的内部特征（书桌、椅子）的设置方式。无论好坏，学生很快会习惯并接受教室的外部特征，但教室的内部安排却影响着学生上学的每一天。

在高年级教室，最灵活的布置方式是把讲桌放在教室前面，而让学生的桌子一排排地面向讲桌摆放。虽然把这种传统的形式与"灵活"一词联系起来似乎有点奇怪，但如果你替换它创设竞争、合作和个性化的环境，这种形式可以变得非常灵活。这样，加上每次需要改变课堂中的社会气氛时，重新布置教室桌椅都很困难，这就使高年级传统的教室安排在今天看来几乎与50年前一样受欢迎。

表 3.3　三种课堂气氛的目标

	竞争的	合作的	个体的
全班	学生在轮到自己时，通过说出正确答案与其他同学展开竞争	如果一名学生难以找到正确答案，允许其他学生给出提示或线索	全班同学一起说答案
小组	小组之间，作为对立团队，相互竞争	各小组围绕一个话题不同但相关的层面分别进行，并将结果综合整理成面向全班的最终报告	每个小组完成自己指定的话题任务，与其他小组的话题互不相关。不面向全班做分享汇报
个人	个人之间通过回答相同的问题展开竞争。回答最快、最准确的学生获胜	个人结对合作，彼此交换试卷、分享答案，或相互纠正错误	个人在没有教师直接参与的情况下独立地完成课堂练习

然而，有时候你也想要改变课堂安排，从而营造出更加具有合作、互动和小组分享气氛的环境。这样的课堂安排可根据教室的外部特征和可利用的桌椅而有许多变化。图 3.1 展示了其中一个案例。

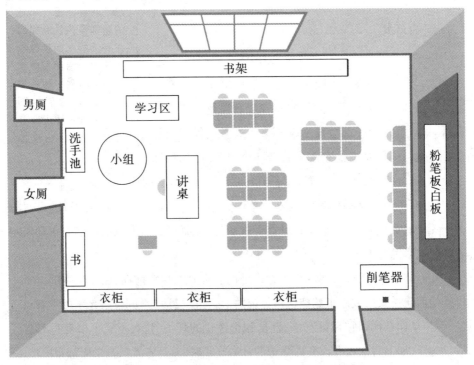

图 3.1　强调积极关系和合作学习的课堂安排

这样的变化代表了你在努力让学生在一起。学生之间互相分享和交流的障碍有时源于固定的桌椅摆放方式,而较为随意但仍成体系的课堂布置则可以避免出现这种障碍。不管教师是否有意,这样的布局传达给学生的是他们需要相互交流与分享。

当你将四五个学生的书桌放在一起,你可以期待更多来自学生的观点、发言和自发的反应行为。这就强调了一个重要观念,即由你的言行营造的社会气氛应始终与由课堂物理设置创设的组织气氛相一致。

当然,为了多样而时不时改变教室布局会使人耳目一新。你可能为了维持教室原本的布局而妥协,但如果空间允许,设置一两处不那么正式的区域(如学习区、小组讨论桌、休闲区或阅读区),以方便实现那些需要独立完成或交流分享的教学目标。在低年级,这些要素几乎总是教室布局的一部分,因此也是学习氛围的一部分。图3.2展示了这一布局。

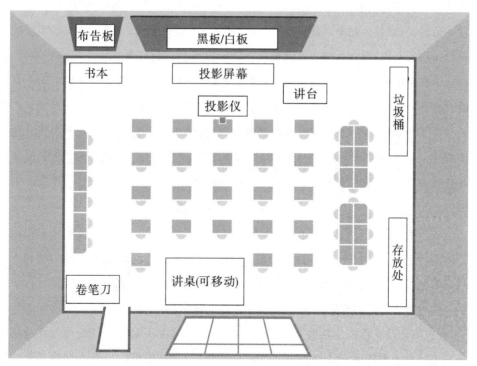

图3.2 允许独立、小组和合作学习的折中课堂安排

建立规则和秩序

为了阻止课堂纪律问题的发生,建立规则和秩序将是课堂管理中最重要的一种活动(Emmer & Evertson, 2016; Evertson & Emmer, 2016; Mackenzie & Stanzione, 2010)。你在开学第一天之前就应该建立这些规则和秩序,这样可以防患于未然。

教师们需要四种基本类型的规则和秩序来有效地管理课堂:

1. 有关学习活动的规则;
2. 有关课堂行为的规则;
3. 首次上课时必须对学生传达的规则;
4. 可以之后在合适的时机传达的规则。

表3.3的上半部分显示了一些开学初可能需要的规则,因为学生将会问到这些问题,或者可能出现一些需要用到这些规则的事件。注意,这些规则分为七个行为规则和七个学习规则。对小学阶段的学生而言,你最好口头向他们陈述,再给他们发一份讲义,然后张贴出来,以便学生日后参考。在较低年级,如果没有一份实质的规则条目长期提醒他们,学生可能很快会忘掉口头的信息或者选择漠视这些规则。在小学高年级和初中阶段,教师复述、学生抄录规则可能就足够了。对高中学生来说,他们简单听一听这些规则就可以了,只要之后张贴出来以供参考。

并非所有第一天公布的规则都同等重要,教师不得不在特定情境下增加其他的规则。但在这些规则中,关于如何回答问题和说出答案、完成作业、评定成绩及违反规定等方面的规则是最为重要的。从开学第一天起,这些领域就最常出现混乱。

表3.4呈现了一些你需要在这四类规则领域予以考虑的问题。在向全班提出规则前,你先花时间考虑一下这些问题,以免在有学生提问时出现尴尬的中断和不确定的回答。请识别表3.5中剩余规则区域要确定的问题。表格的下半部分标识了一些可以临时传达的规则领域。有些适用于特定的情境(如实验活动期间的安全、完成笔记或获得特定帮助),而且最好在应用的情况下呈现。这类规则在应用于特定情境或事件中时才更有意义,也更容易被记住。尽管你可能不会在开学第一天就传达此类规则,但因通常很快就会有所需要,所以你需要在第一天上课前就做好相应的准备。

表3.4 课堂行为规则和学习规则

	课堂行为规则	课堂学习规则
第一天需要公布的守则	1. 坐哪里 2. 座位如何安排 3. 铃响之前做什么 4. 做出回应,大声讲话 5. 铃响离开 6. 饮料、食物和口香糖 7. 上卫生间和饮水的特权	8. 上课需要的材料 9. 完成家庭作业 10. 补做作业 11. 未完成的作业 12. 缺考 13. 成绩评定 14. 超过截止日期
可以日后公布的守则	15. 迟到/缺席 16. 到教师讲桌前 17. 当有客来访时 18. 离开教室 19. 违反规则的后果	20. 完成笔记 21. 获得帮助 22. 记笔记 23. 与他人分担工作 24. 学习区的利用 25. 小组工作中的交流 26. 整洁 27. 实验室的安全

下面是对设置课堂规则的几个一般性建议:

- 只确定必需的规则。设置规则有四个理由,每个理由都应至少反映一个以下目的:
  - 提升工作参与度,减少破坏。
  - 促进安全和保障。
  - 防止打扰他人或其他课堂活动。
  - 促进礼貌和人际关系的可接受标准。
- 使你的规则与想要营造的课堂气氛相一致。作为一个新手教师,你应认识到自己在职业初期对课堂管理的价值观和偏好,明确你在课堂管理方面的个人哲学,并确保反映在你的课堂守则中。例如,你是希望营造一个鼓励独立判断、自发性和冒险精神的课堂气氛,还是想要强调教师发起的交流、正式的课堂规则或教师启发的回答? 很可能,你希望你的规则能在这些层面达到一个很好的平衡。
- 不要制定不能执行的规则。如果你的个人哲学是不断鼓励自发性、解决问题和小组活动,那么规定"不准讲话"、"不要离开座位"就比较难以执行。应用一些你不能完全相信的规则,可能会导致不公正和不连贯。

- 用概括的语言陈述规则,使之涵盖一系列具体的行为。"尊重他人财产和人身安全"这条规则包含了多种问题,如未经允许借东西、向别人扔东西等。同样,"遵照老师的要求"的规则允许你制止各种学习以外的事情和捣乱行为,是具体守则没有预测到或全面覆盖的。不过,注意不要过于概括地陈述规则,以致你的学生搞不清它所指向的具体问题。例如,"尊敬师长"或"服从老师",这样简单表述的规则可能因太含糊而被大部分学生所忽视,教师也很难去执行。如果遵循以上建议,你在第一天就应准备四至六条的课堂守则。

表3.5 课堂规则需确定的问题

做出回应、大声讲话	评定成绩
• 必须举手吗?	• 小测验和考试各占总分的多大比例?
• 其他表达理解的方式可以接受吗(如点头)?	• 课堂参与占多大比例?
• 其他同学发言时,有同学插嘴该怎么办?	• 什么时候通知表现不合格的?
• 对于大声喧哗,你要如何处理?	• 家庭作业占多大比重?
补做作业	**超出预定日期**
• 允许补做作业吗?	• 反复违规要怎么办?
• 没完成作业会有惩罚吗?	• 如果学生缺席,他从哪能知晓预定日期?
• 补做的作业给分吗?	• 抄袭他人的作业要受到何种处罚?
• 作业丢失由谁负责?	• 如果错过预定日期,需要补做作业吗?
离开座位	**提前完成当堂作业**
• 什么时候允许离开座位?	• 可以做其他课程或科目的作业吗?
• 什么时候学生可以到讲桌旁?	• 可以读报纸或看杂志吗?
• 什么时候可以使用参考书或学习区?	• 可以做下面的练习或作业吗?
• 如果学生跑到另一个学生书桌旁怎么办?	• 可以趴在桌子上休息吗?
小组活动中的交流	**违反守则**
• 学生能离开指定座位吗?	• 要把姓名写在黑板上吗?
• 学生应该用多大声讲话?	• 要罚做额外的作业吗?
• 谁决定下一个发言的是谁?	• 要放学后留校吗?
• 要有小组长吗?	• 什么时候进行纪律处分?

除非你清楚地向学生传达规则并始终如一地使用,否则你为制定规则所做的一切工作都将毫无意义。一致性是保证规则有效的关键因素。如果规则在一段时间内没有被执行或连续使用,那将导致制定规则和负责执行的人失去尊重。

不连贯执行规则的最常见的原因如下:

1. 规则本身不可行或不适合。规则与特定的课堂环境不符,或不适用于其应用对象的特点。

2. 教师没能密切地监管学生,因此一些违规的学生被抓到而另一些却被忽略。

3. 教师对规则的执行不够强烈坚持,以致规则出现很多例外。

注意,轻微违规现象不值得你太费力去处理,如果(1)这么做会打断你的上课时间,或者(2)这种情况只是暂时的,不太可能再发生。然而,如果执行规则时持续出现问题,你就需要提高警惕或调整规则,以便在回应时允许更多的灵活性(例如,未经允许就来到教师讲桌前寻求帮助可以接受,但仅为聊天则不允许)。

课堂管理中的问题领域

有效课堂管理的主要目的是让学生积极参与学习过程。积极参与意味着学生能够围绕所给材料展开学习,具体表现为仔细研读材料,按部就班地完成课堂练习,参与课堂讨论,并且被点名时注意力集中。

本部分描述了使学生积极参与学习过程的四个关键事件:监督学生、进行过渡、布置任务以及结束讲课。以下是一些有效课堂管理在每个领域中的实践形式。

监督学生

监督是对学生的观察和心理记录,并在必要时对其行为进行重新引导或纠正的过程。当你在讨论环节寻找学生活跃而警觉的眼神时,在课堂练习阶段查看学生是否埋头书本、投入任务时,或在问答环节感受学生是否踊跃举手时,监督的工作就发生了。总而言之,在你捕捉学生是否参与当下课堂活动的种种迹象时,你就在行使监督的职责。这些参与的迹象(或不投入)暗示你何时需要改变授课的节奏、材料的难度,甚或是活动本身。

库宁(Kounin,1970)使用"洞悉全局"一词来指教师同时跟踪各种不同参与迹象的能力。他观察到,有效和低效的课堂管理者最重要的区别就在于他们展现洞悉全局能力的程度。展现此能力的有效课堂管理者能意识到教室各个角落正在发生的事,并且能同时发现不同角落中各种不同的事情。此外,这些有效的课堂管理者能把这种意识传达给学生。

有一些简单的方法能提高你洞悉全局的能力以及学生积极参与学习活动的程度。其中一种方法就是通过眼神交流来增强你的在场感。如果你的眼神交流仅仅局限在教室的某一部分,那么相对其他部分而言,你肯定失去了对全局的把控。

令人惊讶的是,许多新手教师一贯做下列事情:

- 仅同前排到中排的学生讲话。
- 在黑板写字时,背对着全班讲话。
- 看着窗户或天花板讲话。
- 由于其他学生阻挡了他们的视线,不能看着全体学生讲话。

在上述每一个事例中,你只看到了教室的某一部分,而学生也知道这一点。扫视教室的各个角落、与所有学生进行目光接触,是传达全局意识最重要的方法之一。

提升全局感的第二个方法是学会同时监督多个活动。这里的关键不仅在于调整目光接触的范围,而且在于转换关注焦点。例如,在扫视前排学生时,你的观察焦点可能放在作业完成的进展上,但扫视后排学生时,潜在的行为问题则可能成为你的重点观察对象。

引导全班有条不紊地从一个活动进展到下一个活动的方法,就是按时开展新活动,之后私下询问掉队学生的情况

在转换目光接触的同时,你也从对行为的观察转向对学习的观察。然而,在你如此做的时候要注意,不要仅仅关注一位有行为问题或学习问题的学生。一旦其

第三章 课堂管理Ⅰ：建立学习氛围

他学生看到你只关注他们的一位同伴,课堂其他角落里的学生可能会出现问题。

进行过渡

另一个问题领域是过渡。从一个教学活动向另一个教学活动过渡时,很难使学生保持注意力集中。想要有条不紊地引导全班从一个活动转向另一个活动可能是一项重大任务。进行过渡时出现问题的原因有两个:(1)学生还没准备好进行下一个活动,甚至可能不清楚它是什么;(2)学生对过渡时什么是适当行为没有清楚期待。

> ● 观察这位教师如何使用文学圈从大班教学转向小组教学。读一读在过渡过程中可能出现的问题,并考虑一下你是否认为这位教师避免了这些问题。

当学生不确定或对接下来做什么没有意识,他们自然会担心自己的实施和过渡能力。一些学生对先前活动感觉更顺手,不愿转向下一个活动,所以过渡环节可能会变得很嘈杂。新学年开始就是一个嘈杂的过渡时期,学生要摸索寻找合适的材料(或猜测需要什么材料),并试图了解教师对他们的期待。他们不会仓促地投入一项新的活动,因为担心自己不喜欢或做不好。

从这个意义上说,过渡活动如同活动之间的实际分隔,也是一种心理障碍。学生必须调整心理以适应接下来的活动,正如他们必须更换书本和试卷一样。你可以告诉学生你对他们日常活动的期待,从而帮助他们进行调整。这些常规活动学生几周后就会习以为常,但在开学的最初几天需要特别关注。现在是时候介绍日常活动及其发生的顺序了(例如,十分钟介绍,十五分钟提问和讨论,十五分钟课堂作业,十分钟检查和订正)。

表3.6提供了一些建议,用于处理过渡期间出现的问题。

表3.6 处理过渡期间出现的问题

问　　题	解决方法
学生在过渡活动开始时大声喧哗	允许学生少量的谈话很难真的保证学生说话很少。因此,要制定一项过渡期间不能讲话的规则
学生在过渡活动中交谈,耽搁了下一个活动	在活动过渡中不给学生留出超过必要的时间(如合上书、收材料、选择新材料)
学生提前完成了作业	按时间而不是按任务量布置任务。时常布置超过设定时间的任务量

续

问 题	解决方法
学生在过渡活动后继续进行先前的活动	在任何活动结束前的 5 分钟和 2 分钟,分别口头提醒,如"很快我们将结束这项活动"、"让我们完成这个活动,以便可以开始……";为每个活动设定明确的起点和终点,诸如"好,这项活动结束,现在我们开始……"和"把试卷收起来,翻开……"
在完成先前活动中,一些学生落后了	不要等待落后的学生,按时开始新的活动。如果出现自然间断,私下查访那些还在进行先前活动的学生,告诉他们必须停下,转到新的活动上来。注意他们为何没有完成任务(如材料太难、没有动机、走神)
你因为找东西(文件柜的钥匙、材料、名册和参考资料等)而耽搁了活动的开始	做好准备,简单明了! 在活动开始时,把你所需的材料放在面前

布置任务

有效课堂管理的另一个关键时刻是你在布置或解释任务的时候。这可能是一个特别麻烦的时刻,因为总会有一些学生不太想完成布置的作业。嘟囔和唉声叹气是学生对家庭作业或必须在课外完成的作业表达不满的常用方式。在这种时候,最易爆发不当行为。

埃默、埃弗森(Emmer & Evertson, 2016)和埃弗森、埃默(Evertson & Emmer, 2016)发现,有效和低效课堂管理者的差别在于他们布置任务的方式,尤其是如何布置家庭作业。这个差别归功于几个简单的做法,有经验的教师普遍用到这些做法,新手教师却不然。

一种做法是把作业直接附在课堂活动的末尾。这么做教师可以避免尴尬的中断,而且不需要进行过渡,因为这项作业看起来就像是刚才所做活动的自然延伸。对比一下,想象在以下各种情况下布置作业,学生会有什么感受:

教师甲:我想我不得不布置一些家庭作业了,完成第61页的第一至第十题。

教师乙:至于家庭作业,做 A 和 B 部分的练习题。记住,明天要全部做完。

教师丙:咱们的时间不够了,所以你们必须自己完成这些问题。

上述每种布置作业的方式都暗含了一层微妙的意思,如家庭作业可能并非真正需要,或机械地布置一项作业,或把作业当作某种惩罚。对于大多数学生而言,他们不清楚为什么布置这项作业,因为没有一位老师提到作业与哪些课堂活动相关,或者说明完成作业可以获得哪些好处。在被要求做作业之前,学生期望知道布置它的理由。

现在再次思考一下这些作业,这次增加了一些解释:

教师甲:今天我们谈了很多有关内战起因以及之前的一些经济动荡问题,但是其他方面的骚乱也促发了内战,了解这些问题对理解战争爆发的真正原因至关重要。第61页的第一至第十题有助于你发现一些其他方面的原因。

教师乙:现在我们都有机会尝试了构成所有格的技能。正如大家所发现的,它比看上去要难一些。所以让我们今晚做一下A和B部分的练习,这两部分会给大家提供构成所有格的适量练习,从而为我们接下来的练习做好准备。

教师丙:嗯,看来我们没有时间完成所有的习题了。下一组习题会给你提供更多机会来练习我们今日所学的内容。所以今晚让我们完成剩余的部分,看看我们是否掌握了所学的概念。这应该能确保大家在考试中取得好成绩。

请记住:有效的课堂管理者会紧接着相关课程或活动来布置作业,并且会解释作业与哪些课程内容或活动有关。他们也能避免使用任何不必要的负面话语(如"全部完成"、"一定要正确"、"按时完成"),这些话语可能让作业听起来不像一个教学活动而更像一种惩罚。

同样重要的是,教师要以激励学生完成的方式来传达作业。表3.7总结了五种不同的方法,你可以用这些方法正面地传达作业,这样就可以促进学生高度、持续地参与到学习活动中。

最后,在教室的某个地方展示之前布置的作业也是一个好主意,这样忘记作业的学生就可以很方便去查看,而不用占用你的时间去回想或查找旧作业。准备一个简易的海报板,划出当月的日期,并盖上一层塑料膜,这样可以方便且反复地使用——记录和传达每月布置过的作业任务。

结束讲课

有效课堂管理的另一个重要时刻是在你准备结束讲课时。这个时候,学生感受到课程即将结束,并提前进入放松的状态。这个时候,课堂也容易变得比较嘈杂,学生开始心不在焉地摆弄课本、试卷和个人物品,期待着下一节课或活动。

结束时的话语也应承担双重的目的,不仅为了结束课程,也要通过复习、总结或强调重点等方式使学生积极投入课程直到最后结束。因此,结束不只是简单地让学生注意课程接近尾声,还意味着让他们继续保持学习的势头,通过将之前所学内容重组到统一的知识体系中,可以帮助学生记住并透彻理解本课的内容。下面是一些你在课程结尾时可以引导学生积极投入和记住所学内容的方法。

表 3.7　一些激励因素及其适当使用

激励因素	可使用的短语
运用表扬和鼓励	你掌握了 做得好 好的尝试 很迅速
接受多样性	这不是我期待的答案,但我明白你的意思 我不这么认为,但我能理解别人可能有不同看法 我不太熟悉这个,你如何得出这样的观点? 我没听过这个词,告诉大家它是什么意思?
提供解释	很重要的原因是…… 我们完成这个作业是因为…… 这个有点难,但它适合…… 经验表明,不了解这些事实,下一个单元会变得很难
强调强化和奖励	完成所有作业将额外得 5 分 如果这些测验都得 C 或更好成绩,我会去掉你的最低分 按时完成所有作业的同学可以去学习中心 如果平均分为 C,你可以自行选择学期论文的主题
提供帮助	如果需要帮助,我随时都在 如需帮助,请直接说 我在教室走动,如有问题就叫我 如有困难,请大胆提问

合并或整合要点知识。进行结尾的一个方法是将要点合并整合为一个整体性结论。思考下面的例子:

教师：今天我们学习了资本主义、社会主义和共产主义的经济体制。我们发现，这些体制在某些相同的商品和劳务归政府所有这一点上存在相似点，不过在政府掌管不同商品和劳务的程度上存在差异。在资本主义体制下，政府掌管商品和劳务的数量最少，而共产主义体制下政府掌管的数量最多。

这位教师从当日所学的内容中汇总提炼出一个最重要的结论。他对课程内容做出高度的概括或总结，而没有参考任何得出结论所必需的细节。通过这个最广泛、最全面的结论，他巩固了各种不同的信息，并抓住了之前所学的精髓。

总结或复习关键内容。另一种结束课程的方式是总结或复习关键内容。教师复习最重要的内容，以确保每个人都能理解。显然，并非所有的内容都可以以这种方式来回顾，所以有必要按先后顺序进行选择，如下所示：

教师：在结束前，让我们再看一下这两个规则。规则一，如果"of"短语可以替换为一个名词，那么使用所有格形式。规则二，如果我们表示所有格的单词是以字母"s"结尾，要将撇号放在 s 之后，而不是之前。记住，这两个规则都使用撇号。

现在，这位教师正在通过总结本课的每个关键点来进行巩固。教师的复习快速、简明扼要，给学生提供了对课程主要内容查缺补漏的机会。

提供一种结构。另外还有一种结束的方法是为学生提供一种结构，这样他们不需要实际的复习就可以记住重要事实和观点。用这种办法，教师将事实和观点重组为一个便于回忆的框架，如下例所示：

教师：今天我们学习了所有格的构成和标记方法。回忆一下我们所用的两个规则：一个是当"of"短语可以替换为一个名词时构成所有格，另一个是以"s"结尾的单词如何构成所有格。从现在起，我们分别称它们为 of 规则和 s 规则。记住，两个规则都使用撇号。

通过给学生提供记忆规则的框架（of 规则和 s 规则），教师把内容组织起来，并显示它应该如何存储和记忆。这个方法的关键是提供一个代码或符号系统,这样学生就可以更容易地存储课程内容,并在之后使用时将内容回忆起来。

注意,在之前的每一组对话中,教师都是通过回顾课程内容和强化重点部分来收尾。在第一个例子中,教师通过重述高度概括的结论来完成结束工作;第二个例子是通过总结所学内容来完成;第三个例子则通过提供代码或符号系统,帮助学生记忆重要的信息类别。在课程的主体部分结束时,这些收尾方式的每一种都可以使学生继续投入学习。好的课程结尾如同精彩故事的结局,它们让你投入、意犹未尽,让你感觉已经深刻领会了故事并能长久地记住。

文化回应的课堂管理

许多学者已研究过各种风格的课堂管理对多样化和特殊需求学习者的影响。研究者们(Cheng et al., 1997; Griggs & Dunn, 1995; Voltz、Sims & Nelson, 2010; Weinstein、Tomlinson-Clarke & Curran, 2005)发现了不同文化与近距控制、目光交流、警告和课堂规则等言语和非言语行为管理技巧之间的关联。例如,师生间空间距离越大,学生消极听讲或从事与任务无关活动的情况就越多。当教师越接近学生,双方沟通越顺畅,越多的学生会跟随教师的节奏。教师站在个别学生附近可以促使学生遵守课堂规则,因为学生被引到非言语沟通的方式中,如眼神交流、音调变化和身体动作,这些都会传递参与的信息。

鲍尔斯和弗林德斯(Bowers & Flinders, 1991)发现,利用空间距离可以传达社会的权力关系,这可以促进参与或导致不参与。他们报告了一个案例:一位教师坐在一个带脚轮的转椅上,在学生中间不停移动,以便检查他们的学习情况。通过这种方式,教师可以让学生更自觉、放松地做出回应,从而使学生更加投入地学习和遵守课堂规则。这对那些因语言、文化和种族等因素而不愿在传统的教师主导的课堂中受到关注的学生更是如此。

也有研究探索了各种课堂管理技术与教师的文化和背景之间的相容性。研究者证实了不同文化背景的教师对学生的捣乱行为有不同的解释。例如,研究发现教师训斥学生时的面部表情传达了不同的关于训斥重要性的信息。德尔加多-盖坦(Delgado-Gaitan, 2006)和普特南(Putnam, 2006)的研究指出,教师的某些行为可能无意间挫伤少数民族学生的参与积极性甚至会引发不满,因为教师的行为与学生的文化产生不和谐。例如,教师总是站在学生旁边监督他们可能被视为胁迫。研究者们建议,教师应反省自己的价值观和信念体系,从而更能意识到他们与学生的不同。教师还应该运用课堂的社会组织来区分教学,并通过以下方式弥合文化的鸿沟:

- 建立一种开放、无拘无束的课堂气氛,使学生能充分体验到相互信任和自信,表达个人的兴趣和学习需求。
- 设计和组织符合学生兴趣和需求的课程。
- 通过开展与学生历史、文化和能力相一致的活动并赋予其相应责任,促使学生成为积极的学习者。
- 通过调整作业完成的期限、按难度的分级水平分配作业和材料以及根据每个学生目前的理解水平提供反馈等,进行区分性的教学。

这些对于营造文化敏感的课堂管理系统以及在多样化课堂教授具有不同文化、能力和学习需求的学习者,都是非常重要的考虑。

你在课堂管理中可能面临的另一个挑战是如何教导那些处于学业风险的学习者(Overton, 2011)。有风险的学生在学业上挣扎可能出于多种原因,但最普遍的原因就是脱离教学。因为为课堂中大部分学生设计的教学资源、课本、练习册和学习材料并不适合这些学习者。这些学生经常需要差异化的教学,如特别的教学节奏、更多的反馈、补课或调整过的材料,以及替代的回应方式,所有这些要在足够灵活的条件下进行管理,才能使学生积极地参与学习过程。

学业表现不佳的学生通常在两种可能的教学安排下接受教学:(1)班级主要由平均水平的学生构成;(2)课程按分轨制体现,数学、英语、科学和社会研究的某些内容专门指向学习较差和有特殊需求的学生。

有关各种分轨制的必要性和公正性已引起了广泛的争论(Free, 2004; Gamoran, 1992; Good & Brophy, 2007; Lou, Abrami, & Spence, 2000; Ready, Beghetto, & LoGerfo, 2005; Slavin, 2014)。通常支持分轨制的论据是,它能使学校更好地区分教学,为高水平学生提供更多挑战,为低水平学生予以学习所需的支持。反对者则认为,分轨制是不民主的,它把学生划分为同质群体,无法反映课堂以外的世界中人们相处的真实情况。此外,研究表明,分轨制并不能让学生的成绩超越多样化课堂环境下所能预期的成绩。相比分轨制,在多样化课堂进行有时间限制的任务和能力分组可以产生更高的成绩（Gamoran，1992；Good & Brophy，2007；Skirtic，1991；Slavin，1990，2014）。

不管你是在普通班还是分轨制下的班级中遇到有风险的学生，要让他们投入学习都需要在展示方法（如背诵、展示）、课堂气氛（如合作、竞争）和教学材料上（如实践活动、学习中心）比平常有更多的变化。

这些面临学业失败风险或出现行为问题的学生具有一些特点，如他们在阅读、写作和数学等内容领域的认知学术语言能力（CALP）不足（如第二章所述），处理抽象问题时存在困难，以及有时学习习惯不太系统，这样可能需要教师在记笔记、听课以及组织技能方面给予指导。如果你的教学没有为学生提供这些学习策略，结果可能导致学生表现低于其潜力水平，从而引发较差的自我概念、不当行为和在学校丧失兴趣等一系列的恶性循环，而这一切造成了有学业风险的学生较高的辍学率，以及少数民族和主流学习者学习成绩的差距（Child Trends DataBank，2005；Thomas & Collier，2012）。

然而，对于有学业风险学生的刻板印象往往被证明是不真实的，这挑战了我们对那些被归为有风险或被分到较差班级的学生的整体感知。正如有关韧性的研究指出，这些学生的性格和行为常常是让人感到惊讶的（Doll、Zucker & Brehm，2004；Farkas & Binder，2011）。有韧性的孩子是那些似乎可以无视逆境而发展成为富有成效和能力的人，尽管他们的背景可能预设着相反结果。几项长期研究表明，有韧性的孩子比预期的要多。沃纳和史密斯（Werner & Smith，1992）指出，50%至70%出生在极高风险环境中的孩子不仅成长为社会指标下的成功人士，而且还成为"自信、有能力和关心他人"的人（Benard，1997，p.2）。也就是说，这些可能按分轨制被分班、接受区分教育或依照社会情感行为来分类的学生，他们不一定天生就具有使他们陷于学业风险的行为，而且这些行为也未必是不可改变的。此外，许多研究人员和教师相信，韧性可以在所有年轻人中进行培养。

以下是一些教学策略，有助你让有学业风险的学生参与到课堂中：

• 围绕学生的兴趣、需要和经验来开设课程。这么做有助于提高有风险学生的注意力，并使他们积极地参与学习过程。在学年开始，让学生进行口头或书面的自我经历分享或者列出简单清单，表明他们的爱好、工作、不寻常的旅行或经历，这可以为课程计划、项目和作业任务提供基础，使学生从他们的直接经验以及与身边他人的互动中建构自己的意义。这也有助于给课堂营造一种你所追求的非常重要的培养氛围。

• 既鼓励口头表达,也鼓励书面表达。对于有风险的学生来说,许多写作任务他们都没尝试过,或者只是敷衍了事地去做,因为这些学生认识到他们的书面作业连最低的写作标准都达不到。考虑一下在学年开始布置一个录音或录像的作业,这种作业的优点是可以避免在学生发展关键期出现拼写、句法和写作错误。

• 提供学习辅助材料。学习辅助材料可以让学生注意所学材料中最重要的问题、内容或事项。它们还可以排除那些无关紧要的细节,而有学业风险的学生往往认为它们很重要。提供测试题的示例或可能性问题的话题列表有助于学生集中注意力。

• 教授学习策略。学习策略是通用的思维方法,可以提升各个学科领域的学习能力。策略实现这一功效是通过增强信息接收、存储和在需要时被激活的方式。通过教授阐述/组织(如记笔记和列提纲)、理解和监控(如设定目标、集中注意力、运用自我强化),以及解决问题的策略(如声乐和副声乐排练),你可以提高有学业风险学生的参与度。我们将在第十一章详细讨论这些内容以及你可以教授学生的其他学习策略。

注意,这些教学策略的每一种都为你提供了充分的机会,让你获得学生的信任和信心,为无条件接受他们的学习潜力做好准备,并使你有机会超越课本和讲授去引导探索和发现。这些正是一个培养型和成功的课堂具有的品质。

做好第一天计划

如果你上课的第一天与大多数教师类似,那么它将包括一些或所有下列活动(Wong, 2009;Wong、Wong、Jondahl & Ferguson, 2014):

• 铃响前维持秩序。
• 进行自我介绍。
• 处理行政事务。
• 提出规则和期望。
• 介绍所教学科。
• 结尾。

由于你在这些方面的反应可能在课堂上为这一年余下的时间定下基调,所以让我们详细地考虑一下第一天的计划,看看如何可以准备一个有效的日程安排。

铃响之前

作为班级的唯一负责人,你的责任不仅存在于你上课的时候,还延伸到学校开课后的任何时刻。因此,在你早上开始上第一堂课之前、课间以及最后一节课结束后,你都必须准备好随时与学生打交道。从这一点来说,你上课的第一天就特别关键,因为学生在课前对你的窥探会设定他们的行为反应、感受和关注点,这可能在铃响之后很长一段时间都会影响他们。下面是几个建议,可以让这些反应、感受和关注点正向发展:

1. 当学生进入教室时,你站在门口,提供一种教师洞悉全局的感觉。通过这种方式,你将在他们入座时直接接触到所有学生,同时也被他们看到。你站在门口,学生必须与你近距离接触,这会使学生有序地进入(或离开)教室。记住,当第一位学生走入教室时,你的课就已经开始了。

2. 制定大约四至六条规则,分为行为规则和学习规则,把它们清晰地写在黑板上、布告板上,或以讲义资料的形式提前发放到每位学生的课桌上。你可能想为表3.3 上半部显示的区域准备一些规则,你觉得它们在开学的前几天对你的班级最为重要。你可以以后再正式地介绍这些规则,但你应确保它们在学生进入班级的第一天就清楚地张贴出来。

3. 为你开课第一天的日程准备一个简要纲目。这个纲目应该按照执行顺序列出你在那天(或上课时段)计划开展的所有活动。你可以用简易的 4 英寸×6 英寸索引卡制作提示卡,用来提醒自己在大致的时间内做下列事情:

- 问候学生,自我介绍(5 分钟)。
- 点名(5 分钟)。
- 引入一个简短的讨论话题或认识彼此的活动(15—20 分钟)。
- 发放和/或介绍所需的材料和书籍(10 分钟)。
- 陈述规则(5 分钟)。
- 提醒学生携带所需材料(2 分钟)。
- 介绍学科内容(或简要概述一下小学各年级的日程安排)(10 分钟以内)。

- 结束或过渡到小学各年级的正常程序(3分钟)。

自我介绍

你与学生初次近距离接触的机会就在点名时。你可以通过自我介绍开始,或讲讲自己特别的事。在开学的前几周,你的个性特点会一点点地展现出来,所以没有必要急于介绍。然而,让学生了解一点你在课堂之外的样子,对学生来说是个很好的接触,他们既想把你看作老师,也想看为朋友。简要介绍一下自己的兴趣、爱好和特别经历,甚至是家庭生活,学生都会很喜欢。否则在第一天结束时,你很难给学生留下一个深刻的印象。

准备一个介绍性活动

在学生了解了你的一些事情之后,你也想让学生告诉你一些他们的事情。这时你会想把桌子转过来,让学生不仅介绍一下自己是谁,还讲一讲自己的兴趣、爱好或特别经历,尤其是当他们谈到的话题与你所教内容相关时。

为了实现这个目标,你可以考虑开展一个"破冰"活动来让学生放松下来,即在学生与你以及其他同学相互了解和互动的时候,让他们说一些自己的事情。在你上课的第一天,你就应该着手建立一个支持、鼓励的课堂,让学生知道你期待他们以团队的方式彼此互动以及与你互动,从而为形成思想伙伴关系奠定基础。下面是一些示例活动,可以用于建立支持和鼓励学生的课堂。

- 让一些学生(小学)说出他们最喜欢做什么,而其他学生则回答他们为什么喜欢这项活动。你的工作是帮助小组达成共识,确定把学生的回答归为哪个类别(运动、爱好、学校活动等)和为什么这项活动如此有趣。
- 选一些学生(初中)描述自己的特点,比如他们最喜欢的科目,一项天赋或技能,或他们在空闲时间最喜欢做什么。你的角色是向学生举例说明,其中一些回答如何与将要教授的内容相联系,并让其他学生举出更多的例子。
- 把学生(高中)分为四至五人的小组,并让他们就你将教授的科目确定一个最想回答的问题。你的工作是与全班同学讨论这个问题是否适合你的课程内容,并就他们要学习的一些内容达成一致。

虽然对于你所教的年级或学科可以开展很多不同的"破冰"活动,但你注意到这三者之间有什么共同之处吗?你可能已经注意到,在每个例子中,教师都从学生已熟悉的内容入手,并允许他们用自己的方式来表达。然后,教师帮助学生清晰地表达观点并予以延展和补充,显示了建构主义对话和"思想伙伴关系"的开始,这可能成为接下来这一学年中课堂的一种模式。不管学生还是教师都不能单方面地实现这个成果,然而如果时间充足,人们就能想到这种成果会让学生和教师都很满意,同时还能推进课程目标的实现。

规则和期望

计划出一些时间,用于讨论班级规则以及你对学生行为和学习的整体期望。这时可以消除学生的疑虑,让他们知晓接下来应该做什么。要开始这项工作,最好的方式就是参照你张贴出来的或分发给学生的行为和学习规则来讨论。

介绍所教的学科

虽然你可能没时间在第一天呈现很多内容,但在第一堂课进行内容介绍时请记住几点建议:

1. 开始要面向全班授课。这个时候,不是所有学生都愿意参加小组活动、完成课堂练习,或足够放松地投入到探究或解决问题的活动中,作出有意义的贡献。这些教学方法依赖于学生与你相处一段时间后从他们的体验中获得的信任感和信心。他们会在最初几天或几周的课堂中逐渐获得这种信任感和信心。

2. 在最初几天的课堂上,选择那些所有学生都能成功完成的内容活动。在这段时间,你还不知道最适合所有学生的难度水平,所以利用这段时间逐步尝试那些最终要让学生去执行的任务和活动,先从你认为大多数学生能成功的任务开始。

在第一天或最初阶段,你可能还有很多其他任务。在某些情况下,这些任务在高年级占据了课堂教学的大部分剩余时间,而在低年级则占用整整一小时或更长时间。填写学校和学区要求的各种表格,检查课程安排,引导迷路学生找到正确教室,以及上课中间接受新学生等,所有这些都可能是你第一天的工作。

结束

脑中要有一个明确的结束程序(例如,预告接下来的事,明日课程的教学安排,提醒上课要带的东西)。下课铃响之前3分钟就要开始结尾工作。最后要表示鼓励——所有学生都能在所在年级或班级里取得好成绩。

遵循这些建议,你将有一个完美的第一天!

第三章 课堂管理Ⅰ:建立学习氛围

让课堂和学校成为专业学习共同体

本章和前几章谈到的大部分内容为你提供了一些工具,帮助你理解,从而创建一个不仅属于学生,还是教师与学生生活和学习的共同体的课堂。从你自身的上学经历和本章内容中,你对学习共同体已经有很多了解。但究竟什么是"学习共同体"呢?就我们的目的而言,学习共同体是教师与学生(以及教师与其他教师)所共享的思想伙伴关系,是他们在一起学习的过程中达成的某些共同信念、价值观或理解。

就在不久前,人们还没怎么听说过教师和学生应该一起学习,因为教师的主要角色是向学生的大脑中"填充"他们所需的知识。教师代表着权威、"守门人"和信息提供者,他们选择知识,并通过文本和课堂讲授将知识传递给学生。人们会认为在五年级一开始,学生对五年级的内容是"一片空白",也会认为高三学生在开学第一天对接下来的一年里要教什么一无所知。教师的工作就是为各个年级提供必需的知识。

常识告诉我们,没有哪个学生来到学校是对本学年甚至接下来的几年所要学习的内容全无了解。生活中,我们自然地习得各种信念、理解和情感,它们与按年级水平整齐打包的内容并不对应。也就是说,我们逐渐了解到的一些东西可以适用于学校课程的任何地方,尽管其规模与我们的发展水平相当。换句话说,我们总是在更广泛的认知网中建构知识,这些知识又最终形成更高级、更复杂的理解。又或者说,每个孩子都有学习的潜力,而且永远不会停止学习,有时是因为受到像学校这种更正式的环境下所教知识的影响,有时则不管学校教什么都是如此。你会认识到这是教育的基本原则之一,后来被称为"建构主义",在第一章已经简单介绍过,在接下来的章节中你会对此更加熟悉。

现在,你知道建构主义和学习共同体是相辅相成、互不分离的。建构主义是基于学生的经验和发展水平,在自然发生的课堂对话环境中对共享思想的创生。在第一章中,这被称为共享的思想伙伴关系。学习共同体代表着教师与学生以及学生之间在交流思想时展开的对话,通过对话,不同想法最终汇聚在一起,达成让彼此满意的信念、理解或态度。它是教师与学生以及学生之间在文本、影像、电脑、网络、物理模型、表演和人力资源等教学辅助的刺激下进行的反复讨论。你在建构主义课堂上的角色不仅仅是引导这个过程,而且还要积极地创造条件,以达到一个让双方都满意的解决问题或困境的方案。在接下来的章节中,你将更多地了解你在构建和维护课堂学习共同体所能发挥的积极作用,以及你的班级对于全校专业学习共同体的贡献作用。现在,让我们把所学的课堂学习共同体的知识放到整个学校甚至整个学区环境中来运用。

在学校层面,专业学习共同体(PLC)是指教师共同参与决策,具有共同的目标意识,参与合作工作,并对他们的工作成果承担共同责任,与课堂上建立的学生共同体并无多大差别。这些责任代表了传统学校发展中的一种不同的观念模式,其目标是通过最大限度地促进教师之间的互动以及管理人才和资源的跨年级运用来改善教学和学习。

执行这项任务的关键是建立共同的学校愿景和规范,并加强所有学校成员之间的合作和反思性对话。其中,教育工作者合作的概念是最重要的因素之一。在专业学习共同体中,合作的概念意味着那些教导学生的人也应该与同事一起学习和合作,从而提高每位教师的教学和学习能力(Dufour、Dufour、Eaker & Many, 2010)。教师合作的基本成分是建立反思性对话实践,借此教师分享课堂经验、教学技巧和资源,使其不仅能够影响和改进个别课堂,而且在整个学校社区都产生影响。克鲁斯(Kruse,引自 Roberts & Pruitt, 2008)通过以下方式解释了学校教育工作者之间的反思性对话对建立专业学习共同体的重要性:

> 丰富和反复进行的交谈促进了高标准的实践,并且生成和强化了共同体的核心信念、规范和价值观。换言之,谈话是教育价值观和改进学校实践之间的桥梁。反思性实践是指一个人对所做之事有自觉性,这是所有专业人士都应努力达到的目标。通过参与反思,教师对高质量实践的假设产生疑惑,他们也由此成为本行业的学习者。

你会发现,你有很多机会用学得的知识和理解为你所在学校和学区的专业学习共同体做出贡献。有了这些机会,你的工作就是把专业学习共同体的目标和意愿转化到你的课堂和学校实践中。

案 例

说明: 以下案例与第三章的内容有关。读完这个案例,请根据提示回答一些批判性思考问题,并把从本章中学到的知识应用到这个案例中。

福特女士是一位刚刚工作一年的老师。她任教的三年级班级包含着大量"有风险"的学生——无论根据哪种标准他们都可以被如此归类。许多学生来自单亲家庭,超过三分之二的学生符合享受学校降价午餐的条件,而且几乎三分之一的学生在家里讲的是英语以外的语言。这是本学期的第三周,福特老师非常担心的很多问题还没有出现。她的学生并没有造成严重的课堂管理问题。相反,他们都很守规矩,表现良好,也很安静。福特老师制定的三条课堂规则很醒目地张贴在布告板上:

尊重他人及其财物。

讲话前请举手。

别人讲话时注意聆听。

尽管福特老师花了很多时间才明确规定出不遵守规则的后果,但现在她觉得时间基本被浪费了。问题不是学生不举手就讲话,而是他们根本就不说话。他们静静地听,但只听她说,因为除了最简单的一个词的答案,很少有同学主动做口头回答。学生们坐在按字母顺序排列的座位上,一声不发地抄写黑板上的句子,并照着书法练习上的示范字体尽力地把字母写得圆润、漂亮。

福特老师本来已准备好要管理一群吵闹的8岁孩子,但现在她有些茫然,不知道如何在这个害羞、被动的班级中点燃学生们参与的火花。

周末,福特老师大部分时间都在重新思考她的课堂策略。周一时她带着新计划进入了班级。当学生们走进教室时,她站在门口,但她并不是古板地点下头,而是微笑着与他们打招呼,并时不时地轻声提一句"新毛衣很漂亮"或"好酷的背包"。她揉揉胡安的平头,问他是否要加入海军陆战队。他害羞地朝她微笑。

更多的惊喜在等着这群三年级学生。整齐排列的课桌不见了,在他们座位处的课桌是分成小组来摆放的,每个小组容纳五六名学生。"在桌子上找到你的名字,然后坐在那里。"福特老师告诉学生。

小组不是按字母顺序组合而是随机安排的,或者至少看起来如此。没有必要告诉全班同学,每个小组的组成都像初次进行足球选拔那样关注细节。每张桌子至少有两名学生的主要用语是英语,还有一名学生似乎精通英语和西班牙语,西班牙语是班里占主导地位的第二语言。

福特老师解释说:"坐在同一张桌子旁的所有人都将是一个团队的成员,你们要一起完成几个项目和任务。但首先,你们需要更好地了解彼此。我想今天我们可以谈谈最喜欢的动物,因为每个小组都将以你们选择的动物来命名。你可以问自己一个问题:如果有一天我可以成为一种动物,我会选择什么动物?为什么?"

"我要开始了。如果有一天我可以成为我想成为的动物,那么我要当一匹马——一匹在怀俄明州山区野生的黑色牧马。我喜欢奔跑,感受清风吹拂我的鬃毛。我纵身跃起双蹄,然后像闪电一样穿过山谷。我想正是马的自由和美丽,以及它的速度和力量,让我如此向往。"

"你们自己花几分钟想想这个问题,然后轮流告诉你的小组你想成为哪种动物。"

福特老师惊讶地看到,不到一分钟,许多学生就开始分享他们的选择。她也感到有些惊喜。害羞的帕特里夏,她的眼睛总是看起来很沮丧,这会儿正在咯咯的笑声中演示着她作为一只猴子生活的样子。罗梅罗只会几个英语单词,他像一只咆哮着猛扑过来的黑豹完全地无拘无束。

带着狡黠而满意的微笑,福特老师不得不在课程快结束时温和地提醒学生小声一点儿。

点击 第三章 评估测试你对本章知识的掌握情况。

总　结

本章的要点包括以下内容:
学习成果3.1
- 培育型课堂的三个特征包括师生间的信任与自信、无条件接受学生的学习潜力以及提供探索与发现的机会。

学习成果 3.2

- 教师可以争取的四种领导力有专家权威、参照权威、法定权威及奖励权威。

学习成果 3.3

- 成功小组发展所经历的四个阶段为形成、冲突、规范和表现。
- "远离"是一种温和的极限测试,小组成员从中会挑战学业期待和规则,从而确定在何种条件下遵守或不遵守这些规则。
- "集中"是温和极限测试的另一种类型,学生会质疑他们作为小组成员将如何从中获得个人收益。
- 规范发展的两个基本过程是扩散和凝聚。前者发生于不同成员持有的不同的学业和社会期待在小组传播的时候,后者发生在各种期待汇聚并凝结成共享观点的时候。

学习成果 3.4

- 课堂气氛是你与学生互动时产生的氛围或情绪。课堂气氛可以通过社会环境和组织环境来建立。社会环境与你希望在课堂上促进的互动模式相关,组织环境则与教室的物理或视觉安排相关。
- 课堂的社会气氛可以在权威型(教师是信息、观点和教学的主要提供者)和放任型(学生成为信息、观点和教学的主要提供者)之间变化。
- 在课堂上树立权威、营造社会气氛可以有多种方式。你可以采用以下不同角色:
  1. 指挥官,通过组织和提供学习所需的各种刺激来控制和磨炼学生的行为。
  2. 学生想法的翻译者或总结归纳者。
  3. 与学生平等合作、共同创造思想和解决问题的伙伴。
- 课堂的社会气氛也可以根据你希望班级成员的互动如何实现竞争、合作或个性化来变化。这些差异在于学生表达观点的机会、用于学生谈话的时间和允许学生自发回应等的程度不同。
- "组织气氛"这一术语指教室的物理和视觉安排,它受到课桌、椅子和桌子的摆放以及教室其他内部特征的影响。
- 课堂中竞争、合作和个性化的程度是由你所营造的社会和组织气氛造成的。
- 规则可以涉及四个不同领域中的一个或多个:

1. 学业工作。

2. 课堂行为。

3. 第一天必须传达的信息。

4. 可以在今后传达的信息。

• 规则可以口头传达,也可以通过写布告板、制作幻灯片和发放讲义等形式来传达。对小学低龄段学生而言,规则要口头陈述、提供讲义,并张贴出来以供参考。到小学高年级和初中阶段,可以让学生背诵和抄写规则,对高中学生则可以口头传达后再张贴。

• 以下建议有助于建立课堂规则:

1. 制定与课堂气氛相一致的规则。

2. 不要制定不能执行的规则。

3. 只规定必需的规则。

4. 概括地陈述规则,使之涵盖不同但相关的行为。

5. 你无法在一段合理时间内执行的规则,暗示你需要修改。

学习成果3.5

• 课堂管理中四个特别棘手的领域是监督学生、进行过渡、布置任务和结束讲课。

• 洞悉全局是一种监督的形式,借此你能同时跟踪学生参与的许多不同迹象。

• 通过以下方式,你可以正面地布置作业和激励学生:

1. 运用表扬和鼓励。

2. 给予解释说明。

3. 提供帮助。

4. 接受多样性。

5. 强调奖励而不是惩罚。

• 过渡时期的问题最常发生在学生没有准备好开展下一个活动,以及不知道在过渡时什么行为适当。

• 家庭作业应该在与之相关的课程或活动结束后立即布置,而且不要有负面意思。

• 结束性陈述应该逐步地为课程结尾,通过合并和巩固要点形成整合性结论、总结或复习主要内容或提供符号系统,使学生易于存储和方便日后回忆所学的课程内容。

学习成果3.6

• 使用下列方法架起文化沟通的桥梁:

1. 建立一种开放、无拘无束的氛围。

2. 设计符合学生兴趣和需求的课程。

3. 允许开展与学生文化一致的活动和任务。

学习成果3.7

• 做好第一天计划:

1. 自我介绍。

2. 准备一个介绍性活动。

3. 传达规则和期望。

4. 介绍所教学科。

5. 以鼓励结束。

学习成果3.8

• 学习共同体是课堂上师生在学习过程中达成一些共同的信念、价值观或理解。

• 在学校所有课堂中建立和维护学习共同体,从而构成了学校和社区的学习共同体,这称为专业学习共同体(PLC)。

关键术语

有风险的学习者	法定权威	规则与秩序
集中行为	监督	社会环境
凝聚	规范	小组发展的阶段
扩散	组织环境	分轨制
远离行为	参照权威	
专家权威	奖励权威	

讨论与练习

带星号的问题在附录 B 中有相应答案。有些带星号的问题可能要求学生做后续回应,这些答案没有包括在附录 B 中。

*1. 用你自己的话描述一下新手教师应最快获得的两种领导力,以及你将如何实现。

*2. 规范的"扩散"和"凝聚"这两个术语指什么?你期待规范形成的这两个基本过程按怎样的顺序发生?

*3. 指出你在课堂传达不同水平的权威时可以承担的三种不同角色。学生观点的表达、师生话语的比例和学生回应的自发性如何随着这三种角色的功能而发生变化?

4. 画三幅教室内部特征的结构图,用每幅图来说明如何促进合作、竞争和个性化的课堂气氛。

5. 确定你认为在开学第一天所需的三种学习规则和三种行为规则。写出这六条规则,以便在第一天通过讲义或幻灯片展示给学生看。

*6. 指出两条结合相关情境或事件来传达更容易记住的规则,描述每个情境或事件,并解释规则的必要性。

*7. 说明制定有效课堂规则的三项指导原则。按照你的观点,列出遵循这些指导原则的四条规则。

*8. 描述一个能确定何时修改或删除规则的实践策略。你觉得学习规则和行为规则中,哪种最常需要修改?为什么?

*9. 在过渡环节,哪四种教学策略可以帮助避免不当行为的发生?你觉得哪一种你会用得最多?为什么?

*10. 本章讨论了哪两种可以使课外作业更有意义、更为学生所接受的方法?你能想到其他方法吗?

*11. 指出可以帮助学生回顾课程内容的结束课程的三种方式。哪种方式最适合你所教的年级或科目?为什么?

12. 描述一下什么是学习共同体,并说明你将如何在课堂上努力去创建学习共同体。

专业实践

现场体验和实践活动

带星号的问题在附录 B 中有相应答案。有些带星号的问题可能要求学生做后续回应,这些答案没有包括在附录 B 中。

1. 指出小组发展的四个阶段,并列举每个阶段学生行为的实例。

2. 根据你的现场工作或观察经验,举出一些可以创设(1)竞争、(2)合作和(3)个性化课堂气氛的课堂活动案例。

3. 在你所教的或观察的课堂中,教师为了促成一个更有成效和凝聚力的课堂是如何为不同文化沟通搭建桥梁的?

电子档案活动

下面的电子档案活动与 InTASC 标准 3 和 5 有关。

请将你在现场体验活动 1 和 3 中的答案放入你的电子档案中一个以"课堂管理"命名的文件夹里。这些答案提供了一些实例,展现了你在创设有凝聚力和培育型课堂方面的技能,并为你提供了一个在多样化课堂弥合不同文化差距的教学计划。

第四章　课堂管理Ⅱ：促进学生参与

学习成果

本章学习结束后,你将能够:

- 运用课堂管理的人文主义传统来满足学生的心理和情感需求。
- 应用行为分析传统改变或调整不恰当的行为。
- 将课堂管理传统融入教学中,以防止不当行为的发生。
- 实施低调的课堂策略,不引人注意地预测、阻止和应对即将发生的不当行为。
- 与学校专业学习共同体的其他成员合作来处理问题学生或不参与的学生。
- 有效地计划、实施和评估家长会。
- 了解并准备家长会上可能提出的议题。
- 在多样化课堂展示跨文化能力和语言,有目的地吸引学生并促进他们的学业发展。

美国州际新教师评价与支持联合会(InTASC)

学完本章,你将能够达到以下 InTASC 有关有效教学的标准:

标准2　学习差异。教师利用对个体差异和多元文化、社区的理解,确保提供包容性的学习环境,从而使每个学生都能达到高标准。

标准4　内容知识。教师理解所教学科的核心概念、探究工具和结构,并创设使学生易于理解和有意义的学习体验,以确保学生掌握学习内容。

标准9 专业学习与道德实践。 教师参与持续的专业学习,使用证据不断评估自身的实践,特别是其个人选择和行动对他人(学生、家庭、其他专业人士和共同体)的影响,并调整实践以满足每个学生的需求。

标准10 领导与合作。 教师寻求适当的领导角色,对学生学习负责,并与学生、家庭、同事、其他学校专业人员和共同体成员合作,以确保学生成长和促进专业发展。

常看报纸,听候选人竞选公职演讲,参加学校董事会议,或者无意听到教师在休息室的谈话,就会很快发现教学秩序和纪律是教育领域中最常谈论的话题。解聘或者不再续聘最常见的原因之一就是教师不能控制班级,而且新手教师常将课堂纪律问题视为最关切的问题之一(Saganti, 2014)。

你在第三章中学习了创建课堂气氛。在本章中,你将学习有关预防捣乱行为的发生以及有效应对的技巧,从而增加学生积极投入学习的时间。

课堂管理方法可以分为三种传统。第一种传统强调师生沟通和解决问题的关键作用,被称为课堂管理的人文主义传统(Curwin & Mendler, 2010;Jones, Jones, & Jones, 2007;Sprick, 2013)。第二种传统源于应用行为分析,强调行为矫正及强化理论的运用(Alberto & Troutman, 2012;Canter, 2009;Walker, Cheney, & Horner, 2012)。第三种,也是最新的方法,是课堂管理传统,它强调在组织、管理教学活动及教学内容呈现方面的教学技巧(Emmer & Evertson, 2016;Evertson & Emmer, 2016)。该方法比人文主义和应用分析的传统更加强调预防的关键作用。

我们在本章将简要概括这些传统的主要特征,指出它们如何应用于课堂,并说明每种传统的最佳特征如何可以无缝融合在一种方法中。首先,我们来确定有效课堂管理计划的六条准则:

1. 与学生建立积极关系。积极和充满支持的课堂环境不仅能满足学生建立信任关系的需求,也是建立秩序井然课堂环境的必要基础。在第二章和第三章中,我们讨论了教师在学生间建立信任关系的方法。

2. 预防引人注意和逃避学习的行为。管理课堂的时间应用来指导学生参与学习活动及预防干扰学习的行为。这两项活动都涉及对物理空间的安排，以及教导有关在此空间工作的规则。在第三章中，我们了解了课堂气氛的重要性，并提供了针对课堂规则教学的一些指导方针和实例。

3. 不当行为一旦出现，应迅速谨慎地修正。大多课堂问题是以脱离学习任务或引人注意的形式出现，应对这些事件不应带来比问题本身更多的干扰。

4. 运用简单长效的策略阻止持续的不当行为。如今繁忙的课堂已经不适合持续使用那种需要对每种积极和消极行为做出反应的管理体系。

5. 教导自我控制。在教师施加外部控制之前，应给学生练习内部控制的机会。施加外部控制应当有计划地实施并逐步淡化。

6. 尊重文化差异。用于修正不当行为的言语和非言语技巧对不同文化群体的意义不同。同样，涉及奖励和后果的系统策略也可能违反重要的文化规范。

接下来我们一起学习这三种课堂管理方法。在阅读时，思考一下每种方法是如何达成这些准则的，以及它们之间的共同特征。

课堂管理中的人文主义传统

人文主义传统的原则来自咨询和临床心理学实践。之所以称为人文主义，是因为它主要聚焦内心思想、感觉、心理需求以及个体学习者情感。人文主义方法强调给学生时间来发展他们对自身行为控制的重要性，而不是坚持即时的行为改变或顺从。教师运用人文主义方法期望通过干预达到这一目的。教师的干预需要运用沟通技巧、和个人单独谈话与小组解决问题的方法，理解学生动机，发挥专家权威的榜样作用。

吉诺特、吉诺特和戈达德（Ginott、Ginott & Goddard, 2003）的和谐沟通下的合作，格拉瑟（Glasser, 2003）通过个人和小组解决问题的合作学习，以及琼斯（Jones, 2009）的合作学习和共同体，都是一些人文主义方法的实例。虽然每种方法强调有效课堂管理者应该具有的不同技能领域，但它们在本质上都代表同一思想体系。

和谐沟通

和谐沟通技巧最重要的原则是，如果教师允许学生控制自己的行为，学生就有能力去控制自己的行为。教师可通过让学生选择改变行为的方式来培养自我控制。此外,教师还可以运用有效的沟通技巧帮助学生应对其内心的想法和感受。

沟通技巧的运用是影响学生自尊的主要手段,又是产生可接受行为的原始动力。因此,人文主义传统首先以提升学生的自尊来影响学生行为。倡导者认为,和谐沟通是强化自尊的手段。

教师在学校有很多机会让学生参与和谐沟通,通常是在与有不当行为的学生进行单独谈话时,也可以在全班解决问题的过程中进行。教师在开展以下活动时就表明他们在运用和谐沟通的技巧:

1. 表达理性信息。理性信息传达给学生的是,他们的行为不可接受,但不会被责备、责骂、说教、指责、要求、威胁或羞辱。理性信息表明应该做什么,而不是对所做的行为进行责问。想想"罗莎琳,我们都应该在铃响之前坐在座位上"与"罗莎琳,你老在门口闲聊,而且上课总迟到"这两句的不同。

2. 接受而非否定感受。教师应该接受学生对个体所处情境的感受,而不是与之争论。如果一名学生抱怨说"我没有朋友",教师应该接受他/她的孤独感,并认同学生,比如说"你觉得你不属于任何小组",而不是试图说服学生是他/她误解了社会情境。

3. 避免贴标签。当与学生谈论他们做得好或不好时,教师应该避免使用诸如"懒惰"、"马虎"和"态度差",或"专注"、"聪明"和"完美主义者"等术语。相反,教师应该用纯粹的行为术语来描述他们对学生所作所为的喜欢或不喜欢:"你的家庭作业有很多涂改和白点",而不是"你的家庭作业很潦草";"你的信件格式正确",而不是"你是一位优秀的作者"。

4. 谨慎使用表扬。吉诺特认为,许多教师过度使用表扬来控制学生行为,而不是认可其优异的表现。他们用表扬来评判("贺拉斯,你是一个好学生"),将正确与善良混为一谈(把作业没错的孩子称为"好孩子"),以表扬表现好的学生作为影响其他学生的手段("我喜欢琼的坐姿")。教师经常使用这类赞美,就使赞美变得毫无意义,甚至学生也听不进去。吉诺特敦促教师只使用表扬来认可好的表现,并将行为本身和行为者分开,例如:"那篇文章中有大量原创性思想和研究。"

5. 激发合作。吉诺特认为,一旦教师和学生发现行为问题,应当鼓励教师为学生提供解决问题的替代方案,而不是用强制权威来告诉他们该做什么。一句格言可以帮助你记住这一点,即"合作,而不立法"。

6.表达愤怒。教师也是人,与其他人一样会感到沮丧和愤怒。吉诺特认为教师应该通过"我"信息而不是"你"信息来表达感受。前者侧重你对那些激怒你的行为或情况的感受("我不高兴,感到尴尬,因为你在嘉宾演讲时说话"),后者则将焦点放在学生身上,通常指责和责怪("你对演讲嘉宾很无礼")。教师在愤怒或沮丧时用"我"信息。

如果用人文主义传统来解决课堂管理问题,你可以与学生对某问题公开讨论,以引起他们对该问题的关注。接着,你与他们合作制定双方商定的规则和结果。最后,当问题出现时,你可以通过上面的步骤1到步骤6与学生进行单独谈话,使他们参与和谐沟通。

合作学习

卡根(Kagan,2013)指出有效的课堂管理者创造学生向往的学习环境,制定彼此认可且必须遵守的行为标准,并同违规的学生协商解决问题。琼斯和琼斯(Jones & Jones,2009)认为合作学习是一种让课堂成为学生向往之地的方法。他们认为,强调合作学习的课堂能激发所

对捣乱行为的一种回应应该是同该学生讨论这个问题,在此期间,你强调正确选择的重要性和不接受任何为错误选择开脱的借口

有学生参与学习活动,而在整体教学中,学生为了有限的回报而相互竞争,不可避免地会导致一半的学生感到无聊和沮丧、注意力不集中或有捣乱行为。

一个简单应对捣乱学生的方式是给学生一个能体验归属感、权力和自由的课堂,换句话说,使课堂成为学生后悔离开的地方。面对持续违反班级公认的重要课堂规则的学生,格拉瑟认为教师应该与该生进行简要的单独谈话。谈话时让学生复述课堂规则,教师描述其捣乱行为,声明要遵守规则,并使其明确不遵守的后果,例如,学生被请出教室,直到他选择遵守规则。格拉瑟(Glasser,2003)提醒教师不要接受学生不能控制自己行为的任何借口,他不同意教师用社会经济或社会文化条件作为学生未做正确选择的借口。对格拉瑟来说,没有理由破坏一个旨在满足学生需求的环境。此外,当学生被请出教室时,他相信学生会做出选择,不需要教师的强制。

格拉瑟（Glasser，2003）及琼斯和琼斯（Jones & Jones，2009）为你开始管理你的课堂提供了明确的指导：以合作学习的原则建立更友好、培育型的学习环境。具体建议如下：

- 和学生共同建立课堂规则。
- 从学校取得一处安置捣乱学生的场所。
- 同捣乱学生进行单独谈话，强调学生做出正确选择的重要性，而且不接受任何为错误选择开脱的借口。
- 如果学生必须被请出教室，按规则办事，但当他们选择遵守时，则给他们返回教室的机会。
- 无条件相信每个孩子都有学习和得体言行的潜能。

课堂管理的应用行为分析传统

课堂管理的应用行为分析传统与行为主义或操作性条件反射学习理论密切相关。行为矫正实践运用的技巧源于这一理论。应用行为分析是指在教育、商业和社会科学领域运用行为矫正来改变重要的社会行为，目前已在积极行为干预和支持项目（PBIS）的课堂中应用。我们首先回顾一下 PBIS 项目的构成，以便介绍这一传统的优点和缺点。

行为矫正

行为矫正，顾名思义，即关注改变或修正行为。行为是人的举止行动，它可以被看到、听到、统计或捕获——像在快照或家庭录像中那样。

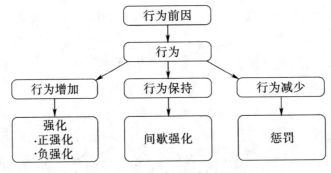

图 4.1　行为矫正流程图

第四章 课堂管理Ⅱ：促进学生参与

图4.1概括了行为矫正的一些重要概念。如图所示,当教师教一种新的行为或使现有行为频繁出现时(如正确拼写更多的词汇),必须采用某种强化行为。强化可以是正强化也可以是负强化。在行为发生后,如果通过提供所需的奖励来增加行为的频率,就会出现正强化,而如果通过终止或消除一些不舒服或厌恶的状态来增加某种行为的频率,就会出现负强化。换句话说,你停止扰人的声音(关上收音机)、缓解头痛(服用阿司匹林)或结束令人沮丧的体验(走开)等,这些举动会在你下次遇到类似的烦恼、不适或挫败时被再次重复(学会了)。

负强化指的是逃避或避免学习以强化行为,而不是简单地适应这些行为。课堂中的负强化之所以重要,是因为学生经常有想回避的事情:感到厌烦或困难的作业、责骂、要求他们做一些不想做的事或命令他们停止想继续做的事。例如,当一个害羞的学生发现,如果她不看教师,教师就不再叫她,那么这种不看教师的行为就得到教师的负强化。学生重复这种行为来达到他们理想的状态。类似地,当一个学生在课堂上发出分散注意力的声音,教师把他赶出教室时,教师会负面地强化了这种声音行为。同样,如果学生的不听讲让教师停止了讲课,他们不听讲的行为就得到负强化。换言之,教师在无形之中教会(负强化)学生采取某些行为以逃避或避免不愉快的情况。

正如以上事例所示,教师可能一不小心陷入了学生无意设置的负强化陷阱。实际上,一些心理学家认为,不当行为更多是通过负强化习得的,即通过学习采取什么行动来避免不愉快的事而不是被奖励(正强化)去做某些适当的事。

当你对某一特定行为及其出现的频率感到满意时,你可以使用间歇强化来保持当前的行为水平。例如,一个学生在开学初连续迟到,而且不预习功课,但现在他/她能按时到校。你可以随机或间歇地对该生进行强化,使其保持当前的行为,如每两日,每四日,或随机选取日子。间歇强化的一个例子是很久之后又在上次赢钱的机器上投币,或很久之后又去上次鱼咬钩的地方钓鱼。

行为前因是指,当你做出引发或发起行为的行为时出现的事件(或刺激)。前因可以是以下任意一种：

- 声音　喧闹的教室会让学生更加喧闹,同伴口中的污秽谩骂会让你也以谩骂回击,教师要求的口吻会让学生想反驳。

- 情景　教师把手放到嘴唇上表示安静或按灯的开关。

- 人　校长进来,每个人都保持安静。
- 材料　数学习题导致学生发出一阵抱怨。
- 地点　在礼堂和校长办公室会引发不同的行为。

应用行为分析者认为,我们的许多行为受前因所控制(称作前因控制),因为在环境(声音、情景、人和材料)刺激下所产生的行为会引发强化或惩罚的反复出现。

这些原则运用到学校中产生了一些改变学生行为的系统或程序。其中,有些程序包含忽视捣乱行为,并立即强化积极行为。当学生知道他们只有在表现良好时才会得到认可和奖励(得到正强化),这些捣乱行为就会不那么频繁。

其他系统建立在这样的假设上:当成人立即惩罚不当行为和立即奖励恰当行为,孩子能最有效地习得理想行为。反对这些观点的人认为,行为会在成人同时进行及时的惩罚和奖励而不是仅用强化或惩罚时,能得到更快改善。这些系统通常涉及这样一些惩罚程序,如暂停,教师不让学生在捣乱行为后体验到任何强化;反应代价,教师根据捣乱行为决定是否取消学生特权或强化物;过度矫正,即学生不仅对自己的错误进行改正,还通过做点好事来超额补偿。例如,弄脏桌子的学生不仅要把那张桌子清洗干净,而且必须把教室的其他桌子都清洗干净。或如,侮辱他人的学生除了向被侮辱学生道歉之外,还需要向全班同学道歉。

尽管具体方式有所不同,但应用行为分析者提供了如下步骤来帮助你应对行为问题,以改善学生的行为:

1. 确定你期望改变的不当行为和理想行为。

2. 找出不当行为和恰当行为的前因(如有影响力的同伴),必要时改变课堂环境(如改变座位安排)预防不当行为的发生,并促进理想行为。

3. 明确学生不当行为(如引起注意)背后的目标或目的,并从你的角度(或同伴)停止满足这一目的的行为。

4. 建立程序,以强化那些可以取代不当行为的理想行为,如"按时完成作业的学生可以去学习中心"。

学校积极行为干预(PBIS)

有捣乱、不守纪律和寻衅等行为问题的学生一直给教师带来挑战(Demaray, Malecki, & DeLong, 2006)。从传统上讲,惩罚或以排除为主的干预手段(如拘留、丧失特权)是最为常见的处理纪律的方法。研究表明,这可能会立即减少问题行为,但效果短暂。研究人员建议用积极或预防的干预措施来减少问题行为。这些作为学校积极行为干预(PBIS)的指令分为三级干预措施。

- 第一级:初级预防包括对学校所有学生都适用的普遍策略。该级预防包括应用有效的教学策略,在了解行为前因的情况下始终使用预测不当行为的预先纠正程序,以及扩展和维护现有恰当行为的强化系统。这些策略适用于所有学生。
- 第二级:二级预防包括对有形成行为问题风险的学生群体的策略。一所学校可能有 10 到 15 名这类学生。二级预防的干预措施以小群体的形式提供,针对该群体特定学生的独特需求。这些干预措施可能包括在技能缺失领域提供有专门指导的社会技能培训、友好俱乐部、角色扮演以及使用基于研究的干预方案和辅导。
- 第三级:三级预防包括对有普遍行为问题的学生的个体需求进行评估和支持。三级预防方案是针对具体行为问题而设计的个性化干预。这些干预可能包括家庭成员的参与和对应用行为干预计划(BIP)的开发。该级指标可能包括纪律转介的数量、反社会行为、犯罪和持续的学业失败记录。适用该级的学生也可以使用初级和二级方案。

如果你推荐一位有行为问题的学生参与二级或三级 PBIS 项目,你很可能会采取以下步骤来改善该生的行为:

1. 确定你期望改变的不当行为和理想行为。
2. 找出不当行为和恰当行为的前因(如有影响力的同伴),必要时改变课堂环境(如改变座位安排)预防不当行为的发生,并促进理想行为。
3. 明确学生不当行为(如引起注意)背后的目标或目的,并从你的角度(或同伴)停止满足这一目的的行为。
4. 建立程序,以强化那些可以取代不当行为的理想行为,如"按时完成作业的学生可以去学习中心"。

课堂管理传统

在 20 世纪的后半叶,课堂纪律管理主要关注如何更好地应对学生的不当行为。这一时期课堂管理的人文主义和应用行为分析方法受到了同样关注。如前所示,这两种方法主要是反应式的,而不是预防式的课堂管理系统。也就是说,两者都倾向于在违规行为发生之后提供解决办法,而不是在其发生之前提供预防措施。

然而,近期研究通过预防来规范课堂秩序和纪律问题,为课堂管理提供了新的方法。该方法基于课堂研究,探究了有经验的教师如何预防不当行为,而低效的教师如何导致了不当行为。有些研究观察和分析了有经验的教师和经验不足的教师的教学行为,发现课堂管理是否有效在于如何预防不当行为,而不是如何应对不当行为。在本节中,我们将会解释研究者如何得出这一发现,以及他们发现的有效课堂管理者的特征。首先,我们来看一项课堂管理的研究,它为你管理课堂提供了一些原则。

埃默、埃弗顿和安德逊(Emmer、Evertson & Anderson,1980)从 8 所小学里征募了 27 位三年级教师,进行了为期一年的观察研究。在前三周,观察人员收集了基本信息,包括教室布置、课堂规则、不当行为的后果、对不恰当行为的反应、教师反应的一致性、监控和奖励系统。此外,观察人员还以 15 分钟为间隔统计了投入和脱离学习任务的学生人数,以确定学生对老师的关注程度。根据这些数据,研究者将教师分为高效和低效两组,以便后期进行更深入的观察。

研究发现,高效课堂管理者的学生在参与度上明显较高(更多的学生积极投入课堂学习中),而且学生脱离学习的行为较少(较少训斥和警告)。究其原因,高效管理者在前三周确立了自己作为教学领导者的地位,他们制定规则和秩序,直到学生掌握为止。这些教师不仅十分重视教学内容,也强调群体的凝聚力和社会化,并形成了一系列的课堂规范。因此三周后,在正式教学过程中学生们已经有所准备。

相比之下,低效的管理者没有事先制定秩序,这一点在新手教师身上最为明显。例如,一位新教师在学生使用卫生间、卷笔刀或饮水机等方面没有设置规范,以致孩子们随意走动,使教师的教学任务复杂化。与较好的管理者一样,较差的管理者也有规则,但他们遵循的规则与提出的规则不同。有时,规则很模糊:"在适当的时间出现在适当的地方。"而有时,没有经过讨论就提出一个规则,使大多数学生不清楚规则在何时何地适用。

较差的管理者也是课堂的无效监控者。一方面是由于对学生缺乏有效的日常规范,另一方面是教师不再积极监控整个班级,而是只关注某个孩子。模糊和未讲授的规则加上不完善的规则建立方式与监控程序,使学生经常缺乏足够的指导来规范自己的行为。

低效管理者的另一个特点是,不明显区分或不及时告知好的行为与不当行为的后果。例如,有时教师不是针对具体违规的学生或特定的事件进行批评,而是笼统地批评。有些教师经常警告学生,却没有进行深入了解,这可能会让孩子们把教师逼到极限,从而造成更多的问题。也有教师传达模糊的纪律方面的信息("你们太吵了"),这样的信息不足以引起任何一个孩子或他们想加入的同伴小组的注意。

综上所述,制定规则、建立日常规范、监控、创建表扬和奖励体系等方面的不足,阻碍了课堂的整体管理和组织。大多数情况下,这些不足会导致学生产生不当行为、脱离任务或偏离课堂目标。短短几周,不良的行为模式和较低的教师信誉就有可能在低效管理者的课堂出现,并持续存在。

从以上课堂管理的相关研究可知(Emmer & Evertson, 2016;Evertson, 1995;Evertson & Emmer, 2016),有效的课堂管理者应有以下三种教学行为:

- 他们在前几周花大量时间计划和组织课堂,尽量减少干扰,增加参与度。
- 他们像对待主题教学一样对待规则和日常规范的教学。开学前几周,他们会向学生提供明确的行为规范,并仔细监督学生遵守这些规范。
- 他们告知学生违规的后果,并坚决按规范执行。

可见,课堂管理传统在本质上是一种预防方法。它为预防行为问题的出现提供了建议,但是几乎不提供解决问题的紧急办法,因为它强调对问题的提前预防,而不是事后解决。教师需将这三种传统方法整合成一个综合方案,从而创建一个积极的学习环境。

课堂管理的整合方法

这三种课堂管理方法都有其优势和局限性。虽然每种方法对于理解有效课堂管理都有重要意义,但教师没有必要厚此薄彼。事实上,相关研究(Emmer & Evertson, 2016;Emmer、Evertson & Anderson, 1980)已经表明有效的课堂管理者能将不同方法的精华整合起来。图4.2总结了三种课堂管理方法。

人文主义传统	应用研究传统	课堂管理传统
关注个体学习者的情感、心理需求和情绪	关注对发生的不当行为进行改变或修正	关注预防不当行为,而非在不当行为发生后如何处理
将沟通技巧、与学习者和家长的单独谈话以及个人和小组解决问题的技能相结合	将正面强化学生的教师行为与减少负面强化学生的教师行为相结合	将课堂规则、结果和日常规范相结合使学生专注于任务并积极参与
强调学习者与教师共同合作和情感支持	强调同时强化积极行为和惩罚	强调在前几周计划和组织课堂,以便尽量减少干扰,提高参与度
提倡在必要时遵守规则、暂停或在短时间内取消	提倡暂停、反应代价和过度矫正	提倡提前明确告知学生可接受的行为并进行监控

图 4.2　三种课堂管理方法的总结

我们来看一下有效教师如何实践这些方法。

低调的课堂管理

低调的课堂管理是指有效教师在不影响课堂进度的情况下,用于阻止不当行为的策略。这些策略对所谓的表面行为很有效(Levin & Nolan,2006)。表面行为包括大多数课堂中的捣乱行为,如哈哈大笑、不按顺序讲话、传纸条、做白日梦、不按指示行事、梳头发、胡写乱画、哼小曲、轻敲桌子等。之所以称之为表面行为,是因为这些行为是孩子们被局限在一个小空间时正常的发展行为。这些行为并不能预示某些潜藏的情绪障碍或人格问题。然而,如果不进行约束,就会影响课堂正常秩序,也妨碍他人学习。

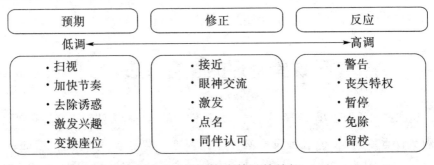

图 4.3　低调课堂管理的特征

图 4.3 描述了低调课堂管理的构成。应对表面行为的低调课堂管理实际是教

师对课堂问题在出现前有预期,在即将发生时进行修正,在发生后做出反应的一套技巧。我们逐一看一下这些技巧。

预期。警觉的教师对学生的动机、专注力、兴趣水平或可激发性等方面的任何变化都很敏感。他们意识到,在某个时期(假日前后)、某一周(重要社会事件前)或者某天(集会或体育课后),学生的学习状态将有所不同。经验丰富的课堂管理者一进教室就会对班级或具体个体学生动机和注意水平的变化有所觉察。

此时,预期包括快速扫视以判断潜在问题的严重程度,并在其出现或成为更大的问题之前进行阻止。例如,你可能会加快教学进度以消除学生在三天周末后的无精打采,或者假期前没收可能分散学生注意力的杂志等物品。有的教师保留一些活动,以便在学生不能集中精力时提高学生的兴趣。有的老师则在学生热情减退时变得更积极、热情,从而提高学生的兴趣。例如,他们会提高或降低音高,或是在教室里来回走动。有时在学生发生争执时调整座位,以减少敌对情绪。预期要对觉察的内容、时间及地点都有所了解。预期也需要应急技巧,如快速改变环境以便在没有真正预感到问题时也可以预防问题的发生或升级。以下提示帮助我们了解如何预测并纠正脱离学习的行为:

- 来回扫视课堂,让学生知道你很警觉。
- 发现有人不听时,加快节奏。
- 改变音调或音量,将注意力转移到你身上。
- 保留有趣的活动,必要时用以提高注意力。
- 预感到脱离学习行为即将发生时,改变座位安排。

修正。优秀的课堂管理人员能觉察到捣乱的发生。他们将捣乱行为发生前的语言和非语言暗示结合起来。应用行为分析者称之为前因或先兆。它们的表现形式有一瞥、突然合书、呆坐、转动身体、请求原谅、无视请求、沮丧地叹息,或露出恼怒或愤怒的表情。尽管这些行为本身并不具有破坏性,但它们中的任何一种都可能预示着更多破坏性行为的发生。

有的教师能发现前因的重要性,并通过简单靠近那些可能捣乱的学生来修正其行为,从而预防捣乱的发生。有的教师会与学生进行眼神交流,并结合某种面部表情,如扬起眉毛或微微歪着头以示警告。这些都是有效利用非语言信息对行为进行修正的技巧。

言语信号也很有效。语言修正技巧包括：提示，教师提醒学生注意规则，如"现在应该做数学"；点名，将目标学生的姓名加入讲解中，如"假如在波士顿倾茶事件时期，卡门居住在波士顿，她可能……"；同伴认可，教师看到一位同学表现好，就让全班同学都知道。随着问题升级可能性的增加，有效的管理者会视不当行为的严重程度从非语言的技巧转向语言技巧。以下提示可以用来修正学生脱离学习的行为：

- 靠近学生，防止行为再次发生。
- 与捣乱的学生进行眼神交流，并示以不悦或严厉的面部表情。
- 口头提醒学生他们应该做什么或者他们做错了什么。
- 将捣乱学生的名字加入教学内容中，以引起注意。
- 点名行为正确的学生以作示例。

反应。预期和修正可以在不影响课程进度的情况下，有效预防捣乱行为。这些技巧可以给学生机会纠正自己，从而促进自我控制能力的发展。然而，教室是一个忙碌、需要你投入更多注意力的地方，这可能使一个行为难以预料或修正。

当出乎意料的捣乱行为发生，或无法尽快阻止捣乱行为，你的目标是要尽快地结束捣乱行为。因而，有效的课堂管理者必须时不时地警告或激发积极的自我控制。你的反应首先需要一个与行为问题相关的规则以及破坏规则的后果。有效方法之一是当场将违规者请出教室、剥夺其特权、留校察看、取消休息或取消其参与活动。

当捣乱行为出现时，你采取的预期—修正—反应如下所示：

有学生捣乱，应立即表扬他周围表现好的同学："拉托亚，我很欣赏你努力拼写单词。"接着，等待15秒，让捣乱的学生改变其行为。

- 如果学生继续捣乱，就说："卡罗斯，这是警告。完成拼写作业，不要打扰拉托亚。"等待15秒。

- 如果警告后该生仍不改正，则说："卡罗斯，已经警告过你了，现在你必须到教室外面待5分钟，我有空再跟你谈。"（或者"午餐期间你必须待在教室里"或"今天不允许你到资料中心去"）

处理顽固的捣乱行为

如果运用得当，预期、修正和反应等低调的课堂管理技巧可促进课堂教学的顺利进行。有时候，当这些技巧对某个或某些学生不起作用时，可能是他们的学习需求没有得到满足。当捣乱行为持续存在,而你确信已经采取了低调措施来应对,你需要加大处理力度。

对不当行为的反应

你可以用多种方式来应对学生的不当行为。如果某项违规行为是暂时的,也不太可能复发,你可以选择忽略它(例如,学生完成一项大作业后,离开又回到座位伸腿)。遇到另一个极端,你可以请管理员来帮助解决问题。在这两个极端之间有许多不同的方法可以选择,以下按问题的严重程度列出:

- 严厉地看着该生。
- 朝该生走去。
- 叫该生回答下一个问题。
- 叫该生停止。
- 同该生讨论这个问题。
- 将该生安排到另外的座位。
- 布置额外作业。
- 让学生留下来。
- 给学生家长或监护人留言。
- 叫学生家长或监护人。

> 视频中的老师解释了一些引导不当行为的技巧。观察这些四年级及七年级老师如何用这些技巧应对捣乱行为。

这些方法多样,从不满意地注视学生到叫家长或监护人来解决问题,这取决于学生不当行为的严重性程度不同。然而,比这些方法更重要的是教师选择正确的方法应对捣乱行为的能力。教师在有效维持课堂纪律的过程中遇到的最大困难是如何有效地应对问题。

尽管所有的不当行为都会受到处置,但处理结果应视其本质及发生频率而有所不同。如果教师对频繁违反纪律的学生处理得过于轻微,则问题不会有所改观。而如果对第一次犯错的学生处理得过于严重,又会显得不公平。处理纪律问题时的灵活性很重要,要考虑到违规的情境和捣乱行为的类型。

以下是处理不同程度违规行为的一些建议:

- 轻微违规行为,像讲话、做小动作、离开座位打扰他人等类似的行为,开始应给予轻微处理。但如果这些行为反复出现,中等程度的处罚也许是适合的。教师可以给予较严厉的应对措施。

表4.1 轻微、中等和严重的违规行为举例及应对方法

违规行为	可以选择的反应
轻微违规	温和的反应
轻微损坏学校财产或他人物品 发泄(打闹、争斗) 顶嘴 不举手发言 离开座位 干扰他人 上课睡觉 拖沓 扔东西 过度亲密(接吻、拥抱) 打赌 上课吃东西	警告 反馈 暂停 更换座位安排 取消特权 放学后留校 给家长打电话或写便条
中等程度的违规	中等程度的反应
擅自离开教室 侮辱他人 不听从指挥 在班上吸烟 旷课 欺骗、剽窃或撒谎 亵渎、说脏话或猥琐手势 打架	留校 订立行为合约 取消特权 给家长打电话或写便条 同家长谈话 停课 赔偿 校内服务(如做清洁、辅导)
严重违规	严肃反应
损害学校财产或他人物品 偷窃、占有或变卖他人财物 逃学 酗酒或吸毒 向他人销售、配送酒、毒品或武器 伤害或谩骂教师 屡教不改,不服从	留校 与家长谈话 停课开除或选修特殊课程 给家长打电话或写便条

- 中等程度违规行为,像打断上课、对他人动粗、打架、说亵渎话等,应给予中等程度的处罚。但如果持续发生,则做出严厉的反应。
- 严重的捣乱行为,像偷盗、破坏公物、屡教不改和滥用物品等,应给予严厉的反应。但是不要试图在课堂处理这些行为,应移交到学校行政部门。

表 4.1 列出了教师应对不同程度违规行为的方式。

奖励和强化

有多种方法可以利用教师领导力来管理纪律问题(例如,教师独自决定结果,与学生共同分担责任,从学生提供的选项中选择结果),教师回应问题的严重程度也有多个层次(从严厉的眼神到打电话给家长)。但你还有其他的选择。在本节中,你将了解学生对奖惩有哪些反应,为什么他们对此有不同反应,以及如何在课堂上有效利用学生的反应。

有多种激励和强化可用于增加期待的反应。激励和强化可以是外在的,如源自他人,或是内生的,如学生自己提供。以下是课堂常见的外部奖励:

与课堂教学目标一致、符合学生兴趣的奖励,使学生以较高的效率投入学习并取得成功

- 口头或书面的表扬;
- 微笑、点头;
- 特权(如访问学习中心、图书馆等);
- 停下常规作业,进行特别的项目(如科学展);
- 允许选择话题或作业;

- 小组活动；
- 附加分；
- 在作业本上贴"笑脸"；
- 考卷或作业上给家长留言；
- 张贴一份优秀试卷或家庭作业；
- 特别的认可和证书（如"最佳进步奖"、"优秀行为奖"、"最整洁"、"最勤奋"等）。

然而，并非所有外部奖励都可以起到同样的强化作用。有的学生可能对口头表扬不屑；有的对访问图书馆或学习中心不感兴趣；有的喜欢被关注，而腼腆的则不喜欢招人注意。对某个学生的强化或许对另一个学生没用。

有时教育工作者因为培养了过度依赖外在奖励的学生而饱受批评，这使得人们对运用内部奖励越来越感兴趣，即所谓自然强化物。自然奖励或强化是在行为发生的环境中自然存在的。

有的学生通过学习写作、阅读、着色、回答问题、运动、解方程、解答习题或写作文而获得自然强化，有的则不是。很多学生需要外部强化来激发课堂参与。对这些学生而言，外部强化扮演着重要的角色：(1)通过运用正强化使你能按照期待对行为进行塑造和改进；(2)使你能够把对学生行为的控制转化为自然强化。

激励对惩罚

激励与惩罚都可以用来减少某一行为发生的可能性。例如，你可以试着用以下方法让丹尼待在座位上：每次离开座位就给他布置额外作业，或坐够30分钟，就奖励一次去学习中心的机会。前者，教师惩罚丹尼，使他按教师的希望行事。后者，教师通过奖励来达到同样目的。惩罚创造出一个回避不良行为的反应，相反，奖励则通过提供奖励鼓励理想行为的重复。

但是通常来说，奖励和惩罚在激发理想行为方面的效果并不完全相同。若是让丹尼待在座位上，老师可以有两种教育方式或教学策略——惩罚他做额外作业或奖励他参加有趣的活动。但是，往往奖励会更有效，原因如下：

- 惩罚不能确保产生理想反应。额外作业的惩罚的确可以使丹尼待在座位上，但不能保证他能做出理想行为，比如从事有意义的学习活动。他可能做白日梦，或给朋友写纸条，甚至去拽丽贝卡的头发。这些行为都使他成功地避免因离开座位而受到惩罚。没有奖励、一味地惩罚可能产生其他不良行为。

- 惩罚在具体情境和针对特定行为时才会有效。如果是代课教师,额外作业未必能让丹尼待在座位上,因为这一惩罚不是代课教师定的。它也不可能阻止丹尼去扯丽贝卡的头发,因为该项惩罚仅仅针对离开座位这一行为。超出具体的情景和相关行为,惩罚很难对不当行为产生效果。
- 惩罚的效果可能带有副作用。如果额外的家庭作业的确让丹尼厌恶,他不会再冒险离开他的座位,甚至不会请求去洗手间。丹尼可能决定不再冒险离开座位,甚至不再相信自己对何时可以例外的判断。
- 惩罚也会带来敌意和反抗。尽管任何单一的惩罚不大会激起强烈的情绪反应,但你要知道,学生在学校或家里受到各种惩罚,如果你的惩罚恰好是"压垮骆驼的最后一根稻草",那就不必惊奇对学生的一点儿处罚就让他情绪失控。惩罚要有间隔,要结合奖励,也要清晰描述理想行为。
- 惩罚可以与惩罚者联系起来。如果你一直把惩罚作为一种促进理想行为发生的工具,你可能会失去有效管理课堂所需的合作。如果没有合作,你会发现与之相关联的课堂管理技巧也会失灵。不要计划用惩罚来解决纪律问题,否则,你会应对更多的惩罚而不是得到理想行为。
- 惩罚如果不能即刻带来理想行为,就不会有持久的效果。如果你的学生受到惩罚时对理想行为不清楚,他们会认为惩罚只是一种伤害,而非鼓励理想行为的努力。课堂惩罚不应被视为对不当行为的惩罚,而应被看作对可纠正行为的激励。
- 记住,即使作为一种学习工具,反复使用惩罚也会削弱教师建立一个培养型课堂的努力。在管理课堂时,要建立一种不影响相互信任和自信的氛围,无条件接受每个学生的学习潜力,以及有探索和发现特点的学习共同体。

警告。警告可以防止小问题恶化。对于如表4.1所列出的轻微不当行为,在惩罚之前多警告几次。但两三次警告后,教师应该予以一定的惩罚,否则学生会因长时间没有得到处罚而认为教师对此违规行为不是认真的。这会影响规则的完整性和你的信誉。

肉体惩罚。在表4.1所列的面对不当行为的常见反应中,没有任何形式的体罚。体罚虽然在某些学区经学校管理当局认可是允许的,但一般来说,它并没有被证实对制止不当行为是有效的。

其原因之一是,学生(和管理者)在受到惩罚时焦虑的情绪会加剧,这往往阻碍了对于惩罚所鼓励的恰当行为进行理性讨论。此外,体罚很容易引起学生和家长的攻击和敌意。这远大于其可能带来的即时利益。

一般而言,你应避免与学生进行身体接触,因为这种接触很容易被误解。不论是实施处罚,还是诸如对年龄大的学生进行奖励(因为学生做得好而拍一下学生)或某种形式的帮助(在学生高度焦虑的时候,用手臂搂着他),都应避免身体上的接触。你的判断、情境和学生的年龄是你避免身体接触的参考,但如果需要你立即协助就是一种例外了,如限制学生伤害他人或阻止学生自残的行动。此时,你应该尽快联系管理员。

家庭对课堂行为的影响

需要注意的是,你要面对的课堂纪律问题可能源于课堂之外。我们的祖父母无法想象一个节奏快、不断向上发展的社会给家庭生活带来的压力和重负。他们的成长过程不一定比你或你的学生容易,但却一定是不同的,尤其是在孩子所经历的发展阶段和在生命周期变化的强度和速度方面。

据估计,现在的男孩和女孩比50年前的孩子早熟。这就意味着他们比父母更早受到性、寻衅、爱、交往、嫉妒和竞争等强烈情感的影响。小学老师不再惊讶于年轻的孩子们对成人世界的深度理解,以及他们在媒体精美包装的形象下对成人行为和生活方式的高超模仿,尤其是在与服装、人际关系和支配地位相关的方面。

事实上,家长比老师更加难以接受这些代沟。这通常导致家庭内部产生严重冲突,而在课堂上则表现为轻微但持续的不当行为。除了明白冲突源于家庭而不是课堂之外,你还要明白你对于家庭冲突无权控制。换言之,有时候课堂干预和理解似乎不管用,因为问题的根源可能在别处,也可能比你想象的更严重——夫妻不和、言语或身体虐待、同胞竞争、经济困难、失业和离婚。你要知道,有些学生会经历类似的家庭困扰。

以上这些对学生来说已是不小的负担,加上学校的要求、未来的不确定性及青春期危机带来的压力。如果问题持续存在又解决无果,就应考虑它可能源于家庭。虽然不容易知道学生的家庭生活,但被问及时,不少学生是愿意谈论问题本质的。

对有些学生来说,这正是他们宣泄情感负担的机会。

解决这些问题不是你的职责,但了解其原因可以说明为什么你的解决方法没有效果。学校的专业学习共同体是一个宝贵的资源,可以帮助你决定如何与家庭成员和其他能提供帮助的专业人士交流,如社会工作者、学校护士、特殊教育教师、辅导员或学校心理学家。你与这些专业人士的沟通和合作对解决可能源于课堂之外的课堂管理问题极其重要。

确立对家长会的需求

当学业或社会/行为问题成为孩子学习或你在教学中的主要障碍时,是时候召开一场家长会了。家长可以是父母一方或双方,父母不在时可以是监护人,如祖父母或养父母。家长会要在下列情况出现时召开,如出现重大违反学校或课堂规则、学生总是忽视课堂纠错或缺乏学习的动机和必备条件。

在家长会上,教师可以和家长或学生的其他家庭成员讨论问题的严重性并得到他们的帮助。没有学生家长或监护人的帮助与支持,学校干预在纠正问题和预防问题再次发生等方面不会有持久的效果。只要家长清楚地了解学校所期望的课堂行为,配合着要求孩子比如一周不准出门、按时回家、在卧室安静地完成额外的学习或在家里做些额外家务等,会比在学校中施行让人厌恶的惩罚更有影响力。

> 我们将在视频中看到关于孩子阅读问题开展的家长会。记录一下会议的关键组成和阶段。

为家长会做准备

如果你的课堂具体问题需要通过家长会解决,你的责任就是通知家长。通知内容包括:

1. 会议的目的是学校、家长联合帮助学生在学校取得成功。
2. 说明家长在学生学业、行为中的角色(包括相关的政府或学校政策)。
3. 会议的日期、时间及地点。
4. 如家长不能参加,请他们提供联系人姓名和电话号码。电话通知时要让家长记录日期、时间、地点以及联系人等具体细节。

无论是以电话还是面对面的形式召开会议,要做到以下几点:

- 让家长认识到问题,并参与解决问题。
- 提出一致认同的可以在家和学校解决问题的可行性计划。
- 确定后续活动的备选方案(例如,每周向家里发送一条说明进度的通知,如果问题再次出现,立即打电话,并在下一次家长会上回顾情况)。
- 记录电话信息或会议期间发生的事情以备参考,包括商定好和有分歧的事项。

开展家长会

会议期间,你应该简单地说明问题,注意倾听他人的意见,说出自己的担忧,并把你的感受传递给学生家长。

运用通俗易懂的语言。新手教师,尤其是第一次与家长见面或第一次在小组会上同家长交谈时,会用一些对家长来说没有意义的术语,如"规范"、"发展需要"、"异质群体"、"认知技巧"、"高阶思维"。不管你对专业术语多么熟悉,这只会减少而不是增加家长对你的信任。

倾听。倾听是最重要的沟通技能。家长在焦虑的时候希望被倾听,他们经常抱怨的就是教师没有倾听。做到以下几点,你会给家长留下认真倾听的印象:

1. 眼神交流。面向家长,微微地向前倾,以示你在倾听。
2. 承认讲话者的意见,以示你认真倾听。
3. 家长暂停说话时,不要打断,直到他们说完。
4. 不受干扰,比如会谈期间有人想要引起你的注意。
5. 通过总结家长要表达的内容及传达的感受来核实你的理解。
6. 表达不清楚时,请求澄清。

建议3、5和6对于电话会议很重要。

另一项重要技能是积极倾听。这一点很重要,尤其是在家长对你的言行不满的会议上进行回应时。这样的会议很容易变得情绪化。面对愤怒的家长,教师通常会采取防御或反抗的姿态。教师不听家长说了什么——不管看上去多么不正确——教师对家长所说的会予以否定、自我辩护或拒绝进一步商谈。

积极聆听是指倾听者就听到的信息和传递的情感有所反馈,从而让说话者感到被理解和尊重,并为进一步的交流敞开大门。积极聆听是教师与家长和学生交流时的重要技能。即使不同意所讲内容,教师也应在回应之前认真聆听他们说了什么。与其他的技能一样,你需要练习,以便能自然地运用它们做出准确和富有想法的回应。

运用"我"信息来表达感受。你必须清晰地表达自己的感受,尤其是当你对学生或家长的言行感到不满时。不过,不要批评或指责("你……"信息),而应描述是什么冒犯了你,被冒犯时你的感受或情绪,以及引起这些感受的原因,以此把对话转到你或你的教学上来。例如:"当阿曼达顶嘴时,她的行为影响了全班。让我生气的是,我不得不占用大家的时间来应对她。"这样的信息表达完全准确有效,为进一步沟通开辟了道路。

评价家长会

会议结束后,总结会议内容和已达成的共识,并列出你或家长需要采取的行动清单,如打电话跟进、写便条、完成承诺。最后,花点时间反思一下,你和家长沟通得怎么样,是否实现了目标,下次开家长会时需要做出哪些改变。这个反思时刻对提升召开家长会的技能是重要辅助。

教师需要与学生家长多交流沟通,了解他们的情况。积极倾听是帮助你实现这一目标的最重要技能,它可以帮助你与家长、学生和学校专业学习共同体的其他老师建立积极的关系。参见以下"在实践中:关注家长参与"。

在实践中:关注家长参与

家长的积极参与对学生有很多好处,如提高学生的积极性和参与度。然而,在家庭作业方面,家长的参与有很多不同的形式,对学习并不都有积极的影响。在努力提高学生的积极性和参与度时,让家长参与并讨论如何支持孩子在学校和家里的学习很重要。

首先,重要的一点是家长要了解老师希望他们扮演的角色,尤其是在家庭作业方面。家长认为是帮助,老师则可能认为是干涉或作弊。老师认为理所当然的家长可以做的事情,比如作业签字或检查拼写,他们却可能没有技巧或时间去完成。显然,与家长沟通如何最好地帮助孩子学习非常重要。为确保期望能实现,老师要考虑家长的技能和时间安排。

让家长清楚什么样的参与对学生有益同样非常重要。研究表明，根据成绩给予奖励或者对表现不好的学生进行惩罚的家长，实际上降低了学生的学习动机。对惩罚的害怕，对满足父母期望的焦虑，对与同胞对比的担心，不仅给学生带来压力，还会降低他们学习的内在动机和兴趣。这并不是说父母不应该为孩子在学校的表现进行投资，而是说可以用更有效的方式进行参与，并表明对孩子的进步感兴趣。

为了帮助孩子在家庭和学校取得成功，家长可以：

- 在家里创造一个有利于学习的环境。良好的学习环境光线充足而且安静。虽然每个孩子的学习风格不同，但大多数的教育工作者认为，学生在关掉电视、不受干扰的环境下表现最好。

- 每天留出特定的时间做作业。这包括在家庭作业完成之前不能看电视或者打电话。然而，家长应小心，不要把家庭作业和孩子喜欢的活动对立起来，也不要让孩子为了继续活动而匆忙完成作业。家庭惯例——包括固定的家庭作业时间——与学生学业成绩有关。

- 保证孩子所需的物品。家长应提前核实孩子要做的项目：在交作业前一天晚上9点，找计算器或报告封面会很棘手。

- 如果孩子有问题，要随时帮助。家长可以帮助孩子检查作业和提出建议，但不应该替孩子做作业。

- 与教师定期沟通。家长有必要了解教师的期望。提前找到孩子可能需要的学习资源（如为第二语言学习者提供的辅导或服务）是个不错的想法。

- 避免将奖励或惩罚与学校表现挂钩。尽管成绩很重要，但家长应该避免外部动机对学习表现的影响。相反，父母应该强调学习的价值，并欣赏孩子的努力。

这些建议可以在开学时告知家长，并在家长会上提供。

来源：西北教育，原西北区域教育实验室。

家长会的话题：做好准备

当学习动力严重缺乏、发生重大和/或一贯违反学校或课堂规则的情况时，最直接有效的反应是召开由家长、祖父母、监护人或养父母参加的家长会。让我们来看看家长会可能涉及的需要你准备的一些话题。一些学者(Dyches, Carter, & Prater, 2012)指出,大多数家长会通常会涉及以下话题:

- 学业表现;
- 社会/行为问题;
- 忽视或虐待儿童;
- 欺凌;
- 学校危机。

学业与社会/行为问题

阿里扎(Ariza, 2010)指出,教师需要了解在语言、文化和种族等方面多样化的课堂。学生提到的学业方面的挑战包括感到孤独、被孤立、不被同伴接受,以及由于语言或学术能力差而受到忽视或虐待。学习能力差的学生在其他方面也经常出现行为问题,导致屡教不改,甚至辍学。加上在阅读、写作和听力技能方面的挑战(尤其是对英语作为第二语言的学习者来说)以及其他更常见的情况,所有这些都需要召开家长会与家长取得联系。

忽视或虐待孩子

若同龄人或家庭成员对学生的身体、情感、性情和/或心理等存在忽视或虐待行为,学生的一生将会受到影响。根据2003年的《虐待儿童预防和治疗法案》,教师有责任在发现上述忽视和虐待孩子的迹象时向上级报告,尽管这些行为需要学校专业人员的介入。此时,需要召开由其他专业人员(如社工、处理虐待儿童事件的干事、心理咨询师和学区代表)参加的家长会,以便与家长讨论该问题。

欺凌行为

在过去10年里,报道的校园欺凌事件数量显著增加,这令学校担忧。目前尚不清楚是由于实际案件多了,还是因报道而使数据增加,但无论如何,欺凌都是召开家长会的主要原因之一。欺凌指一个孩子对另一个孩子的无端侵略或操纵行为(Whitson & Rothschild, 2014)。据估计,多达四分之一的学生在上学期间曾被欺负过,这严重影响了他们的情绪和学业状态。欺凌有多种形式,包括身体和/或语言虐待,利用恐惧操纵他人的行为或制造骚乱,切断社会联系,嘲笑他人行为,以及使用互联网和智能手机来威胁或蔑视他人。由于欺凌已经成为一个持续存在的问题,而且还在不断增加,所以教师作为第一回应者经常需要通过家长会来讨论这一问题。

学校危机

我们都听说过一些重大的学校危机。尽管不常见,但通常会有高调的媒体报道暴力事件(由学生或发狂成人引发的事件)、自然现象(扰乱学校服务系统的龙卷风、飓风和风暴),以及对学生人身安全的威胁(暴力威胁和国家灾难)。这些意想不到的学校危机可能发生在学校社区之外,会影响学生、教师、管理人员和更大学区中的家庭成员和亲人。虽然这种规模的危机并不常见,但当学生们听到或经历这些危机时,会给学生和学校社区带来情感上的巨大压力。而且,由于这会影响很多人,所以作为教师你要意识到它们的影响,并清楚该做什么。

> 听老师讲他的学校如何采取积极的方法来对付网络欺凌。想想你作为学生的"第一反应者",无论在学校还是在网络上,以及本视频提到的有助保护学生的一些策略,你能做些什么来进一步保护你的学生?

在这种危机中,你的责任是为学生提供可能需要的情感支持。通过家长会与家长合作,可以减少危机对学生的影响。有学者(Dyches, Carter, & Prater, 2012)提供了一些建议给家长,以便在遇到危机后提供必要的情感支持。

- 提供有关危机性质的信息。
- 允许学生通过眼神表达自己的想法和感受。
- 坦诚地告诉学生事情会越来越好。
- 反复向学生保证你会有求必应。
- 让家长多花时间陪孩子聊天和倾听孩子,包括身体接触。

虽然教师不会在学校或社区面临大的危机,但媒体关于其他地方危机的报道,尤其是与学校有关的报道,会影响学生的情绪状态,每个教师都应为此做好准备。

文化回应的课堂管理

在理解课堂管理方面最令人鼓舞的进步之一,是文化回应教学这一新兴领域的出现。正如我们在前几章所见,菲什和特伦布尔(Fisch & Trumbull, 2008),戴尔皮特和道迪（Delpit & Dowdy, 2008）以及盖伊（Gay, 2010）等的著作和研究提出了令人信服的论点，即不同的文化对非语言和语言行为管理技巧的反应是不同的，包括近身控制、眼神接触、警告和教室布局。此外，这些研究人员还列举了大量实例，显示了不同文化背景的教师对学生捣乱行为的不同理解。因此，请注意，本章和第三章中介绍的许多行为管理技巧可能具有文化敏感性。一个有效的课堂管理者不仅要使其所用技巧与情境相匹配，还要与学生的文化历史相匹配。

如果支持文化回应教学的研究尚未提出针对不同文化学习者的教学方法，那么给我们更好地理解多元文化课堂中的学生行为带来哪些启示呢？传统的课堂研究方法是对大量教师进行研究，对其教学方法进行分类，对学习者进行成绩测试，并试图找出成绩与教学实践之间的关系。然而，狄龙（Dillon, 1989）采用了一种不同的方法。她用一种"微观民族志"的研究方法，对一位名叫阿普比的老师和他的班级进行了为期一年的研究。她的研究提供了有价值的见解，让我们了解到一个教师如何创建让多元文化的学习者体验学术和个人成功的课堂。

狄龙总结道，阿普比之所以能成为一名有效教师，是因为他有能力在学校中产阶级的白人文化与处于较低阶层的非裔美国学生文化之间承担起"译员和跨文化使者"的角色。作为文化交流的使者和译者，阿普比谙熟学生的背景，为学校和社区（或家庭）之间的文化差异搭建桥梁。他很好地掌握了拉斯蒂格和凯斯特（Lustig & Koester, 2012）所说的跨文化能力。利用这些文化知识，阿普比创建了有如下重要特质的课堂：

1. 他把课堂创造成一种师生之间相互了解、相互信任，无拘束地表达观点和情感的社交场所。

2. 他的讲授建立在学生已有的知识和经验基础之上，因为他对学生的背景了如指掌，熟悉学生的知识量、技能及其对内容的态度。这使他在呈现内容时，能鼓励学生将这些信息与他们已知的和感受的联系起来。

3. 他的教学方法能够使学生积极参与课堂，运用他们文化的语言和社会语言模式，并使用彼此熟悉的语言和社会交往模式。

戴尔皮特和道迪（Delpit & Dowdy, 2008），盖伊（Gay, 2010）以及拉斯蒂格和凯斯特（Lustig & Koester, 2012）得出的结论是，教师要想在多元文化课堂中成功教学，需要更多了解学生的价值观、社会化实践、兴趣和关注点，而不是知道那些假定的学习风格偏好和认知风格,以及自己在教具有这些特征的学生时应该做什么和不应做什么。更准确地说,研究者们认为像阿普比这样对学生文化了解的教师,能够以对学生有意义的方式展示主题内容,开发让学生积极参与的课程,并创建让学生敢于做自己的社交组织。

案 例

说明: 以下案例与第四章的内容有关。读完这个案例,请根据提示回答一些批判性思考问题,并把从本章中学到的知识应用到这个案例中。

在斯科特先生十年级的英语课上,刚刚结束了一个关于莎士比亚《恺撒大帝》的单元。今天他想组织一次讨论,总结剧中的一些关键概念,同时通过深入讨论帮助学生为接下来的单元考试做好准备。以往的讨论总是状况百出,因为"做这些事并不得分"。所以,学生要么发言毫无次序,要么相互打断,要么一窝蜂地争着要去洗手间。

斯科特先生今天的课上引入了"计分讨论"的概念,希望可以使学生专心地参与讨论,并选萨尔玛来记录全班同学的讨论情况。萨尔玛是一名优等生,往往会主导课堂交流,其他学生有时会等着听她的想法而不主动提出自己的想法,有些人甚至愤愤不平,根本不愿回答。因此,萨尔玛只做记录而不参与讨论,她得了最高分110分。然后,她从今天讨论得分最高的学生中选出一名,成为下一位记录员。

萨尔玛坐在教室前面,拿着一份座位表,其他学生每评论一次她就打一个钩。学生必须在发言前举手并得到斯科特的许可,此次发言才算有效。有些特定情况下,学生可以得两个钩,比如基于其他学生的评论提出观点,或是对特别难的问题作答。每个勾算作五分。

每一个准时到校的学生都得到 70 分的基础分。迟到的学生要从基础分中扣除 10 分,即以 60 分为初始分。最高分数为 110 分,将作为单元测试的一部分。

斯科特抛出了第一个问题:"很多学者都认为,该剧的主角就是剧名的同名角色朱利叶斯·恺撒,但也有人认为,剧中的主角应该是布鲁图斯,布鲁图斯的道德困境及其心理斗争才是主导剧情发展的要素。你们觉得呢?一定要有理有据。"

大家都看着萨尔玛,期待她的正确答案,但她显然很沮丧,在座位上局促不安。

很快所有的学生都意识到不能依靠她,于是杰里米举起手说:"我现在想想,觉得第二个学者说得对。我们真正关心的是布鲁图斯。恺撒被杀的时候,我没那么难过。他那么高高在上,盛气凌人,可以说是罪有应得,但是布鲁图斯自杀的时候,我真的很难过。"

斯科特先生确认萨尔玛给杰里米打了钩,又指指胡安妮塔。胡安妮塔说:"我不知道是否你为谁的死感到难过他就是主角,但你的话启发了我,杰里米。恺撒第三幕就死了,后面几乎一半的戏里都没有他,而布鲁图斯却一直坚持到最后。"

"胡安妮塔,你认真听了杰里米的发言,并基于他的观点发表了自己的意见。萨尔玛,别忘了给她打两个钩。"

麦克迟到了,一边仓促地整理好笔记本和书,一边举起手说:"确实,恺撒在第三幕就死了,但别忘了第四幕他的灵魂又出现了。布鲁图斯甚至在自杀时还提到了恺撒——'恺撒,其实杀你的时候,我远远没有此刻这么坚决'诸如此类的话。所以,我认为恺撒才是整部剧的灵魂人物。"

"很好,麦克,"斯科特回应道,"你的回答不仅建立在胡安妮塔的想法上,还引用了剧中的一句台词加以解释。你现在可以得回因迟到扣掉的十分了。"

安德烈娅突然问了个问题:"那安东尼呢,斯科特先生?"没等她继续说,斯科特先生就把手放在耳朵上,假装听不见:"不举手就发言我可听不见。"

安德烈娅举起手,等斯科特先生点头之后,她才继续说:"'朋友们,罗马人,同胞们,我来埋葬恺撒,不是为了赞美他。'我的意思是,这是有史以来最酷的演讲。他把所有的听众都捧在手里。那真是整个剧的一个高潮。"

"所以,现在我们有三个主角候选人:恺撒、布鲁图斯和安东尼。大家对这个新观点还有什么意见吗?"

学生们争先恐后地举手,现在没有人等着萨尔玛的提示了。

点击 第四章 评估检测你对本章知识的掌握情况。

总　结

学习成果4.1

- 绝大多数课堂纪律问题都是轻微且持续的,不同于那些更大、更严重的问题。
- 课堂管理的人文主义传统注重学生个体的内心想法、感受、心理需求和情感,人文主义方法强调学生自我行为控制的重要性。

- 人文主义传统方法注重制定规章制度,获取学校管理层的支持,组织学生会谈,并在老师将学生请出课堂的情况下也一以贯之。

学习成果4.2

- 课堂管理的应用行为分析传统方法通过操作性条件反射技术来矫正具有重要社会意义的行为。行为矫正是通过给某种行为施加一定类型的强化以达到改变或矫正效果。
- 正强化即对某种理想行为给予理想的刺激或奖励,从而增加该行为发生的频率。负强化即通过避免一种痛苦、不适或反感的状态来增加理想行为发生的频率。前因是诱发特定行为的事件或刺激,如声音、情景或人。
- 应用行为分析传统方法着力于界定恰当行为、不当行为以及诱发这些行为的前因,明确学生产生不当行为的目标,从而制定恰当行为的强化程序。

学习成果4.3

- 课堂管理传统方法关注课堂秩序和纪律中的预防问题而不是反应问题。
- 课堂管理传统方法强调课堂、规则和常规教学的计划性和组织性,并且要确保学生了解违规的后果。

学习成果4.4

- 低调的课堂控制指效仿有效教师采用的策略,在不扰乱课堂正常秩序的前提下制止学生的不当行为。
- 运用权威处理违规行为的三种方法:判断发生了什么,以及应予以何种处罚;提供一些处罚形式供学生从中选择;从学生所提供的惩罚形式中选择一种惩罚形式。
- 惩罚的严厉程度应该视违规的情况而定。
- 一些课堂违规行为的增多是由于无意中的强化作用。如果学生违规后得到的反而是他们想要的结果,那这种违规行为发生的概率就会增加。
- 奖励和惩罚都能增加某种行为发生的可能性,尽管没有奖励的惩罚很少奏效。没有奖励的惩罚在增加理想行为发生的可能性方面收效甚微。

学习成果4.5

- 意识到家长比老师更难接受父母和孩子之间的代沟,这也导致了家庭教育和学校教育的一些问题。
- 与专业人士(如社会工作者、校医、特殊教育教师、辅导员或学校心理学家等)的沟通与合作,可以为课堂管理问题提供有价值的帮助,这些问题可能源于他人或其他的情境。

学习成果 4.6

- 开家长会时,教师应该用通俗易懂的语言,认真倾听,并多使用"我"信息。有效的家长会上,教师总是与家长保持目光交流,不断地认可并鼓励家长发言,不受外界干扰,确认家长是否听明白,必要时请家长进一步阐释。
- 会议结束时,教师应总结会议内容和达成的共识,并列出教师和家长双方需要采取的行动。

学习结果 4.7

- 家长会一般会讨论以下一个或多个问题:学业问题、社会或行为问题、儿童忽视或虐待、欺凌或学校危机。

学习结果 4.8

- 文化回应教学体现了教师运用不同的语言和非语言课堂管理技巧对不同文化学生做出反应的能力。
- 跨文化能力是指教师在不同文化、种族和社会阶层的学生中充当翻译和跨文化中介的能力。

关键术语

主动聆听	合作学习	自然强化物
应用行为分析	文化回应教学	负强化
行为前因	人文主义传统	积极行为干预与支持
行为矫正	跨文化能力	
课堂管理传统	间歇性强化	正强化
一致性沟通	低调课堂管理	表面行为

讨论与练习

带星号的问题在附录 B 中有相应答案。有些带星号的问题可能要求学生做后续回应,这些答案没有包括在附录 B 中。

1. 请指出一个有效课堂管理计划的六个准则。你认为哪一个最容易在你的课堂中实现？哪一个最困难？为什么？

*2. 刚开始管理课堂时，格拉瑟会建议采用哪些具体方法？你感觉哪一项最重要？

3. 描述积极行为干预支持的目标，并说明它会如何改变你的课堂。

*4. 你怎样同时采用正强化和负强化来制止某个学生不断讲话？试举例说明。

*5. 描述暂停和反应代价，并各举一例说明你会在什么情况下采用这些方法。

*6. 根据课堂管理的相关研究，有效课堂管理者会采用哪三类预防性教学行为？如果要在你所教的年级实践这三类行为，请按从易到难的顺序列出你将如何实践。

*7. 您会用哪些方法对学生的违规行为予以处罚？哪种方法你觉得更好用？为什么？

8. 给下列违规行为列出一种反映其违纪严重程度的惩罚，一种惩罚只能使用一次。

- 转身说话；
- 故意旷课；
- 课上吃东西；
- 离开座位；
- 课上睡觉；
- 做低俗手势；
- 服用毒品；
- 打架。

9. 你打算用何种奖励来鼓励学生进行下列活动？

- 家庭作业；
- 停止同后排同学讲话；
- 按时交作业；
- 按时上课；
- 记着带铅笔；
- 先举手后发言。

*10. 指出五个原因说明没有奖励的惩罚为何收效甚微。回忆一下你自己的学生时代，你觉得哪个最符合你的情况？

*11. 本章所讨论的举行家长会的两个目标是什么？还可能有什么其他目标？

专业实践

现场体验和实践活动

带星号的问题在附录 B 中有相应答案。有些带星号的问题可能要求学生做后续回应,这些答案没有包括在附录 B 中。

*1. 从你的课堂观察和田野调查中,回想一个吉诺特称为"理性的信息"的例子。你认为这项技术在多大程度上是有效的?

2. 使用教师对话的例子,用一个"我"信息向学生传达你的失望。

3. 举一个你观察的以低调的预期—修正—反应顺序进行的例子。

*4. 使用课堂观察中的具体例子说明在什么情况下惩罚是有效的或无效的。

5. 根据你的现场经验,描述一个情景,说明教师如何用文化回应的方式同一个作业做得不好的学生交流。在同样情况下,非文化回应型的教师是什么样的反应?

电子档案活动

下列电子档案活动与 InTASC 标准 9 和 10 有关。

1. 假如你要召开一次家长会,讨论学生未能按时完成作业的问题。准备一些在会上要提到的"谈话要点"。谈话要点应包括以下内容:

- 如何让父母也认可这个问题;
- 家庭和学校解决这一问题的行动计划;
- 监控进展的后续活动;
- 你和父母之间达成协议的书面总结。

把你的谈话要点放在你的电子档案"课堂管理"文件夹中,以此提示你在会上要讨论的关键问题。

2. 在现场体验活动 5 中,你描述了一个场景,即教师如何以一种文化回应的方式与一个作业做得不好的学生交流。将此场景放在你的电子档案"教室管理"文件夹中,作为文化回应的参考。

第五章　目的、标准和目标

学习成果

本章学习结束后,你将学会并能够:

- 为你将用于课程建设的教学策略确立教育标准和目标。
- 区分教育标准目标和行为目标,并解释每种目标如何用于有效教学。
- 掌握准备行为目标的基本步骤,从而提升课堂的熟练程度。
- 比较认知、情感和意识运动行为,并解释理解各领域中复杂行为的重要性。
- 探索精准教学框架,并举例说明如何将其用于制订课时计划和单元计划。
- 列出关于行为目标的常见误解,并描述此类知识如何有助你更有效地教导学生。
- 创建能从广义反映国家层面教育价值的行为目标。

美国州际新教师评价与支持联合会(InTASC)

学完本章,你将能够达到以下 InTASC 有关有效教学的标准:

标准4　内容知识。教师理解所教学科的核心概念、探究工具和结构,并创设使学生易于理解和有意义的学习体验,以确保学生掌握学习内容。

标准5　内容应用。教师了解如何把概念联系起来,并使用不同的观点使学生就真实的本地和国际问题进行批判性思考,激发学生的创造力和合作解决问题的能力。

标准7　教学计划。教师借鉴学科内容、课程、跨学科技能和教学法方面的知识以及有关学习者和社区环境的知识来设计教学,从而支持每个学生达成严格的学习目标。

标准8　教学策略。教师理解和运用各种教学策略,鼓励学生深入了解学科内容及其相互联系,并培养学生以有意义的方式应用知识的技能。

♥♥♥♥♥

第一章和第二章介绍了一些期望你做出的重要教学行为以及你在课堂中可能遇到的学生个体差异。第三章和第四章介绍了有效课堂管理的重要工具和技术,以及如何挖掘每个学生的学习潜力。本章和下一章是有关面对学生间存在差异情况时你可以采取的教学策略。首先,我们先考虑一下如何区分目的、标准和目标,以及如何建立目的、标准和目标,从而满足学生需求。

目的、标准和目标

目的、标准和目标这三个词经常被人们混用,这是因为不了解它们之间尽管大意相关但却各有不同。目的是我们对引导自身方向的价值观的一般表达。目的的使用范围足够广泛,可适用于大量个体,如教师、学校管理人员、家长和美国纳税人。当你听到你所在的州议员、校监或校长说,学校需要"增加在小学科学教学上投入的时间"、"提高高中生解决问题的能力和决策能力",或者"更好地将科技和网络学习融入课堂",他们正在设定你今后需要达到的目的。

标准来源于目的,更具体明确了为了实现某个目的必须完成哪些工作,以及谁必须做什么。标准从教师、学生和学校的角度分别传达了教师必须教什么、学生必须学什么、学校必须做什么。标准还可以激励教师、学生和学校积极参与并致力实现目的。

虽然标准和目的可以回答"为什么我要教这个"的问题,但是对于你在某一天教什么或如何教,它们不能给出一个满意的答复。目的和标准对于决定在课堂上使用何种策略来实现目的或是否达到标准几乎不能提供任何指向。要想得到这些问题的满意答复,你需要准备单元和课时目标,传达你要实现的具体行为,在何种条件下才能展现该行为,以及基于学生的学习史、能力和目前理解水平,学生行为应表现出何种熟练水平。表5.1中的示例显示了目的、标准和目标各自的定义和区别。

表 5.1 目的、标准和目标之间的区别

目的	标准	目标
表达引导自身方向的价值观	确定要学什么——激励和促进	传达要达到的具体行为,在何种条件下才能展现该行为,以及这些行为该达到何种熟练水平
示例	示例	示例
1. 每个公民都要为了在科技世界中工作做好准	1. 学生在家和学习中应了解电脑的使用方法	1. 学生将使用自己选择的文字处理软件,在 15 分钟之内完成一篇 2 页篇幅、经过编辑且没有错误的手稿
2. 每个成人都应该具有读写能力	2. 学生为了能找到高薪工作应该具有良好的读写能力	2. 学生将在十二年级结束时能够完成一篇 500 字长度、不多于 2 个语法和标点错误的文章
3. 在民主社会中,每个美国人参与投票时都应享有知情权	3. 学生应知道在选举中如何选择候选人以及如何投票	3. 学生将在八年级学完有关政府内容的单元时参与一次模拟选举,包括选择候选人以及陈述选择的理由

已有几种成体系的方法可以帮助你准备教育目标。

泰勒的目的发展方法

教育目标想法的出现可以追溯到 20 世纪早期,泰勒(Tyler, 1934, 1974)首先提出了教师对目的导向的表述有需求。

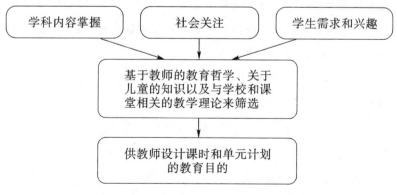

图 5.1 泰勒对目的选择的思考

资料来源:R. W. 泰勒,《构建成就测试》,俄亥俄州立大学出版社。经授权再版。

他建立教育目的的方法如图 5.1 所示。他观察到,教师更关心教学的内容(教什么)而不是学生能用这些内容做什么(他/她是否能在一些有意义的情境中使用这些内容)。

在未来10年中,课程改革的一项重要建议是更好地培养学生,从而使其能独立工作,并具备更高水平的思维、概念和解决问题能力

泰勒的教育目标生成方法对课程开发产生了重大影响。泰勒相信随着社会发展变得越来越复杂,会有更多东西需要人们学习。但在这个技术复杂的社会中,用于学习这些日益增多的知识和技能的时间实际上可能会减少。因此,对哪些目标值得教,教育工作者必须做出明智的选择。

泰勒指出,以下这些因素是在建立学习目的时应考虑的:

1. 我们足够了解所教的学科内容(学科内容掌握)。
2. 社会关注,它代表着整个社会和地方社区的价值观念。
3. 学生的需要和兴趣以及他们带到学校的能力和知识。
4. 教学理论和研究告诉我们课堂上可以教什么。

目标非常重要,因为它表达了我们的价值观,并向学生、他们的父母及其所在的社区提供了你计划教授这门课程的理由,这可以激励他们积极地参与到学习过程中来。

教育标准的由来

在过去 10 年中,有几个重要的发展进程突出了人们对学术目的以及如何衡量学术目的的关注。我们在第二章所看到的《目的 2000：改革教育提高学生成就》(美国教育部,1998)被大众广为接受,专业团体和协会也通过更具体地建立教育标准参与了对教育目的的定义。在这些团体和协会中,有许多已全面审阅了关于美国小学和中学教育现状的研究,从而确定了具体条件或标准,并以此为依据判断学生在各个学科领域所学知识的充分性。这些报告包括：国家研究委员会的《知学生所知》(2014),全国数学教师委员会的《学校数学评估标准》(2012),美国科学进步协会的《科学素养基准》(2009),全国社会研究会的《期待卓越：社会学课程标准》(2010),国家研究委员会的《下一代国家科学教育标准》(2011),以及国际阅读协会和国家英语教师委员会的《英语语言艺术标准》(2011)。每个报告都为各自学科领域提出了一个新的课程框架,并定义了应教授的课程和需要评估的学生学习成果。

随着"标准"的制定和应用,人们才意识到各个阶段的学校教育都主要集中在记忆、反复训练和练习册习题上。因此,这些报告呼吁开发一种思维课程,重点在于教会学生如何在真实的社会情境下批判性地思考、推理和解决问题(Borich, 2007a; Borich & Hao, 2007)。这些报告主张,美国学校应采用这种思维课程和基于表现评估的考试系统,这样可以充分衡量复杂的认知技能(Borich, 2007b; Borich、Hao & Aw, 2006; Burke, 2010; Nosich, 2012)。

促成建立这些新课程框架的部分原因是,我们社会中的许多人,包括父母、纳税人、立法者、商界人士和军方领导人以及一些教师团体,对公立学校教育的质量不再抱有幻想。他们不仅对课程本身不抱幻想,而且扩展到教学质量和教师教育层面,这也导致了在某些情况下提出对教师进行能力测试和教师认证新要求的建议。

例如,设计实践 II 系列基础教育：课程、教学和评估测试的初衷就是如此。学生在完成小学(中学)教育的学士学位课程后参加该测试,试题涵盖了新教师需要了解和评估的教学原则和教学过程知识。某些试题可以评估对课程计划、教学设计和学生学习评估的基本理解。还有很多其他试题也提出了教师在课堂上经常面临的特殊问题。最重要的是，许多试题是基于真实的实际情境下最常见的小学和中学教学案例。（参见 ETS Praxis 网站的实践测试 0011 和图 1.5，以及斯坦福大学评估、学习与教育公平中心网站上的 edTPA 评估）。

在前面的章节中，你已经熟悉了实践 II 关于教学原理方面的试题，在本章和后面的章节中，你也可以了解到其他试题的信息。当你研究这些实践问题以及它们所要求的技巧和表现时，注意，许多问题都来自一些报告，它们代表了专业团体和协会关于学校如何才能加强课堂教学的一致意见。例如，引用的几份报告一致认为，我们的学校需要加强数学、科学、英语、外语和社会科学的课程建设。此外，技术的发展体现在对较高水平的计算机素养的呼吁，不仅要开设单独的课程，还作为工具整合到核心学科领域。这个话题将在第七章探讨。这些报告同时也呼吁，要在高阶思维技能教学层面进行更新，包括概念、解决问题和创造力等（而不是死记硬背和鹦鹉学舌般地重复一些事实、列表、名字和日期，它们脱离了更为真实的解决问题的情境）。这些主题请参阅第十、十一和十二章。

不出意料的是，所有报告都建议提高评分标准和所需完成的核心课程的数量，特别是中学阶段的课程（例如，4 年的语言艺术课、4 年的科学课程、4 年的数学课程、4 年的社会学课程，即所谓"4×4 课程"）。这一建议与各大学提高自己的入学要求正好吻合。大学入学要求学生增加核心学科课程的完成量，特别是数学、科学和外语。大多报告建议增加学习的时间和家庭作业时间。例如，一份报告建议每天至少完成 7 小时的课程（有些学校少于 6 个小时）和每学年 200 天的上学时间（许多学校每学年上学 180 天）。而花在非教学活动的时间应相应减少，行政干预的时间也要相应减少。

这些报告以宽广的视角审视了我们的教育机构，建议所有学生达到以下目的：

- 经过培养，能在技术世界中生活和工作；
- 具备最低水平的阅读、写作和数学能力；
- 具备更高水平的思维、概念和解决问题技能；
- 根据能力水平，每学年都要选修所有的核心科目；
- 经过培养，可以独立工作，并在没有直接指导的情况下完成任务；
- 提高出勤率，延长每天和每年的在校时间；

- 提供更多的解决问题和制定决策的实践活动,并要求批判性思考和做出价值判断。

以国家层面制定的大目标为基础,州级教育部和专业协会制定了相关标准,从而使教师可以较容易地接触和了解。这些标准为在各州统一呈现教学内容奠定了基础,学校和学区还可针对他们负责的特定学生群体进行微调。这样往往会形成一个具体的课程指南,涵盖了具体内容领域的所有重要内容。接下来要展示的课程标准(在一些州也称为基本技能)是几个州级小学、初中和高中的课程标准,它们明确了阅读、科学和社会科学所要教授的具体内容和课堂上要求的具体行为。在下一章中我们将看到,下列基本技能是如何将目的和标准与课堂教学联系起来并安排到课程计划中的。

课程标准和基本技能的示例

三年级阅读。阅读/识别单词。学生使用多种词汇识别策略。学生应:

(1)使用词内与发音对应的字母进行解码;

(2)将首字母发音与常见的元音拼写结合起来读单词;

(3)使用常见的音节模式识别多音节单词;

(4)使用词根和其他的结构线索,如前缀、后缀和派生词尾,来识别单词;

(5)运用词序(句法)和上下文知识来识别和确认单词的意思。

八年级科学。科学流程。学生在安全、环境适宜和符合道德规范的准则下进行实地和实验室调查。学生应:

(1)计划和实施调查程序,包括提问、制定可验证的假设以及选择和使用设备;

(2)通过观察和测量来收集数据;

(3)组织、分析、推断和预测趋势;

(4)传达有效的结论;

(5)使用电脑建构图形、表格、地图和图表,并检查和评估数据。

高中历史。美国历史。学生了解从1877年至今美国历史上传统的历史参考点。学生应:

(1)确定从1877年到现在美国历史的主要时期;

(2)采用绝对和相对年代分类,对重要个体、事件和时间段进行排序;

（3）分析少数民族待遇、童工、城市发展、移民问题等社会问题。

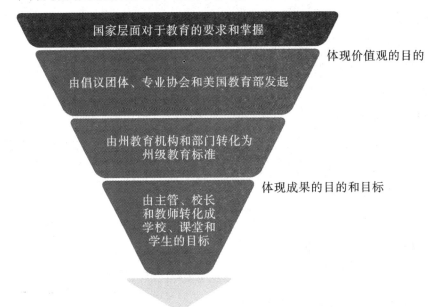

图 5.2　标准汇集成教学目标

这些州级标准的基础是，认为学校忽略了它们在教导学生如何思考方面的角色。从传统上讲，学生通过完成核心课程（英语、数学、科学、外语和社会科学）是可以学会如何思考的。然而，随着这些学科领域开设的高阶课程的减少，学校把额外的时间都花在补习和选修课程上，用于教导学生如何思考的时间也就变得不够充分了。

一些报告建议，学校应该扭转这种趋势，要求学生既学习核心课程也要接触更高阶的内容领域。这种教学要求在各个方面都体现对复杂的思维技能的运用，比如在真实的解决问题的环境中，家庭作业中，更高阶的评估和评分标准中，以及对学生实际应用所学知识的评估中。掌握思维技能，如解决问题、制定决策、做出价值判断，被认为非常重要，因为这些技能是在高年级、工作中以及为了进入高等教育和获得培训机会所必备的。

图 5.2 阐明了将目的转化为标准、再将标准转化为目标的漏斗模型或者聚焦的过程。在此过程中，目的引导着标准，而标准通过学科课程大纲逐步转化为具体的教学目标。

共同核心州立标准

为了补充专业实践标准,2010 年,州首席学校官员委员会和全国州长协会最佳实践中心共同提出了共同核心州立标准,这些标准代表了对 K-12 级学生知识和技能的期望和要求。2012 年,在此基础上又增加了发展大学和职业预备方面的标准。这些标准基于对在学校内外取得成功所需的要求,共同为学生的表现设定了技能和思维目标。共同核心标准旨在设置美国未来 10 年的教育方针,为学生进入全球经济工作场所做好准备。在制定共同核心标准时,所采用的一些准则是:

- 严格。这些标准必须包括高水平的认知要求,学生要通过运用相关内容知识和技能,包括推理、论证、综合、分析和解决问题,表现出深刻的概念理解。
- 清晰明确。这些标准必须具备足够的指导性和清晰度,从而使它们可教、可学、可测量,并能表达出预期的表现水平。
- 可教可学。这些标准必须为课程设计和教学材料提供指导,确保其内容范围合理、教学可控,而且在各种教学情境下都能推进理解的深度。
- 可衡量。学生是否达标必须可观察、可检测。
- 连贯。这些标准必须在具体学科中呈现出完整的支撑概念,并反映学科内容之间的相互关系。

共同核心州立标准与专业实践标准为你观察之后呈现的有效教学提供了指导和资源(参见 Marzano & Simms,2013;Marzano、Yanoski、Hoegh & Simms,2013)。

理解框架

因为在某个时刻,当你参加专业发展项目时,你肯定会用到 InTASC 和共同核心州立标准(之后在你的职业生涯中还会用到国家专业教学标准委员会 NBPTS 的标准),所以这部分将讨论一些有效教师所采用的基于研究的策略、方法和实践,它们可以帮助你实现这些标准。本书包含的信息将帮助你拓展专业知识,使你结合八个相互关联的概念框架来理解教学,这些框架遵循了 InTASC 和 NBPTS 标准并渗透在共同核心标准中。

目标的意图

目标有三个实际意图。第一,将标准转化为可观察的课堂成就表现,通过这些成就,学生可以展示他们学到的东西。第二,使教师能够就哪些教学活动最有利于实现目标做出明智的决策。第三,用可量化的形式准确告诉学生你的期望是什么。实现这些意图的书面表达就称为行为目标。

行为意味着什么?

当行为一词先于目标一词出现时,学习就被定义为一种可观察到的行为变化。因此,行为目标的制定要求行为以可观察和可测量(用测试、观察表、学生作业样本等)的形式出现。学生内心深处发生的活动是不可观察的,因此不能成为行为目标的重点。未观察到的活动,如创造一个心理形象或内心进行一个反馈,可以先于学习,因为它们不能直接被观察到,所以它们不能作为学习发生的证据。

此外,学习者的行为必须在教师呈现特定内容、教学策略和教学材料的整个时段期间可被观察到。这将行为目标限制在与学校课程一致的时间框架内,如课程、章节、单元和批改周期。来自行为目标的反馈为监控教学策略的效果和适时修改提供了数据。

准备行为目标的步骤

本章余下的主要内容向你展示了如何尽量轻松地为课堂行为目标做准备。简单地说,编写行为目标包括三个步骤:

(1)确定一个可以观察到其学习成果的具体目标;

(2)说明预期学习成果将在何种条件下发生(例如,借助何种材料、文本和设施以及在什么时间发生);

(3)准则级别具体化,即在特定条件下期望从你的教学中达成的学习程度。

在考虑行为目标的实际书面形式之前,让我们先看看有关这三个步骤的详细信息。

确定学习成果

编写行为目标的第一步是确定一个可观察到学习成果的具体目标。如果一个目标是行为目标,它必须是可观察和可测量的,所以你可以确定行为存在、部分存在还是不存在(Gronlund & Brookhart, 2008; Kubiszyn & Borich, 2016)。识别可观察成果的关键是选择用正确的词语进行描述。

描写行为目标的词语选择很重要,因为一个词可能有不同含义,这取决于读者或听众是谁。在我们的文化中可以听到无数的双关语,它们为此提供了一些有趣的例证:一个 well-rounded(全面发展或丰满)的人是指受教育程度高还是吃得好?词语表达概念时不仅关乎准确或不准确,还关乎具体或模糊的问题。模糊词语的用法为我们描写行为目标带来了最大的麻烦。

在行为目标中,学习成果必须直接、具体地表达出来,并可以观察到,不同于通常在流行媒体、电视甚至一些教科书中的行为表达。如果把这些日常资料作为课堂上要用到的行为表达方式,你很快就会发现它们既不容易观察到又可能无法测量。例如,我们经常听到对于理想的目的这样进行表达:

- 心理健康的公民;
- 全面发展的人才;
- 自我实现的学生;
- 消息灵通的成年人;
- 有文化的民众。

但是什么是心理健康、全面发展、自我实现、消息灵通、有文化的呢?如果让大家来定义这些术语,会得到各种各样的答案。这些不同的回应将对如何实现想要达到的行为和观察结果产生不同的影响。当然,这是因为词语是模糊的,可以有多种解释。想象一下,如果你对第一个评分阶段的目标仅仅定为"告知课程内容"或"使他们取得更高的成就",这种模糊可能给你的课堂带来疑惑。强尼的父母对于"告知"这个词有一种理解,但贝蒂的父母可能有其他的理解(但愿他们不会同时出现在家长会之夜!)。此外,你所指的更高成就是一回事,但你们学校的校长可能指的是另外一回事了。

重点是,模糊的行为语言容易被一些抓住文字问题不放、要你对文字负责的人利用。你可以通过写作来避免这个问题,用精确的语言描述行为目标,使它们可观测且无争议。

有一个方法可以让你的行为目标具体化且没有争议,那就是选择一组意义广为接受的动作动词来进行行为表达。这些动作动词可以方便地展示该行为所需要的操作环节。例如,期待学生在某一科目上有知识或有文化,可以换成期待学生:

- 区分……

- 确定……的结果……

- 解决……的问题……

- 比较和对比……

这些表述动作动词描述了学习者必须执行的行为,通过陈述具体的、可观察的行为来描述有知识或有文化的意思。虽然以上的表述尚未明确指出这个学生需要以何种程度来执行这些行为,但是我们可以更加容易地收集这类用于确定目标是否实现的证据。

虽然行为目标应该包括一个可以细化学习成果的动作动词,但并不是所有的动作动词都适合细化学习成果。有些更适合细化学习活动。不幸的是,学习成果常常与学习活动混淆。例如,下面哪个例子代表学习成果?哪个又代表学习活动?

1. 学生将识别发音相似的单词图片。

2. 学生将表现出对诗歌的鉴赏能力。

3. 学生要减去一位数的数字。

4. 学生将展示标点符号的知识。

5. 学生将练习乘法表。

6. 学生将演唱国歌。

前四个目标中,动作词识别、演示、减去和显示都指向结果——课时或单元教学的最终产物。然而,第五个例子中的练习只是一种学习活动,它本身不是结束,而是通向学习成果的中间过程。第六个目标就更加模糊了,唱歌是一个结果还是一种活动?在没有更多信息的情况下,这很难说。如果目的是让一个怯场的学生当众唱歌,那么这就是学习结果。然而,如果唱歌只是为了以后表演而进行练习的话,那它就是学习活动。

学习活动很重要,但只是在与具体的学习成果或试图实现的最终产物相关时才重要。如果没有明确的学习成果,是没有办法确定一个学习活动是否对于提升理想的学生成果有价值。

下面举例区分一些常见的表达学习成果和学习活动的动词。请记住,有些行为一般被当作活动,但它们也可能是行为的结果,前提在于这个行为是你最终想要达到的状态而且这个行为是可测的。

学习成果（结束）	学习活动（途径）
识别	研究
记得	看
列出	听
写	读

行为目标必须包括最终产物，因为你将在选择教学手段以及评估教学结果是否满意时使用这个最终产物（Kubiszyn & Borich, 2016）。

界定条件

编写行为目标的第二步是确定在哪些具体的学习条件下学习才会发生。如果可见的学习成果只能通过使用特定的材料、设备、工具或其他资源而得出，那么这些条件需要在目标中说明。以下是一些目标中说明了条件的例子：

- 制作一个糖果店的价格表，用模拟货币进行几次购买。展示一下如何增加不同硬币的价值，以及如何确定适当的找零。
- 使用课堂上分发的战略资源地图，指出由内战导致的美国南方经济状况。
- 在《夏洛特的网》的第一章中，我们遇到了弗恩。请圈出所有能正确描述她的形容词：有说服力、懒惰、公正、情绪化、铁石心肠。
- 使用电子计算器，解决两位数的正负数加法问题。
- 使用14至18世纪的哥特式和巴洛克式欧洲大教堂的图片，比较它们的建筑风格。

如果条件很明显，就不需要细化了。例如，要求学生"写一个故事"没有必要细化成"用书写工具和纸写一个小故事"。然而，如果可以以特定的方式来聚焦学习，排除了某些学习领域而涵盖了其他层面，那么将条件表述清楚对于实现目标就至关重要了，因此你应该说明条件。例如，想象一个学生要进行上述清单中第一个目标的行为测试，但并没有说明"制作一个糖果店的价格表，用模拟钱币进行几次购买"。如果加上"展示一下如何增加不同硬币的价值，以及如何确定适当的找零"就给学生提供了他们应该进行什么样具体且固定回复的例子。如果和学生说明这些条件，他们就能在学习中集中精力完成要求的行为（例如，把不同的硬币与实际购买的价格联系起来，而不是记住不同硬币的价值）。

同时也要注意,如果没有明确的条件进行说明,学生认定的条件就可能和你想的不一样。例如,在第三个例子中,一些学生可能在缺少具体示例的情况下通过对说服力、懒惰、公正、情绪化、铁石心肠的定义死记硬背来记住这些形容词,而不是以学习一个人具备的不同特点来记住它们,比如弗恩的特点。因为目标是考试的基础,所以考试可能对某部分学生比另外一部分学生更公平,这取决于他们在条件没有说明的情况下是怎么理解条件的。

注意在前面的例子中,学习可以有不同含义,这取决于学生在学习和练习时是否使用地图、电子计算器,或是 14 到 18 世纪大教堂的照片。如果在目标中明确了条件,教与学都会变得更加结构化,资源也会更加有序。正如我们所看到的,说明了学习条件的目标会让考试更公平。

行为目标中的条件说明可以是单项的,也可以是多项的。一个目标包含两个甚至三个关于学习的条件是可能的,也很有必要。虽然在一个目标上附加太多的条件会将学习范围缩小到不相关的细节上,但对于提高期望行为的清晰度以及教学资源的组织和准备来说,多项条件往往是重要的辅助手段。以下是多项条件的例子,条件用斜体表示:

- 在《夏洛特的网》的第一章中,我们遇到了弗恩。从列表中圈出所有能正确描述她的单词:有说服力、懒惰、公正、情绪化、铁石心肠。
- 使用摄氏温度计,在水深 25 厘米处测量 2 升水的温度。
- 使用圆规、直尺和量角器,绘制三个不同尺寸的圆锥截面和三个不同类型的三角形。
- 拿取 4 克的*碳酸钠*和 4 克的*碳酸氢钠*,指出它们遇水的不同反应。
- 使用所提供的食物列表,在食物金字塔的空白处填写健康、均衡的饮食搭配。
- 在 *15 分钟内*,使用所提供的参考书,写出瓦特、电压、安培和电阻的公式。
- 使用具有文字处理能力的电脑,在 *20 分钟或更短的时间内*修改一篇两页文稿中的拼写和标点符号错误。

重要的是不要添加太多的条件,以免使学习沦为琐碎的细节。同样重要的是,条件应该要现实,即学习者在课堂内外都能找到的真实、生活中的情景。说明条件的主要意图,不是使行为复杂化,而是使行为更自然地贴近真实环境和后续教学。这在多项条件下尤其要注意。始终对细化条件进行检查,看看它们是否与后续教学和课外活动所需的行为匹配。

说明准则水平

编写行为目标的第三步是细化所需完成目标的表现级别。细化的结果和条件可以理清观察行为的步骤。然而，这里缺失了一个重要部分：完成多少行为才算达到你所设定的目标呢？

目标编写中的重要部分就是准则水平。这水平代表了所期望的表现程度或熟练程度，以确保目标已达成。

设定准则水平是目标编写中最容易被误解的方面之一。造成这种误解的根本原因是，没有认识到标准或熟练程度是一种价值判断，它涉及对学生在之后的某些情境中充分执行该行为所需熟练度的推测。人们常常错误地认为，只有一种正确的熟练程度存在，一旦建立起来，它必须一直保持不变。首先，准则水平应被视作有根据的猜测。准则水平应表明在另一个教学环境下、下一个年级或现实生活中充分地表现这种行为的熟练程度。但是，准则水平应该定期调整，以便个体学生或某个学生群体能很好地完成这些行为，正如我们已经了解到的，这是差异化教学的一项重要策略。

通常设置准则水平是为了建立一个基准，用来测试目标是否已经实现，而没有考虑到这一水平可能与随后的学习任务、教学设置或个体学生的学习史无关。为了避免出现这种情况，准则水平必须是可调整的，应当取决于学生在后续阶段和课堂之外的情境中的完成情况。请记住，每个学习者的准则水平不必设置成相同的，也不需要以相同的方式对每个学习者进行衡量。

准则水平有多种大小和样式，也可以用不同的方法测量。例如，可以用以下方式表述：

- 测试中正确的题目数量；
- 连续正确的题目数量（或连续无误的表现）；
- 囊括的基本特征（如在小论文或研究论文中）；
- 在规定的时间内完成（其中，表现速度很重要）；
- 以一定程度的准确性完成；
- 完成时带有重要的引用来源。

考虑如下目标:

> 分别选取一篇约翰·斯坦贝克和一篇马克·吐温的短篇小说,区分它们的写作风格。

准则是否被说明了?请记住,准则水平确立了所需达到的目标行为的程度。教师如何知道学生对这一目标的书面回应是否已达到区分写作风格的最低可接受水平?如果只有上述信息的话,判断起来肯定是困难且不严谨的。

现在,让我们为这个目标添加一个准则:

> 从约翰·斯坦贝克和马克·吐温的短篇小说中,分别选取四篇可以展现他们写作风格差异的文章,区分两位作家的写作风格。

现在就有了评估目标的基础。这一特定的准则水平要求学生在不同的情境中综合运用所学信息,并允许回应在可接受的范围内具有灵活性。同时,它还允许学生选择他们最熟悉的文章来阅读。这种目标有时被称为表达性目标(Eisner,1998),因为它允许学生做出多种回应,用多种方式表达自己,不设定唯一的正确答案。一个目标所允许的回应的表达量始终是程度的问题。换句话说,目标的准则水平可以严格也可以不那么严格。

考虑另一个例子:

> 学生将使用电子计算器解决涉及两位数正负数加法的问题。

这个例子是否明确了目标的准则水平?没有。它没明确说明是否英格李德达到目标,或是贾哈梅尔没有达到目标。现在,让我们来添加一下准则水平:

> 学生将使用电子计算器正确地解决十道题中八道以上的两位数正负数加法的题目。

现在,这个目标规定了必须达到的最低熟练度,从而确定预期行为已达成。与此目标的第一个版本不同,第一版没有任何的灵活性。

请注意,回答数学问题比回答文学问题的表达范围要小得多,对于前者的可能性回应更为结构化,也更固定。还要注意,用更结构化的方法来衡量可接受的回应,很符合数学这一特定目标的性质,不太结构化的方法比较适合文学这种例子。

这两个目标都说明,目标的表现力取决于你设定的学习条件的数量,选择什么作为可接受的准则,以及你想如何测量它。此外,最适合的表现力水平通常来自目标本身——有多少可接受的可能答案。作为教师,你要控制这些因素:

1. 学习成果。

2. 条件。

3. 准则水平:

(1)熟练程度;

(2)表现力水平;

(3)测量方法。

下列目标在之前出现过,括号内是准则水平(之前已有的准则用斜体表示):

• 在《夏洛特的网》的第一章中,我们遇到了弗恩。从列表中圈出[所有]能正确描述她的单词:有说服力、懒惰、公正、情绪化、铁石心肠。

• 使用摄氏温度计,在水深25厘米处测量2升水的温度[误差在1度之内]。

• 使用圆规、直尺和量角器,绘制三个不同尺寸的圆锥截面和三个不同类型的三角形。

• 拿取4克的碳酸钠和4克的碳酸氢钠,指出它们遇水的不同反应[测试水中碱性度并以 ppm 作为单位得出结果]。

• 使用所提供的食物列表,在食物金字塔的空白处填写健康、均衡的饮食搭配[把食物种类放在金字塔的正确位置]。

• 在15分钟内,使用所提供的参考书,找出[并写出]瓦特、电压、安培和电阻的公式。

• 使用具有文字处理能力的电脑,在 20 分钟或更短的时间内修改一篇两页文稿中的拼写和标点符号错误[100% 正确率]。

这些例子都说明了什么是行为目标。

你已经了解如何细化学习成果、说明学习条件和建立准则水平，这也是写好行为目标的三个最重要的组成部分。但关于准备目标还需了解的一点是要简单。

简化目标

教师在衡量学习成果时常犯的错误是测量方式太过复杂。因此，他们采用间接的测量方法。如果你想知道约翰尼是否会写他的名字，那就让他去写——但不是蒙着眼这么做！不要搞得很难以捉摸。考虑这些例子：

- 学生将通过给每个人物画画，展示他们对小说《汤姆·索亚历险记》中人物的记忆。
- 通过绘制电话和电视的电路图来区分两者。
- 通过查找《大英百科全书》中某一主题的页码，表明你知道如何使用百科全书索引。

在第一个例子中，画一幅画当然可以让你确定学生是否能回忆起《汤姆·索亚历险记》中的人物，但是有没有一种更简单（也更省时）的方法来测量呢？让学生简单地列出这些人物的名字怎么样？如果目标是要确定学生是否记得，那列名单就足够了。第二个例子，直接向学生展示两幅插图——一个是电话的，另一个是电视的——仅要求他们（口头或书面）分辨哪个是哪个怎么样？第三个例子是关于对象的。任务要求的是用简单而有效的方法来衡量某人是否可以使用百科全书索引。

在这一章，你可以开始自己编写目标。请一定把下面三个基本组成部分涵盖在你编写的目标中：(1)可观察的学习成果；(2)学习条件；(3)准则水平，也就是你期望的表现水平。同时请记住，设置的学习条件和建立的准则水平将决定学习者回应的表现和灵活性的体现程度。

认知、情感和意识运动领域

你可能已经注意到本章前面展示的一些目标示例阐述了非常不同的行为类型。例如，比较一下这些目标中需要完成的行为：

- 从约翰·斯坦贝克和马克·吐温的短篇小说中，分别选取四篇可以展现他们写作风格差异的文章，区分两位作家的写作风格。
- 使用摄氏温度计，在水深 25 厘米处测量 2 升水的温度，保证误差在 1 度之内。

常识告诉我们，要达成的行为需要通过不同的准备模式和学习模式才能实现。

在前一个目标中,学习的重点是分析作者的写作风格,并发现他们在实际写作中的差异。现在把这个复杂的过程与获得第二个目标中的行为所需展开的学习方式进行对比。在这里学习的重点可能只是准确地感知摄氏温度计上标记之间的距离。它只限于训练眼睛对标记距离的估算,然后在摄氏温度计上用合适的数字标明温度。

还要注意,这两种不同的学习目标所需的研究和准备时间不同:第二种可以在几分钟之内学会,而第一种可能需要几个小时、几天甚至几周。这两个不同目标仅代表可能出现在课堂中的两个不同学习成果的例子。

目标不仅要有不同程度的认知复杂性,还要体现出不同程度的情感复杂性和意识运动复杂性。下一节将介绍与不同级别复杂性相对应的行为,可依此进行目标准备。方便起见,分为以下行为:

- 认知领域:智力能力和技能的发展。
- 情感领域:态度、信念和价值观的发展。
- 意识运动领域:身体运动和表现的协调。

认知领域

布鲁姆、恩格尔哈特、希尔、弗斯特和斯霍尔(Bloom、Englehart、Hill、Furst & Krathwohl, 1984)设计了一种根据认知复杂性对目标进行分类的方法。他们把认知复杂性划分为六个层面,从知识层面(最不复杂)到评价层面(最复杂)。如图 5.3 所示,布鲁姆等人将等级进行分层描述,更高层次的目标涵盖和依赖于较低层次的认知技能。因此,设定评价层面的目标需要比知识层面的目标具有更复杂的心理操作或更高的认知技能。

> 这段视频演示了如何训练儿童在认知领域的发展。注意观察参与者正在探索的技能。

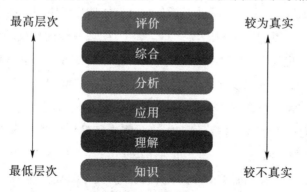

图 5.3　教育目标的分类:认知领域

还要注意，更高层次的目标比较低水平的目标更为真实。让我们思考一下什么是真实。

本章到目前为止，你已经看到孩子在学校学习的各种技能和行为。其中一些要求学生通过记忆来获取信息，例如词汇、乘法表、历史日期事件或重要人物的名字。此外，你也看到了一些目标的示例，在这些示例中，学生必须获取概念、规则和抽象概念来理解他们所学的内容，并进行分析、比较和对比。这类的学习成果也就是陈述性（事实性）知识，其中包含与特定领域或主题相关的事实、概念、规则和抽象概念。例如，它们包括技术类词汇知识、主要自然资源的名称、地质时期、毕达哥拉斯定理或进化论。

其他的技能和行为包括学习行动顺序或进程，例如，使用绘图材料、进行数学计算、操作电脑或练习书写。这类的结果也就是程序性知识，或者说是如何做事的知识。如果你知道鞋子各个部分的名字，例如鞋带、网眼、鞋舌和结，这说明你有陈述性知识；如果你知道如何运用这些知识实际去系鞋带，那就说明你有程序性知识。

还有一些技能和行为需要学生思考自己的想法，判断在某个时刻这个技能或行为能否带来期望的结果，例如，了解系鞋带的方法，监控该程序的有效性，如果有效，有意识地做出再次进行这个过程的承诺。这类行为也就是元认知知识，或思考自己的想法以便了解自己的理解水平。

其中有些技能最好通过纸笔测试来评估。然而，涉及独立判断、思辨和决策的技能最好通过绩效评估进行。绩效评估可以直接衡量一项技能或行为，正如教室以外的真实世界一直所采用的方法那样。有关绩效评估这个重要话题以及如何在课堂上使用绩效评估来区分教学将在第13章中进一步论述。

课堂上的学习评估，尤其是小学低年级以上的学习评估，大多数是基于纸笔的测试，但这些测试不能直接测出孩子们学到了什么，只能间接反映学生的学习情况。例如，你若想看看学生对某个科学方法的理解，不需要学习者计划、开展和评价一个实验（直接评估），只要让学生们列出进行实验的步骤，写出假设和理论之间的区别，或从一组选项中选一个正确的对照组定义（这都是间接评估）。或者你可以不观察孩子们购买食物、付钱、得到正确找零来衡量他们对金钱的理解（直接评估），而可以让他们回想一下一美元里有多少美分，或者写下如果用一张10美元的钞票买了一件6.75美元的T恤，他们会得到多少找零（间接评估）。

对成绩和学习的间接评价具有明显优势，尤其是从效率角度考虑。在课堂上

第五章 目的、标准和目标

对学习进行直接且真实的测量会非常耗时,但间接评估有一个问题:你的测试能否反映学生可以真正应用你所教的技能和行为呢?换句话说,间接评估可能与在真实世界中行为被测量的方式相去甚远。

真实测试要求学习者在课堂之外,也就是真实的世界中,展示他们的技能和行为。真实测试可以直接衡量教师和学生真正关心的技能和行为。换句话说,这些测试要求学生在课堂之外也能进行他们在课堂教学中进行的模拟、指导和实践的内容。如果学生看到你演示如何聚焦显微镜,听你指导,并练习这样做,那么真实评估就会要求他们真的去聚焦显微镜,而不是在表格中标出显微镜的各部分结构。然而,如果学生的目的只是了解显微镜的零件,然后他们阅读一个关于显微镜发明的故事,聚焦显微镜毫无用处,只需学生他们在表格中标出显微镜各部分的结构即是真实有效的评估。

要求更高层次的认知、情感和意识运动能力的目标——在本章前段介绍的最能代表思维课程的目标——它们反映了真实的行为。总之,这些目标可以代表学习者在他们所生活、工作和娱乐的现实世界中需要达到的行为表现。

要求达到更高层次的认知、情感和意识运动能力的目标是更为真实的行为,因为它们更可能代表学生在生活、工作和娱乐的世界中所需的行为表现形式

现在,让我们看看认知领域的行为按认知技能和真实性划分可以分为多少类

型。下面通过一些动作动词的示例来描述这些行为。

知识。知识层面的目标要求你的学生记住或回忆信息,例如事实、术语、解决问题的策略和规则。下面是一些在知识层面描述学习成果的动作动词:

定义　列出　回忆

描述　对应　背诵

发现　命名　选择

标出　概述　说明

下面是使用了这些动词的知识目标的例子:

- 学生到周五要准确无误地回忆出四大类的食物分组。
- 学生将凭记忆把美国的将军和他们参与的著名战争对应起来,准确率应达到80%。

理解。理解层面的目标要求学生具备一定程度的理解力。学生可以适应不同的信息获取方式,翻译或重述他们读过的内容,并看到沟通各部分之间的联系或关系(解释),或者从信息中得出结论或看到结果(推理)。下面是一些在理解层面描述学习成果的动作动词:

转换　预估　推断

辩护　解释　释义

辨别　展开　预测

区分　概括　总结

使用了这些动词的理解目标如下所示:

- 在六周的评分期结束时,学生将用语法正确的英语总结故事的主要事件。
- 学生将引用阅读材料中的例子来辨别现实主义者和自然主义者。

应用。应用层面的目标要求学生在某个场景中使用以前从别的场景中获取的信息。应用目标与理解目标不同的是,应用需要在不同的(通常是应用类的)情境下呈现问题,因此,学生不能仅依赖原始学习发生时所涉及的内容和情境来解决问题。下面是一些在应用层面描述学习成果的动作动词:

改变　修改　联系

计算　操作　解决

展示　组织　转换

发展　准备　使用

下列应用目标的例子使用了上述动词或其他类似的动词：

- 学生将在周一向全班展示能源解约法律在真实生活中的应用。
- 因为课上还没有讲到个位数的分数，学生在纸上算乘法时会出现85%的准确率。

分析。分析层面的目标要求学生可以识别逻辑错误（例如，指出矛盾或错误的推论），区别事实、意见、设想、假设和结论。在分析层面，学生应认识到思想之间的关系并进行比较和对比。下面是一些在分析层面描述学习成果的动作动词：

分解　区分　指出

演绎　阐释　联系

图解　推断　选出

区别　概括　细分

下列分析目标的例子使用了上述动词：

- 基于总统的演讲，学生能区分攻击个人与非攻击个人计划的观点。
- 基于一些荒谬的论述（例如，一个男士得了两次流感。第一次他死于流感，第二次他从流感中迅速恢复），学生将能指出其中的矛盾。

综合。综合层面的目标要求学生产出独特或原创性的东西。在这个层面，学生能以独特的方法解决一些不熟悉的问题，或综合各层面的内容想出独特或新颖的解决方案。下面是一些在综合层面描述学习成果的动作动词：

分类　建立　制订

汇编　设计　预测

构成　发明　产生

下列综合目标的例子使用了上述动词或其他类似的动词：

- 基于一个短故事，学生可以写出一个与原故事不同但可能会发生的结局。
- 基于一个待解决的问题，学生可以在纸上针对这个问题设计一个科学实验。

评价。评价层面的目标要求学生对于方法、想法、人物或带有特定意图的产品形成价值判断并进行决策。学生应陈述他们判断的基础（即他们为得到结论而采用的外部准则或原则）。下列动作动词描述了评价层面的学习成果：

评估　批判　证明

比较　维护　支持

对比　评判　证实

下列评价目标的例子使用了上述动词:

- 对于之前没读过的一段文字,学生可以根据课上讨论的五个准则对其价值进行评判。
- 对于一段关于国家经济体制的描述,学生可以基于民主原则来进行论证和辩护。

知识维度	认知维度					
	1.记住	2.理解	3.应用	4.分析	5.评价	6.创造
A.事实性知识:在某学科内必须要知道的基本事实						
B.概念性知识:形成某个概念各个功能的内在联系						
C.程序性知识:如何应用技能、算法、技术和方法						
D.元认知知识:个人思维的意识和知识						

图5.4　学习的分类

安德森和斯霍尔(Anderson & Krathwohl, 2001)以及马扎诺和肯德尔(Marzano & Kendall, 2006)从认知学习的视角更新了布鲁姆及其同事(1984)所编写的教育目标分类。这一更新的版本不仅可以帮助教师识别和评估他们想要的结果,而且还包括学生为了实现这些结果必须使用的思维过程。安德森和斯霍尔从三个角度探索课程——认知学习视角、教学的视角和评估的角度,为编写能将三个视角联系起来的教学目标提供了有用的框架。图5.4展示了认知学习的维度,强调了事实性(陈述性)、概念性、程序性和元认知知识的区别,帮助教师在编写目的和选择教学策略时可以最有效地达成目的。参见"在实践中:关注认知科学的新领域"。

在实践中:关注认知科学的新领域

在本章中,你已学习了认知领域的两种目标分类法:一种是布鲁姆及其同事

(1984)的版本,另一种是安德森和斯霍尔(Anderson & Krathwohl, 2001)的版本。这些分类法的发展代表了从行为模式向认知模式的逐步转变的过程。行为模式强调如何通过安排学习环境来达成预期的成果(例如,通过奖惩办法),而认知模式则重点关注大脑在解决问题、决策和批判思考时如何运作,以及哪些认知策略促成这些成果表现。虽然这两种分类法都认为知识的获得很重要,但安德森和斯霍尔扩展了布鲁姆的分类法,把认知策略和元认知策略涵盖进来,这些策略可以帮助学生提高认知思考能力,更有效地实现更高阶的学习结果。我们如今对思维和评估内容的大部分了解都要归功于关于学习的认知科学的进步。

行为模式

大多数人认为B.F.斯金纳是行为主义的创始人,他生成了许多实验数据,奠定了行为学习理论的基础。他和其他行为理论家主要关注的是可观察到的学习迹象以及这些观察对教学有何启示。他们的研究集中在可观察的因果关系上。

斯金纳和其他行为主义者认为,教师的工作是当学生表现出应有的回应时,通过设置情境强化学生的回应,改变他们的行为。行为主义者把学习看作是对学习者的一系列刺激和反应的行为,认为教师可以包含低级技能的反应连接起来,创建学习"链",并用来教授高级技能。由教师来决定达到应有的行为需要哪些技能,并确保学生能够循序渐进地进行学习。

认知模式

然而,许多教育心理学家认为行为主义方法不尽如人意。在解决问题和学习策略方面,他们更关心那些不可观察的,如大脑内部是如何运作的。

这些认知理论是基于教育哲学家约翰·杜威以及教育心理学家利维·维果茨基、让·皮亚杰和杰罗姆·布鲁纳等的研究而发展的。他们认为,孩子会积极地建构知识,而且这种知识的建构是发生在社会情境下。维果茨基指出,所有的学习都发生在最近发展区,也就是孩子自己完成和在他人协助下完成之间的差别。基于孩子的学习体验,并提供难度适合的任务,教师可以提供智力脚手架,帮助他们在发展的不同阶段学习和进步。

行为主义学习方法强调通过建立一个学习环境以减少错误,提高正确率。而认知主义方法则强调,应关注正确和错误答案背后的认知过程和结果。认知心理学家认为,即使是处在最低水平的学习者也几乎对所有学习的主题都有所了解

(Tombari & Borich,1999,p. 7)。

与认知主义方法密切相关的是建构主义的方法,这在第十一章中也会提到。建构主义方法强调学生解决现实生活中实际问题的能力。学生通常在合作中,而不是单独学习。他们倾向于关注那些需要解决问题的项目,而不是要求学习某些内容技能的教学安排。在建构主义模式中,教师的角色是当学生设定好自己的目的并开始自主学习时,为学生提供所需的资源和指导。

情感领域

斯霍尔、布鲁姆和马西亚(Krathwohl、Bloom & Masia,1999)设计出另一种目标分类方法,它将情感行为分为五个层面(见图5.5)。如同在认知领域,这些层面是按等级来区分的,也就是说,更高层级的目标包括并依赖于较低层级的情感技能。

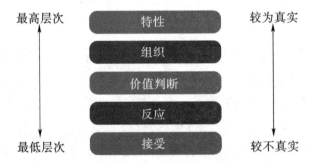

图5.5 教育目标的分类:情感领域

上升一个层级时,个人会增加投入、承诺以及对自身的依赖,而不是被他人控制情绪、态度和价值观。

下面几个部分包含了描述情感领域各层面的动作动词的例子。

接受。 接受层面的目标要求学生意识到或被动地参与某些现象和刺激。在这一层次,学生只需专心听讲。下面是一些描述接受层面结果的动作动词:

参加　　分辨　　看到
意识到　听出　　注意
控制　　听到　　分享

下面接受目标的例子用到了上述动词：
- 学生跟随班里其他人的引领,能注意到从小组讨论到大班听课的变化。
- 学生将在他们的座位上听完一整首歌。

反应。反应层面的目标要求学生通过注意某种刺激或在注意后,对其做出回应来达成指定预期。当被要求或指示做某事时,学生应服从、参与或主动回应。下面是一些描述反应层面结果的动作动词：

称赞　跟随　扮演

遵循　服从　练习

讨论　参与　自愿进行

下列反应目标的例子使用了以上动词：
- 学生在收到进行活动的指令时将按书中指示无异议地执行。
- 学生在收到进行活动的指令时将练习弹奏乐器。

价值判断。价值判断层面的目标要求学生在不受强迫或遵从的情况下,表现出行为与个人的信仰和态度相一致。学生应表现出一种偏好或显示出高度的确定性和信念。以下是一些在价值判断层面上描述结果的行为动词：

行动　辩论　帮助

讨论　展示　组织

说服　表达　倾向

以下价值判断目标的例子使用了以上动词：
- 当国家事件引发关于裁军的讨论时,学生将发表自己对这一问题的看法。
- 当谈论到言论自由这一社会话题时,学生将以他或她的观点进行辩论。

组织。组织层面的目标需要学生承诺遵循一系列的价值观念。情感领域的这一层面包括:(1)形成个人重视某些事物而非其他事物的理由(2)在有价值和没价值的事物之间做出合适选择。学生应将他们的喜好和偏好组织成一个价值体系,然后决定哪些更占主导地位。这里有一些描述组织层面结果的行动动词：

提取　决定　选择

平衡　定义　系统化

比较　形成　理论化

下面这些组织目标的例子使用了上述动词：

- 学生将能比较公共交通的替代模式,并决定哪种模式与他或她的信念符合。
- 学生将能形成他或她支持民权立法的原因,并能识别不符合他或她信念的立法。

特性。特性层面的目标要求学生的所有行为都要与自己的价值观保持一致。在这个层面,学生不仅已获得了所有先前层次的行为,还把他们的价值观整合成一个思想体系,它反映了一种完整而普遍存在的哲学,不允许出现矛盾的表达。对这一层面的行为的评估涉及考查学生在多大程度上发展了一致的生活哲学(例如,在任何情况下都尊重人的价值和尊严)。这里是一些描述这一层面结果的动作动词:

避免　内化　拒绝

展示　管理　解决

显示　要求　修改

下列是一些目标示例:

- 通过在课堂内外帮助残障同学,学生将展现他们对他人的支持和关爱态度。
- 每当备选方案不明确时,学生将通过提出假设来展示他们的科学态度。

意识运动领域

哈罗(Harrow, 1977)和摩尔(Moore, 2006)设计了第三种目标分类方法。哈罗把意识运动行为划分为五个层面,从模仿层面(最不复杂且最不真实)到自然化层面(最复杂且最真实)。图5.6阐释了意识运动领域的层次结构。这些行为主要强调了神经肌肉技能,包括了不同程度的身体灵活性。随着分类表中的行为逐渐走向复杂化和真实化,运动技能行为也从粗笨型转变为精细型。

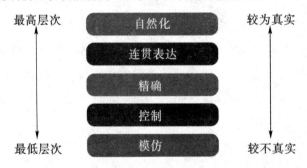

图5.6　教育目标的分类:意识运动领域

每个层次——模仿、控制、精确、连贯表达和自然化的不同特点如下所述。

模仿。模仿层次的目标要求让学生接触一个可观察的行为,然后刻意模仿它。例如,当教师演示显微镜的使用时,会在标本托盘上放一个载片。这个层面的表现通常出现神经肌肉不协调的情况(例如,载片可能碰到托盘的侧面,没有正确对着镜头下方)。因此,这种行为通常是粗糙的、不完善的。

在这一阶段,学生应能观察并重复(尽管不完美)已演示的动作。下面是一些在本层面描述结果的动作动词:

排列　抓住　重复

平衡　持有　停留(在)

跟随　放置　走向(这里)

下列模仿目标的例子中使用了上述动词或类似动词:

- 学生看完如何安全地将水加热至沸腾的演示后,将能够重复该动作。
- 学生看完不借助工具而徒手画三角形的演示后,将能够仿照画出三角形。

控制。控制层面的目标要求学生按照书面或口头的指示,在不借助视觉模型或进行直接观察的情况下,像在上一个层面(模仿)一样,执行选定的动作。学生应通过阅读或听指令来完成动作,尽管这种行为仍可能是粗糙且没有进行神经肌肉协调的。控制层面的指令除了可能是以口语或书面语表达之外,其描述结果的有用表达与模仿层面相同,可以使用相同的动作动词。

这里有几个控制目标的例子:

- 根据课本中提供的图片,用所给表格向未来的雇主写问候信。
- 按照面前材料的指示,练习给显微镜聚焦,直到可以看到样本轮廓为止。

精确。精确层面的目标要求学生在不借助视觉模型或书面指示的情况下完成一个动作。这一层面产生的动作熟练度达到了更精细的水平。动作的表现能够体现准确、匀称、平衡和精准等特点。学生应在重复动作时将误差控制和减少到最小。描述本层面结果的表达包括:

精确地　独立地　有控制力地

无误地　熟练地　有平衡感地

下列是精确目标的几个例子:

- 学生将能准确地将标本放在显微镜托盘上,熟练地使用高对焦能力显微镜,从四个物体中正确辨认出三个显而易见的物体。

- 学生将能十分平衡地把激光笔对准电脑屏幕,以此指出拼写错误的单词。

连贯表达。连贯表达层面的目标要求学生通过建立合适的顺序、准确地完成动作而展示出对一系列相关行为的协调把握。这些表达描述了这个层面的成果:

信心　结合　速度

协调　比例　稳定性

和谐　顺畅　时机

以下是连贯表达目标的例子:

- 学生将能在 10 分钟之内写出字母表中的全部英文字母,并以合适的比例间距来书写大小写字母。

- 学生将能在 90 秒之内在手持电子计算器上快速、流畅而准确地完成 10 道简单的算术题。

自然化。自然化层面的目标要求学生在所教技能或行为表现上达到高水平的熟练度。在此层面中,行为的表现几乎不耗费精力,而是变成了例行的、自动的、自发的动作。学生应一次次自然地且毫不费力地重复这些行为。以下是一些描述这个层面行为的表达:

自动地　专业地　轻松地

毫不费力地　例行地　完美地

自然地　自发地　镇定地

> 观察这个视频,学习一位教师如何尝试把严谨性思维融合到社会学课程中。注意,督导怎么帮助这位教师,并解释他在自身教学中如何增加严谨性,从而使学生能在更高层面思考,然后评估他们所学的知识。

以下是自然化目标的例子:

- 本学期结束时,学生将能例行写出字母表中的所有字母,并在每个规定时间内写出 100 个字母。

- 在第一个评分阶段结束后,学生将在每次完成相关作业时,都可以不借助任何模具就自动画出正确的等腰三角形、等边三角形和直角三角形。

精准教学框架

我们已经回顾了你可以要求学生达成的成果表现水平,现在让我们把这些知识融入由国际教育领导中心(2014)开发的精准教学框架中。这个框架的意图是提醒教育者,思维在认知、情感和意识运动各领域的表现都是连续的。例如,它包括从面向课堂的知识、理解和应用到学生在课堂之外和成人世界中将会体验的对现实生活的理解和意义。投入精准教学框架,其实就是你对每节课或单元计划用真实方法促进学生思考的承诺,使他们从较低水平发展到认知、情感和意识运动的较高水平。精准教学的终极挑战在于,它期待学生能逐步深入地掌握那些需要反思、分析、探究、解决问题、评价和创造的挑战性任务,而这些任务可以在各个年级层次和所有单元计划中体现。让我们看看精准教学对你的课时和单元计划意味着什么。

当你的教学主题或任务具有"严谨性"时,它意味着你所教的内容或任务要求学生对某个问题进行深入思考,分析新情况,解释和综合知识,以一种新的或创造性的方式把想法汇聚起来,发展和证明自己的评价准则,并能够感受到任务对智力的挑战。当你的教学主题或任务是"相关性"时,它意味着你所教的东西在课堂之外有一些应用,解决了当前的重要问题,建立在学生的真实生活体验上,并使学生将他们在课堂外学到的东西传达到下一个年级、校外,甚至成人生活中。要做到这一点,你的一些课程就需要致力去探讨那些当前重要的真实问题,并要建立在学生生活经验基础上,即他们已经知道的信息。这需要教学行为在认知、情感和意识运动领域达到更高层次的思维。换句话说,"相关性"课时计划中的大部分内容,有助于弥合学生在课堂内学到的知识与其在课堂外情境和真实生活事件中应用之间的差距。

精准教学框架的其中一个应用是把所有的知识和对知识的理解视为课时计划内容中的一个连续体。这些内容与现实世界的应用联系较少,但对于构建通向更高级的思考模块和课时计划来说是必要的。因为它们直接与生活事件相关,学生在自己的生活中很容易发现其价值。BSCS(2014)和巴布库奇(Pabuccu,2012)描述了一种名为"5E学习循环"的课程计划模型,该模型的五个步骤可以帮助教师实施严谨和相关的框架。这些步骤代表了教学活动与学生行为发展的渐进过程,它拉近了课堂记忆、操练和练习活动与其他一些对学生有明显价值的活动之间的距离,后面的活动超越了学生的即时学习情境,并推动学生朝着更高的思维水平发展。这些结果和教师活动为:

1. 参与:教师通过介绍一个物体、事件或问题来吸引学生参与。
2. 探索:教师使用实践活动来探索对象、事件或问题。

3. 解释：学生解释他们对物体、事件或问题的理解，同时教师用新的概念和技能来扩展讨论，从而厘清概念。

4. 阐述：教师介绍活动，让学生将他们学到的概念应用到实际情境中，以扩展学生的理解和(或)技能。

5. 评价：教师利用以上活动来评估学生对知识、技能和理解的应用，以及这些内容在课堂外的相关性，从而评价学生的进步程度和课程的有效性。

精准教学框架和5E计划模型的主要意图是，逐步使学习者在认知、情感和意识运动领域达到更高的行为水平。我们将在下一章谈这个重要的主题，并展示如何将精准教学框架应用到你的课时和单元计划中，以使学生达到更高的思维水平。

对行为目标的一些误解

在开始编写目标之前，你应该了解一下对于认知、情感和意识运动领域的一些误解。以下是一些使用行为目标时需要注意的要点，每个要点都以问题形式呈现，这些问题都是家长或教师可能会问到的。

是否某些行为更受期待？

人们对认知、情感和意识运动领域经常产生的一个误解是，简单行为，比如回忆事实和日期，不如需要做分析、综合和决策等认知操作的复杂行为令人期待。但在认知、情感和意识运动领域，这种从简单到复杂的行为顺序并不意味着这是一种所期望的排序，因为许多低阶的行为必须是在尝试高阶行为之前学习完成的。

一些教师为自己只准备较高认知复杂度的目标而感到自豪，但复杂度较低的目标通常代表了陈述性的知识基础，学生基于此才能建构更复杂的行为。如果教师没有教授与任务相关的背景知识或技能，而它们对于获得复杂行为很必要，那么学生在学习更为复杂的行为时就可能出现较高的错误率和较低的参与度。

我们研究行为分类最重要的用途之一是提供一份具有不同复杂度的行为选项。就像任何好的饮食结构一样，多样化的种类和适当的比例才是取得好结果的关键。

什么是真实的行为？

另一个误解是涉及真实性(authentric)，对它的解释是"与现实世界相关"。如果一个学习者只需要知道各任总统的名字就可以在现实世界完成一项任务或作业的话,这种行为可以通过让他或她记住各任总统的名字(或许还需要按照他们就职的顺序来记)真实地被检测。你对这个目标的检测是真实的,因为你要求课堂内展示的行为与课堂外的行为一样。然而,几乎没有哪个职业、课程或项目是简单要求学生背诵总统的名字的。

知识(认知领域)、接受(情感领域)和模仿(意识运动领域)在课堂之外的世界里几乎永远都是不够的。虽然它们往往是获得更复杂行为的必需条件,但它们本身却没那么重要。然而,代表了更高认知技能的行为通常在课堂之外也如同在课堂内教授它们时一样,具有同等的重要性。评价(认知领域)、特性(情感领域)和自然化(意识运动领域)就是这些行为的例子。决定投哪个候选人的票、承担有知情权的公民责任、能够阅读和完成投票相对于能够说出所有总统的名字来说,都是日常生活中所需的真实行为。因此,较高的认知技能往往比较低的认知技能更真实,因为它们代表了在课堂外的世界中生活、工作和表现所必需的综合行为。这是"思维课程"——也就是在课堂上使用精准教学框架教授更高认知技能——研发的最佳理由之一。关于在课堂上创建思维课程的信息,请在附录 C 中查找高阶思维和解决问题的列表,它可以用来帮助你选择并优先考虑一些你想教授和评估的真实行为。鲍里奇和通巴里(Borich &Tombari, 2004)提供了 K-12 年级课程内容和目标的具体示例,描述了可在课堂教授的高阶思维和解决问题的行为。试着编写一些行为性或表达性目标,你将学会如何教授一门思维课程。

不太复杂的行为是否更易教授?

有些人可能认为,较不复杂的行为比较为复杂的行为更容易教。听上去这个论点很吸引人,因为直觉告诉我们本就应该如此。毕竟,复杂性,尤其是认知复杂性,通常与更大的困难、更多的学习时间和更广泛的教学资源相关。

虽然简单的行为在某些时候更容易教,但是相反的情况也同样存在。例如,想想我们在回忆化学元素周期表的部分内容时,可能需要详细的视觉材料和记忆系统,而在教如何应用元素周期表时,只需要简单地演示即可。在这种情况下,所谓的较不复杂的行为需要更多的时间和教学资源。

一种行为容易教授还是难教,同样也取决于学生的需求。记住,行为是容易教授还是难教并不一定与分类法中行为的等级成正比。这些名称指的是学生需要达到的心理或认知操作，而不是指教师为确保学生达成预期成果所需做出的准备。

认知、情感和意识运动行为是否相互排斥？

将行为分为不同的认知、情感和意识运动领域，并不意味着其中一个领域列出的行为对于实现其他两个领域列出的行为是无意义的。举例来说，如果我们对自己在想什么没有感觉，或对自己的感觉没有任何想法，思考就不可能实现，这也意味着情感和认知领域是交织在一起的。此外，将思维付诸实践还可能涉及身体动作以及要求心理运动技能和能力的表现。例如，在实验室做实验时不仅需要想清楚你在做什么，而且同时还要做到把液体从一个试管倒进另一个试管，安全地点燃本生灯，或者正确地调整显微镜。同样地，写出清晰的字迹也需要你在思考写什么的时候，同时进行神经肌肉协调、定时和控制的行为。

虽然每次设定目标时只包含三个领域中一个领域的行为会比较省时省力，但要记住，有时设定目标可能会要求涵盖不止一个领域的行为。这也是在适当时为三个领域准备目标的最佳理由之一，它显示出你意识到认知、情感和心理运动行为之间密切而必要的关系。

目标的文化根源

最后，当父母、社区成员和学生有疑问时，准备好你的目标来源。当家长咨询课时或单元目标的来源时，教师一些典型的回应是"来自课本……"、"来自课程指南……"或者"来自学校政策……"尽管这些答案确实也不能算错，但它们忽略了最基本的一点，即目标的根源比任何单一的课本、课程指南或一套政策都要深刻得多。它们的根源在于我们作为一个国家所信奉的教育价值观。虽然家长、学生和其他教师可能会对所使用的课本、遵循的课程指南或者是部门采取的政策进行争论，但对一个国家不同利益集团多年深思熟虑后形成的共同价值观提出异议就是另一回事了，如本章和第一章提出的 InTASC 和 NBPTS 标准。

课本、课程和政策是对国家层面广泛共享的价值观的解读，并通过目的、标准和目标转化为实践。课本、课程指南和学区政策既不能创造目标，也不能创造价值。

正如我们在本章前文中所看到的，标准及其目标是经过精心创建从而反映我们的价值观的，资料来源包括课程改革委员会、州和国家立法机构以及你所属的专业协会。

这就是为什么你应该知道这些目标的终极来源的原因。如果不知道这个问题的答案，你可能会不断地为父母、学生和其他人（他们中的一些人总会和你意见不同）解释某课本、课程或政策的合理性。参考任何一个课本、课程或政策都不能论证为什么你的学生应欣赏艺术或知道如何解方程。我们的价值观，可以通过课程改革委员会、州和国家机关以及专业协会设定的目标和标准传达出来，也可以借助出版物和网站，为你设定的学习成果提供正当的理由和文件材料。总之，对这些价值观的关注与编写目标一样重要。

案　例

说明：以下案例与第五章的内容有关。读完这个案例，请根据提示回答一些批判性思考问题，并把从本章中学到的知识应用到这个案例中。

麦克斯还有一年就要从项目中毕业，成为一名教师。今天，他会观察一所中学的两堂科学课。

金索普先生的科学课堂

金索普先生的学生们正安静地在桌前学习。他们目前正进行一个为期两周的实地调查单元，现处在中间环节——识别叶子。这个单元的内容说明都写在金索普先生发给麦克斯的讲义上。

学生利用在学校自然环境中散步捡到的或家附近找到的标本，对本地区十种原生树木的树叶进行收集、识别和标记。此项任务要求在10天之内完成，并且要整洁、准确。

几个学生离开自己的桌子去参观"参考"桌，桌上有印有彩色图片的书以及一些树和树叶的细致素描。学生有时互相帮助，从可能的选项中做出决定。金索普先生鼓励这种较为随意的合作，并在学生提问时给予所需的指导。

另一张桌子上有贴膜机。当奥罗拉看着她布满尘土的红色橡树叶包裹在闪亮的塑料膜下从机器中出来时，她的眼睛闪闪发光。一些学生轮流用书法笔写标签,另一些人则等着用电脑做标签。四五个学生舒服地待在铺着地毯、摆着抱枕的图书馆角落里,翻阅着各样的诗集,希望找到一首"最合适"的自然诗歌来表达他们对树的情感。如果他们在课堂上能背诵一首诗,他们可以得到最多10分的额外加分。

冈萨雷斯先生的科学课堂

穿过大厅,麦克斯看到冈萨雷斯先生也在进行关于自然的一个单元。在过去的几天里,他的课堂讨论了本地新闻报道的撞鹿事件。最近,一位女士开车撞上了一只鹿,她受了重伤。班上的一位学生认识这位受伤的女士,在课堂上提出了围绕生态的话题进行讨论。学生都对这个话题很有热情,讨论激烈,以至冈萨雷斯先生放弃了本应开展或计划的对当地河流水质纯净度的现场调查,并允许学生继续讨论鹿的问题。

在麦克斯观察时,学生们会对报纸和收音机中的一些提议进行辩论。冈萨雷斯先生在黑板上写下大家的想法。他把每种想法分别写在不同栏目下,有的写在标着"肯定"的一栏,有的写在标着"否定"的一栏。

一次全班同学正在讨论一个计划,即要使居民喂养鹿为非法行为。苏珊积极表达了她对这种立法的不赞成。她说:"我们国家是建立在自由和财产权利基础上的。人们应该能在自己的土地上喂养鹿,而不需征得任何人的许可。"冈萨雷斯先生在"否定"栏中写下了"忽略自由和财产权"。

"就是因为人们把它们当作宠物来对待才会出现这类事故。"卡门还没想起要举手就脱口而出。她是认识伤者的那个女孩。冈萨雷斯现在在"肯定"一栏写下了卡门为"安全考虑"的想法,之后他布置了如下任务:

利用我们的课堂讨论以及报纸或收音机上提出的提议,写一篇关于如何处理鹿的问题的议论文。可以把我们读过或谈过的想法结合起来,也可以提出你自己独特的解决方案。议论文的字数应在300到400字之间,要有基于常识和科学原则的合理理由作支持。最终版本在三天内上交。

点击 第五章 评估测试你对本章知识的掌握情况。

总　结

学习成果 5.1

- 目的是对社会价值观的传达,它提供了为大多数人所接受的大方向感;标准确定了从教学中能学到什么,并激励你和学生达到实际的最终成果;行为目标指可以观察和测量的目标。
- 泰勒的目标发展方法概括了诸如学科、社会关注、学生需求、兴趣及学生带入学校的能力和知识等因素,以及课堂上可用的教学理论与研究。

学习成果 5.2

- 目标有两个意图:(1)将标准与实现这些标准的具体课堂策略联系起来;(2)以一种可以测量教学效果的方式来表达教学策略。
- 行为出现在目标之前时,学习被定义为可观察行为的变化,这可以在指定的时间内进行测量。

学习成果 5.3

- 制订行为目标的步骤包括:

1. 把教学集中在一个特定的目的上,并保证可以观察到结果。
2. 确定学习可能发生的条件。
3. 细化行为的级别或数量,确保细化的行为可从细化条件后的条件中产生。

- 动作动词(例如,识别、回忆、列出)有助于实施目标中所预期的学习成果,并且明确了学生为实现目标成果必须完成的任务。行为目标中规定的结果不应表示为一种手段(例如,学习、观察、听)。
- 如果可观察的学习成果需要借助特定材料、设备、工具或其他资源才能发生,这些条件必须在我们的目标中清晰说明。行为目标中的条件说明可以是单项的(一个条件)或多项的(多于一个条件)。进行说明的条件需要与现实世界中行为发生的条件相匹配。

学习成果 5.4

- 认知、情感或意识运动领域的行为复杂度与学生产出行为所需的操作有关,而不是与教师活动的复杂度有关。

- 认知领域的行为,从最不复杂到最复杂的顺序依次是知识、理解、应用、分析、综合和评价。
- 情感领域的行为,从最不复杂到最复杂的顺序依次是接受、反应、价值判断、组织和特性。
- 心理运动领域的行为,从最不复杂到最复杂的顺序依次是模仿、控制、精确、连贯表达和自然化。

学习成果 5.5

- 精准教学框架的目的是为学生学习和在真实世界中应用所学提供基本构成要素。
- 严谨性指的是要求学生深入思考、解读材料、综合运用材料以形成创造性解决方法和想法的内容。
- 相关性学习计划是指可以帮助学生在课堂知识和课外应用之间架起桥梁的计划。

学习成果 5.6

- 使用行为目标分类法时有以下四个重要的注意事项:

1. 没有哪种行为比另一种行为更令人(不)满意。
2. 高阶认知技能往往比低阶认知技能更为真实。
3. 不太复杂的行为不一定比较复杂的行为更容易教,花的时间更少,或依赖更少的资源。
4. 某个领域中的行为可能需要以其他一个或多个领域中行为的完成作为前提。

学习成果 5.7

- 行为目标源于我们所在的国家所信奉的教育价值观。课本、课程和院系、学校的政策阐释了这些在最广的国家层面共享的价值观,并通过行为目标转化为教学实践。

关键术语

| 情感领域 | 陈述性(事实性)知识 | 目标 |
| 真实行为 | 表现性目标 | 表现评估 |

真实测试	目的	程序性知识
行为目标	学习活动	意识运动领域
认知领域	学习条件	精准教学框架
共同核心州立标准	学习成果	标准
准则水平	元认知知识	思维课程

讨论与练习

带星号的问题在附录 B 中有相应答案。有些带星号的问题可能要求学生做后续回应,这些答案没有包括在附录 B 中。

1. 从第一章指出的十条 InTASC 标准中选择一个,并将其转化为教师准备项目中的一个或多个目标。确保你的目标与其根源标准相符合。

2. 描述共同核心标准的意图,以及希望你在课堂中实现的目标。

*3. 指出准备行为目标的两个大体意图。如果你必须从其中选择一个更重要的意图,你会选择哪一个?为什么?

*4. 解释"行为的"这个词出现在单词"目标"前的三种含义。

*5. 从写得好的行为目标中识别出其三个组成部分,就每个组成部分举出例子。

*6. 从历史发展看,为什么会出现行为目标的概念?

*7. 为什么动作动词在将目的转化为学习成果时必不可少,比如培养心理健康的公民、全面发展的人才和自我实现的儿童等目的?

*8. 请区分学习成果(最终)和学习活动(手段)。在下列表达左侧,标注 O(代表学习成果)或 A(代表学习活动)。

____ 维修汽车收音机

____ 正确进行正负数加法

____ 练习小提琴

____ 打篮球

____ 使用显微镜

____ 识别变形虫

____ 说出演讲的七个部分

____ 正确地为文章加标点

*9. 行为目标中条件的定义是什么？给出三个例子。

*10. 条件的说明是如何帮助学生学习和准备考试的？

*11. 尝试决定将哪些条件包含在行为目标中时，哪一条最重要的考虑因素会引导你的选择？

*12. 行为目标中准则水平的定义是什么？给出三个例子。

*13. 下面的 A 组包含目标，B 组包含认知行为的等级。将 B 组中的等级与 A 组中最合适的目标进行连线。B 组的等级可使用不止一次。

A 组：目标

(1) 给出一篇两页的文章，学生可以识别出作者立场背后的基本假设。

(2) 学生能够正确拼写单词 mountain。

(3) 学生能够把以下英语短文翻译为西班牙语。

(4) 学生能够根据课上强调的分类系统创作新的散文和诗歌。

(5) 如果一艘即将沉没的客船上 20 艘救生艇里有 19 艘已毁，船长要根据他/她所感受的每个人对社会的潜在价值来决定将谁放在最后一艘救生艇上。

B 组：认知行为的等级

a. 知识   d. 分析

b. 理解   e. 综合

c. 应用   f. 评价

专业实践

现场体验和实践活动

1. 根据你在课堂上的经验，提供两个行为目标的例子，这两个例子需要体现出表达程度的不同。

2. 用你观察到的学校里教授的一个话题，为认知目标分类中每个层次编写一个目标：知识、理解、应用、分析、综合和评估。从本章为每个层次列出的动词列表中选择动词。

3. 现在把你刚刚写好的目标和同学的交换一下。请同学检查一下是否每个目标都有可观察的行为,在哪些特殊条件下才能表现出该行为,以及该行为是否足以证明其掌握的表现水平。如有必要,修改你的目标。

4. 一位家长打电话告诉你,她和儿子就你编写的健康教育课的目标进行一番长谈后,她不赞成这些目标,尤其是那些涉及人体解剖的目标。可是这些目标几乎是你从教师指南和所用教材中逐字逐句摘录下来的。给这位家长写一封简短的回信,在信中说明你对目标来源的理解。

电子档案活动

下列电子档案活动与 InTASC 标准 6 和 7 有关:

1. 在第一次教学任务或工作面试中,学校可能会要求你证明自己具备恰当编写行为目标的能力。你在之前现场体验和实践活动 1 和 2 中编写的目标提供了实例,显示了你在目标编写上的熟练度:(1) 按照艾斯纳(Eisner, 1969, 1998)的观点,掌握不同的表达程度;(2) 遵循布鲁姆等(Bloom et al, 1984)行为目标的观点,掌握知识、理解、应用、分析、综合和评价的结果。把这些目标放在你的电子档案中名为"行为目标"的文件夹里。

2. 完善你对各种目标编写方法的认识,为你可能教授的话题编写目标,这些目标要能代表安德森和斯霍尔(Anderson & Krathwohl, 2001)提出的对程序性知识和元认知知识的分类。也把这些放在你的"行为目标"电子档案文件夹中。

第六章 单元和课时计划

学习成果

本章学习结束后,你将学会并能够:

- 了解如何使用四个输入(目的和目标知识,学习者知识,学科内容知识以及教学方法知识)来指导你在单元课程计划过程中的决策。
- 描述创建单元和课时计划的系统视角,并解释如何使你的计划达到国家和学区的标准和目标,同时实现你期待的学习成果。
- 确定如何以及何时使用纵向和横向单元计划来进行学科计划和跨学科计划。
- 准备一份课程计划,确定你期待的学习成果和评估方法。
- 使用七个教学事件来评估你自己的课程计划。

美国州际新教师评价与支持联合会(InTASC)

学完本章,你将能够达到 InTASC 关于有效教学的标准:

标准 4　内容知识。教师理解所教学科的核心概念、探究工具和结构,并创设使学生易于理解和有意义的学习体验,以确保学生掌握学习内容。

标准 5　内容应用。教师了解如何把概念联系起来,并使用不同的观点使学生就真实的本地和国际问题进行批判性思考,激发学生的创造力和合作解决问题的能力。

标准 7　教学计划。教师借鉴学科内容、课程、跨学科技能和教学法方面的知识以及有关学习者和社区环境的知识来设计教学,从而支持每个学生达成严格的学习目标。

> **标准8 教学策略**。教师理解和运用各种教学策略,鼓励学生深入了解学科内容及其相互联系,并培养学生以有意义的方式应用知识的技能。
>
> **标准9 专业学习与道德实践**。教师参与持续的专业学习,使用证据不断评估自身的实践,特别是其个人选择和行动对他人(学生、家庭、其他专业人士和共同体)的影响,并调整实践以满足每个学生的需求。

现在,你已经可以考虑课时计划及其与你的课堂决策之间的关系了。计划是决定学生应该学什么以及如何学的系统过程。据克拉克和彼得森(Clark & Peterson,1986)所估计,教师授课时平均每两分钟就会做一个决策。然而,这些快速思考做出的决策只是决策过程的一部分。教师也会对教学的形式和内容做出许多决策,比如要进行多少展示、提问和讨论,需要在规定时间内涵盖多少材料,以及如何进行个性化教学,满足学生的特殊需求。

在第五章,你已看到在计划过程中建立目的和目标的重要性。建立目的和目标是计划过程的重要组成部分。现在让我们思考一下计划过程中的其他三个因素:学习者的知识、学科内容知识和教学方法知识。

教师作为决策者

作为一名新教师,你需要四个输入来完成你的单元和课时计划:目标知识、学习者知识、学科内容知识以及教学方法知识。

教学目的和目标知识

第五章指出,在准备一节课之前,你必须决定教学目的和目标。这些计划决策对于制订有效的课程计划是至关重要的,因为它们赋予了课程计划结构,而且正如我们在第五章所看到的,它们将课程计划与社会价值观和专业标准的重要来源联系起来。在这一章中,我们将以单元和课时计划作为工具,把这些价值观和标准关联到你的课堂中。

学习者知识

拉森和凯博(Larson & Keiper, 2012)以及马扎诺、皮克林和赫夫勒鲍尔(Marzano、Pickering & Heflebower, 2010)在对教学计划的评论中表明,教师汇报他们在设计教学时考虑学习者的特征要比考虑其他方面因素(例如,评估、课堂管理或课程)用的时间更多。回忆一下,第二章所提到的一些影响教学的学习者的特征有他们的特殊智力、背景知识、学习方式和家庭生活。透过这些"窗口",你将看到学生的特殊需求并为此制订教学计划。

针对学习者制订教学计划时,首先要有意识地关注他们独特的能力和经验,这有助于你选择相应的内容、材料、目标和方法,使之符合他们目前的理解水平,并满足他们特殊的学习需求。这种知识将有助于你组织、选择、排序和为各种教学主题分配时间。

学科内容知识

计划过程的第三个输入是关于学科内容和年级层次的知识。当你是学生时,你花了很多时间和精力学习你要教的科目,才变得知识丰富。你已从教材作者、你的教师、学科专家那里观察和吸收了有价值的信息,而且你所在的州和国家标准已经组织整理了你所教领域的相关概念。这些信息包括主题各个部分如何与整体联系、内容如何优先排序、主题之间如何进行转换,以及主题的主次关系。在准备课程时,要有意识地反思这种内容组织,如学科专家、州和国家标准以及课程指南所呈现的,会使学生的学习更容易、更有序,而且更利于保留和日后使用。从这些资源中衍生出的内容组织还可以帮助你选择、排列和分配教授内容的时间。

教学方法知识

计划过程的第四个输入是对教学方法的了解。随之而来的是对不同教学策略的认识,有了这些策略就可以像第一章中介绍的那样,开始实施关键行为和辅助行为。教学方法还包括你对下列事项做出的决定:

- 适当的节奏(引入新材料的速度);
- 展示方式(直接展示或小组讨论或网络教学);
- 班级安排(小组、全班、单独上课);
- 课堂管理(举手、发言)。

你对上述四种教学计划的输入应进行整体思考和决策,从而形成一份精心策划的能够实现你的教学目标的计划。

学科教学知识

舒尔曼(Shulman,1992)就如何获取标准和目标、学习者、学科内容及教学方法等知识指出四个具体来源:(1)实践经验,例如观看课堂视频、在课堂中观察、学生教学等;(2)阅读更成功的教师课堂表现方面的案例研究;(3)阅读有关教学重要目的、标准和范式的专业文献;(4)阅读和你的学科及教学法相关的研究。这些都是扩展和更新学习者、学科内容和教学方法知识的珍贵资源。后面章节将呈现这四个领域中每个领域有效教学的研究发现。

与这些知识来源一起引入的,还有舒尔曼(Shulman,1987)提出的学科教学知识(PCK)的概念。舒尔曼指出,在许多教师教育项目中,学科知识和教学(方法)知识被视为相互排斥的领域(上述知识领域 1 和 4)。这种二分法导致在教师教育项目的发展过程中,人们把学科和教学当作不同的课程和科目来分别对待,往往没有考虑两者间的必要关联。PCK 是另一种重要的有效教学知识,它将以前分离的知识库合并为单个知识库,这可以帮助教师了解什么样的教学方法最适合所教的学科(例如,数学与科学,语言艺术与社会科学),并了解如何使用特定的教学方法来加强对一门学科不同部分的教学(例如,教授事实、教授概念与教授方法)。PCK 侧重于识别使主题更容易学习的教学技术(Loughran & Mulhall,2012),提倡将内容和教学融合一体来理解,组织和调整特定话题或问题,并使之满足学习者多样化的兴趣和能力。这些发展带来了目前广为接受的一种教育实践,即在一般方法课程后开设针对具体内容的方法课程,从而更好地帮助教师准备他们在特定领域进行有效教学所需的学科教学知识。

反思性实践与默会知识

作为一名新手教师,你可能认为你的学科内容和教学方法知识是从四年或更长时间的专业培训中辛苦得来的。当然,这种想法没错——但你才刚刚开始。你对于内容和方法的理解会随着你在大学里的培训和实际课堂体验之间的互动而发生改变。

随着这种变化而来的就是反思性实践,从日常经验得来的隐性的知识或个人知识推动着反思性实践的进行(York-Barr, Sommers, Ghere, & Montie, 2006)。默会知识代表你对有效课堂的思考,这种思考随时间和个人的体会而变化。通过日常经验,如作为参与者观察,向学校专业学习共同体中的其他教师咨询,以及教学、备课、测试和评分等,你会积累默会知识并思考新的做事方法,它们如同从课本和正规培训中获得的知识一样能有效地指导你的行动。如果你花时间去思考,这些知识会带来更为多样化和灵活的课程,促使你修订和改善单元和课时计划,从而提高你的计划和决策的质量。因为默会知识来自你自己的经验,所以它可以让你的计划不那么死板重复。随着时间的推移,它会提升你对个人教学风格的全新理解。因此我们把它作为第五个输入加入计划过程中,如图 6.1 所示。

图 6.1　计划过程的输入

单元和课时计划

单元和课时计划的重要过程要从图 6.1 中的五项计划输入开始实行。这一阶段的计划过程采用系统视角,意味着课时要成为更大的相互关联的学习系统的一部分,这个系统称为单元。

系统视角

系统这个词让人想到"学校系统"、"心理健康系统"和"法律系统"等名词。学校、心理健康服务机构和刑事司法机构都以系统运作。这意味着它们的内部组成部分是相互关联的，并朝着某个统一的概念构建。例如，在学校系统中，六年级结束时应掌握的离散事实、技能和理解不仅本身很重要，而且对成功完成七年级学业也很重要。七年级的结果同样对完成八年级以及整个教育体系的学习很重要，直到高中毕业时才能积累许多成人生活必需的事实、技能和理解。

然而，一个系统的真正强大之处在于整体是大于各部分之和的。一个包含个别课时的教学单元能否累加起来大于全部单个课时的总和？这听起来像是什么都没说，不是一个真实的概念。但如果课程体系真能产生比单个课程加起来的总和更多的结果，那么它就需要另一个要素。

> 这段视频展示了一位教师在和全班同学讨论诗歌。注意，她如何把学生在前一周的课程中学到的诗歌知识融入进来，从而使她把当前教学建立在之前课程成果的基础上。

这个缺失的要素就是各个课程之间的关系。这种关系必须允许某节课的结果建立在前一课的结果之上。知识、技能和理解通过许多课程的共同构建，逐渐朝着越来越复杂的结果发展。对于教学单元的各个部分来说，这是一种无形但至关重要的关系，使得单元结果大于各部分结果的总和。

同样重要的还有所在地区课程指南与你单元和课时计划之间的关系。单元教学一般延续大约一到四周的时间。它们通常对应着课程指南中经过精心设计的话题或主题。然而，单个课程的时长相对要短得多，只有一节课的时间，偶尔为两节或三节课的时间。由于课时相对较短，它们很难与课程指南的某一特定部分联系起来。这意味着你可以期望某个单元内容适宜、结构合理，但是课时内容——你在某天所做的具体事情——在课程指南中就没那么详细的描述了。

这也很正常，因为课堂日常内容的安排必须灵活，以满足个体学生的需求，适应你的教学工具和偏好，以及学校和社区的特殊优先事项和举措。所以尽管单元层面的大致情况在地区课程指南中是明确的，但在课时级别上自己必须进行大量独立的思考、组织和判断。图6.2表示的是从州级层面到课堂层面的教学内容，说明了将课程框架转化为单元和课时计划的各个阶段。

制订计划的决策

因此，在进行单元计划时，你的课程设计应考虑学习者经验和学习需求，然后要考虑州立标准、教授的内容和可选的教学方法。接下来,让我们仔细看看关于制定课时计划过程中,你需要做的几种决策。

标准和目标。国家和州立标准,以及源自你所在学区、所教年级和学科的课程指南,规定了你要覆盖的内容和在多长时间内完成。

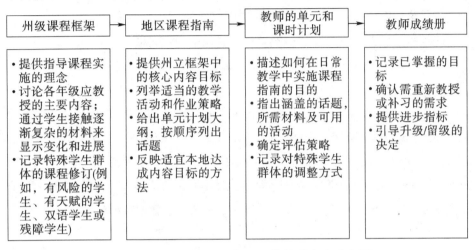

图6.2 州级层面到课堂层面的教学内容流程图

但是,关于学生应进行哪些具体课程活动和取得哪些具体课程成果,标准和课程指南远没有达到这个详尽程度。例如,英语教学课程指南可能采取以下形式:

1. 写作概念和技能。学生应学习

(1)写作过程;

(2)描述性、叙述性和说明性段落;

(3)多段作文;

(4)说服性话语;

(5)口语、俚语、习语和术语的意义和使用。

2. 生命科学。学生应学习

(1)通过感官获得数据的技能;

(2)按顺序分类数据的技能;

(3)以适当形式进行口语和书面沟通;

(4)使用关系和标准测量的概念和技能;

(5)进行逻辑推断,预测结果,形成总结性陈述。

对于地理课程,指南可能包括以下信息:

3.地理。学生应能够

(1)使用基本方向和中间方向在地图和地球仪上定位地点,如亚马孙河、喜马拉雅山和华盛顿特区;

(2)使用比例尺确定地图和地球仪上的距离;

(3)确定和使用罗盘刻度盘、网格和符号在地图和地球仪上定位地点;

(4)绘制包含基本元素的地图,包括地图名称、罗盘刻度盘、图例、比例尺和网格系统。

请注意,在这些摘录中内容的确定都很具体(例如,写作过程,通过感官获得数据的技能,使用基本方向和中间方向)。相反,它在考虑学习活动和学习成果时不够具体(如知识、理解、应用、分析、综合或评价)。这在许多课程指南中都很常见,为你区分教学提供了灵活性,使学生可以选择不同复杂度的内容,并以此开展与他们当前理解水平相匹配的学习任务。回忆第五章中认知领域的行为分类法,你可以问以下问题:

- 对于哪些内容领域和哪些学生来说,简单回忆事实就足够了?
- 对于哪些内容领域和哪些学生来说,需要理解这些事实?
- 对于哪些内容领域和哪些学生来说,要能应用所理解的内容?
- 对于哪些内容领域和哪些学生来说,要达到分析、综合和决策技能的高水平成果?

注意,学生的成果如何先于对内容和课堂活动的选择。逆向课程设计(Isecke,2010)表明,课时计划要从学生的成果或你想要和能够实际实现的东西开始设计。因此,你要做的最重要的决定之一就是选择好学习成果的水平,然后按此水平准备教学单元或课时,并依此水平设置不同的活动,以满足个别学习者、群体及有特殊需求的学生。大多数课程指南都具有灵活性,选择什么学习成果关乎用什么样的教学方法以及哪些学生从中受益最多,这对你来说既有目的性也很有益。课程指南要适应实际的课堂,必须有广泛的期待结果。这些将取决于学生的特征和个体差异,你分配给特定主题的内容和时间,以及在单元层面希望达到的整体学习成果。让我们再仔细看看这些因素。

学习者。正如我们所看到的,你的课时计划应该从你的学习者知道什么、能学什么以及带入课堂的经验和能力入手。而且,如我们所看到的,课程指南通常允许教师灵活地调整教学,以适应学生个体的学习需求。第二章提出的个体差异的几种分类说明了课堂中学习者的特点,包括能力(包含身体上、学习上、视觉上和沟通上的障碍,可能代表了特殊的学习需求)、以往成绩、学习方式、文化和家庭生活上的差异。这些因素不仅可以反映整个班级也可以反映单独个体。其他类型的学习者,比如有风险的学生、双语学生和有天赋的学生,可能让你的课堂变得更加多样化。他们可能需要你根据任务来分组,这就要求个体学生要专心,高水平和低水平学生限时组合,或对个体学生进行差异化指导——所有这些备选方案将在本章和后面的章节中提到。

现在回顾威金斯、麦克蒂格(Wiggins & McTighe,2011)以及麦克蒂格、威金斯(McTighe & Wiggins,2013)提出的关于课前计划中需要考虑的学生因素的建议:

• 已有内容知识——哪些已有内容知识可以被利用?哪些知识需要先教给学生以保证最大限度地提高学生的参与度?

• 阅读和写作知识——学生有取得成功所必需的阅读和写作技能吗?

• 态度和动机——教学是否触及学生的兴趣,促进产生积极的态度和动机?

读写表现的关联性:

• 社会和情感发展——教学是否对学生可能面对的任何社会或情感问题都敏感?学生是否具备了所述概念需要的成熟度?

• 语言发展——语言结构或词汇知识需要先于其他主题内容教授吗?

• 生理发展——是否有生理缺陷(如听力)的学生需要照顾?

• 认知发展——学生是否有记忆发展(如短期记忆、长期记忆和工作记忆)来管理所学内容量?

内容。也许在新教师的心目中,最重要的是要教的内容。而且,正如我们所看到的,内容的选择要基于对学习者的理解。你对内容的决策可能看起来很容易,因为在教材、练习册和课程指南中你会发现你在第二天上课要教什么。事实上,正如你在课程指南的节选中所看到的,内容通常设定得相当详细。课本和练习册则会更加详细,对课程指南的内容进一步定义和提供拓展的活动和练习。从这个角度看,似乎所有的内容都交到你手里了,即便不算轻而易举,但已经准备好方便且经过完美设计的试题、练习册和课程材料了。

虽然有些教师可能希望这是真的，但大多数教师很快就意识到，除了要决定内容——教什么，对于学习需求和成果同样需要做出很多决策。你很快就会意识到，所用的课本、练习册甚至详细的课程指南虽然能确定所教内容，但它们并没有根据学生的需求帮你选择、组织、排列出所教内容或活动。学区、教材出版商和软件公司正在为教师提供越来越多的替换课本、教学软件和练习册，教师可以用其更好地应对特定的学习者。有效教师知道，他们必须为一些学习成果和学生选出某些内容，而为另一些学生添加这些内容，并且选择符合或略高于学生当前理解水平的活动，从而让所有学生都能参与到学习过程中。

结果。在课程之间建立联系是为达到想要的结果而作出的最重要的计划决策之一。课程如何相互关联甚至决定了学习者是否能够以及如何在认知、情感和心理运动领域取得更高水平的成果。而这一决策又将反过来决定你的单元和课时计划如何更好地体现思维课程。

更高层次的行为很少能在一堂单独的课程中完成。课程需要编排在一个单元里或课程体系中，这样单个课程就可以建立在之前教过的课程成果基础上，以至到单元结束时达到更高水平的结果。这解释了为什么课程内容结构对于单元计划是如此重要：没有它，单元最后的成果可能与每节课后的结果并无不同。不同于储存在阁楼或汽车置物柜中的杂物，单元应该有一个连贯、统一的主题，超越了单一课程中认知、情感和心理运动的结果。

例如，你组织一个特定系列的课程（如酸雨、新技术和保护法），可能是为展示如何将几个内容领域组合在同一主题下，以便解决一个问题、进行批判性思考或形成独立判断。在这种情况下，单元的目的和学习者的需求将在选择特定组织方面起到重要作用。单元的成败将取决于选择的学习成果水平与学生对所教内容的当前理解水平之间匹配度的高低。

在实际教学中，你需要把你对目标、学习者和内容的理解运用到准备单元和课时计划中。

学科和跨学科单元计划

下面两个部分将介绍什么是单元计划以及如何清晰有序地呈现单元计划。第一个单元计划的方法将向你展示如何在一个学科领域内计划和教授知识，或叫纵向计划和教学。纵向单元计划是一种学科内的单元开发方法，即把要教授的内容按等级或步骤排列（例如，从最不复杂到最复杂，或从具体到抽象），并要确保后续课程所需的所有与任务相关的知识均已在之前的课程中教授过。

讨论完学科单元计划之后，我们将介绍另一种为学习者传达知识的方法——跨学科单元计划，这涉及一种称为横向计划的技术。横向单元计划可用于计划跨学科或跨内容领域的单元，它将各种不同的知识体系整合起来以传达跨学科的关系、模式和概念，并将世界的不同方面以一种系统的方式联系在一起。横向单元计划跨越了内容区域的既定边界，最终引出解决问题、思辨、合作活动、独立思考和行动等，强调整体大于部分之和。你会看到，纵向和横向的单元计划是获得有效教师技能和满足学生独特需求的宝贵工具。

学科（纵向）单元计划

中国有句古话说："一图胜千言。"本节按照这句古话的思路，将展示如何通过创建可视化的单元蓝图来发展单元计划，及如何使用文字和图形来表达一个学科、主题或内容领域的单元计划。

视觉手段不能替代对于计划教授的内容进行的书面描述或概述，但这是一种对要教什么进行思考组织的有效方法。科学家、管理人员、工程师和业务主管很早就认识到，以流程图、组织图、蓝图、图表和思维导图等视觉形式来传达概念的本质（而不是细节）具有重要价值（Taylor，2014）。教师也从一开始就使用这种基本方法。图片不仅传达了计划的结果，而且有助于在计划过程中组织和修改单元计划，并预见到你努力实现的"大画面"或最终成果。

虽然在教学计划中使用视觉手段与许多其他领域有相似之处，但教学在很多方面也有其职业的独特性。与商业不同，教育的产品不是在流水线上进行组装，也不是用科学家和数学界使用的数学定律和物理材料来构建。因此，教学的视觉蓝图有所不同，但与此同时这也反映了在其他行业的计划中为何图片质量如此重要。

你已经了解了其中两个特性：层级的概念，显示了部分与整体的关系（课程与单元的关系），以及与任务相关的先前知识的概念，显示了先前知识对于某种课时顺序的必要性。在纵向单元计划中，这两个概念都被用于创建单元的视觉图像。这样的图片可以激发和组织你的想法,并以一种易于理解的图形把设计成果传达给他人。

在绘制纵向单元计划图时,要用到两个简单的规则。第一个是如何将单元目的按特定的课时划分。第二个是如何安排这些课时的顺序,以及课时成果如何彼此搭建以实现单元目的。我们来看一下这两个规则。

具体教学活动的可视化。我们的第一条规则是只使用方框将不同层级上的内容领域或教学目的可视化。换句话说,任何单元层级上的目的都可以在课时层级上分解为不同的组成部分。这些组成部分代表了实现目的所需的所有重要信息。这个想法如图6.3所示。

请注意,图6.3有三个级别。现在让我们先关注顶层和底层。顶层展示了单元目的,这源自基于国家、州和地方教育目的形成的课程指南和我们使用的教材。底行的内容表达得比较具体,可以用于准备单独的课程。

这个单元计划以小块内容收尾,这些内容共同分解了较高层级上指定的内容。就像《金发姑娘和三只熊》的故事一样,单元计划层级结构的底部必须以不大不小且适合于单独课时计划的内容部分来收尾。那么,你怎么知道自己是否在一节课中达到了合适的内容量和平衡呢?

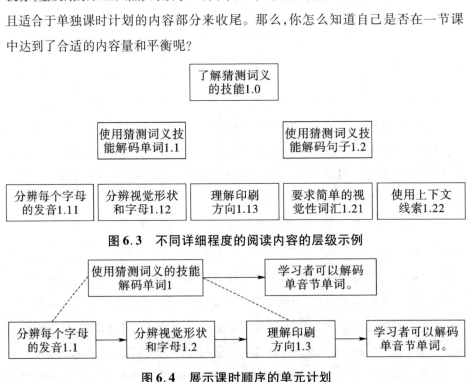

图6.3 不同详细程度的阅读内容的层级示例

图6.4 展示课时顺序的单元计划

图 6.3 的第二层显示了从整体单元目的到具体课时内容的逻辑方法。这是一个中间的思考过程,产出较低层次且体量合适的内容。那应该包含多少个中间层次呢?并没有这样一个绝对的数字,这取决于初始目的的设定范围有多广,以及为生成单独课时计划中合适的内容量需要多少步骤。虽然课程指南和课本中提供的逻辑划分很有帮助,但是经验和判断是最好的向导。

在某些情况下,从单元到课时内容的路径可以非常直接(两个层级);但在另外一些情况下,要分出课时大小的内容,可能需要经过几个层级。如果得到足够细节的课程层面内容有困难,你可能需要修改单元目标,将其划分为两个或更多的子目标,并从每个子目标开始一个新的层次结构。图 6.3 中就是这样进行的,单元计划者必须为同一个目标(1.0)创建两个教学单元(1.1 和 1.2)。请注意,创建大纲的方法与此相同。构建内容层次结构的过程将指导你在单元和课时内容之间进行适当的区分,设置得不要太大也不要太小,这样可以防止你在课时计划的开始就出错。

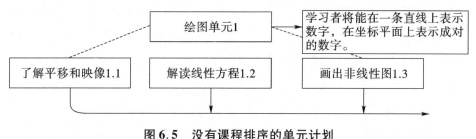

图 6.5　没有课程排序的单元计划

注意:课程 1.1、1.2 和 1.3 的顺序可以随意安排。

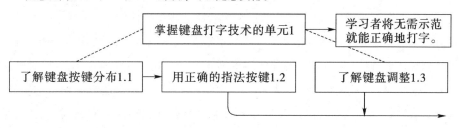

图 6.6　有部分课程排序的单元计划

注意:课程 1.1 必须在课程 1.2 之前进行。

活动顺序的可视化。 第二条规则显示课时的顺序以及课时成果如何相互搭建以实现单元目的。如图 6.4 所示第二个规则,显示了单个课时的次序,在此情况下,次序很重要。注意,在图 6.4 中,我们从图 6.3 层级结构中的第二层(1.1)选择第一框为单元的目的。然后,为了表明预期的单元结果,我们在右上的方框旁边放了一个箭头。所有课程的结果都源于它,所以结果汇合一起就是这个单元的结果。不管课时顺序是否重要,上述这一点都不会改变。在某些情况下,这个顺序可能不重要(参见图 6.5);但对其他情况来说,进行部分排序是较为合理的(参见图 6.6)。

第二条规则意识到之前的课时如何调整或限制后续课时的结果。它鼓励你在先前教过的内容基础上,提供更为真实和更高阶的思维结果,正如第五章提出的精准教学框架要求的那样。如果你的单元计划想反映思维课程,这一点就非常重要。如果课时成果是不相关的,单元成果在认知、情感或心理运动的复杂程度上绝对不会高于单独的课时成果在这些方面的复杂度。作为一名有效教师,你应该以鼓励在单元层面实现高阶思维的方式来规划课时之间的关系。为此,你需要查看一下附录 C 中的高阶思维和问题解决列表。

将你的单元计划可视化有几个优点。把一节课与其他有着相同意图的课联系起来看,可以使你的注意力集中在先前知识和理解的重要性上,这些知识必须在课前教授才能保证课程的成功。如果学生获得的与所学课程相关的必备知识和技能不足,其中一些或大部分学生就不能达到教学目标。在一个单元计划内看具体课时的一个意图是,确定是否提供了每节课所需要的所有与任务相关的先前知识。因为单元计划在课时计划之前,所以你可以很轻松地添加那些忽略掉的对于后续课程来说所必需的课时内容和目标。你可以以图形的方式绘制单元计划,如本章所示,在个人电脑上使用文字处理或图形处理软件,或使用灵感软件。

尽管课时计划顺序的图形显示了哪些内容必须在其他内容之前教授,但它并没有表示出对个别学习者和群体进行区分教学的需求,也没有触及特殊学生群体。现在你肯定要问:"语言发展、特殊学习者需求甚至家庭环境在学生能力发展中扮演着什么角色,从而影响了他们从我计划好的课程和练习中获益?"例如,一名学生的听力、沟通或视力缺陷,语言发展,家庭生活或文化,或者之前的学习经历,是否会妨碍他或她参与课程学习?如果这些学习者的特征足够有利于你传递课程内容和使学生从中受益,你就应该把它们添加到图形单元计划的底部,以此表明进行区分教学和满足有特殊需求学习者可能需要的媒介、技术、网络资源和辅助材料。

以下是教师在图形单元计划中列出的一些补充材料和策略,用以提醒他们在什么时候进行差异化教学,以及如何更好地适应特殊学习者的需求。下面这些都

可添加在与之相关的课程下,使用编码1、2、3等:

1. 使用双语材料。
2. 为多动症的学生提供额外时间。
3. 为有天赋的和有才华的(G & T)学生设立小组。
4. 帮助残疾(PD)学生结伴。
5. 为补习工作安排电脑课程。
6. 设置一个字典区。
7. 对表现较差的学习者(LP)进行口头检查。
8. 帮学生结组进行作业互助。
9. 复制较大的视觉资料作为参考。
10. 允许表现较差的学习者选择自己的回应方式。

书面单元计划。用图示方式来计划单元将有助于组织、排序和确定出适宜课时层面大小的内容量。但是,你还需要一份详细说明用以向他人传达单元的细节,你可以把它放入你的电子档案中,以供日后使用。

图6.7展示了单元计划的一种书面格式。这种格式将书面计划分为主要目的,目标,内容,步骤和活动,教学辅助工具或资源,以及评估方法。你应该把教学方案图附在这个书面计划上,这样就可以一目了然地呈现单元的组织、顺序和内容体量,也为书面的细节信息提供了整体介绍和概览。这些都为你与别人交流你的单元计划提供了有效的工具。

最后,注意在图6.7中,表现性目标(1—7)和个体学习者两项都从较低层次的认知和心理运动复杂性层面(理解、应用、模仿)发展到了较高层次(分析、综合、精确)。这说明了单元中的早期课程作为构建模块来实现更高层次的结果,从而帮助达成一种思维课程(Borich,2007b;Erickson,2006)。

跨学科(横向)单元计划

研究结果表明,进行单元整体教学,可以使不同的内容领域围绕一个中心主题来组织并相互融合,可以促进更高水平的思维发展和有意义的学习(Pagliaro,2012)。

跨学科单元是一个横向计划的学习单元,侧重于围绕一个特定主题而将不同的话题整合起来(Roberts & Kellough,2006;Wood,2009)。这种学习方法可以帮助学生在学科、主题和概念之间建立起联系。跨学科教学的主要目的是为学生提供机会来探索关系和模式,这超越了某一特定学科,并用一种系统的方法将世界的不同方面联结起来。例如,跨学科单元通常同时代表了与几个不同学科领域相关的主题,如英语和阅读、科学、社会科学和表现艺术。有效的跨学科单元还常常要求学生通过合作学习、使用参考资料和其他研究工具来开展调查。

年级:六
单元主题:选择健康的食物
课程/学科:21世纪的健康
大约需要时间:三周
本单元的主要学习目的:本单元的学习目的是,确保学生认识到食物的营养价值如何影响他们在学校和运动中的表现,并对他们的身体、情感、社交和心理的整体健康有重要促进作用。学生要发展一些技能,用于选择健康的食物、设计食谱、购买有营养的食物和安全准备食物。
表现目标
学生将能够:
1. 明确和讨论《食物金字塔》和《选择个人饮食》指南中基本食物类别的营养价值。
2. 记录每天摄入的热量,持续记录三周时间,将这些记录与《食物金字塔》和《选择个人饮食》指南所推荐的食物类别进行比较。
3. 评论大多数学龄儿童的典型饮食习惯,并制定健康的食谱。
4. 检查购买食物的方式,以及是否价格合理、营养丰富,并与健康的食谱计划相一致。
5. 描述保持食品安全的实践方法。
6. 亲自动手准备食物,展示健康的食物选择。
7. 从准备好的食谱中选择健康的食物,并把其中一些选择替换为更有营养的食物。
课程大纲
1. 介绍《食物金字塔》和《选择个人饮食》指南
(1) 评论食物类别
(2) 比较《食物金字塔》和《选择个人饮食》的每日营养推荐

2. 食物日记
(1) 讨论食物的卡路里量
(2) 查找食物上的营养标签
(3) 学习记录食物/卡路里/食物类别
3. 典型的学龄儿童饮食
(1) 评论报纸/期刊文章
(2) 准备讨论对学生饮食的影响
4. 在购买食物时做选择
(1) 购买食物的虚拟实地考察和创意活动
(2) 比较价格和营养价值
5. 食品安全和食物准备
(1) 小组准备
(2) 展示
6. 食谱比较
(1) ……
步骤和活动
1. 准备每日分别摄入食物的记录模板
2. 小组协作工作和大组讨论工作
3. 个人或结对的网上活动
4. 食品安全和食物准备示范
5. 剪切和粘贴食谱的活动
教学工具或资源
1. 使用免费和可访问的在线材料
2. 查询超市现时的食品价格传单,包括蔬菜和水果
3. 从 usda.gov 网站上查找营养教育方面的材料
4. 从网站上为孩子们找到健康饮食的例子,比如 mayoclinic.com 网站。
评价
1. 活动和小组表现
2. 基于项目的活动
3. 单元测试

图 6.7 单元计划示例

资料来源:R 和 E 研究协会,1982。

现在让我们回到第五章所提到的两个概念，精准教学框架和认知领域，看看如何将这两种想法结合起来，帮助你计划一个跨学科的单元课程。回想一下，"严谨性"指的是课时或单元计划能让学生深入思考问题、分析新情况、解释和综合运用知识。换言之，严谨性是指在课时或单元计划中，期待你的学生表现出更高层次的思维行为，从应用开始到分析、综合，最后到评价。另外回想一下，"相关性"指的是课时或单元计划期待学生在校外重视课堂教授的内容，解决当代的重要问题，并建构于学生的生活经验之上。换句话说，具有相关性的课程或单元计划都希望学生表现出更高层次的思维行为，这与人们在真实的现实事件环境下思考的方式一致。

跨学科单元为学生提供了理想的课堂对话的机会，期待学生进行批判性地推理，提出更高层次的问题，做出预测，并在教师的帮助下评价自己答案的准确性。跨学科主题教学的最近趋势可以帮助教师达成这些目的，但前提是教师必须精心地选择组织单元的主题，并帮助学生理解内容如何与他们的生活相联系。

实现这些目的的一种方法是，教授如何把知识和理解运用到不同学科或跨学科使用，并使学生在应用、分析、综合和评价层面上的更高阶行为得到不断发展。例如，罗伯茨和克拉夫（Roberts & Kellough, 2006）描述了一位教师为初中学生设计了一个跨学科的单元，让他们读一个小男孩穿越时空到一个幻想星球旅行的故事。在这个男孩努力适应新文化的过程中，他经历了孤独、寂寞，被控制和监禁。基于学生的阅读，为了将这个故事与不同学科联系起来，教师设计了一个单元，在学科内和学科之间建立以下关系（改编自罗伯茨和克拉夫），从而唤起更高层次的思考：

• 与英语相关。学生讨论了小说背景的变化、情节的发展以及作者对文学铺垫手法的运用。

• 与表达艺术相关。学生做了一个星球的模型和一些建筑平面图，设计了故事中描述的机器人。他们还戏剧性地再现了小说中的一个场景。

• 与科学相关。一些学生研究了星球上的动植物，并与他们自己所在州的动植物进行比较；其他学生试图确定星球上环境的化学组成和星球在太阳系中的可能位置。

• 与社会科学相关。学生参与了一项对星球的地图研究，为幻想中的星球设立了政府，对故事中的种族隔离和其他地方的隔离进行了对比，并将该星球居民的自由与美国《权利法案》中的自由进行了比较，还讨论了偏见和阶级结构的问题。

- 与其他研究相关。学生研究了关于梦的热门研究和关于人类睡眠的实验,这些话题在故事中有着重要作用。

注意,本单元各个主题领域之间的关系、模式和思维层次不是偶然发生的。这位教师基于一份精心构建的相关主题和行为列表开发出她的单元,当确定要教授的课程领域时,她可以从中选择和添加相关内容,从而使学生不断参与更高层次的思考。如表6.1所示,在准备单元计划时,教师使用了一组主题概念、话题和类别等。这些信息被投射到该教师和其他教师课堂上正开展的学科主题和思想领域中,并通过跨学科主题单元而得以展现。

表6.1 跨学科单元的主题发展

主题概念	话 题	文体类别
自由	个体	自传
合作	社会	梦
挑战	社区	幻想
冲突	关系	荒诞故事
发现	全球问题	经历
文化	战争	一手资料
改变	伙伴关系	励志

通过这种方式,跨学科单元可以帮助你实现以下目标:
- 强调学习过程最好以相互关联的整体来推进,而不是一系列的具体主题。
- 鼓励学生以合作伙伴和小组的形式进行合作学习,关注课外学习的社会价值。
- 教导学生成为独立的问题解决者和思考者。
- 帮助学生拓展自己的兴趣爱好和学习方式。
- 通过聚焦真实环境中所需的更高阶的思维,帮助学生自主确定需要知道什么和学习什么,而不是总期望教师直接告诉他们。

主题单元的一个关键组成部分是所用教学策略的多样结构。例如,你可以在几个相关的内容领域给学生提供各种各样的活动和材料,以及一些具有挑战性的问题,以促进合作并创造一个想要了解更多主题相关信息的氛围。或者,你可以让学生偶尔进行独立工作,但同时进行分组合作阅读、提出问题和调查问题,完成两到三个不同内容领域的项目。一个组研究一个内容领域的问题,而另一个组从不同角度来研究。通过这种方式,学生相互交流,相互学习。你的角色则是学习的辅助者或调节者。

综合课程的范围。有四种方法可用于在课堂上进行综合主题教学,它们分别代表了四种不同的参与程度。

层次1 在这个层次上,你将在同一天采用主题方法关联来自不同内容领域的内容和材料。例如,主题"自然灾害导致社会效应"可源于"天气"这一主题,这一主题通常在科学或地理课中讲授,也可源于"社区"这一主题,这一主题通常在社会学课中讲授。你会在单元开始时,以提问的形式将跨学科课程的主题传达给学生,如"自然灾害之后,社区的哪些必要功能往往会被打乱",并鼓励学生添加其他内容和问题。

层次2 下一层次的实施需要与其他教师协商,并就一个共同主题达成一致。每位决定参加跨学科单元教学的教师,都在自己的课上用同一种方式讲授该主题。通过这种方式,学生在某节课上学习的内容就会与他们在另一节课中所学内容相关联起来。我们在第三章中看到,这种互动式跨学科学校对话是形成专业学习共同体的标志,教师从中参与决策,有共享的目的意识,参与合作工作,并为教育成果承担共同的责任。跨学科共享是专业学习共同体最有效的特点之一,也是其最广为提及的目的之一(DuFour、DuFour、Eaker & Many,2010)。在小学阶段,一位教师可以通过参考其他学科的内容信息来发挥这一功能,比如在阅读教学中回顾社会科学、数学或科学课的相关概念。你可以在公告板上展示一份基于学科领域之间的联系提前开发的主题列表,用以提醒你和学生识别和讨论这些联系,然后让学生用他们学习中的例子来建立联系。

层次3 在第三个层次中,你和学生一起工作,形成一个跨学科领域的共同主题列表。例如,在小学后期和高中年级,你可以布置一项作业,让大家搜索你的或其他教师课本中的目录,以便确定你在课堂中可以教授的主题单元的话题。如果其他教师也赞同这个主题,就会鼓励教师加强他们课堂之间的相互联系,从而提供主题单元的跨学科动量。这个层次的实行是推进跨学科教学和专业学习共同体中团队合作的一种有效方法。

层次4 在第四个层次,学生开发自己的共同主题列表或跨学科的问题。你的职责是帮助学生形成一个或多个主题,它们在传统的课程、学科或内容领域下探讨是不够充分的,也不足以解决其中的问题。换句话说,你要指导学生找到当前、当代的困境,道德问题,以及在任何一个或少数几个传统定义的学科领域背景下无法解决的问题。

因此,学生可能会被挑战,提出一些令人棘手的问题,比如"我们怎么知道一个人什么时候是真的死了",这个问题需要同时考虑医学、宗教和哲学领域的最新进展。或者提出"如何才能让我们的星球摆脱危害生命的污染",这个问题可能需要学生从普通科学、物理、化学、社会学、政府和法律等方面考虑。在这个层次上,学生扮演着独立且有社会责任感的思想者的角色,而你在扮演资源的角色,引导他们的想法,以日见成效的途径在必要时把这些想法重新聚焦,对成年人生活中的关系、模式和概念进行详细的解释。

请注意,上述四个层次中的每个层次是如何通过把主题和学科与包容性更广的应用、概念和原则相联系,从而推动学生结合真实的生活体验迈向了更高层级的思维阶梯。这是单元计划中严谨性和相关性的体现。

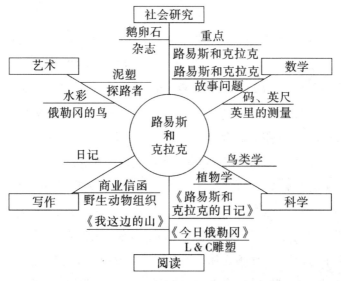

图6.8 跨学科单元主题"路易斯和克拉克的冒险"的视觉呈现

资料来源:S.柯哈里克,1994,《21世纪的课堂》,费德勒尔韦,华盛顿:教育者书籍。版权所有© 1994,S.柯哈里克,经许可转载。

将你的跨学科单元可视化。 因为跨学科单元强调横向知识,它们的图形描绘不同于强调纵向知识的单学科单元。你用于表达横向知识的图形技术,应能使内容在机会出现时交织于课程内外,而不是遵循一种提前设定好的顺序。因此,它需要更自由的形式或基于网络形式的视觉格式,有时称为概念图或思维图(Buzan,2004;Novak,2009)。这种类型的格式显示了内容如何嵌套在其他内容中,不同学科领域如何共享一个相同的主题,一个主题如何串联不同的内容领域,以及一个学习领域如何浸入在另一个领域中。跨学科计划的所有重要主题和问题都互相关联,并同时显示(比如,灵感软件可以帮助你开发并直观地展示跨学科的单元和课时)。

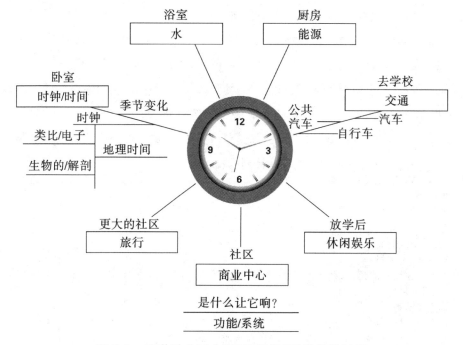

图6.9 跨学科单元主题"时间维度"的视觉呈现

资料来源:S.柯哈里克,2002,《孩子眼中的科学:一本重要的科学教学手册》,费德勒尔韦,华盛顿:教育者书籍。版权所有© 2002,S.柯哈里克,经许可转载。也可参见,苏珊·J.柯哈里克和苏珊·D.奥尔森,2010,《孩子眼中的科学:概念整合视角下的K-6科学教学》,千橡树,加利福尼亚:科温出版公司。

创建图形大纲或关联网的步骤如下:

1. 确定最基本的主题或想法。
2. 把这个主题或想法写在你的关联网的中间位置。
3. 从主题或观点中引出箭头或线条,用于表示与其他次要问题、话题或内容的关系,它们可以成为单独课时的话题。

4.为箭头和所有关键概念标注代码词或短语,以描述你想表达的关系。

图6.8和6.9提供了展现跨学科主题单元的主题网状图的示例,也可参见"在实践中:关注跨学科课时计划"。

还可参考由苏珊·J.柯哈里克和苏珊·D.奥尔森(2010)所著的《孩子眼中的科学:概念整合视角下的K-6科学教学》,千橡树,加利福尼亚:科温出版公司。

书面单元计划。跨学科单元计划的书面形式与学科内单元计划的书面形式是相同的。回顾一下,书面计划可分为:主要目的,表现目标,内容,步骤和活动,教学工具和资源,以及评估方法。图6.10展示了一个书面跨学科计划的例子。在这个书面计划中,附上图形大纲或主题的关联网及其相互关系。正如你所设计的学科内课时计划一样,一定要添加那些资源、材料和策略(例如,分组和资源),用它们来区分对不同个体或群体的教学,从而适应有特殊需求的学生。这些可以被编码并添加到跨学科单元地图或书面单元计划的相应位置上。

年级:五
单元话题:淘金
课程/主题:跨学科
预计需要时间:1个月
一、单元主要目的
本单元主要目的是,帮助学生熟悉19世纪淘金热时期人们的兴奋、苦难和挑战。
二、表现目标
学生将能够:
1.历史/社会科学——给出人们在19世纪40年代来到加利福尼亚的原因。
2.历史/社会科学——描述三条先锋者到达加利福尼亚的路线。
3.历史/社会科学——比较19世纪40年代的美国生活与现在的美国生活。
4.历史/社会科学——列出先锋者西行时所带的供给品。
5.语言艺术——写一篇日记,描述与西行有关的苦难。
6.科学——对如何挖掘金矿进行研究并撰写报告。
7.数学——为金块(喷过漆的石块)称重,并计算其货币价值。
8.艺术——用碎布料设计草原棉被的花样。
三、内容概括
1.人们在19世纪40年代来到加利福尼亚的原因:
(1)黄金;
(2)工作机会;
(3)天气。
2.旅途中的供给品包括:
(1)工具;

续

(2) 个人用品；
(3) 食物；
(4) 家用物品。
3. 西行的生活包括：
(1) 天气状况；
(2) 男人、女人和儿童的角色；
(3) 途中的危险。
4. 抵达加利福尼亚之后的生活包括：
(1) 上涨的物价；
(2) 提出所有权要求；
(3) 一夜暴富；
(4) 矿工生活的典型一天。
四、步骤和活动
1. 大声朗读；
2. 小组阅读；
3. 独立阅读；
4. 讨论；
5. 日记；
6. 测量；
7. 烹饪；
8. 唱歌。
五、教学工具和资源
1. 文献选择有：
(1)《帕蒂里得的玩偶》；
(2)《在大角勺边》；
(3)《如果你乘坐大篷车向西旅行》；
(4)《荒野西部的儿童》；
(5)《约书亚西行日记》；
(6)《西行之路——一位妇女先锋者的日记》；
(7)《小屋烹饪手册》。
2. 展现这个时期风貌的物品(如可获得)：
(1) 铸铁煎锅；
(2) 扁平软帽和皮帽；
(3) 老工具。
六、评估/评价
开发一套量表为以下事项评分。
1. 文章——选择前锋者前往加利福尼亚的一条路线并表述该旅程。
2. 淘金热桌上游戏——设计一个详细描述前往加利福尼亚旅程的桌上游戏。最终获胜者到达加利福尼亚并一夜暴富！

图 6.10　跨学科主题单元的示例

制订课时计划

为了在你的课堂上实现一种思维课程,我们强调在更高的思维层次上选择单元成果的重要性,而不是具体的课时成果。如果你计划课程时没有考虑更高层次的单元成果,学生的注意力将完全放在一节课上,不会注意课程之间的关系。这种关系看起来似乎并不重要,但当你的课程似乎先把学生拉向一个方向(例如,获取知识),然后突然转向另一个方向(例如,解决问题),而没有提供引导学生过渡的指导时,课程之间相互联系的重要性就显现出来了。不管你每一节课准备得多么好,也不管你的课程是如何有效地完成了既定的但单独出现的成果,这些孤立的课时成果很可能使学生困惑、焦虑和缺乏信任。因为高层次的成果很少能在一节单独的课时中实现,它们必须在单元计划背景下才能达成。

在实践中:关注跨学科课时计划

在克莱因先生的文学课上,他告知学生一位著名作家的出生和死亡日期,让他们算出作者去世时的年龄。全班鸦雀无声,学生们沮丧地摇头。一个学生惊呼:"英语课上做数学太难了!"

有多少次我们发现,学生不情愿或不能识别和运用他们已掌握的知识来帮助他们解决新问题或理解相关的概念?这种现象与学生最初学习信息的方式有关。在一个非常强调专业知识的教育时代,教育不能随着毕业而结束,学科领域的各自分离导致了学生不能发现所学科目之间的重要联系。

而教师面临的挑战就是在课程的广度与深度之间找到一个健康而有意义的平衡点。关于学生如何学习的研究历史悠久,为开展跨学科教学提供了有力的依据。认知科学研究强烈支持这一观点。在 20 世纪八九十年代,奥苏贝尔(Ausubel, 1968)、奈瑟(Neisser, 1976)以及其他学者的著作引出了我们目前对于大脑图式结构的理解。这些图式结构由数百个、有时是数千个相互关联的信息块组成,充当着我们知识的框架。图式结构的有效性高度依赖于我们最初处理那些呈现给我们的信息的方式。奥苏贝尔将这些联系称为认知挂钩。提供了链接的教学可以使学生把本来离散的知识点联结起来,增强了他们识别和将先前知识应用到新的、相关学习情境的能力。

跨学科课时计划的障碍

虽然发展综合学习体验很重要,但教师会发现为学生计划这样的体验很难。目前小学课程中的重点是全字学习,这种导向促使我们帮助学生理解阅读、写作和口语之间的关系,但大多数学校的课程保留了主题教学的非综合形式。教科书和教师指南很少强调重点学科和其他学科主题领域之间的关系。这样一来,教师在计划课程时既没有信息也没有时间去实际涵盖跨学科的体验。

虽然我们不能总是快速或直接地改变目前初高中的课程材料,但是我们可以采用一种计划过程,周期性地吸收跨学科的思想和活动,并将其纳入教学策略中。

计划指南

我们每个人都有特定的主题专长,积累不同领域的知识,也发展了对不同领域的兴趣。此外,我们也可以接触到与我们有不同专长的同事。利用这些资源,我们可以构思和建构教学课程,帮助学生理解学科之间重要且有趣的关系。下面的指南可以帮助我们发展跨学科课程:

- 制定一个目的说明,指出在课程结束时需理解的原理或概念。哪些主要信息和概念是你想让学生理解的?在很多情况下,跨学科课程侧重于掌握特定的技能。从本质上说,这些课程通常关注如何将技能和知识应用于新的情况。因为这个原因,跨学科课程的目的通常是帮助学生了解如何将他们所掌握的技能和知识与完成任务、找到解决方案或解释某种情况等结合起来。

- 选择主要的内容资源库作为教学的催化剂。内容资源库通常由课本决定,然而,有时你的目的需要其他的材料辅助。无论哪种情况,你都要确定是哪部分在主要引领教学(例如,艺术或文学作品,科学或数学原理,历史中的事件或时代等)。

- 用有意义的方式识别其他学科中与主要内容相关的事件、发现和作品。通过与同事交谈以及自己进行头脑风暴,思考一下与主要内容相关的其他学科的信息。这时你会发现,看看正在使用的教材目录很有帮助。然而,不要低估你自己的专长,也不要忽视你看过的电影或戏剧,读过的书或杂志上的文章,以及你的人生经历。

- 确定与既定的最终教学目的相对应的学科之间的交叉点。当你对每个跨学科的想法都思考得越来越深入时,要牢记你的最终目的。我们常常沉迷于想法本身,以至于迷失了主要的教学意图。这从智力发展角度看是令人欣喜的,但它非常耗时,我们无法负担得起。有些想法可能需要丢弃,因为它们太复杂了,或者它们没有完全针对目标。还有一些想法太引人注目、给人启发,所以你需要修改最终目的才能反映这种新的见解。

• 形成教学目标。大多数跨学科课程不会关注掌握特定的技能。不过重要的是,你要确定你期望学生学完课程后能够做什么。就像其他的教学计划一样,目标的用途是为了给教学策略和活动的发展提供平台。

• 确定学生在你所要教授的每个学科领域必须具备的必要先决知识。如果学生缺乏特定学科关键原理或概念的知识,跨学科教学可能会分崩离析。仔细想想,学生成功完成设定的目标之前需要哪些必备的技能。有些缺失的技能或信息片段可以教得很快。然而,如果不是这种情况,你就有必要修改跨学科的内容。

• 形成强制的教学策略,要求学生把在某一个学科所学的知识运用起来,更好地理解和鉴赏另一个学科。从传统上讲,学生不习惯在学习一门学科的同时激活他们另一学科的知识。为此,有目的地开发用于转变这种做法的活动很重要。根据教学的内容和时间框架,你可能希望用概念图、课内辩论、小组项目和/或各种发现技术来实现你的目标。跨学科课程的关键组成部分,如大多数课程教学一样,是积极投入的参与。

给学生机会探索他们所学的不同学科领域之间的相互联系,会带来很多的好处。随着学生发现学科之间有趣而强烈的联系,跨学科教学也补充了学习的意义和相关性。

来源:改编自《设计跨学科课程:一种系统和合作方法》,作者是圣地亚哥州立大学的卡拉·马西森和谢丽尔·梅森。论文在佛罗里达州奥兰多的 ASCD 年会上发表。

在你真正开始编写一份课时计划前,有两个初步问题决定了你的单元计划是否流畅:(1)决定从哪里开始;(2)为学习者提供多样性。

决定从哪里开始

也许对新教师来说,最令人困惑的是决定一节课应该从哪个学习水平开始,比如,知识、理解或应用。总是从教授事实(灌输知识)开始吗?还是可以从应用水平甚至综合、决策水平教起?这两种选择都是可以的,但它们对学习者先前与任务相关的知识和经验以及课程之间的相互联系有不同的假设。

> 这个视频展示了一位教师谈论她在设计关于歧视的课程时的思考过程和《我很忧伤》这本书。听听她关于为何让学生在大声朗读前进行写作的解释,并思考一下开展这项课堂活动背后的原因。

换句话说,你的课程应该从学习者当前水平开始,再由这个水平决定要教什么(DuFour、DuFour、Eaker & Many, 2010)。

以知识层面开始一节课或一系列课程(例如,列出、回忆、背诵等)的假定前提是要教的主题大部分是新材料。这种课通常在一系列课程的最开始进行,这些知识逐步构建为更真实的行为,到结束时可能会达到应用、综合或评价(决策)层面。如果一节课不需要与任务相关的先前知识,这节课的起点往往是在知识或理解层面。教完一些与任务相关的知识后,课程就可以从更高层次的思维开始。从图6.7的目标列表可以看到,在每节设定了高层次成果的课程之前,都有一节课要完成较低层次的成果。

正如我们所看到的,单元计划应该尝试从一个较低的起点开始教授,最后以更高层次的成果结束。如果之前的单元已提供了与任务相关的先前知识和理解,那么有些单元可以从应用层次开始进行,并以更高层次结束。或者还可以在一节课内从一个层次的学习成果发展到另一个层次。如果课程从较高层次开始,可能会越发地困难,但在一节课中从知识层面发展到理解层面再到应用层面还是有可能的,也是最希望能达到的效果。下面这节三年级社会科学课的行为流程可以说明这一点。

❤❤❤

单元标题:本地、州和国家地理

课时标题:本地地理

行为

- 学生将了解与州和国家相关的本社区的地理位置(知识)。
- 学生将能够描述社区的外部特征(理解)。
- 学生将能在地图和地球仪上定位本社区(应用)。
- 学生将能够讨论本社区与其他社区的异同(分析)。

在本节课中，利用学生已知和经历过的事物（他们自己的社区、地图和地球仪），并把每个成果联系起来，一套完整的课程成果要在相对较短的时间内（一节课）来讲授，因此每个新的活动都是前一个活动的延续。当教师计划在单个课时中进行不同学习层次的转换时，在进入每个层次之前必须考虑的问题是："我是否已经提供了所有必需的与任务相关的先前知识？"如果答案是肯定的，课程才能针对学生当前的经验和理解水平，他们才最有机会达成单元的目标。

提供多样化学习

在编写课时计划之前，第二个要考虑的是为个别学习者和有特殊学习需求的学生提供有区别的指导。正如我们在本章和第二章所看到的，并非所有学生都具有相同的行为特征和与任务相关的先前知识。

不管你把一门课的入门水平定在什么位置，总有学生会超过这个水平，而另一些则会低于这个水平。即便你试图在大多数学生当前的理解和经验水平上提供指导，你在单元和课时计划中所做的很多工作也都是在取平均值。除非整个学习单元都是个性化定制的（比如在一些计算机化课程中），否则大多数的教学必须针对班里的普通学生，同时试图满足其他学生的需求。

许多教学方法、教程和沟通技术可以帮助你来区分教学，满足特殊学习者的需求（Tomlinson, 2014；Tomlinson & Imbeau, 2013）。这些方法和技术具有以下特点：

- 允许在内容之内快速切换，这取决于学生在特定时间内的成功情况。
- 允许学生按照自己的节奏和难度水平灵活地进行。
- 对学生答案的准确性给予及时的反馈。
- 逐渐把学习的责任从教师身上转移到学生身上。

在开始进行课时计划前，请先决定你进行个性化教学的方法和技术在多大程度上符合课堂中学习需求多样性的要求。以下方法描述了一些可以帮助学生获得学业成功的选择。如果这些方法对你的课程目的有帮助，请务必把它们包含到你的课时计划中。

任务—能力分组。你可以在一个特定的时间段内，根据学习材料所需的技能而在班里进行分组。例如，当你的课程是面向一般或较低阅读水平的学生时，较高阅读水平的学生可以提前阅读和独立完成高级练习。如果学生表现出明显的优势和弱势,无法在一节课中弥合,你可以把课时计划、目标、活动、材料和测试分为两部分或更合适的部分。其目的是在一段有限的时间内,根据与特定任务或课程相关的学习能力而将学生进行同质分组。之后当新的任务对学生有不同的要求时,你应重新分组。

促进解决实际问题和帮助个体学习者应用所学知识的一个方法,就是使用学习中心或活动中心

学习中心。学生往往在解决实际问题时,尤其是符合他们的经验时能学得更好。因此,许多学校正在进行课程重组以支持实际的问题解决和应用(见 Clarke,2012)。促进解决实际问题并帮助个体学习者应用他们所学知识的一种方法,就是使用学习中心或活动中心。学习中心可以通过提供复习和实践的资源,为那些可能缺乏与任务相关的先前知识的学生定制个性化的课程。当学习中心包含与课程内容直接相关的媒体、补充资源和(或)实践练习时,请将其作为课时计划的一部分。学习中心对学生的实践活动引导得越多,它在帮助你实现课时和单元目标方面的效果就会越好。

回顾和跟进材料。一些课程需要唤起对与任务相关的先前知识的回忆。进行口头总结,发一份补充讲义,以及要求个别学生查找所需的与任务相关的信息,这都可以将某些学生提升到所需的水平而又不至于让其他学生感到无聊。这个过程的关键是认真准备一份总结回顾表,要涵盖当天课程急需的必备知识,比如重要的名字、日期、概念、主题和公式等。这样做可以只回顾重点内容,占用最少的时间。

辅导。在同伴辅导中,一个学生指导另一个同年级和同年龄的学生。而在跨学龄的辅导中,指导者可能比接受指导的学生年龄更大或在更高的年级。跨学龄辅导通常比同伴辅导更为有效,因为年龄大的学生可能更加熟悉材料,而且会像榜样一样被尊敬。当辅导提供的个人实践比在班上或小组环境下提供的更多时,它就成为一种最成功的常规教学辅助手段。

互动教学光盘。教学光盘可提供计算机生成的活动,学生按照自己的水平和节奏进行学习。光盘中也可以保存不同的音轨,比如一个英语的,一个西班牙语的。这些教学光盘通常将技能分解成小的子技能,比如那些可以在学习层级中被识别的,学生借此从简单到复杂,逐步进行学习。问题和提示使学生积极参与回答问题,并即时告知他们是否正确,这提供了一种互动式的个性化实践活动。

交互式光盘现在可以从许多出版商和供应商处获得,涵盖了不同的年级水平和学科领域,给予学生练习、评估理解和补习的机会。这些光盘可以快速评估学生对练习活动反应的准确性,然后改变活动的顺序和难度以适应学生当前的理解水平。通过这种方式,练习可以根据学生在特定难度下的反应情况进行量身定做。学生可以把更多时间放在特定的主题或技能学习上,也可以回到前面的教学安排复习或重新学习必备知识。光盘提供有彩色图片、模拟动作和图表等功能,可以激发并增强其在实际应用中实践体验的真实性。和其他个性化的学习方法一样,当为已经介绍过和教过的内容提供练习机会时,教学光盘最为有效。

教学事件

在确定了课程从哪里开始以及如何满足不同的学习需求之后,你就可以开始编写教学计划了。此时,你要明确在课程中出现的关键事件,并要为此负责。把提供教学事件的责任放在你身上,我们就对教与学进行了区分。"学"是在学习者头脑中发生的内部事件,"教"则是你所提供的用以影响学生思维的教学活动总和。

在课时计划中所遵循的步骤顺序假定计划好的教学事件会影响学习。但教与学不相关的情况并不少见,比如,当教师不考虑学生与任务相关的先前知识和经验时,学生看似是在听课,实际却什么也听不进去,教和学是分离的。使教学事件被充分理解的过程正是一种计划教学的过程,即要促进教的外部事件(你所做的)和学的内部事件(学生所知道的和所经历的)建立紧密关系,并积极引导学生参与到学习过程中。

开始:一些课时计划问题

首先,你可以通过考虑以下问题在你所做和你的学生所想之间建立紧密的联系。你对这些问题的回答会对你接下来安排课时计划步骤很有帮助。

- 你的学生为什么应该关心或想知道这个话题?
- 你希望学生知道什么以及能够做什么?
- 学生的哪些需求、经验和先前的学习会成为这节课的基础?
- 这些内容涉及哪些国家(CCSS)、州立标准和课程指南中的内容?
- 你会要求学生完成哪些有趣且有价值的学习活动,以满足他们的需求、经验和先前的学习?
- 你会用什么样的教学活动来激发这些需求、经验和先前学习,并提供评价反馈?
- 你如何知道你的学生什么时候达到了课程的目标?

请注意,你对这些问题的回答可以有助于你将学生带入计划过程的核心位置。因此,你需要提前组织好完成课程计划所需的大量信息,时时关注学生的最大兴趣、经验和需求。

你可以考虑加涅和布里格斯(Gagne & Briggs,2005)建议的七个教学步骤或事件,进一步加强教与学之间的关系。为了使学生在学习过程中积极参与,让我们想想他们描述的活动类型(在以下章节中列出),并作为一个代表了其他框架中关键要素的通用性指南。这些步骤包括了不同备课模式中最相关的部分,如果一起使用,它们可以为你建构自己的课程计划模式提供基础——形成一个让你感觉最舒服的计划。虽然在不同课程计划模式中并不是所有事件都适用于每一节课,但它们为你提供了一个可制订不同教学计划的菜单。其他课程计划模式的相关术语和问题将以括号和斜体显示。

1. 引起注意（预热）

你的学生为什么应该关心或想知道这个话题？

除非你能引起学生的注意，否则他们很少能听进去课，更不用说积极参与学习过程了。因此，每个教学计划都应以激发学生兴趣、好奇心和注意力的教学活动开始。在某些班级，这意味着老师要将学生从注意力完全不集中的状态，变为视觉和听觉都处于接收状态，并预测将要发生的事情。在其他班级，这可能意味着要把学生的注意力从接收信息的模式提升到更高水平的期待、兴趣和关注点上。

用以引发注意的事件的强度将取决于学生的起点。午餐后的第五节课可能比早上充满热情的第一节课更需要引人注目的活动。你需要找到恰当的事件来获得学生的关注。

最常见的吸引注意力的方法之一就是引起好奇心，通常可以通过提问来完成：

- 你们有没有想过马力这个词是怎么来的？谁愿意猜一下？（选自一节关于能源的课）
- 谁能想到一款很流行的以希腊神的名字命名的汽车？（选自一节神学导论课）
- 你们有没有想过某些生物是如何既能生活在水里又能生活在陆地上的？（选自一节关于两栖动物的课）

这些问题被称为开场白，其设计目的不是为了要得到一个正确的答案，更不是为了要准确反映接下来要学的细节信息。相反，它们发挥的是娱乐、刺激甚至迷惑学生的作用，以便他们接受随之而来的内容和问题，把课程与他们的经验联系起来。以下是一些其他形式的引人思考的开场白：

- 为什么一些科学家认为去其他星球旅行会让太空旅行者变得年轻？（选自一节普通科学或物理课）
- 为什么我们有单词 *its* 还有另一个单词 *it's*？（选自一节关于标点符号的课）
- 为什么今天的美元在墨西哥比在瑞士更值钱？（选自一节社会科学课）
- 你觉得有些口才很好的律师会被陪审团厌恶的原因是什么呢？（选自一节公共演讲课）

另一种吸引学生注意力的有效方法如下：

- 明显的矛盾：

你认为希腊帝国为什么在最强盛的时候崩溃了?

- 与现实生活似乎不符:

为什么一些低级动物的寿命比人类长?

- 乍一听似乎不合逻辑的事情:

为什么一个物体在前进的时候其他物体必然在倒退?

例如,在一节介绍正负数的课上,如果告诉学生两个负数相乘总是得到一个正数乘积的话,可能会让他们感到困惑,但这也可能引起他们对两个负数相乘可以变成正数的好奇心。你可以继续解释这一明显矛盾背后的数轴和数学规则。

其他引人注意的辅助工具还有图表、图片、插图、比例模型和电影等。在你口头表述吸引学生的听觉时,这些设备可以吸引他们的视觉。图形或视觉材料对于那些更倾向视觉或对视觉呈现比对听觉呈现更有反应的学生来说尤其有效。一种可视的开场白可能包括了当天课程的材料样例,这样学生就可以在上课之前接触到它们。开场白也可以展示你将在课上使用的设备(例如、秤、计量表、图片、模型等)。

2. 告知学生目标(预热、目标和意图)

你希望学生知道什么,以及想让他们做什么?

仅仅因为你学生的注意力已经被一些的设备吸引了,并不意味着他们会被调整到你授课的波段。为了解决这个问题,你需要告诉他们你在哪个频道上传输你的课程。

要使学生保持接受状态,最有效的方法是告诉他们在这节课结束时期望他们能达成怎样的行为成果。你可以在课程或单元开始的较早时段告诉他们怎么检查目标或展示他们的能力。例如,预期可以用下列任何一种方式表示:

- 记住下面将要给出的四种关于能量的定义。(科学)
- 能够用一个句子向全班口头表达所有权的意思。(语言艺术)
- 使用显微镜正确识别一个神秘的低等动物标本。(生活科学)
- 说说你对判死刑的真实感受。(社会科学)
- 知道《夏洛特的网》这个故事中斜体词汇的意思。(阅读)

这些语句使学生了解到他们应达到的水平,并可有选择地使用和记忆课程信息。如果学生在关于能源的课上被告知他们将在最后回忆四种关于能量的定义,那么他们就会在课程中集中精力进行搜索、追溯和保留关于能量的定义或你所呈现的能源分类。

教学活动成功的关键就是要清楚地表达目标。要做到这一点，一定要记得用学生会用的词汇和语言来表述目标，并把你告诉他们的话记录下来，作为你的第二部分课时计划的提醒。

沟通目标的最好方式是提供任务示例，以例子表明你希望学生在课后能有什么表现。这就意味着要把与学习成果相关的动作动词转换为一些行为，它们可以在测试、课堂讨论和问答环节中进行测量。例如，在关于低等动物的单元刚开始时，教师可能会在黑板上写下以下例子作为期待的成果，然后在每天课程开始时画出最适用的例子：

告知学生你的目标有助于他们在课前组织自己的思维，通过为其提供心理挂钩使其关联到课程的关键点上。这就激活了学习过程，并使学生专注于获得所需的行为成果

○定义变形虫。

○绘制变形虫的细胞结构。

○解释变形虫的繁殖周期。

○使用显微镜，正确地将变形虫与其他单细胞动物区分开。

请注意,这些课程成果的范围包括从复述事实到在真实生物环境中做出决策和判断。

如果事先不告知学生应该达到哪个水平,他们就无法从这些预期的教学成果中进行选择或将注意力集中在这个部分。这并不是说学生应该忽略课堂呈现的其他方面。相反,学生现在可以把其他方面看作是获得最高层次结果所需的工具或手段,而不看作终点。

3. 激发对先前学习的回忆(复习)

学生的哪些需求、兴趣和先前的学习将成为这节课的基础?

在你开始新课程内容之前,还需要进行最后一个预备性的教学事件。因为学习不可能发生在真空中,所以必须检索必要的与任务相关的先前信息,并备好以供使用。这就需要采用某种方法来复习、总结、重述或以其他方式来激发在以前的课程中获得的关键概念。这些资料对于达到目前课程的预期结果很有帮助。

例如,如果教师的目的是让学生用显微镜正确地辨别变形虫和其他单细胞动物,一些以前获得的事实、概念和技能显然与这项新任务有关。单细胞动物的定义、变形虫与单细胞动物不同的独有特征、使用显微镜这三项就是会影响学生学习成果的与任务相关的先前知识。

帮助学生检索早期信息需要将关键内容浓缩成一个容易理解的摘要形式。要在几分钟之内总结所有信息是不可能的,所以你需要使用引人深思和刺激性的技巧,让学生聚焦在大量的先前知识和兴趣点上。以下这类问题可以帮助学生回忆早期课程中最重要的和有记忆点的部分:

• 你还记得约书亚为什么不能在显微镜下看到变形虫吗?(显微镜在低倍放大模式而不在高倍放大模式)

• 你还记得娜塔莎试图幽默地把变形虫的繁殖周期与人类的繁殖周期联系起来吗?(她把细胞分裂类比某天早上醒来发现家里多了个新宝宝)

• 你还记得里科所画的变形虫细胞结构的三色图吗?(每个人都说这画很逼真)

诸如此类与课程内容区域相关的问题可以帮助学生检索与任务相关的先前学习,不是通过总结,而是利用单一的心理意象来回忆学习。一旦意象被检索到,学生可以开启它并搜索可能隐藏其中的细节,从而获得更多回忆。课程计划的第三项就是描述如何刺激学生对先前学习的回忆。

4. 呈现内容（输入、示范）

所教内容涉及哪些国家（CCSS）、州立标准和课程指南的内容？

展示内容是课时计划的核心。乍一看，这部分似乎不需作解释，但是完成这一过程的几个重要事项经常被忽视。这些都与课堂呈现的真实性、选择性和多样性有关。让我们仔细看一下这几点。

> 观察这位教师在他的科学课上如何提供输入并示范那些学生已学的信息。注意教师为唤起学生对信息的回忆使用了哪些类型的问题。

真实性。要教授真实的行为，课程内容的呈现必须能让学生用于进行评估以及在高年级和课外的真实世界中使用。如果教师的目的是让学生用显微镜识别单细胞动物，那么教他们标记显微镜的各部分名称就不算真实了。虽然了解各个部分的名字可能也是较早课程中的必备技能和重要目标，但它不足以达到本课的预期目标。换句话说，在日常生活中如何进行一种行为，在课堂上也要如此教授，这样才能真实。根据故事情境进行阅读也是一个真实行为的例子，因为学生有机会从文本中获得意义，就像在现实世界中那样。

你可以尽可能多地以不同的方式来改变教学环境，从而使你所教的行为更加真实。这么做可以避免只在一种条件下进行回应，而忽视了在之后的课时、年级和课程中可能会遇到的其他回应形式。下面是一些改变了学习刺激的某些层面或情境的例子，它们与课程目标不相关：

- 展示数字问题的竖式和横式。（数学）
- 从流行的杂志、报纸以及课本、练习册等材料上选取例子，向学生介绍标点符号的正确使用方法。（英语或其他外语）
- 展示一下如何应用电的定律解释雷雨中的闪电和实验室中的电路。（科学）
- 将人类社会的行为准则与动物界的准则联系起来。（社会科学）
- 将计算机的中央处理器与人大脑的运转进行比较。（计算机科学）
- 展示一下某场战争的原因如何也适用于数百年前的其他冲突。（历史）

在每个例子中，课程设计者都在不同的环境中使用了重要的课程理念。因此，学生更有可能：(1)专注于正确的数学运算，而不是关注格式；(2)注意出现在大众刊物上使用不当的标点符号；(3)理解支配电的物理规律的普遍性；(4)认识社会行为不是人类独有的现象;(5)区分数据处理的功能和有时需要执行这一功能的硬件和设备;(6)了解冲突、战争和敌对行为产生的一些原因既具普遍意义又有其特定性。

选择性。在备课阶段,第二个要考虑的是强调课程中最重要的内容。并不是书中的每一章、每个工作簿、每个电影、每份材料或每块黑板上的讲义对于当天的目标和标准都同等重要。因此,在课程开始时,突出材料中的关键方面会帮助学生有选择地复习和记住课程的要点。例如,让学生关注"第 50 页下面的 6 个概念"或"第三章末尾的表格和图表"可以帮助他们在大课程背景下来理解当天的课程,为以后的学习提供参考。

你还需要在课程中突出内容。突出内容可以包括口头上强调某些事件的重要性,告诉学生在视频中寻找某些信息(甚至可以暂停视频强调该信息),在黑板上用下画线、圆圈或颜色标记关键词("这很重要"、"注意关联性"、"以后会用到")。这些方法和其他一些选择性地强调课程关键部分的方法将在后面章节中讨论,但记住在这个阶段的课时计划中要考虑上述方法。

多样性。有效教师区别于普通教师的一个关键行为是教学多样化。在课程开始时吸引学生的注意力是一回事,但保持他们的注意力又是另一回事。不同的教学方式(如视觉、口述、触觉)和多样教学活动(大组展示、问答、小组讨论、项目工作等)可以激发学生的思考和兴趣。从视觉主导的教学转变为口头主导的教学(或二者同时使用),以及把一节课分为若干个教学活动(先解释,后问答),这些都很重要。

计划在模态和教学活动上的变化可以在多样的情境下呈现内容,让学习者根据自己的学习风格以多种不同的方式掌握材料。这样的变化也能让学生看到以前学过的材料可以在不同方式中使用。这比简单地在课堂上以同样的模式和形式进行复述更能巩固所学的知识。它还鼓励学生根据新的模式或过程拓展材料。例如,展示学到的材料可能在问答环节被推至极限,因为学生回答一个问题时可能发现,由于展示形式的变化(比如大组对问答)或当时学习的有限环境,先前的一些理解可能并不完全正确。

除了让学生在学习过程中保持专注和积极参与,提供多样性能创造更难忘、有意识的学习体验。在课时计划的这个阶段,一定要考虑上述这些增加教学多样性的方法。

5. 引发期待行为（检查理解，指导练习）

学生将完成哪些有吸引力且有价值的学习活动和任务呢？

在介绍完课程内容之后，给学生一个机会展示一下他们已学到的预期知识和理解吧。学习发生在活跃的环境中，这样的环境能够使学生积极参与学习过程，取得中、高程度的成功率。因此，第五个教学事件非常必要，添加到课程计划中可以鼓励和引导学生投入一个可以展示预期成果的学习过程中。

第五个事件——引发期待行为与前面四个事件的不同之处在于，它寻求个体学生在学习过程中的隐秘性和个人参与感。每个学习者必须在反复尝试和犯错中总结、释义、应用或解决与课程内容相关的问题。学习者在这个阶段是否能准确地回应并不重要，只要所提供的活动可以刺激他们进行回应就已经达到目的了。当学生被告知目标（第二个教学事件），这个活动会引导学生组织与既定学习成果相匹配的回应。

开展此项教学活动的主要方式包括引导学生解决练习册、讲义、课本学习中的问题、完成口头和书面练习题，以及通过口头提问让学生应用所学（如果这些知识只在他们的头脑中）。目的是开展一种课堂活动，可以鼓励学生在非评价性的氛围中尽可能及时地在新材料展示过后使用所教的材料。有时，这些活动可以与每个新信息块一起穿插到整个课程中，这样也增加了多样性。在其他情况下，这些活动一般在内容呈现快结束时出现。

无论是哪种方式，引发性活动都是简短、非评价性的，而且只侧重于提出一个学习者必须组织回应的条件（例如，来自问题、难题或练习）。这种回应可以是书面的、口头的或无声的（学生在自己的头脑中做出回应）。引发性活动可以很简单，就像教师在课堂上提出问题一样，它也可以很复杂，就如学生在课程结束时要回答练习册上的问题或做练习。该活动的主要特征是非评价性，它鼓励学生无焦虑地做出回应，与通常发生在测试情境下的保守回应模式不同。

你也可以考虑以下几种方法来引发期待的行为：

- 事先准备大量的口头问题。
- 就要点、补充要点和教学过程中的知识点进行简单提问。（让学生自己创造问题）

第六章　单元和课时计划

- 除了自愿回答问题的学生,也点没有举手的学生回答。
- 要求学生用自己的话总结一个规则或过程。
- 在班中巡视时,让所有学生写下(在纸上或黑板上)他们的答案。
- 让所有学生写下答案,并与同桌核对。(经常用于年龄较大的学生)
- 在展示/讨论结束时(尤其是与年龄较大的学生),在黑板上写下要点,然后把全班分成小组一起总结主要内容。

6. 提供反馈(指导练习,总结)

在这节课中,你会用什么样的教学实践来提供评价性反馈?

第六项教学事件与第五项教学事件(引发期待行为)在时间上密切相关。正如我们所看到的,引发期待行为在一定程度上促使学习者努力争取并考虑提供正确的回应。回应是个人以非评价性的方式去尝试回忆、总结、解释、应用或解决问题,这维持了他或她的学习动力。教师可以提供反馈,但提供反馈的对象应是整个班级或处于不同层次的学生群体。例如,给学生自己思考的时间后,教师可以向全班同学展示正确答案,把学生的答案分成几组进行比较,找到正确答案后大声读出,提供带有正确答案的讲义,或使用投影仪和实物投影机记录主动回答问题的学生给出的答案。所有这些非评价性的方式都引导学生重新接触并再次思考之前的回应。

但在第六阶段的学习过程中,为个体学生提供反馈很重要,要让他们知道回答是否正确或者如何回答更好。教师对学生的回应要根据他或她的能力、学习历史、语言和文化以及特殊的需求(如有)而有所调整。诸如"这是个很好的尝试"、"这好像不是我想要的"、"再想想"这一类的回应可以把焦点从错误答案转移到更有成效的答案上,并给个体学生提供特定的反馈,而不是对他或她的回应进行惩罚。如果学生在座位上安静学习,你可以在教室里四处走动,用简单的点头和微笑来示意某人的表现是否正确,或鼓励学生修改错误的回应。课时计划的这个部分提供了给个体学生评价性反馈的途径,使学生知晓其回应是否足够充分。

其他一些给个体学生、小组或全班提供反馈的方法在表6.2中做了总结。

7. 评估课程成果(独立练习)

如何知道学生什么时候达到了课程目标?

最后一个教学事件规定了你以何种方式对学生获得预期行为的程度进行最终的评估,这也可能包括其他课时的成果。正如我们所见,引发性活动和反馈可以是即时的或延迟的(口头问题或练习册问题),也可以是非评估性的或评估性的(集体回应或个人回应)。而此教学事件,你要确定它是延迟的并以评估为主的。

表6.2 一些提供反馈的方法

个体学生	小组	全班
走过学生时点头示意 在练习册或课本上指出正确答案 给学生看参考答案 在不正确的回答旁打"×"	和小组成员坐在一起讨论他们给出的答案 让一组来评论另一组的答案 在小组完成讨论后给每组查看参考答案 指定小组一名成员检查其他组员的答案	把答案放在幻灯片上 在纸质材料中提供答案 大声读出答案 在黑板上给出答案 在给出答案时,让学生互相评卷

你采用的评估方式可以包括计分面试、客观题和简答题、分级作业、课堂表演和学生作业范例等。你如果在教学的早期阶段使用以上方式,因过于正式可能会出现反效果,因为此时的教学目标是让学生做出第一次回应,并不限制学生去发现、探索和冒险(它们都是达成有意义学习的重要元素)。但是在最后阶段,评估将会有助于测量学生在完成一节课或一系列相关课程后可以在多大程度上展示预期的知识、理解或行为。你在第十三章将学习更多这一阶段的评估,但眼下我们可以先了解以下几种完成本事件的评估方法:

测试和小测　　　　表现评估　　　　简答题
家庭作业　　　　　实验作业　　　　研究论文
课内练习作业　　　展示　　　　　　独立练习
档案袋　　　　　　口头提问/访谈

课时计划实例

我们现在把七个教学事件汇总成一个简短而有效的课时计划,回答七个相关的问题。为了实用性和有效性,课时计划必须简短并能传递课程所需的所有要素。

下面是关于不同科目和年级课时计划的例子,它们展示了前一章的目的和标准如何与本章的教学计划相吻合。这些例子也说明,使用这七种事件来组织教学任务会让课时计划变得轻松。那么让我们回顾一下这些事件,看看小学、初中和高中的课时计划实例。

课时计划实例

阅读技能

单元主题:猜词技巧(纵向单元计划)

课程层次:小学低年级

学科领域:发音与阅读

课时主题:辨音,字母表——课时2.1

前面的主题说明了课程的一般内容以及在单元中的安排是猜词技巧。课时标识符"2.1"表示这是第2单元中的第1课。如图6.11平面单元图所示。

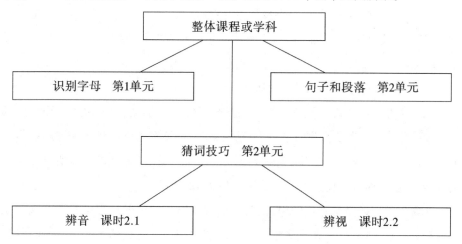

图6.11　课时、单元和一门课程或领域的关系

接下来是关于教师如何使用这七个教学事件给学生上课的描述。此外,这里还添加了一些详细说明,进一步定义了每个事件。

1. 引起注意。教师播放一段发音清晰的录音。

这个教学活动可以吸引学生的注意力,使学生集中在呈现的内容上。无论教师使用什么方法或手段,都要既引起学生的注意,又激励他们在课堂上继续集中注意力。记住,学生,尤其是年轻人,很难注意到课堂活动之间的微妙变化。他们的注意力通常集中在已经发生的事情上,且不愿意改变注意力,除非有新的、有趣的或令人兴奋的事情发生。

视觉或听觉的刺激往往可以有效地吸引学生的注意力,因为它们比书面文字、口头表达和陈述等较中性的刺激更能调动感官感觉。从听到看(或反之)的感官改变,往往会刺激学生更有选择性地感知和接收那些传达的信息。

2. 告知学生目标。当磁带播放完,教师指出本课结束时,学生应该在不听录音的情况下大声重复元音的发音。

这个教学事件把本节课的行为目标转化成一种对学生有意义的形式。在这个例子中,信息正在从一种模式(听)转换到另一种模式(说),表明这一课的目标是按认知领域的理解水平编写的,需要形式上的改变。教师在吸引学生的注意力时需要选择能引导学生进入本课目标的工具。简单地以拍手来引起注意,然后说明目标,可能不如把目标融合在吸引学生注意力的过程中那么有效。

在本例中,录音与课程内容直接相关,使得这两个教学活动共同形成一个统一的主题,从而提高了学生的注意力。其他简单而有效的获取注意力并能反映课程目标的方法包括使用图片或图表、在黑板上写出问题以及对课程内容直接演示等。

3. 激发对先前学习的回忆。教师展示如何正确定位口型和嘴唇来发出每个元音。

识别出并成功地将与任务相关的先前知识传达给学生,对于达成课程目标至关重要。除非对这些信息进行解释、总结或回顾,否则有些学生将无法理解所传达的意思。其中,学生无法获得课程成果的最常见原因是,他们缺乏之前所学课程中的技能和理解,而这些技能和理解是后续学习所必需的。

让学生回忆或激发先备知识,使其可以在获取新知识的过程中发挥意义。在课时计划的这一步骤中,大多课程需要回顾和识别一些先前的事实、理解或技能,这可以通过抓住先备学习的要点实现。

4. 呈现内容。教师可能会念出每个元音,然后让全班重复两次,并在发音位置图示上指出每个元音发音过程中口型和嘴唇的位置,从最常用的元音开始进行。

呈现新材料在任何新课堂上都是必不可少的,但并不需要用课程的大部分(甚至很大一部分)时间来做这个工作。如果把一节课的大部分时间用在新的材料上,而不进行其他的教学活动,结果可能是呈现的内容太多,以至于学生难以掌握。这通常导致在后续课程中不得不重新讲授课程内容或在单元结束时草草收尾。接下来的三个教学事件清楚地说明,新内容本身必须刺激后续内容的出现。

5. 引发期待行为。教师让学生按照练习册中的图示默默地练习每个元音的口型和嘴唇的正确发音位置。

在这个教学活动中,教师已指导学生实施这个行为,并给他们提供了练习的机会,这两项活动必须同时进行才能让学习发生。如果没有提供练习的机会,在第一次引发期待行为时,可能会削弱其教学效果。在前一个事件中描述的内容,应该以一种使学生能理解的形式呈现,并在无威胁、非评估的环境中进行。因此,评分或表现评价不应该成为此教学事件引发的表现的一部分,自发性、自由犯错和自我发现的机会才应占据主导。

6. 提供反馈。教师随机选择学生,要求他们朗读元音,并纠正学生的错误,向全班展示正确的发音。在引发性活动之后立即给予反馈。表现与反馈之间的对应关系越紧密,反馈越快,学习就越可能发生。

像在之前的教学事件中,因为教师没有提供反馈,所以学生也没有办法知道他们的行为是否正确(口型和嘴唇的位置)。尽管课本中的图片可以引导他们的行为,但因学生看不到自己在做这些动作时的表现,他们并不知道自己做的是否准确。在本事件中,反馈必须紧跟着引发性活动,使之成为学习的重要环节。然而,之前的引发性活动可能包括非个人化和非评估性的反馈,举例来说,当要求全体学生大声朗读元音时,教师对学生发音的准确性进行了总的反馈,这种反馈就是非个人化和非评估性的。引发活动与反馈之间的对应关系是一个程度的问题,但这两个活动应该前后联系紧密地出现。

7. 评估课程成果。课程成果将作为猜词技巧单元测试的一部分进行评估,评估范围包括练习册第17页和第18页已完成的内容。

几乎没有哪个课程的目标是通过单次课时测试来评估的。为了使测试有效实用,通常需要对比一节课的内容更多的信息进行测试。然而重要的是,要指出哪个单元或子单元测试涵盖了课程内容,以及除了正式测试外你还会使用哪些额外的测试手段(如课堂表现、项目和档案袋)来用于评估学生的回应。从这种评估中获得的信息将为你提供重要的反馈,使你可以了解学生是否准备好学习新的内容,以及他们在需要用到当前知识的后续课程中如果表现不佳可能出于什么原因。

❤❤❤

课时计划实例

文学和美国历史

单元主题:美国西部史

课程层次:小学高年级

学科领域:历史/社会科学,语言艺术,艺术

课时主题:西行日记

前面的主题指出了课程的大致内容以及它所属的单元。这个课时出现在一个跨学科的单元计划中,主要是"西行日记"的阅读或文学课,如图6.12所示。

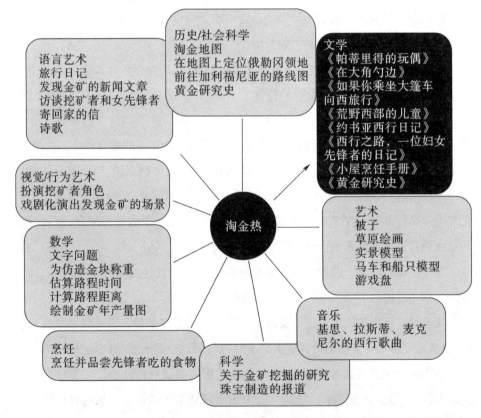

图6.12 跨学科单元主题"淘金热"及其包含课程"西行日记"的视觉呈现

资料来源:美国长滩佩珀代因大学讲师辛西娅·朵琳斯博士。

1. 引起注意。教师展示先锋者可能在西行过程中携带的物品或物品的图片,包括日记、帽子、旧工具、《圣经》和铸铁锅。

2. 告知学生目标。教师要求学生选择其中一条前往加利福尼亚的路线,并写一篇19世纪40年代的日记,详细记录旅途中的一天。学生可以在呈现这个作品时发挥创造力,选择设计日记或日志的格式,或者写在用美术纸制成的船或马车上。

3. 激发对先前学习的回忆。以班为单位,学生们对西行之旅中的主要事件进行头脑风暴,并将其记录在一张大图表上。

4. 呈现内容。请学生读艾米丽·斯图尔特·奈特的《西行之路——一位妇女先锋者的日记》的节选和琼·安德森的《约书亚的西行日记》。在教师的引导下,学生围绕两位作者如何详细描述和总结旅程中事件进行讨论。

5. 引发期待行为。请学生假装自己是19世纪40年代西行货车中或西行船上的孩子,以他们写日志或日记的方式记录自己的经历。为学生提供各种类型的写作用纸和美术用纸,培养学生设计日志的创造力。

6. 提供反馈。在学生进行写作时,教师可以请学生分享自己的写作片段。讲评环节,教师可指出学生是如何将头脑风暴图片中的内容融入习作。

7. 评估课程成果。设计一个量表,给不同熟练水平的日志评分。评分标准可以包括1840年发生的事实事件、描述性语言的使用和创造力。

表6.3展示了在一节50分钟的课时内,你可以投入每一个教学事件的最大时间量。有些课时在时间量分配上存在很大差别,比如当整节课都用于复习或对先前学习的回忆与评估行为和当天课程无关时。请记住,在决定投入每个教学事件的时间百分比时,你的经验、对内容的熟悉程度和常识始终是你的最佳引导。

从表6.3中可明显看出,如果强调一个教学事件,那就必须弱化另一个教学事件,对事件的权衡一直存在。虽然每个教师都想拥有比规定的教学时间还要多的时间,但他们必须决定如何使课程内容符合现有的时间。表6.4提出了一些计划典型课程时可以采用的方法。

表 6.3 假定 50 分钟课时中不同教学事件的时间分配情况

教学事件	时间范围(分钟)	所占时间百分比(%)
引起注意	1—5	2—10
告知学生目标	1—3	2—6
激发对先前学习的回忆	5—10	10—20
呈现内容	10—20	20—40
引发期待行为	10—20	20—40
提供反馈	5—10	10—20
评估课程成果	0—10	0—20

资料来源:美国长滩佩珀代因大学讲师辛西娅·朵琳斯博士。

表 6.4 科技在不同内容领域的应用

内容领域	应用
阅读/语言艺术	● 用软件程序开发基本阅读技能 ● 写作技能教学的文本处理 ● 用网络搜索引擎开发基本研究技能
数学	● 用辅导和操练性软件开发数学常识 ● 用图形计算展示抽象和难以图像化表达的关系 ● 用软件展示和探索几何概念
科学	● 用模拟软件展示复杂关系 ● 用数据收集工具在实验室内外进行实验 ● 使用网络连接查看信息并与其他科学家交流
社会科学	● 用模拟软件探索不同地点和年代 ● 用线上档案馆查看各年份的社会科学研究 ● 用电子表格和数据库整理信息

以下课时计划展示了在其他年级水平不同内容领域的七个教学事件。

课时计划实例

美国历史

单元主题:美国历史(重建初期)

课程层次:中学

学科领域:内战

课时主题:内战的原因

1. 引起注意。在幻灯片上展示以下列表:

法国与印第安人战争,1754—1769

独立战争,1775—1781

内战,1861—1865

第一次世界大战,1914—1918

第二次世界大战,1941—1945

朝鲜战争,1950—1953

越南战争,1965—1975

2. 告知学生目标。学生需要了解内战的原因,并且还能用这些原因来解释幻灯片上列出的其他战争。

3. 激发对先前学习的回忆。简要回顾法国与印第安人战争和独立战争的起因,参照课程2.1和2.2。

4. 呈现内容。(1)总结导致内战的主要事件:地方主义的兴起、劳动密集型经济和缺乏多样化。(2)识别内战期间的重要人物及其角色:林肯、李·戴维斯和格兰特。(3)描述四个导致战争的一般原因,并解释哪一条与内战的关联性最强:经济(利益)、政治(控制)、社会(影响)和军事(保护)。

5. 引发期待行为。请全班同学找一找,在上述四个原因中哪一个与引发内战的主要事件最为相关。

6. 提供反馈。询问学生的答案,并指出学生答案的合理之处。

7. 评估课程成果。布置一篇一页的作文作业,评估在幻灯片上列出的其中一场战争四个起因的相对重要性。

课时计划实例
语言艺术
单元主题:写作概念和技巧
课程层次:中学

学科领域:段落写作

课时主题:描写性、叙述性和说明性段落

1. 引起注意。给学生读《星期日》报纸上一些简短的描述性、叙述性和说明性段落的样例。

2. 告知学生目标。学生将能从大众媒体上摘选的样例列表中,区分描述性、叙述性和说明性段落。

3. 激发对先前学习的回忆。回顾一下描述、叙述和说明这三个词在日常语言使用中的意义。

4. 呈现内容。用《星期日》报纸上的一个头条标题,举例说明如何用描述、叙述和说明来报道这个故事。

5. 引发期待行为。从《星期日》报纸上再找一篇头版新闻,让每个学生以自己喜欢的方式,用描述性、叙述性或说明性的形式写一段关于这个故事的文章。

6. 提供反馈。让学生大声朗读他们写的段落,根据学生所选文体类型的标准来审核每个段落。

7. 评估课程成果。在单元测试中提供每种写作形式的多项选择题。让学生根据需要修改他们的段落,并在第二天以家庭作业的形式上交。

课时计划实例

数学

单元主题:消费者数学

课程层次:初中

学科领域:基础数学

课时主题:比率、比例和百分比的运算和性质

1. 引起注意。给学生展示下列内容:一罐无糖软饮料;一包一磅重的意大利面;一盒早餐麦片。

2. 告知学生目标。学生将能了解如何从流行食品标签上的信息中确定比率、比例和百分比。

3. 激发对先前学习的回忆。复习数学练习册中比率、比例和百分比的意义。

4. 呈现内容。把软饮料标签上的信息写在幻灯片上,让学生找到钠的百分比。

5. 引发期待行为。将麦片盒上的配料表写在黑板上,让学生确定(1)蛋白质每日摄取量的百分比;(2)维生素 A 每日摄取量的比例;(3)蛋白质与碳水化合物的比率。

6. 提供反馈。利用黑板上的信息,指出行为 1 和行为 2 的正确答案,并展示如何从标签上的成分里找到行为3(步骤5)的合适分子和分母。

7. 评估课程成果。在周测验中用其他消费标签设置五个问题,包括比率(两个问题)、比例(两个问题)和百分比(一个问题)。

课时计划实例
科学
单元主题:实验操作技能
课程层次:高中
学科领域:生物
课时主题:显微镜的使用

1. 引起注意。播放一段视频的前 5 分钟,展示如何制作镜头。

2. 告知学生目标。学生将能正确使用高倍镜片和低倍镜片观察单细胞动物的标本。

3. 激发对先前学习的回忆。复习下列步骤,从采集的单细胞标本中选择切片,并将其安装在显微镜标本盘上。

4. 呈现内容。当一名学生在全班同学面前演示时,帮他/她摆好姿势并把双手放在显微镜上。轻轻地让学生弯下身子、屈起手,直到位置调整正确。另外,演示眼睛摆放的位置,展示低倍镜和高倍镜下的顺时针旋转和逆时针旋转。

5. 引发期待行为。每个学生拿一个标本玻片,将其安装在显微镜上,并且用低放大倍数聚焦。随机检查学生的显微镜,根据学生观察的实际需要调整标本玻片、摆放位置和聚焦倍数。在高倍数观察中重复此步骤。

6. 提供反馈。在引发性活动(步骤5)的情景中提供反馈以提高反馈的及时性,并让学生参考课本中重点和非重点样本的例子。

7. 评估课程成果。单元结束时,在真实的实验室中考查学生,要求他们使用显微镜正确安装和辨认三个未知标本。

案 例

说明:以下案例与第六章的内容有关。读完这个案例,请根据提示回答一些批判性思考问题,并把从本章中学到的知识应用到这个案例中。

拉丁学生肖恩穿着一件长袍,露着小腿,脚上穿着凉鞋。他在科迪先生十年级的英语课堂上跑动时,手里摇晃着一个短皮条,此时他正被邀来展示罗马人在牧神节宴会上如何着装打扮和庆祝。肖恩开心地笑着,他拍拍同学的背,好像自己在派对上一样。

"这就是牧神节盛宴。"他说,"年轻的罗马人带着羊皮条赛跑,他们认为这是多产的象征。赛马场上挤满了想生孩子的妇女,她们站在路边,希望被皮革碰到沾沾喜气。"

一些学生让肖恩再多讲点关于盛宴的信息,肖恩给他们讲了讲体育比赛和竞赛的事,这在现在这个关于莎士比亚《尤利乌斯·恺撒》的单元中是没有提到的。肖恩该回去上拉丁语课了,所以科迪先生回答了剩下的问题。

"那么恺撒想让他的妻子挡住安东尼的去路,这样她就能生孩子吗?"卢皮问道。

科迪先生没有回答,而是问了另一个问题:"如果这件事是真的,卢皮,那它为什么重要?这反映了恺撒怎样的野心?"

"他想要一个家庭,当皇帝还不够让他开心。"蒂芙尼的眼神从课本里夹的《魅力》杂志中移开,抬起头说。

"不,"卢皮笑了,"这意味着他想要一个继承人,他不满足于只做一辈子的皇帝。他想开始他自己的——你们怎么说——王朝吧,我觉得。"

"完全正确,卢皮。现在你们可以明白那些参议员感到担忧的原因了吧。"科迪先生调整了一下眼镜,打开了书,"现在让我们回到昨天讨论的那部分,关于'羊痫风'的?"在学生翻开书到指定页面时,他停顿了一下。

"安吉丽,你说说羊痫风是什么?"科迪先生等待回复,然后提醒她看看脚注。

安吉丽紧张地试了几次音后,回答说:"癫痫。"

"我们昨天谈到过,参议员们在恺撒背后嘲笑他虚弱的身体状况,有些同学觉得他们很卑鄙。选了历史课的同学都主动跟历史老师提出了这个问题,我建议其他同学可以问问家里年长的亲戚。"

"我爷爷说富兰克林·罗斯福有小儿麻痹症,但他在公众面前从未坐过轮椅。"丹尼尔说。

内森主动发言:"我不是真的想说刻薄的话,科迪先生。我是说,我们的总统是首席指挥官,他必须随时准备好领我们参战,所以他必须得健康。"蒂姆从课本中抬起头。

"不过,他不必亲自带兵。我是说,有没有轮椅,罗斯福都带我们取得了'二战'的胜利。"在科迪先生挥手让大家暂停讨论时,旺达进行了最后的发言。

科迪先生继续说:"那么接下来的20分钟让我们把想法变成文字。我们在多大程度上像恺撒时代的罗马人那样,希望我们的领导人是身体健康的?你对这个问题有什么个人看法?请用理由支撑你的想法。"

点击 第六章 评估测试你对本章知识的掌握情况。

总 结

学习成果6.1

- 计划过程的四个主要输入是:(1)教学目的知识;(2)学习者需求知识;(3)学科内容知识;(4)教学方法知识。

- 可以从四个来源获得四个输入的信息,分别是:(1)实践经验,例如在教室进行观察;(2)阅读有关成功教师的个案研究;(3)阅读有关教学的重要想法、概念系统和思维范式的专业文献;(4)阅读关于本学科及教学相关的研究。

- 默会知识是计划过程中的另一个输入,它指的是随着时间的流逝和经验的积累而发现的发挥作用的知识。

学习成果6.2

- 教学单元可以被视为一个系统,单元内的单个课程是其组成部分。层次结构的概念告诉了我们各部分和整体之间的关系,与任务相关的先前知识这一概念说明了在一连串的事件中什么必须发生在什么之前。

- 计划决策要考虑：

1. 标准和目标——国家和州的标准以及学区的课程指南规定了每个年级的主题内容；

2. 学习能力、经验和具体需求；

3. 成果。

学习成果 6.3

- 单元可以纵向规划，强调课程内容和与任务相关的先前知识在学科中的层次结构，或者横向规划，强调整合了跨学科的知识体系的主题，传达了世界不同方面的关系和模式。

- 纵向单元计划的三个活动包括：

1. 在行为分类中，对单元成果的分类要在层次上比课程成果更高；

2. 计划教学顺序，使得以前教过的课程成果有助于后续课程产生成果；

3. 重新安排或添加课程内容，在需要时提供与任务相关的先前知识。

- 横向或跨学科计划的三个活动包括：

1. 确定一个跨学科的主题；

2. 跨多个学科整合知识体系；

3. 识别把世界不同方面联系在一起的关系和模式。

学习成果 6.4

- 在开始准备课时计划之前，应该确定课程预期的学习成果（例如，知识、应用、评价等），以及需要包括哪些针对学生多样性的规定（例如，限时能力分组、同伴辅导、学习中心、专项材料、合作分组等）。

学习成果 6.5

- 以下外部事件应在课时计划中细化：

1. 引起注意；

2. 告知学生目标；

3. 激发对先前学习的回忆；

4. 呈现内容；

5. 引发期待行为；

6. 提供反馈;
7. 评估课程成果。

关键术语

跨学龄辅导	跨学科单元	默会知识
课程指南	横向单元计划	主题单元
综合主题教学	同伴辅导	指导和沟通技术
互动个性化实践活动	反思性实践	
系统视角	纵向单元计划	

讨论与练习

带星号的问题在附录B中有相应答案。有些带星号的问题可能要求学生做后续回应,这些答案没有包括在附录B中。

*1. 识别在教学计划过程中的四个主要输入。在制订课时或单元计划时,哪些时刻你会参考这些输入?

*2. 一个单元的成果为什么会大于它的单个课程成果的总和呢?用你学科领域中的一个具体单元的内容来举个例子。

*3. 用自己的话解释,用于单元计划的层次和与任务相关的先前知识这两个概念。

*4. 列出在三个领域(认知、情感和心理运动)中通常最适合作为单元成果的行为层次。

*5. 在纵向单元计划中,位置较低的方框与位置较高的方框有什么区别?用你在问题2中提供的例子来说明。

*6. 解释一下纵向单元的图形单元计划与横向单元的图形单元计划有何不同,并用自己的话解释这两者为什么一定要有区别。

7. 用自己的话解释教与学的区别。可以用什么例子来说明课堂中学习者的区别呢?

*8. 确定教学多样化关键行为中最重要的教学事件。

*9. 确定学生成功关键行为中最重要的教学事件。

*10. 确定学生参与学习关键行为中最重要的教学事件。

*11. 说明提供反馈和评估行为的教学事件有何不同,根据(1)所提供的反馈的评估性质和(2)所提供的反馈的即时性来进行说明。

专业实践

现场体验和实践活动

带星号的问题在附录 B 中有相应答案。有些带星号的问题可能要求学生做后续回应,这些答案没有包括在附录 B 中。

1. 从你观察的一节课中提供一个与任务相关的先前学习的例子。从你对学生行为的观察来看,你认为这些知识教授得充分吗? 为什么?

2. 对于你要教授的一门学科,纵向设计一个三课时的单元,课时安排的顺序对实现成果发挥着重要的作用。然后,横向设计一个三课时的跨学科课程的单元,课时顺序不重要。确保每个课时的成果可以反映单元成果。针对这两种设计,遵循本章中展示的图表形式,手绘或使用微软 Word 或用灵感软件制作出你的课时计划。

*3. 从你的课堂观察中,找出几种在同一节课中为满足个体学习者需求采取的不同的教学方式。你认为哪一种方式对你负责的年级水平或内容领域最有效?

*4. 从你正在观察的一位教师的课时计划中找出本章讲解的七个教学事件。哪个(或哪些)事件是你无法识别出来的? 为什么?

电子档案袋活动

以下电子档案活动与 InTASC 标准 7、8 和 9 有关。

将现场体验及实践活动 2 和 4 中的单元和课时计划放在你的电子档案文件夹中,命名为"课时和单元计划"。这些为你提供了一些实例,展示了你在制订学科与跨学科单元和课时计划方面的技能。今后有其他例子可用时,再把能代表你最好设计的课时和单元计划添加进来。

第七章 教学中的技术整合

学习成果

本章学习结束后,你将学会并能够:

- 理解使用技术进行教学的价值和目的。
- 确认不同类型的 Web 2.0 技术,并解释如何将其用于促进高阶思维、合作和自主学习。
- 利用学生学习所需的七个条件将技术整合到你的教学中。
- 通过评估学生是否参与到主动、建构性、合作、真实和有目的的学习任务,确定你是否实现了技术整合的教学目标。

美国州际新教师评价与支持联合会(InTASC)

学完本章,你将能够达到以下 InTASC 有关有效教学的标准:

标准2　学习差异。教师利用对个体差异和多元文化、社区的理解,确保提供包容性的学习环境,从而使每个学生都能达到高标准。

标准3　学习环境。教师与他人合作创设支持个体学习和合作学习的环境,鼓励学生进行积极的社交互动、主动参与学习和进行自我激励。

标准6　教学评价。教师理解和使用多种评价方法,使学生参与自身成长,监控学生的进步,并引导教师和学生制定决策。

标准7　教学计划。教师借鉴学科内容、课程、跨学科技能和教学法方面的知识以及有关学习者和社区环境的知识来设计教学,从而支持每个学生达成严格的学习目标。

♥ ♥ ♥ ♥ ♥

前两章呈现了教师备课所需的基本技能。现在,你可以将教学技术融入课时计划中,对备课技能予以补充,以此增加学生学习的机会。前几章中提到的一个重要主题是认识学习者之间的个体差异并根据其需求调整教学。如本章所述,将教学技术整合到课时计划中的能力将帮助你实现上述目标,以及让学习者在更真实的现实环境中获得高阶学习成果。

自21世纪初,互联网已广泛融入各行各业,并对课堂教学产生了重大影响。教学技术已成为一个用来满足学习者需求的主要教学平台。在互联网时代伊始,网页是只读的,且内容只能由网站所有者创建。网站访问者是信息的消费者,但不是信息的创建者。后来,新兴的互联网技术彻底改变了这种静态、片面的、"要么接受,要么扔掉"的学习平台,并用动态、在线的、实时交互的工具取而代之。现在,网站访问者可以在线协作共同创建内容。学习者可以超越静态图形和时间边界的限制,随着他们交流和互动的对象而改变。而且,教师越来越习惯于互动的技术环境,并将最新技术融入教学,以唤起学生有意义的学习。这已成为有效教学方法的必要补充。

大量研究发现,适当的技术整合可以激发学生学习的乐趣,并为他们提供处理信息、反思已得知识和在此基础上构建新知的认知工具(Jonassen, 2010; Roblyer & Doering, 2012)。为了吸引学生,学习任务必须是有意义的,即让他们参与到做决策、解决问题和探究的过程中(Howland, Jonassen, & Marra, 2012)。随着教学技术的革新,教学范式已从以教师为中心转变为以学生为中心,技术应用的重点也从用户作为消费者转移到用户作为创造者上。

在本章中,你将学习一些教学技术,以及如何运用这些技术以使不同学科和年级的教师受益。本章节的内容围绕三个问题展开:为什么在教学中使用技术?使用什么技术可以提高教学的有效性?如何将这些技术整合到教学中?对于为什么问题的回答将会解释在教学中进行技术整合的重要性,对于什么问题的回答将描述一些你可能希望整合到课堂中的教学技术,而对于如何的回答将会向你展示在课堂中应用这些技术的方法,从而深化第六章讨论的七个问题教学事件。同时,你还将学习一些指导方针,用以评估技术整合的有效性。

为什么在教学中使用技术？

面对国家法定课程、共同核心州立标准、精准教学框架和高风险考试的压力，教师有充分的理由把技术融入教学中。但是技术对教学真的有效吗？这个问题经常萦绕在教师的脑海里。许多学者就技术或媒体对学习的有效性进行了多年的辩论（Lajoie, 1993; Smaldino, Lowther, Russell, & Mims, 2014）。在这场争论中非常明了的一点是技术并不能解决设计不当的教学问题。技术的有效性取决于教师如何将其融入自己的教学。在本章中，你将学到教师和教学设计都是实现有效技术融合的基础。

许多研究阐明了技术的教育价值，并证明了技术融入教学的合理性。奥格尔和比尔斯（Ogle & Beers, 2009）在他们《从事语言艺术：探索语言的力量》一文中指出，课堂技术的使用可以：

- 激发学生的动机和提高其参与度；
- 提高阅读和写作技能；
- 扩充课堂阅读材料；
- 增加回答和合作的机会；
- 增加经验和内容知识；
- 提升想象力、批判性思维和解决问题的能力；
- 增进对多元文化的理解；
- 支持多样化学生的学习——来自低收入家庭、有不同的文化经历、英语学习者以及有生理、认知和情感挑战的学生；
- 增加对新知识的理解和使用；
- 促进专业发展和合作。

拉乔伊（Lajoie, 1993）提供了四种额外的由技术辅助的认知活动：

- 支持学生的认知过程（如记忆或元认知过程）；
- 减轻学生的认知负担，教授低阶认知技能，并用更多的时间与精力教授学生高阶认知技能；
- 允许学生参与真实环境中的认知活动，其情境打造是普通课堂不可能或因成本太高而无法复现的；

• 允许学生在即将遇到的环境中生成解决方案并进行自我评估，如未来作业任务、高年级学习和工作领域等。

研究文献将在线互动的总目标定义为交流、知识建构和学习（Joubert & Wishart, 2012）。例如，技术为学生提供了认知灵活性（Spiro et al., 1991）。现在，互联网技术提供了一种可操作的媒体环境——超媒体。在这种环境中，教师可以通过多种方式向学生呈现不同难度、不同来源的信息，以此满足不同的学习需求。同时，这还能为学生提供更多创造新知的机会，而不是鹦鹉学舌式地重复现有的信息。与教学相结合的技术也可以支持实现分布

课堂中技术的使用可提供一个多媒体的环境，教师通过多种方式呈现不同来源、不同难度的信息，从而满足学生不同的学习需求

式认知（Hutchins, 1995）。分布式认知强调对认知各个方面的整体性思考，提倡实现学生、计算机和学习环境间的同步互动学习。

由于互联网具有动态性，因此学生有许多机会将信息解释、处理和转化为自己的知识和技能。此外，在线技术可以帮助构建实践共同体，学生可以根据个人兴趣，利用丰富的资源和便利的工具组成学习小组，进行知识交流与创造（Wenger, McDermott, & Snyder, 2002）。据预测，现在的学生成年之后将会从事目前还不曾存在的工作。你的课堂教学应当教会学生一些他们在课堂内外均可使用的合作学习、探究、解决问题和元认知的技能，以便更好地帮助学生迎接21世纪的挑战。

为了让学生更好地应对这些挑战，安德森和他的同事（Anderson et al., 2001）

第七章　教学中的技术整合

修改了布鲁姆等人(Bloom et al., 1984)提出的认知领域分类,新增了创造行为(参见第五章的图5.4),即学生要用他们已有的经验来合成信息,并构建一个有独创性、全新的想法或作品。从这个框架中我们可以发现,知识的创造并不是一个完全靠灵感来实现的无计划的行动,而是教师将技术融入教学、经过设计来教授的行动。

无论教师在一个多么专注和积极的班级里,讲解得多么具有说服力,仅仅依靠"讲述"让学生始终参与学习不是一件容易的事。这个问题对于现在这一代习惯了视觉刺激和多媒体演示的学生来说尤其明显。为了吸引学生的注意力和满足他们多样化的学习需求,教师需要运用课堂技术来更新、改变他们的教学方式。

现在,大多数学生每天都会接触多媒体和互联网,他们是"数字原住民"(Prensky, 2001)或"网络一代"(Tapscott, 1998)。从你所教的年级来看,大多数学生都是在过去的15年内出生的,他们与以往的学生不同。对他们中的大多数人来说,互联网伴随着他们成长,使用技术就像呼吸一样自然。虽然这些数字原住民擅长于使用通信和游戏技术,但是他们不一定知道如何在课堂上使用技术或利用技术来学习(Bennett & Matont, 2010)。你在教学中整合的技术可能与他们熟悉的那些技术有所不同,但你需要接近他们的想法,补充他们已有的知识并在此基础上建构新知。为实现这个目标,本章将向你介绍一些可以在教学中使用和整合的最有效的技术。

使用什么技术可以提高教学有效性?

本章内容基于(A)Web 2.0技术,(B)课程管理系统,(C)课堂互动技术(如点击器)而展开,应用这些技术可以提升、拓展课时计划的清晰度和深广度。每项技术都各有优点,在教学中你需要了解如何在恰当的地点和时间来使用它们。

Web 2.0技术

在20世纪90年代刚开始使用互联网时,我们仅仅是找找感兴趣的网站,简单地浏览或下载内容。那时候我们使用的技术称为Web 1.0技术。我们得到的信息大多是静态的,也就是说,我们没有(也不能)与信息进行互动。我们只是在查找、阅览、下载,并继续如此进行下去。

今天,我们使用的是 Web 2.0 技术。我们不仅可以查找和阅览信息,还能与我们看到、读到的东西进行互动。我们可以插入、更改现有的信息,并邀请其他用户进行同样的操作。因此,互联网上的信息实现了动态化,会一直变化和不断被更新。在 Web 1.0 中,网站管理员控制着内容,然而在 Web 2.0 中,你自己,也就是网站用户在控制内容。像脸书(Facebook)、领英(LinkedIn)和聚友(MySpace)这样的网站,就为你提供了一处可以根据自己的喜好来调整或设置的空白空间。你可以选择任何一个互动对象来分享这些信息。

Web 2.0 技术允许你对已发表的文章发表评论,或者在站点上创建用户账户或个人资料。这提高了用户的参与度,而正是这种参与使 Web 2.0 技术对教师和学生来说有了更大的吸引力。通过创造协作机会,Web 2.0 技术为学生提供了便于使用的平台,以加强其与教师和同龄人的交流,并支持他们之间社会关系的建立(Schroeder、Minocha & Schneidert, 2010)。Web 2.0 的进步使建构主义方法成为现实,在这种模式下,学生通过与其他学生合作来学习,共同构建他们的世界观。

要想发挥 Web 2.0 对课堂的最大作用,你需要考虑实施探究式的学习以及问题导向和项目式的学习。通过这些方法,学生会获得提问和被提问的机会,而教师则利用问题和项目来激励学生研究某个现象,提出解释,与同伴讨论他们的发现,并反思他们的结论。这些方法可以与下面不同类型的 Web 2.0 技术相结合,用以创建支持在真实学习环境下开展探究活动的学习任务(Borich、Hao & Aw, 2006)。Web 2.0 的主要功能包括:

- 信息的自由分类——允许用户进行集体分类和查找信息(如标签);
- 丰富的用户体验——动态内容;响应用户输入;
- 用户参与性——网站所有者和网站用户之间实现信息流通;双方均可对内容进行评估、审核、评论和添加,以供他人查看;
- 大众参与性——通用的网络访问渠道使用户的关注点区别于传统互联网的用户群;
- 投入感——Web 2.0 技术可以通过提供更多的内容定制和主题选择选项,为学生带来更多的投入感,减少来自同龄人的干扰。

促进知识建构的 Web 2.0 技术

博客,也称为网络日志,它为学生提供了一个在线发布文本、音频或视频的平台(称为 video blog、vblog 或 vlog,都为视频博客)。学生访问博客,可以对教师计划的教学内容或计划之外的东西进行评论,或者直接与博主或其他的访问者进行异时互动。博客在线展示学生的作品并发布出来供他人查看,为学生提供了一个自我反省和自我表达的平台。上面的内容会按倒序的时间顺序显示(最新的优先)。博客,作为个人或团体的日志,还可以促进学生元认知和高阶思维的发展(Gunawardena et al. ,2009)。究其根本,这种网络化日志是一种工具,它为学生提供了有效的反思平台(Hao, 2009)。当学生记录博客时,他们通过写作、录制音频或视频来反思和表达自己的想法,从而提高了他们的认知和元认知技能。

当课堂时间不够用来开展合作活动时,Wiki 就会成为一个学生集思广益和开展项目合作的有效方式

Wikis:协同写作技术。Wiki 这个词来源于夏威夷语的"匆忙",是一个网站的名称,这里的用户可以被分成不同的小组,合作创建内容。Wiki 不同于在线百科全书维基百科(Wikipedia)。Wiki 的页面既可以对公众开放,也可以只对一个组开放。Wiki 是一个协作工具,其内容的生成可以由同一个数字共享空间中所有的参与者

共同完成（O'Reilly，2005）。Wiki 的一个优点在于用户所输入的内容是连续可见的，因此每组成员的个人贡献可以被随时监控。通过 Wiki 的这种参与机制，"实践共同体"（Wenger，1998）可以发展出一种集体智慧来创建知识和理解，与此同时，建构主义的精神——促进有意义的集体学习——也得以体现。

无论什么时候，当你想要学生在一门课中进行项目合作或一起建构意义，你都会考虑将 Wiki 融入自己的教学中。然而，有时候可能没有足够的课堂时间让学生来进行合作，充分交流思想。在这种情况下，Wiki 空间（Wikispaces）就是一个解决办法。在创建一个 Wiki 后，你可以将学生分配到不同的组，并向他们发送开启账户的邀请。收到链接后，学生可以创建账户，并一起安排时间在小组 Wiki 上开展工作，他们各自的工作贡献将会被保留。对于小组参与者来说很重要的是，他们要通过相互补充、回应他人的想法和贡献以及在此基础上建构新知等，为知识建设承担起集体性责任（Joubert & Wishart，2012）。你可以与学生共同创建内容，并为每个组的 Wiki 贡献自己的一份力。

为了更好地利用 Wiki，你需要遵循一些原则：

1. 你需要对个人和小组在工作质量和数量方面的贡献设置明确的期望要求。

2. 你的时间表应该包括纪律方面的决策，以避免有些学生落后，或在最后一刻才展示学习内容。

3. 要求学生引用参考文献并标明资料来源，以证明内容的准确性。鼓励学生对彼此的想法和贡献提出挑战，但要求学生尊重彼此的工作。

> 在这段视频中，老师们讨论他们在为课堂开发网络日志和其他在线工具时遇到的困难。思考一下他们谈到的机会和挑战，并考虑如何在你自己的教学中整合这些技术。

4. 最后，你需要定期检查每个组的工作，跟进学生的进度。

请记住，你的监控职责包括为学生示范可能的解决方案，并鼓励学生勇于质疑彼此的想法。你还需要安排好检查的时间，以免学生做出糟糕的选择或采用了低效的探究路径。如果有小组活动，Wiki 会是一个不错选择，它可以检查每个人的贡献，监控工作的质量，同时还能促进学生的参与精神。

播客（Podcasts）。播客，相当于音频形式的博客，与视频博客（即视频形式的博客）都是不同形式的博客。进行网播与在线发布音频文件的不同之处在于，用户是通过流媒体自动接收播客，就像通过互联网传输的无线电广播一样。播客是由简易信息聚合(RSS)发布的一系列在线音频文件。而使用博客的一个附加工具就是RSS订阅源(feed)。这项技术允许学生订阅特定的博客、播客或视频博客,并自动下载到他们的电子设备上(例如,计算机、MP3播放器乃至智能手机)。

对于那些处于学业风险的学生,许多写作任务要么是没有完成,要么只是敷衍了事,因为他们意识到自己的写作连最低标准都达不到。为了帮助这些学生,你可以考虑在学年开始就给他们布置一个音频或视频博客的项目。这些平台的优点是,在学生发展的关键时期,避免拼写、语法和写作错误。相对于博客或视频博客,播客可能会占用学生更多的时间,但它可以为课堂教学加入现实世界的元素,从而提升课堂教学。请参见教师播客网站,获取有关制作播客的信息。

由于博客信息具有可访问、可问责的特点,因此它们很适合建立在线档案和学习日志。建立在线档案后,学生可以按指定的评分标准来评价彼此的作品,发展其数字读写能力。要建立一个完整的数字档案,学生可以将博客用作一个档案记录平台,只需遵循几个简单的步骤就可完成(Hartnell-Young & Morris, 2007)。

谷歌的部落格(Blogger)是一个便利的博客工具。学生可以在谷歌开设账户,收集他们的作品(尤其是一些重要作品)。他们可以将文件上传到部落格上,建立个人档案。如果作品并非数字形式,可以将其拍照或扫描。然后,学生可以写一段陈述性文字来描述他们的目标或愿景,如他们打算完成什么,这样你就能清楚地知道在检查他们的档案时应该看些什么。请记住,档案中的初始记录更适合用以进行形成性评价,用来评估学生的发展或进步,而不适合用以进行选拔和评分的终结性评价。因此,在学生表述愿景时,他们应列出构成其档案框架的具体内容和步骤,以便为他们后续的档案建设提供指南。框架准备就绪后,学生可以从他们的个人档案中选择作品来证实他们的能力。每个作品都应是独一无二的。为了建立作品项目之间的联系,学生可能需要创建结构图(例如,图表或表格)。最后,为了使档案更加全面,学生需要写下对每项作品的介绍和反思,并对整个档案进行反思。为帮助学生展示他们的整个档案,有一些免费的Web 2.0应用程序可以用以设置概念图和在线演示,稍后我们将对此进行介绍。

博客特别适合用作一种反思工具。在完成一项学习任务后,学生可以对自己的学习经历以及在博客上记录的学习日志进行反思。但你不应期望学生能够无师自通。你可以在博客上发布与内容相关的话题或提出问题,以此引发学生的思考和反思,也可以参考下列珀斯欧姆(Postholm,2008)提出的准则或其他建议。

- 行动前的反思(在采取行动之前思考先前的经验和理论):"我知道些什么?可以用哪些东西来写博客呢?"
- 行动中的反思(实践中的思考):"为了在最大限度上达到目标,我要如何组织博客呢?"
- 对行动的反思(实践完成后的反思):"怎样修改我的博客?怎样用不同的方式做事?"

如果你想为自己的课堂建立一个网站,那么博客应该是你的首选。学生已经知道或者很快就能学会如何撰写及回复电子邮件,这就是发表博客所需的一切。教师不需要网站建设知识就可以使用博客。出于安全考虑,要建议学生在封闭的系统中撰写博客,比如 Moodle,并将访问权限设置在你的学校内。

虚拟世界

虚拟世界提供了一个交互式环境,通常以二维或三维格式呈现,这特别受 K-12 年级学生的欢迎。它们可以为用户提供一个沉浸式的环境,使学生参与到以教学为目的的在线角色扮演游戏中。在这个美妙而真实的世界里,用户可以选择或创建一个虚拟的角色(称为化身),并与之进行实时互动。在这个虚拟世界中,用户通过化身进行游戏,经过个性化的设置,进入与你的教学目标相对应的角色或学习环境中(例如,太空时代科技公司的公司董事、市议会的主席或探索未知领域的地质学家)。这个模拟的世界可以提供学习的情景或社交互动的环境。在这种环境中,用户可以观察、体验和创造在现实生活中因有困难或因成本太高而难以实现的情境(例如,解决一个模拟城市或地区的污染问题,解决城市公园娱乐设施的设置问题,或为石油管道的改道提出支持和反对的论据)。

虚拟世界为角色扮演、模拟仿真、工作展示、通信交流和外语培训提供了理想的环境。那么如何做到这些事情呢?教师可以通过一个虚拟世界来展示问题,并要使问题真实且与学生有联系。这个环境非常适合学生如同在真实环境下一般操作对象、验证假设,从而实现探究式学习。英维教育(Whyville)和伍奇教育(Woogi)分别为 9 到 16 岁的儿童和小学生提供了这种体验。参见"在实践中:关注课堂中的数字游戏"。

促进知识组织的 Web 2.0 技术

一些 Web 2.0 应用程序非常适用于知识的组织和建构。社交书签、社交演示和概念图都是可以用来帮助学生组织和建构知识的在线技术。下面让我们来一一了解这些技术,并学习如何将其整合到你的教学中。

社交书签。社交书签应用程序有助于建立一个便于访问的在线书签库。在登录社交书签网站后,用户可以给选定的网站添加描述(标签),然后该网站就可供社交书签网站的会员或者公众进行检索了。标签让用户得以管理他们调查到的知识(Gunawardena et al. , 2009),根据时间、标签或主题来浏览自己设置的书签(Farkas, 2008)。这项技术将人们保存的书签存放在一起,并让连接的用户(通过标签)分享彼此的书签,从而方便了知识的组织。

在实践中:关注课堂中的数字游戏

格林和汉农(Green & Hannon, 2007, p. 38)捕捉到席卷了数字时代下学生的科技浪潮,他们说:"孩子们正在与知识采集建立一种与其家长和教师截然不同的关系。"

教育工作者可能会被这股浪潮所淹没,或者也可以驾驭这股浪潮,让它变成一种充满活力和互动性的新的教育。众所周知,游戏和仿真模拟在医生、科学家、商人和军事人员的培训中起着关键作用。现在这些东西也开始在课堂中涌现了。

根据琼·甘兹·库尼中心(Joan Ganz Cooney Center)在 2012 年 5 月对美国教师进行的调查,近 70% 的教育工作者汇报说,较低水平的学生在使用数字游戏时,投入在学科内容上的时间要比不用数字游戏时多,而且有五分之三的教育工作者提到,在使用数字游戏的情景下,学生完成任务时的专注度和合作度都有所提高。60% 的教师表示,使用数字游戏有助于开展个性化的教学,更好地评估学生的知识水平和学习能力,而且游戏让教师在课堂上面对一排排的学生群体时没那么费力了。

研究表明(Facer, 2003),玩电子游戏会促进新的认知能力发展,并将其转化为关键技能,这表明游戏会帮助学习者:

- 快速处理信息;

- 在解决问题时,确定什么是相关的、什么是不相关的;
- 并行处理信息——同时处理来自不同来源的信息;
- 熟悉以非线性方式探索信息;
- 通过图像获取信息,然后使用文本来阐明、扩展和探索信息;
- 获得将环境视为一种解决问题的形式的能力。

教育长廊(The Education Arcade)是麻省理工学院比较媒体研究系(Comparative Media Studies Department)与微软家校通(iCampus)的一个合作项目,旨在寻求"学生在学校接受教育的方式与在外部世界进行社交、沟通和完成任务的方式严重脱节"的解决之道。特别值得注意的是,这个游戏教学项目(Games-to-Teach Project)将成为下一代学生数学、科学和人文教育的媒介。

以下是他们为课堂设计的一些新一代数字游戏。

自然科学

赫菲斯托斯星球(Hephaestus):学生设计机器人,创建一个拓扑结构(大地形态),并移民到一个叫Hephaestus的星球上。学生学习与物理概念相应的环境变量,如距离、海拔和表面形态等,并从中研究道德伦理、物流、经济和政治等问题。

梦想民居(Dreamhaus):学生通过调查虚拟建筑工地、解决环境工程难题和设计楼房来学习工程和物理原理。

环境侦探(Environmental Detectives):学生扮演不同的社区成员,调查所在城市中由污染引起的健康问题。在这个过程中,学生发展了探究技能,并了解了污染物(如氯化汞)背后的科学知识和化学品的特性。

物理

光学丛林(La Jungla de Optica):学生从一群盗墓贼手中解救一名考古学家和他的侄女。学生玩家要通过光明神殿,途中解决光学难题和组装透镜来阻止盗墓贼的进攻,并把卡尔森教授和梅勒妮带到安全地带。

超级来电(Supercharged):学生在一个运用3D技术设计的迷宫中开展竞赛,迷宫有静电场、磁场和电场,具体环境利用了带电粒子的特性并放置了其他的电荷。

生命科学

自我复制(Replicate):学生扮演一种病毒并在宿主生物体内进行自我复制。他们通过循环系统移动,然后进入靶细胞,进而在不杀死他们赖以生存的宿主的情况下智胜人体的免疫反应。

生物危害(Biohazard):学生以初级医师的身份开始游戏,然后成为疾病控制中心的代理人。他们在那里诊断患者,确定流行病爆发的来源,并想方设法预防疾病的传播。

历史

革命(Revolution):学生扮演一个威廉斯堡殖民地的公民。他们在这里体验美国革命,并与虚拟社区的玩家交流谈判。然后他们体验那个时代中社会、个人和政治问题之间的相互联系。

外语

记者(Periodista):学生在说西班牙语的国家完成摄影任务。他们利用自己的文化知识和语言能力与非玩家和玩家角色进行协商,以获取内幕信息并拍摄出更好的照片。

心理学

唯一幸存者(Sole Survivor):学生被绑架到一艘外星飞船上,成为心理实验的对象。他们必须利用自己的心理学知识来训练这些原始的人类种族以保证安全。

数学

迷宫诱惑(The Lure of Labyrinth):该游戏由麻省理工的教育长廊和马里兰公共电视台、约翰霍普金斯大学和宏观国际贸易公司合作设计,其基本目标是促进学生的初级代数学习,次目标是提高学生的读写能力。

迷宫(Labyrinth):这是一款基于网络、跨等级的冒险游戏。游戏的情节是一个连载故事,随时间发展而变化。玩家角色进入游戏寻找丢失的宠物,然后随着线索的引导畅游这个幻想世界———一个充满了偷盗宠物的神秘怪物的地下世界。最后结果是,玩家在探索这个世界的过程中学会如何导航,以及如何用代数和数学推理来解决谜题,从而获得足够的分数释放被囚禁的宠物。

除了教育长廊中提供的这些选择,许多商业性质、非专门设计的游戏也对教育产生了影响。文明世界(Civilization)就是一个例子。这个游戏最早出现在1991年。由于这个游戏大受人们的欢迎,所以该游戏系列被开发出了多个版本。该游戏的目标是成功地建立一个持久的帝国。文明世界Ⅳ(Civilization Ⅳ),即这个游戏的最新版本,允许玩家组建团队,以便合作和制订战略计划。在这个回合制的战略游戏中，玩家必须围绕社会发展和外交政策来决定他们的城市建设，包括何时何地建设新城市、应当寻求哪些社会进步的知识，以及何时及如何处理与敌对和非敌对邻近城市的关系。在游戏开始时，玩家甚至可以选择建设哪种城市文明——阿兹特克文明、罗马文明等。随着时间的推移，新的技术会不断涌现（如陶器和核裂变），城市领导者可以选择投资这些技术。

当你想指定学生完成一个项目，而且尤其需要他们在网上搜索和组织信息时，就可以把社交书签融入你的教学中了。在很多情况下，学生发现的都是相同或者相关的信息，他们在这样重复的工作上浪费了时间。社交书签是 Web 2.0 的一种应用程序，可以避免这类问题的发生，让你的教学更加高效。Del.icio.us. 网站就是一个很好的适合小学生和中学生使用的社交书签工具。

当教师要开始小组项目时，学生可以去 Del.icio.us. 网站开设一个免费账户。通过设置个人账户，学生可以将同伴加为好友，并向他们分享自己在 Del.icio.us. 网站上保存的书签。除了这些好友保存的书签，学生还可以查看网站上所有用户保存的来自其他网站的信息，并从中获取相关的资源来进行学习。在社交网络上，学生可以通过这个共同的兴趣与全球的社区建立联系。

概念图。概念图是一种用于组织知识的图形组织工具或思维工具，可以帮助学生通过相互合作制作图形来解读、表示和组织信息。概念图已经被认为是一种有效的组织方式，用来可视化人们的想法并呈现知识的组织结构（Taylor, 2014）。教师可以将概念图看作思维工具，用于教授任何学科或年级的知识内容，帮助学生在各种想法之间建立相互关系，并促进分析、综合和评价时所需的高阶思维技能的发展（Jonassen, 2010）。

在教授一组互相关联的想法或概念时，你可以考虑用概念图来加深学生的理解。概念工具 bubbl 就是一个很好的例子，这个平台可以将概念图与课堂演示结合起来。教师可以邀请学生在 bubbl 上创建一个免费账户。登录后，学生可以单独或与同伴一起绘制图表，同伴不必同时在线工作。

制作概念图有一些准则（Novak & Musonda, 1991）。首先，教师要选择一个特定问题让学生作答，这个问题称为焦点问题，是制作概念图的情境。其次，教师要引导学生建立交叉链接,用以建立概念图不同领域中概念之间的关系。交叉链接是概念片段之间的线条或连接点,帮助学生说明一个领域中的概念是如何与另一个领域中的概念相关联的,可以通过添加具体示例来帮助阐明给定概念的含义。我们在第六章曾介绍过一些跨学科单元的概念图。

除了可以帮助学生掌握概念,概念图还可被用作测试的工具,要求学生用图形来展示他们对所读内容中整体概念或主题的理解。教师还可以用 bubble 以图形形式来说明自己的教学计划,如第六章所示。

社交演示

社交演示工具是另一种采用 Web 2.0 框架概念的应用程序,用以帮助学生分享以及共同组织和建构知识。它的任务是进行一个在线演示。为此,用户需要登录社交演示网站,命名演示文稿并开始构建内容。朋友们可以一起在线上制作幻灯片,并且可以通过附带的网站链接在线观看已完成的演示内容。通过社交演示,学生的课堂展示可以看起来很专业,而且随着更多知识被组织和建构,这个展示在制作过程中可以随时被修改,表现出学生在小组协作中产出的最佳思考。

无论何时布置一个小组回应或展示的任务,Web 2.0 社交演示工具都可以在教学中派上用场。有一种社交演示工具叫作 Prezi。当学生合作完成一个项目并进行作品展示时,他们可以通过 Prezi 让这个展示"生动"起来。登录后,学生必须组织内容并以合理的方式对其进行排序。这个工具是具有社交性和合作性的,也就是说,学生可以在线与同伴共享和合作完成任务。Prezi 还提供动画效果,这使得该工具特别受年轻学习者的欢迎。

课程管理技术

在过去的 10 年中,在线课程的数量成倍增长,而且在线学习在各个阶段的教育中已变得非常普遍(Hao & Borich,2009)。南部地区教育委员会(2007)的研究表明,在线课程正被用于很多领域,如通过高级和补习课程帮助学生顺利升学,提高学校的毕业率,提供促进高阶思维的在线讨论活动等。当学校面临一些诸如恶劣的天气、暴力事件或流行病等意外事件,造成学生无法或难以到校上课时,在线学习就可以成为学生的另一种选择。在这些情况下,课程管理系统经常被用来构建在线学习环境。即使在传统的面对面课程中,教师也可以使用课程管理系统来加强学生在课外环境中的学习或者在课外学习的体验。

那么在传统课堂环境下,课程管理系统能为学生和教师提供什么呢?一般来说,课程管理系统可以存储课程材料,提供讨论板、公告板、电子邮件和测试工具,其中最重要的是可以建立一个在线学习共同体来激励学习者。该系统的优势在于创造了一个学习环境,使学生可以随意进出正式课堂、与教师和同学一起在线上检索和交换信息、进行主题讨论以及一起建构知识(Kepp,2015)。为了充分地利用在线学习环境,你需要促进和培养学生自我调节和独立学习的技能(Bonk & Graham, 2006)。研究表明,当学生接触到或被要求展示这些技能时,他们在在线讨论中会感觉更自在,而且也有更多机会学习和表达自己(Khan,1997)。

有了课程管理系统,教师就可以进行同步或者非同步的信息交流。非同步学习是指将信息和消息放到网上,以供学生在他们方便的时间或需要完成任务的时候查看(例如,阅读、查找参考材料和文献资料、查找课程和学科大纲、查看要完成的作业和成果示例、了解他们将要用到的测试标准等)。同步学习是指将信息和消息放到网上,供学生及时收和处理(例如,即时通信、讨论和公告板等,方便学生获得及时互动和反馈)。对学生而言,非同步和同步消息是用来获取在线信息和知识的一种方法,二者相互替代而并非相互排斥。有时它们会与面对面教学一起使用,称为混合式学习。对于一些拓展式的在线任务,你需要为学生提供一些非同步性信息,比如可以帮助学生完成任务和项目的资源和材料、时间表以及测试工具(Palloff & Pratt, 2003)。如果你想通过给学生的即时建议、生生和师生反馈、观点分享和在线讨论区等来加强你的面授课堂的教学质量,你需要借助即时通信同步地提供一些信息。

在实践中:关注在线学习的应用

格拉哈姆、艾伦和尤尔(Graham、Allen & Ure, 2005)报告说,将在线学习与传统的学习活动结合起来,可以实现以教师为中心的教学向以学生为中心的学习的转变、增加学生的学习机会和学习灵活性以及提高学校教育的成效。随着计算机中介通信(CMC)技术在教育中的广泛应用,整合在线学习活动(例如在线讨论)已成为K-12课堂的一个常见目标。

在设计在线学习活动时,首先需要检查教学目标。课程管理系统 Moodle 是实现以下学习目标的良好平台。

> 这段视频中的老师讨论了一节在线课程的要素。注意在这节虚拟课堂中用到的技术类型。

• 教授基本技能:为了帮助学生获取信息或获得关于某人、某地或某事的知识(例如了解与世界事件有关的事件),教师可以在所有学生都可以访问的讨论板上发布一些网站信息。学生可以根据自己的时间安排阅读网站上的内容,并确定要讨论的关键点,然后在班级会议上或通过网上发帖汇报自己阅读的内容。他们可以解读或概括自己和他人帖子中的事实。利用互联网上丰富的真实材料,教师可以指导学生在课外寻找阅读材料,并提供一些可以帮助学生理解的问题。然后,学生可以在线上或在课堂上展示他们的发现。

• 教授高级技能:为了帮助学生应用、分析、综合并评估信息(例如,调查全球变暖的证据,城市发展的利与弊或风力发电),你可以在课程管理系统中上传阅读材料,以便让学生获得与上课将要学习的内容相关的背景知识。课堂上,你可以示范一下在综合材料信息时所需的高阶思维,然后要求学生在课堂会议或在线上讨论区中构建、调查、提出或总结他们自己的发现。

• 探究式学习活动:无论在以教师为中心还是以学生为中心的情境下,都有许多不同类型的探究式学习活动。为了使学生具备探究能力,教师可以采用 WebQuest,这是一种在线学习活动,可以把以教师为中心的课堂转变为以学生为中心的形式(Dodge & March, 1995)。WebQuest 是一种循环式的探究性学习,以问题为开端,然后进行假设检验、提供问题的答案并形成新的问题。在 WebQuest 的场景中,教师首先向学生介绍一些问题或活动,然后要求学生进行调查研究。在此过程中,教师需要提供具体的步骤或必要的支持来帮助学生完成任务,提供并组织信息和资源帮助学生找寻答案。此外,教师需告知学生作业的评分方式,还可以创建检查清单和评分细则来引导评估。最后,教师通过总结学生的学习成果,并将其与学习目标建立联系,来完成 WebQuest 调查任务的总结活动。根据探究的难度水平,教师可以决定教师指导和探究活动的水平。道奇和玛驰(Dodge & March, 1995)建立了一个网站,解释了 WebQuest 的使用过程。

• 在线讨论:非同步在线学习的主要活动是在线讨论。教师可以设计一系列的非同步在线讨论活动,如鼓励学生互相评价彼此的作品,提供有争议的问题以供学生讨论,邀请专家与学生分享经验和想法,或提出一些难题和案例让学生解决、商讨。与面对面的课堂会议相比,学生通常在在线讨论中学到的更多。多样化课堂中面对面和在线讨论的结合,可以为学生提供一个最佳的学习环境。为了使在线讨论顺利进行,教师需选择学生感兴趣的话题,并清楚地说明讨论的目标和期望。学生应该有机会进行非正式的讨论和任务导向型的讨论。此外,教师需要通过在学习共同体中建立社会存在感、强调学生间互动的价值、促进公平合作和为学生提供建设性的反馈等方式来促进在线讨论(Rovai,2007)。最后,教师还需要主持讨论。

- **在线学习共同体和合作学习**:为了激励学生进行在线学习,你需设计一些学习任务来吸引学生的注意力,并让他们参与到学习过程中。你可以通过让学生进行线上合作来培养他们的共同体意识。有了这个意识,学生就可以互相分享观点、经验和资源(Rovai,2000)。潘勒夫和普拉特(Palloff & Pratt,2005)建议,教师通过解释合作的重要性、提供合作指南、示范在线合作的过程以及帮助引导和评价这个过程等来建立共同体。

Web 2.0 技术的出现为信息共享和合作提供了可能,大多数课程管理系统也往往嵌入了一些社交媒介功能(如博客或 wikis),以便学生可以从中进行互动。为了避免外部人员获取学生身份和他们交流的信息,课程管理系统提供了一个封闭系统的选项,以防止其他人看到平台的主要功能(共享、交流和合作)。

Moodle 是一个免费的、资源开放的课程管理系统的示例。它可以用来创建个人通信工具,以便你在课堂内、外与学生保持联系。Moodle 可用来发布紧急公告、提供完成任务所需的资源、完成待办事务的更新和时间表设置,以及激励学生达成更高水平或更深层次的表现。你可以用个人电脑作为 Moodle 的服务器,将其安装后在教室或家里运行个人 Moodle 账户。学校里的技术人员应该能帮你设置 Moodle,并且为课堂提供系统访问权限和技术支持。

Moodle 可以被视为物理教室的替代品,而且它被认为是一种理想的课程管理系统。它既适合以教师为中心的课堂互动,也适合以学生为中心的课堂互动。在 Moodle 发布了课程或主题内容、介绍性的信息、讲义、作业说明或考试练习等内容之后,你可以向学生推荐这些在线资源,从而腾出更多的课堂时间来教授特定的学科知识。如果学生在课上没有足够的时间对一个特定主题进行深入讨论,你可以在 Moodle 上开设一个论坛。如果讨论的论坛中也穿插着面对面陈述的内容,那么学生可以自己选择方便的时间参与讨论。同时,为了确保学生的参与度,你要布置一些作业,设置截止日期并建立评估标准。作为教学的辅助工具,你可以在课程管理系统上设置追踪功能,记录并报告学生在分配的在线任务中花费的时间与精力。

除了要发挥你的调节作用外,每个阶段还应该对个体学生提供支持与帮助。这些帮助包括指导学生发送和接收信息(如电子邮件)、帮助学生进行系统导航、与学生小组对话以及在网上搜索完成任务所需的资源等。在课堂管理系统中,学生将会有机会表现自己、进行思想交流和观点评价。

你是否已:			
1. 筛选了资料?			
没有	一点点	有一些	很多
2. 给班里同学发了消息?			
没有	一点点	有一些	经常
3. 检查了你自己的作业?			
还没有	一点点	有一些	完成了
4. 确定了你们小组的最终成果?			
还没有	刚开始	有一点儿	确定了

图 7.1 让学生知晓自己要完成什么任务的提示

当你要求学生进行小组活动时,你可以在讨论活动开始前设置小组的活动规则和小组成员的职责(参见第三章中设计在线小组活动的几个阶段,72—95 页)。你可以使用课程管理系统,并根据上面提供的一些内容,如图 7.1 中所建议的学生待办事项说明和评分的细则,帮助学生发起小组讨论。

通过在线讨论,你自然而然地就会对学生有更多的了解,可以详细阐述他们的想法,并把这些想法带入面对面的课堂讨论中,以便进一步组织和升华。学生也可以通过上传文件到 Moodle 来提交在线作业。关于如何创建电子学习活动和使用在线学习工具,你可以从邦克和格拉哈姆(Bonk & Graham, 2006)、尚克(Shank, 2007)以及辛普森等人(Simonson et al., 2012)的研究中了解更多信息。

课堂应答系统(或答题点击器)是另一种交互技术。20 世纪 80 年代,这项技术最初用于企业培训。鉴于其小型化和低成本的特点,这个系统最近被广泛应用到中小学课堂中。课堂应答系统由一个小于电视遥控器大小的手持发射器组成,上面有A、B、C、D四个按钮。每个学生都可以按下对应按钮,对教师说出或展示的(如在幻灯片上)多项选择题进行作答。回答后,学生的答案会自动储存到电脑中,并且以条形图的形式供所有人查看。有了这项技术,你可以充分利用练习测试题为学生学习提供即时反馈(保持学生的投入度),并立即诊断教学问题以改善学习。这个系统最适用的情景是,在教师向学生呈现了每个问题的答案后,可能没时间对学生进行个别反馈或激发全班的讨论(Bruff, 2009)。在使用课堂应答系统时,精心设置而发人深省的问题可能会对教学效果产生重要的影响,因为它可能会引发全班学生的讨论,让所有学生都参与到这个探究过程中(Cheesman, Winograd, & Wehrman, 2010)。施密德(Schmid, 2008)提出一些课堂应答系统的教学启示,可以使你的提问更高效。为了避免学生一味地猜测答案,你可以有个备选答案"我不知道",这就鼓励学生诚实地回答,减少猜的情况。

如果课堂应答系统中设置了"信心按钮",可以让学生对他们所选答案的自信度做出选择(例如,没有信心、有一点点信心、有一些信心、有很大信心),你就可以根据学生不同自信度的表现和原因开展课堂讨论与探究。在学生做出信心选择前,你可以让他们先与同伴或小组成员讨论答案。这样,学生应答的信心会增加,而且能减少猜测作答的情况。研究表明,在个人或小组作答前后,让学生进行小组讨论和观点分享是非常重要的。为了避免在使用课堂应答系统时完全被教师主导,你可以向学生示范可能会问到的试题类型,以此试着让学生参与试题的选择。

手 机

手机在我们的学校和课堂中无处不在。学校里有各种规章制度来约束学生使用手机,然而手机却也可以发挥重要的教学作用。

虽然学习者使用手机大多是为了交谈和发送文本信息,但是我们也有许多在线资源,可以将手机变成答题器。如果配备我们上述所说的答题器,可能会消耗学区的一大笔预算,但让手机成为应答系统不需花费任何资金。手机将成为促进讨论、鼓励辩论和澄清理解的手段。Poll Everywhere 和 Socrative 就是两个这样的在线资源,它们将学生的移动电话和智能手机转换为课堂应答系统。

Poll Everywhere 是一个在线投票平台,学生可以在此平台通过短信、智能手机或电脑对教师设定的调查进行投票。最多可以有40名学生对两类问题进行投票:多项选择题或开放式文本。

借助 Socrative 平台,教师可以设置多项选择题、判断正误、开放式问题和一键选举"退票"等。它们可以开发出多问题组合测试,你可以将其存储在课堂账户中并随时调用。在 Socrative 上,教师可以自定义一个虚拟房间号码,学生只需登录并输入房间号,教师设置的问题或小测试就会自动推送到学生的智能手机、移动设备、平板电脑以及笔记本或台式机上。

这两个平台都可以用于考勤、评分或准备考试。此外,一些教师通过使用手机让学生提出开放性的问题,并对彼此的作业或答案进行评论。学生的答案可以以流动墙或文字云的形式呈现。学生都比较喜欢竞赛,教师可以在没人举手的情况下,通过手机来组织游戏和团队竞赛。

如何将这些技术整合到教学中?

前面的小节为你介绍了一个适用于课堂、种类丰富的技术菜单。在阅读时,你一定会发现有许多吸引人的地方,并对自己说:"我必须试一试。"

然而,抛开这些诱人的功能,使用课堂教学技术的原因不应该只因它很"酷"或很新,或它可以让学生说"哇"。相反,技术使用的目的应该是为了帮助学生更好地达到教学的目标。技术之所以会促进学生的学习,是因为它们会改进或增强你在第六章中学过的教学事件:引起注意、告知学生目标、刺激对先前学习的回忆、呈现内容、引发期待行为、提供反馈和评估学习成果。

有了技术的辅助,你应该能更好地呈现上述七个事件。因此,关于技术的使用,你应该问自己这样一个重要的问题:"技术能怎样帮助我吸引学生的注意力,给学生提供预设的内容,并激发他们的先前知识呢?"换句

> 听一听每位老师谈论在课堂中如何使用平板电脑改变了学生的参与情况。有一位老师谈到了班上一位有学习障碍的学生如何更好地专注于课程学习,其他老师则谈到学生如何渴望参与课堂活动。想想,作为一名教师,你会如何使用IWBs和其他互动技术来提高学生的参与度。

说,技术将如何帮助我为学生创造这七个必要的学习条件呢?

运用技术来改善这七个学习条件的挑战在于,要以一种系统的、战略性的、有组织的方式——就如一个指挥家在舞台上指挥一场音乐会一样——来管理你的课堂。交互式白板(IWB)和具有更多功能的、便携式平板电脑是在课堂中应用最广泛的技术平台,你可以通过它们来管理、组织或聚焦你的课堂教学,从而为学习创造条件。下面的小节将会展示如何利用 IWB 技术来创造学习的条件。

几乎每个学区都有一个或多个交互式白板,而且几乎每个教师都有一台拥有此功能的平板电脑。第一版的 IWB 就像是一个由计算机软件驱动的干擦白板,也就是电脑屏幕,整个教室里的学生都能看到。然而这个 IWB 是固定的,这就造成上课时你难免要背对着学生讲课。平板电脑版本 IWB 的优势在于它既能让你跟学生面对面,也能让他们看到投射到大屏幕上的引人入胜的课程内容。后面我们会解释如何利用这款 IWB 平板电脑来创造学习的条件。

IWB 平板电脑最吸引人的一个特点是让教师面对学生的同时吸引学生的注意力,这与使用固定的 IWB 教师要背对学生的情景形成反差。IWB 平板电脑的另一个优点在于,学生能够以个人或小组形式在自己的课桌上使用白板,这样他们就可以轻松地访问数字化音频或视频资源。只需在 IWB 上进行触摸和拖动,学生就可以开启、停止、暂停或回放音频和视频片段,或者按平板上的目标或文字进行操作,由此生成更为互动的课程形式。在 IWB 上,学生和教师还可以对图像或文本进行高亮、聚焦或显示等操作。以下内容就是 IWB 如何让你顺利地完成这七个教学事件。

通过 IWB 引起注意(预热)

学习者需要一些感官上的输入才能开始学习。多感官的刺激能够捕捉学生的注意力。IWB 演示可以是多感官的,你可以通过声音、颜色或动作引导学生进入课程,而不仅仅是通过你自己的声音或手势来吸引学生的注意。

你可以在教室里传递一个平板电脑,让学生触摸电脑屏幕,操作屏幕上的图像,并且看到教室里大屏幕上的投影。这些操作能让学生集中注意力。

一节课可以从视频、游戏和互动竞赛开始,教师用这种方式分解活动,可以保持学生注意力的集中。平板电脑及其软件可以让学生离开座位,并保持兴奋感和投入感。这样,学生通过与平板电脑交互,就与课程内容发生了互动,而非仅仅是在教室里走来走去。

数学课可以从卡通或电视节目的片段开始,英语课可以从网络游戏开始,社会科学课针对正在学习的世界某个地区,可以先来一段嵌入视频和动物声音的旅行介绍。所有这些引人注目的活动,都可以由教师在电脑上实现,并实施有效和同步的管理。

网站、音乐、照片以及其他学生口头作答或笔头评论的项目,也可以嵌入课程中来。你只需在屏幕上简单地触摸一下,就可以改变图像的尺寸和位置。上述的所有功能都能让教师吸引学生的注意力,并为学生的学习创造初始环境。

告知学生目标(预热、目标和意图)

这种学习环境通常发生在课程的开始,这时候教师需要口头陈述学习目标,或者需要把学生的注意力引导到一个写有课程目标的虚拟挂图上。如果课程要连续进行几个课时,就可以把这个挂图保存下来,然后在下节课或下个环节开始时使用。

你可以用不同字体和颜色的字来书写课程目标,通过 IWB 的幻灯片,在课程开始或教授过程中定期地呈现,以便让学生关注到他们要学习的内容。IWB 是数字显示屏,教师可以提前创建演示文稿,要保存课程目标,而不要像使用普通的黑板一样将其擦除。在课堂中,教师可以在任何时间向学生呈现课程目标,从而提醒学生他们在做什么,以及为什么要这样做。

解决了一系列的数学问题后,老师可以在 IWB 上呈现一个问题:"你从这些问题中学到了什么?"然后,以粗体字或明亮的字母显示课程目标。反复把学生的关注点吸引到这节课的学习目标上,使学生可以根据要学、要做的或已学、已完成的来组织自己的想法。这样才能让学生领会教学目标,以及他们是如何利用这些技能来完成课堂活动的。

IWB 技术让教师以非正式的方式来传达学习目标,用更随意的展示和语言吸引了学生的注意,而不是在上课一开始就逐字逐句地一次性陈述完毕。

激发对先前学习的回忆(复习)

正如你在第六章中所学到的,当新知与旧知建立起联系时,学生就能更好地获得新知。教师通常会在上课前以口头总结的方式,或者通过向学生提问先前学过的事实、概念或技巧,来提示学生先前的学习。

IWB 能够让教师以数字化形式保存和存储整个课程,并在新课开始时或在上课期间快速存取。保存的课程可以涵盖全部的先前学习体验,包括师生的音频和视频刺激。

教师可以在教授新知识、新概念之前,向学生展示之前学过的虚拟挂图和幻灯片。IWBs 可以与表决器(ActiVote)、答题器(clicker)或手机学生应答系统连接,让教师在课堂上随时对学生进行测验,以把握学生先前的和现在的学习情况。教师可以在 IWB 上使用图形组织器,例如,K-W-L 图表可以追踪学生对于某个话题已知的(K)、想知的(W)和已经学过的(L)内容,而且在课前、课中和课后均可使用。

在阅读课之前,教师可以轻松地获取学生将要阅读的可视的内容。科学老师可以向学生展示以前看过的幻灯片,数学老师可以向学生展示先前学过但又类似于将要学的新方程的方程式。这样的复习具有多感官的特征,刺激学生追忆在先前课程中学到的知识。

呈现内容(输入、示范)

教学事件是教师课堂的核心。正如第六章所讨论的,教师的展示应是真实、有选择性和多样化的。IWB 非常适合用来解决这些问题。它不仅是一个交互式显示器,还配备了教学软件,为教师提供了许多强大的教学工具。

教师可以突出显示内容或为其添加注释,控制动画或视频的展示,利用音效吸引学生和进行强调,以及使用拖放的功能轻松编辑内容。注释功能使教师能在同一演示中用不同的方式来解释同一个概念。

为了建构工业革命的概念,教师可以在屏幕上投射一个产业园的图像,让学生在图像上方标注一些形容词来描述工厂,将这些形容词复制并粘贴到屏幕的另一部分,然后根据社会、经济、政治或环境属性给它们分类。

内战的经验教训不应仅仅停留在视觉上。IWB 技术可以让学生进入战争的场景,听到战斗的声音、实际的呐喊,并让学生阅读到一手资料。学生在查看战地地形的过程中,可以对一些地域的具体特征进行高亮、注释、复制和粘贴以及拖放等操作,从而建构战乱的概念。学生可以利用 IWB 软件收集数据、分享作品、制作图表,并在全班讨论中使用 IWB 建模,从而参与到课程中去。

教师可以利用 IWB 展示一些图片,以此反映本周科学课或数学课中所涉及的词汇。学生做练习册的时候,教师可以同时在 IWB 上解释和示范数学技巧,或在学生中间传递 IWB 平板电脑,他们就可以在上面示范和解释自己的解决方案,并向所有人分享。

引发期待行为(检查理解,指导练习)

讲课一旦结束,教师就应该为学生提供一个展示他们所学知识的机会。通常,教师会通过练习册、讲义、课本中的问题、口头问题或书面练习来组织这个活动。IWB 技术能将本阶段的教学推到一个全新的层面,使学生能与 IWB 互动,而不再是仅仅趴在书桌上完成书本上的作业。

数学课便是一个使用 IWB 的理想场景,在这里学生可以用新学的概念、技巧和知识来做一些事情。假设一位高中统计学的教师正在演示如何计算加权平均值或方差,他可以在屏幕上投放一个计算器,在上面学生可以按顺序做加法、乘法、除法或平方根的运算。在学生将这个过程展现给全班同学时,他可以大声说出自己正在做什么,教师也可以给出一些提示来提升学生的表现。

在四年级,教师可以使用安装在 IWB 上的数学工具软件,轻松地绘制分为几个部分的圆形或矩形。小组中的学生用 IWB 轮流为各个部分着色,比如识别阴影区域的部分或在图形中着色来代表指定的分数。学生可以给饼图中的三个区域涂色来表示五分之三的概念。学生轮流填写其他物体的分数,这样也就保证了全班同学的参与度。

与练习册上的练习相比,在 IWB 进行互动更有可能促进学生的实践活动。许多学生认为只做练习册非常枯燥和乏味,IWB 则会以一种更引人入胜的方式激发学生的表现。给耳朵的各个部位贴标签,填写地图的地貌特征,用掷骰子来练习乘法等,这些都是学生能在 IWB 上参与的活动,并且全班同学都能立即看到他们的表现投射在教室前面的屏幕上。

在学生练习或展示时,教师可以向全班同学做示范或提供即时指导。指导性练习可以在教师示范如何算小数的减法时同时进行,学生在 IWB 上练习此技能,其他学生给他们口头上的指引,教师也在黑板上给学生提供口头指导。

IWB 技术使教师在没有特意引领的情况下就开展了全组教学。IWB 可用于进行同伴指导、学生指导练习和全班游戏或模拟活动。一些学生可以带领其他学生上完一整节课，这时教师可以退居幕后，给学生提供自己认为合适的指导，这会给学生一种自己控制课堂的感觉。

提供反馈（指导练习，总结）

这个教学事件与前一个密切相关。当教师让学生与 IWB 进行互动并以此展示学生的表现时，学生就处在一个非评估性的环境中进行反思、应用和分析知识。IWB 让全班师生能同时观看展示，并向正在使用它的学生提供即时反馈。

一旦教师使用 IWB，课程的节奏就会加快，随之产生的额外课堂时间就能让学生有更多机会进行课上表现并得到同伴、教师的反馈。ActiVote 是一个学生应答系统，它可以让教师在课堂中随时抽取学生，检查他们的学习进度，并根据学生回答和依照他们的具体需求来定制课程。即时性结果可以实时地为教学提供信息，也可保存、导出或打印。

ActiVote 软件可以安装在 IWB 上，向使用 IWB 进行数学、科学、写作或科学课学习的学生提供即时反馈。ActiVote 调查的结果可以通过图表的方式在投影上展示，呈现多项选择中的每个选项，教师可以要求学生来证明每个选项的合理性。

由于 IWB 配备了视听技术，所以教师可以通过叮当声或有趣的图像来给学生正确或准确的表现提供奖励。在 IWB 上解决数学问题或标记眼睛部位的学生，可以通过拖动和移动图像来立即获取正确的答案。

评估课程成果（独立练习）

教师需要知晓学生对学习目标的了解情况。IWB 就是这种形成性评估的理想选择。诸如 ActiVote 这样的学生应答系统可以与 IWB 软件连接，本章前面介绍的答题器和手机也可以结合这个软件来使用。

教师可以把多项选择题、判断正误或信息匹配等客观题有技巧地融入教学演示中，让学生在课上通过答题器或手机进行作答。学生也可以匿名作答，从而实现对学生学习更有效的评估。需要批判性思维的反思性问题也可以被整合到 IWB 软件中。

在测试中,教师可以使用不同于课程中所用的情境和刺激,来检查学生对所学知识和技能的迁移与扩展情况。教师可以用学生从未见过的图像、照片、声音和情境来进行测试,让学生将所学的知识应用到新的情境中。这样,教师需要做的不仅仅是"希望"学生在不同环境中实现知识的扩展与迁移,还要能够对其进行测试和教学。

评估技术整合的有效性

为了使你的教学和技术整合的设计可以实现有意义的学习,你让学生要完成的任务就应该具有主动性、建设性、合作性、真实性和目标导向性(目的性)(Howland et al., 2012)。下面是一些能够帮助你达成目标的指南和进行评估的五个标准:

- 主动性:学生参与的任务使他们能在某个环境中操作物体,并观察其结果。
- 建设性:学生参与的任务使他们可以说出自己的做法,并反思其体验。
- 协作性:学生参与的任务要求他们与他人讨论,从而发现意义和建构理解。
- 真实性:学生参与的任务是基于项目或问题的,涵盖了实际环境的复杂性。
- 目的性:学生参与的任务是以目标为导向的。

要评估所选的技术是否能够有效融入教学,你可以问以下这些基本问题:

- 该技术满足了我的教学目标吗?
- 该技术对学生的学习产生了影响吗?
- 该技术以何种方式提升了七项教学事件呢?
- 我选的技术在多大程度上促成了教学目标的实现呢?

为帮助回答这些问题,一个非营利性的 K-12 在线学习协会——北美在线学习委员会(2011)提供了一些评估技术整合有效性的标准。在第十三章中,我们将会介绍一些具体的测试工具,帮助你确定技术整合对学生学习的有效性。

虽然教学技术在市场上比比皆是,并且在教育情境中得到了广泛应用,但在选择课堂技术时,你应该谨慎,不要被任何技术的流行程度影响到你的选择。即使学生可能已经是数字技术的用户,但他们一般不会将其作为学习工具来使用。因此,你应该设计适当的学习任务,来向学生示范如何在没有教师的即时帮助下,使用本章中介绍的技术(Bennett et al., 2012)。评估技术整合的概念很简单:设计适当的学习任务是将技术有效整合到课程计划和教学中的关键。这个设计应该基于你的教学方法和你希望达到的教学成果,如果遵循了这一点,那么你就实现了教学与技术的有效整合。

案 例

说明:以下案例与第七章的内容有关。读完这个案例,请根据提示回答一些批判性思考问题,并把从本章中学到的知识应用到这个案例中。

梅迪纳先生教中学语文课。班上多是优等生,男女比例基本均等,阅读成绩的排名在年级前20%。当然,也有少数学生是自愿选择了这门课,这些学生的成绩处于平均线上。班里许多学生来自一些有专业背景的家庭,他们似乎可以随时接触到所有的高新科技通信设备,但有时这也造成了他们在课上注意力不集中。

虽然学校明令禁止学生在课堂上使用手机,但是梅迪纳先生不止一次被学生偷偷藏在钱包或背包里的设备发出的独特铃声打断教学。他确信,当他在黑板写字时,学生会乘机发短信,更不用说打游戏了,那几乎上瘾到可以取代在学校食堂吃饭的时间了。

目前全班正在读雷·布拉德伯里的《绘图人》,每每讲到这本书中的第一篇短篇小说《大草原》时,梅迪纳先生都会不禁微笑。尽管它写于1950年,但在梅迪纳先生看来,这本书准确地预测了未来我们对科技的痴迷,以及科技如何使人际关系退居到科学所带来的舒适和幻想生活之后的。

未来主义短篇小说中描述的"幸福生活之家"与今天的现状相差无几。"房子里到处都是机器,从做饭、给孩子穿衣服到摇着他们入睡,机器能够为这个家庭做一切事务。家里的两个孩子,彼得和温迪,对'幼儿园'着迷,那是一个虚拟的现实空间,与孩子们可以心灵感应,并能重现他们想象的任何地方。"

梅迪纳先生暗下决定,他不会像故事中的父母乔治和莉迪亚那样,成为孩子肆无忌惮使用科技的受害者。相反,梅迪纳打算利用科技来吸引学生。

他的计划是使用学生博客来讲授人称的重要性。学生在 Blogger.com 网站上注册免费个人账户之后,他要求学生重写布拉德伯里故事中的主要事件。开始先以第三人称来写,主要是从父亲乔治的视角入手,也可以从两个孩子彼得和温迪的视角来写。学生可以选择非正式、个性化的文风。每个学生要至少阅读其他三个同学写的博客,并予以评论。这些评论可以是因故事讲述者的改变而引发的不同感受,也可以是对故事的解读。

点击 第七章 评估测试你对本章知识的掌握情况。

总　结

本章的要点包括以下内容:

学习成果7.1

- 技术的有效性取决于教师能否将其整合到课程计划中。
- 拉乔伊(Lajoie,1993)总结了四个技术能为学习者创设的辅助性认知活动:

1. 支持学生的认知过程(如记忆或元认知过程);

2. 通过提供低阶认知技能来减轻学生的认知负担,留出更多的时间和精力讲授高阶认知技能;

3. 允许学生参与真实环境中的认知活动,其情境打造在普通课堂中不可能或因成本太高而无法实现;

4. 允许学生在即将遇到的环境中生成解决方案并进行自我评估,如未来作业任务、高年级学习和工作领域等。

学习成果7.2

- Web2.0技术通常被称为社交媒体或社交软件,是人们用来收集信息、沟通、互动和建立社交网络的工具,它为学生提供了学习平台,使其可以与他人一起合作建构自己的世界观。当你将以下技术与探究式学习和基于问题、基于项目的学习结合起来时,该技术就会发挥其对课堂教学的最大影响:

1. 博客,也叫网络日志,是学生在线发表文本、音频或视频(称为视频博客、V博客或V日记)的网络平台,是建立学习档案的理想工具。

2. 播客,相当于音频形式的博客,而视频博客是视频形式的博客,它们都是博客的一种类型。

3. 社交书签应用程序促进建设一个易于访问的在线书签库,学生可以对网上搜集的信息进行组织、加注或存储。

4. 社交演示是另一种 Web 2.0 应用程序,学生可以分享或为一个在线演示一起组织和建构知识。

5. Wiki 是一个合作工具和网站,在这里用户会被分配到不同的小组,并且在组内与同伴一起创建内容,同时教师还可以实时监管学生的工作。

6. 虚拟世界是一个互动的环境,用户可以沉浸在一个在线角色扮演游戏中,自主选择或创建自己想象的角色(称作化身),并进行实时互动。

- 课堂管理系统的优点在于,它创造了一个学生可以随意进出并与老师和同学共同进行线上检索、交换信息、展开主题讨论和知识建构的学习环境。Moodle 就是一个免费、开放的课程管理系统的示例。它可以用于创建个人通信工具,以便你在课堂内、外与学生保持联系。混合课程指的是在传统课堂教学中加入了在线活动。

- 课堂应答系统有一个小型手持的按钮转换器,学生可以通过按键来回答老师说出或展示的多项选择问题。

学习成果 7.3

- 你应该选择一些能够帮你改进七个教学事件的技术:

1. 引起注意;

2. 告知学生目标;

3. 刺激对先前学习的回忆;

4. 呈现内容;

5. 引发期待行为;

6. 提供反馈;

7. 评估课程成果。

学习成果 7.4

- 为使你的教学和技术整合的设计实现有意义的学习,学习任务就必须通过以下方式来保证学生积极参与:

1. 在真实或虚拟的环境中操作物体,并观察其结果;

2. 参与到表达自己想法并反思体验的任务中;

3. 与其他学生合作参与同样的或类似的任务;

4. 进行真实的探究活动,包括自我导向、基于问题和基于项目的学习方法;

5. 根据技术能否满足学习者的需求和实现教学的目标,来选择技术和评估其有效性。

关键术语

非同步学习	分布式认知	社交书签
混合式学习	超媒体	社交演示
博客	交互式白板	同步学习
课堂应答系统	Moodle(穆德尔)	虚拟世界
概念图	播客	Web 2.0 技术
课程管理系统	简易信息聚合(RSS)	Wiki(维基)

讨论与练习

带星号的问题在附录 B 中有相应答案。有些带星号的问题可能要求学生做后续回应,这些答案没有包括在附录 B 中。

1. 认识技术可以提供给学生的四种认知活动。

*2. 超媒体的定义及其在课堂上应用的示例。

*3. 什么是分布式认知?请举例说明技术是如何在课堂上支持分布式认知的。

*4. 老式的"要么接受,要么扔掉"学习平台是什么意思?请与 Web 2.0 做对比。

*5. 什么是 Moodle?它在你的教学领域中要如何应用?

*6. 什么是非同步学习环境?结合你所教的科目进行描述。

*7. 什么是 Web 2.0 技术?

*8. 什么是博客?有何用处?

*9. 什么是简易信息聚合(RSS)?

*10. 社交书签的目的是什么？结合你所教的学科举例说明。

*11. 社交演示的目的是什么？结合你所教的学科举例说明。

*12. 什么是概念图？如何在你所教的学科中运用它？

*13. Wiki 的目的是什么？如何在你所教的学科中运用它？

*14. 虚拟世界技术的主要目的是什么？

*15. 你在使用技术上的决策应如何受到七个教学事件的影响？

*16. 举例具体说明技术是如何帮助提升每一个教学事件的。

专业实践

现场体验和实践活动

带星号的问题在附录 B 中有相应答案。有些带星号的问题可能要求学生做后续回应，这些答案没有包括在附录 B 中。

1. 为你将要教授的科目准备一个教学场景，为加强和扩展正在进行的课堂教学活动，请将传统的课堂作业和教师演示与在线资源和在线活动结合起来。

2. 为你将要教授的科目创建一个课堂作业，其中，请将社交书签、社交展示和小组活动包括在内，并提供一些你和学生都可以用于完成作业的在线资源。

3. 针对你的学科领域中的一个问题，提供一个与之相关的教学目标和活动，如河流和湖泊的污染或所读故事中主人公遇到的问题。在虚拟世界中以三维动画的形式，将你的目标和活动展示出来，让人物（或化身）在这个世界里寻找证据来解决问题。

4. 创设一个课堂任务，将学生分成六人小组，每个小组的任务就是创建一个播客，目的是探寻改善学生学校生活的不同方法。小组可以选择改善的话题包括自助餐厅、学校图书馆、运动设施、学校操场等。学生的播客必须限制在 10 分钟之内。

5. 找出三个适合小组作业的 Web 2.0 应用方式。选择其中的一个，并描述你将如何用于完成你所教领域的相关作业。

电子档案活动

以下电子档案活动与 InTASC 标准 5、7 和 8 有关。

1. 在现场体验和实践活动 1 中,你创建了一个教学场景作为学习示例,即将传统的教师演示和课堂作业与在线资源和在线活动相结合。请把你设置的教学场景放在标有"混合学习"的电子档案文件夹中,你还可以在其中添加其他你所观察到或读到的教学技术整合的例子。

2. 在现场体验和实践活动 2 中,你用虚拟世界创建了一个三维动画,用以教授你将要讲解的问题。作为虚拟世界技术在教学中应用的一个示例,请把你的虚拟世界动画放在标有"虚拟世界"的电子档案文件夹中。

第八章　提问策略

学习成果

本章学习结束后,你将学会并能够:
- 利用有效问题的关键构成来吸引学生,并引发提问的行为。
- 确定问题的一般类别,让你的问题成为引导学生应答的框架。
- 区分聚敛性问题和发散性问题。
- 确保问题措辞清晰,使其认知复杂度能被不同个体及多样化学习者群体所接受。
- 理解漏斗的概念以及如何在提问序列中实施。
- 针对认知复杂度的不同层次来提问。
- 使用有效的探询性问题来推进学生的回答。
- 解释在提问间隙留有较长等待时间的好处。
- 描述有效教师在提文化回应性问题时采用的关键互动模式。
- 列出教师提问时应该避免的常见问题。

美国州际新教师评价与支持联合会(InTASC)

学完本章,你将能够达到以下 InTASC 有关有效教学的标准:

标准1　学生发展。教师理解学生如何成长与发展,认识到学生学习与发展的模式因个体在认知、语言、社会、情感和身体等各层面以及多层面交织产生的差异而各有不同,并能设计与实施适合学生发展和具有挑战性的学习体验。

标准2　学习差异。教师利用对个体差异和多元文化、社区的理解,确保提供包容性的学习环境,从而使每个学生都能达到高标准。

> **标准3　学习环境**。教师与他人合作创设支持个体和合作学习的环境，鼓励学生进行积极的社交互动、主动参与学习和进行自我激励。
>
> **标准5　内容应用**。教师了解如何把概念联系起来，并使用不同的观点使学生就真实的区域和国际问题进行批判性思考，激发学生的创造力和合作解决问题的能力。
>
> **标准6　教学评价**。教师理解和使用多种评价方法，使学生参与自身成长，监控学生的进步，并引导教师和学生制定决策。
>
> **标准8　教学策略**。教师理解和运用各种教学策略，鼓励学生深入了解学科内容及其相互联系，并培养学生以有意义的方式应用知识的技能。

♥♥♥♥♥

在前几章涉及的课堂对话中，你看到提问在有效教师的教学方法中的重要作用。开学第一天，无论新教师还是老教师都会在课堂中以提问的方式跟学生互动，开始学校的生活。这并非巧合，因为大多数师生间的互动都会以一些问题形式来呈现。本章将以前面涉及的例子为基础，定义什么是有效问题，并且举例说明提问的不同方式以及一些常用的问题类型。

另外，本章还讨论了一个与探询特别相关的主题。与问题类似，探询是实现以下五个关键教学目标的有效催化剂：授课清晰，教学多样化，任务导向，学生参与学习过程，学生的成功率。以下章节将向你展示如何将提问技巧与直接和间接的教学策略相结合。

什么是问题？

在生动、快节奏的课堂互动环境下，"问题"的出现并不总是显而易见的。正如丹东尼奥和北森赫斯（Dantonio & Beisenherz, 2001）以及马尔扎诺和西姆斯（Marzano & Simms, 2014）所观察的那样，学生通常很难识别课堂对话中的问题，甚至不知道教师是否提了问题。例如，假设你听到了下面两个问题：

第八章 提问策略

如果知道答案,请举手。

你不能回答这个问题吗?

前者以命令的形式表达,然而包含一个隐性的问题。后者听起来像一个问题,但却包含一个隐性的命令。学生会将这两种陈述理解为问题吗?这两者会引起学生同样的回应吗?

音调的变化是导致学生产生困惑的另一个原因;一个句子即使在句法上并不是问句,音调的变化也可以将它变成一个问题。例如,假设你听到下面两个有重读成分的句子:

你说总统可以连任两届?

总统可以连任两届吗?

不管你是否有意,一定的音调变化可以将任何一个句子变成问题。此外,由于音调的变化和词语的选择,一个真正的问句也可能变成一个反问句:

我们今天本应该完成作业的,不是吗?

不管它是否被有意地设置成一个问题,所有未能完成作业的学生肯定会认为这是一个反问句。

有效问题是能够让学生主动组织答案,并参与到学习过程中的问题(Borich,2008;Walsh & Sattes, 2011)。先前的例子表明,有效问题不仅由单词决定,还会受到音调变化、单词重读、词语的选择和提出问题的情景的影响。问问题的方式有许多种,每一种方式都可能决定着学生是否能将其理解成一个问题,或决定着它被理解成什么样的问题。

在本章中,任何旨在唤起学生回应的口头陈述或手势都可以被看作是一个问题。只要它能唤起学生的回应,并让学生积极地参与到学习过程中,那就是一个有效的问题。请记下这一点,接下来让我们一起探索提问的多种方式,从而使学生积极参与到学习过程中。

80%的课堂时间消耗在什么上面？

几乎在任何课堂、任何时间，你都可以观察到这样一连串的事件，即教师组织讨论的内容，征询学生的回应，然后对学生的回应做出反馈。这一连串的活动在任何课堂中都是很常见的行为。这些活动代表着下列事件链：

1. 教师提供组织架构，简要叙述要讨论的主题或问题。
2. 教师征询学生的回应，向一个或多个学生提问。
3. 学生做出回应或回答问题。
4. 教师对学生的回答做出反馈。

在这个事件链中，教师的行为囊括了组织、引发和做出回应这三个活动。而这一系列事件的核心就是引发，或提出问题的行为。问题是一种搭建桥梁的工具，它弥合了教师展示的内容与学生的理解之间的差距。教师不应过多关注提问的形式和种类，而忘记了提问的目的。正如教学的所有要素一样，问题是一种工具，用来鼓励学生思考并根据你所组织的材料采取相应行动。

事件链的核心——引发或提问——在典型的中小学课堂普遍存在，每节课学生可能会被问到50个甚至更多的问题。有时候，学生80%的在校时间可能都属于问答时间。教师对此单一策略的高密度使用，充分说明了提问的便利性及其公认的有效性。但正如前面所提到的，并非所有的问题都是有效问题。也就是说，并不是所有的问题都能让学生积极地参与到学习过程中。

> ▶ 在你观看这段视频时，注意教师对学生提问的问题类型，及其提问的意图。思考一下，这些问题是否促进了学生的高阶思考。

我们问的问题恰当吗？

一些研究数据显示，并非所有的问题都能让学生积极参与到学习过程中。早期的一些研究曾估计，在教师提出的问题中，有70%到80%的问题要求学生对知识点进行简单回忆，只有20%到30%的问题要求学生体验诸如阐释、扩展、归纳和推理这样的高阶思考过程（Corey, 1940; Haynes, 1935）。事实证明，教师的提问状况与这些早期研究的论断相比，几乎没有发生什么变化。近期，美国和英国地区的研究表明，在每五个教师提出的问题中，大约有三个问题要求学生回忆知识，一个是管理类问题,仅有一个问题需要学生进行高阶思考(Marzano & Simms, 2013; Peery, Patrick, & Moore, 2013)。

回忆类和思考类问题比例的失衡令人担忧。因为这些在成人生活、工作和高级培训中最常需要的行为,包括分析、综合和评价在内的更高阶、更复杂的认知行为,却似乎是课堂中最少练习的行为。

提问的目的是什么?

我们可以很容易地将问题归为低阶(要求回忆信息)和高阶(要求阐释、扩展、归纳和推理)。但是这样宽泛的分类可能会让我们忽略许多问题使用的具体目的。提问最主要的原因可以分为以下几类:

1. 引起兴趣和关注:"如果你能登上月球,你会先注意到什么呢?"
2. 诊断和检查:"拉丁词 via 的意思是什么?"
3. 回忆具体知识和信息:"《哈克贝利·费恩历险记》中主要人物的名字是什么?"
4. 管理:"你征得我的同意了吗?"
5. 鼓励高阶思维活动:"综合我们所学的知识,哪些家用产品表现出与钠元素相关的特征?"
6. 组织和重新引导学习:"现在我们已经学完了叙述的形式,大家准备好继续学习说明文写作了吗?"
7. 允许情感表达:"你对《夏洛的网》有什么看法?"

上述类别中的大多数问题都以形成或确立学生的回应为目的。从这个意义上说,一个精心设计的问题应该是一个先行组织者,为学生后续的回应提供了框架。

什么是聚敛性问题和发散性问题?

问题可以是狭义的,也可以是广义的;可以是鼓励学生特定、有限地回应,也可以是鼓励学生一般、宽泛地回应。一个限制答案为单一或少量几个回应的问题,被称为聚敛性问题(直接的或封闭的)。对于这类问题,学生之前已经读过或听过答案,所以他们只需回忆某些事实。聚敛性问题通常要求学生在知识、理解或应用的层面上进行回应。

聚敛性问题让学生以一种有限制的、规定性方式做出回应:"拉丁词 via 是什么意思?""《哈克贝利·费恩历险记》主要人物的名字是什么?"这些问题的答案很容易被判断是对是错。许多聚敛性问题或封闭性问题被用在了课堂上,高达 80% 的问题都可能属于这一类。

另一类的问题鼓励一般的或开放性的回答,这就是发散性问题(间接性或开放性)。发散性问题通常要求学生在应用、分析、综合和评价的层面做出回应,这需要学生进行高阶思考。因此,发散性问题没有单一、准确的答案,还可能有错误的答案。如果吉姆被问到他对所读故事的看法时,他说"没什么",那么吉姆要么是没有读过这本书,要么需要别人的帮助来更好地理解故事中发生的事情,并需要鼓励去找到一个更好的答案。

与聚敛性问题相比,你可以从发散性问题中得到更多的答案,这也许可以解释为什么只有 20% 的问题是属于发散性的。判断聚敛性问题答案的正误,要比筛选出发散性问题的答案范围容易得多。发散性问题通常需要后续的回答,这就需要教师提供一些更具体和新颖的信息,或者要求教师或其他学生来提供一个后续追踪的问题,以便将学生不充分的回答带回到一个可接受的范围内。这样,发散性问题就可以成为生动、自发性的课堂对话的丰富来源,它们还扩展了其他学生的贡献,使你的课堂更加新鲜、有趣。

关于聚敛性问题和发散性问题有什么研究发现?

课堂研究人员已经探讨了提问聚敛性问题和发散性问题对学生成绩的影响。正如我们看到的那样,聚敛性问题最适合在知识、理解、有时也在应用层面上发展课堂内容,而发散性问题最适合用于促进学生的高阶探究、概念发展和发现式学习。

有趣的是,虽然有些研究肯定了聚敛性问题对于知识和理解的重要作用,及其在操练、实践和复习等方面的一些应用,但是这些研究并没有明确指出发散性问题的使用与学生在标准化测试中所得成绩之间的关系。在上述报告中,有一些研究发现使用发散性提问策略会适度地改善学生成绩,但也有一些研究发现并非如此。尽管这些研究一边倒地偏向使用聚敛性问题(四比一的比率),但在看待这些研究结果时必须考虑下面三个重要因素:

1. 成就测试,尤其是标准化成就测试,通常采用多项选择题来测试认知复杂度较低的行为。因此,这些研究中的成绩测量方法,可能无法用于检测由发散性问题导致的学生高阶复杂认知行为的增长。低阶行为(如学习乘法表)可以用聚敛性提问策略来快速引出,并且可以在课程结束时通过填空、匹配或多项选择测试来进行检测。但是要想将更高阶的、真实的行为构建成一个可测量的结果,这可能需要花费更长的时间。

2. 通常情况下,我们希望从发散性问题中得到不同的答案,同时也需要更多的时间在原有答案的基础上继续进行建构和跟进,这可能会阻止教师把大量的课堂时间用于提出发散性问题。因为用于发散性问题的教学时间更少,所以一些研究发现的结果可能仅仅反映了二者在教学时间上的不平等,而非它们的相对有效性。

3. 现在只有少量的课本、练习册和课程大纲的内容适用于教授高阶行为。在鼓励和要求高阶思维过程培养的课程大纲被提出之前,教师在课堂上实际用于发散性问题的时间可能不会增加。

因此,发散性和聚敛性的提问策略虽然在使用频率和效果上存在不平衡,但这可能与提问策略本身的有效性无关。因为高阶思维过程也需要回忆事实,所以聚敛性问题总是实现高阶行为的必要前提(Marzano & Simms, 2014)。此外,由于提问高阶问题需要花费更多的教学时间,与密集、简短地使用发散性提问相比,持续使用适当数量的发散性提问可能会更加实用而有效。当课程内容更强调低阶认知复杂度时,最合适的聚敛/发散性提问的比率应该为 70∶30;更强调高阶认知复杂度时,比率可以为 60∶40。

狄龙(Dillon, 2004)认为,与那些很少使用高阶提问的教师相比,这些倾向于提出分析、综合和评价类问题的教师会更容易引出学生的这些认知过程。因此,不管这些问题是否会在标准化成就测试中产生直接影响,教师的发散性提问似乎依旧是可取的。大多数研究者认为,高阶提问对学习的认知过程会产生影响,这也论证了在某种程度上将其纳入你要教授的大部分课程的合理性(Kauchak & Eggen, 2011;Ormrod, 2010a)。

提问的目标是谁?

教师可以向个人、小组或整个班级抛出不同认知复杂程度的问题。教师偶尔会给学生提出一些他们自己或其他人思考过的问题,这可以让学生保持警觉,参与到学习过程中(Stipek,2003)。在实行同质分组的班级中,教师可以将问题布置给个人、小组和整个班级,但需要根据所教学生的认知复杂程度进行一些区分。要了解根据认知复杂度的高低和必备知识的多少来组织的一般问题的示例,请参阅表8.1。

表8.1　高、低复杂度的问题示例

低复杂度	高复杂度
"告诉我,卢佩,如果你坐下来吃早餐,早餐桌上什么东西最可能含有钠元素?"	"卢佩,钠元素在宇宙中会以哪些形式存在呢?"
"在我们读的故事中,莱尼死后,另一个主角怎么样了?"	"在我们读的故事中,哪个例子是戏剧性的讽刺?"
"在思考过照片(photo)和合成(synthesis)这两个词的意思之后,你认为光合作用(photosynthesis)是什么意思?"	"光合作用是如何维持植物生命的?"
"泰德,如果我们计算一个等式 $10 = 2/x$,我们是通过乘法还是除法得出 x 呢?"	"泰德,你能解出 x 吗?$10 = 2/x$。"

表8.2　高、低复杂度的问题特点

高复杂度的问题	低复杂度的问题
要求学生将学习内容归纳成新的问题	要求学生回想与任务相关的先前知识
不预设答案,以此阻挠、迷惑和挑战学生	使用学生熟悉的具体例子、环境和对象
在比问题本身更广泛的调查背景或问题背景下提出问题	使用循序渐进的方法,其中每个问题都比前一个问题更聚焦、更具体
要求学生对他们的答案进行更深层的解释和阐述,并提供附加的证明和理由	重述或重申先前问题的答案
要求学生查看他们的答案如何应用于不同环境或对象,从而使用更多概念	提出一两个可能的答案,引导学生走向正确的方向
是否为问题序列的一部分,可以构建更高阶、更复杂的概念、模式和抽象概念?	是否被设置在有积分和奖励的游戏环境中(例如,20 个问题)?

请注意这些例子不仅对认知过程有不同要求,在结构和措辞上也有所区别。相对而言,先行组织者、提示和线索更适合某种类型的学习者而非其他(Chen & Starasta, 2005)。

为了区分你的教学,在多样化班级设置问题的一种方式是要设计出不同复杂度的问题,从而要求学生做出不同回应。你可以接受学生不太复杂的回答,只要答案与所提问题的难度层次匹配,那么它们与那些更为复杂的答案一样正确。尽管有些学生的回答可能不那么完整,但是你可以根据问题所要求的认知复杂度和学生应答的能力来进行评判。因此,学生给出的解释和理解的深度可能会因个体的不同而产生多多少少的变化。表 8.2 显示了一些具体的提问策略。

用怎样的顺序提问?

问题也会因其使用的顺序不同而发生变化。回想一下最基本的提问顺序:组织架构、引发和做出反应。不过,它也会有许多其他的顺序变化。

最常见的一个提问顺序是由发散性问题导向聚敛性问题。许多教师在"组织—引发—做出反应"过程开始时,会先采用开放性的问题,然后经过进一步的组织,再导向后续的一些只需学生回忆或进行简单推论的问题。这种"从一般到具体"的方法可能需要多个回合。例如,在下面的对话中,教师在开始时会鼓励学生进行推测性的回应,然后通过提出一个需要简单推论的问题来进行聚焦:

教师:宇航员在月球上穿什么?
学生:宇航服。
教师:那么,大气中的哪种成分一定不会出现在月球上?

同样的方法也适用于以下情况:教师提出一个问题,然后问几个简单的回忆性问题,之后重新组织问题,并进一步缩小问题的范围:

教师:假如阿拉斯加的因纽特人最初是从亚洲大陆的西伯利亚迁徙而来的,那么,你认为他们是怎样来到阿拉斯加的呢?

学生：(没有应答)

教师：我们已经学过把北美洲和亚洲大陆分隔开的白令海峡的相关知识。这两个大陆之间最窄处的水域有多宽呢？

学生：约60英里，其间还有大代奥米德和小代奥米德两个岛。

教师：如果白令海峡的水域完全冻上，多年前就有科学家这样认为，那么这些亚洲人是如何到达北美大陆的呢？

教师经常使用这种漏斗型方法，即不断地给问题加上具体限定条件。但是，还没有证据显示，哪种特定的提问顺序要比其他提问顺序在提高学生成绩方面更为有效。具体的提问顺序应该由教师制定的行为目标、所教教学内容和学生的实际水平来决定。

按照组织—引发—做出回应的循环，表8.3列举了其他一些教师可能实施的不同提问顺序。这些例子可以为你的提问策略清单锦上添花。

表8.3 对比归纳式教学和演绎式教学

	在归纳式和演绎式教学中，教师和学生做什么？
归纳式教学：从事实到概括	• 教师提供一些事实、原则或概念的示例，并对它们进行概括 • 给学生提供额外的示例和非示例型的具体事实、原则或概念 • 在一些示例中，教师指导学生确定相关的或重要的相似数据，并进行归纳。学生也会被引导了解一些非示例的特点 • 教师和学生解释他们所进行的观察，并讨论这些归纳的内容以确保可以区分示例和非示例
演绎式教学：从概括到事实	• 教师分享一个要学生去验证的概括 • 教师确定一些相关的事实、原则或概念来支持这个规则 • 学生通过提出有关效度的问题、形成假设和做出一个可能证实或反对的预测，来检验这个概括性结论 • 学生通过观察或收集数据来验证他们的假设，他们收集材料和数据，并确定具体事件进行观察 • 学生分析数据，并判断他们的预测是否准确，或者是否能被观察到的数据或事件所支持 • 教师引导学生来判断他们的概括性结论在被检验的环境中是否正确。这个概括可以基于观察记录和已证实的事件加以改进

用什么层次的问题？

正如我们谈到的,作为一个有效教师,你必须要能设置好发散性问题和聚敛性问题,根据学生的具体类型进行提问,并按有意义的顺序排列问题。你还必须能根据不同的认知复杂度来组织问题。

第五章中呈现的认知领域的目标分类法,是一个最常见的、按照不同认知复杂度进行问题分类的系统。其优点在于,它超越了以往研究常用到的简单回忆对高阶思维的二分法,从而也提供了中等水平认知复杂度的学习成果。它考虑到问题复杂度是个连续体,填补了两个极端中的空白,有益于提问艺术的发展。

让我们回顾一下认知领域的基本分类,它包含了认知复杂度的六个层级：

1. 知识；
2. 分析；
3. 理解；
4. 综合；
5. 应用；
6. 评价。

表 8.4 是与各个层级对应的一些学生成果类型。请仔细观察各层级的内容,了解对应的提问策略。

知　识

回顾一下第五章中的知识目标,它要求学生回忆、描述、定义或识别已被记住的事实。以下是一些教师可以在知识层面上用来设置问题的动作动词：

定义　识别　命名

描述　列举　背诵

示例问题包括以下这些：

- 资本主义的定义是什么？
- 12 是几位数？
- 构成所有格的第一条规则是什么？

- 三角形的定义是什么？

表8.4 问题分类体系

行为复杂度的层级	预期的学生行为	教学过程	关键词
知识（记忆）	学生能够记住或回忆信息，识别事实、术语和规则	重复，记忆	定义，描述，识别
理解（明白）	学生能够改变交流的形式，能够翻译或转述读过或说过的知识	解释，说明	总结，转述，转述
应用（转化）	学生能够将学到的信息运用到新的情境中	练习，转换	应用，使用，采用
分析（关联）	学生能够将问题分解成几个部分并在它们之间建立联系	归纳，演绎	关联，分辨，区别
综合（创造）	学生能够整合各个部分的知识，并形成一个独特、新颖的问题解决方案	发散，归纳	规划，组织，产出
评价（判断）	学生能够按照一定的标准对方法、观点、人物或产品的价值做出判断	甄别，推断	评判，判定，证明

请注意，这些问题都可以通过简单回忆以前学过的事实来获得正确的解答。它们都不要求学生真正理解那些事实，也不要求学生用学到的内容来解决问题。然而，当这些事实与其他形式的知识关联起来时，它们会成为一种铺垫，逐步提升教学成果的复杂度。正如第五章和第六章中提到的精准教学框架中所要求的那样。

为了避免过度地或脱节地使用知识层面的问题，教师应该问问自己："我问的问题中涉及的知识是否与教学任务相关？它们是为后续学习服务的先前知识吗？"如果你的答案是"不"，那么你可能应该考虑给学生提供包含有知识内容的文本、练习册或补充材料，而不是将这些内容加入你的问题之中。如果你的答案是"是"，你应该要确定在接下来的课程中，将要如何使用这些事实并且提出问题，从而帮助学生形成更加复杂的学习行为。

学生可能不需要背诵总统的名字、《独立宣言》或元素周期表中的各元素，因为这些事实相对于高阶学习成果而言，并非与任务相关的先前知识。然而，学生可能需要背乘法表、各类词性以及加减乘除的运算规则，因为在完成高阶认知复杂度的练习和问题时，可能会无数次地用到这些事实。你总要花些时间来问自己："我要教授的事实与后续课程的预期成果相关吗？"这样，你就可以避免提一些无关紧要的问题。

理 解

理解性问题要求学生对所记忆的知识有一定程度的理解。学生回答这些问题要展示出他们能够解释、总结或阐述所学事实的能力。以下是一些教师可以用于在理解层面上设置问题的动作动词：

转换　扩展　改述

解释　重述　概括

下面是一些问题的示例：

- 用你自己的话来解释一下什么是资本主义？
- 在数字 12 中有多少个数字单位？
- 在将所有格转换成非所有格形式时，必须改写哪部分才能运用第一条规则？
- 画一个三角形需要哪些步骤？

想要回答这些问题，学生必须要在以前所学知识的基础上，对其最初学到的知识形式进行修改。例如，教师没有要求学生来定义资本主义，而是让他们"用你自己的话来解释一下什么是资本主义"，这就需要学生把原来的定义（教师的）翻译或转换成另一种形式的定义（学生自己的）。

从知识层面的问题向理解层面的过渡有一个非常重要的步骤。回答知识层面的问题不需要认知过程，而回答理解层面的问题却需要。在前一种情况中，学生可能最初学习这些内容时，只需进行一次思考即可；在后一种情况中，学生必须主动地思考两次——一次发生在回忆知识时，另一次则发生在他们以不同的形式来组织答案的时候。

从逻辑上来说，尽管知识性问题应该发生在理解性问题之前，但是理解性问题应高于知识性问题，因为它能够加深学生的长期记忆、理解，并最终让学生在更加真实的环境中运用所学的知识。

应 用

应用性问题将知识和理解扩展到下一个层次——真实性，这超越了对知识进行记忆和翻译的阶段。应用性问题要求学生把知识应用于不同的问题、情境或环境中。这样，学生既不能依赖原始情境，也不能用原始的知识内容来解决问题。

以下是一些教师可以用于在应用层面上设置问题的动作动词：

应用　采用　解决

展示　操作　使用

下面是一些问题的示例：

- 在下面列出的国家中，你认为哪些属于资本主义经济体制？
- 你能展示12支铅笔吗？
- 你能用构成所有格的第一条规则识别下面报纸上文章中的错误吗？
- 你可以画一个三角形吗？

在组织应用性问题时，你的工作就是要给学生提供不同于他们以往学知识时的情境或问题。应用性问题鼓励学生把新学的材料应用到新的、不同的环境当中。

应用性问题的回答需要涉及两个相关的认知过程：（1）即时回忆并思考与问题相关的所有独立单元（事实）；（2）将这些单元组成一个和谐的序列，让学生作出迅速而真实的应答。应用性问题要求学生运用以前学过的知识，回答类似真实情境中的问题。可以看出，这个动作序列需要两个前提：（1）从知识性和理解性问题里获得的知识和理解；（2）已有知识和规则在新情境中的使用。你所使用的应用性问题的数量和质量将决定学生掌握动作序列的速度和熟悉程度。

许多新手教师认为应用性问题应该留在一个单元的末尾，甚至在一个阶段性测试的末尾，但是如你所见，无论是期望学生对涉及事实、规则等内容形成快速、自动的回应，还是以动作序列为课程目的，应用性问题都是必不可少的。还要记住，在呈现知识后立即进行练习，可以更好地提升学生再现该行为的能力。

应用性问题的质量将在很大程度上取决于你对学生学习事实或规则时的问题、情境和环境的改变程度。如果你做出的改动太小，学生就不会将所学知识迁移到拓展的情境中，你的"鹦鹉们"只会背诵在之前情境下学到的事实和规则。但如果改动太大，新情境对学生回应的要求可能会超出学生掌握的知识范围。要让学生在新的问题或情境中迁移所学，提问的关键在于要确保你已教过所有与新情境中的表现行为相关的低阶行为。而要做到这一点，最简单的方法是开始只改变一小部分情境，然后逐渐过渡到更陌生的情境中。

分　析

学生能够将问题分解成几个部分，并在各个部分之间建立起联系。在分析层面提问的意图有识别逻辑错误,分辨事实、观点和假设,得出结论,并做出推论或概括——简而言之,就是发现给定信息背后的原因。

以下是一些教师可以用于在分析层面上设置问题的动作动词:

分解　区分　关联

分辨　指出　支持

下面是一些问题的示例:

- 哪些因素能区分资本主义和社会主义?
- 哪些盒子里没有12件东西?
- 你能区分下文中所有格的第一条规则与第二条规则的错误吗?
- 你能在下面的哪幅图片中看到三角形?

分析性问题倾向于促进以概念、模式和关系为表现形式的行为。它们通常标志着概念学习、探究学习和以问题为中心的学习过程的开始,以及从直接(讲述)教学策略向间接(如以问题为中心)教学策略转变的开始。然而,大多分析性问题都缺乏一个单一的最佳答案,这在教授事实、规则和动作序列时却是很常见的。因此,你不得不对分析层面上的更广范围的回应进行评价。尽管你可能无法预料到学生的所有回应,但你可以先做好心理准备,以一种不那么严格、更从容、缓慢的节奏,给自己更多的时间来评价学生的答案,并做出深思熟虑的回应。你应该预料到在问答环节的限制下,对于学生的某些回答你可能无法给出明确的回应。

综　合

综合层次的问题要求学生做出一些独特或原创性的东西,如设计一个解决方案、做出回应或预测一个问题的结果,也就是学生从未见过、读过或听过的东西。这一层次的问题往往与定向创造力(Anderson & Krathwohl, 2001; Marzano & Kendall, 2008)相关,其中并非所有的答案都能被人所接受。事实、规则和动作序列,以及前面提到的任何分析性问题,都可能成为综合性问题要求的范围和方向。

> 观看这段视频,这个老师在一节科学课上用问题引导学生分析自己的研究。听老师如何分解学生的回答,质疑学生的假设,并要求他们根据所学知识作出推断。

以下是一些教师可以用于在综合层面上设置问题的动作动词:

比较　创造　策划

组织　预测　产出

下面是一些问题的示例：

- 集资本主义和社会主义主要特征为一体的经济制度是什么样的呢？
- 把 12 连续相加，你会得出什么新数字？
- 你能写一段话，不用"'s"来表示所有格吗？
- 如果不用尺子，你可以通过哪些方法画出三角形？

与分析性问题相比，综合性问题的答案可能具有更大的多样性。因此，你如何应对这种多样性对于学生可否接受你的综合性问题来说至关重要。例如，询问学生识别未知元素的方法，比让学生直接使用元素周期表能够引发学生更多的答案。有些答案可能是不被接受的（"咨询占星家"），而另一些可能会被接受（"分析来自月球和其他行星的矿物质"）。你会想要接受所有言之有理的答案，即使你自己设想的解决方案只有寥寥几个。请记住，你可以通过附加提问的方式，将一些最初不太容易被接受的回答构建成更准确、更合理或更有效的答案。

回想一下表 8.3 提供的不同提问序列。这些序列可用来扩展或限制最初的问题，以便更好地聚焦学生的回答，并提高其准确性、合理性或有效性，如下面的对话所示：

教师：如果不用元素周期表，我们还能用什么方法来预测未知元素呢？

博比：我们可以去月球上，看看那里是否有我们还没有的元素。

贝蒂：我们可以钻探到地球内部，看看是否能发现一些缺失的元素。

里奇：我们可以研究陨石的碎片——如果我们能找到的话。

教师：这些都是很好的答案。但去月球、钻探地球内部和寻找陨石碎片所花的金钱和时间都太大，我们还可以怎么办呢？我们是否可以运用地球上已有的元素来发现新的元素呢？

贝蒂：噢！也许我们可以试着用已有的元素做实验，看看是否可以从中制造出新的元素。

这几个简单的互动回合是一个漏斗式提问策略的示例：刚开始是宽泛的、拓展式问题，然后在下一回合提出更为聚焦的问题。通过这种方式，教师能够由综合性问题引发的多种回答逐步构建和深化探寻的路径，从而促进学生生成更高阶的学习成果。

评价

最高层次认知复杂度的问题要求学生依据规定的标准形成判断并作出决定。这些标准可以是主观的(做决定时使用了一套个人的价值观),也可以是客观的(评价某事时使用科学的证据或程序)。然而在每种情况下,重要的是大家要清楚地理解所要确定的标准,但无须所有人都同样重视。

以下是一些教师可以用于在评价层面上设置问题的动作动词:

评判　判定　判决

测试　辩护　证明

下面是一些问题的示例:

- 请用证据表明,是资本主义国家生活水平高还是社会主义国家生活水平更高?
- 下列哪些数字是 12 的倍数?
- 以构成所有格的规则 1 和规则 2 为依据进行打分,一个正确的用法得到一分,那么你会给下面这个学生的作业打多少分呢?
- 在下面给出的几何图形中,哪些可以用来构成三角形?

评价性问题有一个明显的特征,即让学生尽可能地面对真实的问题,正如现实世界中出现的那些问题一样。附录 C 列出的高阶思维和问题解决行为也能够印证这一点。由于成人生活的一个首要任务就是决策和判断,因此不论学生的年纪或成熟程度,将课堂经历与其生活世界建立联系是至关重要的。

让人遗憾的是,评价性问题往往被留到了单元的末尾。此外,评价性问题有时还被误认为更适用于初中和高中级别的学生,而不适用于小学生。这两种误解都降低了评价性问题对学生的影响,减少了他们将所学知识迁移到课堂外世界的机会。如果你希望学生能够处理现实世界中的问题,那么他们必须从最早的年级就开始学习评价性问题,而且这要贯穿他们的整个学习过程。因此,教师可以在适合学生知识和经验水平的范围内,询问一些与学生生活经验相关的评价性问题,从而把学生带入一个真实的世界。这是你在提问时所能拥有的一个最有价值的能力。

然而,这种能力来之不易。可以肯定的是,前面提到的许多高阶问题的特征——应用、分析和综合——都会出现在评价性问题中。但是,对于评价性问题,必须依照一个标准来决定其答案的恰当性。注意,在前面的例子中已经明确指出了这些标准:"用你自己选择的证据"、"以下哪个选项"、"使用规则1和规则2"、"给定下面的片段"。教师制定的标准越具体,学生对标准理解得就越好,他们也就会越积极地利用这些标准来回答问题,从而做出判断。

提问类型汇总

现在,你已经了解了一些用来提问学生的问题层级,以及一些在选择合适类别问题时要考虑的因素。总结如下:

- 要求掌握事实、规则和动作序列的问题,通常是只需有一个最佳答案(或少量容易定义的答案)的聚敛性问题。聚敛性问题在认知复杂度低的知识、理解和应用层面最为有效。
- 要求掌握概念、模式和关系的问题,通常是可能有许多的不同答案的发散性问题。发散性问题在认知复杂度高的分析、综合和评价层面最为有效。

现在你已经熟悉了这两类问题之间的区别,接下来我们将转而介绍一些具体的技巧,来帮助你轻松、完美地向学生提问。

什么是探询性问题?

探询性问题是在学生回答问题后,紧接着要追问的问题,其目的如下:

- 引导学生阐明自己的回答;
- 征询新信息以拓展或进一步构建学生的答案;
- 重新引导或重组学生的答案,以使其向更有效的方向发展。

教师使用探询性问题,让学生阐明自己的答案,实现对答案的改写和改述,这样教师就能决定学生答案的恰当性或正确性。引导式探询问题,例如,"你能换个说法吗"和"把这个答案应用在____情况下会怎么样呢",鼓励学生更多地展示他们已知的内容,因此可以揭示出他们真正理解的东西。在快节奏、活跃的课堂讨论中,教师通常给出简短而模糊的回应,这可能会掩盖那些部分正确的答案,或者是需要经过合理的推理才能达到正确的答案。当你不确定学生在正确回答的背后到底理解了多少时,请放慢节奏,用探询问题引导他做出澄清。

探询紧跟在问题之后,用于引导学生阐明自己的回答、引出新的信息或将学生回答导向一个更有效的方向

当学生的答案至少有一部分是正确的时候,或能够表明学生的理解在可接受范围内的时候,教师可以使用征询式探询问题来寻求新的信息。这时,你可以使用探询将学生的回答推到一个更复杂的层次,例如,"既然你已确定实验室是发现新元素的最佳环境,你会在那里进行什么样的实验呢"或者"既然你已经得出那个数的平方根,那你怎样运用同样的方法得出它的立方根?"

征询式探询问题的使用会以学生之前做出的答案为阶梯,将他们的理解推向一个越来越高的平台,从而让学生得出更好、更完整的回答。这就意味着,教师要把不完整的回答当作下一步、更高层次的回答的一部分,而不是当作错误的回答。探索新信息的关键是,后续的问题只能是前一个问题的小部分延伸,如果跳跃太大,学生面对这一个似乎全新的问题将会望而却步。因此,使用这类探询问题与之前的正常问题一样,需要大体相同的过程来找寻正确的答案,只不过这次是应用到一个不同的、稍微复杂一点儿的问题上。

教师要使用转向式探询问题来引导学生的思想流,而不是那些令人尴尬的、惩罚性的反馈,例如"你思路错了"、"这无关紧要"和"你还没有抓住关键"。通过转向式探询将学生的回应朝着更有成效的方向推动,可以使这一必要的转变过程不那么突然并且更加积极,而不至于阻碍学生做出其他的回应。达成了这一目的的探询性问题,可以在不否定之前答案的情况下,为后续的作答设定一个新的条件,从而改变学生讨论的方向。

教师:我们把这种用于确定地球上任何地点方位的网格线叫什么?(提问的开始)

强森:经度和纬度。

教师:好的,经度是什么意思?(引出新的信息)

强森:是地球上的那种……上下向的线条。

教师:"上下向"是什么意思?(引导澄清)

强森:向南北两个方向等距延展。

教师:好的。现在请告诉我,它们从哪里开始?(引出新的信息)

强森:唔,我想它们在午夜时刻开始,又在快到下一个午夜的时候结束。

教师:我们来思考一分钟。那这样是不是意味着这个起点是经常随着午夜时间点变化的呢?(重新引导)

强森:我知道了,经度应该是在固定的某一点开始的。

教师:还有谁知道经度是在哪一点开始的?(引出新的信息)

乔尼:我们书上说,标为0°的第一条经线开始于英国的一个叫作格林尼治的地方。

教师:一个环绕地球向南北不断延伸的经纬网格如何从某一个地方开始呢,拉乔尼?(引出新的信息)

乔尼:我的意思是说它穿过了英国的格林尼治。

教师:好的。现在,让我们回到强森提到的时间点上。如果有一条标为0°的固定的经线,我们如何用它来确定时间呢?(引出新的信息)

强森:现在我想起来了。在0°经线上,或者在英国格林尼治,午夜时间被称为0点。从那里开始,可以画出全世界的时间线。因此,当第一条线是0点时,英国的格林尼治时间就应该往回算1个小时;当第二条线的时间是0点时,英国的格林尼治时间就应往回算2个小时,依次类推。

教师:这意味着什么?(引导澄清)

强森:每条线相当于1个小时,那么,应该有24条经线。

教师:应该不难理解了,参考0°经度网格确定的时间称为格林尼治标准时间或协调世界时。

如何使用等候时间?

在提问和探询过程中,教师需要考虑的一个重要因素是,在发起下一个提问之前应该等候多长时间。有时候,你的等候时间和问题本身一样能够有效地促成你想要的回答,尤其在你给了学生足够的时间去认真组织答案的时候。等候时间太短或太长都是有害的,等候时间太长也会浪费宝贵的教学时间。显然,当学生需要权衡不同回答时(通常是在问发散性问题时)的等候时间,要比他们在必须给出正确、快速而肯定的答案时(通常是在问聚敛性问题时)所用的等候时间更长。

等候时间1指的是教师在第一次提问时给学生的回答时间。在等候时间1较短的课堂中,学生在回答问题之前没有充分的思考时间

罗（Rowe，1986、1987）和托宾（Tobin，1987）区分了两种不同的等候时间。等候时间 1 指的是教师在第一次提问时给学生的回答时间。在等候时间 1 较短的课堂中，学生在回答问题之前没有充分的思考时间。在这样的课堂上，教师只是在两到三秒钟的沉默之后，便会重复问题或要求另一个学生回答同样的问题。

等候时间 2 是指在学生第一次回答之后，到教师或其他学生肯定或否定其答案，然后教师继续讲课之间的时间间隔。在等候时间 2 较长的课堂中，教师会等待几秒钟，然后再提下一个问题，纠正答案，或对学生所说的做出评论，给发言的学生和其他人时间重新思考、拓展和修改答案。等候时间 2 较短的课堂会呈现出学生的回答经常被打断的特点。

下面的对话是等候时间 1 和等候时间 2 的示例说明：

老师：我们昨天讨论了火山，谁能告诉我什么是火山口？

（等候时间 1：教师给学生时间思考这个问题，并留心学生的非语言线索，看其是否需要提示，这对于发散性问题和高阶问题来说尤为重要。）

尼尔达：我记得。火山口是由于火山中部崩塌而形成的。虽然我也不太确定，但我想它是用来排出所有的蒸汽和气体的……

（等候时间 2：教师等待尼尔达或其他学生思考这个问题，并对其做出肯定或否定的判断，这对于犹豫不决或只有部分正确的回应尤为重要。）

是的，就是这样的。我现在想起了课文里的图片，烟雾都是从那里跑出来的。

马丁：她是对的。那是我们在画板上画过的，大家还记得吗？

老师：那么，画板上还画了些什么呢？

增加这两种类型的等候时间，对学生的回答有如下影响：

- 学生会对问题给出更长的答案。
- 学生会自愿给出更多的答案。
- 未作答的问题的数量会减少。
- 学生会对自己的答案更加确定。
- 学生会更愿给出推测性的答案。
- 会增加学生提问的频率。

一般来说,在问下一个问题、重复前一个问题或者在叫另一个学生回答之前,你应该至少等待 3 秒钟。需要进行思考并权衡不同答案的发散性问题可能需要长达 15 秒的等候时间。

一些研究发现提供了重要证据,显示了等候时间对学生的回答有着重要的影响。如果只给新手老师一条关于等候时间的建议,那就是要放慢速度,在问题与回答之间留下更长的停顿。参见"在实践中:关注有效的课堂提问"。

最后,请记住,提问是让学生参与学习过程的主要手段,因为它能让学生就你提供的材料进行思考并解决问题。以下是一些通过提问来促进学生思考和解决问题的建议:

• 事先计划你要提问的问题类型。脱口秀节目主持人的提问虽然看起来都是脱口而出、未经排练的,其实并不尽然。在现实生活中,即兴发挥和自发性表演在节目中同样有可能带来尴尬的沉默,你的课堂亦是如此。你选择的问题类型、难度水平以及提问的顺序,都应该以你的课程目标为基础。

• 以简洁、清晰、中肯的方式提问。有效的口头问题就如同有效的写作一样:每个词都是必要的。用像跟朋友谈话一样自然、对话式的语言来提出问题。

• 给学生思考的时间(等候时间 1)。关于提问的研究指出,教师在转向下一个学生或提出下一个问题之前,没有给学生足够的时间来回答问题。平均而言,教师只需要等候一秒钟左右的时间,学生就会做出回应。对于低阶问题,等候时间应该增加到 3 到 4 秒钟,而对高级问题,等候时间应该增加到 15 秒。

• 让学生保持悬念。先提出问题,然后再点学生的名字。同样地,要随机选择学生来回答问题。你要让学生知道,他们随时都有可能被点到。这既增加了学生回答问题的责任感,又保持了他们的注意力和警觉性。

• 在对问题重新引导和进行探询之前,要给学生足够的时间来完成作答(等候时间 2)。等候时间 2 就是当学生给出一个不完整或错误的答案后,到你通过探询推动其更深的理解或重新提问之前的等候时间。刻意保持课堂进度的教师经常在学生回答之前就打断他们。

• 为学生提供即时的反馈。正确的回答应该被教师认可,然后给予鼓励,加以阐述,并进一步探询或提问。重要的一点是要传达给学生你已听到他的回答,并对答案进行了评价。通常学生会觉得他们的答案被教师忽略了(这往往不为教师所知)。对于不正确、不完整或不充分的回答,教师应加以探询或将问题转投给另一个学生。正如下节要讨论的,研究表明,处于不同成绩水平、社会经济层次和具有不同文化背景的学生需要教师运用不同的提问方式、重新引导和探询的技巧。

在实践中:关注有效的课堂提问

2001年,西北地区教育实验室(the Northwest Regional Educational Laboratory)对教师课堂提问进行了广泛的研究。研究范围囊括了K-12的各个年级,其中大多数研究关注教师提出问题的认知水平的高低对学生学习的影响。以下是凯思林·戈登报道的一些主要发现,摘自于37份研究文件并发表在《学校改进研究系列》上(点击www.nwrel.org/index.html获取)。

课堂提问的调查研究结果

研究人员对课堂提问的作用进行普查,并得出了以下结论:

一般发现

- 在课堂上,设置了提问环节的教学比没有设置提问的教学更加有效。
- 学生在之前作为背诵问题被问过的测试题目上的表现,比在以前没接触过的题目上的表现要好。
- 在课堂复习中提出的口头问题比书面问题更能有效地促进学生学习。
- 把学生的注意力集中在课程基本内容上的问题,相对于那些没有聚焦的问题,可以更好地被学生理解。

问题的布置和时间安排

- 课堂讨论中频繁的提问与知识学习的关系呈现正相关。
- 在阅读和学习材料之前提出问题,对于年龄较大、能力较强和/或对主题较感兴趣的学生来说是有效的。
- 在上课前提出与内容相关的问题,能让幼儿和阅读能力差的学生更好地关注内容。

问题的认知水平

我们应该问一些需要逐字逐句回忆或只需非常基本的推理的问题吗?或者我

们应该问一些需要推测、推理和评价思维的问题吗？当研究者结合学科内容、学生和教师的意图来看教师所提问题的认知水平时，他们的结论如下：

- 在课堂复习中，平均约有60%的问题是低阶认知问题，20%是高阶问题，还有20%是程序性问题。
- 对于年幼（小学）儿童，尤其是弱势群体，使用低阶认知问题比高阶的更为有效。
- 当教师的目的是传授事实知识并帮助学生记忆这些知识时，使用低阶认知问题更为有效。
- 在较低阶的问题出现频率高且适当的情况下，问题高发率与学生成绩呈正相关。
- 如果教师主要使用低阶的问题，这些问题的难度应该足以引出学生正确的回答。
- 在小学以上的大多数课堂中，要优先考虑结合使用高阶和低阶认知问题，而非只用其中的一种。
- 与那些能力较强的学生相比，被教师视为学习缓慢或较差的学生，会被问到较少的高阶认知问题。
- 高阶认知问题使用的增加（超过20%）可以给小学以上年级，特别是中学生，带来更好的学习效果。
- 教导学生推理并让他们付诸实践，这样可以引发学生高阶认知层面的回答和更多的学习收获。
- 对于年龄较大的学生，增加使用高阶认知层面的问题（50%及以上）与学生的课堂参与、任务表现和答案长度呈正相关。

研究者在报告中总结道，在使用等候时间和提出高阶问题方面为教师提供更好的职前培训，既可能提高学生的课堂参与度，也可能提升其学习成就。

来源：西北教育（原西北地区教育实验室）。

什么是文化回应性提问？

社会语言学研究文化群体在语言礼貌和习俗上的差异，而不研究其语言在语法结构上的差异。社会语言学研究在特定文化中控制社会对话的提问规则：与谁说,以何种方式说,何时停顿,何时问答,如何打断别人说话等。例如,社会语言学家通过平均话语长度、话语间的时间间隔、说话节奏以及人们交谈的时间、方式和内容等规则来研究交际对话的各个方面。

研究人员指出,教室和学校受到语言、社会文化和社会互动规范的控制,这可能与移民儿童的家庭、同龄人和社区中规范背道而驰。例如,德尔加多-盖坦(Delgado-Gaitan, 2006)指出,他们在加州研究的一些学校的教学实践,与墨西哥裔美国学生在文化上认可的分享模式、领导模式和口头讲述故事的模式相矛盾。对此,主流课堂

> 观看这段视频,一名教师正在向多元文化班级中的学生教授一门语言文学课。注意教师的提问技巧,确定这里是否有证据表明这位教师适当地使用了等待时间。

中的教师并没有改变互动模式来适应学生的需求,而是将学生表现不佳归咎于其能力不足,坚持以与学生文化相悖的盎格鲁的互动规范进行授课。在交际方面,被研究最多的是等候时间、节奏、参与结构和语言(Gay, 2010)。

等候时间

不同的文化通常有不同的等待时间。例如,相比盎格鲁文化,纳瓦霍的文化允许儿童有更长的作答时间(等候时间2)。一些研究表明,如果给出更多的作答时间,纳瓦霍的儿童会说出更长的句子,并且会主动给出更多的答案。相对而言,在夏威夷文化中,打断别人说话是对说话人及其所说内容感兴趣的一种表现。对于夏威夷学习者来说正好相反,较长的等候时间2意味着说话人对谈话不感兴趣或感到厌烦。

其他关于西班牙裔和非裔美国学习者的研究表明,最佳等候时间似乎有文化特定性,甚至是情景特定性的(Banks & Banks, 2009)。虽然这个研究没有给出具体的规定,但它确实建议教师必须结合学习者的文化背景和学习历史来确定提出问题的方式,以及在问题和答案之间适当的等候时间。

节 奏

对话节奏是指两个说话人之间谈话的节奏、音调和速度。一些研究者发现,非裔美国儿童和他们的母亲会使用快节奏的和一种"竞赛"式的互动方式进行交谈。母亲们还鼓励孩子们要有主见。他们指挥和呼喊孩子们做家务的指令,以及孩子们对这些指令的回应,几乎都带一种争论的语气。坦嫩(Tannen, 2005)认为,这种

互动风格创造了一种高能量、快节奏的家庭氛围,这与低能量、慢节奏的典型课堂氛围形成对比。

一些研究者认为,在家里与在学校不同的对话节奏和风格,也许是一些非裔美国儿童的课堂行为被认为不恰当的原因之一。同样地,一些盎格鲁教师可能对非裔美国青少年的对话风格反应过度,这也许能解释为什么这些孩子往往会被安排到行为异常的班级中去。当然,也有一些教师更愿意让非裔美国学生在课堂上使用跟家里一样的对话风格。如第二章所述,认知学术语言能力(CALP)侧重于要求学校和教育系统建立更多的具有文化敏感性的干预措施,以此来改善那些在语言上不同于主流文化学生的学生表现。换句话说,学校的作用不是要孩子少用他们的家庭语言、方言和植根于文化的学习方式,而是通过提供一个丰富、自然的教学环境,减轻语境因素对学校学习的影响。这包括与学校课程相关的听、说、读、写的教学(Thomas & Collier, 2012)。

参与结构

典型的课堂对话是以一对一的问答结构或形式进行的。教师直接看着一名学生,问他或她一个问题,等待答案,然后做出后续的回应。萨普和加里摩尔(Tharp & Gallimore, 1991)观察到,这种参与结构往往只会引起夏威夷和纳瓦霍的儿童较小程度的参与。对于这些孩子而言,无论是在家里还是社区里,在非正式场合,只会有很少的孩子参与,而且与孩子一起的成年人会鼓励孩子、积极参与孩子的活动,不会命令孩子做事情。研究中,当课堂参与结构建立在学生本身的文化基础上时,那些很少参与课堂讨论或问答的夏威夷和纳瓦霍的孩子们都会变得非常健谈。

社会语言学家指出,在社会语言学模式(等候时间、节奏、参与结构等)与孩子家庭、社区的模式相适应的教室中,孩子们会感到更舒服。一些教师和学校可能认为非裔美国人和西班牙裔的儿童的语言能力较差(Delgado-Gaitan, 2006)。然而,如果在这些孩子熟悉的家庭或社区环境中进行观察,就会发现他们会使用富有活力、表现力和创造力的语言模式。研究者发现,美国课堂的典型社会语言模式会让某些少数群体的学习者感到不舒服。而反过来,这又会导致这些学习者在课堂上的参与度降低,让盎格鲁裔美国教师认为他们的参与方式存在不足或不当,因而导致了较低成绩。研究者普遍认为,移民儿童在学校的成功更多地归因于其强烈的家庭文化和积极的民族认同感(应该在学校保留),而不是同化(Schmidt & Lazar, 2011)。

语　言

因为大多数提问都是在课堂上以正式语言进行的,所以教师应该对学习者的语言能力有所了解。大约有 500 万学生——约占学龄人口的 10%——拥有除英语以外的主要语言。对于一些人来说,英语是他们在接受模式(听、读)中的主导语言,而对另一些人来说,英语是他们在表达模式(说、写)中的主要语言。

那么,双语学习者选择西班牙语为主要说话方式、选择英语为主要倾听方式的现象就不足为奇了(Banks & Banks, 2009；Valencia, 2010a, b)。这种现象可以让学习者理解教师用英语说的话,尽管还会有一些学习者在用西班牙语与教师交流。了解学习者的主要表达方式将会为学习者提供更多的学习机会,并让他们参与到学习过程中。

如果一个学生无论在表达模式还是接受模式上,都不以英语为他/她的主要语言,而且你也不会讲这个学生的语言,那么你可以做如下工作:

1. 强调其他形式的交流,如视觉、动觉和触觉等,以补充你的教学目标,使用多感官的方法进行教学。

2. 对文化差异保持敏感。例如,与让学生反复背诵规则和给予警告相比,经常提供有意义的表扬和鼓励对提升学生的学习更为有效,因为学生可能不能完全理解你说的规则和警告。

3. 评估所用材料的阅读水平和形式。在选择或区分材料时,你可以寻找一份与英语内容和水平相当的西班牙语版本材料。试读一段时间后再对材料进行评估,并对阅读水平做相应的调整。

4. 不要将语言能力与学科相关的成就或能力相混淆。与单语儿童相比,双语儿童在分析推理、概念形成和认知灵活性测试中表现得更为优异。其他研究表明,通晓两种或两种以上语言的学习者对语言结构和细节有更好的了解,他们知道词语是表示其他一些单词和动作的任意符号,而且能够更好地发现书面和口头交际中的语法错误(Portes & Rumbaut, 2006)。同样值得注意的是,CALP 的研究人员指出,来自经济贫困地区、讲非标准英语的孩子,可能会在学校有一些不好的经历,但他们也注意到,所有语言都同样复杂,而且无论用哪种语言学习和解决问题都同样有效(Oakes & Lipton, 2006)。语言学家已经证明,不能用智力的成熟度来给学生的语言分级。因此,无论学生说的语言有多么不标准,他们的主要语言都不会是导致智力缺陷或认知发展缓慢的原因。

提问时的常见问题有哪些?

基于对新手教师提问行为的课堂观察,我们发现了以下这些最常见的问题,并给出了一些补救措施。

你的问题是否太复杂、模棱两可或有双重理解?

新手教师在提问时最常见的一个问题是,会使用复杂、模棱两可或有双重理解的问题。这种问题太长、太复杂,以至于学生在听完整个问题的时候,就忘记了问题的主旨。有时,教师会不自觉地把两个(甚至更多的)问题放在一个复杂的结构中。

由于这样的问题是以口头或非书面的形式给出的,所以学生没有办法重读问题来获取其全部意图。更不幸的是,这种问题有时复杂到连教师自己被问到时都不能准确重复出来,因而对同一问题就说出了不同版本。下面的三组问题示例分别是不必要的复杂版本和简化了但同等有效的版本:

例1:

复杂形式:"我们都知道政府的三个分支是什么,但它们是从哪里来的,如何被设计出来的,又是以什么方式联系在一起的呢?"

实际上,这个问题是三个问题合在一起的,如果问题中的每一点都要单独回答,那会花费很长时间。另外,前两个问题可能有些多余(难道不是吗?),第三个问题很模糊,会让大多数学生感到困惑。最后,万一有学生不知道或不记得政府的三个部门是什么呢? 对这些学生来说,接下来发生的一切都是无关紧要的,并给他们的注意力不集中和开小差开了方便之门。

更简单的形式:"回忆一下政府的三个分支:行政、司法和立法。宪法赋予每个部门什么样的政府职能呢?"

例2:

复杂形式:"单细胞动物如何自我繁殖,并裂变创造出与它们相似的动物生命形式?"

如果你问这个问题,肯定会有一些学生要求你重复一下。在这种情况下,你可能都不记得自己的复杂措辞。这个问题没有很快地切入正题,就好像一个问题重复了三遍一样:单细胞生物是如何繁殖……如何分裂……创造相似的动物生命形式?这种重复很容易被学生误认为老师在问的是三个独立的问题,让他们在初级层面上理解单细胞生物的繁殖。其实,你只需用一种方式来表述问题,之后如有需要,在学生知道同一问题正被重述时,你再重新表述问题。

更简单的形式:"单细胞动物的繁殖通过什么样的过程?"

例3:

复杂形式:"你对内战、伊拉克战争或一般战争有什么看法?"

根据学生听到问题的不同部分,你可能会得到明显不同的答案。教师本来提问的意图是要给学生足够的选择,以便让几乎所有的学生都参与回答问题。但是,除非你想要发起一场争论,要不然学生回答的范围会特别广,以致你不能进入下一个主题。这个问题可能会让学生在整个学习过程中都激烈地争论,而无法集中到教师最初提这个问题的目的上来(例如,介绍内战、不受欢迎的战争或战争的概念)。这个问题过于宽泛,开放性和发散性强,对于一节课来说没有太多的实用价值。

更简单的形式:"是什么因素导致了一个国家内部、不同团体之间的战争?"

以下是避免提出复杂、模棱两可或双重理解问题的基本原则:

- 每个问题只聚焦于一点;
- 只陈述一次主要观点;
- 使用具体的语言;
- 用尽可能少的单词陈述问题。

你只接受期待的答案吗?

另一个常见的错误是,教师几乎只接受自己期望中的答案。回忆一下第二章中的讨论,有时候教师会对叫到的或在课堂交流中与之互动的学生持有偏见。这种偏见会扩展为教师喜欢哪个答案和哪个学生。在教授新内容时,教师会很自然地把答案限制在自己最熟悉的范围内,从而让自己变得更安全、更自信。教师采取的第一反应会是将那些被认为是处于不恰当范围的答案拒之门外。这个范围与问题的开放性直接相关。开放性问题鼓励多样化，正是这种多样化经常让许多新手教师措手不及，迫使他们把一个宽泛的问题变成一个有限制性的问题。注意在下面对话中，这位教师支持、培养的姿态如何随着回应的性质而发生改变：

教师：好的，今天我们要学习来美国的欧洲移民，以及他们为什么来到这里。我知道你们对这个话题已经有了很多了解。那么，他们为什么来到美国呢？

学生1：为了种田。

教师：不，不是为了种田。

学生2：建造房屋和教堂。

教师：不，那也不对。

如果这样的交流持续很长时间，毫无疑问会让很多学生感到厌烦，除非他们知道就算他们的答案不是教师想要的，也并不意味着是完全错误的。教师想要什么答案呢？理想的答案可能是，早期移民来到美洲，是因为他们在欧洲地区受到宗教迫害。最后一个学生的回答"建造房屋和教堂"本来是一个进行探询的完美时机，只需问"为什么要建造教堂"即可。然而遗憾的是，这位教师错过了这个等待准确答案的机会，因为他/她不愿在已有答案的基础上继续下去。为了最终得到唯一的可接受答案，这位教师可能要等很长时间，在一个一个叫学生回答问题的同时失去了宝贵的课堂时间。

教师总是在寻找自己想要的那个答案，但是请记住，那些部分正确的乃至不寻常的和意想不到的答案，是可以通过使用探询手段转变成讨论过程的有效补充。这个问题的解决办法是，教师通过使用探询手段来逐步构建目标中的答案。

你为什么要问这个问题？

在提问中，最严重的错误也许是你不能肯定为什么你要问问题。记住，提问是工具，它可以支持教学的过程。在设置问题时，你的第一个决策应该是确定要教授事实、规则和动作序列，还是概念、模式和关系。如果前者是你的目标，则要编写在知识、理解和应用层级上的聚敛性问题。如果后者是你的目标，则要提问在分析、综合和评价层级上的发散性问题。这一决定策略归纳在图8.1中。

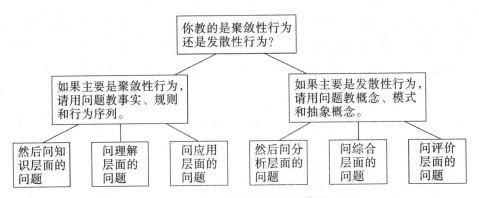

图 8.1　决定提问类型的决策树

如果你还没有确定自己在图 8.1 中的位置,那么你所提的问题类型很可能是错误的,并且缺乏逻辑顺序。这些问题可能会在聚敛性和发散性之间,在知识的简单回忆和概念、模式的习得之间来回跳跃。学生可能会对这些问题感到困惑,因为你的想法并不是由一条他们可以共同遵循的主线串联起来的,学生会认为你模棱两可,或是缺乏用有意义的方式联系教学内容的能力。因此,对你来说很重要的一点是,事先决定你的提问策略是什么,然后通过选择合适的问题和认知复杂度来实现这一目标。

最后,值得注意的是,虽然你设定的目标可能是聚敛性问题或发散性问题,但这并不意味着你不能跨越图 8.1 的层级而改变提问策略。问题应该随着学习的类型而变化,按照精准教学框架逐步提升。例如,从知识到应用、分析、综合和评价,学生与课堂外部世界的关联也越来越紧密。一定要记住,你的最终目的是选择问题的最佳组合来达成教学目标。

你会自问自答吗?

另一个常见的问题是,教师会提出一个问题,然后自己作答。有时学生刚刚开始回答问题就被教师打断了,然后听到的就是教师对答案的提示:

教师:那么,是哪位总统解放了奴隶呢?

学生:亚伯拉罕——

教师:林肯!是的,很正确。

有时情况正好相反,学生刚说出一个答案,教师认为是错误的,然后马上打断学生,并代为给出正确的答案:

教师:那么,是哪位总统解放了奴隶呢?
学生:乔治——
教师:不,不!是亚伯拉罕·林肯。

不用说,这两种结果都会让学生沮丧,他们要么被剥夺了给出完整正确答案的机会,要么被认为给出的答案是完全错误的,甚至都不值得听完。也许这两种做法都不是有意的,但学生看到的就是这样。

你的任务是利用学生的回答来构建更为复杂的答案。通过询问来引发新的信息,超越已有的正确答案,在错误答案之后给予提示和线索,这些都是一些非常有用的措施。因为它们会给予学生给出完整、经过深思熟虑的答案的权利,无论对错。教师经常打断学生的回答,是因为他们想要一个完美的答案。教师独断的性格或健谈都会让学生感到沮丧,致使他们从未学会如何给出充分和周到的答案或自愿地参与课堂活动。

你会把问题用作惩罚吗?

我们要谈论的最后一个问题,也许是最严重的问题,即使用或者滥用问题来惩罚学生或让学生处于被动的境地。学生被问到问题既是一种惩罚,也是一种奖励。例如,通过以下方式提问可能是被用作惩罚:

- 一个忘记做作业的学生会被有意问到他作业中的问题。
- 从来不主动回答问题的学生会经常被提问。
- 给出了错误答案的学生,紧接着会被问到一个更难的问题。
- 干扰课堂秩序的学生会被问到一个不可能知道答案的问题。
- 不认真回答问题的学生会接受连珠炮式的追问。

几乎每个教师都曾以这样或那样的方式使用过上述的问题。有趣的是,一些教师并不总把这些问题看作是一种惩罚。然而,不管出发点怎样,这些问题都算是惩罚,因为它们(1)不太可能让学生积极参与有意义的学习,(2)会让学生自我感觉差、信心不足而且比以前更加焦虑(甚至更加愤怒)。这些行为只会阻碍学生的学习过程,因此它们不应该出现在你的提问策略中。上述每一例子都反映了学生的一些问题,教师可以通过以下方式来进行有效解决:

1. 列出不做家庭作业的学生名单。

2. 为从来不自愿回答问题的学生事先提供一些示例问题。

3. 再给那些回答错误的学生一次机会,并提供一些提示和线索,直到他们给出部分正确的答案为止。

4. 对扰乱课堂秩序的学生给予纪律警告或训斥。

5. 在收到一个不认真的答案后,迅速叫另一个学生来回答问题。

处理不当行为的方法有很多,而且它们比使用问题更加有效。问题是一种教学工具,它应当受到教师的重视,并为特定的目标而服务。误用问题或把问题用于其他目的,可能会影响到学生对问题的看法("我被问到一个难题,是因为老师认为我聪明,还是我受到惩罚了?")这样的冲突可能会耗尽学生本应用来回答问题的精力和注意力,并且有可能让学生一直怀疑你的动机。

相反地,如果使用得当,问题可以被用作隐性的奖励。对于任何学习者来说,有机会在他人面前展示正确的答案,然后得到验证并获得肯定的评价,都是一种奖赏式的经历。因此,无论其能力水平或知识水平能否足以给出正确的答案,每一个学习者都应该定期地享有这种体验。

不要忽视那些在回答上有困难的学生,也不要不接受错误的答案。相反,教师要偶尔尝试使用更宽泛的而不是非黑即白的标准,来帮助所有的学生回答问题,并得到情感上和智力上的奖励。例如,教师在对最准确的答案施以奖励的同时,还可以尝试对最新颖、最超前、最实用和最具启发性的答案进行奖励。这将会让每个学生都能享受回答问题带来的挑战和兴奋。

因此,提问是另一个可以用来区分教学的工具,可以添加到你的教学手册中。而由于问题的形式几乎有无穷的变化,所以问题使用也可以成为你的手册中最灵活的工具。

第八章 提问策略

案 例

说明:以下案例与第八章的内容有关。读完这个案例,请根据提示回答一些批判性思考问题,并把从本章中学到的知识应用到这个案例中。

科尔先生的中学科学课在很多方面都是多样化的。班上的学生来自多个民族、种族,包括盎格鲁、西班牙裔、非裔和少量的亚裔。有一些学生是新到美国的移民,他们的英语理解和阅读能力要高于自己的口语能力。学生的能力水平高低不均,大部分学生处于中等水平。目前,本班正在学习发明和创新对社会的影响。

科尔先生:我的叔祖父在大学里踢足球,但是他在20多岁的时候得了肺炎,3天之内就去世了。卡拉,这种情况放到今天会发生吗?

卡拉:嗯,我爷爷去年冬天死于肺炎,但我觉得没那么快。我想这是有可能发生的。

科尔先生:你可能是对的,卡拉。人们仍然会死于肺炎之类的疾病,特别是在他们年事已高又有其他疾病的情况下。你祖父是这样的情况吗?

卡拉:(她惊讶得睁大了眼睛)他病了很长时间。

科尔先生:那要是20多岁的健康运动员呢?现在,他们会死于肺炎吗?你觉得呢,托马斯?

托马斯:不会,现在我们只需给他们打抗生素就能很快康复了。我明白你的意思了,科尔先生。抗生素是另一项真正对社会产生帮助的发明。

柯蒂斯:我去年得了支气管炎,抗生素似乎没有多大帮助。在我看来,它没那么好。

雷蒙娜:我的小妹妹耳朵受到了感染,以前的药能药到病除。但现在,它并没有多大帮助。

科尔先生:那么,我看到你们当中有些人对抗生素有不同的体验。你们觉得这是为什么呢?米莉,你举手了,你觉得呢?

米莉:我几个星期前在电视上看到一个节目,说我们抗生素吃得太多了,所以现在效果不好了。一些细菌已经对抗生素产生了抗体。现在有一些传染病并不能被抗生素治愈。

科尔先生:那也许是好事过头了吧。会不会是有一些发明一开始看起来很好,但过了一段时间,我们会发现它们在解决一个问题的同时又创造了另一个问题?抗生素可以治愈简单的肺炎,但它们也能产生所谓的耐药性菌株,这种菌株更难被杀死。让我们来想一些在解决问题的同时也制造了问题的其他发明。我给你们一些时间想一个好例子。(30秒过去了)杰森,你想到了什么?

杰森:嗯,那汽车呢?使用汽车我们可以更容易地到处走走看看,但是它们也造成了很多污染。

柯蒂斯:还没说每年死于事故的人呢。

米莉:我想说的是电脑。有些人沉迷于网络,不再花时间和家人在一起。另外,人们会收到很多他们不想要的垃圾邮件。

托马斯:接到电脑打来的电话真挺吓人的。我的意思是,人们在电话上卖东西已经够糟糕了,但又有电脑……

米莉:还有那次学校里的电脑把每个人的分数都误判成"未完成"呢?(全班一想到这事就开始呻吟)

点击 第八章 评估测试你对本章知识的掌握情况。

总 结

本章的要点包括以下内容:

学习成果8.1

• 一个有效的问题能使学生主动地作出回应,从而参与到学习过程中。它取决于音调的变化、单词的重音、词语的选择和被提出的情景。

• 教师在课堂上最常见的三种行为是组织、引发和作出反应。

• 征询或提问行为鼓励学生在看到教师组织的材料后,尽快地做出反应并进行思考。

学习成果8.2

• 提问的常见意图有:

1. 引发学生兴趣和关注;

2. 诊断和检查;

3. 回忆具体的知识和信息；

4. 管理课堂；

5. 鼓励高阶思维活动；

6. 重新组织或重新引导学习；

7. 允许情感的表达。

学习成果 8.3

- 一个将答案限制在单个回应或少量回应的问题被称为聚敛性、直接性或封闭性问题(直接或封闭)。这类问题让学生以有限的方式进行回应。

- 一个有很多正确答案或有大范围可接受答案的问题被称为发散性、间接性或开放性问题。不过,发散性问题可能会存有错误的答案。

- 同样的问题在一种情况下可能是聚敛性的,但换一种环境就会变成发散性的,就如一个发散性问题的所谓创造性答案是学生从列表中记下来的一样。

学习成果 8.4

- 问题可以专门针对认知复杂度来措辞,也可以针对个人、小组或整个班级来组织。

学习成果 8.5

- 问题可以被用于许多不同次序的情景中,比如漏斗法,在原始问题中添加越来越多的具体条件,而使其缩小为只需简单回应的问题。

学习成果 8.6

- 可以在不同的认知复杂度层级上创建问题,包括知识、理解、应用、分析、综合和评价等认知领域。

- 知识性问题要求学生回忆、描述、定义或识别已被记住的事实。

- 理解性问题要求学生解释、总结或详细说明所学事实。

- 应用性问题要求学生超越对知识记忆和翻译的阶段,把知识应用于一个全新的、不同的环境中。

- 分析性问题要求学生将问题分解成几个部分,并在各个部分之间建立起联系。

- 综合性问题要求学生对一个不熟悉的问题设计或产出一个独特的或不同寻常的答案。

- 评价性问题要求学生用已规定的决定答案准确性的标准,形成判断并做出决策。

学习成果8.7

- 探询是在学生回答问题后,紧接着追问的问题。它的目的是引发澄清、征询新信息或重新引导或重组学生的答案。
- 探询新信息的关键在于,后续问题只能是前一个问题的小部分延伸。

学习成果8.8

- 你在发起另一个问题或转向另一名学生之前留出的等候时间,对于让学生积极参与学习过程而言,与问题本身发挥的作用是一样重要的。教师应该等候至少3秒,然后再问另一个问题,重复前一个问题,或叫另一名学生来回答。
- 较长的等候时间关系到下列结果:学生回应的内容更长,有更多的自愿回应,回应行为更复杂,问问题更频繁,而且在回应时更自信。

学习成果8.9

- 研究人员指出,教室和学校受到语言、社会文化和社会互动规范的控制,这可能与移民儿童的家庭、同龄人和社区中规范背道而驰。
- 文化特定的问题是那些将特定文化中的等候时间、节奏、参与结构考虑在内的问题。

学习成果8.10

- 为了避免一些新手教师在提问时常出现的问题,可采取以下措施:

1. 不要提出可能需要几个不同答案、过于复杂或模棱两可的问题。

2. 准备好接受正确但不太寻常的答案,特别是在提出发散性问题的情况下。

3. 总要事先想好为什么提出一个特定问题。了解你所期望的问题答案的复杂性。

4. 在没有事先探询的情况下,不要为自己的问题提供正确的答案。

5. 永远不要阻止学生完成对问题的回答,即使他的答案是不正确的。把部分正确或错误的答案当作一个用于引发澄清、征询新信息或重新引导学生的平台。

关键术语

| 聚敛性问题 | 探询 | 引发 |
| 文化特定问题 | 问题序列 | 引发探询 |

发散性提问	回应	组织架构
有效问题	重新引导探询	等候时间 1
引发探询	社会语言学	等候时间 2

讨论与练习

带星号的问题在附录 B 中有相应答案。有些带星号的问题可能要求学生做后续回应,这些答案没有包括在附录 B 中。

*1. 在本章中,有效问题的定义是什么?请举一个例子说明。

*2. 大约有百分之几的课堂时间可能用在了问答上?为什么这个百分比如此之高?

*3. 大约有百分之几的问题需要简单地回忆事实?大约有百分之几的问题需要澄清、扩展、概括和做出推论?为什么后者的百分比这么低?

*4. 用你自己的话讲述一下什么是聚敛性问题和发散性问题?从正确答案和错误答案方面说明它们的异同点。

5. 为同一内容分别设计一个聚敛性问题和发散性问题。

*6. 根据研究发现,提问高阶问题如何影响学习者的标准化成绩的分数和学习者在思考问题时对分析、综合和评价技能的使用?

7. 编写一个认知复杂度较高的问题和一个认知复杂程度较低的问题。这两个问题在提示、线索和组织手段方面有何不同?

8. 以表 8.2 为指南,编写一系列相关问题,可以扩展和提升学生的回答。

9. 使用与问题 8 中相同的内容,针对认知领域的各个层次,如知识、理解、应用、分析、综合和评价,分别准备一个问题,以引导学生做出相应复杂度的应答行为。

*10. 什么是等候时间?为什么新手教师应注意增加等候时间?

*11. 找出并举例说明新手教师最棘手的五个问题。哪个问题对你来说最难?

专业实践

现场体验和实践活动

带星号的问题在附录 B 中有相应答案。有些带星号的问题可能要求学生做后续回应,这些答案没有包括在附录 B 中。

1. 根据你的实际工作或观察,举例说明教师应该说些什么来:(1)组织一个要讨论的问题;(2)征询学生的回答;(3)回应学生的答案。选一个你要教授的主题,用简短的师生对话来说明如何展开这一连串的事件。

*2. 列出关于提问的七个具体意图。然后举例说明你观察到的三个最常见的问题。指出任何一个你观察到的不属于这七个意图的情况。

*3. 写一篇简短的师生问答的课堂对话,举例说明漏斗型的学生回答。

4. 从你观察到的课堂对话中,举例说明以下三个探询行为:(1)引发澄清;(2)征询新信息;(3)重新引导或重组学生的反应。这些探询发生的顺序是什么?

5. 根据你的实际工作或观察,回想三个你认为与文化相关的问题,并解释原因。

电子档案活动

以下电子档案活动与 InTASC 标准 3、5 和 8 有关。

1. 在现场体验和实践活动 2 中,你用例子说明了七个提问的意图。从本章中为每个意图找出一个问题的示例,并将这些例子放在标签为"提问策略"的电子文件夹中。这对你会是一个有价值的提醒,即采用多种方式塑造问题,并引导学生回应以使之更准确地揭示他们所知道的或不知道的。这些例子也将为你以后的课程和单元计划提供参考。

2. 为你教授的课程在知识、理解、应用、分析、综合和评价层面分别准备一个问题。把这些问题放在"提问策略"电子档案文件夹中,并把它们作为问题范例,以引发更复杂的学习成果。

/ 教育治理与领导力丛书 /　　王定华 总主编

[美]

加里·D.鲍里奇
Gary D·Borich

著

杨鲁新

译

张　宁

译校

有效教学方法

Effective Teaching Methods

(Ninth Edition)

 华东师范大学出版社
ECNUP　全国百佳图书出版单位
上海

第九章　直接教学策略

学习成果

本章学习结束后,你将学会并能够:

- 区分类型1和类型2的成果,并解释选择每种成果如何影响你的教学选择。
- 认识到何时采取直接教学最有利于学生掌握学习内容。
- 实施直接教学策略,以便通过监督和诊断来衡量学生进步,呈现和组织新的教学内容,确保学生的练习得到指导,给予反馈和纠错,提供让学生掌握学习的机会,并定期复习所学内容。
- 探索促进直接教学目标的教学技术。
- 在多样化的课堂使用直接教学,促进学生互动,回应学生的独特反应,并对学生需求表示支持和关心。

美国州际新教师评价与支持联合会(InTASC)

学完本章,你将能够达到以下 InTASC 有关有效教学的标准:

标准2　学习差异。教师利用对个体差异和多元文化、社区的理解,确保提供包容性的学习环境,从而使每个学生都能达到高标准。

标准4　内容知识。教师理解所教学科的核心概念、探究工具和结构,并创设使学生易于理解和有意义的学习体验,以确保学生掌握学习内容。

标准5　内容应用。教师了解如何把概念联系起来,并使用不同的观点使学生就真实的本地和国际问题进行批判性思考,激发学生的创造力和合作解决问题的能力。

标准6　教学评价。教师理解和使用多种评价方法,使学生参与自身成长,监控学生的进步,并引导教师和学生制定决策。

标准8　教学策略。教师理解和运用各种教学策略,鼓励学生深入了解学科内容及其相互联系,并培养学生以有意义的方式应用知识的技能。

♥♥♥♥♥

第六章介绍了七个教学事件,它们构成了课程计划的基本结构:

1. 引起注意;

2. 告知学生学习目标;

3. 激发学生对先前学习的回忆;

4. 呈现材料;

5. 引发期待行为;

6. 提供反馈;

7. 评价行为。

本章及后续章节将介绍帮助实现这七个教学事件的不同教学策略。本章还将介绍直接教学的策略,包括讲解、举例、复习、练习以及在汇报和背诵形式中的反馈。在接下来的章节中,我们将增加与间接教学、建构主义和自我导向教学以及合作学习相关的策略。

你是否曾好奇过,为什么有些教师比其他教师更受欢迎?学生们迫不及待地想去上这些教师的课,却害怕去上其他教师的课。人们常常用"更有条理"、"个性更好"和"更温和、更友好"这样的短语来形容那些更受欢迎的教师。虽然这些素质可能是那些最受欢迎的教师所具备的,但这些并不是他们更受欢迎的唯一原因。

教师能够吸引学生的最重要因素之一,就是他们对一种关键行为的运用:教学多样化。学者在对经验丰富和缺乏经验的教师所进行的研究中发现(Emmer、Evertson & Anderson, 1980; Emmer & Evertson, 2016; Evertson & Emmer, 2016),在教学策略上表现出灵活性和多样性经验的教师比教学策略匮乏的新手教师更有趣,更能让学生听懂学习内容,更具有吸引力。

了解不同的教学策略,以及能在课内和课程之间灵活地改变这些策略,是教师能够拥有的两笔最大的财富。其他关键行为无论执行得多好,都不太可能在吸引学生的兴趣和注意力方面产生与多样性和灵活性相同的效果。本章提供了多种教学策略,你可以使用这些策略来编写课时计划,并用直接教学形式在课堂创建和保持有趣、多样化的气氛。

教与学的分类

木匠、电工和水管工必须为特定的任务选择合适的工具,与他们一样,你也必须为特定的学习成果选择适当的教学策略。为了帮你确定选择何种策略,下面介绍学习成果的两大分类:

类型1:事实、规则和动作序列。

类型2:概念、模式和关系。

类型1成果代表在认知、情感和心理运动领域中复杂度较低的行为,包括认知领域的知识、理解和应用水平,情感领域的意识、反应和评价水平,以及意识运动领域的模仿、操作和精确水平。

类型2成果代表这些领域中复杂度较高的行为,包括认知领域的分析、综合和评价层面的结果,情感领域的组织和特征层面,以及意识运动领域的清晰度和归化层面。表9.1和表9.2显示了类型1和类型2的结果示例。

表9.1 类型1成果的示例:事实、规则和动作序列

事 实	规 则	动作序列
1. 识别两位数的乘法	带两位数	增加到1000
2. 确定撇号 s	寻找带有撇号 s 的单词	在句子中使用撇号
3. 从列表中选择多音节单词	读出多音节单词	阅读多音节单词的故事
4. 对水的化学成分做说明	两份氢和一份氧结合	写出水的表达式

表9.2 类型2成果的示例:概念、模式和抽象概念

概 念	模 式	关 系
1. 正负数	$-3(-4)+11=10\times(-6)=$	带符号的数
2. 所有格	Police officer's daughter; Mrs. Burns's paper	物主
3. 元音(v)和辅音(c)	cv 顺序;cvc 顺序	元音和辅音混合
4. 元素、原子量和原子价	H_2O	分子结构

表9.3显示了包含这两种类型的教学目标之间的一些重要差异。

要注意,表9.3的左栏和右栏中要求两种类型的学习。在左侧一栏中,类型1

的任务要将知识和理解层面的事实和规则组合成一系列可以通过观察、死记硬背和练习来学习的动作。学生可以通过记忆和练习你所展示的行为来学习正确答案。右栏中属于类型 2 的学习。因为正确的答案与在一些有限环境下能记住和实践的事实、规则和动作序列联系并不紧密,学生还需要更多东西帮助他们超越事实、规则或动作序列,从而创建、综合并最终确认和识别一个不能轻易示范和记忆的答案。这中间缺少的环节就包括学习一个概念、模式或关系。

表 9.3　需要类型 1 和类型 2 成果的教学目标

类型 1:需要事实、规则和动作序列的目标	类型 2:需要概念、模式和关系的目标
1. 如果 目标是识别 1000 内的乘法	但如果 目标是理解有符号数的乘法
然后教 乘法表,并让学生找到例子	然后教 正负数的概念,并展示它们是如何相乘的
2. 如果 目标是识别撇号 s	但如果 目标是表明所有关系
然后教 用撇号 s 的单词,让学生找到表示所有的单词	然后教 所有格形式的概念,并让学生练习写段落来表现所有形式
3. 如果 目标是选择多音节单词	但如果 目标是发出元音/辅音混音
然后教 如何找到列表上的每个单词,并让学生写单词	然后教 元音和辅音,让学生大声朗读故事
4. 如果 目标是说明水的化学成分	但如果 目标是确定化学物质的分子结构
然后教 这个符号代表两份氢和一份氧,让学生写出水的化学组成	然后教 元素、原子量、价的概念,并让学生练习平衡化学物质的原子量

例如,要学习青蛙的概念,就需要了解青蛙区别于其他类似动物(如绿色变色龙)的基本特征。换句话说,学生不仅需要知道所有青蛙具有的特征,而且还需知道青蛙区别于其他动物的特征是什么。如果我们仅仅根据青蛙是绿色的、有四条腿、吃昆虫和两栖的特征来分类的话,有些海龟可能会被误认为青蛙。学生必须学习的另一类知识包含能将青蛙区别于其他类似动物的特征(例如,青蛙身体柔软,皮肤湿润,后肢强壮,不会变色)。

图 9.1 展示了一个先行组织者显示学习青蛙这个概念所涉及的丰富信息。请

注意,为了将青蛙与其他看起来类似的动物进行合理区分,青蛙的一些本质和非本质的属性都需要学习。非本质属性只能通过学习一些非示例来学习,这样学生就可以排除掉青蛙并不独有的特征。最后,随着学生通过示例和非示例进行更多的练习,青蛙的概念呈现出一种紧密交织的特征组合。现在,学生可以忽略颜色等表面特征,而专注于青蛙的特征。学生看过各种蟾蜍、变色龙、海龟、蛇等动物的图片之后,他们就能正确地识别出青蛙。

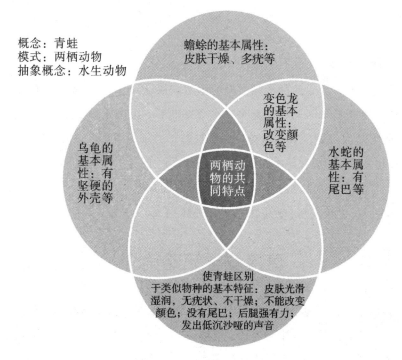

图9.1　学习青蛙的概念

在这一点上,学生至少已经发现了青蛙的一些基本属性,并形成了一个最初的概念。请注意,这个教/学过程不同于简单地让学生重复一些最近记住的关于青蛙的事实信息:"青蛙是绿色的,有四条腿,吃昆虫,会游泳。"这种回答无法让你得知学生是否已习得青蛙的概念,青蛙所属的类型(例如,青蛙既能生活在陆地上,也能生活在水中),甚至是青蛙最普遍的特征(例如,被认为是水生生物家庭中的一员)。即使学生学会了更复杂的如何照顾青蛙的任务,他们仍然没有学会青蛙的概念。他们只学会了如何将一系列事实安排到照顾青蛙的行动序列中。

上述内容演示了学习事实、规则和动作序列的过程与学习概念、模式和关系的过程之间存在的差异。正如在学习这些不同的成果时会涉及不同的认知过程一样，教师也需要用不同的教学策略来教它们。

事实、规则和动作序列通常是通过强调知识习得的教学策略来教授的，而概念、模式和关系则往往通过强调探究或解决问题的策略来教授。这些结论遵循了认知心理学家 J. R. 安德森（Anderson, 2005）、加涅、叶克维奇和叶克维奇（Gagné、Yekovich &Yekovich, 1997）、哈夫曼（Huffman, 2008）以及梅尔和亚历山大（Mayer & Alexander, 2010）等做出的区分，他们都强调学习类型 1 和类型 2 的行为需要不同的教学策略。

知识习得和探究是两种不同类型的学习成果，因此每一种都必须与最有可能产生预期成果的具体策略联系起来。本章提供了一组用于教授涉及事实、规则和动作序列等知识习得的教学策略——直接教学。下一章将呈现用于教授涉及概念、模式和关系等探究和解决问题的教学策略——间接教学。在接下来的章节中，这两种类型的学习将结合起来，展示它们如何共同提供一系列教学策略，帮助学生自主解决问题，进行批判和独立的思考，并协同工作。

直接教学策略简介

如前所示，事实、规则和动作序列通过直接教学模式来讲授效果最好。直接教学是一种以教师或软件为中心的教学策略，你和（或）计算机是主要的信息提供者。在直接教学模式中，事实、规则和动作序列以最直接的方式呈现给学生。首先，它通常采取演示和背诵的形式，由教师负责解释、举例、提供练习和反馈。但是，采用了口头解释和师生互动的直接教学演示和背诵形式也可能包括有软件驱动的问题、对学生纠错以及复习和练习。让我们先来看看以教师讲授为主的模式中所包含的有效直接教学的一些特点。

小学和中学课堂上的直接授课可能与大家熟悉的大学讲座不同。典型的大学讲座不太适合中小学课堂，因为这个阶段的学生在注意力集中程度、兴趣水平和动机等方面与那些年龄较大的学生不同。因此，你的授课形式既不能是冗长的独白，也不能进行开放、随心所欲的讨论。相反，它是一组由你控制的快节奏、计划周密的互动,专注于习得一组有限的预定事实、规则或动作序列。

安杰利落(Angelillo,2008)和马扎诺(Marzano,2009)等把这种类型的教学等同于一种有效的演示,其中会出现以下情况:

1. 清楚地提出了目标和要点

(1)事先陈述教学目标和目的。

(2)一次专注于一个想法(知识点,方向)。

(3)避免跑题。

(4)避免使用学生可能不确定的单词和短语。

2. 按顺序呈现内容

(1)小幅度、逐步地展示材料。

(2)组织和展示材料,待学生掌握一个知识点后,再去讲授下一个知识点。

(3)给出明确的、循序渐进的指示。

(4)当学习材料比较复杂时,呈现概览。

3. 讲授明确而具体

(1)展示技能或流程的模型(在适当的情况下)。

(2)为难点给出详细甚至稍显冗余的解释。

(3)为学生提供具体而多样的例子。

4. 检查了学生的理解

(1)在进入下一步之前,一定要让学生理解当前的知识点。

(2)向学生提问,监控他们对所学内容的理解。

(3)让学生用自己的话总结要点。

(4)对学生难以理解的部分重新进行教学——通过进一步的教学和解释,或者提供补充材料和组织学生之间的相互辅导。

表9.4提供了一些行为动词的示例,它们与最适合进行直接教学的目标相对应。这些成果通常在一节单独的课时中通过应用所教的事实、规则和动作序列来习得。你可以非常容易、直接地通过多项选择、列表、匹配、填空和简答等方式来测试它们。测试题目要求学生:列出记住的名称、日期和其他事实,总结或解释学到的事实、规则或序列,或者将学到的事实、规则和序列联系起来并应用于另一个略有不同的语境中。

表9.4 与最适合于直接教学的目标相对应的行为动词

认知目标	情感目标	心理运动目标
回忆	听	重复
描述	专心	跟随
列举	注意	放置
总结	服从	准确表现
解释	跟随	独立表现
辨析	遵守	熟练表现
使用	显示	快速表现
组织	表达	合作表现
演示	更喜欢	限时表现

直接教学被称为"主动教学"(Angelillo, 2008; Good, 1979; Guillaume, Yopp, & Yopp, 2006),其特点如下:

- 全班教学(而不是小组教学);
- 围绕提出的问题组织学习;
- 提供详细而大量的练习;
- 展示学习材料,以便学生在掌握一个新的事实、规则或序列后,再学习教师呈现的下一个事实、规则或序列;
- 正式安排好课堂,以便最大限度地开展背诵和练习。

图9.2展示了与直接教学模式最相关的教学策略。你可以看到,课堂上很大一部分时间都在开展直接教学,即直接向学生提供信息,同时穿插解释、举例、练习和反馈。

---

1. 监测和诊断以衡量学生的进步,并为重新教学提供信息:
(1)在教学过程中密切观察学生的反应,立即纠错。
(2)运用日常练习来强化新的学习。
(3)检查学生在后续活动和拓展活动(例如,学习中心或家庭作业)中,应用知识、技能和策略的能力。
(4)如果错误持续存在,则重新确定教学目标。
2. 呈现并构建新的内容:
(1)注重教学策略,使学生能够处理各种不同的内容。

续

> (2)提供可以示范教学目标的心理建模过程。毕竟,这一基础促进形成心理图示,以便组织新的学习。
> (3)需要进行辨析练习,以使学生了解应当何时使用新策略。
> (4)根据以下建议排列技能:
> ①在策略出现之前,讲授该策略的预先技能。
> ②先介绍实用性强的技能,然后再介绍不太实用的技能。
> ③以先易后难的原则介绍技能。
> ④把容易混淆的策略和信息分开。
> (5)确定讲授新内容的速度,并根据学生需求调整教学计划。
> 3. 指导学生练习:
> (1)使用明确的信息和示范来发起指令。
> (2)控制教学中使用的语言,以最大限度地提高学生的理解能力。
> (3)一次推进一个学习步骤。
> (4)通过以下方式提供支架,支架应该随着学生能力的发展而减少:
> ①演示预期行为。
> ②提供提示。
> ③逐步取消演示和对学生自主练习的提示。
> 4. 提供反馈并纠错:
> (1)不吝提供积极的反馈,提升学生学习的动机和参与度。
> (2)提供错误反馈:
> ①对于不太复杂的任务,要进行纠错,检查以前成功完成的项目,回顾错过的项目。
> ②对于更复杂的任务,要重新回顾一系列步骤,找出错误的根源。
> (3)使用错误来思考教学的有效性,反思学生的进步,并找出需要复习或重新讲授的内容。
> 5. 为让学生掌握知识而教学:
> 确保充分的练习,使学生能够准确而顺畅地独立应用学习的内容。
> 6. 定期回顾知识:
> (1)定期重温已教授的知识、技能和策略,以评估学生的学习情况。
> (2)如有必要,重新教学。

图9.2　明确而系统的教学

资料来源:基于 D. W. 卡尼,J. 西尔伯特,E. J. 卡梅埃努伊,S. G. 塔弗,K. 郑约翰,2006,《教有困难和风险的读者:一种直接教学方法》。上萨德尔里弗,新泽西州:培生出版公司。

无论是解释、指出关系、举例还是纠错,使用遵循直接教学模式的策略都有许多优点。研究表明,直接教学策略是与学生的标准化测试成绩相关性最高的策略之一,因为标准化测试往往强调事实、规则和序列(Angelillo, 2008；Marzano、Pickering & Pollock, 2010)。

什么时候适合进行直接教学？

当直接教学策略服务于合适的目的、合适的内容,并发生在合适的时间,它将为你的教学策略储备提供重要的补充。如果你的目的是要适量地传播一些不易于从软件、课本或练习册中获得的信息,那么大多直接教学的策略都是很有效的。如果这些信息很好获取,那你的学生很可能会独立地学习这些资源,教师只需提供介绍性或结构化的评论。然而,当教师必须要对教科书和练习册上的材料进行分割、细分或翻译以使其更易于理解,然后才能按照练习册或软件中的格式进行练习时,直接教学是非常合适的。

另一种使用直接教学策略的情况是你想要引起或者提升学生的兴趣。学生经常不愿完成软件、教科书和练习册上的阅读和练习,因为他们误认为这些材料很枯燥或者呈现的都是已学过的内容,不值得为之付出努力。如果你积极参与内容展示的工作就可以改变这些误解,比如通过将有趣的补充或介绍性的信息与枯燥的事实混合在一起,展示材料在未来的学校作业或世界活动中的应用,以及通过问答说明材料既不容易也没有事先掌握。你对内容展示的直接参与和投入,可能为许多学生学习的发生提供了必要的人力因素。

最后,直接教学策略对于掌握学习内容和精益求精地把握基本事实、规则和动作序列是必不可少的,而这些对于接下来的学习和在很久以后还能记得所学内容也是至关重要。掌握学习的程度与学生积极参与学习过程的时间直接相关。学生用于复习和练习上的时间越多,以后把这种学习付诸实践的能力就越强。因此,复习和学生积极的练习是掌握学习内容的重要组成部分。

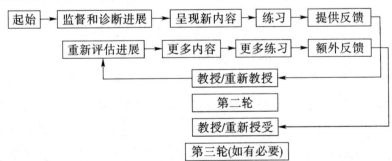

图 9.3 掌握学习的直接教学顺序

如图 9.3 所示,掌握学习的目标最好通过以下顺序来实现:复习课前必须掌握的内容、呈现新内容、练习、提供反馈和重新教学。这一递进循环几乎构成了直接授课课程所安排的全部时间。本章中的许多示例描述了这种类型的教学序列。当要讲的内容是与任务相关且可供后续学习的先前知识时,直接教学形式能提供最好的保证,即这些知识将被记住并可供未来使用。

也有一些时候,直接教学策略是不合适的。当设定目标是学习事实、规则和动作序列以外的内容时,直接教学策略的有效性就会大打折扣,而且往往比后续章节讨论的探究式和解决问题的策略低效得多。不需要直接教学策略的教学情境包括:(1)呈现以认知领域的分析、综合和评价层面为目标的复杂材料;(2)呈现必须在较长时间内逐渐学习的内容。这类材料需要学生主动参与以增强对学习过程的投入(例如,档案袋、项目和口头表现),并创建学习概念和识别模式所需的知识框架。你也可以通过精心设计的课堂对话来提高学生参与度,第十章和十一章将对此进行说明。参见"在实践中:聚焦掌握学习"。

在实践中:聚焦掌握学习

1963年,约翰·B.卡罗尔对于教学特征的思考发生了根本性的转变。他认为,学生的学能反映了一个人的学习速度,因此,一些学生需要花费更多的时间来学习。在这一新的范式中,卡罗尔建议教师应该更加关注不同学生学习同一材料所需的时间。反之,经典的教学模式关注的是能力的差异,而教师给所有学生的学习时间是一样的。

卡罗尔的新理论基于一个观点,即所有的学习者都有潜力学习教师提供的学习内容,但花费的时间不同。卡罗尔指出影响学生学习速度的两个因素:学生的毅力和学习的机会。前者由学生控制,也就是他或她自己来控制花在学习上的时间。后者则是老师来控制,由老师分配学习的时间。

然而,是本杰明·布鲁姆充分发展了现在被称为掌握学习的概念。布鲁姆参与了关于个体差异在学习中的作用的研究,卡罗尔的想法给他留下了深刻印象。他在此基础上进一步总结道,如果学能能够预测一个人的学习速度,那么由教师控制的教学变量,比如学习机会以及教学材料和资源的可用性,应该能够确保所有学习者都能实现对任何单元或课程目标的掌握。布鲁姆的结论是,只要时间充分,教学质量可靠,几乎所有学生都能够学习。布鲁姆的掌握学习模式在由延森(Jensen,1969)引发的"先天论"与"后天论"之争中也发挥了重要作用,它认为是教师提供的学习环境而非遗传影响了学生大部分的学习。

掌握学习理论使教师的责任发生了巨大转变:学生失败的罪魁祸首在于教学,而非学生缺乏能力。创设这种学习环境给教师带来的挑战在于提供足够的时间和采用有效的教学策略,使所有学生都达到同样的学习水平(Bloom,1981;Levine,1985)。教师若将与课程相关的计算机软件添加到此场景中,用以区分教学和使之个性化,所有的学习者都会以不同的速度和时间达到相同的学习水平。

如何开展掌握学习的教学

1. 明确说明该单元的目标。

2. 将单元目标划分为课时,每一课都有自己的目标和评估方式。

3. 确定每节课的学习材料和教学策略的最佳组合方式,如展示、背诵、演示、提问、讨论等。

4. 每个单元或课时开始时先进行简短的诊断测试或形成性评价,了解学生对该话题的了解程度。

5. 利用诊断测试的结果,按照复习、呈现内容、练习的顺序提供指导和纠正活动,并利用与课程有关的计算机软件提供个性化的反馈。

6. 首先在全班使用这一循环活动,然后根据需要对全班或者个人重复一次。在掌握基本材料之前,学生不应继续学习新材料。

总之,掌握学习教学策略的原则是,所有学生都能在适当的指导和充足的学习时间下实现课程和单元目标。掌握学习将教师辅导和个别化教学的技巧融入小组学习模式中,并将成功学生的学习策略分享给几乎所有的小组成员。它的完整形式包括一套准则、一种课程结构、一种教学模式、学生评价的一致性和一种教学方法。

你可以有多种选择把技术整合到直接教学的课程中,以确保所有或大多数学习者达到相同的掌握水平。根据学生的能力水平和计算机的可用时间,教师可以在直接教学课程的内容中提供可多可少的结构。这使教师有能力按照难度水平和学生对重复、复习、练习和反馈的需要,为学生提供区别化的教学,使学生能够从中获益。

你将用到的教科书和练习册,出版商为小学教师提供了很多直接教学的软件。

你还可以使用第四章中为课程计划引入的灵感9软件,它可以帮助你量身定制你的直接教学课程,使你针对不同的年级和教学内容设计练习课、复习课和反馈课,这是商业软件所无法提供的。灵感9软件是围绕一个模板来组织的,你可以将课程的内容、复习和练习活动放入其中。它可以在你的课堂电脑上使用,还可与其他软件建立超链接。

直接教学的实例

下面这个例子将帮助你了解课堂上的直接教学。在对话中,教师开启了一个直接教学序列,教给学生习得所有格和给所有格加标点所需的事实、规则和动作序列。她首先告诉她的学生这堂课的目的。在你阅读时,请注意图中用粗体和斜体表示的直接教学策略。

老师:今天我们将学习在构成所有格和给所有格加标点时,如何避免犯这种尴尬的错误。[在报纸的标题上圈出标点符号使用不正确的所有格]在下课前,我会给你们每人几个额外的例子,是我从其他报刊中发现并整理的。我要你们进行纠正,并向全班汇报你们所做的更改。谁知道所有格是什么?(监督和诊断)

理查德:意思是你拥有一些东西。

老师:是的,所有格是表示所有关系的一种方式。它来源于"占有"这个词,意思是"拥有或占有的东西"。正如这份报纸的例子所显示的那样,要正确地写出所有格并给它们加标点可能有些困难。[再次指向报纸]今天,我会给你们两个简单的规则,帮助你们正确地使用所有格。但首先,要显示拥有权或占有权,我们必须知道谁或是什么持有所有权。露西拉,你还记得上周课上学习的词性吗?[露西拉犹豫了一下,然后点点头]最有可能拥有或占有某物的词类是什么?(监督和诊断)

露西拉:嗯,嗯……我想是……我想名词可以拥有一些东西。

老师:是的,名词可以拥有一些东西。你能举个例子吗,布莱恩?

布莱恩:我不懂。

老师:艾莉森?

艾莉森:不知道。

老师:云薇?

云薇:学生可以拥有一支铅笔。"学生"这个词是名词。

老师:很好。谁还记得我们对名词下的定义?(监督和诊断)

达米安:名词可以是一个人、一个地方或者一件事。

老师:很好。我们的第一条规则是,只要一个"of"短语可以代替一个名词,就可以使用所有格形式?[指向写在黑板上的这条规则](呈现和组织)让我们看看黑板上的一些短语,看看什么时候使用这条规则。杰森,第一句说了什么?(指导学生练习)

杰森:The daughter of the police officer(警察的女儿)。

老师:我们还能用什么来表达同样的所有关系呢?

特雷纳:我们还可以说"the police officer's daughter"(警察的女儿)。

老师:你是对的。我们可以说"the police officer's daughter",因为我可以用"police officer"(警察)这个名词来代替以"of"开头和以"police officer"结尾的短语。请注意,通过使用连接词"of",我可以很容易地变换"police officer"和"daughter"(女儿)的位置。无论何时,你只要能做到这一点,你就可以在"of"后面的名词上加一个带撇号的"s",这样就构成了所有格。(呈现和组织)现在我们有一个短语"police officer's daughter"[写在黑板上并指向撇号]。艾丽卡,再举个例子,"holiday of three days"(三天假期)?[指向黑板](指导学生练习)

艾丽卡:我们可以说"three days' holiday"(三天的假期)。

老师:上来写在黑板上,想象自己要把它印在校报上。[艾丽卡写了"three day's holiday"]有人觉得有问题吗?

德斯雷:我不是很确定,但我觉得撇号应该放在"days"中的"s"后面。

老师:你是对的(反馈)。这引出了我们的第二条规则:如果我们表示所有权的单词是以"s"结尾的复数形式,那么在"s"后面放一个撇号。但是如果这个单词是一个名字——专有名词——这个名字以"s"结尾,那么在"s"后面放一个撇号和一个"s"。这个规则很重要,要记住,因为这是在写所有格时非常常见的一个错误。我把这条规则写在黑板上,你们把这两条规则抄下来,以便日后参考。(呈现和组织)[在黑板上写完第二条规则]现在,让我们花点时间将上面的每个短语转换成所有格形式。请写出第一题的答案。当我看到大家都抬头时,我会写出正确答案。(指导学生练习)[大家都抬头了]好的。现在来看看我是如何把第一个变成所有格的。特别注意我把撇号放在哪里,然后把你的答案和我的核对一下。[把"delay of a month"改为"month's delay"(推迟一个月)]有问题吗?(监督)[暂停等待回应]好的,做下一题。[大家都抬头后,把"home of Jenkins"改成"Jenkins's home"(詹金斯的家)]有问题吗?[杰森看上去很沮丧](监督)。

老师:杰森,你写了什么?

杰森:J-E-N-K-I-N撇号s。

老师:杰森,那个人叫什么名字?

杰森:Jenkins(詹金斯)。

老师:你写的第二条规则怎么说的?(反馈和纠正)。

杰森:当单词是以"s"结尾的名字时,在"s"后面加上撇号和"s"。哦,我懂了。他的名字已经有"s"了,所以应该是"s撇号s"。这就是你给我们看的头条上的错误,对吧?

老师:你现在懂了。我们继续吧。[以同样的方式进行以下内容的教学:"speech of the president"改成"president's speech"(总统的讲话),"the television set of Mr. Burns"改成"Mr. Burns's television set"(彭斯先生的电视机),"pastimes of boys"改成"boys' pastimes"(男孩的娱乐活动)]现在打开练习册,看第87页的练习。从第一行开始,我走下来听听你们所列出的每个句子的所有格。大声地拼出表示物主的单词,以便我们判断你是否将撇号放在了正确的位置上。艾莉森……[看一下"wings of geese"(鹅的翅膀)](指导学生练习)。

艾莉森:"Geeses wings'"(鹅的翅膀)……所以应该是W-I-N-G-S撇号。

老师:不对。哪个单词具有所有权?(反馈和纠正)。

艾莉森:"The geese"(鹅),所以应该是"G-E-E-S-E撇号s"。

老师:很好。(反馈)我们的电脑上有复习今天课程内容的练习。下次测试前,我希望你们每个人都尽量花时间确保正确率达到90%。

直接教学策略

为帮助学生掌握所学内容,教师需要对教学策略进行排序。让我们来看一下在前面的课堂对话中举例说明并在图9.2中概述的六种直接教学策略,包括:监督和诊断以衡量学生的进步,呈现并构建新的内容,确保有指导的学生练习,提供反馈和纠错,提供达到掌握知识的机会,以及随着时间推移定期的复习内容。

监督和诊断以衡量进展

在图9.2中,直接教学的第一个策略是监督和诊断,其目的是衡量学生的进步并为重新教学提供参考。这项功能强调课程之间的关系,所以学生会记住之前的知识,并把新知识看作是已掌握的内容的逻辑延伸。请注意,教师在示范课一开始就介绍了名词的定义。这为学生提供了复习当天课程所需的、与任务相关的、先前知识的机会,还为他们提供了一种整体性和连续性的意识,向他们确保接下来要学习的不是与过去的课程无关的孤立的知识。对于那些相对缺乏与任务相关的先前知识的学生,或因为必须要掌握另一段不熟悉的内容而过于焦虑的学生来说,这一点尤为重要。在一节课开始时进行监督和诊断也是最有效、最及时的方法,可以确定你的学生是否充分掌握了与任务相关的先前知识,以便开始新的课程;如果没有,你可以重新教授缺失的内容,如图9.3所示。

你可能会认为,在开始上课时检查一下之前学过的与今天课程任务相关的知识是非常常见的做法,但许多教师并没有做到这一点。课程开始时的日常复习和检查可以通过以下几种方法来轻松完成:

1. 让学生在开始上课时互相批改家庭作业
2. 让学生以问答的形式找出家庭作业中特别难的问题
3. 抽样检查若干个学生的理解情况,他们可以很好地反映全班同学的知识掌握程度
4. 直接复习当天课程所需的、与任务相关的信息

达赫洛夫和伦德格伦(Dahllof & Lundgren,1970)建议使用由成绩较差或中等的学生组成的指导小组,把它作为一种特别有效的方法来确定是否需要复习和再

教学。指导小组的一个扩展概念是,教师可以在开始上课时向一小部分后进生、中等生和优等生询问当天课程所需的、与任务相关的先前知识。当成绩优异的学生漏掉了很大一部分答案时,这就对教师提出了警告,可能有必要对整个班级普遍进行再教学。当成绩优异的学生能够正确回答问题,而一般的学生不行时,教师应在开始上课时进行一些再教学。最后,如果大多数优等生和中等生能够给出正确答案,而大多数后进生不行,那么教师可能需要考虑区分某些内容,或者使用练习、总结和复习表,以及安排辅导和借助教学辅助软件。这样做将确保大量课堂时间不会花在复习和重新教学的材料上,因为这些材料可能只对一部分同学有利。

衡量进步并为重新教学提供信息的监督与诊断策略是必不可少的,特别是与精心挑选的指导小组一起使用时,因为它可以提醒你以前的教学是否超出了部分或大多数学生的能力,以及是否有必要进行复习。

呈现和组织

直接教学模式的第二种策略是呈现和组织新内容。我们已经知道,直接教学模式的主要要素之一是小幅度、逐步地呈现材料。教学必须分成小部分,必须与学生已备的知识、能力水平和经验相一致。同样,必须对课程的内容进行切分和细分,以将其组织成小块。任何部分都不能太大,否则无法吸引住学生。

这么做的关键在于一次把材料集中在一个点上,并把它呈现出来,这样学生才能在你介绍下一个知识点前掌握这个知识点。最容易实现这一点的方法是将课程分为易于识别的子部分、规则或类别。

日常复习和检查的一个主要目的是强调课程之间的关系,为学生提供一种整体性和连续性的感觉,让他们确信接下来要学习的是对已经掌握内容的逻辑延伸

在课堂上使用"分而治之"的策略与在军事战斗中使用一样合理,这并非巧合。就像伟大的战士一样,教师可以从中受益良多。

请记住,你使用的子部分可以是自己设计的,它们不需要始终遵循课本、练习册或者课程指南提供的子部分。事实上,课本中对内容的划分和实际教学中的划分是有区别的:课本、练习册和课程指南中对内容的划分通常是为了传达要阅读的内容,而不是为了在特定课程的时间框架内向学生口头解释内容。因此,出版材料中的划分,比如课本甚至练习册中用罗马数字标识的章节标题、副标题和段落等,有时都过于宽泛,无法形成学生在一堂课中容易领会的一小部分内容。

不幸的是,许多新手教师固执地使用这些正式的标题,没有意识到它们包含的内容的数量,也没有意识到口头解释、说明和练习这些内容所花费的时间。实际上,如果创建了新的更易于管理的组织区域,教学内容并未丢失,只是将内容分解为适合于在一节课中演示的较小的步骤。你可以创建自己的子部分,包括规则("这里是要遵循的一些规则")、步骤("我们要先做这件事,然后再做那个")或练习("这是我们要讨论的五件事中的第一件")。这些细分将你的教学组织成小部分,最重要的是,要与学生沟通这个结构。

下面是一些与直接教学相关的组织内容的方法,它们包括以部分—整体、序列、组合和比较等方法来组织内容。

部分—整体的关系。部分—整体的组织形式以最一般的形式来介绍该主题("什么是所有格?"),然后将其划分为易于区分的子部分(规则1、规则2)。这将创建易于消化的更小的学习内容,并始终以与整体相关的方式呈现它们。

学生在任何特定的时间都应该了解部分("这是规则2")与整体的关系("这引向了我们表示所有权的第二条规则")。要使用言语标记提醒学生教学过渡正在进行("这是规则1"、"这里是第一部分"、"这是该类型的最后一个例子,现在让我们转到下一个类型")。

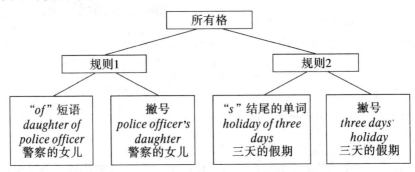

图9.4 通过识别部分—整体关系来组织课程

这种类型的组织形式能产生大小合适的内容块,它有助于学生组织和看到所教内容,并了解他们在学习的过程中学了哪部分知识。图9.4显示了一个部分—整体的组织。

序列关系。另一种构建内容的方法是按顺序来排列,你根据要学习的事实、规则或序列在现实世界中发生的方式来教授内容。学生可能已经从实践经验中对按顺序排序有了一种感觉。

例如,在代数中,方程的求解方法是先乘除后加减。要使解决方案正确,必须执行此操作顺序。因此,序列结构的课程可能会在"乘除加减"顺序中引入有符号数字的操作。这样做可以加强方程式实际求解的方式,让教师教授的技能和行为更加真实。换句话说,在介绍除法的例子之前,你应该先完成符号数乘法教学中使用的所有例子,从而讲授正确的序列以及预期的内容。序列顺序如图9.5所示。

$$y = a - b + \frac{cd}{e}$$

1. 首先,让我们来确定 cd,当

$c = -1, d = 2$
$c = 0, d = -4$
$c = 2, d = -3$

2. 接着,让我们来确定 $\frac{cd}{e}$,当

$cd = -2, e = -2$
$cd = 0, e = 1$
$cd = -6, e = -4$

3. 现在,让我们来确定 $b + \frac{cd}{e}$ 当

$b = 1, \frac{cd}{e} = 1$
$b = -2, \frac{cd}{e} = 0$
$b = 2, \frac{cd}{e} = -1.5$

4. 最后,让我们来确定 $a - b + \frac{cd}{e}$,当

$a = 10, b + \frac{cd}{e} = 2$
$a = 7, \frac{cd}{e} = -3$
$a = 5, b + \frac{cd}{e} = 5$

图9.5 通过确定序列关系来组织课程

各种关系的组合。构建课程内容的第三种方法是将影响事实、规则和序列使用的元素或维度以单一的格式组合在一起。这种方法通过展示事实、规则和序列之间一些组合的逻辑性,以及其他组合的非逻辑性,使我们能够用一个总的框架来指导内容安排。

例如,在地理课上进行直接教学时,你可以制定一个方案来揭示适销对路的产品与各种运输方式之间的关系。你可以绘制一个组织图(参见图9.6)来组织内容,向学生展示该图表,然后教给学生所有相关的事实(例如,产品的相对重量)、规则

(产品越重,运输系统的效率就越高)和动作序列(首先分析产品的大小和重量,然后选择最佳位置)。图9.6中的阴影单元格标识了与课程目标最相关的内容组合或维度。

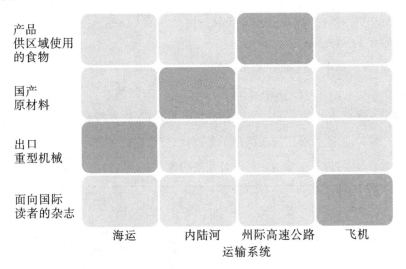

图9.6 通过识别关系的组合来组织课程

比较关系。使用比较关系的方法来组织内容,你可以将不同类别的内容或主题并排放置,以便学生进行比较和对比。将事实、规则和序列并排放在两个或多个类别中,可以使学生观察到它们的异同。例如,你可能想要对美国和英国的政府层面进行比较和对比。你可以按照图9.7所示的格式对教学进行排序。然后,你可以通过先在图表上横向移动,然后再纵向移动,来讲授彼此相关的经济(经济体系)、政治(政府类型)、法律渊源(美国宪法与英国法典)以及代表机构(国会与议会)。图表组织了内容,学生可以很容易地把它作为一个先行组织者来使用,从而查看教学将要涉及的结构和内容。

无论是使用上述的一种抑或是组合的构建方法来组织课程,请记住一定要将内容分成小块。从某种程度上说,只要这些组织技术能将较大的内容单元划分为更小、更有意义的单元,它们就会起到重要的作用。

最后,请注意教师在课堂对话中如何结合规则和示例来组织和呈现对于事实、规则和动作序列的习得过程,从而构成所有格并正确地使用所有格的标点。她总是先介绍规则,然后再举一个或多个例子。然后,在举例说明这条规则之后,她又重复一遍规则——要么让学生看到黑板上的规则后抄写下来,要么让一个学生向全班复述规则。给出一条规则,然后给出一个规则示例,接着重复这个规则,这叫作"规则—示例—规则顺序"。它通常比简单地给出规则,然后给出一个示例(规则—示例顺序),或先给出一个示例然后再给出规则更有效。此外,在一种感官形式下学习一条规则(例如,在黑板上看到),然后以不同的感官形式(例如,写下或说出规则)重构这条规则,比只看一次规则或以相同的学习模式再现规则更有助于学习和记忆。

比较的点	美 国	英格兰
经 济	资本主义	资本主义
政 治	代议制民主	议会民主制
法律渊源	美国宪法	英语法律规范
代表机构	国会	议会

图 9.7 通过识别比较关系来组织关系

指导学生练习

直接教学模式的第三步是指导学生练习。回想一下,从课程计划的结构来看,在展示刺激材料之后,就该用期望行为引出练习了。本节介绍了在直接教学模式的情境中实现这一点的几种方法。这些启发方式是由教师指导的,为学生提供了由你组织引导的指导性练习。

回想一下引起学生回应的重要因素。一是尽可能在非评价性的气氛中激发学生回应,这样学生就敢于冒险去生成一个他们可能不确定的答案,但他们可以从中开始确立正确的答案。任何回应,无论多么粗糙或不准确,如果随后得到的是教师非评价性的反馈和纠正,都可以成为学习的基础。

引起学生回应的第二个因素是使用隐蔽回应。这么做,不仅可以确保一个没有威胁的环境,而且还可以鼓励学生以最少的时间和精力投入学习任务中。在前面的示例对话中,通过让学生先自己私下写出答案,然后再看黑板上的正确答案,教师指导每个学生都形成一个回应。没必要叫所有人起来回答问题。她通过鼓励和奖励学生的隐蔽回答来引导他们做出回应。

引发期待回应的一个同样重要的方面是检查学生的理解能力。教师应当在必要时提示学生将错误的答案转化为正确的答案。在示例对话中,教师在每一题后停下来看是否有问题,并在必要时提示学生做出正确的回答。提示是激发学生期望行为的重要组成部分,因为它鼓励学生用已给出答案的某些方面来做出正确的回答,因此建立并加强了学生的自信心。在示例对话中,杰森被鼓励重新考虑他的回答,有意识地关注导致错误的问题的特定部分,并记住防止将来再犯此类错误的规则。

提示。在直接教学中,一种指导学生练习的方式是提供提示、暗示和其他类型的辅助教学刺激,以帮助学生做出正确的回答。你可以使用三种类型的提示来帮助学生形成正确的表现:语言提示、手势提示和身体提示。

语言提示。语言提示可以是对学生的提示、提醒或指示,帮助他们正确执行你正在讲授的技能。例如,当一年级学生在写字时,对他说"在单词之间留出空格"这句话会让他想起你以前说过的关于字迹工整的话。或者,当学生学习如何使用显微镜,在看显微镜的镜片时,对她说"首先调整物镜"。语言提示有助于指导学生纠正行为表现,防止出错和产生挫败感。

手势提示。手势提示为学生示范或演示你希望他们执行的特定技能。例如,如果你指着显微镜上的微调旋钮做一个转动手势,你就会提示或提醒学生完成这个步骤。当你预料到学生可能会犯错时,手势提示特别有用。你可以经常使用手势提示来提醒学生怎么叠一张纸,怎么握剪刀,提问前怎样举手,或者写字时怎样正确地握笔。

身体提示。有些学生可能缺乏良好的肌肉控制能力,无法跟上演示和模仿教师示范的动作。例如,你可以口头描述如何写字母 a 并对此进行演示,但他们可能仍然不能正确书写字母 a。在这种情况下,你可以在他们写字的时候用你的手来引导他们的手。这叫作身体提示。通过身体提示,你可以手把手地帮助引导学生达到正确的表现。你可以经常使用身体提示来帮助学生书写、剪切形状、系鞋带、正确手握解剖工具或表演复杂的舞蹈动作。

> 观看这段视频,观察教师在数学课上如何示范对学生的期待,并注意她如何监控学生的进展。思考这位教师是否能采用不同的示范形式以提高教学效率。

递增的干扰性提示。许多教育工作者建议,在指导学生表现时,首先使用干扰最小的提示。口头提示干扰性最小,身体提示的干扰性最强(Alberto & Troutman,

2009)。因此,当你引导学生使用显微镜时,先说一句"别忘了微调!"比握住学生的手亲自帮助他更好。遵循这个顺序的原因是,与身体提示相比,口头提示更容易消除或淡化。依赖身体提示做出正确表现的学生会发现,要脱离教师展示一项技能并习得真实的行为会更加困难。

全班提示。你还可以使用整个班来检查他们是否理解并提示做出正确的回答。先前的示例对话展示了一种方法:教师让所有学生同时私下回答,然后鼓励他们寻求个人帮助("有问题吗?")。

另一种方法是不管学生是否举手都点他们的名字,从而寻找机会来提示和纠正错误的答案。其中有一个版本叫作顺序轮转法。在这个过程中,你可以系统地了解全班的大致情况,期望学生在轮到他们时做出回应。在小组中,这种方法比随机叫学生更能有效地提高他们的成绩,因为每个人都有可能轮到一次或多次。但一般来说,顺序轮转法在全班教学中选择学生做出回应的效率较低,因为学生很容易估算出什么时候轮到自己,然后在此之前开小差。另一种方法是让学生写出答案,然后由其他同学来核对和改正。

最后,你可以预先设计好问题来检查最常见的错误,并在必要时进行提示。这种方法的优点是,假定在没有收到回应时,即不是所有人都理解或知道正确答案。如果课堂应答系统可以使用,如第七章所示,可以将问题放在幻灯片或数字演示中,并向学生提供即时反馈。研究人员发现,这种方法在提高学生成绩方面特别有效(Angelillo, 2008)。

示范。另一个指导学生练习的方法是示范。示范是一种教学活动,它指的是向学生演示你希望他们做什么或想什么。与仅使用口头、手势或身体提示相比,示范如果使用得当,可以帮助学生更轻松、更有效地获得各种智力上的和社交上的技能。示范对于年轻的学生尤其有效,因为他们可能无法理解复杂的语言解释;对于视觉优势的学生也很有效,他们可能需要在实际做某件事之前先看看是如何做的;对所有年龄段的学生而言,示范都能有效地传达解决问题的心理策略。

研究人员(Holt, 2010)研究了我们为什么以及如何要从示范中学习。关于示范的研究称为社会学习理论,它试图解释人们如何从观察他人中学习。从这些研究中我们得知,儿童不仅可以通过观察成年人和同龄人获悉态度、价值观和行为标准,而且还可以学到身体上和智力上的技能。

有些学习是通过直接模仿教师的行为发生的,而有些学习则通过推断示范为何以某种方式展开,或示范者是什么类型的人而实现的。例如,学生通过观察他们的父母、朋友和教师在现实世界中的实际行为,推断出他们应该如何表现,并从中获得各方面的价值观,比如认可学习的重要性、关心他人、工作有序或者尊重其他文化等。

示范是一种直接教学活动,学生可以模仿演示的动作或从观察中推断要学习的行为。要从示范中获益,学生还需体验四个过程:

1. 注意;

2. 保留;

3. 产出;

4. 动机。

让我们简要了解一下每个过程,看看学生是如何通过观察来学习的。

注意。只有当学生看到和/或听到时,示范才有价值。换句话说,如果学生不投入注意力,就不可能有模仿或观察性学习发生。学生在下列情况下可以更好地注意:

1. 示范者是所在领域里受尊敬的专家。

2. 示范展示了对学生有实用价值的东西。学生很少注意那些他们认为与自己没什么直接关系的东西。

3. 演示经过简化,将其细分为不同组成部分,并以明显的分步形式来呈现。

保留。教师进行示范的原因是希望学生能够在他们不在场的情况下重复这些行为。学生更容易记住以下类型的演示:

1. 与以前学到的技能或想法有联系的演示。

"还记得昨天我们是如何计算一位数的竖式加法的吗?那今天,我们来用同样的方法做两位数或多位数的加法。"

2. 有简明标签、生动图像、代码或视觉提示的演示。

"看一下我在读下一个单词时嘴唇的形状。"

3. 立即安排练习的演示。

"现在,每个人自己读下一篇文章,默默重复一下我刚才演示的步骤。"

产出。示范过程的第三个部分发生在学生实际操作教师所演示的内容时。学

生在以下情况更容易做出他们所看到的内容:

1. 在保留阶段后立即进行产出。

"好,既然你们已经对我演示的正确的步骤顺序进行了练习,那让我们按此来解释一下下面这篇文章的意思吧。"

2. 练习情境包含的线索或刺激会唤起记忆中的意象或语言代码。

"读下一个单词时你们的嘴唇要像我刚才读词时那样。"

3. 内心演练之后立即表现出来。

"让我们看几个你们以前没见过的新例子。"

产出阶段使学生在演示时形成的意象更能指导他再现新获得的行为。此外,这一阶段使教师可以观察学生并对他们是否掌握了行为作出反馈。研究表明,告知学生所做的行为正确而不是表达否定或不满,可以提升正确行为表现的可能性(Borich & Tombari,1997,p. 341—342)。

动机。当学生在表现之后体验到了期望的结果,通过示范学习的最后一个阶段也就发生了。出现以下情况时,学生更有可能立即或在新的情况下重复示范的动作:

1. 在学生表现之后,教师立即表扬和鼓励而不是批评。

"你的答案部分正确,多想一想我们刚才讨论的内容"而不是"你的答案不对。你又没认真听讲"。

2. 针对学生表现的特定方面进行表扬。

"我喜欢你在字与字之间留出足够大的空白"而不是"很整齐"。

3. 学生出现错误表现后,给出指点而非纠正。

"记住,第一步是生成一个假设"而不是"在陈述假设之前不要描述研究结论"。

反馈和纠错

在直接教学模式中,我们下一个策略是提供反馈和纠错。你会需要一些策略来处理正确和错误答案。在课堂上你会看到四种类型的学生回应:(1)正确、迅速而肯定;(2)正确但犹豫;(3)由于粗心大意造成的错误;(4)由于缺乏知识造成的错误。

正确、迅速而肯定。教师最希望学生做出正确、迅速而且肯定的回应。这样的回应最常发生在课程或单元学习的后几个阶段,但如果你将内容分成小块,它几乎可以出现在课程或单元学习的任何时候。如果要使学生积极参与学习过程,那么正确、快速而肯定的回答应该占适中到较高的比例。

并不是每个学生的回答都必须是正确的,但对于大多数涉及知识习得的学习,教师要确保连续的课程内容之间的步骤足够小,从而使学生可以在练习和反馈环节中产生大约60%到80%的正确答案。一旦有60%到80%的正确答案产生,你就会创造出一种节奏和动力,能提高学生的注意力和参与度,并提供高水平的任务导向。快速提供正确答案也将有助于最大限度地减少无关的学生回应和课堂干扰。

正确但犹豫。第二种类型的学生回应是正确但犹豫的。这种类型经常出现在一节课开始或中间的练习和反馈环节。对于那些给出正确但犹豫的回答的学生,给予积极的反馈至关重要。在这种情况下,第一个反馈是一个积极的、强化的陈述,例如"好"或"正确",因为正确但犹豫的回答与热情的回复联系在一起时,更容易被学生记住。第二个要提供的反馈是重申答案,以确保学生的回答是正确的。这不仅能帮助那些给出正确但犹豫的回答的学生,而且也有助于其他学生在听到重申后对答案不再那么犹豫。

由于粗心大意造成的错误。第三类学生回应因为粗心而出错。高达20%的学生的回答可以归入这一类,这取决于当天的时间以及学生疲劳和漫不经心的程度。当这种情况出现,而你又感觉学生其实是知道正确答案时,你可能会忍不住责备、训诫学生,甚至因他草率的回应而口头惩罚他(比如"我为你感到羞耻"、"这是个愚蠢的错误"、"我觉得你还不至于那么笨")。不过,你要抵制住这种诱惑,无论这么做看起来多么合理。研究人员和经验丰富的教师一致认为,如果你对这种回答的反应过激,结果可能是弊大于利,而且口头惩罚很难教会学生避免犯粗心的错误。最好的回应是承认答案是错误的,并立即转移到下一个学生寻求正确答案。这么做会让粗心的学生明白,他或她失去了正确回应的机会和随之而来的表扬。

因为缺乏知识造成的错误。第四种类型的学生回应因缺乏知识而出错。这些错误通常发生在课程或单元的初始阶段,有时会出现大量的错误。此时,最好的办法是提供提示、探询,或者降低问题的难度,让学生自己找出正确答案,而不是简单地给学生正确回答。在本节课或本单元的这个阶段,最重要的目标就是让学生参与到寻找正确答案的过程中来。

在示例课中，教师试图将杰森的注意力引到他在专有名词 Jenkins 末尾漏掉的"撇 s"上，并重申了以"s"结尾的词添加所有格形式的规则。同样，在艾莉森给出错误答案之后，教师问她："哪个单词是物主？"每个这样的探究性问题都引出了正确的回答，而实际上教师并没有直接把答案告诉学生。当你的策略引导学生想出正确答案而不是直接告诉他，你就为学生正确回应类似的问题提供了一个框架。

应对错误回答的策略。针对错误回答最常见的策略如下：

1. 复习产生正确解决方案所需的关键事实或规则。
2. 解释实现正确解决方案的步骤。
3. 用代表部分正确答案的线索或暗示来提示。
4. 用一个不同但相似的问题来引导学生找到正确的答案。

在大约 80% 的学生给出正确回答之前，复习、重新解释和提示都是有效的。达到这点之后，要简化纠正的过程，最后指导答错的学生去完成那些课本中对此题有帮助的习题或辅导性练习。

研究者对与学生回应的准确性有关的积极回应和消极回应做出了有益的区分。积极回应包括口头回答问题、写出正确答案、计算答案或者做出一个身体反应（例如，将显微镜对焦）。消极回应包括听教师的答案、阅读关于正确答案的信息或听同学列举正确答案。

> 观看这段视频，看一位教师如何帮助一名学生回答文学题。注意她是如何帮助他运用当天早些时候学到的内容的。

哈夫曼（Huffman, 2008）认为，在学生成就和积极回应之间存在密切的正向关系，而在一个典型的上学日里，学生有近一半的时间都处于消极回应的状态。他的研究建议你在制订课程计划时，要让学生把 75% 的时间都投入积极回应中，而在设计练习活动时，要确保在 60% 到 80% 的时间里能引发正确的回答。当学生练习的机会带来较高的成功率时，他们就能更快地掌握基本事实和技能（Lindsley, 1991）。

在提供反馈和纠正时，请确保：

• 针对你希望学生给出的回应给予指导。

• 选择或设计用于初始学习和练习的教学材料，使学生能在 60% 至 80% 的时间里给出正确答案。

• 选择的活动要使学生在大约 75% 的时间里进行积极回应。

遵循这些建议，你会为学生提供获得高成功率的满足感。

达到掌握

直接教学的第五个策略是提供通过独立练习达到掌握的机会。当你成功引发了学生行为,提供了反馈并进行了纠正,你就应该给学生独立练习这种行为的机会。这通常发生在事实和规则结合在一起形成动作序列的时候。例如,学习开车需要具备术语和规则方面的知识,但只有把知识和规则结合起来形成动作序列,有意义的学习才会发生。

独立练习为学生提供了一个机会,使其在一个精心控制和合理安排的环境下,将零散的知识整合成一个有意义的整体。事实和规则必须通过你的指导和举例让学生结合起来:(1)促使学生同时思考一个问题的所有个别单位;(2)将这些单位连接成一个合理的行动序列。学习理论工作者把这两个过程称为单元化和自动化。

第1步	这句话中有没有指明物主?
第2步	如果有,在哪里? 这张纸是琼斯太太的。 这位是罗伯特的朋友。
第3步	有没有用*of*短语代替名词(规则1)? 如果有,在哪里? *A friend of Robert*(罗伯特的朋友)替代了*Robert's friend*(罗伯特的朋友)。
第4步	有表示物主的词以*s*结尾吗?(规则2)。 如果有,在哪里? *Jones paper*应该写成*Jones's paper*(约翰的论文)。
第5步	因此,这句话正确的所有格形式是*In Mrs Jones's paper there was an article about Robert's friend*。(在琼斯女士的论文中有一篇罗伯特朋友写的文章)

图9.8　将句子转换为正确的所有格形式涉及的步骤

请注意示例课中体现这两个过程的方式。个别单位是所有格的定义(一个事实)和两个有关如何构成所有格的陈述(规则1和规则2)。图9.8记述了一名学生为练习册中的一个句子构成所有格,而将这些事实和规则转换为行动序列时可能采取的步骤。教师从报纸和杂志上列举的错误例子为学生提供了一个练习机会,使他们从已学过的事实和规则中形成动作序列。这些现实生活中的例子进一步增强了他们学习的真实性或相关性。在你自己的课堂上,要尽量使练习的机会与现实世界中的实际运用越来越类似,直到你提供的例子与课堂外的无法分开。这位教师的做法就是使用了真实报纸、杂志来实现这一点。看看你所在学校以及所用教科书和练习册的出版商提供了哪些软件,以便为学生提供其他独立练习的机会。

提供独立练习的机会是为了培养学生自动回应的能力,使他们不再需要回忆学习内容的每个个别单位,而是可以同时运用所有单位。你的目标是计划出足够充分的独立练习的机会,让学生的个别回应可以更为整合和自动化。

为促进有效练习,请牢记以下准则:

- 学生应理解练习的原因。在日常教学中,练习常常变成繁忙的任务,这让学生感到无聊、沮丧、不愿服从。学生进行课堂练习时,应该像奥林匹克运动员在游泳池或跑道上那样充满热情。而这一点更可能通过以下两种做法来实现:(1)让学生知道练习的目的("我们需要熟练地解决这些问题才能继续进行下一项活动");(2)在新的学习过程中或学习结束后安排练习("让我们停在这儿,你们可以试着自己解决一些问题")。

- 以简短、非评价性和支持性的方式布置有效的练习。练习不仅仅是简单地说"拿出你的练习册"或"打开电脑终端"。相反,你对一项练习活动的介绍应该实现三个目标:(1)告诉学生他们要练习一些他们能成功做好的东西("你们以前做过一部分练习,所以这应该不会有太大不同");(2)使用非评价性和非威胁性的语言来消除学生对完成任务的焦虑("你已做对了一部分,安妮塔,你再想想就会明白了");(3)让学生知道你会监督他们的工作并支持他们的努力("我会随时帮助你们,所以有什么问题就告诉我")。

- 练习的设计应该确保成功。学生只有做对了练习,才能实现熟能生巧。如果学生在数学、标点或问题解决上错误百出,练习就是在制造不完美。设计好你的练习,让学生少出错。例如,使用工作表或软件,确保大多数学生在第一次练习时能正确完成至少60%到80%的问题。

- 安排的练习应能让学生得到反馈。正如我们在前面讨论示范时所了解的,反馈对于学习有重大的影响力。要利用教学程序和惯例快速检查作业,以便学生能尽快知道他们的表现如何。同伴纠错的做法是一种有效的反馈方式。这可以通过一个课程管理系统来有效地实现,该系统允许学生在一个在线讨论区异步查看和评论他人的作业。而且,要让学生手边有答案,这样他们就可以检查自己的作业,这是提供反馈一种简单、有效的方法。此外,不要忘了找一些个性化辅助软件,它可以检测学生的错误,并根据学生当前的理解水平提供额外的练习。

- 练习应具有促学性、挑战性和多样性等特点。许多教师已发现,防止学生感到无聊的关键是提供练习的机会,这样他们才能真正地看到自己在进步("别忘了对照黑板上的答案检查你的回答")。此外,要有挑战性和充满热情地介绍练习("这将真正考验你对一些新知和有趣问题的理解")。最后,练习应包括各种实例和情境。

开展以下活动有助于确保学生积极参与你提供的练习:

1. 在进行前几个独立练习时,边在班里走动,边大声说出具体活动。这么做可以给预定的作业一个明确的开始,不清楚作业的学生也可以提问,而不至分散他人的注意力。这也为获得正确答案提供了一种心理模式,学生可以在随后的问题中使用。

2. 在引发和反馈练习后,尽快安排课堂作业或电脑上机时间。这有助于学生理解独立练习与前面提供的指导练习之间的关联。

3. 在学生进行独立练习时,教师在教室里来回走动,提供反馈,提出问题,并给出简短的解释。注意要平均分配时间,不要把注意力集中在少数学生身上。对每个学生辅导的时间平均不超过30秒。如果你与学生保持简短的接触,并专注于通过简单解释就可以解决的特定问题,那么在独立课堂作业期间监控学生的反应就可能是直接教学的一个重要功能。

周期性的复习

第六项也是最后一项直接教学策略是进行定期复习。

定期复习确保你已经讲授了未来课程所需的所有与任务相关的信息,并确定了需要对关键事实、规则和序列进行重新教学的领域。如果没有定期复习,你就无法得知直接教学是否成功讲授了所需的事实、规则和序列。

定期复习长期以来几乎是每种教学策略的重要组成部分。然而,在直接教学的环境下,由于教学进展的快节奏,所以定期复习和教学循环变得更加重要。你可以通过记录在指导练习和反馈过程中出错的大致百分比来确定适当的速度,如果有60%到80%的正确回答,则表示教学速度令人满意。

每周和每月的复习也有助于确定速度是否合适,或是否应该在讲授大量内容之前进行调整。如果学生在每周和每月的复习中,有95%的时间都能给出准确、快速的回答,那么说明教学的速度比较适当。独立练习和家庭作业应该将指导练习中正确回答的比例从60%提高到80%左右,并将每周和每月复习中正确回答的比例提高到95%左右。如果结果低于这些水平,尤其是如果远低于此,那说明你的速度太快了,你可能需要重新讲授一些事实、规则和序列。如果这些材料是以后学习的先决条件,那就更应如此。

在独立练习中,你要在教室里四处走动,浏览书面回答,提示学生思考其他答案,提醒学生必要的事实或规则,注意保持简短的交流,以便尽可能多地检查学生的工作

每周和每月复习的另一个明显的优势是,它们会给一些学生第二次机会去掌握他们在第一次没有掌握,或者只是部分了解的内容。学生往往很愿意进行这样的复习,因为这为他们提供了一个机会,使他们可以重温初次学习时错过的和觉得困难的材料,或在单元测试中可能遇到的内容。

最后,每周定期复习(而不是"偶尔"复习)能够创造动力。这种动力随着逐渐增加每周复习的覆盖面和深度而产生,直到进行全面的月度复习或考试。这些复习有助于你对所呈现的内容进行排序和调整,并使你的教学与课程指南和州级标准保持一致。

定期复习的目标是形成一个回顾周期,显示学习成效在大约一个月内的起伏变化,如图9.9所示。这一周期的最低点出现在直接教学单元开始时,此时只需要复习一周的内容。然后,每周复习的内容变得越来越全面,直到每月进行一次主要的评估检查,以了解学生是否理解了上个月学习到的所有内容和标准。复习的全面性应该是逐渐建立起来的,这样学生就不会被许多不熟悉的内容所淹没,并且总能知道下次复习的内容是什么。

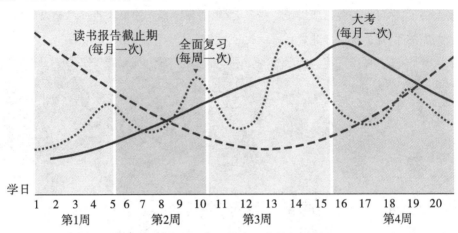

注:周期的高度代表了教学重点和学生强度的相对量。

图9.9　上升和下降行为的周期

在前面的章节中,我们根据逐步释放模式(Routman,2003)说明了教学的五个阶段:

1. 在教学前对学生的学习水平进行监督和诊断。
2. 呈现和组织所教授的内容。
3. 引导学生练习,要求学生对所学的内容给出越来越多的回答。
4. 教师通过反馈和纠正来增强和改正学生的回应。
5. 达到期望中学生可以独立完成任务的掌握程度。

这五个阶段代表了上述所说的逐步释放责任模式,它逐步地推动学生在学习的阶梯上攀爬、提升,直到掌握内容和取得更高阶的学习成果。逐步释放的教学模式要求师生转变角色,从教师承担向学生呈现内容的全部责任,转向由学生渐渐接受为自己的学习负责,最终达到内容掌握阶段。逐步释放模式提供了一个教学框架,从教师对知识的呈现转变为学生对所教内容的理解和应用。该模式的五个阶段确保学生在整个教学周期中得到支持,并逐步获得在后续教学中表现良好所需的技能和理解。

费希尔和弗雷(Fisher & Frey,2008)以及鲁特曼(Routman,2003)为逐步释放概念的有效使用确定了四个类似的阶段。第一个阶段称为聚焦,要求教师确定学习结果和预期的表现标准。在这个阶段,教师应该将学习内容与学生的背景和以往经历保持一致。在第二个阶段,教师应对学生进行提示和提问,并引导学生完成一些任务,以提高他们的理解力,这可能需要开展小组教学。教师可以在这一阶段解决个别学生的需求,这可能是后续教学所需要的。在第三个阶段,让学生参与到与同伴共同解决问题、讨论和思考中。最后阶段,学生进行独立工作,练习所学的技能和概念。这个阶段的目标是提供足够的独立作业,使学生能更好地掌握所学内容。这四个阶段共同代表了一个渐进的释放模式,它不断推动学生在学习的阶梯上前行,直至掌握内容和实现高阶成果。

直接教学的其他形式

最后,请记住直接教学不仅仅是以讲解—背诵的形式出现,如上述逐步释放模式所示。第六章和第七章为我们介绍了实施或辅助直接教学模式的其他方式,其中包括课程管理和课堂应答系统、计算机辅助教学、同伴和跨学龄辅导、各种听说和交流工具(例如,为低年级学习阅读而录制的课程)、光盘以及可通过网络访问的内容等,所有这些都可以成为直接教学和练习的丰富来源。这些媒体应包含在你的教学计划中。其中许多已经过创造性地编程,涵盖了大部分的逐步释放策略,并为你提供了针对个别学生和学生群体进行区分教学的机会。建立一个个性化的课件库,使之覆盖你的年级层次和内容领域中最需要的基本技能和高级技能,这将是你进行课程计划时的一个重要目标。

以下课程计划是我们按照第六章提供的格式设计的直接教学对话。

直接教学的课程计划示例

语法

单元标题: 标点符号

课时标题: 构成所有格并正确使用标点

1. 引起注意。展示十月校报一则标题中的标点错误,并指出该错误。

2. 告知学生目标。在本课结束时，学生将能在报纸上发现错误（在我标为"标点符号"的文件夹中），并进行必要的修改。

3. 激发对先前学习的回忆。通过询问学生名词的定义，复习最有可能拥有或占有某物的词性。

4. 呈现刺激材料。提出两条构成所有格的规则：规则1——当 *of* 短语可以代替名词时，可以使用所有格形式。规则2——对于以 *s* 结尾的复数形式的单词，请在 *s* 后面加上撇号。但是对于以 *s* 结尾的专有名词，在 *s* 后面加上撇号和 *s*。把规则写在黑板上。

5. 引发期待行为。在幻灯片上显示以下示例，要求学生将其转换为所有格的形式，一次完成一个。其他示例请参见课文第×××-×××页。

Delay of a month（推迟一个月）

The television set of Mr. Burns（伯恩斯先生的电视机）

Home of Jenkins（詹金斯的家）

Pastimes of boys（男孩的消遣活动）

Speech of the president（总统的讲话）

6. 提供反馈。当学生完成每个例子，在幻灯片上写出正确的所有格形式。等待学生完成（所有人都抬头），然后提供下一个示例的答案。通过询问规则来了解学生是否完全理解。为高、中、低水平的学生留出30分钟时间进行各自的自动练习。

7. 评估行为。让学生按顺序轮流背诵，直到90%的回答都正确。在单元测试中设计10个要求应用规则1和规则2的所有格练习。

> ● 在观看这段视频时，请注意奥尔梅多博士和菲尔莫尔博士如何为多元文化课堂中教学的教师提出建议。听一听奥尔梅多博士对常见刻板印象的警告，以及强调认识不同文化差异的重要性。思考一下，如果你正准备教多元文化课程，你打算采取上述哪些建议。

文化回应的直接教学

我们已经看到，以任务为导向的教师最大化地覆盖了教学内容，并为学生提供了最大的学习机会。同样,那些积极参与、有所行动或对所呈现的材料有所思考的学生拥有最大的学习机会。将有效教学的任务导向和学生参与这两个重要层面结合起来的关键,在于你如何与学生互动,激发他们回应和应用所学知识的意愿。在个体和文化差异很大的教室里,让学生在直接教学中参与学习过程可能是实现教学成果的一大挑战。

关于文化多样性和学生参与的研究有助于弥合差距,其中一个重点是探究学生在讲解—背诵期间的流畅性和口头表达方面的差异(DelPit & Dowdy,2008 年;Delpit、Boyd、Brock & Rozendal,2003 年)。例如,流畅度或快速回应可能受到教师的培养方式和表达能力的影响(Lustig & Koester,2012)。这意味着,对于某些文化群体来说,学生在应对和参与学习过程中的犹豫不决可能更多的是教师的态度和文化风格造成的,而不是学生能力的问题。此外,身体姿势、语言和眼神接触构成了一种元交流模式,学生可以有意无意地识别这种模式,并根据传递的信息采取行动(Chen & Starasta,2005;Samovar,Porter,& McDaniel,2011)。例如,正式的身体姿势、无表情地提出问题、没有眼神交流、可能无法唤起回应的责任感。换句话说,教师为了使学生真正参与,必须传达一种关心学生的意识。仅凭一些引导参与的技巧(比如呈现和组织、指导学生练习、提供反馈和纠正)不足以使学生积极参与学习过程,除非教师辅以适当的元交流,表达出对学生的呵护与关心。

鲍尔斯和弗林德斯(Bowers & Flinders,1991),马扎诺、皮克林和赫夫勒鲍尔(Marzano、Pickering & Heflebower,2010)以及里格斯和格洛尔(Riggs & Gholar,2008)提出了几种方法,教师可以借助这些方法传达培养与关心之情,以此来提高学生的参与度:

- 使用适当的例子来澄清概念和示范行为。("我给你举个例子,你就能了解它们之间的关系。")
- 接受学生理解新概念的方式。("这答案很有趣,你能告诉我们你是怎么想到的吗?")
- 降低竞争感。("今天,大家可以和搭档一起做练习。")
- 增加社交机会。("如果你愿意,你可以问问旁边同学是如何解决这道题的。")
- 促进集体成就。("完成任务后,你可以加入另一个小组帮助他们解决问题。")

- 与学生进行文化上适当的眼神交流。("阿曼达,我要坐在你旁边,看看你是怎么解决第一个问题的。")
- 认可较长的停顿和较慢的节奏。("慢慢来,我会等你想出答案。")
- 在答复过程中回应独特或不同的问题。("你问的是别的问题。我给你一个答案,然后我们再回到第一个问题。")
- 在称赞和强化之间保持平衡。("大家别忘了,安琪尔和达蒙都给出了正确答案,只是方式有所不同。")

尽管在直接教学中关于文化多样性和学生参与度仍有许多尚待了解的地方,但有一点毋庸置疑:任何文化背景的学生都更可能在以下氛围中主动参与学习过程:(1)强调独特的学生回应的重要性;(2)减少个人的竞争感;(3)促进多感官(例如,讲述和表演)学习环境;(4)鼓励社交和同伴互动;(5)传达一种呵护和关心的感觉。

案 例

说明: 以下案例与第九章的内容有关。读完这个案例,请根据提示回答一些批判性思考问题,并把从本章中学到的知识应用到这个案例中。

马丁内斯夫人教五年级的一个班,共有 28 名学生。

最近,学校的标准化考试成绩一直很低,特别是在语言和阅读方面。

在去年的考试中,超过一半的学生在阅读和语言部分排到了全国标准的后三分之一。学校目前正大力提高这两项技能。

马丁内斯太太正在上一节课,主题是如何恰当地使用 there、they're 和 their。这三个词按以下方式写在黑板上:

There	They're	Their
一个地方	"they are" 的缩写	体现所属关系

她指着第一个词,拼写出来:"T-H-E-R-E。我说这个词的时候是指一个地方。我可能会说:'Put the book over there'(把书放在那儿)。T-H-E-R-E,我是说一个特

定的地方。此外,去掉 *t*[马丁内斯夫人盖住 *there* 的字母 *t*],就变成 *here*(这儿)。这里有另一条线索:*here and there*(这里和那里)。*Here and there*(这里和那里)。"她重复着,这一次她指着她的桌子说 *here*,指着教室中间的另一张桌子说 *there*。

马丁内斯夫人:胡安,再用 *there* 表示地方给我说个句子。

胡安:我想去那里。[他朝窗外的棒球场望去。]

马丁内斯太太:把这个词拼对。

胡安:T-H-E-R-E.

马丁内斯太太:很好。苏珊,这里面的小词给我们什么线索?

[苏珊没有回答,看上去有些困惑。马丁内斯夫人走到讲台前,把 *t* 遮住,露出 *here*。]

苏珊:Here, H-E-R-E。[马丁内斯夫人指了指她的桌子,然后又指了指远处的桌子。苏珊一开始什么也没说,马丁内斯太太又做了个手势。]哦,*here and there*,*here and there*。

马丁内斯太太:你很善于寻找线索,苏珊。我打赌你会成为一个好侦探。现在我们看下一个单词。They're——T-H-E-Y'-R-E,它听起来与我们的第一个单词一样,但它的意思可非常不同。T-H-E-Y'-R-E 不是一个地方,而是将 they 和 are 这两个单词组合起来的一种简单方式。撇号[这时她指向黑板]代表我们去掉的字母 a。"They are my friends"(他们是我的朋友)说快点它就变成了 "They're my friends"。马特,用第二个单词 T-H-E-Y'-R-E 造个句子。

马特:[马特是一名成绩优异的学生,他的注意力一直集中在外面进行的一场棒球比赛上]Their team can't even hit the ball(他们的球队连球都打不中)。

马丁内斯夫人:马特是在用我们的第二个词 T-H-E-Y'-R-E 吗,也就是 *they are* 的缩写? 你说,帕里什?

帕里什:不,他应该说"They're not able to hit the ball"(他们打不中球)。T-H-E-Y'-R-E,*they are* 的缩写。

马丁内斯太太:很好,帕里什。你甚至还保留了马特原句的意思。[她停下来,慢慢地走到窗前]希思先生的班真那么糟吗? 那我们在下周的室内挑战赛中有可能打败他们。

点击 第九章 评估测试你对本章知识的掌握情况。

总　结

学习成果 9.1

- 学习的两大分类为事实、规则和动作序列(类型1),以及概念、模式和抽象概念(类型2)。类型1的结果表示认知、情感和意识运动领域中复杂性较低的行为,类型2的结果表示这些领域中复杂性较高的行为。
- 第一类教学活动要求将知识和理解层面的事实和规则组合成一系列可通过观察、重复和练习来学习的行动。类型1的结果有正确的答案,可以通过记忆和练习来学习。
- 第二类教学活动超越事实、规则和序列,帮助学生创建、综合、确认和识别不易示范或记忆的答案。对概念、模式和抽象概念的学习往往通过强调概念学习、探究和解决问题的教学策略来讲授。类型2的结果可能有多个正确答案。

学习成果 9.2

- 直接教学模式的特点:全班教学(而不是小组教学);根据你提出的问题来组织学习;提供详细而冗余的练习(可通过电脑软件补充);提供材料,以使学生在教师提出下一个事实、规则或序列之前掌握一个新事实、新规则或新顺序;通过课堂的正式安排,最大限度地进行操练和练习。
- 开展直接教学有两个最佳时机,一是课本和练习册中的内容含量过大或过小,需要教师积极参与教学过程,以激发或提高学生的兴趣;二是教学内容代表着后面学习所需的、与任务相关的、先前知识。

学习成果 9.3

- 教师使用以下六种直接教学策略来指导学生掌握内容:

1. 监督和诊断以衡量进展:每日复习和检查的策略包括以问答形式来确定学生在家庭作业中遇到的问题,对可能代表班级情况的少数学生的理解水平进行抽样,明确复习当天课程所需的、与任务相关的、先前学习。

2. 呈现和组织新内容的技巧:技巧包括建立部分——整体关系、确定序列关系、寻找关系组合以及绘制比较关系。

3. 指导学生练习:指导学生练习的技巧包括要求学生私下回答,然后挑选个别的问题寻求帮助;不管学生有没有举手都叫学生;事先准备问题并随机要求学生回答。

4. 反馈和纠错:提供适当的反馈和纠错包括知道如何对问题做出(1)正确、迅速和肯定的回答;(2)正确但犹豫的回答;(3)由于粗心而出错的回答;(4)由于缺乏知识而出错的回答。

5. 达到掌握:设计独立的练习,使学生将事实和规则组合起来,形成越来越类似于现实中的动作序列。在学完后尽快提供独立练习的机会。

6. 周期性复习:安排好教学的节奏,这样学生在每周和每月的复习中可以有95%的时间都对提出的问题给出正确、快速而肯定的回答。此外,使用独立练习和家庭作业提高正确回答的百分比,指导练习的正确率要从大约60%提高到80%,在每周和每月的复习中回答正确率要提高到95%。

学习成果 9.4

• 其他形式的直接教学包括使用技术、同伴和跨学龄辅导。你可以利用课程管理软件和其他有助于促进直接教学的技术手段。

学习成果 9.5

• 通过接受学生的独特反应、降低竞争感、促进同伴互动以及传达一种呵护和关怀的意识,来提高学生在多元文化课堂中的参与度。

关键术语

积极回应	间接教学	身体提示
直接教学	教学多样化	呈现和组织
反馈与纠错	掌握学习	定期复习
手势提示	元交流(元沟通)	规则——示例——规则顺序
逐渐释放模式	监督与诊断	社会学习理论
指导学生练习	顺序轮流	语言提示
独立练习	消极回应	

讨论与练习

带星号的问题在附录B中有相应答案。有些带星号的问题可能要求学生做后续回应,这些答案没有包括在附录B中。

*1.确定与类型1和类型2教学策略相关的学习成果。每种类型的学习适用认知领域哪些层级的行为?

*2.强调知识获取的教学策略会产生什么样的学习成果?什么类型的学习成果是由强调探究或问题解决的教学策略引起的?

*3.如果要你来描述直接教学模式,你会包含哪些特征?在你所在的地区,什么样的课程计划主题最适合采用直接教学的模式?为什么?

*4.提供一些认知、情感和心理运动领域中行为动词的例子,这些行为动词要能描述直接教学模式所期望的结果类型。你认为最难实现的结果是什么?为什么?

*5.直接教学模式最适合什么样的教学目标?你能想到本章没有提到的其他目标吗?

*6.解释一下为什么在非评价性气氛中提供有指导的学生练习对于学习是很重要的。你会做些什么来鼓励一名被动的学生给出第一个粗略的回应?

7.当教师问到"5加3等于几"时,几名二年级学生给出以下回答:

    布鲁克:可能是8。

    胡安:9。

    杰森:53。

    阿什利:8。

提供适当的提示,使每个学生更接近正确的答案或回答得更自信。

8.当教师问到"内战的根本原因之一是什么"时,几名十年级学生给出以下回答:

    塔尼:南方想要北方所有的土地。

    阿基姆:我在某个地方读到,这是宗教迫害。

肯:我想想……这和奴隶制有关。

特蕾西:南方的经济。

提供适当的提示,使每个学生给出更接近正确的答案或答得更自信。

*9. 在练习和反馈环节中,你应努力实现的正确答案占比大约是多少?如果你的学生在练习和反馈环节只有 30% 的回答是正确的,你会如何改进自己的教学方法?

*10. 在直接教学中进行独立练习的主要目的是什么?在你的教学领域选择一节课,展示你将如何使用独立练习达到这个目的。如果有更多的时间和机会安排练习,你会如何调整独立练习?

*11. 当你在教室走动监控学生的独立练习时,你可以用什么方法使监控时间更有效?

*12. 在每周和每月的复习中,大约有多少百分比的学生应该给出正确、快速和肯定的回答?如果没有达到这个百分比,你会如何改变教学策略来提高这个百分比?

13. 描述逐渐释放模式的目的。你最常用它实现什么类型的教学目标和讲授什么类型的教学内容?

专业实践

现场体验和实践活动

带星号的问题在附录 B 中有相应答案。有些带星号的问题可能要求学生做后续回应,这些答案没有包括在附录 B 中。

*1. 从你的现场体验或观察中,你看到过教师采用什么方式复习和检查前一天的教学内容?你觉得哪种方式最适合你的课堂?

*2. 指出你观察的教师是如何把结构化的内容分成小块、易消化的部分。你如何描述这一技巧?你认为它是否很自然地适合你要讲授的主题的组织方式?

*3. 在观摩直接教学后,描述你观察到的一些促使学生做出正确回应的方法。在学生提供了错误或部分错误的答案后,举例说明你将给学生什么提示。写出学

生的错误答案和你的回应。

*4. 对于你要讲述的课程,请描述你想在课堂上实施的每周和每月复习周期(例如,每日检查学生对所学知识的理解、每周复习和每月全面复习),从而提高学生正确、快速和肯定回答的百分比。如果你的复习周期没有带来预期的学生表现和单元成果,你会做什么改变?

电子档案活动

以下电子档案活动与 InTASC 标准 2、4 和 8 有关。

1. 在现场体验和实践活动 3 中,你按要求描述了所观察的促使学生给出正确回答的方法。将你对这些方法的描述与本章中指出的方法放在标题为"直接教学"的文件夹中,并把它们添加到你的电子档案袋。这些信息将提醒你,你可以采用许多方法让学生更接近正确答案而不至于让他们感到尴尬,或期待他们给出当时可能无法提供的回答。

2. 在现场体验和实践活动 4 中,你按要求描述了每周和每月复习周期,以提高学生在直接教学过程中给出正确、快速和肯定回答的百分比。现在,添加其他你可采用的教学策略(例如,独立练习和家庭作业),以便在日常指导练习和反馈中将正确回答的百分比从大约 60% 提高到 80%,并在每周和每月的复习中确保大约 95% 的回应正确、快速和肯定。将你的描述放在"直接教学"文件夹中,并添加到你的电子档案袋。这在单元计划过程中会提醒你如何提高学生的课堂参与度,并激发一种动力,使学生专注于达成单元成果。

第十章 间接教学策略

学习成果

本章学习结束后,你将学会并能够:
- 成功实施建构主义的教学方法。
- 应用促进探究和解决问题的间接教学策略。
- 使用先行组织者,为学生的高阶学习做好准备,包括概念、探究和解决问题。
- 运用归纳和演绎的教学策略,并了解每种策略最适宜讲授的内容。
- 区分示例和非示例,以及如何综合运用二者以促进学生的学习。
- 知道如何提出高阶问题,以便深入探索和发现问题的新层面。
- 使用非指导性的发现方法为学生独立进行实验、研究项目和演示做准备。
- 教授学生自我评价的工具,引导生生和师生对所学内容进行反馈。
- 组织小组讨论,教导学生根据答案的准确性提供反馈。
- 采用间接教学策略,提高学生在多元文化课堂中的参与度。

美国州际新教师评价与支持联合会(InTASC)

学完本章,你将能够达到以下 InTASC 有关有效教学的标准:

标准1 学生发展。教师理解学生如何成长与发展,认识到学生学习与发展的模式因个体在认知、语言、社会、情感和身体等各层面以及多层面交织所产生的差异而各有不同,并能设计与实施适合学生发展和具有挑战性的学习体验。

标准3 学习环境。教师与他人合作创设支持个体和合作学习的环境,鼓励学生进行积极的社交互动、主动参与学习和进行自我激励。

标准4　内容知识。 教师理解所教学科的核心概念、探究工具和结构,并创设使学生易于理解和有意义的学习体验,以确保学生掌握学习内容。

标准5　内容应用。 教师了解如何把概念联系起来,并使用不同的观点使学生就真实的本地和国际问题进行批判性思考,激发学生的创造力和合作解决问题的能力。

标准6　教学评价。 教师理解和使用多种评价方法,使学生参与自身成长,监控学生的进步,并引导教师和学生制定决策。

标准8　教学策略。 教师理解和运用各种教学策略,鼓励学生深入了解学科内容及其相互联系,并培养学生以有意义的方式应用知识的技能。

第九章介绍了教授事实、规则和动作序列的直接教学策略。在这一章中,我们将探讨教授概念、探究和解决问题的间接教学方法。

俗话说:"千学不如一看,千看不如一练。"概念、探究和解决问题的教学涉及不同形式的间接教学,它们在学生构建新知识的过程中,促使学生积极寻求问题的解决方案。间接教学是一种(1)以探究为过程,(2)以概念为内容,(3)以语境为问题的教学方法。

这三种思想在间接教学模式下以特定方式组合在一起。本章为你介绍一些教学策略,你可以用以构建自己的间接教学方法,从而使学生能分享他们主动参与学习、为解决实际问题贡献新知识的兴奋感。我们从两节课开始:蒂姆·罗宾斯在课堂上用直接教学模式授课,而凯·格里尔则采用间接教学模式讲授同样的内容。

蒂姆·罗宾斯的课堂

这是秋季学期的第三个六周,蒂姆·罗宾斯正在给四年级的学生教授分数这个单元。在本学年的前12周,四年级的所有学生已学习了数字和数论的概念,包括奇数、偶数、正数和负数。他们还熟悉了诸如倍数、因数等数字概念和十进制的数字书写。

这天,罗宾斯先生正在教一节等值分数的课,这种分数可以用来表示相同的数量。在前四节课中,学生已经学了用分数表示数量,并已了解看起来不同的分数实际上代表着相同的数量(例如1/2、2/4)。本课旨在巩固这一知识。

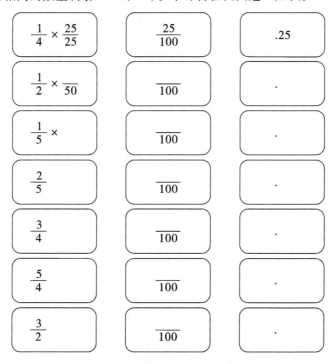

图10.1　罗宾斯先生教分数用的图

罗宾斯先生一开始先快速复习了上节课的内容。他用投影仪展示了一些物体的图片,比如馅饼和面包被分割后代表着整体的不同部分。他的学生像发连珠炮似的大声地喊出了这些分数。然后他用投影显示了一张未被分割的完整物品的图,让一些学生去讲台把它们分成两部分、三部分、四部分等,其他学生则在草稿纸上完成同样的任务。每个学生都得到对自己答案的即时反馈。

接下来,罗宾斯先生示意全班同学把桌子清理干净,只留下一支铅笔,并让学生把注意力集中到前面黑板上挂着的一张明亮的彩图上(如图10.1所示)。他把这张图表的复印件发给学生。罗宾斯先生解释说,学生要把每一行的分数转换成与原来的分数相等但分母为100的分数,然后在第三列里填写与这个分数对应的小数。

罗宾斯先生首先示范了一遍怎么做。他演示了(指出学生已经学过这一点)如何通过将原始分数乘以一个等于1的分数来生成等值分数。他举了几个例子,确保学生能够理解这个概念,然后让他们把这些例子抄到图上。

接着,罗宾斯先生请几个学生上前为全班再举几个例子。他让他们边写边说,以便大家能够理解他们是如何解决的。然后,他检查了其他学生是否正确地填写了桌上的图。

最后,罗宾斯先生把全班分成几个小组,指导他们完成图中剩余的练习。他为每个小组提供了答案,这样他们在完成后就可以立即检查。当学生们做练习时,罗宾斯先生一组一组巡视,并根据需要进行检查、反馈、纠正或表扬。他设计这节课是为了说明看起来不同的分数实际可能相等,从而指出小数和分数的关系,为下节课讲解美元、小数和分数之间的关系打基础。

凯·格里尔的课堂

在罗宾斯先生隔壁的教室里,凯·格里尔也在教"相等的分数"[①]这个单元。在上课开始时,格里尔夫人让德尼莎告诉全班昨天她在课上讲了哪些内容。

"分数不是一个数字,"她明确地说,"因为它不在数字列里"。德尼莎指着前面黑板顶部写的一列数字。"看!没有1/2。只有1?2?3?4……!"

"好,同学们,让我们想想德尼莎说的。我给你们提个问题,我们会一起学习,然后关于分数是不是个数字,我们可能会得出一个结论。"

格里尔夫人打开投影仪,向大家展示了以下画面:

一个男孩在当地的超市买了四块面包。他有八个朋友,他希望每个朋友都能分到等量的面包。他应该给每个朋友多少面包?

格里尔夫人把孩子们分成六组,每组五个人。然后在投影仪上画了四块面包,并要求大家把图画在他们的笔记本上。她在教室里来回走动,不时地问学生:"每个人能得到多少面包?"

孩子们彼此争论说:"你这样不行!""面包不够了!""每个面包有多少片?"大约10分钟后,格里尔夫人问:"有人还需要更多时间吗?有多少同学准备好可以讨

[①] 基于 D. L. 波尔(1991)"为了理解的数学教学:教师需要了解什么主题?"的资料信息,载于 M. L. 肯尼迪(编),《教多样化学习者学术学科》,第67—69页,纽约:师范学院出版社。

论了?"

有几个学生举手,其余的人还在面包上画了又画。几分钟后,格里尔夫人说:"好啦,谁愿意展示一下你们的解决方案?"

弗兰克举起手,他走到投影仪处,画出了他的解决方案。"我不知道对不对。"他不太肯定地说。他画了四块面包,把每块面包分成八片(如图10.2所示)。他抬起头,对全班同学说:"每个朋友分得四片!"

"不对!"罗莎不赞同,"每个朋友得到两片,你们看。"她走到投影仪处,画了四块面包,把每块面包分成四片(如图10.3所示)。"每个朋友分得两片。"她指着相等的部分很确定地说。

"为什么不给每个朋友半块面包呢?"艾伯特问道。

"上来,把你的办法画出来。"格里尔太太说。艾伯特走到投影仪处,快速地向全班同学画出他的方案。"你能用数字写出每个人得到的面包数吗?"她问道。艾伯特在黑板上写下"1/2"。

"这样,艾伯特和罗莎的面包片就比我的大。"弗兰克申辩说。

"弗兰克,"格里尔太太问,"为什么不写一个数字来显示一下你的八个朋友得到多少面包呢? 阿尔伯特的数字是1/2。""用弗兰克的方法来看,一块是多少呢?"她问全班同学。

"1/8。"卡尔说。

"你能写下来吗?"格里尔太太问。卡尔走到投影仪前,在弗兰克的画旁边写了下来。

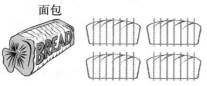
图10.2　弗兰克画的图

图10.3　罗莎画的图

当孩子们为自己的解决方案写出不同的数字时,格里尔太太问:"那么,我们怎么能为每个解决方案写三个不同的数字呢?""我们有1/2、2/4、4/8。"她指着投影仪上不同的数量和分数说。

沉默了几分钟后,有几只小手举了起来,孩子一个接一个地解释了这个表面上的差异。

这节课就这样一直持续到下课铃响前 5 分钟。然后,格里尔夫人进行了回顾和总结,并为下节课的分数教学设定了目标。

对两节课的回顾

现在让我们比较一下格里尔夫人和罗宾斯先生的课。两位教师都有一个共同的目标:帮助学生理解分数等量换算的原理。但为实现这个目标,他们设计了两节截然不同的课。

你可能已经注意到,罗宾斯先生的课深受直接教学法的影响。他设计的课让学生尽量少出错,他的活动引导学生做出正确回应后立即给予反馈。对罗宾斯先生来说,学习包括正确作答,最好是由教师指导,或在以教师为中心的课堂来完成。

相比之下,格里尔夫人的学习方法就不那么直接了。她关注的不是正确、快速的回答,而是更注重概念、探究和解决问题的思考过程。她的课程考虑到,学生对于分数已经有了一些了解和信念,这些信息可能是正确的,也可能是错误的。格里尔女士想要显露出学生的错误观念,使他们通过自己的推理能力习得新的、更准确的认识。她小心翼翼地避免提供答案。她的目标是通过影响认知过程来帮助学生理解分数,从而引出正确的答案。让我们看看她的课程计划中涉及的认知过程。

学习的认知过程

认知心理学家已经识别了有意义学习的三个基本条件(Anderson, 2005; Mayer & Alexander, 2010):接收、可用性和激活。当教师将学习者的注意力集中在一个问题上,并提供一个框架或结构将内容组织成有意义的部分——预期设置(Hunter, 1982; Serdvukov & Ryan, 2007)或先行组织者(Ausubell, 1968),就满足了接收和可用性的条件。而教师通过演示探究的过程和运用熟练的提问技巧,就可满足激活的条件。随着学生探究能力和解决问题能力的提高,教师的辅助作用逐渐减弱,学生对自己的学习承担越来越多的责任。

你可能还记得,支持这种教学方法的理论是建构主义。建构主义课程的设计和排序是为鼓励学生利用自己的经验来积极构建对他们有意义的内容,而不是从教师独自组织的教学形式中获得理解(Borich, 2016; Llewelyn, 2007; Schunk,

2011)。通过反思自己的经历,学生不断地改变他们的信念,抛弃旧的信息,接受新的信息,并对他们的认知进行质疑、探索和评估。这与"啾啾"火车的学习概念不同,后者强调知识是通过一节车厢与另一节车厢的连接而水平发展的(例如,六年级的知识与五年级的连接,七年级的知识与六年级的连接等),而建构主义则强调知识像伞式的学习概念垂直积累,学生的"伞"不断张开,将新的理解融入,并跨越年级将更多的信息包容、整合成一个整体。

例如,在社会科学课上,学生正在讨论与污染有关的问题以及需要采取哪些措施来解决这些问题。教师的关注点是帮助学生重新聚焦问题,从而找到切实可行的解决方案。她鼓励每个学生反思自己目前体验到的污染问题。当一个学生提出一个概念,把各种形式的污染联系起来,并指向一个单一的来源时,她抓住了这一点,并提醒全班同学注意这一重要贡献,这将是一个有前景的探讨方向。她鼓励学生通过网络和其他渠道来证实他们的假设和所提解决方案的可信度。随后,全班讨论了他们在班级在线讨论区上学到的知识,即他们的观察和记录如何帮他们"敞开",去接受和理解一个新的、更广义的污染概念。

在这些例子中,建构主义者认为知识是个体从自己的经验中构建现实的结果。当学生创造新的规则和假设来解释他们当前观察的事物,并在更广的知识体系中形成新的意义和理解,也为所学的知识增加了整体性和完整性,学习便发生了。那些导致已有知识与新的观察不一致或不平衡的课堂对话、练习、个人设计和个人任务,能激发学生创造新规则和明确表达假设的需要。教师运用直接经验(Piaget,1977;Stepien & Senn, 2008),基于问题和项目的学习(Krauss & Conery, 2008)以及社会互动(Kozulin、Gindis、Ageyev & Miller, 2003;Kumpulainen, 2001)来恢复平衡,同时淡化讲课和说教的作用。表10.1列出了建构主义课堂与传统课堂的部分差异。

在阅读、写作、数学、科学和社会科学的教学方式上,许多变化都遵循了建构主义的思维和支持它的间接教学策略(Borich, 2016;Borich, 2004;Chaille, 2007;Fosnot, 2005)。让我们来看看这些领域中遵循建构主义思维的一些教学策略。

阅 读

在20世纪的大部分年代里,阅读课着重于讲授解码、联结、排序、归纳中心思想等技巧,而不关注阅读文本本身。这些技巧通常通过阅读基础读物里的虚构故事来获得。现在,受建构主义影响的阅读课程以一种平衡的方式讲授基本阅读技能,比如一边读文学作品,一边寻找其中的意义。学生通常以小组为单位,相互合作阅读,并根据拓展的阅读作业提出问题和回答问题,这种教学不强调事实导向的练习题。

写 作

以建构主义为导向的写作教学方法,通过关注交际的重要性为学生提供了一个解决问题的语境。他们不是孤立地练习写作技能,而是在进行写作活动时,向真实的读者有意义地传达自己的想法。学生在写作学习刚起步时,就要意识到有人会读他们写的文字,所以这些文字必须是可理解的。因此,写作教学涉及一系列的过程:首先编写初稿,然后在真实世界普遍存在的条件下(例如,在较长的时间内,获取资源,获得同伴读者的反馈)对其进行修改。

表 10.1 建构主义课堂和传统课堂的对比

传统课堂	建构主义课堂
课程从整体中的部分开始,强调基本技能	课程强调大的概念,从整体开始,扩展到部分
严格遵守固定的课程安排被高度重视	重视对学生问题和兴趣的追踪
材料主要是教科书和练习册	材料包括信息的主要来源和操作材料
学习是建立在重复的基础上	学习是互动的,并且建立在学生已知的基础上
教师向学生传播信息,学生是知识的接受者	教师与学生对话,帮助他们构建自己的知识
教师的角色是指导性的,并且本质上是权威的	教师的角色带有互动性,并本质上是协商的
评估通过测试;正确答案是所需的成果	评估包括学生的作品、观察、观点以及测试,过程和成果一样重要。
知识是静态的	知识是动态的,随着经验不断变化
学生主要是独自学习	学生主要以小组形式来学习

资料来源:《理解课堂:系列工作坊》(2004),教育广播公司。可在 Thirteen.org 网站上获取。

数学和科学

真实的问题,比如在本章开头与格里尔夫人的对话中提出的问题,是建构主义数学和科学教学的重点。在这样的课堂上,学生很少花时间死记硬背和练习数学或科学中的个别事实。相反,学生从一开始就在解决问题或在应用问题的环境中学习。教师试图让学生积极地参与探索、预测、推理和猜测,使事实融入数学技能和策略中,并运用它们解决真实的实际问题。

从六年级到十二年级,许多真实的数学和科学问题都可以在网上找到。它们为学习者提供了实时解决问题、开展交互性活动和与其他资源建立联系的机会。

社会研究

建构主义方法下社会科学的目标是帮助学生从有限的主题中获得丰富的理解网络。帕克(Parker,2009)认为,K-12级的社会科学课程应该关注五个基本要素:民主理想、文化多样性、经济发展、全球视角和公民参与权。要将这些关键要素融合在一门课程中,就需要以建构主义的观点来看待教学,从而促进以下方面的发展:

1. 深度学习——持续对有限的几个重要话题进行测验。

2. 更高层次的挑战——设计课程和教学,要求学生在非常规应用中收集和使用信息。

3. 真实的评估——将学生的学业与表现导向的学习展示相结合。

这些学科知识的发展认为学生在构建自己对技能和知识的理解,而不是让教师告诉或传授给他们(Sunal & Haas, 2010)。因此,建构主义课程计划含有如下特征:

· 以学生解决问题的形式开展教学活动;

· 从学生的观点和经验出发,发展和完善学生的回答;

· 通过鼓励师生、生生的互动,认可学习的社会本质。

建构主义教学的另一个目标是呈现完整的知识体系。整合的单元与课时,强调思想之间的联系和相关主题的逻辑连贯性,通常采取跨学科或主题教学单元的形式(Erickson & Lanning, 2013; Roberts & Kellough, 2006; Wiggins & McTighe, 2011)。例如,在同一个年级层次,将社会科学和科学等学科建立起联系。随着年级的不断提高,如图10.4所示,知识呈螺旋式增长,因为学生已经准备好掌握更深层次的内容知识。按照建构主义的方法,教师呈现真实的问题,这些问题自然地发生在整合的知识体系中。

> **9—12年级：气候与二氧化碳：**分析它们之间的关系——在学习二氧化碳及其对现在和未来温室效应的影响方面的理论时，把与世界气候相关的知识整合进来。
>
> **6—8年级：记录古代的季节变化**——关于季节的知识是学习比较的基础，以便了解古代文化是如何理解季节的。
>
> **3—5年级：太阳与地球**——从关于地球水圈的知识扩展到理解地球和太阳之间的关系，以及它们的相互作用是如何产生季节和影响相关天气的。
>
> **K-2年级：**"哗啦，哗啦：水到达杯子的旅程"——建立地球水圈的基础知识；了解地表和地下特征、水源以及形成水循环的相互作用。

图 10.4　整合知识体系的螺旋课程示例

资料来源：基于 W. 帕克《更新社会科学课程》(1991)，第 2 页。

直接教学与间接教学的比较

直接教学策略最适合于教授事实、规则和动作序列，因此，说间接教学策略最适合于概念、探究和解决问题的教学就很好理解了。

当你以内容、材料、对象和事件的形式向学生提供教学刺激，并要求他们超越所给的信息来得出结论和归纳，或找到一种关系模式时，你所使用的是间接教学模式。间接是指学生通过将刺激材料转化或建构成有意义的回应，从而间接地获得一种行为，它既不同于用来展示学习的内容，也不同于学生先前做出的任何回应。由于学生可以根据自己的经验对原有内容进行增改，使其更有意义，因此引发的回应可以采取许多不同的形式。与直接教学的结果相反，在使用间接教学模式时，很少有一个最好的或正确的答案。相反，教师会引导学生得出一个超越具体问题或教学内容的答案。

如果直接教学对于讲授事实、规则和动作序列如此有效，那么你可能会奇怪，为什么不用它来教授概念、探究和解决问题。答案是，并不是所有预期成果都需要有与所教内容相同的回应。直接教学仅仅限于：(1)学习所教内容的单位，以便记忆；(2)将所学内容的各个部分组成一个整体，以便迅速、自动地做出回应。

较低层次的认知、情感和心理运动领域的学习在很大程度上都依赖这两个过程。通过与预期回应非常相似的内容,它们都可以转化为行动。(例如,"看这个单词然后读出来","观察我如何构成所有格,然后你们做下一个","阅读使用规则,然后给显微镜调焦")。预期的回应不必远超于教学内容。学生的任务仅仅是产生一种能够反映刺激形式和内容的回应。许多教学都涉及这些简单的过程,其中直接教学模式是最有效的。

然而,现实世界的活动往往涉及认知领域的分析、综合和决策行为,情感领域的组织和表征行为,以及心理运动领域的表达和归化行为。这些行为使教学变得复杂,因为它们不像较低复杂水平上的行为那样,是通过记忆各部分或通过快速、自动地将它们重新组合成一个整体来学习的。相反,它们必须是学生通过自己的尝试来建构,利用个人的经验和过去的知识储备为刺激材料寻找和赋予意义。正如本章所说,为了实现更高阶的教学成果,需要一套不同的反映间接教学和建构主义教学模式的策略。

间接教学和建构主义教学的策略

在介绍那些可以使学生达成高阶成果的教学策略之前,让我们先来思考一些需要高阶成果的主题。

假设你希望你的学生学习以下内容:

- 数轴的意义(算术);
- 二次方程的概念(代数);
- 文化适应过程(社会科学);
- 接触性运动的意义(体育);
- 民主的运作(政府);
- 演奏协奏曲(音乐);
- 演示光合作用(生物学);
- 能量守恒定律的应用(普通科学)。

学习这些主题不止需要事实、规则和动作序列。如果你只教有关数轴的事实、规则和动作序列——"这是定义"、"这是解决他们的规则"或"按以下步骤进行"——你的学生可能永远无法学会如何将需要理解数轴的问题

> 👁 观看这段视频,注意教师在这节课上如何使用直接和间接教学的示例。试着区分这两个教学过程。

联系起来,或掌握如何在全新或不同的情况下使用数轴。相反,学生必须学会运用更复杂的认知过程,对你呈现的内容进行补充、重组和详细阐述。让我们看看这是怎么做的。

回想一下第九章(表9.3),类型1和类型2的行为是有区别的。类型1的行为通过使用事实、规则和序列来形成概念、模式和关系,从而成为类型2的行为。正如本章所示,只有在强调概念学习、探究和解决问题等策略的环境下,对于概念、模式和关系的教学才是最有效的。

例如,如果学生试图以掌握有关青蛙的事实、规则和动作序列的方式来学习青蛙的概念,那么他们需要做什么呢?首先,学生必须记住所有可能的青蛙实例(可能有数百个)。如果试图以呈现的相同方式来记住数百个青蛙的形象,很快就会使学生的记忆力超负荷。其次,即使将多种青蛙存在记忆里,学生仍可能把青蛙和类似的动物混淆。记忆过程并不包括将其他动物从青蛙中排除的特征(如坚硬的外壳、干燥的皮肤、颜色变化、尾巴)。

如果你在课堂上设计了概括和辨别的过程,便可以帮助学生克服这两个问题。概括帮助学习者以类似的方式回应与中心概念不同但受其约束的刺激,从而扩大特定事实、规则和序列的实例应用范围(例如,适用于所有类型的青蛙)。此外,辨别则通过排除与学生的青蛙概念看似匹配(如变色龙)但实际在关键层面有所不同(如有尾巴)的事物,而对这个应用范围有选择地进行了限制。

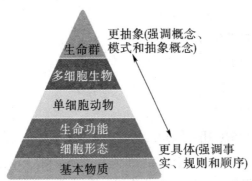

图10.5　代表科学课程中可能的教学单元的层次结构

概括和辨别帮助学生基于关键属性将看起来不同的刺激归为同一类别,这种属性就如磁铁一般,把同一类别中的所有实例汇集起来,而无须学生记忆所有可能的例子。然后,青蛙的概念与其他概念相结合,形成越发复杂的更大的模式。图 10.5 展示了科学课程(如基础物质知识)的具体事实、规则和序列如何与更为抽象的概念和模式(如细胞形式、生命功能、单细胞动物)相结合,从而获得更高层级的成果(如对多细胞生物和生命群体的理解)。随着课时和单元目标按层次结构上升,教师必须从直接教学模式过渡到间接的教学模式。

很显然,在学习概念、模式和关系时,教师的角色和对内容的组织方式都会与学习事实、规则和序列有所不同。由于呈现的刺激材料的目的是为实现更高阶的学习效果,因而不能提供所教概念需要的所有可能实例。因此有必要提供概念的关键维度。

间接教学模式所使用的教学策略鼓励认知思考的过程,要求学生既要形成概念,还要将它们组合成更大的模式,进而提升探究和解决问题的技能。图 10.6 显示了教师在使用该模型时执行的一些间接教学策略。

从图 10.6 可以看出,间接教学比直接教学复杂。课堂活动不是以教师为中心,而是将学生的想法和经验带入课堂,让学生开始评估自己的回应。因为教学成果更复杂,所以你的教学策略也应如此。为了实现这些成果,教学可能需要推理和提问的扩展形式。

---

1. 内容组织:为学生提供作为"挂钩"的先行组织者,借此
- 悬置关键点;
- 专注于最有成效的领域。
2. 概念活动:运用归纳和演绎
- 选择事件来建立一般概念和模式(归纳);
- 适用于特定事件的原则和概括(演绎)。
3. 示例和非示例
- 引入能够促进准确概括的关键属性;
- 逐步扩展一组示例;
- 提高非关键属性的识别能力。
4. 问题:提出问题
- 指导搜索和发现的过程;
- 呈现矛盾;
- 探索更深层次的理解;

- 将讨论引向新的方向;
- 把学习的责任交给学生。
5. 学习经验(利用学生的想法):鼓励学生
- 参考他们自己的经验;
- 用例子来寻求澄清;
- 画平行线和关联线。
6. 学生自我评价
- 要求学生评估自己的回答是否恰当;
- 提供提示、问题和暗示,让学生注意到不恰当的回应。
7. 讨论:促成课堂对话,鼓励学生
- 检查方案;
- 判断解决方案;
- 做出预测;
- 发现鼓励批判性思维的概括。

图 10.6 一些间接教学策略

图10.6中的间接教学策略与费尔丁、卡梅埃努伊和格斯坦(Fielding、Kame'enui & Gerstein,1983)的一项关于学生积极学习态度的研究相关性最高。这些教学策略最能帮助学生形成一些他们能在今后的学习、校外和成人生活中的行为。

间接教学的实例

现在让我们观摩一节课,看看教师在课堂上如何使用间接教学策略。这个对话反映了一些之前教过的事实、规则和序列,但最终的目标是学习概念以及教授探究和解决问题。在阅读时,请注意使用粗体标注的选自图10.6的间接教学策略。

老师:马蒂?

马蒂:我认为苏联解体后,俄罗斯做了一些改变。

老师:没错,就像中东的一些国家也在经历变革一样。由于这些变化可能会持续地影响我们未来的生活,所以了解一下政府有哪些不同的形式,以及为什么有些人选择或不选择在某种形式下生活,这或许挺有意义。首先,我问你们是否有人知道"民有、民治、民享"这句话从何而来。[丽娜举起手]丽娜?

丽娜:来自林肯的葛底斯堡演说……我记得在结尾的时候。

老师:没错。大多数国家都有类似的声明,用来表达其法律、习俗和经济所依据的基本原则。今天,我们将学习各国用于指导和运作经济的三种体制。这三种体制是资本主义、社会主义和共产主义。它们往往会和与之相关的政治制度相混淆。政治制度不仅影响一个国家的经济制度,而且还在许多其他领域中指导个人行为,例如学校里教什么,人们如何参选或被选任政治职务,以及报纸可以刊登什么。(**内容组织**)

例如,在美国,我们的经济体制主要是以资本主义(或资本私有制)为原则,政治体制则以民主原则(或人民统治)为基础。这两套原则是不一样的,在接下来的几天中,你们将看到它们是如何有时协调运作,有时又产生矛盾,进而需要经济或政治制度发生改变,就像当今世界一些国家所发生的那样。(**内容组织**)

今天,我们将只讨论不同国家中涉及商品和服务所有权的制度,也就是经济制度。稍后我会让你们区分这些制度和政治制度。谁愿意先来定义一下资本主义?

资本主义这个词对你来说意味着什么?(**问题**)

罗伯特:意思是赚钱。

老师:还有吗,罗伯特?

罗伯特:拥有土地……我认为。

老师:不仅是土地,还有……(**探索更深层次的理解**)

罗伯特:拥有一切。

老师:资本这个词的意思是"有形的商品或财产"。房子是有形的吗?(**概念学习:演绎**)

智林:是的。

老师:友谊是有形的吗?

智林:是的。

老师:你觉得呢,马克?(**要求学生自我评价**)

马克:我觉得不是。

老师:为什么?

马克:你摸不到它。

老师:对。你可以触摸一个人,但不能触摸友谊。此外,你不能拥有一个人。那么怎么定义有形商品比较好呢?

智林:你拥有的可以触摸或看到的东西。

老师:没错。让我在黑板上列出一些东西,你们告诉我它们是否可以称为资本。[写出一列东西](**示例和非示例**)

车　　　　　　　　　　　信息

股票和债券　　　　　　　衣服

宗教　　　　　　　　　　假期

好。谁能告诉我哪些是资本?[瑞奇举起手](**概念学习:演绎**)

瑞奇:我觉得只有车和衣服是资本。

凡妮莎:我觉得股票和债券也是。它们代表你拥有某种东西的一部分,尽管可能不是全部。

老师:你能看见或摸到它吗?(**问题**)

凡妮莎:是的,如果你去看你拥有一部分的地方或东西的话。

老师:很好。"假期"呢?谁有什么问题吗?

米奇:嗯,你可以拥有它……我的意思是你付钱,你就可以让自己玩得很开心。[全班大笑]

老师:可能也对,那让我们在资本的定义上加上最后一个条件。你必须能够拥有它、看到它或触摸它,它必须是持久的,或者能持续一段合理的时间。那么,现在你们会如何定义资本主义呢?(**概念学习:归纳**)

凯里:一种允许你拥有资本或在一段合理时间内持续拥有某种有形商品的经济体制。还有,我觉得,如果你愿意的话,可以把商品卖掉。

老师:很好。世界上许多国家都有这种形式的经济体制。除了我们国家,谁能说出三个承认有形商品所有权的国家?(**学习者经验**)

安东:加拿大、日本,还有……嗯……德国。

老师:很好。在这些国家中,以有形商品形式存在的资本可以由个人所有。

这段对话只是为了说明间接教学模式的一种形式。请注意,这节课使用了课堂上自然发生的对话,鼓励学生建构知识并将自己的经验和过去的学习带到主题中,而不是按照教师已经组织好的形式从呈现给他们的内容中获得理解。这节课要求学生在教师指导下,利用彼此的预测、假设和经验,共同构建对主题的理解。

再看一遍图10.6,回顾一下间接教学中使用的教学策略。现在让我们想想这个示例课程在多大程度上体现了间接教学的这些关键层面。

直接教学模式和间接教学模式分设在不同的章节,因为每一种模式都包含不同的教学策略。正如你所看到的,这两种模式有两种不同的用途:

- 直接教学模式最适合关于事实、规则和动作序列的教学,包括六种教学策略:监督、诊断以衡量进展并为重新教学提供信息,呈现和组织新内容,指导学生练习,反馈和纠错,通过独立练习达到掌握,进行周期性的复习。
- 间接教学模式最适合概念学习、探究学习和以问题为中心的学习,它包括七种教学策略:预先组织内容、归纳和演绎、使用示例和非示例、运用问题、使用学生想法、学生自我评价和小组讨论。

虽然直接教学和间接教学两种模式都对教学有重要贡献,但你的教学风格不应受制于其中一种模式,因为引入这些模式就是为了增加你运用教学策略的多样性。

这两个模式也可以有效地交织在一堂课中,比如在引入要学习的概念或要解决的问题之前,必须先获得一些事实、规则或动作序列。这些模式及相应的策略为你提供了多样的教学工具,你可以使用多种组合来满足你的教学目标和学生的学习需求。直接和间接教学模式如同菜单上的两道主菜,应该在课堂中享有突出而平等的地位。教师一定要在课堂上交替使用,为学生"烹制口味诱人的教育套餐"。

表 10.2 列出了直接和间接教学模式的目标,以便进行比较,并列出了区分每种模式的一些教学事件。

表 10.2　直接和间接教学模式下的一些教学事件实例

直接教学	间接教学
目标:教授事实、规则和动作序列	目标:教授概念、模式和关系
教师在上课开始时复习前一天的课程内容	教师在上课开始时介绍先行组织者,为学生提供一个整体画面,并允许概念扩展
教师逐步地呈现新内容,并提供解释和例子	教师使用归纳和/或演绎,聚焦学生回应,并加以完善和形成概括
教师就少量的示例问题提供指导练习的机会,然后必要时进行提示和示范,以达到 60% 至 80% 的准确率	教师给出概括的示例和非示例,识别关键和非关键属性
教师用问题来引导发现和进行概括性阐述	教师从学生自己的经历、兴趣和问题中举出更多的例子
教师根据以下情况进行反馈和纠错:学生回答是否正确、快速、肯定,回答正确但犹豫,由于粗心而出错,由于缺乏知识而出错	教师让学生评价自己的回答
教师提供了一个独立练习课堂作业的机会,并努力获得 95% 或以上正确率的自动回复	教师促进和主持讨论,以便在必要时巩固和扩展概括性结论
教师提供每周和每月(累积)的复习,并重新教授没学会的内容	

内容组织

比较直接教学和间接教学的对话,你会注意到哪些不同?显然,它们在复杂度上不同。教授更复杂的成果需要花费更多的时间和教学计划。高阶学习所需的广泛计划是间接教学最容易被忽视的一个方面。对于更广泛、更复杂的内容,课程必须引入一个框架或架构将内容组织成有意义的部分。这是间接教学计划的第一步。

向学生提供这个框架的一种方法是使用先行组织者(Ausubel, 1968; Woolfolk, 2013)。先行组织者为学生提供所学内容的概念预览,帮助他们准备存储、标记和打包内容,以便后期使用。从某种意义上说,先行组织者是一个带有固着点的"主干"树状结构。没有这些承载内容的"挂钩",重要的知识属性就容易模糊或丢失。

为了强化这些区别性特征,伯内特(Burnette, 1999)建议用相同的先行组织者来总结一节课或一个单元,这样学生就能更好地预见教学从哪儿开始,在哪儿结束。当先行组织者包含熟悉的概念和将要学习的新内容之间的联系时,研究者发现它对来自不同文化的学生和英语学习者尤其有帮助(Lustig & Koester, 2012)。

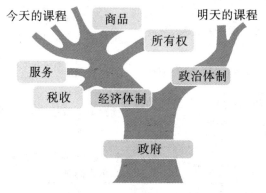

图 10.7　关于政府的教学单元的先行组织者

例如,回忆一下本节示例课的对话,它是以介绍当天的课程内容为起点的。作为铺垫,教师引入了两个概念(经济体制和政治体制),每个概念都包含一个复杂的关系网络(如税收、所有权、商品、服务等)。在这节课开始时,教师提醒学生们为什么这么早就要区分出政治体制和经济体制。图10.7显示了一个先行组织者的图示,这位教师可能就是用此来导入课程。

先行组织者,尤其针对更高阶的成果(例如,应用、分析、综合和评估),主要指的是在课程开始时引入或编织到课程中的主题或概念,提供了当天课程和所学话题的概览。先行组织者可以口头展示,也可以用表格和图示形式呈现。下面是一些用斜体字显示先行组织者的例子。

- 在解释动物生命形式的骨骼关系之前,用图表来说明人类的骨骼进化(生物学);
- 在引入直角三角形的概念之前,先绘制直角三角形、等边三角形和等腰三角形(数学);
- 在描述内战的主要战役之前,先讨论内战的起源(美国历史);
- 在引入隐喻和明喻概念之前,先描述修辞格的含义(英语);
- 在讲授元音发音之前,先听元音和辅音的例子(朗读);
- 先解释岩层的成因,然后展示火成岩、变质岩和沉积岩的例子(科学)。

请注意,这里的每一个示例都呈现了一个总的主题或概念,该主题或概念与当天或者后续课程的主题相匹配。这不是通过回顾先前内容来完成的,先前内容经常与先行组织者的概念相混淆。相反,它是通过创建一个概念结构来完成的如骨骼进化、各种三角形的形状、内战起源、修辞格、字母表或岩石形态的进化。这不仅安排了要讲的内容,而且还安排了相关课程的内容。

因此,这些先行组织者为课程主题的聚焦奠定了基础。它们防止新课看起来像全新的内容。最后,它们将相关概念集合成更大的模式,这可能代表着单元的成果。先行组织者从课程体系中识别出最高水平的成果和当日课时学习要实现的成果。在这个示例对话中,更高层级的成果是为了区分经济体制和政治体制,这一区别通过教师的介绍性陈述和图形表示已提前组织好(图 10.7)。

在选择先行组织者之前,你会想要决定你如何组织和建构教学内容。为此,你会需要考虑概念学习、探究学习和以问题为中心的学习方法。

概念学习

如果你的课程目标是概念学习,你的教学会强调一些基本属性,它们将很多看似不同的数据、材料、对象或事件联合起来。在这里,学生学习一个概念,主要通过看一个对象或事件的示例和非示例,从中学习辨别事物的本质属性。

在第九章中,我们看到了一个概念学习的例子和一个先行组织者,它们通过绘制青蛙的基本属性图来区分青蛙与其他类似的动物(蟾蜍、乌龟、变色龙等)。当给予学生更多有关青蛙的示例和非示例的练习时,他们能够认识到一组紧密结合的基本属性集(例如,皮肤光滑潮湿,干燥无疣,不能变色,没有尾巴,后腿强壮,能发出低沉嘶哑的声音)。概念学习是寻找一种黏合剂,它将相似的项目和属性组合在一起,这些属性可以用于区分指定组或类别的示例与非示例。

概念学习课程的步骤包括:(1)确定好你将呈现给学生的必要和不必要的概念属性;(2)选择能区分必要和不必要属性的正面例子和负面例子,并要求学生参与;(3)制订决策规则,明确用于定义概念的基本属性。

这里有一个概念学习的课程示例:"等于10的数学真相。"在这节课中,教师将执行以下操作:

- 列出概念10的正确与错误例子,并将例子写在幻灯片上(正确例子,比如6+4、12-2、10×1等;错误例子,比如7+2、15-4、2×4等);
- 以"是"和"否"两个字作为栏目标题写在黑板上;
- 展示第一个幻灯片6+4,并将其放置在"是"这一栏中;展示第二张幻灯片7+2,并将其放置在"否"这一列中。然后用更多正确和错误的例子重复该过程;
- 让学生看每列下面的示例,并确定它们是否相同;
- 用幻灯片介绍更多示例和非示例,让学生决定把它们放在哪一栏,直到大多数学生都掌握了这个概念为止;
- 要求已经掌握概念的学生与全班同学分享10这个概念的基本属性;
- 要求学生写出自己的例子,并将它们放到适当的列中。

什么数可以组合等于10?		
	是	否
5 + 5	5 + 5	
16 - 5		16 - 5
11 - 1		
12 - 2		
6 + 6		
6 * 2		
10 * 1		
3 + 4 + 4		
3 + 3		
12 - 4		
9 + 1		
2 + (2 * 3)		

续

什么数可以组合等于10？		
	是	否
4 * 2		
15 − 1		
3 + 4		
16 − 10		

图 10.8　概念学习课程"等于 10 的数学真相"的先行组织者和活动表

通过观察符合与不符合该概念的数字，学生逐渐学会将所有类似的实例分组，并得出定义概念的基本属性。图 10.8 以活动表单的形式显示了先行组织者，该教师用活动表单来介绍概念并提供课程结构。

探究学习

间接教学的高阶目标还包括探究性学习。如果你的课程目标是促进探究，你会希望你的教学强调事物是如何组织、如何变化以及是如何相互关联的。在这个过程中，概念学习可能是更大的探究过程的一部分。这种学习方式关注的重点不是我们已经掌握的知识，而是如何学习新知识（Borich & Hao，2007；Ong & Borich，2006）。

例如，老师在教"等于 10 的数学真相"这一课时可能会发现，他的课可以提高到一个更高的水平，即让学生探究数轴的使用，以展示加法、减法、正数和负数是如何用于表示概念 10 的。这种探究的结果可能远不如概念学习那样明确，实际上，这种探究的教学往往会产生更多需要探究的问题。

> 听教师谈论他如何与学生一起使用基于问题的学习方法。想一想他所提到的使整个班级和每个学生都受益的优点有哪些。基于问题的学习如何鼓励差异化？

例如，在一节关于地球内部结构的物理课上，一位提倡事实、规则和动作序列的教师可能会给出地球各个层面的名称和描述，或者我们知道的东西。但是另一位提倡探究和建构主义学习模式的教师可能会引导学生去了解我们是如何知道的，例如："我们如何在没有经历过的情况下认识地球的内部结构？"前一节课要求学生掌握教师所讲的事实，后一节课要求学生自己去探索和发现。在这一课中，探究过程可能转向对地球内部结构的间接测量，以及可能会用到什么样的测量方法。

学生可能会询问探索地球表面以下的方法有哪些,如地震产生的冲击波的传播和反射,石油勘探的地震仪读数,以及深入地球表面用来观察其历时变化的地质探测仪。

使用世界各地的冲击波的例子,这位教师可能会问学生几个问题来组织探究的过程,如下列做法:

- 超越即时可用的信息。("从最近一次地震的冲击波中,我们了解到什么?")
- 解释信息或观点的后果。("这两场不同地震的冲击波告诉我们地壳有多深?")
- 通过预测,让学生利用他们从探究中获得的信息。("鉴于你所看到的世界各地的冲击波,你预测下一次地震会发生在哪里?")

与概念学习不同,探究方法在探索和发现关于主题的新信息的过程中,会产生不同的路径和解决方案。图10.9展示了教师在介绍"地表之下"这门课时所使用的先行组织者。教师用一个框架或架构组织了这节课的内容,促进了探究目标的实现。另参见"在实践中:关注探究性学习"。

我们如何得知:这些地表以下的探测能给我们提供什么样的信息?

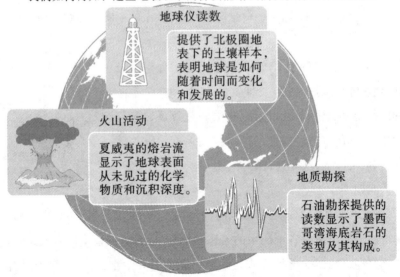

图10.9 探究课"地表之下"的先行组织者

以问题为中心的学习

在探索新信息的过程中,探究方法会带来不同的路径和解决方案,而以问题为中心的方法可以实现更高层级的成果,它可以预先确定并为学生提供解决特定问题所需要的所有步骤。因此,它没有探究方法那么开放,在探究方法中,任务的步骤是学生在探究中探索和发现的。

例如,在一节关于"看不见的引力"的科学课上,教师开始向学生演示不能从密封的瓶子里通过吸管吸出液体。以"为什么会这样?"来发问,你可以给学生提供如图 10.10 所示的问题解决程序。这个图显示了事件的顺序,成为全班可以遵循的先行组织者。每一步都为课程的特定部分提供了一个组织分支。

图 10.10 "看不见的地心引力",解决问题课程的序列化先行组织者

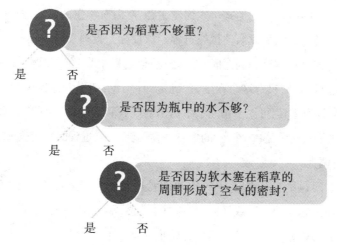

图 10.11 "看不见的地心引力",解决问题课程的层级化先行组织者

另一先行组织者(如图 10.11 所示)提供了进一步的内容组织。这个图将问题按照层级来组织,以显示为得出结论而必须遵循的内部分支或决策。如果要求学生在解决问题时向组织者提供决策点,并追踪每个决策点(以实线表示)来回答"为什么液体没从吸管中流出?"这一问题,上述这种形式的内容组织者可以特别有效地吸引学生的注意力。

在实践中：关注探究性学习

在探究的过程中，学生识别问题，通过头脑风暴形成解决方案，设置问题，调查问题，分析和解释结果，讨论，反思，得出结论，并呈现结果。这种探究的周期是教师计划探究活动的一般模式，可以引导学生体验整个探究过程。右图所示的询问、调查、创建知识、讨论和反思模式是探究性学习周期的一个版本。它是一个探究课程或单元教学的五步模型。

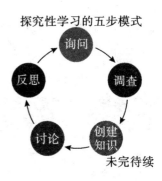

第1步：询问

为了激发学生的探索欲望，教师首先提出问题，邀请学生规划探究过程和展示发现的结果。教师以提问的形式呈现课堂主题，然后对学生的回答进行探询、提示、再引导，形成探究气氛，从而启动探究过程。这被称为教师发起阶段。

当学生对这个过程感到满意时，教师鼓励他们提出自己的问题，规划一个回答问题的程序，决定如何执行这个程序，并确定如何展示结果。这被称为学生发起阶段。这一阶段作为工具，可用于构建学生提出的问题和学生导向的程序，使学生达到独立探究的水平。问题是这个阶段的焦点，它可能在探究过程的后期被重新定义。

第2步：调查

当学生的问题达成一致后，下一步就是展开调查。在探究阶段，教师要求学生回忆与问题相关的先前知识或经验，并通过确定资源、设计和实施行动计划来集思广益一些可能的调查方法。随着新信息的出现，学生也可以重新定义他们的问题。这个收集信息的阶段是一个自我激励的过程，由参与学生自己来掌握。

第3步：创建知识

当师生共同确定已收集到了足够的信息时，教师便可要求学生开始批判思考收集到的信息（证据）与他们的问题之间的关系，例如，信息是否能够充分地回答问题。在这里，学生整合他们已发现的信息来创造新的知识，这可能超出了他们和老师之前的经验。他们开始批判性地思考他们的问题或假设是否合理，重新定义他们的问题和/或构造新问题,并决定是否需要收集更多的数据。这个阶段可能会出现一些中间产品,例如,将收集到的信息整合后制成图表、口头展示并总结到目前为止的进展或者列举新的问题或重新定义的问题。

第4步:讨论

在这个阶段,学生互相讨论他们的发现、新想法和经验。学生可以在他们的学习社区,以协作小组或整个班级的形式,分享他们的体验和调查。当使用小组形式时,不同的小组可以采用探究过程来回答从步骤2到步骤3中演化的不同问题。这一阶段的任务可能包括对比笔记、讨论结论和跨组分享经验。

第5步:反思

在讨论之后,学生对他们的学习成果进行评论,并在他们的学习社区(小组或班级)进行交流。在此过程中,他们需要对新获得的知识进行反思。研究结果的呈现方法是在咨询教师的意见后选择的。这些方法可以包括传统的书面或口头报告,或者更广泛的多媒体呈现、制作或展示。学生的任务包括反思所提问题、调查方法的适当性和结论的准确性。这些任务鼓励学生以小组或全班的形式,评估是否找到了满意的解决方案,是否有必要提出新的问题,如果有,可以通过盘点已经完成的工作和进行新观察来提出新问题。如果出现新问题,探究的循环可以从新的一课开始。

以问题为中心的课时或单元组织认识到,有必要发展解决问题的技能,以及应对意外情形的知识和技能。以问题为中心的学习有几个明显的特点,可以指导课程和单元的发展(Darling-Hammond et al., 2013;Teo, 2006)。当设计此种形式的课程或单元时,记得做好以下几点:

- 明确定义问题。虽然我们可能没有解决方案,但应该详细描述问题,并将其置于与学习者日常经验相关的有意义的情境中。
- 让学生清楚,他们要预测如何解决问题。预测应该在现实的时间范围内和有可用资源的情况下实现,并随着新信息的获得而改变。
- 向学生表明,他们要获取、评估和利用各种来源的数据。他们需要批判性地检查资料来源,并拒绝那些不太可信或只有观点而非事实的资料。

许多形式的调查和实验室实验都遵循演绎法,即学生先预测在一个特定的情况下会发生什么,然后进行调查,看看预测是否成真

- 要求学生的解决方案与问题匹配,并附有明确说明其价值或有效性的解释(例如,可以更快、以更低的成本或取得更好的结果)。

概念学习、探究性学习和以问题为中心的学习,无论是单独使用还是组合搭配,都是组织课程开展间接教学的有用工具,并为学生提供了先行组织者,向他们传达要学习的关键步骤、决策和关系。我们将在接下来的章节中再次提到这些方法以及项目式学习等其他学习方法。

概念活动:归纳和演绎

间接教学需要了解的两种教学策略是归纳法和演绎法。

归纳是一种推理形式,用于从特定实例中得出结论或进行概括(Stadler, 2011)。它是学生观察具体的事实,然后归纳到其他情况的过程。我们的日常思维大多是这样进行的,如下面的例子所示:

1. 在上学路上,我们注意到由于路面被雨水打湿酿成了交通事故,所以我们后来在经过所有十字路口时都会降低车速。

2.由于化学考试成绩不理想,我们在这学期剩下的时间里每周要多学六个小时。

3.我们看到一个亲密的朋友因吸毒而备受折磨,所以我们主动向所有认识的人传播吸毒有害的信息。

4.我们的数学老师为人冷淡、漠不关心,所以我们决定再也不上数学课了。

这些例子的共同之处在于,它们始于对有限数据组合的具体观察,止于在更广的背景下形成概括。在每种次序的始末之间是对所观察事件的解读,以及在相似情景下投射这种诠释。

演绎是一种从原理或概括出发,再应用于特定实例的推理过程。演绎的思维包括检验概括,以查看其是否适用于特定情况。通常,科学实验室里所做的实验都是遵循演绎法的。在这些领域中,实验者先从一个关于应该发生什么的理论或假设开始,然后用一个实验来检验,看它是否可以被证实(如图10.10所示的一系列步骤)。如果得到预期结果,说明实验前的普遍理论是正确的,至少在实验的条件下如此。

采用演绎思维的步骤如下:

1.陈述要测试的理论或概括。

2.以预测的形式形成假设。

3.观察或收集数据来检验假设。

4.分析和解释数据以确定预测是否正确。

5.总结这种归纳在测试它的特定环境下是否正确。

演绎方法在日常生活中很常见。例如:

> 观摩这段视频,看这位教师如何在他的科学课上应用归纳和演绎。想一想教师区分教学的一些具体方法,从而使所有学生全部理解概念和授课中得出的结论。

我们认为,雨后路面湿滑是十字路口交通事故发生的主要原因。一个下雨的早晨,我们在上学的路上观察到,十字路口发生的事故确实比平时多。我们之前的预测得到了证实。

演绎推理始于一般的信念陈述——一种理论和假设,以某种结论结尾,结论建立在最初假设的真实性测试的基础上。如你所料,演绎逻辑与科学方法的关系最为密切。

应用归纳和演绎

归纳和演绎是概念学习、探究学习和以问题为中心学习的重要工具。让我们看看它们是如何在我们的经济体制课堂对话中完成的。

通过演绎，这位教师对有形的物品给出定义，并用一个具体例子进行了检验："房子是有形的吗？"请注意这些例子如何逐步抽象化，从而更好地定义了什么是有形的（例如股票和债券）。教师还提供了一些示例和非示例来微调这个概念，表明在资本主义制度下，有形商品可以存在于不同层面，但有些东西（如友谊、假期）不属于有形商品。还要注意，一段简短的演绎冒险结束了教师对资本主义的介绍。通过让学生说出三个符合资本主义概念的国家，他让学生找到符合一般概念的具体例子。这位教师还熟练地运用归纳过程，从有形物品的具体实例（如拥有土地）开始，逐步地扩大实例范围并形成归纳（如有形商品指的是能够持续一段合理时间的物品）。

请注意，尽管在课程的第一部分结束时，大多数的学生将资本主义的概念理解为一种允许持续拥有有形商品的经济体制，但这是一种相当粗糙的解释，无法通过随后的测试。例如，大多数社会主义和共产主义国家的公民都拥有可以持续一段合理时间的有形商品（如手表、汽车、一套餐具）。回想一下，这个资本主义概念的简略版本甚至是在提供了精心策划的示例和非示例之后才出现的。这意味着教师的工作还没结束，必须通过进一步的概念活动来调整这一概念，以产生更准确的用于资本主义概念的区别性特点。

间接教学模式下的概念教学采用归纳和演绎思维，将最初粗放的、限制性过强的概念发展成更广和更准确的理解。表10.3说明了归纳教学和演绎教学的不同步骤。

使用示例和非示例

为了学习概念，学生需要超越事实、规则和序列的习得，从而能够区分示例和非示例（Mayer & Alexander, 2010）。

表 10.3　归纳与演绎教学的步骤比较

归纳教学	演绎教学
1. 教师提供具体的数据,从中可以形成概括	1. 教师介绍了要学习的结论
2. 每个学生都有不受干扰的时间来观察或研究数据,以便说明结论	2. 教师回顾与任务相关的先前事实、规则和形成概括所需的动作序列
3. 向学生展示额外的示例以及支持概括的非示例	3. 学生设置问题,提出假设,或者作出一个受概括支持的假设
4. 学生的注意力首先被引到支持概括的数据的关键(相关)层面,然后到非关键(不相关)层面	4. 收集和观察数据、事件、材料和对象等,以便检验预测
5. 形成概括,区分示例与非示例	5. 分析验证结果,得出结论,判断预测是否被所观察的数据、事件、材料或对象等支持
	6. 根据观察,对初始概括进行修改或完善

示例体现了所教的概念,因为它们涵盖了能确认此概念归属于某一更大类属的所有必要属性。非示例不能体现所教的概念,因为有意排除了一个或多个能够识别它为更大类属成员的属性。示例和非示例的使用界定了概念的必要和非必要属性,它们是识别概念和形成概括所必需的。

回想一下我们上述示例课堂中的对话,有一些是关于商品和服务的私有制在社会主义和资本主义体制下的区别。这位教师是如何进一步解释这个概念的?教师必须明确指出,在不同的经济体制背景下,商品和服务的私有制始终是一个程度的问题。也就是说,经济体制不仅决定政府拥有什么,而且还决定拥有多少,以及因此有哪些是私有制下得不到的。

于是,教师可以通过一组对话来引出这些要点。

老师:哪些事是一个群体——比如,以国家大小来算——能够一致认为,它们对于每个人的生存都是绝对必要的?

罗尼:食物。

老师:很好。还有吗?

凡妮莎:衣服。

老师:很好。

凯莉:汽车。

老师:你怎么看汽车?

瑞奇:如果他们不能在汽车对每个人的重要性上达成一致,那么他们就必须在某种公共交通形式上达成一致,比如公共汽车和火车。

老师:是的,他们会的,对吧?这些例子表明,在不同的经济体制中,私有制是一个程度的问题,它取决于(A)每个人平等地重视什么,(B)每个人每天的生存需要什么。

在讨论开始时,老师让学生思考"哪些事是一个群体——比如,以国家大小来算——能够一致认为,它们对于每个人的生存都是绝对必要的",从而鼓励学生拓宽他们早期的或许更狭隘的资本主义和社会主义概念。

请注意这位老师是如何用示例和非示例来强化区分和加深理解的:

1. 使用不同方式的示例对被定义的概念很重要(例如,房子是有形的,股票和债券是抽象的,但它们都是有形商品概念的实例)。

2. 包括仍能代表概念某些重要方面的非示例(例如,假期可以购买,但无法持久,因此不是有形商品概念的实例)。

3. 解释为什么非示例不是示例,尽管它们可能具有一些相同的特征(例如,汽车与公共交通系统不能区分经济体制中的私有制)。

使用问题

用问题来引导概念学习、探究性学习和以问题为中心的学习,是第四种间接教学策略。你可能已经注意到,直接教学对话和间接教学对话的一个区别是教师提问的方式。在直接教学对话中,问题都很具体,而且切中要害,目的是引出单一的正确答案。但在间接教学对话中,问题在于引导学生寻求和发现答案,而教师的帮助最少。在直接教学中,学生回答问题时会展示他们的知识,这样你就可以提供线索、提示和探询。而在间接教学中,你的问题是引导学生发现问题的新维度或解决困境的方法。

间接教学对话包含了几个引导探究过程的问题。这名教师提问的目的是集中学生的注意力,从学生的角度对该主题进行更深入的探讨,从而与学生自身的经历建立联系。课程以这种方式从人人都能参与开始,不考虑他们与任务相关的先前知识。这位教师在开始时几乎接受了所有答案,然后用学生的回答来组织接下来的问题,并开始探究的过程以形成更准确的回答。

在间接教学中使用提问策略,其目的不是以最快、最有效的方式得到正确的答案。更确切地说,这种教学的关键是要引发一个探究的过程,不仅要鼓励学生不断地给出更加准确的答案,而且通过学生自己搜索和发现的过程形成这些答案。这个过程由学生来选择,由教师来指导。例如,在罗伯特回答资本主义意味着"赚钱"时,教师接着问"还有吗",对于罗伯特的下一个回答("拥有土地"),教师继续予以回应("不仅是土地,而且……"),鼓励罗伯特拓展他的回答。

从一个宽泛的问题开始,比如"资本主义这个词对你意味着什么",这位教师本需要解决的,就是轻松地缩小而不是扩大罗伯特的第一个回答。在下一个对话中,这个问题就出现了,因为罗伯特回答说资本主义意味着"拥有一切"。现在的任务就是缩小或限制他的答案,为实现这一点可以提出资本主义概念的第一个必要属性:有形商品。

你可以看到,在间接教学的环境下,一个单独的引导问题本身不太有用。问题必须与其他问题相切合,不断地重新聚焦学生的回答(例如,扩展,然后缩小,然后再稍微扩展),以持续推进学生的探索。这个过程很像相机对焦,因为相机很少在一开始就对着拍摄对象对焦成功。同样,我们也不能指望罗伯特的第一个回答就能完美地代表资本主义的概念。正如人们开始先将相机对准合适的方向,往往会越过聚焦对象所在的点,同样,教师后续的探询问题使罗伯特越过了边界线,用一个过于宽泛的回应作答(如"拥有任何东西")。教师承认了这个错误,并稍微缩小了罗伯特的回答范围,他指出"资本这个词的意思是指'有形的商品或财产'"。

除了我们前面看到的那些可以引导探究过程的问题之外,以下方法同样值得借鉴:

- 提出有待解决的矛盾。("在资本主义制度下,谁拥有公路?")
- 寻找更深入、更彻底的回答。("那么怎么定义有形商品比较好呢?")
- 将讨论扩展到新的领域。("哪些事是一个群体——比如,以国家大小来算

——能够一致认为,它们对于每个人的生存都是绝对必要的?")

- 把责任还给全班同学。("好问题。谁知道在社会主义制度下谁来支付劳务?")

诸如此类的问题引导着探究的过程,使学生逐步得出更好的回答。这个过程对于实现高阶的学习成果非常有益,为了达到适当程度的概括,往往需要对学生的回答进行反复地(先扩展,再缩小)聚焦。在下一章中,我们会更多地讨论提问和建构主义策略,这些都可以刺激自我导向的学习。

学习者经验和使用学生的想法

变化的观点

直到最近,使用学生的想法还被认为是间接教学的核心。使用学生的想法意味着将学生的经验、观点、感受和问题融入课程中,使学生成为主要的参考点。一个完全以学生为中心的课程可以通过问学生在内容上有什么问题开始,这些问题将成为这一课的重点。这种方法的目的是提高学生的兴趣,围绕学生问题组织内容,为个别学生量身定制反馈,并鼓励对该主题的积极态度和感受。

虽然提升学生的兴趣、基于学生的问题选择内容和增强学生的情感都是重要的目标,但在间接教学模式中,最好是通过精心设计的师生对话来实现这些目标,从而促进高层次的思考。这些目标可以,而且应该在课堂对话的环境中实现,它们鼓励学生通过使用来自个人经历的例子、对比和关联自身经验而与课程内容联系起来,从而实现教学目标。因此,在间接教学模式中,使用学生的想法是促进探究、获得基本概念、解决问题的一种手段,是通向高阶思维的出发点。

有效使用学生的想法

那么,教师如何在间接教学环境下有效地使用学生的想法呢?在这种环境下,你可以用以下方式来使用学生的想法:

- 鼓励学生从自己的经验中举例,参考自己的经验,从中构建自己的意义。
- 与学生分享你的心理策略,通过观察和聆听你是如何思考一个问题或难题,学生可以学得更轻松和有效。

- 要求学生对自己的认知进行澄清、类比和联想。
- 通过将学生的想法与自身的兴趣、关注点和问题联系起来,鼓励学生理解并保留这些想法。

有关这些用途的示例,请回忆一下关于经济体制的对话。通过让学生说出三个其他遵循资本主义经济体制的国家,教师从学生的经验中引出了例子和参考。

但也许比问题本身更重要的,是教师如何将学生的回答融入课堂。通过提问"资本主义这个词对你意味着什么",这位教师正要求学生用他们已理解的类比和联想来表达观点——也许是通过打工、回忆与父母关于职业的对话,或忆起电视上另一个国家的生活画面。类似这样的类比和联想在学生之间可能会有很大不同。但这种方法是可取的,既提高了学生的兴趣和参与度,也使学生接触到各种各样的回应,其中很多回应可能会成为概念学习中很合适的例子。

最后需要注意的是,在我们的对话环境中,学生的想法是以内容为中心的。这种教学方法允许学生参与确定学习的形式而不是学习的内容。学习内容通常由课程指南和教科书所决定。因此,我们的示例对话与所谓的以学生为中心的学习形成了对比,后者允许学生选择形式和内容。有时候这与无指导发现式学习有关,其目标是保持学生的浓厚兴趣。而实现这一点主要基于学生的问题或兴趣来选择内容,以及提供个性化的反馈。无论你的方法有指导(如对话)还是没有指导(如独立项目或完成作业),在征求和使用学生的想法之前,都需要对内容进行一些预先组织和规划。

学生自我评价

间接教学的第六种策略是让学生评价自己的回应,从而对自己的学习负责。你可以逐步地将控制评价的功能转交给学生,以便鼓励他们进行自我评价。一种方法是允许学生为他们的回应提供理由,这样你和其他学生就可以提出修改意见。回想一下,在示例课堂对话一开始,教师就让学生明白他们也需承担责任来决定答案是否恰当。教师在黑板上列出一张清单后说:"好的。谁能告诉我哪些是资本?"当瑞奇回答时,凡妮莎修改了瑞奇的答案:

瑞奇：我觉得只有车和衣服是资本。

凡妮莎：我觉得股票和债券也是。它们代表你拥有某种东西的一部分，尽管可能不是全部。

即使凡妮莎努力纠正瑞奇的回答，教师仍然没有给出答案。相反，她用"你能看见或摸到它吗"这样的回应来保持对先前回答的评价。

这么做的目的是引出一段学生对话，使之关注之前的答案是否恰当。自我评价测试的成功最容易体现在师生的对话中。这种策略促进了学生—学生—教师的交流，而不是更为人所熟悉的教师—学生—教师的交流。教师的角色是通过提供提示或聚焦学生用于评估他们先前回应的陈述，来保持对话的动力走向。在学生掌握内容知识的班级里，学生之间的交流可以维持三、四甚至五个连续的回合，直到有必要重新调整方向并将控制权归还给教师。这是一个有效且有趣的小组讨论的标志，能促进学生更高层次的思考。

在这种交流过程中，学生慢慢地、循序渐进地了解了他们答案背后的原因，而且往往是从其他同学那里获知这些内容。通过将部分正确的答案作为更准确答案的基础，教师向全班示范了如何把不正确的和部分正确的答案变成更好的答案。特别是在以问题为中心的学习、探究性学习和概念学习中，这些由学生交流逐步建构的不断改进的层次，帮助学生评估和完善了他们的回答。

使用小组讨论

当学生—学生—教师交流成为大量学生的持续互动，一场全组讨论就开始了（Dawes，2011）。在这种讨论中，你可能只是偶尔进行干预，回顾和总结要点，或者可能定时地暂停一下来评估小组的进展，必要时进行重新引导。

小组讨论对于鼓励批判性思维、让学生参与学习过程以及促进民主社会所必需的合作推理都是有必要的。因为小组讨论有助于学生的批判性思考——检查备选方案、判断解决方案、做出预测和发现概括性的结论，这是教授概念、探究和解决问题的另一种方法。这也是我们第七个和最后一个间接教学策略。

当你的目标是讲授课本或练习册中结构清晰的内容时，展示—背诵的形式可能比讨论更有效。在这种情况下,话题可能不太需要什么个人意见和判断,学生对它们的看法可能高度一致,从而妨碍了促进替代观点和解决方案时所需的灵活性。

但有时概念学习、探究学习和以问题为中心的学习可以采用一种不那么正式的结构。在这些时候,缺乏共识可以使小组讨论变得特别生动和有益。以下是一些以讨论为导向的问题示例,以此可以引发概念学习、探究性学习和以问题为中心的学习:

- 你认为未来的城市如何容纳不断增长的人口?
- 你认为《小红帽》是虚构的吗?在作者的脑海中,它在哪些方面是真实的?
- 电脑、智能手机和视频游戏等技术可以让我们的生活更舒适,彼此联系更紧密,但它也会让我们成为所谓的"沙发土豆"。那么科技怎样才能帮助我们变得更健康呢?
- 我们曾认为抗生素是消除传染病威胁的灵丹妙药。现在我们知道使用抗生素产生了新的危险和耐药菌株。其他还有哪些科学进步既解决了问题,又创造了新的问题?
- 灰姑娘很穷,没人爱她,但有一个仙女帮助了她。《夏洛特的网》里面的威尔伯是一个小矮人,先是费恩救了他,后来夏洛特又救了他。但是我们大多数穷人、小孩或无人疼爱的人都没有这样神奇或坚定的保护者。有什么办法可以让我们自己克服这些问题?从故事、电影或现实生活中找出那些利用自己的资源实现梦想的人。
- 随着技术和经济的变化,许多工作岗位被削减,例如电梯操作员或加油站服务员。就连旅行社也有被互联网抢走客户的危险。还有哪些工作岗位可能会随着新技术的进步而消失?又有哪些工作岗位可能会随着新技术的进步而出现?

诸如此类的话题,它们尚未按课本正式编排,而且也没有达成高度的共识,却是解决问题、促进探究和学习基本概念时用于讨论环节的最佳选择。在这些讨论中,你是主持人,你的主持任务如下:

1. 引导学生达到讨论的目标。(今天我们将讨论一个国家什么时候应决定开战。具体而言,我们将讨论历史上发生的侵略概念的意义。在国家之间争战的背景下,你的任务是在讨论结束时得出一个概念,是否有足够的侵略行为发生才有理由发动战争。)

2. 在需要的地方提供新的或更准确的信息("认为第二次世界大战始于轰炸珍珠港是不对的。早些时候在欧洲大陆发生的许多事件被一些国家认为是侵略。")

3. 回顾、总结、把观点和事实放在一起形成有意义的关系。("金,劳拉,威廉,你们似乎认为一个国家强行进入他国领土就构成了侵略,而班上其他同学则认为破坏他国经济也会构成侵略。")

4. 调整信息和思想的流动,以最有效的方式实现课程的目标。("马克,你似乎把我们的侵略概念扩展到了包括通过政治手段批评他国政府,比如媒体广播、联合国发言等。但这更符合冷战的概念,我们在学的是可能引发第二次世界大战的一些侵略的实例。)

5. 综合学生想法,促进妥协,以达成适当的共识。("我们似乎有两种侵略的概念,一种是一国强行进入他国领土,另一种是破坏他国经济。我们能否把这两种观点结合起来,认为侵略行为指的是任何威胁到一个国家的国民或繁荣,或两者均有的行为?")

这些调节功能可以帮助你在不过分限制思想流动的情况下,引导和调整大型小组讨论的方向。在大组讨论中,你应该经常执行一个或多个调节功能,以确保小组在完成任务,并朝着最终的口头报告或其他小组成品而努力。学生对话题越熟悉,共识就越大,你越能把权力交给小组。

包含四到六人的小组讨论也可以在间接教学中使用。当一节课内必须讨论多个主题,而时间又不允许全班按顺序进行时,试着同时使用三、四或五个小组。

你在形成和引导小组讨论时有三个任务:(1)形成成员可以合作的小组;(2)将有不同学习需求的学生分散到不同的小组;(3)在小组之间巡视,定期集中讨论并解决问题。定期停止小组活动来告知全班同学某个小组的重要见解,或应用调节功能,将有助于保持小组之间的紧密联系,并维护了你的指导和权威(Cragan, Wright, & Kasch, 2008)。

另一种用于间接教学的小组形式是让学生结成对子或团队。当讨论需要写作(例如,总结报告)、查找信息(在课本、百科全书等)或准备材料(图表、图示、曲线图等)时,这可以成为一种有效方式(Johnson & Johnson, 2008)。在安排对子或小组讨论时,你作为调节者的角色会随着对子或小组数量的增加而增加,因此只能与每个对子或小组进行简短的交流。

当任务更加结构化,关于这个话题已经存在一些共识,并且教学指令充分为每个成员分派好角色(例如,学生 A 搜索信息,学生 B 针对发现的内容撰写结论,然后两名同学共同阅读总结并最终达成一致)时,结对或小组方法的效果最好。结对或小组往往是高度任务导向的,所以当讨论的目标不仅是口头报告,还包括向全班展示成果时,结对或小组的合作往往是最有成效的。

冈特、埃斯特斯和明茨(Gunter、Estes & Mintz, 2010)描述了一种结对安排。思考、结对、分享是一种简单的技巧,学生可以互相学习,而且在向全班展示自己的想法之前,可以在一个不具威胁性的环境中预先尝试。给教师带来的好处包括课堂中用于任务的时长增加了,学生贡献到课堂讨论的质量也得到了提升。

思考、结对、分享有四个步骤,教师对每一步都会限制时间:

1. 教师提出问题。当教师向全班提出一个发人深省的问题时,思考、结对、分享的过程就开始了。教师应避免提出只有一个答案的问题。而且,问题必须是学生愿意并能够思考的问题。

2. 学生独立思考。在回答教师的问题时,学生只有有限的时间思考答案。时间应该由教师根据学生的知识、问题的性质和时间表的要求来决定。

3. 每个学生与同伴讨论自己的答案。"思考"步骤结束时,教师示意学生与另一名学生合作并就问题的答案达成共识。现在,每个学生都有机会尝试各种可能性。每对学生可以根据他们对问题的共同见解,一起重新制定一个共同的答案。

4. 学生与全班同学分享他们的答案。在最后一步中,每人分别或与他人合作向全班展示解决方案。当每对学生以表格或图示的形式展示答案后,每位成员可以为自己的特殊贡献得到奖励。

思考、结对、分享活动能否成功以及是否具有很好的质量,取决于步骤 1 所提问题的质量。如果这个问题能促进学生真正思考,那么真正的讨论和分享就会在后续步骤中产生。

下面按照第六章提供的教学格式,我们制订了书面的间接教学课程计划。

间接教学课程计划的示例
社会科学

单元标题:经济体制

课时标题:资本主义、社会主义和共产主义经济的比较和对比

1. 引起注意。询问是否有人知道"民有、民治、民享"这句话从何而来,以此确立一种观念,即一个国家治理的原则和规则也会影响它的经济体制。

2. 告知学生目标。本节课:将不同国家的经济体制与商品和服务的所有权联系起来。下节课:能够区分经济体制和政治体制,并说明为什么一些经济制度正在发生变化。

3. 激发对先前学习的回忆。询问资本主义的定义,然后通过提问和探询来完善它。继续探询,直到学生将资本主义定义为"一种允许在一段合理时间内持有有形商品的经济体制"。要求学生提出三个(不包括自己国家)有资本主义经济体制的国家,以检查他们的理解。

4. 呈现刺激材料。

A. 问"社会主义"这个词是什么意思。通过质疑和探询来完善这个定义,直到学生将社会主义定义为"一种允许政府控制并尽可能多地供给每个人的经济体制,(1)每个人都平等地重视,(2)被视为对每个人的生存必不可少"。让学生根据公共服务的所有权程度和每种制度下缴纳的税款来比较资本主义和社会主义。

B. 询问"共产主义"一词的含义,建立它与"公众"的关系。完善概念,通过提问和探询来使用所有制程度这一概念推动学生思考,直到他们能提出在共产主义制度下由政府拥有和管制更多物品的例子。

5. 引发期待行为。

(1)用问题来鼓励学生识别社会主义制度下最普遍拥有的公共服务,例如医院、火车和通信系统。某些类型的农场和工业也可以接受,如果学生能理解它们与公共利益的关系。

(2)用问题来鼓励学生识别共产主义制度下最普遍拥有的公共服务,例如食品供应、住房和工业。强调那些不同于资本主义和社会主义的服务和商品。

(3)用问题来辨别政府在社会主义、共产主义和资本主义这三个体制中所拥有的东西的数量和类型,从而建立这样一个概念:体制之间的差异是所有制和税收的程度问题。

6. 提供反馈。提问方式以鼓励学生评估自己和其他学生的回答为主。教师不

断探询,直到学生的回答接近一个可接受的答案。教师在黑板上并列列出学生识别的分别属于三个体制下政府所有的商品和服务,以及可能由任何一种或多种体制融合独有的商品和服务。将这些商品和服务与学生可能提到的个人物品(如衣服或家庭用品)进行区分,后者不能用来区分经济体制。

7. 评估行为。在学生写完一篇文章之后,即选择三个国家并描述它们的经济体制,每个国家代表一种不同的经济体制,教师根据学生对课本中引用的两个概念的理解情况来评分,即所有制程度和税收程度。

文化回应的间接教学

对文化敏感的教师在制定学习目标和活动时会考虑学生的文化和语言技能(Gay, 2010)。他们也意识到课程目标应该不仅仅包括传授内容知识。来自不同文化背景的学生往往被包含情感发展和个人发展机会的目标所激励(Lustig & Koester, 2012; Rothstein-Fisch & Trumbull, 2008)。有效教师会考虑如何将学生的背景、想法和经验纳入知识框架或教学活动中。

社会框架这个概念能够帮助促进课堂中的情感和个性化层面,它指的是学生接受和理解课程内容的环境。奥格布(Ogbu, 1995 a, b; 2008)将社会框架定义为一种理所当然的语境,它界定了意义获取的来源。当一位教师在课堂开始时宣布"今天这节课希望大家了解内战的导火索",他或她已经暗中设定了你应该如何参与和回应,即一个社会框架。你可以创建一种社会框架,让它能帮助一个可能习惯了另一种框架的文化或族裔群体或多或少地理解某节课。例如,迈克尔和柯林斯(Michaels & Collins, 1984)报告了一个例子,一位盎格鲁老师以线性的、以主题为中心的模式构建了一个故事(例如,"今天我要给大家读一系列发生在三个主人公生活中的事件"),而她的非裔美国学生则根据话题相关的模式来制定任务框架(例如,"她要告诉我们可能发生在人们身上的事情")。当一组学生主要寻找贯穿故事始终的一系列的事件时,另一组学生却记录了这些事件及它们唤起的记忆。如此,这个框架对于其中一组学生来说就有些模棱两可或不够恰当,因此可能会改变学生听到或看到的内容和方式。

卢斯蒂格和科斯特(Lustig & Koester, 2012)以及涅托和博德(Nieto & Bode,

2012)解释了为什么要理解不同文化期望信息传递的语境,这在间接教学中尤为相关。他们建议教师:(1)从课堂中占主导地位的框架入手来呈现内容,(2)明确学生必须通过什么样的框架才能看到内容并与之互动(例如,要学习的事实,要操作的技能,要思考的概念),(或)(3)必要时在课上开始与学生共同协商框架。瓦尔基(Walqui, 2000)指出,使用的框架如果使英语学习者可以期待更多的互动教学方法,那么他们也能表现出更深的语言处理能力和概念学习。这些框架还为学习者提供了更多的情感和个性化发展的机会。

鲍尔斯和弗林德斯(Bowers & Flinders, 1991)提出了三种在课程开始时建立框架的方法——自我表露、幽默和对话,它们可以鼓励学生以同样的方式进行回应。门德勒、科温和门德勒(Mendler、Curwin & Mendler, 2012)认为每一种方法都很有效,可以为你的框架增加情感和个性化维度:

- 自我表露包括坦诚地说出你的感受和情绪。("我一直努力让这个话题更有意义,以下就是我的想法。")这么做会鼓励学生进行类似的自我表露,它可以用于组织课程。
- 幽默可以在课程开始时建立一种灵活、自发且富有表现力的情绪,从而形成框架。("我跟大家分享一件发生在我身上的趣事,与我们今天要学习的内容有关。")使用幽默可以鼓励学生分享他们个人经历,为课程提供背景。
- 对话涉及对课程内容的反复讨论,而且特点是可以随机且同步地做出回应。在这里,每个学生都会期待教师听到自己的观点,教师也使用学生的语言个性化地表述课程内容,并利用学生的回应进一步组织和阐释课堂内容。

研究认为,这些创建框架的技巧可以提高学生在间接教学中的参与度。这些技巧对于跨文化和种族的学生群体很有效,因为他们中有些人可能对预先安排好的课程计划和课本等传统框架回应程度较低。

案 例

说明:以下案例与第十章的内容有关。读完这个案例,请根据提示回答一些批判性思考问题,并把从本章中学到的知识应用到这个案例中。

彼得森先生所教的八年级社会科学班由大约30名学生组成,学生的文化背景

第十章 间接教学策略

迥异。他们目前正在学习一个关于经济体制的单元,已经确定了私营经济与公有制经济的异同。今天,彼得森希望学生思考影响所有经济体制的因素。

彼得森先生:艾米,你认识几个铁匠?

艾米:嗯,一个都不认识。

乔什:那在赛马场工作的蹄铁工呢?

艾米:但他们不像村里的铁匠那样把铁加热,对吧?

彼得森先生:对,艾米。现在他们大多数人只用现成的模具。[彼得森先生停下来,夸张地看了看日历]哦,不知不觉地就快到暑假了,我需要一份暑期工作不让自己闲着。罗伯特,你觉得这个夏天我该做什么呢?加油站服务员怎么样?我一直都很喜欢汽车。

罗伯托:[困惑地停了一下]加油站服务员?你是说那些帮你擦挡风玻璃,然后问你加普通汽油还是优质汽油的人吗?彼得森先生,这种职业已经不存在了。

彼得森先生:好的。那电梯操作员呢?

罗萨莉亚:你是说像老电影里的那些人,会问:"请问去几楼?"然后用操纵杆之类的东西把门打开?[她微笑着说]彼得森先生,我觉得你在跟我们开玩笑。这些工作已经不存在了。

彼得森先生:那么,你认为为什么那些工作——铁匠、加油站服务员和电梯操作员几乎都消失了呢?

帕里什:嗯,我们如今开车上班。我们不骑马,除非为了娱乐。

安布尔:你把信用卡在加油站的机器里刷一下就能自己加油了。

罗莎莉娅:你在电梯里只需要按一下按钮,电梯门就会自动打开。

彼得森先生:那么共同点是什么呢?[他停了停,无人回答]是什么让这些职业过时了?你觉得呢,莫尼卡?

莫妮卡:我想是时代变了。

彼得森先生:莫妮卡,你觉得什么变了?发型、流行音乐还是最新款的指甲油?

莫妮卡:没有。[她笑着看着自己明亮的青绿色指甲]我想我指的是现代,你知道,机器之类的东西。

吉尔伯特：这叫"高科技"，莫妮卡。

彼得森先生：机器？高科技吗？还有别的想法吗？

罗莎莉娅：我不知道汽车有多高科技，吉尔伯特，毕竟它们已经存在一个世纪了。也许只是技术改变了。

彼得森先生：你用了一个很好的词，罗萨莉亚。你用了莫妮卡的"时代变了"和吉尔伯特的"高科技"。吉尔伯特所说的范围太小，不包括铁匠的例子。我向莫妮卡也显示"时代变了"包含的东西过多，从流行音乐到指甲油。综上所述，我们可以说——

罗伯托：技术的变化通过减少一些工作机会来影响就业市场。

彼得森先生：罗伯托，你说得太好了。明天，我们将考虑技术在创造新就业机会中的作用。

点击 第十章 评估测试你对本章知识的掌握情况。

总　结

学习成果 10.1

- 接收、可用性和激活是学习的三个基本条件。一个预期的集合或先行组织者可以把内容组织成有意义的部分。

- 建构主义教学鼓励学习者利用自己的经验，主动从课程中建构自己的意义。学生反思自己的经历，改变自己的信念，用新信息代替旧信息，对自己的认知进行质疑、探索和评估。

学习成果 10.2

- 间接教学是用于教授概念、模式和关系的教学方法，往往在强调概念学习、探究学习和以问题为中心的学习的策略环境下来展开。在间接教学中，学习者通过将刺激材料转化为一种回应来习得信息，这要求他们重新整理和阐述刺激材料。

- 概括是学习者以相似的方式回应不同刺激的过程，以此来增加特定事实、规则和序列的实例应用范围。辨别是学习者排除看起来与概念相似但在关键维度上与之不同的事物，从而选择性地限制了实例的应用范围。通过概括和辨别的过程，学生可以基于概念的本质属性,将看似不同的刺激归属为相同的类别。

• 间接模式的教学策略包括:

1. 使用先行组织者。

2. 概念运动——归纳和演绎。

3. 使用示例和非示例。

4. 使用问题。

5. 使用学生的想法。

6. 学生自我评价。

7. 使用小组讨论。

• 直接教学和间接教学可以一起使用,甚至在同一节课中使用。不应该采用一种模式而排斥另一种模式。每种教学都包含一组策略,这些策略可以构成一种有效的方法,用于教授事实、规则和序列,以及解决问题、进行探究和学习概念。

学习成果10.3

• 先行组织者为学习者提供概念预览,帮助他们存储、标记和包装内容,以便记忆和以后使用。

• 组织内容和组成先行组织者的三种方法是概念学习、探究学习和以问题为中心的学习。

学习成果10.4

• 归纳始于对有限数据组合的具体观察,结束于在更广泛的背景下形成概括。

• 演绎从理论、原则或概括开始,以在特定情境下的应用为结束。

学习成果10.5

• 提供示例和非示例有助于对必要和不必要的属性下定义,从而进行准确归纳。

• 示例包含所教概念的所有必要属性,这些属性可以将其从更大类别中识别出来。

• 非示例不包含所教概念的全部必要属性,因有意排除了一个或更多的属性而无法被识别为更大类别中的成员。

学习成果10.6

• 在间接教学中,问题的作用是引导学生发现问题的新维度或解决困境的新方法。

- 在间接教学中,问题的用法包括:

1. 重新调整重点。

2. 提出有待解决的矛盾。

3. 寻找更深入、更彻底的回答。

4. 将讨论扩展到新的领域。

5. 将责任移交给学生。

学习成果10.7

- 以学生为中心的学习,有时也称为无指导发现式学习,它允许学生选择学习体验的形式和内容。这种方法适用于独立进行的实验、研究项目、科学博览会项目和演示。

- 使用学生想法也可以用于提高学生的兴趣,围绕学生问题来组织学科内容,根据个别学生情况调整反馈,并鼓励学生对学科形成积极的态度。在概念学习、探究性学习和基于问题的学习中,这些目的被置于具体的单元和课时目标中,以促进高层次的思考。

学习成果10.8

- 在间接教学中,如果学生有机会推断出他们的答案,而你和其他学生给出所需的修改建议,那么他们就对答案进行了自我评估。

- 学生最容易在"学生—学生—教师"交流的情境中进行自我评价,从中你鼓励学生评论自己和对方的回答,并思考答案的准确性。

学习成果10.9

- 小组讨论是指在大量的学生进行连续互动时产生的学生交流。在这些交流过程中,你可能只是偶尔干预一下进行回顾和总结,或者安排定期的互动来评估每个小组的进展,并在必要时重新引导讨论。

- 讨论的最佳话题包括那些没有被课本和练习册正式组织的话题,以及学生间尚未达成高度共识的话题。

- 你在讨论期间的调节功能包括:

1. 引导学生了解讨论的目标。

2. 必要时提供新的或更准确的信息。

3. 回顾、总结和联系观点和事实。

4. 将信息流和想法重新引向讨论的目标。

5. 综合各种想法,促使学生妥协以达成共识。

学习成果10.10

- 当使用社交框架时,在多元文化班级进行间接教学最有效。人们对于如何将社会框架最好地融入教学有不同的观点,但有三种方法被认为是成功的,即自我表露、幽默和对话。

关键术语

先行组织者	概括	小组讨论
建构主义	归纳	社会框架
演绎	综合知识体系	以学生为中心的学习
辨别	缓和的任务	思考,结对,分享
示例	非示例	无指导发现式学习
全组讨论	结对或小组讨论	

讨论与练习

带星号的问题在附录B中有相应答案。有些带星号的问题可能要求学生做后续回应,这些答案没有包括在附录B中。

*1. 间接教学模式结合了哪三种成分?提供一个包含这三者的内容示例。

*2. 直接和间接教学模式对于实现哪些行为成果最有效?

*3. 解释间接教学模式中间接一词的用法。提供一个内容示例来说明你的观点。

*4. 为什么不能一直使用直接教学?举一个明显不适合的例子。

*5. 解释术语概括和辨别的意思。列举一个需要这两个过程的学习任务的例子。

*6. 确定以下哪些学习任务只需要事实、规则或动作序列(类型1),哪些需要通过概念学习、探究或解决问题(类型2)来取得预期成果:

(1) 提名总统

(2) 选择最好的演讲

(3) 汽车换挡

(4) 写一篇文章

(5) 描述乔治·奥威尔《1984》的主题

(6) 打网球

(7) 赢得一场网球比赛

(8) 发明一种新的软饮料

(9) 朗读元音

(10) 成为一名有效的教师

*7. 描述一下在需要学习概念时,如果仅仅采用习得事实、规则和序列的认知过程会产生哪两个问题?

8. 对于下面的每一个概念,提供具体示例展示你如何通过归纳和演绎的方法来讲授。特别注意你的教学应该以概括作为开始还是结束。

(1) 民主

(2) 自由

(3) 教育

(4) 有效教学

(5) 教养

*9. 对于有效教学的概念,确定五个基本属性和五个非基本属性,并用它们来提供一个定义。用你所写的来解释有效教学的概念。

*10. 利用你在本章和前一章所学的知识,找出提问在直接教学模式和间接教学模式中的不同目的。

*11. 什么类型的学习是通过小组讨论来实现的,以学生决定的想法和内容为始终?这与在概念学习、探究学习和基于问题的学习环境中使用学生的想法有何不同?

*12. 对于下列哪些教学目标你可能会使用直接教学模式,哪些你可能会使用间接教学模式?

(1) 唱歌

(2)正确使用显微镜

(3)欣赏一首诗

(4)了解我们周围的污染物

(5)求解一个有两个未知数的方程

(6)按年级层次阅读

(7)以每分钟25个单词的速度打字

(8)写一篇原创短篇小说

(9)创建一个获奖的科学展览项目

(10)区分战争和侵略

是否有些目标你可能会用到两种教学模式？

专业实践

现场体验和实践活动

带星号的问题在附录B中有相应答案。有些带星号的问题可能要求学生做后续回应，这些答案没有包括在附录B中。

1. 就你自己选择的课程准备两分钟的课程介绍，为学生提供一个先行组织者。

2. 在你要教授的领域中，为下列每种反映不同学习方式的先行组织者提供一个示例，如(1)概念学习，(2)探究学习，(3)以问题为中心的学习。

*3. 用你自己的话来界定归纳和演绎。分别举个例子，可以用你要教授的学科内容或你观察的教师来举例。

*4. 回想一节你观察过的能促进学生思维的课。教师使用什么策略达成了这个结果？哪些策略对于你要教的学生和内容最有效？

5. 在你的教学领域中，确定一个需要教师使用调节策略的小组讨论话题。描述一下在讨论中何时应用每种策略。

6. 用你可能讲授的话题提供一个社交框架的示例。写一段简短的课程介绍，指出你在课程开始时可能用哪些话语来向学生传达这个框架。

电子档案活动

下列电子档案活动与InTASC标准5和8有关。

1. 在现场体验和实践活动2,你基于可能开展的概念学习、探究学习和以问题为中心的学习,提供了一些课程先行组织者的示例。把这些组织者示例放入标有"先行组织者"的电子档案文件夹中,然后添加其他你观察或读到的先行组织者,这些都可用于你要教授的领域。

2. 在现场体验和实践活动4,你按要求从观察到的或要开展的间接教学中识别出了一些促进学生想法的策略。请把这些策略放入名为"小组讨论"的电子档案袋文件夹中,它可以作为你开展小组讨论时促进学生想法的策略案例。

第十一章　自我导向和建构主义学习

学习成果

本章学习结束后,你将学会并能够:

- 开展促进自我导向学习的活动。
- 运用心理模式教授元认知技能。
- 根据学生的独特能力、学习背景和个人经历调整课堂的教学对话。
- 利用互惠教学把一些教学活动的重心从教师转移到学生身上。
- 使学科内容触及学生的最大回应机会区。
- 将课堂中自然发生的对话作为教学工具,开展自我导向的学习活动。
- 认识到随着学生内部言语的发展,你如何从引导者转变为监督者。
- 教导个体学生自主探究的步骤。
- 采用解决问题和基于项目的学习来促进学生终身学习的技能。
- 教授学生评估自我导向学习活动的标准。
- 设计自我导向的学习活动,满足多元文化课堂中个体学生的需求。

美国州际新教师评价与支持联合会(InTASC)

学完本章,你将能够达到以下 InTASC 有关有效教学的标准:

标准1　学生发展。教师理解学生如何成长与发展,认识到学生学习与发展的模式因个体在认知、语言、社会、情感和身体等各层面以及多层面交织所产生的差异而各有不同,并能设计与实施适合学生发展和具有挑战性的学习体验。

标准3　学习环境。教师与他人合作创设支持个体和合作学习的环境,鼓励学生进行积极的社交互动、主动参与学习和进行自我激励。

> **标准4 内容知识**。教师理解所教学科的核心概念、探究工具和结构,并创设使学生易于理解和有意义的学习体验,以确保学生掌握学习内容。
>
> **标准5 内容应用**。教师了解如何把概念联系起来,并使用不同的观点使学生就真实的本地和国际问题进行批判性思考,激发学生的创造力和合作解决问题的能力。
>
> **标准6 教学评价**。教师理解和使用多种评价方法,使学生参与自身成长,监控学生的进步,并引导教师和学生制定决策。
>
> **标准7 教学计划**。教师借鉴学科内容、课程、跨学科技能和教学法方面的知识以及有关学习者和社区环境的知识来设计教学,从而支持每个学生达成严格的学习目标。

在本章中,你将学习一种让学生参与学习过程的重要方法。你将学会如何教学生超越所给内容,通过自我导向的学习方法进行批判性思考、推理和解决问题。你将会看到建构主义策略如何能使学生积极地参与学习过程,并帮助他们习得当今复杂的社会中所需要的推理、批判性思考和解决问题的能力。

自我导向学习

当今课堂的大多数活动都集中在让学生习得事实、规则和动作序列上。大多数课程要求的成果都停留在较低的认知层次:知识、理解和应用。这可以解释为什么美国的一些国家教育状况研究和从中衍生的课程标准(美国科学发展协会,2009;社会研究全国委员会,2010;英语教师全国委员会,2011;数学教师全国委员会,2012)指出:许多学生无法脱离教师或超越书本内容进行独立的思考。以上事实表明,大多数学校的教育方式并没有教会学生对自我学习有清醒的意识,没有教会他们进行批判性思考和从书本呈现的内容中形成自己的思维方式,没有培养出附录C中所提到的高阶思维和解决问题的能力。

自我导向学习既是一种教学方法,也是一种学习方法,它可以使学生积极地参与到学习过程中,从而获得更高层次的思维技能。自主学习运用许多之前提出的建构主义策略,帮助学生构建自己的理解和意义,并帮助他们推理、解决问题和批判性地思考所学内容(Costa, 2010; Olich et al., 2012)。自主学习要求你完成以下的活动序列:

1. 提供何时以及如何使用学习心理策略的信息。
2. 明确说明如何使用这些策略来思考实际问题的解决方案。
3. 鼓励学生不要局限于书本的内容,而应对其内容进行深入的思考,并按照自己的思维方式和先前理解对其进行重新组织。
4. 通过实践练习、问答式对话或讨论,使学生不断地投入复杂的思维模式,从而将学习的责任逐渐转到学生身上。

以下节选说明了如何在一个典型的课堂中实现上述教学功能:

教师:[在黑板上写下一首诗,并向全班朗诵]人不过是有弱点的傻瓜。天热的时候,他要凉爽;天冷的时候,他要温暖。没有什么,他偏想得到什么。

今天,我将介绍一些理解诗歌的方法。比如我刚才朗诵的这首诗,它看似简单,但其中的每一个词都是经过作者的细心雕琢并蕴含着丰富的意义。下面我就让你们来尝试一种方法,看看这样的诗歌应该如何去理解,并从中领会作者的意图。首先,我们一起来找出这首诗的关键词。厄尔,你认为哪些是关键词?

厄尔:哦,我认为是"人",因为它是第一个词。

教师:还有吗?[仍然看着厄尔]

厄尔:没有了。

教师:阿妮塔?

阿妮塔:"热"和"冷"这两个词肯定很重要,因为它们都出现了两次,并且与首句和尾句的最后一个词押韵。

教师:还有其他关键词吗,里克?

里克:噢,我觉得"有弱点的傻瓜"有特殊的含义,但我不知道究竟是什么。

教师:好的,我想大家找出的这些关键词对我们理解这首诗是很重要的。

我们可以借助词典查查那些我们不知道或者不确定的词,这是第二个步骤。特德,你查一下"mortal"这个词的含义。现在我们开始第三个步骤——解释作者所要表达的意思。苏珊,你能解释一下吗?

苏珊:我想作者的意思是说,我们总是在改变主意,那就是为什么我们看似愚蠢的原因。

教师:我们都是人,因此免不了需要常常改变主意,对不对? 朗达,有什么想说的吗?

朗达:哦,我认为我们改变主意并不是因为我们愚蠢,而是因为那是人类天性中的一部分——我们总是想得到我们没有的东西。

教师:好的,你又补充了苏珊的解释。你认为呢,苏珊,你同意吗?

苏珊:是的,我同意。我们并不愚蠢,只是我们是人。

教师:克里斯,你想补充什么?

克里斯:我认为,我们人类一点儿也不笨。如果想要真正享有什么,首先得经历相反的情况,不然,我们无法得知它真正好在哪里。

教师:好的,克里斯的发言将我们带到了第四个步骤,也是最后一个步骤。让我们试着将他所说的与我们的实际经验结合起来。准备好了吗,厄尔?

厄尔:我同意克里斯的看法。我还记得正是因为去年夏天很炎热,才让我们那么渴望冬天的到来。

教师:[玛西娅在举手]玛西娅,你对此有什么看法?

玛西娅:但是一到冬天,我又迫不及待地希望它快点结束,那样我又可以去游泳了。[全班同学都点头赞同]

教师:克里斯的观点似乎是正确的。我们要完全欣赏一件事物,就必须看到它的两面,比如热和冷、好和坏、明和暗。哦,特德,你查到"mortal"一词的意义了吗?

特德:它有"致命的"、"不免一死的"、"有弱点的"几个义项。

教师:你觉得哪个义项最符合这首诗中"mortal fool"的含义?

特德:哦,最后一项。因为它好像和我们正在谈论的话题有关,也就是我们选择了这件事,同时又想选择那件事。就像我们太冷时,就会向往夏天;当夏天到来时,我们又嫌它太热。

第十一章 自我导向和建构主义学习

教师:我同意你的观点。这正如我们在生活中的经历一样——我们已接近作者的意图了。好,让我们再深入一步,如果把所有讨论的观点汇聚一起,这首诗表达了什么意思呢?〔朝亚历克斯点头〕

亚历克斯:噢,我想生活是一种循环,我们不停地绕圈——从终点回到起点,然后又逃开去。也许这正是我们的弱点所在,就像词典中的解释那样。

教师:很有见地。厄尔,我们从你开始发言,最后的总结也交给你。

厄尔:我认为亚历克斯是对的。我现在明白了作者为什么说我们都是傻瓜,我们就像一只狗,转着圈,追自己的尾巴,总想得到不现实的东西。这正好可以用来解释首句和尾句,不是吗?因为我们都是人,我们的弱点就是"贪心不足"。的确如此,我们都是有弱点的傻瓜。

教师:很好,现在我们回顾一下刚才解读这首诗时所做的四个步骤,我复述一遍,你们把它记下来,作为阅读其他几首诗的指南。

请注意这位教师是如何在教学过程中实现自主学习的四个步骤的:第一,她给学生提供了学习的思维策略,即解读示例诗歌时运用的四项简单步骤的整体框架。几乎对于所有的学生来说,这些步骤都很熟悉且实用,这与他们的能力大小或有无经验无关。注意,这四个步骤并不是简单的切分,而是要使学生最终超越书本的知识,以个人经历和独立思考为基础形成他们自己的理解和意义,这些步骤是逐步推进的。换言之,使用这种策略时,答案没有对错之分,只是需要改进,使学生进一步地接近正确答案。

第二,教师提供给学生的这些策略并非纸上谈兵式的死板策略。这些策略都是在真实的语境中经过举例说明,并在实践中加以运用的。这可以作为该策略在其他情况下应用的范例。

第三,学生在学习过程中都成为参与者,而不是只会听命行事的消极学习者。问答式对话将学生的观点和经历限定在一定框架中,这样讨论就不会太离题。而且,学生积极地参与学习过程,新的知识得以生成。从某种意义上说,学生成为自己的教师,而他们却对此并未察觉,这就为形成即兴讨论的氛围提供了可能性,也缓解了学生因为害怕答错而不敢参加讨论的焦虑心理。

第四,请注意随着教学的开展,是学生(而不是教师)提供了越来越多的重要结论。最后的结论也是源于对学生发言的归纳。最后，教师扮演了监控者或参与讨论者的角色，而不是信息提供者。学生在积极练习前面所给出的四个步骤时，自己已承担起信息提供者的角色。

建构主义原则指导下的自我导向学习具备以下特征：
- 自主理解材料的意识；
- 与他人就内容进行批判性的互动；
- 将所学知识与之前的知识和经验联系起来；
- 运用组织原则整合想法；
- 将证据与结论联系起来；
- 检查论证的逻辑性。

在实践中：关注深度学习和建构主义方法

学校教育的挑战之一是在让孩子在学校感到快乐和取得高学业成就之间保持平衡。也就是说，学校需要创造学习体验来维持孩子的好奇心，并让他们产生成就感。简而言之，学校要如何增强孩子的个人成就感，促进社会和情感健康，为其成功人生奠定基础。

一种方案是创造一个新的教学模式来替代传统的教学模式，使学校不仅仅是一个提供知识而忽视了学生的未来发展的场所。正如让·皮亚杰所说："教育的主要目标是培养创新型人才，使他们具备开拓创新、探索未知的潜能，能够带着批判的眼光来看待现实，而非重复前人的实践。"（Kohn，1999，p.116）

对一些传统学校课程内容的分析和支撑它的标准化测试证实，此类任务大多要求较低的认知水平。换句话说，学生能在客观测试中识别出语法正确的替代选项无法告诉我们他们能否写出优美的诗文或者清楚地表达思想。很多课程和测试考查学生快速地回应相关知识和信息而忽略了反思，标准化的格式限定学生只需找到正确答案而不是参与到解释和解决问题的过程中。

其他的替代模式建立在深度学习的概念上：相信学习者对于事物的运转有自己的理论——为什么太阳每天早上出来，为什么树木随着微风摇曳，甚至，什么是爱——而且深度学习涉及一个人对现有信念的不满，能够发现合理且能向他人解释的新想法。

例如,一位教师问地球如何形成,8岁的汤米主动提出了自己的理论。他说:"地球形成了南半球,而天空构成了北半球。天空和地球在赤道处相连。"汤米认为如果他一直沿着直线走,他就能围着地球走一个圈,最后回到他的出发点。但是有一件事困惑着汤米,为什么他从没听说过任何人穿越过平坦的地球表面,到达天空和地面的交汇点。这就表明深度学习正在发生。

或许汤米身边的成年人没有察觉他已经开始了"深度学习"的过程。随着他一天天成长,他会越来越不满足于他最初的信念,开始寻找新的更可行的信念,并尝试着向别人作出合理的解释。这样,汤米就会真正掌握相关知识。而另一方面,肤浅的学习就是被告知,没有付出个人努力或深入思考。为了鼓励对高阶技能、思维过程和解决问题能力的培养,深度学习必须让学习者能够有机会表达最初的信念,并且能逐渐找到新的可替代的信念。换句话说,深度学习必须始于主动参与学习的兴趣和体验。

认知心理学家逐渐认识到,深度学习就是去发现转变我们视角的概念。这种情况经常发生在当我们沉浸在我们思考的事物中,并不断质疑自己的身份基础的时候。肤浅的学习则是我们学习理论、记忆事实、复述知识体系,而不去思考这些知识所暗含的更深层的意义。例如,当我们学习一门外语、技术或科学课程时,我们掌握了知识体系中的各个部分和相关细节,但如果我们不能活学活用,我们所学的东西就无法真正给我们带来转变。作为教育者,我们知道深度学习源于对意义的深度理解。换句话说,智慧不能按照传统的方式来教,而是需要从内心启发,始于学习者的兴趣与体验。亚伯拉罕·马斯洛是研究人类人格的积极层面的先行者,他将深度学习描述为纯粹的幸福时刻,那是当所有的怀疑、恐惧、压抑、紧张和弱点都被抛在脑后,学习者沉浸在学习过程中的幸福时刻(Maslow, 1971)。

如果被问及为孩子设定了什么样的长远目标,很少有人会回答是让孩子去学习一系列知识。心理学家很早就发现记忆训练会让学习者的记忆力更好,但是不会带来长远的认知进步。此外,记忆太多的内容,注意力就会放在转换话题信息上,没有仔细咀嚼和联想,最终思维就会受到影响。这样的课程可能教会孩子基本的知识,但是却没有教会孩子这些知识的用处是什么,以及如何在课外识别和运用。

建构主义认为"知识"是通过经验"创造"出来的,就像汤米,我们是通过积极参与建构知识的经历体验而形成信念、建立理论和发现关系的。换句话说,教师不能一开始就把结构化的知识灌输给学生。自己组织事实和想法是学生在连续的学习过程逐步完成的。

因此,深度学习并非获取新知识,然后把它叠加在我们的旧知识上。它是一个发现未知的过程,我们无法用已有的理论和信念轻松地做出解释。为了解决冲突,我们不得不进一步地去探索,去研究,去发现更多,甚至去改变我们之前的信念。我们必须重新组织我们的理解方式以适应生活中遇到的新的或者矛盾的信息。

在皮亚杰(Piaget,1962)、维果斯基(Vygotsky,1963)和杜威(Dewey,1938)等研究的影响下,这种学习观遵循三个基本原则。

原则一:

孩子们天生好奇,在没有成人干预的情况下也乐于探索。杜威写道,"每当孩子们的注意力从外部压力中放松下来,摆脱束缚,他们就会迫不及待地探究感兴趣的地方"。(Dewey,1938,p2.)外界的压力越大,孩子们对于所学知识的参与度就越低。

原则二:

人类的智慧是分阶段展现的。特别是在早期阶段,孩子通过参与世界,进行有意义的互动,才能取得最好的学习效果,促进社会、情感和认知三方面的发展。我们逐渐认识到,学生在课堂上思想的发展不一定总是线性的或可量化的。真正的智力增长"不是小幅度、线性的累加,而是在理解上发生质的、不均匀的转变"(Wolf et al.,1991,p51.)。

原则三:

教育经历应该被定义为创造一个刺激探索和发现的环境。好的学习经历是让孩子们无意识地沉浸在学科知识中,最终达到"巅峰体验"。问题是,很多学校教育并没有提供足够的巅峰体验来满足大多数学习者的期待。

接下来我们将讨论自主学习者需要掌握的心理策略,从而获得深刻的意义和理解。

元认知

自主学习的策略之一是元认知,它指的是一种心理过程,可以帮助学生通过内化、理解和记忆所学内容反思自己的思考。这包括所谓的隐形的思维技能,比如自我提问、自我检测、自我监督和分析,以及用于分类和回忆内容的记忆手段(称为记忆术)。

学生掌握元认知策略的最简单的途径是通过一个称为心理模拟的过程(Dunlosky & Metcalf, 2008)。心理模拟帮助学生内化、回忆,并能举一反三,将解决问题的方法扩展到不同的情景中。教师不仅要传达信息,还要展示问题解决的过程。相比之下,对步骤进行机械记忆很少能帮助学生在其他情境中解决类似问题,也无法使他们在当前内容失去直接重要性时(例如,没有考试在即,没有作业要交)再回忆起来。

当要求学生完成复杂的任务时,心理模拟尤其重要。例如,互联网搜索需要更高层次的思维技能来设计搜索策略,评估结果,舍弃不适用的项目,并综合发现结果。每一项任务对学习者来说都是一个挑战,这些挑战可以通过模拟的方式来组织思考(Keene, 2007)。当你进行课堂观察时,你会想要观察心理模拟的例子。请注意你看到的特别有效的方法,以及它们是如何通过实施和监控之前模拟的思维方式来帮助学生逐步地增加自身学习的责任感的。

心理模拟包括三个重要步骤:

1. 给学生展示涉及的推理过程。
2. 让学生对推理过程有明确的意识。
3. 让学生专注于应用推理。

这些步骤通常通过言语指令来进行,使学生在过程中逐步得出正确的答案。教师通常以这样的言语指令作为开场白:

下面,我将通过描述我的经历体验,来展示一下我是如何解决这一问题的,请仔细留意我的思考过程。想一想我做出的每一个决定,我在什么地方停下来,又做出了什么选择——就像你们也在脑中和我一起做决定一样。

注意,教师并非在给出获得正确答案的操作性技巧:先完成步骤 A,再完成步骤

B，然后完成步骤 C。重要的是，教师对于可能隐藏在程序化解决问题背后的心理过程提供了生动的示范。

关于什么是好的示范的相关研究（Borich & Tombari，2004）表明，有技巧的心理过程示范者会注意以下方面：

- 集中学生的注意力。只有当学生的注意力完全集中时才可以开始示范，然后让学生特别注意他们有待掌握的思维或推理技巧。

- 强调演示的价值。简单明了地指出要展示什么，学生要注意观察什么。把思维技巧与所学的内容联系起来。

- 演示过程中使用对话性的语言。必要时尽量解释生疏的概念并重复示范片段，使用打比方的办法来弥补内容上的差距，使用举例的办法来加强学习。然后，使用探询的手段来确认理解。

- 确保示范步骤简单、明晰。有效的示范者会将复杂的行动划分为一个接一个的简单步骤。他们会指出下一步做什么，然后在实施中通过说出自己行动中的想法来描述行动的过程。

- 帮助学生记住演示的过程。有效的示范者会缓慢地演示（"如果我进行得太快了，请打断我"），强调某些动作（"现在我要问自己一个问题"），突出特点（"注意我停顿的地方"），并使用简单的记忆辅助手段帮助学生记住他们的所闻所见。

这些心理程序有助于学生对问题解决的过程进行内化、回忆，然后能举一反三，主动思考。有效的示范者并非只是按照既定步骤传达信息，而是一边展示，一边展现自己解决问题的思维过程，然后监控学生的反应，提供反馈，根据具体情况调整复杂度和内容难度。这样便产生了自主学习的第二个重要概念，即调节。

教师调节

为了适应学生个性化的学习需要，教师对内容的流畅度和复杂度进行的现场调节称为教师调节。你在教师调节性学习中的角色是调整指导性对话以帮助学生重新组织他们的学习，从而使他们逐步向预期的成果靠拢。换句话说，你所提供的互动对话可帮助学生从内容中建构自己的意义。这有助于学生记忆内容，并将推理过程推广至其他情境。

然而，学生要掌握的知识和技能并非以终端产品的形式给予他们的。相反，你要在恰当的时机为学生提供认知刺激，以便他们通过自己的推理获得这些终极结果。对于是否需要对流速和内容进行调节，人们很少能够预知。它需要中介——你在现场判断什么样的新信息会让学生的回应达到他或她当时所能达到的下一个层次。它反映了学生在此刻可以最大获益的内容难度和认知复杂度。

最大回应机会区

内容难度水平和认知复杂度水平是学生的最大回应机会区（Kozulin、Gindis、Ageyev & Miller, 2003；Vygotsky & Kozulin, 1986）①。它是一个行为区域，如果你对它加以刺激，会使学生的回应达到下一个精细水平。因此，针对最大回应机会区所做的回应必须处于或接近学生当前的理解水平，而且还应旨在将其下一个回应提升到更高的层次。你的引导性回应并不需要引出正确的答案，因为学生在此刻也许还不能从中获益。然而，它应该激励学生对原先不太成熟的回答进行加工。

以下是两组课堂对话，注意第一位教师触及了最大回应机会区，而第二位教师却没有：

> 教师：当你看到一个比例或比率的时候，比如4/5[将它写在黑板上]，可把上方的数字想成"是什么"，把下方的数字想成"可能是什么"。想象一下你早餐吃的一盒燕麦。如果我在盒子上写上燕麦的比例为3/4[将它写在黑板上]，那么我会对自己说："这一整盒等于数字4，即'可能是什么'那个部分。但是今早，当我吃过早餐之后，剩下的就只有数字3了，即'是什么'这个部分。这就是我如何判断盒子是否依然很满，因为代表'是什么'的数字接近于代表'可能是什么'的数字。"
>
> 梅根，现在你给我解释一下，如果标签上写着一杯4盎司橙汁中维生素C的比例是我们日常所需最低量的1/2，它指的是什么意思。
>
> 梅根：我不确定。
>
> 教师：那么，我们可以用什么样的词来描述上方的数字呢？

---

① 最大回应机会区被维果斯基称为"最近发展区"（Kozulin, 1990）。

梅根：你说的"是什么"。

教师：那它指的是什么意思呢？

梅根：我猜它可能是指杯子里有多少维生素 C。

教师：那么下方的指的是什么？

梅根：你说的下方是指"可能是什么"，那么它是否指所有你需要的？

教师：是的，答得不错。现在再想想另一个例子，你自己的一个例子，要涉及有些东西比它本来的数量少。

梅根：嗯，我在限定时间之前完成了恩诺老师的社会科学课考试。

教师：这段时间有多长？

梅根：嗯，估计有 40 分钟吧。

教师：用我们的话来说，你会称它为什么？

梅根："可能是什么"。好的，我明白了。这样一来，我实际所花的时间就是实际发生的时间喽？对了，我用了大约 20 分钟的时间完成了考试。

教师：那么，你怎么用数字来表达这个比例？

梅根：用 20 来表示"是什么"，用 40 来表示"可能是什么"。上方是下方的一半，所以我猜，一杯橙汁可以提供你一天所需的维生素 C 的一半。

教师：好的，下面咱们就顺着你刚才的步骤来继续下一个问题。

现在让我们想象一下梅根在另一间教室里重新经历这个过程。经过同样一番介绍后，教师向梅根提出了相同的问题：

教师：梅根，现在你来给我解释一下，如果标签上写着一杯 4 盎司橙汁中维生素 C 的含量是我们日常所需最低量的 1/2，它指的是什么意思。

梅根：我不确定。

教师：咱们来看一下，如果数字 1 在上方，数字 2 在下方，那么结果肯定是上方少于下方。对吗？

梅根：对。

教师：因此，如果上方数字代表"是什么"，下方数字代表"可能是什么"，那么"是什么"就比"可能是什么"少了一半。这样一来，它的意思只能是，这个杯子中包含着每天所需的最低维生素 C 含量的一半。明白了吗？

梅根：明白了。

好吧，也许梅根的确"明白"了，但或许她并没有。注意在第一个例子里，教师通过追溯梅根回忆的心理步骤，触及了她的最大回应机会区，因为教师将她之前的理解和回应都考虑进来，推动对话更加接近课程的预期目标。通过区分对拥有不同最大回应机会区的学生的提问方式，教师为梅根提供了一个挂钩，使她可以将自己提升到学习阶梯的下一级。

自我导向学生的多样性可以在教师引导的互动下被激活，这种温和影响轻轻触及学生的最大回应机会区，为学生实现高层次的学习提供了适当的踏脚石

第二位教师仅仅提供了正确答案。这么做使梅根没有机会运用提供的心理步骤来建构自己的回答，进而无法形成一个可以用于在类似的情境下独立得出其他正确答案的心理过程。而第一位教师侧重于培养学生的推理过程、思考方式，使内容既被赋予了个人意义，又符合本课程的预定目标。

通过诸如此类的课堂对话，教师可以鼓励学生建构他们自己的意义和解释，例如，用他们自己独特的理解来替代"是什么"和"可能是什么"，并把这种理解通过讨论和课堂对话与其他人进行分享。自我导向学习者之间的这种多样性激活了他们独特的学习历史、特有能力和个人经历,从而使他们参与到学习过程中。

触及最大回应机会区

最大回应机会区在自主学习中尤为重要,因为教师很少能在任何时候都给每位学习者提供最为恰当的回答。这就是个性化学习(例如,在程序化和电脑化教学中)与自我导向学习之间的主要差异。在个性化学习过程中,教学内容设计者可预见最有可能发生的错误,并为所有学习者提供补救性的或可供选择的学习路径(称为分岔法),而并不顾及学习者的最大回应机会区。因为这种教学认为,相对同质的学习者群体将会学完全部内容,而且所有学习者都会出现相同类型的错误。在某些情况下,教师提供的补救性步骤和可供选择的分岔方法会处于学习者的最大回应机会区之内,但有时又不会。

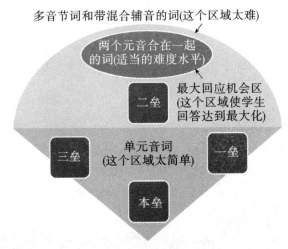

图 11.1　一节阅读课的最大回应机会区

因为自我导向学习几乎总是在学生回答、教师回应的顺序中进行,所以它使你有机会更准确地将你的口头或书面回应指向学生的最大回应机会区。这一点非常重要,因为当你将你的回应瞄准学生的回答时,如果瞄得过于集中,譬如瞄向棒球场地的"低中场"这样一个固定点,就可能会限制你的回答,使之将学生的学习经历、特有能力和个人经验排除在外。而且,它也不会把你自己的内容知识、特有能力以及教学风格考虑在内。图 11.1 说明了一节阅读课中的最大回应机会区。

因此,这种区域概念为你以及你的学生提供了某种范围,在此范围中可以构建和创造基于双方特有需求的意义和理解。通过这种方式,自我导向学习促进了学生和教师之间的思想互动,在学生回答、教师回应的顺序中相互促进、彼此推动,从而帮助学生走向学习阶梯的下一步。

功能性错误

自我导向学习的另一个重要概念是功能性错误。学生错误在师生相互作用中扮演着重要的角色(Stipek,2001)。如果你的回应产生了不准确和无意义的回答,那么这种互动可能不够温和,至少在学生心目中是如此。但是,如果你的回应促成(或甚至有意地推动)学生给出不准确但却有意义的回答,那么这种互动会回到较为温和的状态。

后一种情况描述的一组学生错误,称为功能性错误。无论这些错误是没有意料到的,还是计划好的,它们都加强了学生对内容的理解。功能性错误为学生攀爬更高一级的学习阶梯提供了逻辑上的踏脚石,它可以避免错误的思维过程在学生的头脑中再次出现。例如,这样的错误可能很必要,如此学生就不会因为错误的原因而得出正确答案,以至于使错误在其他情况中变得更复杂。

请看下面这个对话,其中学生的错误成为通往更高理解水平的功能性踏脚石:

教师:回忆一下昨天我们所学的内容——美国内战爆发的原因。美国内战爆发时,美国的总统是谁,有同学能回忆起来吗?

亚力克西斯:我们的书上说是杰斐逊·戴维斯。

教师:对,杰斐逊·戴维斯确实是当时的一位总统,但这不是正确答案。杰斐逊·戴维斯是美国的一位总统,但他不是内战时的美国总统,对此你怎么看呢?

亚力克西斯:可能内战爆发时有两位总统,杰斐逊·戴维斯和其他某个人。

教师:确实有两位总统,但只有一位是美国总统。

亚力克西斯:如果他不是美国总统的话,那他必定是另一方的总统。

教师:那你能记起代表另一方的政府的名称吗?

亚力克西斯:能,我现在记起来了,是南部联邦。亚伯拉罕·林肯是北方的总统,这个北方肯定是指美国,而杰斐逊·戴维斯肯定是南方的总统,南方称为南部联邦。我想我是混淆了这些不同的名称。

尽管学生的回答不正确，但这位教师的回应还是处于最大回应机会区内，因为从学生的回答中可以直接引出一个更正确的回答。此外，还要注意这位教师是如何鼓励学生提供答案的。教师是利用学生先前的错误来帮助他获取正确答案的。这种策略实际产生了超越问题本身的信息，它将杰斐逊·戴维斯置于地理的视角之中，并正确指出了分别代表北方和南方的政府名称。

> 观看此视频中的互惠教学。关注成功的互惠教学是怎样的，是否与你在课堂上所观察的互惠学习一样。

但是，如果这位教师的回应欠考虑，不仅导致了另一个不准确的回答，而且更为糟糕的是陷入了一种无益于改进或扩展学生初始回答的死胡同，那该怎么办？这样的回应会是什么样的呢？

教师：哪位同学能够回答，美国内战爆发时美国的总统是谁？

亚力克西斯：我们书上说的是杰斐逊·戴维斯。

教师：我说的是美国总统，而不是南部联邦的总统，明白它们的不同吗？

亚力克西斯：我想我明白了。

教师：好的，接下来咱们听听马克的想法。

这里的互动显然不够温和，因为失败的幽灵总是缠绕着学生，而且教师难以摆脱这种尴尬的结局。这也是为什么自我导向学习要求教师回应总要处于或略高于学生当前的理解水平，而且不管学生的回答是否正确，都应促使它为实现预期的课程目标发挥功能性作用。这也解释了为什么脚本式教学方法（比如程序化教学和一些电脑软件）无法取代自我导向学习中课堂对话和小组讨论支撑下的学生回答和教师回应之间的温和交互作用。

互惠教学

将自我导向学习应用于课堂的一种方法是采用互惠教学的策略（Lubliner & Palincsar, 2001; Oczkus, 2010）。互惠教学提供了以课堂对话来探索学习内容的机会。互惠教学的中心是小组讨论，从中教师和学生轮流领头对课文进行讨论。

爱德华兹（Edwards，2014）和罗森伯格（Rothenberg，2008）观察到，大部分的课堂讨论只是学生依照问答的顺序对一些事实进行复述，且在此过程中，全部的或多数的答案大家都已知道。这样学生就几乎没有机会来构建他们自己的意义，以及对内容进行阐释，所以也无法达到更高的理解水平。实际上，很多课堂讨论较少能促进有意义的对话，不能真正帮助学生克服不充分的想法和观点，从而形成可接受的解决方案。这些讨论通常都是由课本内容引发的，往往围绕一些与文本事实紧密相关的连珠炮式的问题而展开。

互惠教学是使这样一种典型讨论更具创造性和自主性的策略。它通过四种活动来完成，即预测、询问、总结和阐明。奥克库斯（Oczkus，2010）以及帕林克萨和布朗（Palincsar & Brown，1989）将这些活动描述为以下的顺序：

1. 预测——通过对将要学习的课文内容进行预测来组织讨论，它基于

（1）课文的标题或副标题；

（2）小组成员的先前知识或有关话题的信息；

（3）具有类似信息的经验。

在对将要学习的课文内容进行预测之后，小组成员阅读或倾听其中一部分。

2. 询问——教师挑选一位学生，让学生就所读课文的每一部分来组织讨论。然后，组长就有关信息提问，学生对所提问题进行回答并提出额外的问题。

3. 总结——接下来，组长对课文进行总结，然后教师请其他学生对总结进行评论和阐释。

4. 阐明——如果课文中的要点不清楚（如概念或词汇），就要对它们进行讨论，直到明白为止。在这种情况下，学生可以进行更多预测，并重新阅读课文中的一些内容，以便更清楚地了解。

以下对话说明了构成互惠教学的预测、询问、总结和阐明这四种活动：

教师：[从课文中选读]"海龙鱼改变它们的颜色和姿态，以便与它们周围的环境融为一体。例如，生活于绿色植物中的海龙鱼将它们的身体颜色变为绿色，从而与植物的颜色相匹配。"

克莱尔：[组织讨论]关于这段话，我有一个问题："海龙鱼看起来有什么特别的地方？"

教师:[阐明]你指的是它是绿色的这个方面吗?

安迪:[详细说明]不仅仅是绿色这个方面,还指的是它的颜色与周围所有物体的颜色都是一样的。

克莱尔:[继续]是的,是这样。我对这段话的总结是想告诉大家海龙鱼是什么样的,以及它看起来与周围的什么东西颜色一样。我的预测是,这和它的敌人,它如何自我保护,还有它的敌人是谁等有关。

蒙蒂:[对总结进行补充]它们还告诉我们海龙鱼如何活动……

基思:[回答]它来回摇摆。

安迪:[补充说]和其他植物一起动。

教师:[询问]当某样东西与其他东西看起来相似而且行动也相似时,我们把它叫作什么?想想咱们昨天看到的叫手杖的昆虫,我们讨论手杖时,解释了这个词。

安杰尔:模仿。

教师:对了。我们可以说,海龙鱼模仿了——

学生:[大家一起说]植物。

教师:好的,我们来看一下克莱尔的预测是否正确。[全班同学开始翻开课文]

在这个讨论中,注意教师是如何支持学生参与到对话中的。教师的目的是为处于最大回应机会区的学生回答提供回应,从而使尽可能多的学生参与到学习过程中。这是以阐述学生回答以及让学生有充足时间参与对话的方式来完成的。这样的情景给教师提供了充足的信息,以此形成一个触及学生最大回答机会区的回应。

随着讨论的进行,教师将更多的阅读和对话任务交给学生,直到某个时刻,教师成为一个指导者或教练。他们不直接提供回答,而是对学生的回答进行改进。这时,越来越多的讨论会体现出学生对文本的内化,此时学生通过他们独特的学习经历、特有能力和经验将其表达出来。

互惠教学的最终目的是让学生充分地参与到学习过程中,以使他们意识到自己的推理过程。这是通过学生自己和其他学生的建模以及教师对此过程的示范来实现的,并在课堂对话的情境中得以完善。此外,它还需要你不停关注正在进行的对话,以及学生从课文中得出的意义,这样你就能不断地调整教学内容,使其适合学生当前的理解水平。

当学生逐渐接受教师将任务转交给他们之后,教师就可以减少解释、明确线索和提示的数量,这些做法在课程的早期环节中比较明显。图11.2指出了一些能使自我导向学习中的责任从教师逐渐转向学生的课堂活动。

图11.2 将责任从教师转向学生

以下内容总结了教师在互惠教学中的作用:

- 教师和学生共同承担任务,掌握互惠教学中采用的策略。
- 教师开始承担了教授这些策略的主要任务(通过"有声思维"展示如何预测、如何提问、如何总结以及如何阐明),但逐渐将运用这些策略的任务转交给学生。
- 教师期望所有学生都能参与到讨论中,并给所有学生提供机会让他们组织讨论。
- 在每次自我导向学习的课程中,教师都有意识地监控成功的理解如何发生,并根据最大回应机会区的需要对内容进行调整。

课堂中的社会对话

正如上述对话所表明的,教师与学生之间的课堂对话对于自我导向学习来说很重要。课堂内外的口头交际区别很大。在许多课堂里,语言表达都是以教师为中心的,学生除了回答教师有关事实和信息的提问之外,几乎没有别的选择。这些传统的教学环境会使学生很少有机会对现有话题进行阐述或评论,也使师生之间无法建立思想伙伴关系。

然而,自我导向学习策略使用课堂对话的方式有所不同。在课堂中,教师语言表达的目的不是确立教师的权威,而是对课堂对话进行有意的引导,从而将任务逐渐转向学习者。教师起着支架作用,一层一层地构筑对话,每次都会给学生增加挑战,促使他们独立思考教师先前所提供的语句。

在提供支架时必须注意,要将挑战保持在学生最大回应机会区之内。这要求你要了解学生当前的理解水平(例如,熟悉任务),以及他或她可以按照期望合理展现的能力水平(例如,根据以往学习表现)。注意这些细节可以让你针对学生的认知要求来提供支架。这么做,你就可以使学生从回应文本材料逐渐转变为通过阐述、扩展和评论来内化文本的意义。

通过以上内容我们可以看出,互惠教学这种策略是通过小组讨论和轮换讨论组织者来达到目标的。它并非像传统的课堂讨论那样仅仅让学生交谈,而是让他们揭示并阐述

学生的外部言语表达如果加以恰当支撑,可以转化为内部言语,并最终取代教师的提示,实现自我引导,解决类似的问题

学习内容的过程。清楚地表达和操练这些心理策略:(1)可以引导学生进行下一步练习;(2)帮助教师提示、暗示和提问的数量和层次,以便触及学生的最大回应机会区。

内部言语的作用

如我们所看到的,在自我导向学习中,课堂对话一个重要的建构主义层面就是不断地给予学生责任,让学生通过评论、阐述和引申所读或所说的生成原创性的回应。这些言语表达如果得到了恰当的支撑,就会使学生形成内部言语(Kolencik & Hillwig, 2011)。这种内部言语最终导致学生大脑中的私人内部对话,它取代了教师的提示和问题,并使学生自我引导解决类似的问题。

随着将超越文本形成独特、原创性成果的责任逐渐转移到学生身上,他们也不断获得向内言说的能力,并效仿教师在前一个阶段所做的,模拟相同的推理过程以及模仿同类型的问题、提示和线索。换句话说,教师不断要求学生所做的口头互动被学生以私人言语的形式加以内化,而无需教师的直接参与。

现在,教师的角色已转变为监控者。教师只在必要时进行提示和暗示,使学生不偏离主题。最终,通过内化教师支持性的言语以及在私人对话中随意回忆这些言语,学生成为自己的老师,模仿教师示范的逻辑和推理过程。除了互惠教学之外,自我导向学习还可以通过其他许多不同技术来激发,包括多种形式的合作学习和小组学习。

内部言语在引导孩子和成人行为方面的作用对于自我导向学习策略非常重要。

自我导向学习的示例对话

我们来看一下以下三组对话,它们都表现出自主导向的特征。在不同的教学环境下,这些对话解释了以下三个方面:

- 教师如何设置从文本材料中得出意义和理解的过程
- 问题、提示和暗示是如何用来支撑回答,并使学习的任务逐渐转向学生的
- 教师是如何持续监控学生回答以达到持续理解的

阅读下面的对话时,请联想以上三个条件。首先,让我们看一下在一个四年级

班级,科克老师正在给学生上阅读课。我们要观察她如何设置从课文中得出意义和理解的过程。我们的讨论从科克老师向全班朗读一段短篇小说开始:

科克老师:[从课文中选读]"地球上最冷的气候区之一是在阿拉斯加北部,在这片土地上,一小群耐寒的美国居民在小村落里生活、繁衍,以狩猎和捕鱼为生。这小群村民……"

戴比:[打断]科克老师,我不知道"hardy"这个词的意思。

科克老师:你认为它是什么意思,戴比?[让她预测]

戴比:嗯,某种坚硬的东西,比如冰之类的。

科克老师:让我们来看一下你是否正确,那么咱们再想想与"hard"意义非常接近的一些词。[引出同义词的概念]

蒂姆:硬的东西,很结实。

米奇:是的,而且还能持续很长时间。

安:如果你够强壮的话,你不会受到伤害。

科克老师:好,现在让我们来看一下,你们说的这些想法是否适合"在这片土地上,一小群耐寒的美国居民在小村落里生活、繁衍,以狩猎和捕鱼为生"这句话。蒂姆,你觉得什么可以变一下?[鼓励学生将同义词嵌入句子以澄清意义]

蒂姆:嗯,如果我们拿出"hardy",把"strong"放进去,我觉得意思是一样的。

科克老师:你怎么想,逸子?

逸子:我觉得说得通,因为如果你强壮,你就不会受到伤害,比如说不会受到北方寒冷天气的伤害,那么你就能活得很久。[总结]

米奇:但是,仅仅因为他们强壮,我们就能知道他们活得很久吗?[要求澄清]

科克老师:说得很好。我们确实不知道,那么,你怎么想呢?[要求再次预测]

缇娜:我认为他们不能像我们活得那么久,因为实在太冷了。

科克老师:那么,你认为他们是如何保暖的呢?我们接着往下读。

注意,科克老师正在示范一种从课文中获取意义的策略。为了做到这一点,她引出了同义词的概念。引出概念的方式是通过询问戴比"hardy"这个词的意思,然后让学生将同义词嵌入课文以核实它的贴切性。因此,她是在运用一种模式、一种心理策略。在遇到生词的时候,学生可以反复使用这种策略,而不需要教师的帮助。

接下来,让我们来看一下威利斯老师的初中理科班,看他是如何使用问题、提示以及暗示来鼓励学生自主学习的。在下面的讨论中,威利斯老师针对学生的最大回应机会区,以提问和回应作为支架,教授一条基本物理定律。

威利斯老师:这里有一个气球、一个沙袋和一个气筒。大家仔细看,我把气球中的气放出去[排气],再打这个沙袋[击打],然后再按下气筒把手[按把手]。从这三个动作中你注意到什么吗,切特?

切特:你累了。[全班哄堂大笑]

威利斯老师:你说对了,尤其是当我打沙袋和按气筒的时候。[触及切特当前的理解水平]是的,你看到了我的反应:我累了。你还看到其他什么反应吗?

切特:气球在教室里飘动着。

威利斯老师:还有呢?

切特:沙袋向前移动,还有,嗯,气筒的把手下降然后又上升。

威利斯老师:你看到了几种反应,是吗?它们是怎么回事?

切特:你操作的物体发生了一些反应……嗯……我想还有别的什么也在发生。

威利斯老师:阿妮塔,你从三个例子中看到什么?

阿妮塔:我认为是两个方向的运动。

威利斯老师:是什么运动?

阿妮塔:嗯,气球向前运动,但它也推动气体向后运动……吹向你的脸。沙袋也向前运动……呃[模仿声音]……然后停下。我不知道还有什么其他运动。

威利斯老师:[推向更高的理解水平]思考一下在我打沙袋前后分别发生了什么。为了帮助大家思考,在一张纸上画出两栏,分别标明"前"和"后"两个词。现在,写下你们从三个例子中看到的情况——气球、沙袋和气筒。大家用一分钟来完成。

阿妮塔:[大约一分钟后]现在我记起来了。沙袋又回来打在你的手上,这是第二个运动。

威利斯老师:[检查其他同学的理解情况]那气筒呢?迈克尔,你举手了?

迈克尔：当你按下气筒的把手给轮胎充气时，把手会弹回来。

威利斯老师：你们说的都对。有两个可识别的动作，我们分别称为作用力和反作用力。我们所讨论的物理基本定律是"只要有作用力，就会有反作用力"。现在，让我们看看对于其他的一些运动是否也是如此，大家识别一下写在你们纸上的与下列运动相关的作用力和反作用力。我说慢点，这样你们可以有时间记下来：

从卡纳维拉尔角起飞的航天飞机

沿街行驶的汽车

枪击

踢到门柱上的足球

注意威利斯老师是如何针对学生当前的理解水平来提问的。这可以让学生以某种有意义的方式来回答，也使教师有机会在学生较早的不完整答案的基础上建构认识，从而推动学生达到更高水平的理解。例如，威利斯老师利用切特最初粗略的回答，并辅以提示"你还看到其他什么反应吗"，来引出反应后的动作这个概念。每次向一个新同学提问的时候，威利斯老师都会把问题、提示和暗示提高一个层次，但仍然处于学生的最大回答机会区内。

而且，学生通过思考纸上的解决方案，即思考清单，可以积极地构思他们的答案。同时，这种方法还提供了一种策略：学生可以借助清单更容易地从对话末尾出现的新问题中得出作用力和反作用力的答案。威利斯老师用不同难度水平的问题、提示和暗示，使全班同学全程参与到课程中，而且回答的复杂程度也不断提高。

现在，让我们看一下第三个课堂。勒夫路易老师在一个高中班级教西班牙语。她不像威利斯老师那样仅仅改变问题的难度，而是改变任务让学生亲身体验对内容的应用。尽管勒夫路易老师并未意识到这点，但她的班级正在体验陈述性知识（用于口头或书面反刍的事实、概念、规则和概括等）与程序性知识（用于解决问题或制定决策任务的动作序列或程序）之间的差异。

勒夫路易老师：今天我们要学习名词的性。在西班牙语中，所有名词要么是阳性要么是阴性。以"o"结尾的词通常是阳性，而以"a"结尾的词通常是阴

性。蒂沙,你能辨别出下面这些名词是阳性还是阴性?[在黑板上写]

libro

pluma

cuaderno

gramatica

蒂沙:[正确辨别出每个词的阴阳性]

勒夫路易老师:现在,让我们看看你是如何辨别出每个词的性和意思的。

蒂沙:嗯,我就按照那个规则:如果以"o"结尾,它就是阳性;如果以"a"结尾,它就是阴性。我觉得这些词分别是书、钢笔、笔记本和语法的意思。

勒夫路易老师:很好,现在我们进行下一个环节。你们在口语和写作中都使用过不定冠词"a"和"an"。在西班牙语中,"un"这个词用来表示阳性名词前的"a"或"an","una"则用来表示阴性名词前的"a"或"an"。在西班牙语中,冠词在每个名词前都是重复使用。现在,让我们用黑板上的词,把正确的不定冠词放在每个词的前面。[转换任务要求]特德,你做第一个好吗?

特德:应该是"un libro"。

勒夫路易老师:玛丽亚。

玛丽亚:"Una pluma"。

勒夫路易老师:胡安和马科斯,你们做下面两个。

胡安:"Un cuaderno"。

马科斯:"Un agramatica"。

勒夫路易老师:好的。现在我们来运用一下所学的知识。我给你们一个英文句子,你们把它翻译成西班牙语,注意要包括正确的不定冠词形式。[再次转换任务要求]为了做这个,你们需要记住上周所学的词汇。如果需要,你可以从词典上查找忘记的单词。马克,从你开始。来黑板这儿,写这句:"Do you want a book?"(你想要一本书吗?)

马克:[在黑板上写]"Desea usted un libro?"

勒夫路易老师:很好。你是怎么确定用"un"而不用"ima"的呢?

马克:因为这个名词是以 o 结尾的。

勒夫路易老师:[继续其他三个例子]

Do you need grammar?（你需要语法吗？）

Do you want to study a language?（你想学一门语言吗？）

Do you need a notebook?（你需要笔记本吗？）

[学生回答完之后，她又通过转向下一活动来转换任务要求]现在，读一下幻灯片上的每个句子，并在名词前面写下正确形式的不定冠词。[给学生看幻灯片]

Yo necesito _____ gramática.

Nosotros estudiamos _____ libro.

¿Necesita Tomás _____ libro?

¿Es _____ pluma?

[学生回答完之后，她开始了最后一项活动，还有另外的任务要求]现在，我们看下面几个句子。我用英语说，你们用西班牙语来复述相同的句子。再次注意，要包括正确的不定冠词形式。

在上述内容中，注意不同活动对学生的要求是什么，以及它们在认知复杂度上有什么不同。勒夫路易老师通过转移学生回应的任务，逐渐改变了对学生的要求。开始时，仅仅要求学生简单复述规则(陈述性知识)，但到结尾的时候又要求学生进行口头表达，这在最终用西班牙语进行交流时可能非常必要(程序性知识)。她以较小的幅度逐渐将任务从陈述性转向程序性，以确保大多数学生都能跟上。

这个过程也传达了一种语言学习的模式，它提供了一种学习策略，即通过补充和填空的方式使学生从记忆规则和词汇最终达到口头表达，这对于随后的学习环境会有所帮助。注意，这一系列活动甚至在小学的课程中都被完成了。这告诉学生，口头和书面表达不是对规则的重复，而是所有先前学习必须服务的目标，也是他们在各自的学习和练习中必须为之努力的方向。

在一个单元内有着系统差异性的各种任务组成了活动结构。当活动结构改变对学生的要求或设置的问题，像精准教学框架所呼吁的那样，逐步要求学生承担起在更高的理解水平学习内容的责任时，它们对于自我导向学习最为有效。如有必要，可以针对个体学生或学生小组来区分活动结构，为一些学生准备认知要求较低的陈述性练习，而为另一些学生准备能快速地从陈述性练习过渡到认知要求更广

的程序性练习。下面环节描述了教导个体学生进行自主探究的步骤:

自主探究的教学步骤

1. 提供一项新的学习任务(例如,朗读历史课本中的一篇短文,并将这篇文章作为写作考试的基础)。

2. 让学生解释他们将如何学习文本信息为写作任务做准备(这有助于学生分析自己的认知方法)。

3. 向全班描述和示范一个有效的程序,来组织他们阅读的内容。例如,解释和演示如何利用短文结尾的学习问题来帮助聚焦阅读;用荧光笔标出选文中每一段的主题思想;在另一张纸或记录卡上写下要点概述,作为以后复习的学习指南。这给学生提供了认知上的策略,用于组织接下来的写作任务。

4. 给全班提供一个类似的任务(例如,另一个阅读任务),来练习这个新的认知策略。在你演示如何分析这一类似问题时,要示范自我提问的行为,例如,"你需要回答的主要问题是什么"和"这一段的主题思想是什么"。写出这些问题,给所有学生做个提示。

5. 给学生提供另外的独立练习运用自我导向技能的机会,这次要减弱你作为监控者的角色。

6. 检查学生理解和认知组织的结果,给予提示和纠正性反馈。

教授终身学习的认知策略

当你使用一种心理策略来帮助自己学习时,你就用了心理学家所说的认知学习策略。认知学习策略是可以跨越多学科领域来提高学习的一种通用思维方法。它是通过以下途径来达到目的的,即帮助学习者记住输入的信息(接受性),回忆与任务相关的先前知识(可用性),以及建立输入信息之间的逻辑联系(激活性)。这些策略(Blanton, 2005;Nessel & Graham, 2006)包括:

- 阐述/组织(记笔记);
- 理解监控策略;
- 问题解决策略;

- 基于项目的策略。

让我们来看看每一种策略。

阐述/组织

阐述涉及教学生如何在新知识和现有知识之间建立内部联系。组织指的是向学生指出如何对新信息进行排序和分类,以便他们能记住信息,并进行有效的运用。在第七章中,我们学习了如何让学生通过互联网技术来组织和建构知识,社交书签、公开演讲和概念图可以分别帮助学生完成下列活动。

有助于学生阐述和组织新知识的最实用的方法是教他们记笔记(McPherson, 2011)。笔记可以在多个方面促进信息加工。它可以通过提示学生更仔细地注意他们听到或看到的内容来促进理解。而且,记笔记还帮助学生建立信息的内部联系,并与记忆中的信息共建一个外部关联网,以此来激活学生的知识。你可以给学生提供一些建议,来帮助他们更好地记笔记:

- 课前阅读课文。这可以为新信息提供先行组织者。
- 关注表明重要信息的信号(例如,手势、关键词、组织信息的暗示)。

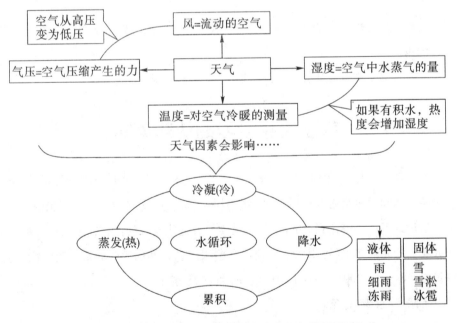

图 11.3　用网状图示描述影响天气的因素

- 记下重要观点,而不是孤立的事实。要有选择性地而不是把所有东西都记

第十一章 自我导向和建构主义学习

下来。

- 必要时使用一种形式较自由的提纲格式——网格（Krasnic，2011），它使用图表、箭头和代码。参见图11.3所示的网格示例和第七章中的概念图。
- 写下听到的例子和问题。
- 留出空白或其他的提示来提醒自己错过的信息。
- 尽快复习你的笔记。

理解监控策略

理解监控策略是学生通过不断地检测自己在上课期间的进度来评估个人理解情况的一种策略（Kelly & Clausen-Grace，2013）。你可以基于之前提到的互惠教学方法使用这个策略，对于需要补习的和熟练的学生都有帮助。你应该为学生示范以下三种技能：

1. 纵览课文，并就课文内容进行预测。
2. 阅读课文时，就主题思想进行提问。
3. 通过监控自己的理解知道哪些段落不清楚，问自己"我理解刚刚读的内容吗"。

使用这种策略的学生只需经过四周的教学时间，其阅读理解的正确率就可从50%提升到80%。理解监控策略与下列技能有一些共同点：

- 设定目标："我必须做什么？""我为什么做这个？"
- 集中注意力："我应该读什么？""我必须完成什么活动？"
- 自我强化："真好，终于理解了。继续加油。""这个策略确实有效。"
- 解决问题："我没理解，我应该再读一遍。""这只是个简单错误，我可以解决。"

问题解决策略

认知学习策略师建议，学校中大多数学科领域的课程都应围绕各种现实生活中的思考来组织，学生不仅在学校中会使用这些思考方式，在他们成年后的大部分生活中也会用到。据一些策略师的观点，我们如今的教学大纲都被学科（代数、生物、地理等）所割裂。这些学科确定了一个学期结束时所要完成的主题、知识和技能。这种教学大纲有时可能将学生置于一种相对被动的地位，鼓励了机械背诵或其他无意义的学习。

作为替代这种方法的一种选择,越来越多的教育者们主张教授基于问题的学习技能。基于问题的学习围绕结构松散的问题来组织课程,这些问题是学生要运用来自多门学科的知识和技能才能解决的。

回忆一下,我们在第六章的跨学科主题单元和第十章的间接教学中都对这种一般性方法有所介绍。在这两章中我们都强调了教学策略的重要性。在本章中,我们强调终身学习认知策略的重要性。问题解决策略,可以用作跨学科主题单元和间接教学的教学策略,也同样是重要的终身学习认知策略。

> 观看这段视频中的教师在数学课上使用的各种解决问题策略。注意这位教师在解决问题之前如何与学生一起回顾概念。

然而,要从基于问题的学习方法中获益,学生必须知道如何解决问题。因为解决问题是人生各个阶段都需要用到的认知学习策略,所以教师也被不断呼吁来教授这种技能。

有许多解决问题的系统你可以教给所有学生,也可以用到全纳课堂中。这些方法对于所有课程领域和各种问题都适用,不论它们是明确的问题(比如通常出现在数学课程中的文字问题),还是没有单一答案却有多种解决路径的界定不清的问题,或是那些随着学生的操作处理而改变性质的问题。

其中一种问题解决系统称为 IDEAL,它包括教解决问题的五个阶段:

1. 确定问题。学生必须首先知道是什么问题或者有哪些问题,然后才能解决问题。在解决问题的这个阶段,学生要问自己是否清楚问题是什么,以及是否能够清楚地表述出来。

2. 界定术语。学生要检查自己是否已理解问题表述中每个词的意思。

3. 探索策略。学生搜集相关信息并尝试解决问题的策略。它涉及如下方法,如画图、逆向解决一个数学问题或阅读理解问题,或者把复杂问题分为几个易于处理的单元。

4. 实施策略。一旦学生搜索了各种策略,他们就可以从中选择和使用。

5. 观察效果。在最后阶段,学生问自己是否已取得一种可接受的解决方案。

以下的示例对话向大家展示了一位教师是如何教五年级学生使用 IDEAL 的。

教师:今天,我们再思考一下关于温室的问题。记住我们昨天所讨论的内容:PTA给我们钱,让我们建一个温室。但是,我们遇到一个问题,那就是我们如何让那些本应在外面生长的花卉和蔬菜植物在温室里生长。

赫克托:首先是字母I,你要确定问题。

教师:确定了问题之后,接下来应该做什么呢?

基隆拿:我们读一下问题,然后设法搞清楚我们应该回答或解决的问题是什么。

教师:好的。我会试着确定一个关于温室的问题,然后请一位同学也同样确定一个。我发现的一个问题是:这些植物是如何获得养料的? 还有其他的吗?

萨曼莎:我发现一个问题:当温室变冷时会怎么样呢?

教师:那么,你的问题是?

萨曼莎:嗯,我的问题是:你如何确保它们生长所需的适当温度?

教师:好! 当你思考一个问题时,你还记得我们讨论过的另一件事吗?

邵:是字母D吗? 就是要确定问题中所有你不理解的词。

教师:这个为什么重要?

邵:嗯,你要确保真正理解了问题。有时我们使用词语时,我们认为自己知道它们的意思,但实际上却并不知道。因此,D可以提醒我们去确定我们是否真的理解了我们所说的事情。

教师:很好。我给你们一个例子,然后你们也给我一个例子。什么是温室? 我们是否有一致的看法?

科特斯:还有,适当的温度指的是什么意思?

教师:太棒了。在我们思考解决问题的时候,我们要做的第三件事是什么?

(教师继续完成IDEAL解决问题模式的最后三个活动)

教师将认知学习策略应用于课程中有两大目标:(1)加强学生对知识的获取(陈述性知识、程序性知识和元认知知识);(2)加强运用认知过程(接受性、可用性和激活性)。当教师将认知学习策略(记忆术、阐明/组织、理解监控和问题解决策略)教授给学生时,就更有可能实现上述两个目标,并在学生的生活中激活这些策略。

基于项目的学习策略

克劳斯和鲍思(Krauss & Boss,2013)提出,围绕项目来组织教学的教师可以给学生提供适用于终身思考的指导。但是,教师必须确保学生了解,他们的成功取决于他们控制的因素。基于项目的学习:(1)向学生传达了学习过程的重要性,而不仅是学习的结果;(2)帮助他们设定目标;(3)用教学分组来促进合作完成项目。

与基于问题的学习一样,基于项目的学习广泛利用内在动机理论来促使学生保持较高水平的动机和学习热情。然而,与基于问题的学习不同的是,它在学习过程开始之前就将最终结果可视化。

首先,我们探讨一下基于项目的学习是如何通过内在动机来促进学生终身自主探究的。然后,我们再看看它如何引导探究的过程和最终结果。

任务在基于项目学习中的作用

基于项目的学习使课堂学习任务在内在动机的发展中发挥了至关重要的作用。它提出这样一个问题,即"哪种任务最有可能激发和维持学习者的兴趣、努力和毅力"。

基于项目的学习提倡把项目用作吸引学生参与的最适当的工具,因为它们可以围绕着学生兴趣来组织。项目有两个基本要素:(1)它们都围绕一个可以组织和激活课堂活动的核心问题来组织;(2)它们都需要一个产品或成果来成功地回答问题。不过,基于项目的学习不同于基于问题的学习,它需要开发出一个有形的成果来决定最终目标是否已达成(模型、海报、小品、数字视频、播客、报纸、演示、再现或实体建筑,如科学展览或者合作的学校温室或花园),而且因为过程的复杂性还经常涉及其他的参与者。这两种学习都需要同样的探究技能,如探索、发现和质疑。

项目可能围绕当前社会关注的问题或者更具历史意义或智力兴趣的问题来进行。好的项目具有以下关键特征:

- 它们持续一段时间,要求用几周或更长的时间去完成。
- 它们涉及好几个学科(如涉及数学、阅读和写作技能等)。
- 它们既关注过程也关注结果。

- 它们需要教师作为教练,并往往要求采用小组合作。

项目学习还必须:(1)提出现实世界中的真实挑战;(2)允许一些学生选择和控制;(3)可操作,或能够在学生和课堂时间和资源的限制内实行;(4)需要某种程度的合作;(5)产生有形的产品。让我们再仔细地看一下每种特征。

提出挑战。一个项目要满足这条重要标准,需要为学生提供真实的、有时很新颖并往往具有挑战性的问题来研究、解决和汇报。这与那些占据学生大部分学习时间的活动——做活页练习、练习册、章节末的问题和其他常规性任务等大不相同。

允许学生选择和控制。有效的项目允许学生选择调查的方式(阅读、访谈、观察、控制性实验),汇报的风格(书面报告、录音或录像、视觉展示),问题的解决方案,以及要开发什么类型的产品或制品。

可操作。如果学生看到了结果,那么他们就会坚持并加大努力。同样,如果限定了时间,要求使用现成的资源,并在完成的过程中可以接收到正面反馈、进行修改以及生成进一步的产品,他们更可能相信自己可以完全地理解项目并取得成功。

需要合作。允许学生满足他们的社交需求,才能在课堂中培养内在动机。一个项目,只有在学生小组有不同分工且都承担着重要角色时才能完成,那么这样的项目是融合动机理论原则的理想工具。

产生具体的结果。给学生提供具体学习目标的项目更有可能维持内在动机。此外,项目的结果和产生它的过程要使学生能看到他们在课堂中的表现与最终产品之间的关联。这就使学生对他们的成绩有更强的控制感,而且相比于单单基于纸笔的考试成绩,它可以更好地满足学生独立自主的需求。

学习者在基于项目学习中的角色

教育家们强烈要求学校进行改革,他们认为让学生参与自己动手的学习活动是培养其自我导向学习的最佳方法(Krauss & Boss, 2013)。基于项目的学习承认,学生只有在以下条件下才能从项目中习得重要的知识和技能:(1)他们要通过努力来获取成功;(2)相信自己能够完成项目的目标;(3)认为自己是有能力的。

教师在基于项目学习中的角色

学生如果无法看到课堂活动的意图与其个人或现实生活的相关性,那么他们比那些能看到二者关联的学生表现得更差。帮助学生掌控自己的学习,让他们在课堂活动中有发言权和评价权,是提高学生学习积极性、减少学生冷漠态度的重要部分。这在各种文化和语言背景以及不同学术领域中都是如此(Krauss & Boss, 2013; Curwin & Mendler, 2010; Wentzel & Wigfield, 2009)。

在基于项目的学习中,教师的独特角色在于能够为学生或小组选择的产品提供支持。因此,基于项目学习的支持者敦促教师以下列方式来支持学生的兴趣、努力和成就:

- 避免使用那些暗示完成项目的全部所需在于先天能力的表述。
- 使学生既关注完成项目的过程,也关注其产生的结果。
- 向学生说鼓励性话语,以促使其持续投入。

在实践中:关注基于项目的学习

教师采用基于项目的学习或围绕项目来建构教学计划,非常适合于培养学生的动机(Harada, Kirio, & Yamamoto, 2008)。认知心理学家提出三种不同又有所重叠的动机理论:归因理论、自我效能理论和目标理论。无论你认可哪一种,基于项目的学习都为如何鼓舞和引导学生这一由来已久的问题提供了解决方案。

归因理论

我们每个人都取得过成功,也经历过失败。想想你最近一次的成功或失败,你觉得这是因为你的努力程度、能力、运气,或这些因素的综合吗?换个方式来问这个问题:"你会把你的成功归于内在因素,比如努力或能力,还是外在因素,比如运气和任务的难度?"

支持归因理论的弗斯特林(Forsterling, 2001)以及格雷厄姆和福克斯(Graham & Folkes, 2014)都认为,人们很自然就会尝试理解他们为什么成功或失败。例如,当要求学生解释他们为什么得了某个分数时,他们通常会提到自己的努力程度、天赋、考试难易程度或运气。这些原因或源于学生的内部因素(努力、能力),或源于外部因素(运气、任务)。归因于学生内部因素的被称为内部归因,归因于学生外部因素的称为外部归因。

动机理论家断言,只有当学生把他们的成功归功于努力时,他们才会为完成一个项目或考试而付出真正的努力。如果学生把成功或失败归因于能力、运气或任务难度这些所有不在他们控制之内的因素,他们会认为自己无力改善目前情况。因此,学生如何思考或解释成功和失败而不是结果本身,决定了学生将付出多少精力和努力。

自我效能理论

自我效能理论认为,学术动机取决于学生对于自身是否能成功完成学习任务的信念。自我效能理论的创始人班杜拉(Bandura,1997)和布里特纳(Britner,2013)将其定义为个人对自己组织和执行达到预期成果所需的行动过程的能力判断。换句话说,学生更可能开始、坚持和掌握他们认为自己擅长的任务。这个判断是"自我效能"一词的含义。

对自我效能的判断与归因不同。归因是学生认为成功或失败的原因。它们影响期待和行为,因为学生用这些信息来判断自我效能。如果一名学生相信在微积分上取得成功是因为天生的数学能力,而且觉得自己不具备这种能力,那么学生对微积分的自我效能就较低。

班杜拉还识别出学生用来判断自我效能的其他信息来源。一种来源是口头说服,教师借此向学生传达可以成功的信念和信心。另一种是观察同伴成功地完成某个特定的任务。如果一名学生看到喜欢和钦佩的人因为解决几何难题而得了高分或得到教师的表扬,那么该学生更有可能相信自己也能完成。

但是,学生用于判断自我效能的最重要的信息,还是自己在过去某个特定任务上成功或失败的经历。在过去的三个写作任务中都获得高分的学生比低分学生在下一次的写作中的自我效能更高。因此,学生在对某一特定学科的自我效能进行判断时,除了进行归因之外,还要对各种信息进行权衡。一旦做出判断,就会直接影响学生的努力和坚持,及其取得的成就的高度。

目标理论

研究动机的第三个视角是目标理论,它关注学生的学术目标对于动机的影响。德威克和雷普奇(Dweck & Reppucci,1973)对五年级数学学生的早期研究表明,无法控制的失败会在学生的头脑中造成无助的倾向,导致他们不去努力解决简单的问题,即便他们曾给出过正确答案。

许多关于目标理论的研究表明,相比于关注能力的学生,关注任务或掌握目标的学生在学校更有可能获得成果。他们使用更多的认知策略来解决问题,花费大量的精力回忆知识,并将新知识与之前的学习联系起来。研究人员已经证明,随着孩子们进入小学阶段,他们越来越相信他们的能力限制了可以学到的东西。而某些课堂活动,如能力分组(分班考试),加剧了这种观点。因此,目标理论特别强调增强学生个人目标信念的课堂实践。这些目标信念可以影响广泛的动机行为,包括坚持、使用学习策略、选择和偏好。

这些理论都表明,实施基于项目的学习或围绕项目构建课程的教师,还必须提供一个激发其学习动机的学习环境。无论你对动机的看法是否与其中一种或多种理论一致,每种理论都为成功的项目课堂注入了能量、指明了方向,为这个由来已久的问题提供了切实的解决方案。为此,教师的贡献在于要注意将任务缩小到一个具体可行的结果,为学生提供可能需要的组织技能,并激励学生一定达到目标。

文化回应的自我导向学习

德尔加多－盖坦(Delgado-Gaitan,2006)、盖伊(Gay,2010)以及格兰特和雷(Grant & Ray,2009)强调了在多元文化课堂中,教师在调整课堂对话以使其促进自我导向学习方面所发挥的两个作用。其中一个方面是教师调节,即教师所做的现场调适,其目的是扩展或重新调整学生的回答以使他们迈上高一层的学习阶梯。第二个方面是心理模拟,即对策略的积极示范,从而使学生更好地学习和掌握所教授的内容。

这些结果已通过各种形式的社会交际被应用于多元文化的课堂中,这些社会交际形式促使学生构建他们自己的意义和解释,并在教师的指导下对这些意义和解释进行了修改和扩展。正如我们所见,交互性的教学和基于问题的学习是促进教师调节的两种方法。教师通过这些策略可以引发学生在当前的理解水平进行回应。

在基于项目的课堂中,其他有助于促进文化回应自我导向学习的时机包括:

1. 提出有挑战性的问题。关注问题,这样学生必须就解决方案的重要层面作出关键决策。如果学生参与到学习中并视其为真正的自我导向,这种对探究的责任感和控制感是非常重要的。

2. 选择允许有自由选择且包含兴趣的学习活动。通过让学生探索和研究他们自己的话题,即选择和构建他们自己的意义和解释,你会使他们参与到对自己学习的设计中。

3. 在自我导向教学中,围绕小组活动计划教学。当学生完全有能力从别人那里获取想法,并从中创造出与众不同的想法时,这些想法可在自我导向教学中应用。

4. 将需要解决问题的现实问题包括进去。让学生真正成为解决现实难题的研究者,这会促使他们切实地看待他们新获取的知识和理解,且增加解决问题的难度。

5. 在测试中,利用因符合学生的文化而使其感到熟悉的内容来引出他们的知识和理解。可使用这样一些评定方法,即通过要求学生进行解释、分析、比较、对照、假设、推论、采纳和证明,从而表明他们可以用自己的语言来构建学习内容的意义,使学生超越对事实的了解和记忆。

有了这些自我导向的学习方法,你就能协助所有学生参与到课堂对话中。教师的目的应该是通过给处于最大回应机会区的学生的回答提供回应,来促使尽可能多的学生参与到学习过程中。这可以通过以下几种方法来完成:

1. 调节内容的流量和复杂度来满足个体学习者的需求。
2. 提供充足的机会以使所有学生自主地参与到对话中。
3. 提供认知策略,这样学生就可以更好地学习和记忆所授内容。

最后,用以下问题来检测效果:

• 我的教学是否聚焦于学生的最大回应机会区之内?学生是否因为他们已经掌握了那些技能而感到乏味?或者,他们是否因为技能超出了他们的学习范围而感到灰心丧气?

• 我的教学是否太单一了?我是否已满足了学生的社交学习需求?我留出充足的时间让学生进行充分交谈、推理、共同解决问题以及合作计划,从而再现他们大部分时间里所接触的文化了吗?

• 我是否一直在期望学生掌握不符合他们文化的知识?我是否使用了学生不熟悉的文化以及不相关的或是相冲突的教学方法?

案 例

说明: 以下案例与第十一章的内容有关。读完这个案例,请根据提示回答一些批判性思考问题,并把从本章中学到的知识应用到这个案例中。

亨森老师所教的是一个五年级的多元文化班,学生刚刚在他们的科学课本中读到一个章节,其中的内容挑战着人们长期以来持有的观点。这两个观点分别是地球是平的和地球是行星系的中心。以下是后续讨论的摘录:

亨森老师:内特,你为什么笑得那么灿烂?我们读的这章里有什么让你觉得这么好笑?

内特:嗯,就是有点奇怪——想想那些强悍的水手,他们一转眼就穿越了暴风雨,可却一直担心自己会从世界的边缘滑下去。我是说,这很蠢,你不觉得吗?

亨森老师:我不知道。当时几乎所有人都是这么认为。你有没有想过,几个世纪后,另一个"内特"会坐在另一间教室里,嘲笑我们现在认为正确的想法?

内特:我没那样想过。我们现在已经知道这么多了,我们还可能有完全错误的想法吗?

亨森老师:同学们,让我们想一想,进行一些预测。你可以和你的同桌就这个话题讨论几分钟。几个世纪后,课堂里的学生会笑什么呢?对于今天每个人都接受的真理,你认为哪些会被后来的人们证明是错的呢?为什么?

[当学生们在讨论各种可能性时,亨森老师在教室里走来走去。她在几张书桌跟前停了一会儿,有时只是停下来倾听,有时给予鼓励,比如"我从没想过这个"和"我想你说得对"。当她确定每张书桌旁的同学至少有一个好建议时,她就重新召集全班进行讨论。]

亨森老师:洛蕾塔,你们组的想法很有趣。和我们一起分享吧?

洛蕾塔:哈哈,我们现在都知道吃东西之前要用各种洗手液等清洁产品来洗手,杀死手上的细菌。我们预测未来人们会发现其实这些细菌是对我们有好处的。

亨森老师:但我发现你们组预言背后的原因最有意思。弗里曼,你能向大家解释一下吗?

弗里曼:我想到了以前。我奶奶在农村长大,每当她妈妈因为小孩子把所有东西都往嘴里放而生气时,她的爸爸总是说:"生活中总得吃点脏东西,艾迪,所以别对小孩太苛刻。"据我奶奶说,她和她的姐妹们患感冒的次数没有我

第十一章　自我导向和建构主义学习

们现在这么多。

西尔维斯特：我叔叔也总是这么说。他说："很多细菌对你有好处。"

蒂芬妮：我不同意。也许你的亲戚不像我们现在生病这么多是因为他们住在农村，他们不像我们在城市里接触那么多生病的人。

亨森老师：所以你认为"细菌对你有好处"的理论没有考虑到其他因素的变化或是科学家所说的变量？

西尔维斯特：不可能，我叔叔和他的六个兄弟姐妹住在一间小公寓里。

亨森老师：除了你们长辈的智慧，你们对这个想法还有其他的解释和理由吗？

洛蕾塔：我觉得太干净了也不好。没有任何细菌，我们就不习惯它们——就像一个从不需要分享玩具的独生子一样。如果我们从没有接触过细菌，然后突然遇到细菌，我们的身体就会很反常。就像我的表妹，当她不得不分享的时候，她吓坏了，我们的身体也会那样。

弗里曼：而且，关于如何对待细菌，我们确实有一些很酷的想法。我们驯化了马，那为什么不能驯化细菌呢？细菌如此之小，而繁殖又那么快，我们可以让它们给我们的身体传播一些好东西——这就像随身携带的行李一样。也许可以清理我们的动脉或让我们远离癌症呢？

亨森老师：你们小组做得很好，不仅仅是因为你们想出了合理的预测并做出解释，而且你们还把它提升到了一个新的高度，为这个想法创造出未来的用途，非常棒！现在，卡门，你来说说你们组选了什么？

卡门：晚年。它不一定到来。

亨森太太：现在我要全神贯注地听你说。［全班大笑］

点击　第十一章　评估测试你对本章知识的掌握情况。

总　结

学习成果11.1

- 自我导向学习既是教学方法，也是学习方法。它使学习者积极参与到学习过程中,目的是获得较高认知复杂度的成果。

• 自我导向学习涉及以下的活动序列:

1. 提供有关何时以及如何使用学习心理策略的信息。

2. 解释如何将这些策略运用于实际问题的解决中。

3. 给学生提供机会,让他们根据自己的思维方式以及先前的理解来重新组织内容。

4. 通过一些活动(练习、对话、讨论)使学生参与越来越复杂的思维模式,从而将学习任务逐渐转交给学生。

学习成果11.2

• 元认知是自我导向学习的一种策略,它帮助学生内化、理解和回忆学习的内容。

• 元认知策略是通过心理模拟来教授的,学生在此过程中逐步获得正确的解决方案。心理模拟包括以下几个阶段:

1. 向学生展示涉及的推理过程;

2. 使学生对推理有意识;

3. 使学生专注于推理的应用。

学习成果11.3

• 教师调解是教师对内容的流动和复杂度进行现场调节,以使其适合学生的个体学习需求。在教师调解学习中,教师的作用是调整教学对话,帮助学生根据个人的特有能力、学习经历和个人经验来重组他们的学习。

• 最大回应机会区指的是内容的难度和行为的复杂度,学生从中可在教师给出回应时获得最大的收益。它是通过课堂对话来实现的,即教师对学生的回答提供回应,从而激活每位学生独特的学习历史、特有能力和个人经验。基于这些特点,学生可以对内容形成个人的意义和解释。

学习成果11.4

• 功能性错误是指学生给出的不正确或部分正确的答案,它可以增加内容的意义以及对内容的理解,并为步上下一个学习台阶提供了逻辑上的踏脚石。

学习成果11.5

• 互惠教学涉及以下活动序列:

1. 从课文中或通过读、听其中的一部分,生成对所学内容的预测。

2. 选出一位讨论领导者,由他指定其他学生就课文提问,然后让另外学生回答问题并提出自己的问题。

3. 由讨论领导者来总结课文,然后邀请其他同学进行评论或展开。

4. 对任何未解决的问题进行澄清,提出更多假设,如有必要,重读课文的相关部分以更加明晰。

• 教师在互惠教学中担任如下角色:

1. 与学生共同分担学习的责任。开始时承担着示范如何预测、如何提问、如何总结以及如何阐明的责任,然后把演示应用这些策略的责任转交给学生。

2. 通过提示、提供额外信息以及/或者变更对学生的回答要求,来鼓励所有的学生参与到课堂对话中。

3. 监控学生的理解,并根据需要调节信息的传输速度和复杂度。

学习成果11.6

• 在自我导向学习中,教师在逐步讨论中支撑和建构了师生对话,每次都对学生独立思考先前的建构提出了更大的挑战。对于每位学生的回答,教师支架必须采取适当的程度,以便将挑战保持在学生的最大回应机会区。

学习成果11.7

• 在自我导向学习中,内部(私人)言语有助于学生以其独特的方式阐述和扩展内容。随着超越课本的学习责任逐步转交到学生手中,他们的内部言语能力逐步提高,就像教师在早前阶段所做的,他们模拟相同的推理过程,使用相似的问题、提示和暗示。

学习成果11.8

• 以下是教个体学习者自我导向学习的步骤:

1. 提供一个新的学习任务,并观察学生如何进行处理。

2. 要求学生解释他或她如何计划学习一些内容(例如,准备考试)。

3. 描述和示范一个组织和学习内容的更有效的程序(例如,使用学习问题、记笔记或标记课文中的重要特征)。

4. 提供另一个类似的任务,学生可以用它来操练所提供的策略。在处理任务的过程中,模拟自我提问的行为以确保学生正确使用策略(例如,"我在关键词下面画线了吗")。

5. 提供让学生练习的其他机会,淡化你作为监控者的角色。

6. 通过询问学生理解和对所教策略的使用情况来检测结果。

学习成果 11.9

• 在自我导向学习中,其他认知学习策略有助于组织和记忆新的材料:

1. 阐述/组织(记笔记);

2. 理解监控;

3. 解决问题的策略;

4. 基于项目的策略。

• 基于问题的学习是一种解决问题的方法,它围绕结构松散的问题来组织课程,学生解决这些问题时需要使用几个学科的知识和技能。

学习成果 11.10

• 基于项目的学习是一种促进内在动机的学习方法,它围绕一些最有可能引发和支持学生兴趣、努力和毅力的任务来组织教学。关键要素包括关注学习的过程(而不仅是结果)、目标设定和教学分组。

学习成果 11.11

• 在多元文化课堂中,可以通过下面的方式来调整课堂对话,以促进自我导向学习的目的:

1. 调节内容的流量和复杂度;

2. 提供让所有学生参与的充足机会;

3. 教授认知策略。

关键术语

活动结构	元认知	教师调节性学习
认知学习策略	基于问题的学习技能	最大回应机会区
功能性错误	基于项目的学习	
内部言语	互惠教学	
心理模拟	自我导向学习	

讨论与练习

带星号的问题在附录 B 中有相应答案。有些带星号的问题可能要求学生做后续回应,这些答案没有包括在附录 B 中。

*1. 确定让学生参与自我导向学习的两个目的。在你将要教授的内容领域中,哪些最适合这两个目的的应用?

*2. 自我导向学习涉及什么活动顺序?

*3. 什么是元认知?你想为你的学生教授哪几个元认知策略?

*4. 在演示过程中,心理模拟可以帮助学生取得哪些具体成果?展示一下心理模拟如何应用于你所教授的话题。

*5. 在教师调解性学习中你的角色是什么?这一角色与在教师讲课或学生背诵时的角色有什么区别?

*6. 用你自己的话描述一下最大回应机会区。然后用课堂的自然语言写一小段师生问答对话,以此显示你已触及某位学生的最大回应机会区。

*7. 解释通常出现在互惠教学中的活动顺序。哪一部分你认为最难实施?为什么?

*8. 在自我导向学习过程中,促进课堂对话的最重要的目标是什么?如何判断自己是否达到此目标?

*9. 在自我导向学习过程中,内部(私人)言语的目的是什么?你曾经使用过内部言语来提高自己的学习吗?如果有,是在何种情境下,又取得哪些结果?

*10. 描述陈述性知识与程序性知识之间的区别。就你所教的话题分别举一个例子。

*11. 教个体学习者自我导向学习有哪些步骤?什么样的学生行为会使你决定用额外的时间来教授这些技能?你将如何评估你的学生是否掌握这些技能?

专业实践

现场体验和实践活动

带星号的问题在附录 B 中有相应答案。有些带星号的问题可能要求学生做后续回应,这些答案没有包括在附录 B 中。

*1. 心理模拟的三个阶段是什么?用你所教的学科内容举例说明每个阶段。

2. 从你的课堂观察中,举一些提示学生开始进行心理模拟的言语标记示例。

*3. 互惠教学的目的是什么?你在课堂中教授什么内容或开展什么教学活动时最可能使用互惠教学?你将如何评估结果?

4. 基于你的课堂经验,创建一个简短的课堂片段,用它显示你的教学领域中支架性对话的样子。这个支架性对话是否符合学生当前的理解水平?

5. 从你的实际工作或课堂观察中举一个活动结构的例子,它可以改变任务的要求。你将如何为不能适应难度增加的学生改变任务结构?

*6. 描述一些终身学习的认知策略。考虑到你的学科内容或年级水平,你认为这些策略哪些最有用,又适用于哪些内容领域?

电子档案活动

下列电子档案活动与 InTASC 标准 1、3、4、5、6 和 8 有关。

1. 在现场体验和实践活动 4 中,你按要求创建了一个简短的课堂片段,以显示你所在教学领域中支架性对话的样子。回想一下,在每个学生回答之后,支架性对话是如何用问题、提示和线索来使话语的水平适应于学生当前的理解水平。这个水平称为最大回应机会区,是学生可以从他们的回答中学习和受益的区域。检查你在活动 4 中的对话是否达到了令你满意的效果。如果没有,修改一下并把它放到你的电子档案袋中,命名为"自我导向学习"的文件夹。你的对话将提醒你,师生之间问答的温和互动要使学生在学习的阶梯上有所提升。

2. 现场体验和实践活动 3 让你指出互惠教学的目的,以及你的教学领域中可能为其应用提供理想环境的内容或活动。运用这些互惠教学的知识,仿照本章的示例,就你的学科领域准备一段简短的课堂对话,以此说明你对如何在课堂应用互惠教学策略的理解。把这个对话放在你的电子档案袋中命名为"自我导向学习"的文件夹里,作为你应用此重要概念的技能示例。

第十二章 合作学习与合作过程

> **学习成果**
>
> 本章学习结束后,你将学会并能够:
> - 设计合作学习活动,促进态度和价值观的形成,理性面对不同的视角和观点以及学习恰当的社会行为。
> - 解释合作学习活动的四个组成部分以及每个部分的主要目标。
> - 设计合作的任务结构,明确目标、组织任务并评估合作的过程。
> - 比较四种合作学习活动,并解释如何使用每种活动来实现预期的成果。
> - 在为多样化课堂准备合作学习活动时,为场独立和场依赖学习者确定合适的活动结构。
>
> **美国州际新教师评价与支持联合会(InTASC)**
>
> 学完本章,你将能够达到以下 InTASC 有关有效教学的标准:
>
> **标准2　学习差异**。教师利用对个体差异和多元文化、社区的理解,确保提供包容性的学习环境,从而使每个学生都能达到高标准。
>
> **标准3　学习环境**。教师与他人合作创设支持个体和合作学习的环境,鼓励学生进行积极的社交互动、主动参与学习和进行自我激励。
>
> **标准4　内容知识**。教师理解所教学科的核心概念、探究工具和学科结构,并创设使学生易于理解和有意义的学习体验,以确保学生掌握学习内容。
>
> **标准5　知识应用**。教师了解如何把概念联系起来,并使用不同的观点使学生就真实的本地和国际问题进行批判性思考,激发学生的创造力和合作解决问题的能力。

> **标准 6　教学评价**。教师理解和使用多种评价方法,使学生参与自身成长,监控学生的进步,并引导教师和学生制定决策。
>
> **标准 8　教学策略**。教师理解和运用各种教学策略,鼓励学生深入了解学科内容及其相互联系,并培养学生以有意义的方式应用知识的技能。

♥♥♥♥♥

在第十一章中,你看到了自我导向学习如何在认知策略的辅助下促进高阶思维发展的。在本章中,你将看到如何通过各种形式的同伴合作来扩展和加强这些学习结果,这对于逐步释放责任模型的应用也很重要。你将了解到直接、间接、自我导向学习和合作学习是如何拥有促进学生参与学习过程的共同目标,并促进学生的高阶思维发展以及在工作、家庭和社区中所需的更真实性的行为。

合作的成果

如果你的学生不能把批判性思维、推理和解决问题等技能应用到与其他人的交流中,那它们还有什么意义呢?合作学习是一种教学策略,它通过在成人式的环境中把这些技能组合起来,为学生提供了适当的社会行为示范,使学生可以为在成人世界中推理和实践做好准备(Gillies, Ashman, & Terwei, 2010; Johnson & Johnson, 2008)。让我们看一下其中的一些行为:

态度和价值观

成人学习者从社会互动中形成他们的态度和价值观。尽管我们对世界的了解多是来自书籍、杂志、报纸和视听媒体,但我们大部分的态度和价值观是通过与其他人讨论我们的所知所想而形成的。通过这种方式,我们与用不同方法获取知识的其他人交流信息和知识。这种交流塑造了我们的观点和视角。它将冰冷、无生命的事实转化为情感,进而再转化为态度和价值观,并在很长一段时间内引导我们的行为。

我们的态度和价值观是学校教育最重要的成果之一,因为它们单独为引导我们课堂外的行动提供了框架,那里可能没有可以利用的正式的知识来源。合作学习是很重要的,因为它可以帮助学习者从课程中获取他们在课堂内外进行独立思考所需的基本合作态度和价值观。

亲社会行为

在与家庭成员进行亲密而有意义的接触过程中,亲社会行为模式得以交流。儿童从自己和他人的行为中无意识地学会分辨对与错,当然这些行为都是成人家庭成员所关注的。成人会很快意识到这些行为对家庭、朋友以及社区的影响。

随着双职工家庭或单亲家庭中成人在家时间的减少,课堂成为支持家庭和社区价值观的重要媒介。合作学习把学生集中在成人式的环境中,如果细心计划和运作,可以为学生提供适当的社会行为模式。作为一名教师,你最重要的作用之一就是在课堂中推动和展示积极的社会互动和社会关系。

不同视角和观点

显然,我们是通过接触与自己不同的观点来形成我们自己的态度和价值观的。我们的好恶来自我们与其他一些观点的接触,这是我们自己因为所处环境和经验的局限而没有想到的。这些观点——有些我们采纳,有些我们借用,有些我们摈弃——都是形成我们态度和价值观的原材料。

接触到这些不同的观点之后,我们被迫进入一种批判性思维、推理和解决问题所需的客观现实之中。换句话说,我们减少了自我中心化。由于我们看到和听到的东西具有价值,我们变得越来越乐于与其他人交流情感和观点。这种对于观点的积极交流和有时它在我们中间产生的紧张感成为我们成长的催化剂。合作学习为我们提供了语境或集中场所,在此我们可以听到许多不同的观点,从中可以形成我们自己的更为清晰的态度和价值观。

整合的身份

社会互动的一个最明显的结果就是,它对我们如何培养个性以及了解我们自己产生了影响。长时间的社会互动使我们在许多不同环境中了解自己——我们的态度、价值观和能力。主要的结果是,随着一次或少量几次的社会互动展开,我们无法隐藏关于我们是谁或认为我们是谁的分析和冲突。

如果我们在一个场合中用一种方式说话和思考,而在另一个场合中用另一种方式说话和思考,那么我们就会注意到自身的矛盾,而且想知道为什么会存在这种矛盾。接着我们会设法解决这样的矛盾,阐明我们真实的想法,并真正相信我们所说的东西。我们的个性变得更加一致化和综合化,而且别人会感觉到,我们的个性强有力地反映了我们的思想和感情。随着时间的推移,不断重复的社会互动会减少矛盾,直至我们的观点变得一致,我们获得了整合的身份。

合作学习能够去掉那层掩饰我们内心深处思想感情的不相关的、过分夸张的、肤浅的附属物,因此我们就可以开始获得一种对自己的整合感。

高阶思维过程

如果以上所有合作学习的好处还不够充分的话,那么推崇它的另一个原因是,它还有助于提升学生的学业成绩(Kagan, 2013)。刚刚提到,合作学习使学生积极参与到学习过程中,并设法提高学生的批判性思维、推理和解决问题方面的技能(Wincel, 2013)。批判性思维在态度和价值观、社会行为学习、理解不同的观点和整合的身份等背景之外是不可能发生的。合作学习为高阶思维过程的存在提供了养分,并为学生设置了真实的、成人式的任务。

人们认为,对于分析、综合和决策所要求的这些高阶思维过程来说,与其他人的互动要比非互动性的看书和听课更能激发它的产生。看书和听课对于传授知识、理解和应用可能是有帮助的,但是它们很少能产生在现实生活中进行批判性思考、推理和解决问题所需的私人内部言语。这些行为需要与自己和别人进行互动,从而释放用复杂的方式思考和行事所需的动机。因此,附录C"高阶思维和解决问题列表"包含了合作行为也就不足为奇了。

通过以上结果,我们可以看到合作学习不仅是让学生一起学习的活动,更是一种教学策略,它使学生可以获取代表终身学习目标的思维技能和价值观。这些目标如图12.1所示。

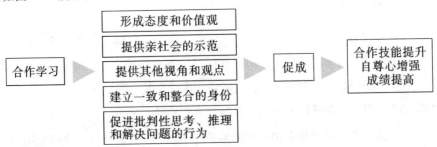

图12.1 合作学习的成果

合作学习活动的组成部分

在这一章中,你将了解如何组织课堂活动进行合作学习。在设计合作学习活动的时候,你需要在以下方面做出决策:

1. 你与学生将进行的互动类型;
2. 学生之间将进行的互动类型;
3. 你要选择的任务和材料;
4. 角色期望和你将分配的角色职责。

以下将对这四个方面进行详细探讨。

> 在这段视频中,我们来看看课堂上合作学习的各种方式。请注意人力资源部部长说了合作学习的哪些优点。思考一下如何在课堂上利用合作学习小组来区分教学。

师生互动

在合作学习过程中,教师与学生互动的一个目的是促进独立思考。与在自我导向学习中"学生回答——教师回应"的顺序很类似的是,在合作课堂中,教师与学生之间的交流主要集中于让学生脱离课本进行独立思考。为了达到这个目的,你会采用与自我导向课堂类似的方式来做示范,并与学生进行合作。因为合作学习和自主学习的目标是互补的。

然而,你在合作学习中建立师生互动的方式与自我导向学习和大班教学的方式有所不同(Burbules & Bruce, 2001)。在自我导向学习中,互动通常是一对一的,指向个人的口头信息每次只有一个,而且是在他们的最大回应机会区之中。与之相反,合作学习发生在有共享目的和任务的小组中,所以你必须拓展互动以适应多数小组成员共有的最大回应机会区。你的目标是帮助这个小组,使他们变得更有反思意识,更能意识到自己的表现。

"再思考一下"、"你为何不参考一下学习中心的资料"以及"一定要遵循我给你们的指南"将成为你常用的语句,往往指向一个由四五个人组成的小组,他们需要共同完成一项特定的任务。教师的作用是在关键地方介入然后撤出,以便让小组成员处理所给出的新观点或新信息。用这种方法,教师可以在简短而集中的介入期间进行监控并与小组合作,从而使他们步入正轨,并进行合理有效的推理。

生生互动

在合作学习小组中,学生之间互动的强度大而且时间长。与自我导向学习不同的是,学生在合作学习小组中逐渐承担起对彼此学习负责的责任。这与自我导向学习产生的效果可能是一样的,同时这也是合作学习和自主学习可被用作补充性学习策略的原因,因为其中一种学习可加强在另一种学习中掌握的技能。

在合作学习中,反馈、强化和支持来自小组中的同伴学生群体,而不是来自教师。生生互动占了合作学习中的大部分时间和活动,这与发生在大组教学中为数不多的直接生生互动是不同的。由四五名学生组成的小组在共同任务的促使下聚在一起进行合作,这样就可以从最亲近、最直接的同伴来源中获得合作、支持和反馈。合作学习的一个基本要素是每个学生都希望能够协助团队成员完成任务。

任务专门化和材料

合作学习的另一个组成部分是所要学习的任务,以及组成合作学习活动结构的材料。合作学习任务是事先计划好的活动,它们有时间限定,按阶段来完成,且被置于其他学生的工作环境中。这就促进了个体学生之间观点和/或材料的共享以及彼此的协调努力。任务和支撑材料的选择对于促进有意义的生生互动非常重要。

合作学习通常使用任务专门化或劳动分工,将较大的任务分为较小的部分,由各个小组去分担。最后,这些努力汇聚一起形成一个整体,班级的每个成员都对此有所贡献。因此,每个小组可能被要求专门进行一项工作,聚焦于某个较大终端产品的一个较小但有意义的部分,这样整个班级成员都可以获得学分。小组之间甚至可能相互竞争,想着做出更好的部分或高质量的产品。然而,它的目的并非在产生最终产品上的竞争,而是通过竞争促进小组内的合作。合作任务结构的目标是,将一个较大的任务在学习小组之间进行分配和专门化,他们的成果取决于小组学习者之间的共享和合作。

角色期望和责任

恰当地分配角色对于合作学习活动是很重要的。除了小组会被分配专门的任务之外,个人在小组内通常也会被分配专门的角色。一些常见的角色有研究者、记录者和总结者,这些角色的具体职责在分配之前就要确定。

合作学习活动的成功取决于你对角色期望和角色任务的传达,以及在必要时对角色的设计。这是合作学习与松散组合的讨论小组相差很大的另一个原因。你不仅需要在学生和专门任务之间分配工作,而且还必须指定能顺利有序完成任务的角色。

如果学生的角色任务不清楚,或者某一小组的任务含糊不清,合作学习很快会转化为无序的讨论,而且其中还会出现许多不参与的和消极参与的人。这些人成功逃避了组内的分享,也就破坏了合作学习的目的。

如果一个小组形成了出色的报告,但只有少数学生做出贡献,那么这个小组作为一个整体学到的东西不会比每个成员单独完成作业所学的更多。批判性思维、推理和解决问题更多是合作学习活动中共同努力的成果,但这些都不会发生。

在课堂中建立合作任务结构

现在,让我们在你的课堂中应用这四个合作学习的要素:师生互动、生生互动、任务专门化和材料,以及角色期望和角色任务。为一个合作学习活动建立任务结构包含以下五个具体步骤:

1. 明确活动的目标;
2. 组织任务;
3. 指导和评价合作的过程;
4. 监控小组表现;
5. 听取汇报。

1. 明确目标

合作学习活动的目标将确定活动结束时所期望的产品和/或行为。结果可以有不同的形式:

- 小组的书面报告;
- 活动结束的测试中较高的个人成绩;
- 口头汇报,发表小组的一致意见;
- 列举关键问题、决策或难题,并/或提供相应的解决方案;
- 对指定阅读的评论;
- 收集支持或反对某议题的实物或文献证据。

为了确保获得预期的成果,教师的任务是明确成果、核实学生的理解情况,以及设定合作的基调。以下部分将分别对每个步骤进行描述。

明确结果。作为小组活动的调节者和最终领导者,你必须提前清楚地说出期望的学生最终成果或表现的形式。对于每种预期的成果(例如,根据以上列表),要说明可接受的小组成品的风格、格式和长度。关于书面报告,你要通过班级日志解释什么样的长度和格式可以接受,并展示样本报告来引导小组活动。在每种情况下,你都应告知学生可接受的进步幅度和阶段性目标,而且最好提供一个最终成果表现的成功范例。

明确了目标之后,你要将它置于过去和未来学习的大背景中。组织内容,以便让学生来赋予意义和重要性,并结合他们自身的经验来理解。通常来讲,像"还记不记得我们曾遇到过……困难"或"下周我们会需要这些技能来……"这样的陈述,就足以强调出即将进行的活动的重要性,它们把当前活动与过去或未来的活动联系起来。

核查理解。接下来,核查一下学生对目标和你下达的指令的理解情况。请几个中等水平和高水平的学生作为"指导小组",让他们口头复述你的目标和指令。这样全班都会从中获益,再次明确目标和指令,你也可以在必要时对它们进行纠正。因为在合作学习活动中小组会付出很多的努力,所以如果误解了目标和相关的指令,会严重影响小组合作的士气,浪费大量的时间和精力。

在自我导向学习中,不易理解的指令会让某些学生感到茫然。但在合作学习中,不仅仅是某个人,甚至整个小组都会偏离正常的方向,致使课堂走向错误的目标。所以让每组中的一位成员复述目标和指令是非常必要的。

设定合作的基调。在介绍合作学习活动的目标时,你的最后一项任务是设定合作的基调。在开始合作学习活动之前,学习习惯于进行个人之间的竞争,就如同他们以前所经历的那些学校活动。这种竞争风格从我们孩童时期开始就已经根深蒂固了。对于某些学生来说,让他们摆脱这种竞争精神是很困难的,因为它已经成为学校教育中的重要部分。

在合作学习活动的开始,你的角色就是设定基调,要像谚语所说:"三个臭皮匠,顶一个诸葛亮。"其他的习语,如"团结就存,分裂则亡"或"一起努力,否则一起失败",都可以用来提醒学生小组活动的合作本质。你可以让每一组选择或创作一个小组的座右铭(如"人人为我,我为人人"),它可以提供一个明确的小组身份,并提醒学生合作才是目标,而不是竞争。

你的角色也是合作性的,这也必须在一开始就传达给学生。"我是来帮助你们的……回答你们的问题……是你们的助手……你们的顾问……你们的信息提供者。"这些安心的评论可以使你的课堂走出竞争,从而进入合作的世界。

2. 组织任务

任务的结构特征可以将小组活动与一个合作学习活动分开。小组讨论也有任务,但它们通常规定得很笼统(比如讨论事实、提出问题、达成共识),所以它们很少涉及劳动分工、角色任务、合作努力和最终结果等,而这些合作学习活动中的要素才促进了批判性思维。

> 观看视频中的教师向五年级的学生说明她希望他们在合作小组中使用分数来设计故事的问题。认真听教师描述学生合作中出现的一些问题。思考这些问题是否出现在你的课堂中。

卡根和卡根(Kagan & Kagan,2010)识别出有效任务结构的四个特征:

1. 积极的相互依存关系,即一个学生的成功与群体中其他学生的成功相联系,所有群体成员都处于"双赢"的局面。

2. 个人问责制,即有一套程序来检查每个学生对集体的贡献,并有一种方法来评估贡献的质量。

3. 平等参与,即所有学生都有相同的机会和资源参与到小组活动中,展示自己知道的内容。

4. 实时互动,所有学生同时积极参与到合作活动中。

为了确保小组活动的结构能够有效实现这四个目标,教师必须提前考虑以下因素:

- 小组规模有多大?
- 如何选择小组成员?
- 小组活动需要多少时间?
- 你会为每个小组成员分配什么角色?
- 你会为个人和小组提供什么样的激励/奖励?

让我们看一下以上每个因素的一些选择项,以及如何进行选择。

分工是团队学习成功的关键,而分工在组织任务时往往被忽视。允许学生分析任务和确定分工可以促进元认知和高阶思维的发展

小组规模。小组中有多少人?确定小组规模是你最重要的决策之一。尽管受到班级大小的限制,但分配到小组中的个体学习者的数量会对以下方面产生深远的影响:

- 组内学生的能力范围;
- 小组达成共识所需的时间;
- 组内有效的材料分享;
- 完成最终产品所需的时间。

以上四个因素中的每一个因素都会因分配到小组中的成员数量的改变而发生改变。这就是为什么当子任务有可比性时,你应该使小组成员的数量大致相等。

以最短时间实现目标的最有效的小组规模是四至六个成员(Johnson、Johnson、Holubec & Roy,2007)。因此,可以将一个 25—30 人的班级分成五或六个小组。小组的数量越少,每个小组的人数就越多,教师监控起来也就越困难。因为你能与每组进行互动的次数会相应减少。另外,七人或八人的小组一般争论较多,达成共识需要更长的时间,更难分享有限的材料(例如,必须分享的参考书),而且会花较长的时间完成最终产品。

因此，标准做法是，针对一节课的活动组成四五个人的小组。如果活动超出一节课的时间，可以组成稍大的小组（如五六个人），这样可以进行更复杂的任务及细化角色。

小组组合。你为什么会指定某个学生到其中一个组？否则教师可以将班级中的所有学生看作有代表性的样本，对大部分的小组进行异质组合。因此，你可以将较高/较低能力、较擅长口头表达/不太擅长口头表达，以及任务驱动型/非任务驱动型的学生分配到同一小组中。除此之外，你还需要考虑性别和种族。

多样性通常会促进合作过程，因为它能产生一种自然的信息交流，从持有信息者传递到需要信息者的手中。令人感到惊奇的是，它还可以促进其他视角和观点的传输，且这种交流通常是采用意想不到且期望的交流（Buehl, 2008）。

课堂内的小组通常应该反映课堂外社区的组合方式。这种组合方式使学生接触到相似和不同的信息，从而激发了学生对话的动机和分享的需要，并根据完成任务所需的兴趣和能力对学生进行了自然的分配。

同样重要的是，小组不仅要代表各种才能、兴趣和能力，而且不参与活动的典型学生也应该在各组中体现出来。社会科学家经过长期观察发现，来自合作伙伴的压力通常会使学生产生对抗情绪和消极态度，致使他们难以体会达成更大目标的兴奋感。如果这些学生得不到其他小组成员的支持，那么情况更会如此。

约翰逊和约翰逊（Johnson & Johnson, 2008）为组成小组提供了更多的建议：

1. 让表现更好的同学与消极被动的学生组成一组，并为他们提供支持。

2. 通过报数为学生随机分组：报"1"的分为一组，报"2"的分为一组，诸如此类。如果一个30人的班分成五个组，那么每组分配六名学生。

3. 使用不同类别的学生组成多样化的小组，在主流学生和少数群体之间、能力强和能力弱的学生之间、男女生之间建立互帮互助的关系。

4. 与学生一起选择小组成员。首先，你为每个组选一个成员，然后由那个成员选择另一个成员，以此类推，师生轮流选择，直到完成建组。

一个吸引消极学生参与合作活动的方法就是组织任务，那么任务的成功就取决于所有组员的积极参与。任务安排可减少积极和消极的不参与的问题。如果小组成员谈论其他事情而不涉及分配给小组的目标，那就是积极不参与。而如果一名学生不关心小组目标，在小组中一直保持沉默，那就是消极不参与。你可以用

以下方法来组织合作任务,从而提升小组成员积极参与的可能性:

- 布置需要明确分工才能完成的任务(例如,一项写作任务中可能包括查找新词、写出主题句、准备图表、找例子等)。然后在小组活动开始前,将具体任务落实到个人。
- 在组内结对,相互负责检查和更正作业。
- 张贴墙报,依据每个人分配到的任务报告小组的进展,然后鼓励进展缓慢或能力不足的学生继续努力,以便促进小组的整体进步。在墙上张贴一张纸,标明所有组必须经历的进展阶段。
- 有意识地限制分配给小组的资源,这样个体成员间必须保持互动来分享材料,完成所分配的任务(例如,分享一本词典或计算器)。
- 使预期成果发展的当前阶段建立在由他人负责的前一个阶段的基础上,这样,小组成员将鼓励或帮助那些表现不完美的人,以便完善他们的贡献。

任务时间。你应该分配给小组多长时间?这显然取决于任务的复杂性(比如一节课或多个课时),但是你必须做出一些较为精确的估计。你需要决定用于小组作业的时间和所有小组一起共同分享的时间。后段时间可用于小组报告、全班讨论、听取每个小组汇报他们的学习经验和最终成果,或者将这些任务融合起来。

在充满激情的讨论中,小组工作很自然会出现兴奋、争论和失控的局面。这需要教师在合作学习活动的每个环节中设置限制,如一个环节不能占用其他环节的时间,避免使任务不连贯、不完整。

当然,大部分的时间要投入到各个组的工作中,这样才能完成最终成品的主要内容。一般来说,这将耗去合作学习活动的 60% 到 80% 的时间,剩余时间必须分配给各组的展示活动和/或全班讨论,使小组工作形成一个统一的成果。

如果教师计划在同一天进行小组报告和全班讨论,那么注意,讨论环节的时间很可能会被挤占,使其难以有意义地展开。为了避免出现这种情况,可以将小组讨论或汇报安排在第二天,这样班级成员就有足够时间来思考他们组的报告,并把他们对合作过程的思考汇聚起来,而合作过程不一定会按计划进行。在第二天上课前 15 或 20 分钟让学生反思前一天的活动,通常这段时间的间隔较为适宜。

角色分配。你应该分配给小组成员什么样的角色?正如上文所说,合作学习的一个重要层面是跨组的角色分工,这是大多数的全班讨论不可比拟的。任务专门化通常需要使任务具体化和安排劳动分工,以及促进责任心和思想分享等这些有效合作学习的标志。通过在小组内分配角色或跨组布置专门化的任务,你可以鼓励学生承担起个人的责任,并在合作学习体验中分享想法。教师使用这些角色、责任来补充小组工作,以及联系各组。

约翰逊和约翰逊(Johnson & Johnson,2008)提出了一些常用的合作学习角色职能,你可以在组内或组间分配这些职能。

1. 总结者。这名学生向小组解释和呈现主要的结论,看看小组成员是否同意,并且为小组在全班面前进行展现做准备。

2. 检查者。这名学生对照课文、练习册或参考书检查有争议的陈述和结论的真实性。确保小组没有使用不充分的事实,或者受到其他组所提供的更精确数据的挑战。

3. 研究者。在需要更多的材料时(如,进行一次采访或从图书馆发现一种资源),这个小组成员阅读参考文件,并获得背景信息。研究者与检查者的不同之处在于,前者为小组完成任务提供关键信息,而后者则证实活动进展和完成结果的精确性。

4. 经营者。这名学生要获得小组完成任务所需的所有物品:材料、设备、参考资源。该角色绝不是一个附属或低级的角色,而是需要有创造力,要精明,甚至要有谋略地寻找必需的资源,因为其他组可能也在努力地寻找这些资源。

5. 记录员。这名学生承担着撰写该组主要成果的任务。记录员也许要求各成员写出他们各自的结论。在这种情况下,记录员要比较、拼接、提炼小组成员所写的内容,并将其整理为逻辑连贯的内容。

6. 支持者。支持者他们通常乐观而积极,在个体成员完成任务时赞扬他们,而在他们泄气时鼓励他们(例如,没找到合适的参考书)。他们用图表记录每个重要环节供全班查看,记录取得的成绩,鼓励每位成员做出的努力,尤其是那些在完成任务上存在一定困难的学生,以此推动小组的进展。

7. 观察者/疑难解答者。这名学生负责记笔记和记录小组进展方面的信息,这将在全班讨论或汇报小组工作时有所帮助。当小组或个体成员遇到无法克服的困难时,该角色可向班长或教师报告。

一般来说,上述任何一个角色的职能都能作为小组领导。然而,正因为每个角色承担某些形式的领导职能,正式任命组长就显得没那么必要了。这就使得所有角色职能更为公平,取消了以权威为基础的层级结构,减少了因权力大小而导致的成员间争吵和不团结的情形。同时,在分配这些角色时,要确保对每种角色承担的具体责任给予解释和示范。

除了这些特定的角色职能外,所有组员还有其他需要执行的任务。你可以提供以下提示,并把它们写在黑板上,或在合作学习活动之前以讲义的形式分发给小组成员:

- 当你不理解时,请其他组的成员清晰地解释他们的观点。
- 确保参照参考材料或课本来检查你和组员的答案。
- 鼓励你的小组成员继续努力——扩展他们的观点,超越之前的成就和期望。
- 不管你是否赞成小组成员的观点,都应该让每个成员不受打扰地完成观点陈述。
- 如果你想改变你的主意,则无须勉强。
- 进行批判时,对事不对人。

提供强化和奖励。除了决定小组成员的组成、规模、时间和个人责任外,还要建立一个强化和奖励系统,让你的学生专注于任务并朝着目标努力。以下强化策略在合作学习活动中得到了有效的运用:

- 评分(个人和小组);
- 附加分;
- 社会责任;
- 奖券和特权;
- 团体奖励。

评分是竞争性学习中常用的方式。可以在合作学习过程中用它来强化和奖赏个体及小组的表现。但是,合作学习中的评分应该加强指向实现小组目标的个体努力。

为此,合作学习的评分通常融合了个体表现(实现小组目标的工作质量和/或范围)和小组成果的全面性、相关性及精确性。每个人的成绩可以分成两个独立部分,或者可以是一个合成的评分,即将个体和小组的努力综合起来。个人也可以用五分制的方法来衡量每个成员在小组活动中积极参与的程度,所得平均分为个人努力的分数。用于衡量小组和个人努力的样例量表如图 12.2 所示。

教师还可以用其他评分方式作为奖励:

1. 用个人得分的平均分来决定小组的分数。
2. 为所有小组成员加上小组成员最高(或最低)分一半得分的平均分。
3. 个人得分的平均分和小组得分除以 2 得到小组最终的分数,如个人得分为 4 分,小组得分为 5 分,(4 + 5)÷2 = 4.5。
4. 因组内有积极参与者而给整个小组加分(或因组内有消极参与者而扣分)。

1. 帮助小组实现最终目标的积极程度。	2. 小组最终成果的完成度(或准确度、有用性、创新性)。
____ 非常积极	____ 非常完整
____ 一般积极	____ 一般完整
____ 有些积极	____ 有些完整
____ 不太积极	____ 不太完整
____ 不积极	____ 不完整

图 12.2　合作学习活动中评估个人和小组努力的样例量表

附加分是另外一种强化方法,依据小组活动最后有多少成员达到预先设计的作业水平,来评定获得的附加分。你可以设计一个小组测验(从课文或练习册中选出测试题),接着依据能力或任务分别给每个成员判一个理想的分数,这些人得到的或超出他们预期的得分就是他们为小组挣得的附加分。

合作学习中另外一种常见的强化形式是奖励个体在社会责任方面所做出的努力,诸如让最优秀的成员在下次活动时享有选择小组角色的首选权(观察者、鼓励者、检察者等)。你也可以用奖券或特权来激励个体和小组成员。你可以为最佳表现小组提供独立学习的时间,或允许他们去学习中心参观,或使用特别的材料和资源。你还可以在组内给予优秀组员同样的特权。

最后,在合作学习过程中,教师经常用小组的成功来强化和调动组员。根据小组的个人表现奖赏小组的三种方法如下,教师可以选择其中一种:

1. 小组得分取成员平均分,即根据所有成员作业的平均分来评定或强化所有成员的得分。

2. 小组得分取成员的优秀分,即选取1/4得最高分组员的分数作为评分、奖励的基础。

3. 小组得分取组员的低分,即选取1/4得最低分组员的分数作为评分或奖励的基础。

3. 指导和评价合作的过程

你在合作学习中的另一项责任是教授学生合作的过程。绝大多数学生缺少许多合作学习活动所需的合作技能。因此,你需要界定合作行为,并按适当次序加以演示。正如自我导向学习策略那样,合作行为也必须予以示范。

合作技能的核心是在同等的认知水平上与他人交流思想和感情。学生在与他人及时、有效地交流其思想、信念和观点时,需要感到轻松自如。约翰逊和约翰逊(Johnson & Johnson, 2005, 2008)提供了一些重要的合作学习技巧和可以教授这些技巧的方法:

1. 教授表达自己的思想和感情的方法。鼓励使用"我"、"我的",来让学生知道正是他们的思想和情感使合作过程得以发生。让学生明了他们的个人经历——所观察的事、遭遇的困难、接触到的不同的人,都是可以用来判断他们自己的思想和情感的有价值的信息。

2. 使信息完整而具体。在传递信息时,应该有引导信息内容的参考框架、视角或经验。例如,"去年暑期,当我们在科罗拉多南部普韦布洛印第安人保留地旅游时,我突然有了个想法"或"我听总统的演讲时,他的主要观点提醒我……"或"我读了报纸上的这篇文章,它让我相信这件事……"

3. 使言语信息和非言语信息一致。建立真诚交流的氛围,不要暗含其他意义或暗讽。向学生说明有声语言和身体语言可以强化要传达的信息,但搞笑地或过分戏剧性地表达严肃信息会让信息不明确,并让听众困惑。

4. 营造尊重和支持的气氛。所有学生都能没有顾虑地分享信息、表达思想、情感、个人经历和反应。不允许出现不支持或打击他人的行为("如果你认为……你简直疯了")。并说明合作依赖于分享精神和物质资源,接受帮助,分担责任,一起成长。

5. 展示如何评估信息是否被恰当接收。指导学生向听众询问解释性的反馈。让他们使用如下表述:"对于我讲的内容,你有什么看法?""我讲得清楚吗?""你明白我要说什么吗?"如果能够解释信息的听众越多,就说明听众所理解信息就越多。

6. 教授学生如何解释别人的观点。在不确信自己是否全部领会别人的信息的情况下,大多数学生会选择同意或不同意。务必让学生知道,在批评或支持另一个人的观点以前,他们必须把观点解释得让发言人感到满意。教授学生下列解释规则:

(1)用自己的话转述该信息。

(2)用"对我而言,你似乎是在说……""如果我理解没错的话,你认为……""以我听到的,你的观点是……"等表述来引出你要转述的话。

(3)转述时,避免任何同意或反对的暗示。例如,让学生知道诸如"我不同意你""我认为你是正确的"等回应不应成为转述的一部分,因为转述的唯一目标是判断信息是否已经准确传达。

7. 演示如何协商意义和理解。通常听者对信息的理解会被纠正或调整,是因为信息有可能是模糊、不完整或被误解。这意味着解释常常要循环进行,才能达到进一步的理解。这既利于表达者,也利于听者。信息表达者需要使用有技巧的表达方式,如"我的意思是说……"、"我忘了说明一点……"或"进一步澄清……",但也同样需要接收者的机智,如"我不理解的是……"、"你能换一种方式表达吗",这种方法对于提炼信息以及确保诠释更加精确是不可或缺的。发送者和接收者都必须为彼此提供一种优雅体面的方式来更正对所说或所听到的信息的误解,而不至于对任何一方造成情感伤害。

8. 教授学生参与和领导。传达以下内容的重要性:

(1)互惠互利:对小组有利的事情也会对个人有利。

(2)共同命运:每个人的成败都与小组的整体表现息息相关。

(3)共享身份:无论在情感上还是身体上,每个人都是小组的一员。

(4)集体荣誉:小组整体的进步会给每个组员带来满足感。

(5)共同责任:每个人都应关心表现不佳的组员。

参见"在实践中:关注合作学习"。

在实践中:关注合作学习

卡特老师想在她的写作工作坊中建立学生修改小组。尽管她的学生在各式修改技巧上表现出很高的能力，但她知道还需要额外、具体的教学来使学生合作运用这些技能。

第一天，卡特老师向全班介绍了修改小组的概念。学生比较了他们与老师的单独交流以及与全班同学的分享，发现二者有类似之处。卡特要求学生列出一份社交技巧清单，主题是如何让个人指导和全班分享的时间变得更有效。在这个列表中，卡特决定把目标定为"做一个好的倾听者"和"如何提出好建议"。

卡特在第二天安排了一个模拟的作者交流会。她与全班同学分享了自己的作品选集。在大声朗读之前，卡特老师会给一些挑选出来的学生发便条卡，提示他们演示"做一个好的倾听者"的反例（例如，在她朗读时，对邻近同学耳语三次）和"很好地提出建议"的反例（例如，当她读完后，说"结尾很无聊，你应该重写"）。在模拟作者交流会结束后，卡特老师开展了一场关于为什么这些行为是无效的甚至有害的讨论。随后，通过对比负面例子及回应"（正确行为）看起来什么样"和"（正确行为）听起来什么样"两个提示，学生可以展示出关于良好倾听和良好建议的正面例子。

下一步是将修改小组放入"鱼缸"中试水。卡特选择了几名学生，他们在她的帮助下尝试开展修改小组会议。班里其他同学围着小组观摩（就像围观鱼缸一样）。卡特提供给围观的学生一份观察表，提示他们注意小组成员是否善于倾听，是否能很好地提出建议。

在接下来两周的时间里，全班按所给的特定时间在修改小组中会面。卡特会在这段时间里四处走动，观察和记录个人和小组如何良好地倾听和给出好的建议。她在修改小组会结束时或在第二天的个别指导中向个人和小组提供反馈。

接下来的一节课是要求学生反思他们在修改小组中的工作效果，特别是他们如何运用合作技能来完成善于倾听、善于提建议的要求。从这个讨论中，卡特老师设计了一个反思页面，供修改小组在每次小组活动结束时完成。反思将不断提示学生积极运用合作技能参与活动。即便卡特老师减少其在修改小组活动中的观察和直接支持，她也能够了解学生的相关情况。

在接下来的几个星期里，卡特老师注意到，学生在使用目标合作技能方面取得了进步——从开始的笨拙逐渐转变得更加自然，逐渐成为小组活动的一部分。这表明学生已经准备好学习新的合作技能。

卡特老师是一位经验丰富的教师,她花了很多时间让学生学习在合作团队中以有意义的方式一起工作。学生需要方向、指导和实践才能学会合作。伍尔福克(Woolfolk,2011)强调了开展合作学习时需要考虑的三个基本方面:

1. 成立合作小组

- 根据学习目标设定小组的规模。
- 如果目的是复习、排练或练习所给信息,则安排四到六名学生。
- 如果目的是参与讨论、解决问题或电脑学习,则安排两到四名学生。
- 平衡男生和女生的数量。
- 监督确保所有成员都做出贡献和学习。

2. 给予和接受解释

- 所有小组成员都需要提出好问题并给出清晰解释,最大限度地提高合作学习的效果。
- 给予解释对那些做解释的学生来说尤其有价值,因为学生必须"组织信息,用自己的话来表达,想出一些例子和类比(把信息和已经知道的内容联系起来),并通过回答问题来测试自己的理解是否正确"(Woolfolk,2011,p. 396)。

3. 分配角色

- 通过分配角色,可以促进合作和全面参与。
- 角色应通过直接联系学习重点来辅助学习。

社交技能的重点应该使用那些支持倾听、鼓励和尊重差异的角色。

关注练习、复习或掌握的基本技能应该使用那些支持坚持、鼓励和参与的角色。

对于更高层次问题的解决或复杂学习,小组应该使用那些支持深思熟虑的讨论、分享解释和见解、探究、头脑风暴和创造力的角色。

- 强调小组的最终成果,而不是与角色相对应的环节。

资料来源:基于 A. 伍尔福克的《教育心理学:主动学习辑录(第 11 版)》(2011)。波士顿:培生教育出版集团。

4. 监控小组表现

为建立合作学习结构,你必须在必要时观察和介入,帮助学生达到他们小组的目标。你最常用的监管职能是指导学生找到所需信息,重复怎样完成任务,展示要完成产品的样式(整体或部分),或者为一个小组示范实现小组目标的过程。你的角色对保持每个小组的正常运转至关重要。因此,你需要时刻提醒小组的工作,发现困难和问题,并防止这些问题阻碍小组的进步。

教师监管活动的目标之一是确定小组何时需要帮助。通常需要重复和提醒小组各自的目标。各个小组很容易脱离原来的目标,或者他们自身会发现新的、更有趣的目标。你要在合作活动开始时巡视所有小组至少一次,重复说明任务和目标,确保每个小组理解无误。

> ▶ 观看这段视频中的教师如何使用监控,以确保小组如何聚焦任务。关注教师为监督他们的进步而提供的问题和输入。

监管活动的第二个目标是对进入死胡同的小组重新指导。热烈的讨论和争辩常使各组脱离有效的思考,提出的问题也可能仅仅与完成小组目标沾了一点儿边。教师监管的关键是能够知道小组何时陷于困境。某个小组可能正进行无益的讨论,浪费了宝贵的时间,然而换个角度就可能使他们朝着可达到的目标前进。正是教师密切的关注和对小组工作的指导,使得一个漫无目的的谈话和卓有成效的讨论之间有了天壤之别。

教师在合作学习中的第三个监管活动是对遭遇挫折的人提供情感支持和鼓励。并非所有的组员都乐意接受分配给他们的任务,也并非所有的小组都接受给他们设定的目标。有些人不确定能否完成任务,而且那些任务也并非他们自己的选择,那么你的鼓励和支持就可以为他们注入信心。

5. 听取汇报

教师对学生小组合作的表现提供反馈,对他们在合作技能方面的发展非常重要。(Brookhart, 2008)。你可以在合作活动结束时,通过以下方式来完成汇报和评价:

- 公开讨论小组的执行情况。询问学生自己的观点。在完成任务的整个过程中,哪些因素增强或削弱了小组的整体表现?
- 征求改进合作过程、避免出现问题的建议,从而达到较高水平的合作。
- 听取预先安排的观察者的观点。教师可以安排一两名学生记录有效和低效合作的小组事例,并在总结汇报时间向全班报告。

小组成员也可以在汇报中评价彼此的合作技能。个体成员可以私下收到自己的评分,小组平均分则可以在汇报环节进行讨论,以准确指出强项和弱项。

图12.3是一个评估小组成员合作技能的量表,可以用于(1)小组成员相互评价,(2)一名被指派的组员(如观察者)评价小组成员,或(3)由你——教师来使用。把此表当作一个检查单,在这个单子上,根据每个组员表现出的技巧或缺少的技巧,在方格里做出记号。对于指定角色和任务没有应用的技能标上"NA"(没有应用)。如果你想匿名评价,可以给每个成员指定一个号码而不是说出他们的名字。那么,整个组在量表中每获一个标记就可以得一分,成绩最好的组可以获得奖励。

合作技能	组员姓名				
提供有助于小组进步的知识和信息					
对于全组是否坦诚公开					
为有需要的组员提供帮助和支持					
以没有偏见的、建设性的方式评价其他人的贡献					
分享物质资源,如书、讲义、书面信息等,供小组使用					
准确地重述或总结其他组员的发言					
当其他组员做出重大贡献时,给予充分的肯定					
接受并尊重文化、民族和个体差异					

图12.3　评价小组成员合作技能的量表

以下是对汇报过程中一些问题的总结,以及你可以如何组织合作学习活动来促进评价和反馈:

1. 没有汇报的时间。教师很少有时间来了解合作活动的有效性。快速评估合作活动有效性的方法是提一些问题,学生可以举手简单地回答"是"或"不是",也可以按照事先准备好的清单回答"同意"或"不同意"。

2. 模糊的反馈。当学生只用诸如"我们做得很好"、"很有趣"或"我们完成了"这样的短语来表示对合作活动很满意时,他们并没有为教师改进下一次活动提供建议。试着询问每一组更具体的问题,比如他们如何得出结论,并让他们找出在合作过程中对小组成果或多或少产生影响的关键事件或突发事件。

3. 学生参与度不够。有些组可能并不想参与到汇报活动中。为了提高他们的参与度,你可以要求小组写一两段话,引用具体事件来描述他们组是如何运作的,还可以为写得好的汇报报告记上附加分。

4. 不完整的报告。为了让个人和整个小组都认真对待汇报过程并能交上详细准确的汇报报告,你可以让小组成员相互阅读并核查彼此报告的准确性。一名组员可以阅读另外一名的汇报报告,并在上面签名,以显示他们已检查该报告的准确性和完整性。

5. 汇报过程缺乏合作技巧。在汇报讨论过程中,一些小组成员可能不仔细听、产生争论或不尊重他人的想法。你可以让他们观察表现好的小组如何做汇报,然后再回到他们自己的组模拟这些技能,帮助这些学生更有效、更积极地做汇报。

团队导向的合作学习活动

关于团队导向合作学习的研究表明,学生团队可以提高个体学习者的合作技能、自尊心和成就(Slavin, 2001)。四种团队导向的合作学习技巧对于取得这些成果有着卓然成效:学生团队成就分配、小组游戏竞赛、团队协助下的个性化等方面卓有成效。以下是对这些内容的概览。这些活动可以通过波德萨(Bordessa, 2005)建议的其他面向团队来增强挑战性。

学生团队成就分配(STAD)

在学生团队成就分配(STAD)中,教师将学生分成四或五人的学习小组。每一组要尽可能由不同类型的学生构成,以代表全班的构成情况(男/女、高分学生/低分学生等)。

合作学习活动一般通过讲解或讨论来呈现新材料,或者提供包含一系列难题、词汇和问题的学案。学生可以从这上面复习讲解或讨论中的要点。教师在讲解、解释和介绍结束时,可以让小组成员学习该学案,并相互检测。他们应结成对子或在小组中学习,共同讨论活页纸上的内容,自己弄清难点和疑点,必要时询问教师。

在团队工作开始前,给每组或每队的一位成员所有习题的答案,并安排这个成员核对其他成员的书面或口头回答。给每位团队成员足够的时间完成活页纸上的问题,并且确保上面的任务足够简洁,使学生能在规定的时间内完成。

在各个团队用足够的时间练习了活页纸上的习题并核对了答案之后,结合所学内容对每个人进行一次笔头测试,并禁止成员之间相互帮助。立刻给测试打分,并且把个人的分数转换为团队的分数(例如,所有人的平均分或前/后半部的平均分)。决定个体学生贡献的方式是查看每个人的测试分数在多大程度上超过了他们以往分数的平均值,或者超出了他们过往学习的分数。这样,整个组依据每个个体的表现而得到一个分数,学生个体也根据其与过去情况相比的进步程度而获得一个进步分。

在学生团队成就分配中,教师担任好几种角色。教师掌握丰富资源,监督小组的学习活动,并在必要时进行干预,提出更好的学习技巧("为什么不选择一个搭档来测试一下你们刚刚讨论的内容呢?")。

研究表明,在学生团队成就分配过程中,学生获得了同志情谊和帮助同伴成员的意识。他们还追求教师示范的自我导向学习和演练的策略,并随着对自身学习的逐步控制而变得更有学习的动力。

> 请看这段视频中的叙述者谈论教师如何为学生团队选择成员。注意这些小组中的其他条件,并考虑这种小组策略是否适合在你的课堂上使用。

小组游戏竞赛

与学生团队成就分配(STAD)密切相关的一种合作学习活动是小组游戏竞赛(TGT)。TGT 常用的结构形式(四或五位成员一组共同钻研练习)与 STAD 相同。然而,它不是在一个学习阶段结束时对学生个体进行测试,而是学生通过学习竞赛展示他们对课题的掌握情况。

第二类交错搭配

在所谓第二类交错搭配合作学习活动中,教师将四至六位学生分配到一组,然后根据小组的数量将学术任务分成几个子任务,再分配到各组。学生被分配到组内,然后被指派一个独特的角色任务。例如,指派每个团队成员阅读课文的一部分,然后给每个成员一个具体的任务,他们要按这个任务去完成阅读任务,如让某个组员查阅并记下任何生词的含义,总结或勾勒出要点,或识别出主要角色和次要角色等等。

当所有组员获得了具体的任务后,所有承担相同任务的组员从他们各自的组中脱离出来,然后作为"专家组"讨论他们的任务,分享各自的结论。在"专家组"里,各组组员之间可以通过比较笔记(如定义)和辨别他组组员的遗漏点来互相帮助。当所有"专家组"的人员都分享、讨论和修正过结论之后,他们可以回到各自的组中。然后,所有成员应该轮流向其他组员讲解他们相应的责任。

第二类交错搭配使不同团队的成员学习兴趣高涨,因为团队内成员只能聆听别的组员讲解那些没分配给他们的主题内容。专家成员向全组做报告,尝试教授他们从"专家组"学到的东西,对团队内成员进行测试,评估他们的掌握程度。如同在 STAD 中一样,你可以根据学生过去的表现,给每个成员分配小组整体得分和个体的进步得分。这些分数成为对获得最高分的团队和个体进行奖励的基础。

团队协助下的个性化

合作学习活动的最新领域之一是团队协助下的个体化(TAI),它融合了个性化学习和合作学习的一些特征。尽管 TAI 起源于中小学数学课程的教学设计,但只要材料适合于个性化学习,不管什么课程和什么年级水平,都可以运用 TAI。在 TAI 中,教师根据水平测试或学生以前的学习基础来确定个性化学习的起点。这样,根据课堂成绩的异质性,学生可能会在不同的水平上学习。

按照学生各自的节奏,给每位学生分配特定量的工作内容(如页数、系列问题、提问和回答)。同时,根据异质能力组合的方法将每位学生分配到各组,因此学生可以在不同的复杂度水平上接触到个性化的学习材料。组内的异质性十分重要,因为这样教师才能要求团队的成员检查彼此的作业。检查者要比其他成员完成更高水平的材料内容。应该让尽可能多的成员担当检查者的角色。必要时,教师可以为检查者提供答案。

让班长对每个单元进行测验,然后在记分册上记录结果。团队的得分要基于团队成员每周学完的单元平均数和他们在单元小测中的得分。对于那些完成预定的单元数量且超出最低平均分的团队要给予奖励(如证书、独立学习的时间、去中心学习的特权)。为每个团队分派一名学生任队长,管理常规检查,分发个性化学习材料,以及管理和记录测验情况。

表 12.1 四种学习活动的相似点和差异点

学生团队成就分配（STAD）	小组游戏竞赛（TGT）	第二类交错搭配	团队协助下的个性化（TAI）
1. 教师在讲解或讨论中呈现内容	1. 教师在讲解或讨论中呈现内容	1. 学生阅读课本的部分章节及需要负责讲解的话题	1. 班长对学生进行诊断性测试或练习来确定材料的分层
2. 团队解决活页练习上的问题和难题	2. 团队解决活页练习上的问题和难题	2. 团队中有共同话题的学生汇聚到"专家组"	2. 学生根据自己的能力和节奏完成任务
3. 教师对所学材料进行小测试	3. 团队进行学术比赛，竞争得分	3. 学生返回到原先的团队中并与队员分享在"专家组"学到的知识	3. 队友对照答案检查文本，班长进行测试
4. 教师确定团队的平均分和个人进步的得分	4. 教师统计各个团队的得分，确定最优团队和最佳得分个体	4. 学生参加所有讨论话题的测验	4. 团队测验取平均值，班长计算完成的单元数，并形成团队得分
		5. 个别测试用于形成团队的得分和个人进步的得分	

因为 TAI 使用的是个性化材料，所以这对教授由不同类型学生组成的班级特别有用。在这样的班级里，你很少有机会进行全班教学，而且很少有时间去指导众多具有多样化学习需求的小组。

团队导向的合作学习活动概览

表 12.1 中总结了四种合作学习方法的相似点和差异点。

各种形式的合作学习已成功地运用于所有年级层次和学科领域的课堂中。然而，最成功的合作学习活动来自教师个人的智慧和创造性。当他们所教的科目鼓励合作性的成果时，即使没有多少正式的准备，他们也能设计小组活动来促进学生的积极互动。尽管合作学习的许多版本可以根据前面四种方法来设计，但作为一名有效的教师，你应该抓住机会，只要看到内容目标能促进合作技能，就要为学生创造合作学习的体验。这样的经历反之也能提高学生的自尊心、批判性思考和解决问题的能力，有利于促进学生树立终身学习的目标。

在合作学习中,一些学生可能会受益更多,并更好地适应较少结构化的任务导向,体现出场依赖的特征。最近的研究结果表明,其中一些任务导向,如合作学习,可能更适用于某些群体。研究还表明,如今的一些学习目标,例如跨学科主题单元和与综合知识体系有关的目标,可能需要合作和协作活动才能实现

文化回应的合作学习

在合作学习活动中,你首先会注意到的是学生学习风格的多样性。在某种程度上,学生在合作学习中表现出独立、坚持、灵活等方面的多样性,受到了所在学校和课堂中的主流文化和种族的影响。

例如,贝内特(Bennett, 2010)指出生生和师生之间的互动如何受到植根于文化的学习风格的影响。库什纳、麦克莱兰和萨福德(Cushner、McClelland & Safford,2011)描述了来自亚文化、少数民族或其他种族的群体如何通过增加凝聚力、合作来提升课堂中的人际关系。同样,鲍尔斯和弗林德斯(Bowers & Flinders,1991)提供了很多例子显示,如果管理得当并与文化期待相匹配,可以通过改变噪音的程度、教室空间的使用、轮换发言和协商方式,打造出不同但同样有效的学习氛围。

在第二章中,我们看到学生可以按照其学习时的认知过程来区分。但是,学生

学习的内容和方式也会受到学习任务呈现方式的影响,同时也取决于学习任务是否为他们提供使用自己喜欢的学习风格的机会。两种经常被研究的学习风格是场独立和场依赖(Irvine & York, 2001; Mshelia, 2008)。

场独立和场依赖对合作学习的启示与学生对结构的需求有关。欧文和约克(Irvine & York, 2001)通过对文献的回顾,发现那些或多或少需要结构以使学习机会达到最大化的学生有一些共同的特点。其中一些特点对于如何计划合作学习活动带来了启示,它们包括以下内容:

需要较多结构的学生(场依赖)
- 注意力持续时间较短,喜欢快速浏览材料。
- 不愿意尝试新事物,也不喜欢让人觉得自己错了。
- 不想问太多问题。
- 在开始一项任务之前可能需要一些准备活动。
- 首先要了解事实,然后才是概念。
- 通常只给出简短的回答。

需要较少结构的学生(场独立)
- 喜欢讨论和争论。
- 较少借助教师的帮助来解决问题。
- 不喜欢细节和按部就班的格式。
- 善于抽象和概括。
- 强调情感,对自己持开放态度。
- 喜欢做出解释和推论。

欧文和约克(Irvine & York, 2001)提出了一些具体的方法,教师可以依据这些方法引导合作活动,促进特定的学习风格:

对于需要较多结构的学生
- 制定明确和连贯的规则。
- 提供具体、逐步的指导和教学。
- 制定简短、明确的目标和期限。
- 经常变换教学节奏。
- 经常评估困难。

- 逐渐从小组学习转向讨论。

对于需要较少结构的学生
- 提供可以挑选的话题。
- 制定自定期限的较长的任务。
- 鼓励利用课堂外的资源。
- 将更多的时间用于小组任务,把教师作为一种资源。
- 利用和鼓励学生对他人观点和价值观产生兴趣。
- 提供进行扩展的后续项目和作业的机会。

研究人员注意到,文化和民族群体中的某些学生往往更擅长回应和受益于较少结构化的任务导向,即更为场依赖。例如,合作学习已被证明可以提升那些场依赖的学生在任务相关活动上的成功率。雅各布、鲍尔和洛(Jacobs、Power & Loh,2002)提出另一种观点。他们认为对于教师来说,最有效的任务导向就是站在教室前面,对整齐地坐成一排排的学生进行讲解或解释,假设他们对所教内容几乎没有任何期待和先前经验。雅各布、鲍尔和洛(Jacobs、Power & Loh,2002)的合作教学手册以及乔利夫(Jolliffe,2007)的研究都表示,合作学习不仅有益于某些文化和民族群体,而且有助于所有学生获得当今课程(社会学、科学、数学和语言艺术)目标中所要求的解决问题和探究的技能。

案 例

说明: 以下案例与第十二章的内容有关。读完这个案例,请根据提示回答一些批判性思考问题,并把从本章中学到的知识应用到这个案例中。

周老师教四年级。她所在小学的考试成绩一直低于全州和全区的平均水平,尤其是数学。她的新校长告诉老师们,提高学生的数学成绩是第一位的。这所学校的学生来自较低的社会经济阶层和不同的文化背景。去年,周老师花了不少时间试着管理课堂中捣乱的问题,很多都是学生间的小争吵和无礼行为。

今年,周老师计划在数学课上通过合作学习活动来提高数学成绩,并加强学生之间的互动。周老师让她的学生开展小组活动,这是她第一次尝试以系统的方式使用合作学习。她的操作很简单,即将课堂组织成作业"帮扶热线"组。小组成员将一起学习和理解困难的问题,他们会依靠一位理解问题并得出正确答案的组员来纠正错误。为了提高小组的平均考试成绩,在每次考试前,小组也会聚在一起学习。

周老师知道,小组的成功在很大程度上取决于小组的构成,因此她一直在努力地确保小组在多方面保持多样化。首先,她查看学生的数学成绩和过去的成绩,确保一个小组中包含所有水平的学生。她还在小组内部保持了文化的多样性和男女平衡。她试图拆散小团体和好朋友,并把害羞和外向的学生放在一起。

在小组成员见面之前,周老师就开始展示并教授合作过程。她告诉全班同学,他们的小组支持和互动活动与数学内容同样重要。每一组会有一个"生命支持系统"(CPR),代表了沟通(communication)、参与(participation)和尊重(respect)。

为了有效沟通,每个小组成员都应能解释得出答案所需的数学步骤。仅仅得到正确的答案是不够的,参与同样重要。所有小组成员都应该在小组中积极活动,有相互的责任和利益,有共同的身份,和共同庆祝成功。为了表示对彼此的尊重和支持,学生不能互相嘲笑或讽刺。相反,他们必须试着为团队成员提出一些建设性的意见和建议。他们可以说"我能理解你为什么会犯这样的错误",而不是说"那真的很蠢"。周老师告诉学生,"坚持不懈,直到你真的能做到",这意味着赞美一开始可能看起来是被迫的,但随着时间的推移它会变得更加自然。

为了确保合作的顺利进行,周老师会根据 CPR 模型给每个组打分。她查看每个小组,看看他们如何沟通、参与以及是否尊重彼此。在最初的几周里,周测试中的合作成绩是小组平均分的两倍。学生的周测个人成绩也会被记录下来。

有了这些准备,周老师对数学作业"帮扶热线"有了更大期待。然而,让她有点失望的是,她看到莎莉和她最好的朋友特里萨决裂了,她坐在那儿闷闷不乐,也不参加小组活动。里卡多通常很安静、孤僻,但他在小组中似乎和他的四名组员相处得很好——几乎是过于好了。他和萨姆似乎谈论他们课后的棒球练习与谈论数学问题一样多。特洛伊是个非常优秀的学生,但有一天下课后,他抱怨因小组平均分而被拖了后腿,而且他讨厌向小组成员解释细节。他询问是否可以独自学习,因为他考试总能得 A。

第一周的测试结果很平均,有两个小组没有明显的进步。有一个组的成绩略有上升,而有三个组的分数低于以前。

点击 第十二章 评估测试你对本章知识的掌握情况。

总　结

学习成果 12.1

● 批判性思考、推理和解决问题的能力往往是在与他人的合作互动中学会的。

● 间接教学、自主学习和合作学习具有互补的目标,可以让学生在参与学习的过程中,实现更高(更复杂)的行为模式。

● 合作学习活动可以为学生带来以下影响:

1. 态度和价值观,这可以引导学生课堂外的行为。

2. 可接受的亲社会行为,这是在家里无法学到的。

3. 不同的视角和观点,这是态度和价值观的基础。

4. 整合的身份,这能减少思想与行动之间的矛盾。

5. 高阶思维过程和思维技能。

学习成果 12.2

● 计划进行合作学习需要做出以下决策:

● 师生互动:合作学习中师生互动的主要目的是促进独立思考。

● 生生互动:合作学习中生生互动的主要目的是鼓励班级所有成员积极参与和相互依赖。

● 任务专门化和材料:合作学习中任务专门化和学习材料的主要目的是依赖于组内个体的共享、合作和协作的活动结构,创建一个最终产品。

● 角色期望与责任:在合作学习中分配角色与责任的主要目的是辅助小组的工作,促进小组成员之间的沟通与分享。

学习成果 12.3

● 建立合作任务的结构涉及五个步骤:

1. 确定活动的目标。

2. 设定任务结构。

3. 指导和评价合作的过程。

4. 监控小组表现。

5. 听取汇报。

• 合作活动的目标可以包括不同形式,比如小组的书面报告、更高的个人成绩、口头汇报、列举解决方案、评论,以及数据收集。

• 在确定合作活动的目标时:

1. 确定成果,检查学生是否理解,以及定下合作的基调。

2. 组织合作学习任务时,要决定小组规模的大小,小组成员的选择,用于开展小组活动的时间,分配给小组成员的角色,以及为个人和小组提供的激励和奖励。

• 选择小组成员的方法包括以下几点:

1. 将孤立或被动的学生分散到各个小组中。

2. 对学生进行随机分组。

3. 从每个类别中选择学生(男孩和女孩,有残疾或正常学生等)。

4. 与学生一起分享选择组员的过程。

学习成果 12.4

四种流行的团队导向的合作学习活动可以取得以下预期成果:

1. 学生团队成就分配(STAD)。

2. 小组游戏竞赛(TGT)。

3. 第二类交错搭配。

4. 团队辅助下的个性化(TAI)。

学习成果 12.5

合作学习活动的特定任务成果可能与学习风格的差异有关,对某些学生来说,这可能源于其文化。与场独立的学生相比,场依赖的学生更需要结构化的合作学习活动。

关键术语

积极不参与	汇报	任务专门化
合作学习	消极不参与	任务结构
合作学习角色职能	亲社会行为	团队导向的合作学习

讨论与练习

带星号的问题在附录 B 中有相应答案。有些带星号的问题可能要求学生做跟踪回答,这些答案没有包括在附录 B 中。

*1. 自主学习和合作学习共享的两个目标是什么?请举例说明可能发生在合作小组环境下的自我导向学习。

*2. 请指出合作学习活动的五个具体成果。哪一个对你的课堂来说最重要?为什么?

*3. 建立合作任务结构需要哪五个步骤?你认为在计划时间和课堂时间上你投入最多的会是哪一步?

*4. 在合作学习活动结束时,你会要求什么样的最终成果或行为?你认为哪种成果或行为最难评价和测量?

*5. 合作学习小组应该有多大规模才能在最短的时间内达到指定的目标?在什么情况下,小组可能更小或更大,但仍然有效地发挥作用?

*6. 挑选合作学习小组成员的方法有哪些?你认为最好的办法是什么?

*7. 请指出减少合作学习活动中消极不参与和积极不参与的三种方法。按照你的观点,哪种方法最能吸引消极参与者参与到合作活动中?

*8. 确定可以分配给小组成员的学生角色,并描述每个角色的职责。思考一个额外的可能适合于你的课堂中合作活动目标的角色。

*9. 如果把个人作业和小组作业的分数合并为一个单独的合作学习成绩,有哪些可用的方法?你倾向于哪种方法,为什么?

*10. 在合作学习活动中,教师承担哪三个角色来监控并在必要时改进小组的表现?你认为每个角色的难度如何?

*11. 在合作学习活动结束后,你可以做些什么来向全班汇报情况?在你的课堂中,你倾向于使用哪种策略?

*12. 指出汇报时遇到的五个障碍,并针对每种障碍提出几种解决方法。对于每种障碍,确定一个首先想尝试解决的方案,以便提升汇报的效果。

专业实践

现场体验和实践活动

带星号的问题在附录 B 中有相应答案。有些带星号的问题可能要求学生做跟踪回答,这些答案没有包括在附录 B 中。

*1. 在设计合作学习活动的四个部分时,根据你的课堂经验,哪一个是最需要计划的?为什么?

*2. 找出你在课堂上观察到的用来激励或鼓励小组成员的强化因素或奖励。你认为哪一种方法最有效?

*3. 列出约翰逊和约翰逊(Johnson & Johnson,1996、2005)提出的用于合作学习的八种沟通技巧。简要描述并举例说明你认为在课堂上最重要的三种技巧。

*4. 从斯拉文(Slavin,1993)提出的四种以团队为导向的合作学习活动中选择一种你愿意在课堂上尝试的活动。根据要执行的活动的结构、团队的工作、教师相应的角色,以及团队评分和认可的程序,描述你将如何在你的课堂上实施这一技术。

电子档案活动

以下电子档案活动与 InTASC 标准 2、3、4、5、6 和 8 有关。

1. 在现场体验和实践活动 3 中,你需要从八个沟通技能中描述三个合作学习所需的沟通技能,并举例说明你是如何教授给学生的。因为这些技能对成功的合作学习必不可少,所以请把你的回答放在你的电子文件夹,并贴上"合作与协作学习"的标签。你如何教授这些技能的例子对于你形成第一个合作学习活动非常重要。

2. 在现场体验和实践活动中,你按要求选择斯拉文(Slavin,1993)建议的一项面向团队的合作学习活动,并描述你将如何实现它。阅读你对于现场体验活动 4 的回答来回顾你描述活动结构的特殊性、团队的工作、你作为教师的角色,以及团队评分和认可的程序。确保你会在第一次合作活动中确切知道要做的事情?添加你在描述时可能需要的任何细节,并把它放在你的电子档案袋的"合作与协作学习"文件夹中。

第十三章　评估学习者

学习成果

本章学习结束后,你将学会并能够:

- 区分常模参照测试和标准参照测试,并能运用每种测试的结果更好地理解学生的进步情况。
- 运用考试大纲确保你已涵盖所有的内容领域,并使考试题目与你的教学目标保持准确的一致性。
- 比较不同客观测试题型的优点和缺点。
- 创建要求学生运用高阶思维进行组织、融合并提炼知识的论述性问题。
- 描述不同类型的效度和信度,并解释它们在确保测试是否衡量和检测了目标内容以及是否产生了一致性相同结果等方面的作用。
- 评分时,要平衡与其他学生、既定标准的比较以及成绩与进步情况的对比。
- 采取措施为学生参加标准化测试做准备。
- 创设表现评估方式,以衡量高阶思维的认知过程。
- 为学生分配档案袋,按类别记录学生完成的成果和为实现目标采取的步骤。
- 理解"力争上游"(RTT)和"反映干预法"(RTI),以及它们在规范教学和评估有特殊需求学生中发挥的作用。

美国州际新教师评价与支持联合会(InTASC)

学完本章,你将能够达到以下 InTASC 有关有效教学的标准:

标准3　学习环境。教师与他人合作创设支持个体学习和合作学习的环境,鼓励学生进行积极的社交互动、主动参与学习和进行自我激励。

标准5 内容应用。教师了解如何把概念联系起来,并使用不同的观点使学生就本地和国际的真实问题进行批判性思考,激发学生的创造力和合作解决问题的能力。

标准8 教学策略。教师理解和运用各种教学策略,鼓励学生深入了解学科内容及其相关性,并培养学生以有意义的方式应用知识的技能。

标准9 专业学习与道德实践。教师参与持续的专业学习,使用证据不断评估自身的实践,特别是其个人选择和行动对他人(学生、家庭、其他专业人士和共同体)的影响,并调整实践以满足每个学生的需求。

标准10 领导与合作。教师寻求适当的领导角色和机会,对学生学习负责,并与学生、家庭、同事、其他学校专业人员和共同体成员合作,以确保学生成长和促进专业发展。

你对儿童和青少年时期最深刻的印象可能包括在学校参加各种考试。同样,考试或许也是你大学经历中最生动的记忆之一。如果你像大多数人那样在学校里度过了很多年,你对于考试可能会有强烈或复杂的情绪。本章将消除考试给你带来的一些不愉快的情绪,并展示如何让考试成为你课堂教学中的有效工具。

常模参照测试和标准参照测试

评估学生的学习情况需要哪些信息呢?这取决于你的目的。测验可以提供两类信息:

1. 常模参照测试(NRT) 反映一个学生在学生群体的位置或级别。之所以称为常模参照测试,是因为此类测试把一个学生的表现同常模群体(一个规模大、有代表性的学生群体)的表现进行比较。当你需要将一个学生的表现与同龄或同年级学生的做对比时,此类测试的信息很有用。

2. 标准参照测试(CRT) 反映学生的技能水平对某项技能或一组技能的掌握程

度。之所以称为标准参照测试,是因为该测试将学生的表现用一个绝对标准进行衡量,即所谓的校标(如75%的正确率)。此类信息有助于你确定一个学生是否需要更多指导或不同指导方式才能获得一项或一组技能。

图 13.1 展示了使用常模参照测试和标准参照测试的条件。选择某种测试之前,你应确定所需要的信息类型。

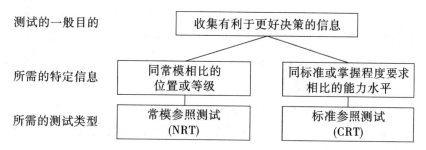

图 13.1　测试的目的和所需测试类型的需求信息之间的关系

但遗憾的是,与测试前相比,一些教师在测试后并没有对学生了解更多。在我们这个技术导向的社会里,测试分数有时仅仅作为一个分数,并没有从考虑学习者的进步和学业成就的方面去解读这些数字。在这种情况下,教师和家长有可能快速对一个测试做出结论。这也说明如果不对测试分数进行合理解读,测试数据就是无用的。实际上,问题也可能是选择该测试的教师在考前未能确定所需的具体信息或未能仔细考虑试题是否符合其目的。让我们观察一下下面的情景。当六年级教师玛丽敲门时,顾问约翰正在审核学习记录:

玛丽:我来这里想和你谈谈丹尼的情况。他已经在补习班待了五年,这个学年他被分进我的班。罗杰格老师去年教他,她告诉我你这儿有他的所有考试成绩。

约翰:嗯,我正在翻看他的资料。丹尼的数学成绩在伍德-约翰考试中排在6%的位置,而他的阅读成绩排在1%的位置。祝他好运!

玛丽:天啊,他的成绩太低了。我想这是他在补习班待了这么长时间的原因吧。

约翰:你说得对。

玛丽:唉,这也是我预料到的结果。那他的技能水平如何?

约翰：什么意思？

玛丽：就是他的学术水平。

约翰：哦，他的成绩！嗯，我看一下啊。他的数学水平年级等级大致相当于2.6，他的阅读水平年级等级更低，只有1.7。

玛丽：嗯……这不是我真正想了解的。我知道他低于年级水平，但是我想知道他的技能情况——具体的技能情况。你知道，比如他能认读哪些单词，他掌握了哪些发音技能，他是否能做加减组合两位数等。

约翰：[有点不耐烦]玛丽，我已经告诉你你需要知道的信息了。你不知道怎么解读这些分数吗？

玛丽：[沮丧]约翰，我知道这些分数的含义，但是这些分数仅仅是把丹尼与其他同学进行了比较，我对此没有兴趣。我想知道他能做什么和不能做什么，这样我才能根据他的水平开展教学。

约翰：[摇头]你看啊，他的阅读处于一年级水平，数学处于二年级水平。这些信息不够吗？

玛丽：但是，他的掌握程度是在哪个层次啊？

约翰：掌握？他落后好几年了！他能掌握的很少。

显然，玛丽和约翰的交流存在问题。约翰告诉玛丽大量的测试信息，但玛丽似乎从中没有领会到多少。约翰很沮丧，玛丽也很沮丧，她没有获得多少能帮助丹尼的信息。问题出在哪里呢？

问题好像出在约翰这儿。玛丽的问题是关于能力或技能的掌握情况。如图13.1所示，我们可以发现玛丽感兴趣的信息是丹尼的水平层次，但约翰的回答是关于丹尼与其他同学相比较的测试表现。玛丽所提问题的答案，只能从体现丹尼是否超过某些州或学区的技能掌握标准的测试中来获得。

如果一项测试能表明丹尼可以通过重组方法进行两位数减法，例如，假设80%或80%以上的正确率是掌握标准，玛丽就可以说，丹尼已掌握了这项数学技能。也就是说，丹尼可能已超过了两位数减法80%的掌握水平。标准参照测试是用于测量学生是否已经掌握一种技能，那么该"掌握"的定义取决于大家公认的水平或表现校标。

约翰所提供的信息属于常模或比较性信息。丹尼的年级水平分数说明他的表现是与一个普通组学生的典型或平均水平的表现进行比较。丹尼在阅读上的年级等值分为1.7,说明他的阅读能力相当于一年级学生入学7个月的平均阅读水平。但是该分数没有说明丹尼能认读哪些单词,也没有说明他认读生词的过程或他需要用多长时间来理解阅读材料、学习生词的含义等。该分数表明的是他的阅读能力远远低于五年级的平均水平,仅相当于一年级学生入学7个月的平均水平。

测试类型的恰当性取决于测试的目的。标准参照测试测量与课时目标或单元目标内容相关的具体技能,而常模参照测试测量与学习成效和能力大种类相关的技能

通过常模参照测试所获得的年级等值分数和其他分数仅用于提供普遍性的、比较性的判断,无法提供有关具体技能掌握情况的判断。

> 该视频使你清楚了解常模参照测试与标准参照测试的差别。注意每种测试类型的优缺点。

标准参照测试

如你所想,标准参照测试必须是具体的,用于获取掌握某项技能的信息。该测试既有优势也有劣势。运用对单项技能的特定测试,你能够比较容易地确定你的学生是否已掌握那些有问题的技能。然而,标准参照测试的最大劣势是必须对一般课堂上所教的多种技能的掌握程度做出判断。

常模参照测试

相对而言,常模参照测试倾向于普遍性。它用于快速地测量多种具体和一般的技能,但是它不能进行全面深入的测量。因此,与标准参照测试结果不同,你不能根据常模参照测试结果确定你的学生是否掌握了那些有问题的单项技能。但是常模参照测试的结果能够比许多标准参照测试更快地提供有关多种技能的能力评估。因为标准参照测试和常模参照测试有各自的优势,所以每种测试也都有适合使用的情形。也就是说,测试类型的适切性取决于你进行测试的目的。

测试蓝本

在第五章中,我们讨论了不同认知复杂度的写作目标。在本章中,我们将介绍测试蓝本,使之与你的教学目标相匹配。测试蓝本能确保你不遗漏优良测试的关键细节。具体而言,它确保一个测试可以对以下范围内的学习进行抽样检验:(1)你的教学所覆盖的内容范围;(2)你认为重要的认知和/或情感技能及过程。图13.2说明一个小学数学单元的测试蓝本。

内容大纲	知识	理解	应用	合计	百分比
1.学生将区分加法和减法的符号。	1			1	4%
2.学生将区分加法问题和减法问题。	2			2	8%
3.学生将区分正确解答的减法问题和错误解答的减法问题。		4		4	16%
4.学生将正确解答单位数的减法问题。			6	6	24%
5.学生将正确解答有两位数分子和一位数分母的减法问题。			6	6	24%
6.学生将正确解答两位数的减法问题。			6	6	24%
合计	3	4	18	25	
百分比	12%	16%	72%		100%

图13.2 无借位减法单元的测试蓝本

构建一个测试蓝本需要遵循以下步骤:

1. 根据第五章描写的行为,划分测试内容的教学目标(如知识、理解、应用等)。

2. 记录与行为对应的有关目标的题目数量。

3. 合计每个教学目标的题目数量,并在表格右下方记录总数。

4. 合计每个行为的题目数量,并在表格右下方记录总数。

5. 通过题目数量除以题目总数的方式计算出每栏和每行的百分比。

在准备测试前设计测试蓝本能确保你恰当地选取要测试的教学内容,并准确地将测试题目与教学目标相匹配。

客观测试题

你的测试蓝本中可能需要客观测试题。客观测试题有四种格式:对/错题、配对题、多项选择题和填空题(简答题)。斯蒂金斯(Stiggins,2012)更喜欢用选择回答这个词来表示这些格式,用以强调其客观性主要体现在它们的评分系统上,而不是测试内容的选择。在本节中,我们将讨论每种客观测试题的特点,这些特点可以使你的客观题或选择回答的测试题更加有效。

完成测试蓝本后,你的第一个任务便是为测试选择一种或多种类型的组合。你在编写客观测试题时可能预先确定了类型,但在大多数情况下,你可以在几种类型中进行选择。例如,你可以考虑以下客观题类型。

对/错题

对/错题很受欢迎,因为它们写起来又快又容易——至少看起来是这样。与其他形式的客观题相比,编写对/错题需要的时间确实更少,但准备好的对/错题并不是那么容易。

根据你自己的经验,每一道对/错题不管编得好与差,学生即使不读题目都会有50%猜对的机会。换句话说,在50道对/错题中,完全不熟悉测试内容的人有可能回答正确大约25道题。幸运的是,有一些方法可以减少猜题的影响:

1. 鼓励所有学生在不知道正确答案时进行猜题。既然无法阻止某些学生猜题,那么鼓励所有学生猜题应能平衡猜题的效果。这样,考试成绩将反映出一个或多或少相同的猜题因素,以及每个学生的实际知识水平。这也将避免那些善于应付考试的学生比那些不善于应付考试的学生拥有不公平的优势。

2. 要求修改每一个错误的陈述。用这种方法时,需要在题目后面留出空白位置,让学生将错误的内容修改正确。通常情况下,要求学生首先在错误部分的下面画线或圈出,然后在句子下面添加正确的表述,如下面的例子所示:

T(对)　　　　F(错)　　　高智商的孩子在学校<u>总是</u>得高分。

　　　　　　　　　　　　倾向于

T(对)	F(错)	巴拿马在古巴北部。
		南部
T(对)	F(错)	闰年的九月多出一天。
		二月

采用这种策略,学生只有在修改正确时才会给满分。这种方法的缺点是,相同数量的题目需要更多的测试时间,并且评分时间也相应增加了。

编写对/错题的建议

1. 在开始考试前,清楚地告知学生如何标记对与错(如,将对或错圈出或画下横线),同时把这条要求写在试卷的顶部。

2. 每句话都要绝对正确或绝对错误,不要有附加条件。如果凭某人观点能判断对错,就将该观点的来源用作题干的一部分,例如:"根据美国劳工联合会——产业工会联合会的负责人将工人的补偿低于预期的标准。"

3. 设置长度大致相同的真命题和假命题,并确保各自的数量也大致相同。

4. 避免使用双重否定句。它们需要额外的时间来解释,而且很难解释。例如,避免说"在代数运算中加法不能先于减法是不正确的"。

5. 避免使用表示不确定程度(例如,大、长时间、有规律)或绝对的(从不、仅、总是)的词语。一般善于应付考试的学生会注意到它们的含糊其词,并给它们打上"错误"的标记。

6. 避免以学生可能会发现的系统模式来排列题目(例如,对—对—错—错,对—错—对—错,等等)。

7. 不要直接从文本中提取语句,首先要确保你没有断章取义。

配对题

与对/错题一样,配对题也是一种流行且方便的测试类型。然而,就如同好的对/错题一样,好的配对项也不容易编制。假设你回到九年级的美国历史课上,在你的测试中出现以下的配对题:

A	B
1. 林肯	a. 20 世纪期间的总统

2. 尼克松   b. 发明了电话

3. 惠特尼   c. 发表了解放奴隶的宣言

4. 福特   d. 唯一一位辞职的总统

5. 贝尔   e. 民权运动的领袖

6. 国王   f. 发明了轧棉机

7. 华盛顿   g. 美国的首位总统

8. 罗斯福   h. 唯一一位任期超过两届的总统

你觉得有什么问题吗？根据以下指出的错误来思考你发现的问题。

同质性。这些列表不是同一属性的。A 列中包含了总统、发明者和民权领袖的姓名。除非这是为了专门教授一组相关的个体人物或观点，否则它们对于一个配对练习题来说就太宽泛了。

列表顺序。列表是反的：应将 A 列放在 B 列处，B 列放在 A 列处。在做题时，学生先读一个名字，然后必须通读较长的描述才能找到答案。这是比做阅读选择题还要费时的一个过程。将选项列表按一些顺序排列，如按时间、数字或字母顺序，是一个好主意，能节省学生阅读选项的时间。

容易猜出。注意，选项和描述的数量如果相等，就会增加通过排除法猜题的可能性。如果给出至少比描述多三个的选项，那么猜对的机会就会减少到四分之一。

缺乏说明。说明太简短了，配对说明应该更具体一些：

  指令：A 列列出历史事件的简要描述，B 列列出美国总统的名字。在 A 列中数字的左边填上适当的字母，以表示历史事件发生时在任的总统。

多种答案。对"20 世纪期间的总统"的描述有三个站得住脚的答案：尼克松、福特和罗斯福。"福特"是指 T 型车的发明者亨利·福特还是杰拉尔德·福特？记得要给出姓和名，以避免引起歧义。以下是这组配对题的修正版本：

  指令：A 列描述了与美国总统相关的事件，指出 B 列中哪个名字与事件相匹配，并把相应的字母写在 A 列中数字的左侧。每个名字只能使用一次。

A 列

____ 1. 唯一一位没有当选的总统

____ 2. 发表了解放奴隶的宣言

____ 3. 唯一一位辞职的总统

____ 4. 唯一一位任期超过两届的总统

____ 5. 美国的首位总统

B 列

a. 亚伯拉罕·林肯

b. 理查德·尼克松

c. 杰拉尔德·福特

d. 乔治·华盛顿

e. 富兰克林·罗斯福

f. 西奥多·罗斯福

g. 托马斯·杰斐逊

h. 伍德罗·威尔逊

注意，我们现在有了完整的说明，提供了比描述更多的选项和同质列表（A列的所有项目都是关于美国总统的，B列的所有项目都是总统的名字）。此外，我们已保证其他的选择也正确无误。

编写配对题的建议

1. 描述列表和选项列表保持简短且一致，二者应该在同一页上。在列表中添加标题或标签以确保同质性（例如，A列、B列）。

2. 确保每个选项都是合理的干扰因素（如错误答案的选项），以保证列表的同质性。

3. 描述列表应包含较长的短语或语句，选项列表应由短语、单词或符号组成。

4. 每个描述前标上数字（1、2、3等），每个选项前标上字母（a、b、c等）。

5. 列出比描述更多的选项，有些选项可能会匹配多个描述，或者两者都匹配。

6. 在说明中指定配对原则，以及是否可以一选多。

多项选择题

另一种流行的题型是多项选择题，一般在高中和大学更为常见。多项选择题在客观测试题中是独一无二的，因为它们能测试一些关于高级认知类型的题目。编写多项选择题时，注意不要在不经意间以下列方式给学生提供线索，因而泄露了答案。

题干线索。多项选择题的陈述部分称为题干，而答案称为选项或备选项。当同

一个单词或相近的派生词同时出现在词干和选项中时,就会出现题干线索,从而引导考生找到正确答案。思考一下这个例子:

在《夏威夷之谜》这个故事中,马克和阿丽莎为了获得自由必须穿越的火山结构的名字是_____。

    a. 火山脊　　　　　　　　b. 地壳构造板块

    c. 大汽锅　　　　　　　　d. 熔岩

在这个题目中,正确的选项和题干都包含单词"火山"。因此,聪明的考生很可能在不了解被测内容的情况下就正确地回答出问题。

语法线索。思考以下题目:

U. S. Grant was an _____.

    a. army general　　　　　　b. navy admiral

    c. cavaly commander　　　　d. senator

大多数学生都能从题干中找到简单的语法线索。"an"排除了选项 b、c 和 d,因为"army general"、"cavalry commander"和"senator"不符合语法规范。a 选项是唯一的一个语法正确的句子。消除语法线索的一种方法是用 a/an 代替 an。类似的例子有 is/are,was/were,his/her,等等。可以将词语(动词或代词)放在选项列表中:

Christopher Columbus came to America in _____.

    a. a car　　　　　　　　　b. a boat

    c. an airplane　　　　　　d. a ballon

话语冗长/长度不均衡。以下是编写多项选择题时常见的两个错误:

在《夏威夷之谜》这个故事中,当马克和阿丽莎在火山山顶被劫持时,

a. 警察找不到他们,无法解救。

b. 警察需要更多帮助。

c. 警方冒着危险躲在火山后面试图解救他们。

d. 警察让他们跳到下面的岩石上。

每个选项中都包含词语"警察"。为了节省空间和时间,应该将这个词加到题干中:"当马克和阿丽莎在火山山顶被劫持时,警察_____。"其次,选项的长度可能是一个信号。多项选择题中正确答案的信息量比错误答案的信息量大。聪明的

考生都知道,通常情况下最长的答案就是正确的,因此避免使正确答案的长度超过最短错误答案长度的1.5倍。

以上都对/以上皆错。一般来说,要谨慎使用"以上皆错"。在有些题目中,编写者只在没有提供明确的正确答案时才使用"以上皆错"。然而,学生掌握了这种套路,即使不了解被测内容也猜出"以上皆错"是正确答案。此外,有时使用多个正确答案是合理的,比如,"a和c都正确"或"b和c都正确"。但同样,要谨慎使用这些答案,因为它们从逻辑上排除了一些考虑,所以答案之间很可能存在着不一致性。要完全避免使用"以上都对",因为测试题目应该鼓励考生去辨别和区分。

高水平的多项选择题

一个好的多选题是编写最耗时的客观题类型。不幸的是,大多数的选择题也是在教育目标分类中知识层次上编写的。作为一个新手编题人,你会倾向于在这个目标层次上编写题目,但你也需要编写一些测试更高层次认知目标的多项选择题。

首先,写一些测量理解、应用、分析或评价的目标,这将保证你的某些题目可以测量高于知识层次的内容(参见附录C和第五章的高阶思维和解决问题行为的例子)。下面是编写高层次多项选择题的一些建议。

使用例证测试答案背后的原因。在多项选择题之后添加问题,要求解释为什么选择某个答案的细节。下面是一个例子:

指令:选择最合适的答案,并在下面的空白处为你的选择列出证据。

均衡饮食的主要价值在于

a. 提升智力。　　　　　　　　b. 治疗疾病。

c. 促进心理健康。　　　　　　d. 促进身体健康。

从课文中找出你选择该答案的证据。

使用图片、图形或表格刺激。图片、图画、图形和表格要求学生至少在应用层面上思考教育目标分类,甚至可能涉及更高层次的认知过程。同样,这样的刺激通常可以产生几个更高层次的多项选择题,如下列围绕图13.3中内容设置的问题所示:

指令:请参考地图(图13.3)来回答这些问题。

1. 下列哪个城市是建钢厂的最佳地点?

a. Li(3A) b. Um(3B)

c. Cot(3D) d. Dube(4B)

2. 从 Dube 到 Rag 大约有多少英里？

a. 100 英里 b. 150 英里

c. 200 英里 d. 250 英里

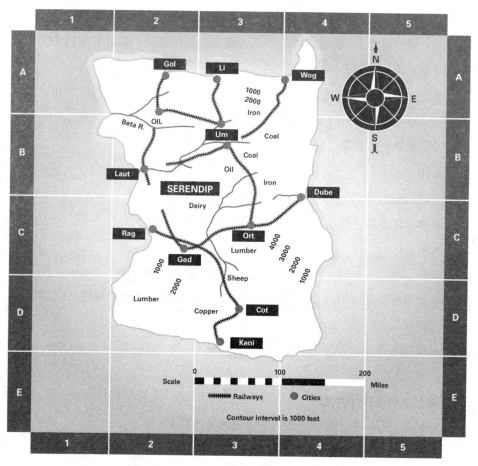

图 13.3　用图形刺激来测量高层次认知过程

3. 从 Wog 到 Um 要往哪个方向走？

a. 西北 b. 东北

c. 西南 d. 东南

使用类比法列出两个题干之间的关系。为了正确地回答类比问题,学生不仅

要熟悉术语,而且要能理解术语之间的关系。例如:

医生之于人类正如兽医之于

a. 水果。   b. 动物。

c. 矿物质。   d. 蔬菜。

要求运用原则或步骤。为了测试学生是否理解步骤或原则的含义,让他们用新信息或新方法来运用原则或步骤。他们做的不仅仅是遵循解决问题的步骤,还要展示一种迁移能力,超越最初学习该原则或步骤的情境。思考下面这个关于比率和比例计算题的例子:

你正在度假,想在回家的路上从芝加哥开车去圣路易斯。这两个城市之间的距离是 300 英里。你的汽车在高速公路上每加仑能跑 20 英里。

1. 这次旅行需要多少加仑的汽油?

a. 10   b. 15

c. 20   d. 25

2. 如果你在离开前把 23 加仑的油箱加满,你还剩多少加仑?

a. 4   b. 6

c. 8   d. 10

3. 如果每加仑只能跑 15 英里而不是 20 英里,在离开圣路易斯后,你所剩的汽油还能跑多远?

a. 15   b. 30

c. 45   d. 60

编写多项选择题的建议

1. 确保只有一个正确答案或一个明确的最佳答案。

2. 确保所有的错误答案都是合理的。排除无意识的语法线索,并使所有答案的长度和形式保持不变。随意将正确答案的位置从一项换到另一项。

3. 只有在测试需要的情况下才使用否定问句或陈述句。大多数情况下,让学生知道正确的陈述比错误的陈述更重要。

4. 设计三到五个答案(两至四个干扰因素加上一个正确答案)来优化对知识的测试,而不是鼓励猜测。没必要为了使每个题目中干扰项的数量相同而特意为一个题目增加额外的干扰项。

5. 只有当所有答案都能被明确归为错误答案时,才能谨慎使用"以上皆错"的选项。

6. 避免使用"以上都对",这通常是正确答案。对于只掌握部分信息的学生来说,这样的题目太容易了。

填空题

课堂教师创建和学生参加的第一种测试通常是填空题。与其他类型的测试题目一样,填空题也有好有坏。

填空题的编写建议

1. 只需要一个词的答案或一段简短、明确的陈述。避免含糊不清的题目,因为考生可能会用几个词语写出合乎逻辑的答案:

不好的题目:第二次世界大战于_____结束。

更好的题目:第二次世界大战于_____年结束。

2. 确定题目能提出问题。直接的问题通常比不完整的陈述要好,因为它为答案提供了更多的结构:

不好的题目:《野百合》故事中的主角是_____。

更好的题目:你如何看待《野百合》故事中的主要人物?_____

3. 确保答案是真实无误。将问题与所测试的概念或事实准确联系起来。例如,答案能在学生的课本、练习册或课堂笔记中找到吗?

4. 只省略关键词,不要删除太多元素以免破坏内容结构:

不好的题目:_____类型的测试题通常按_____而不是_____的形式来评分。

更好的题目:多项选择题通常比_____类型的题目更客观。

5. 先陈述,将空格放在末尾,这样可以避免句子晦涩难懂。

6. 如果问题的答案涉及数字,给出计数的单位(例如、磅、盎司、分钟)。

客观测试题的优缺点

表13.1 总结了前面每种客观测试题的优缺点。

表 13.1　各种客观测试题型的优缺点

优　点	缺　点
对/错题	
内容往往较短,可以涵盖的材料比其他测试形式要多;适用于内容覆盖面较广的情况	往往强调死记硬背的知识(尽管有时会提出复杂的问题)
可以快速出题(但要避免出题时断章取义或仅对材料稍加修改就使用)	假定了一个明显正确或错误的答案(让学生猜测你用于评估表述真实性的标准是不公平的)
容易评分(提示:给出"T"和"F"供学生圈出,因为手写的字母很难辨认。)	允许甚或在很大程度上鼓励学生去猜测(通常,较长的考试可以弥补这一点)
配对题	
容易出题和评分	往往询问琐碎的信息
非常适合测量事实之间的关联	强调记忆
可以比多项选择题更有效,因为它们避免了测量关联时选项的重复	大多数商用答题纸只提供 5 个选项,因此限制了匹配项的大小
减少了猜测的影响	
多项选择题	
适用于测量知识层次到评价层次的多种目标	编写较为费时
编写内容少,可以快速抽取大量的课程内容	如果出题不仔细,可以有多个合理的正确答案
评分非常客观,只需计算正确的回答数目	
可以编写得让学生必须区分不同正确程度的选项,避免了对/错题的绝对判断	
减少了猜测的影响	
易于统计分析,可以确定哪些题目模棱两可或过于困难＊	
填空题	
出题相对容易	鼓励复杂度较低的回答
因问题需要特定回答而减少了猜测	可能很难评分(为了不透露答案,必须要让题干足够概括,但会无意中导致题目存在多个合理的答案)
与多项选择题相比,填空题所需的时间更少,因此可以涵盖更多的内容	非常简短的回答倾向于测量对特定事实、名称、地点和事件的回忆,而非考查更复杂的行为

＊参见库比斯金和鲍里奇(Kubiszyn & Borich, 2016),第十一章。

论述测试题

在本节中,我们将解释什么是论述题,描述两种主要的类型,并提供一些编写建议。论述题通常在初中和高中阶段以书面形式呈现,但在小学低年级阶段,尤其是当学生还没有获得足够的书面语言能力时,可以口头回答。

就像客观题一样,论述题也可能创编得很好或很差。编得好的论述题测试复杂的认知技能,要求学生组织、整合和综合知识,利用信息解决新问题,解决问题时富于创新精神。编得不好的论述题则可能只要求学生回忆课本或课堂上出现的信息。更糟的是,编得不好的论述题不能告诉学生需要做什么才能得出令人满意的回答。

论述题有两种主要类型:延伸回应的论述题和限制回应的论述题。

延伸回应的问题

一个允许学生决定回应长度和复杂度的问题称为延伸回应论述题。这类问题对测量认知复杂度的分析、综合和评估层面非常有用。由于这类题目的答案较长以及组织和表达答案需要一定的时间,延伸回应论述题有时更适合于作为延长几天完成的作业或带回家的测试。因为它的长度和深度,延伸回应问题通常在评估沟通和高阶思维技能方面颇具价值。请看以下例子:

- 对比乔治·W.布什和罗纳德·里根这两届总统,思考一下他们的经济、社会和军事政策。要避免支持任何一位总统。你的回答将根据客观性、准确性、组织性和清晰度来打分。

- 既然我们已经学习了淘金热,想象你正在一列开往加利福尼亚的货车上,给你家的亲戚们写一封信,告诉他们你所经历的一些困难和危险。

这些问题在使学生集中注意力的同时,也给了他或她相当大的自由来组织答案和确定回答的长度。现在让我们来看一个限制回应的论述题。

限制回应的问题

一个提出特定问题的论述题,学生需要回忆其正确的信息,以适当的方式组织信息,得出有说服力的结论,并根据特定的标准表达出来,这种问题被称为限制回应论述题或论述(Borich & Tombari, 2004;Kubiszyn & Borich, 2016)。限制回应的问题可用于初、高中,也可以在小学低年级进行口头提问。它们通常要求一分钟左右的口头回答或写一两段文字。无论是对问题的口头陈述或作为书面问题的一部分,都规定了引导学生回应的答案限制,并提供了评分标准。例如,以下是一些限制回答问题的例子,它们可以通过口头或书面的形式来评估学生的理解程度:

用你自己的话解释火成岩和沉积岩的两个区别,并给出一个课堂上没有给出的例子。

从《本·富兰克林的童年》这个故事中,举例说明富兰克林是一个天生的领导者,并且总是知道该做什么。

为了让学生证实他们将火成岩和沉积岩理解为概念而不只是简单的知识,他们必须做两件事:(1)他们必须用自己的话来解释二者间的差异,而不能简单地回忆课文中所说的或他们从投影仪上抄下来的内容;(2)他们必须给出每种岩石的原始例子。如果他们能够做到这两点,你可以很明确地说他们理解了这些概念。

什么时候使用论述题?

虽然每种情况都必须单独考虑,但有些情况很适合于论述题:

1. 教学目标规定了高层次的认知过程,它们要求应用信息,而不是简单地识别信息。这些过程通常不能用客观题来衡量。

2. 你只是在测试几个更高层次的认知目标。由于时间的限制,你只能给几篇文章评分。如果你有30名学生,并设计了一个包含六道延伸回应的问题,你会花大量的时间来评分。为那些需要高阶思维的目标预留论述题,并/或只使用一两个和目标吻合的论述题。

3. 测试安全性是一个需要考虑的因素。如果你担心试题会传给未来的学生,你应该使用论述测试题。一般来说,编写好的论述题要比编写好的客观题耗时少。对于口头准备的限制回应问题,请记住要提前为每个学生准备单独的问题,或把分数分配给其他为特定学生的回答做出贡献的学生。

以下是一些可以使用延伸和限制回应问题的学习成果和示例:

- 分析关系。蓝色和灰色与低温有关,其他颜色与什么有关?这些颜色对你画的画可能有什么影响?
- 比较和对比立场。比较你读过的故事中的两个人物,理解这些人物对故事中的情况有何不同反应。
- 陈述必要的假设。当哥伦布在圣萨尔瓦多登陆时,他对他发现的土地有什么看法？他的假设正确吗？

    • 确定适当的结论。支持和反对在住宅区附近建造垃圾填埋场的理由分别是什么？

    • 解释因果关系。导致早期的美国人在19世纪向西运动的原因是什么？选一位我们学过的拓荒者（如丹尼尔·布恩），并给出他或她向西进发的一些原因。

    • 做出预测。你能通过观察云来预测暴风雨的来临吗？解释一下云是如何帮助人们预测下雨的。

    • 组织数据以支持观点。在黑板上，你会看到在过去的一年中每个月新建房屋和购买汽车的数量。利用这些数据来支持我们认为经济正在变好或变糟的观点。

    • 指出优缺点。对行进管乐队来说，双簧管、小号、大号、小提琴有哪些好处或局限性？

    • 整合多种来源的数据。想象你正和九个朋友一起庆祝你的生日。这时送来两个比萨，每个比萨都被切成四块。你会遇到什么问题？你会选择什么方法来确保每个人都得到一块比萨？

    • 评估项目、产品或行动的质量或价值。从基本食物类别中选择均衡的膳食时应考虑哪些因素？

论述题的编写建议

1.在开始回答问题之前，要清楚地知道你想让学生使用什么思维过程。你可以参考附录C的"高阶思维和解决问题列表"以及第五章的动词示例来寻求建议。请看以下例子：

    不好的题目：评论下面的总统讲话。

    更好的题目：思考下面的总统演讲。重点关注经济政策部分，并区分事实陈述和观点。将这些声明单独列出来并分别做上标记，指出每个声明是否与总统的总体经济政策相一致。

2.写出问题，为学生制定明确的任务。任务应在（1）测试题前面的总体说明中进行解释和/或（2）在测试题中解释。这包括是否会将拼写和语法计算在内，以及是否将回答的结构作为一个重要的评分元素。还应说明要求的详细程度和支持数据。请看以下例子：

不好的题目：讨论行为目标的价值。

更好的题目：多年来,行为目标在教育中越来越受欢迎。行为目标的优缺点在你的课本中和课堂上已经讨论过。对教育中使用行为目标采取赞成或反对的立场,从课堂上或课文中提到的论点中至少选择三点来支持你的观点。

3. 用比较、给出理由、给出原始案例、预测如果怎样就会发生什么等词语或短语来开始一道论述题。不要以什么、谁、什么时候和列出之类的词开头,因为这些词汇通常会产生只需回忆信息的任务,而回忆信息可以用客观测试题目更好地进行评估。以下是另外两个例子：

不好的题目：列出美国在伊拉克撤军的三个原因。

更好的题目：侵入伊拉克8年多以后,美国开始减少驻兵。推测一下如果当时美国没有减少驻兵,也没有在前几年增加驻兵,那会发生什么。

4. 如果题目处理的是有争议的问题,应该要求受试者为所持立场提供证据并以此来评价,而不是考察其采取了何种立场。要求学生接受某一特定结论或解决办法是不合理的,但是可以评价他或她是如何学习使用证据来支持某一特定结论的。请看以下例子：

不好的题目：国会应该通过什么法律来改善所有美国公民的医疗保健？

更好的题目：一些美国人认为所有的医疗费用都应该由联邦政府承担。你是否同意？至少用三个逻辑论点来支持你的立场。

5. 避免使用选做题。也就是说,要求所有学生完成相同的题目。允许学生从三道题中选择两个,或从四道题中选择三个,会降低测试在所有学生之间的一致性,这会减弱对学生进行比较的基础。

6. 为每道论述题设定合理的时间和/或页数限制,来帮助学生完成整个测试,并表明你考虑的详细程度。在陈述问题时或在问题的编号旁边指出这些限制。

7. 确保每个问题都与教学目标相关。检查你的考试计划,看看论述题的内容是否有代表性。

论述题的评分标准

论述很难在不同个体间保持一致的评分。也就是说,对于同一个论述题的答案,可能一位评分人给 A,另一位评分人给 B 或 C。或者可能相同的答案在一次评分中得了 A,但在另一次评分中被同样的评分人给了 B 或 C!以下五个标准可以帮助你在面对不同的论述题时保持评分的一致性。

内容。尽管论述题与其说是用来衡量事实知识,不如说是用来衡量思维过程,但其内容应提供与事实相关的材料,并充分涵盖所提出的问题。

组织。除了学生回答的内容之外,你可能想把答案的组织也纳入评分标准中。例如,这篇文章有引言、正文和结论吗?推进方式和次序是否遵循逻辑上和时间上的发展顺序?此外,你还需要决定是否将拼写和语法包括在评分标准中,如果包括在内,请在学生参加考试之前提醒他们注意这一点。

过程。如果你的论述题测试的是应用层面或更高层次,那么最重要的评分标准将是某个特定思维过程的执行程度。此外,每个思考过程(例如,应用、分析、综合和评估)都会产生一个解决方案、建议或决定。因此,你的评分标准应该既包括解决方案、建议或决策的充分性,也要包含产生这一结果的思考过程的证据(例如,是否应用了正确的分析步骤)。

完整性/内部一致性。论述是否充分地解决了提出的问题?是否有足够的细节来支持所提出的观点?这些观点在逻辑上是否相互关联,是否完全涵盖这一主题?

独创性/创造性。你可能还想认可和鼓励有原创性和创新性的回答。期望一些学生以新的和有创意的方式来回答你的问题,你可以在适当的时候奖励学分。如果你想使用上述标准,请告知你的学生。通常,选择与考试重点最相关的两个或三个标准,然后根据其对整个分数的重要性进行加权,例如,内容占 75%,组织占 25%,或内容占 33%,过程占 33%,组织占 33%。一旦你的学生知道你将如何评分,他们就可以准备更好和更有说服力的答案。图 13.4 显示了用上述标准对论述题进行评分的量表。另参见图 13.5,查看关于评估直接教学、间接教学、自我导向学习和合作学习的一些备选方案。

内 容				
1	2	3	4	5
非常有限的调查。很少或根本没有与事实相关的材料		有一些调查和对事实的关注		调查广泛。有很好的细节和对事实的关注

续

组 织				
1	2	3	4	5
观点呈现缺乏组织。陈述令人困惑,很难理解		观点有一定的组织,但逻辑顺序需要改进		组织明确。观点具有逻辑相关性,层层递进
过 程				
1	2	3	4	5
缺乏对观点的辩护或支持。最终的解决方案或决定未经证实		对观点有一定的辩护或支持。最终的解决方案或决定尚需进一步证实		对观点有充分的辩护或支持。最终的解决方案或决定得到了很好的证实
完整性				
1	2	3	4	5
很少关注细节。观点肤浅、不完整		对细节有一定关注,但仍需进一步聚焦和关注		非常关注细节。观点全面、完整
独创性				
1	2	3	4	5
回答缺乏独创性。缺乏新的有创意的内容		有一定的独创性,但仍需更多的创新。		回答有独到的见解。有很多出乎意料的新观点

图13.4 论述测试题的评分方案示例

评估直接教学
- 对/错题
- 多项选择题
- 匹配题
- 填空题
- 显示关系的类比

评估间接教学
除了用于直接教学的方法以外:
- 简答题
- 限制回应论述题和报告
- 项目结果的说明和展示
- 问题和解决办法的口头报告
- 与探究过程有关的注释、图表和图片

评估自我导向学习
- 向全班演示取得的成果
- 对成功和失败的回顾
- 展示图画和项目结果
- 完成的复制品、比例模型和产品
- 对挑战和解决办法的再现
- 延伸回应论述题

评估合作学习
- 汇报小组的成功和问题
- 用量表评估个人和小组表现:最佳小组和小组中的个人
- 自我评价感知的小组表现
- 用个人测试形成团队得分:学生团队成就分配(STAD)、小组游戏竞赛,团队协助下的个性化

图13.5 评估直接教学、间接教学、自我导向学习和合作学习的备选方案

效度和信度

测试结果只有在有效和可靠的情况下才有用。虽然你不太可能真正确定自己课堂测试的信效度,但在评估学校或学区购买的已出版的那些测试所做的声明以及测试在课堂上的适用性时,你需要了解这些术语的含义。这些术语的定义如下:

1. 效度。这项测试测量的是它所要测量的内容。
2. 信度。这项测试能够持续产生相同或相似的分数。

效度的类型

一项测试如果测量的是它所要测量的内容,它就是有效的。例如,如果这是对三年级学生算术能力的测试,那么它就应该测量三年级的算术技能,而不是五年级的算术技能和阅读能力。如果它是用来测量写出行为目标的能力,那么它就应该测量这种能力,而不是识别其他能力。

如果测试结果将用于做出某种决策,而且测试信息是有用的,那么测试必须具有效度。有几种方法可以决定一个测试是否足够有效,从而有用。最常确定的三种效度类型是内容效度、共时效度和预测效度。

内容效度。测试的内容效度是通过对测试内容的检验来确定的。教师检查一下试题,看看它们是否符合测试蓝本(如图 13.2 所示)包含的内容。如果有测试蓝本,这是最为容易的,里面很容易规定出测试中包含哪些内容。但有时候,一项测试虽然看起来有效,可测量的内容却不是它本来要测量的,比如猜测能力、阅读水平,或是学生在你授课之前就已经习得的技能。因此,内容效度是形成一份有用测试的最低要求,但却不能保证它是有效的测试。

共时效度。为了建立共时效度,新设计的测试必须与已经创建好的测试同时进行。与内容效度不同,共时效度会以相关系数的形式产生一个数值,称为效度系数(参见 Kubiszyn & Borich,2016,第十六章)。将新的测试与已创建好的测试都发放给一组学生,并确定学生在两套测试题中所得分数的关系,即相关性。如果存在一个完善的测试(校标),可以将新测试与校标比较(这样可能用时更短、更方便,或更能针对你希望测量的内容),那么共时效度就提供了一个确定该测试有效性的好方法。

预测效度。预测效度指的是测试对考生未来行为的预测程度,这些行为代表了考试的内容。这种效度类型对于预测考生未来、测试的表现特别有用。预测效度也以相关系数的形式产生一个数值指数。但这一次是关于测试与某些被测量的未来行为之间的关系(如在职表现)。

所有这三种类型的效度(内容、共时和预测)都假定有某个标准存在于测试的外部,可以用这个标准来锚定或验证其效果。就内容效度而言,提供支点或参照点的是教学目标(如在测试蓝本中)。而共时效度,它是另一个被广泛接受、用于测量相同或相似的内容的测试。至于预测效度,它是我们试图预测的未来行为或条件。

信度的类型

测试的信度是指个体在多次参加同一测试后,产生相同分数或排名的一致性。换言之,在重复进行同一测试,且未改变测试所测量的特质的情况下,若得出的分数和排名相同或几乎相同,该测试则具有信度。有几种方法可以评估测试的信度。最常用的三种方法是重测信度、复本信度和内部一致性信度。

重测信度。重测信度是一种评估信度的方法,顾名思义:它是对同一个人进行两次测试,以确定第一组分数和第二组分数之间的关系或相关性。

复本信度。如果一个测试有两种等效(并行)形式,那么测试的信度可以通过它们之间的相关性来确定。这两个测试都是针对同一组学生进行的,以确定两组分数之间的关系(相关性)。如果学生在两种测试形式上的分数差异很大,而两种测试都是在衡量同样的行为,这表明该测试不可信的。

内部一致性信度。如果测试只测量一个概念(例如,加法),那么我们就有理由假设,做对了一道题的学生很有可能也能做对类似的题目。换句话说,题目之间应该相互关联,因此内部应该保持一致。如果是这样,则可以通过内部一致性方法来评估测试的可靠性(Kubiszyn & Borich, 2016,第十七章)。

一般而言,测试的效度系数低于信度系数。一个测试的可接受效度系数通常在 0.60 到 0.80 之间或更高,可接受信度系数通常在 0.80 到 0.90 之间或更高,可得到的效度或信度的最大系数为 1.0。

测试准确性是对效度和信度综合衡量的一部分,而且从某种程度上取决于测试内容与现行教育课程的匹配程度。

评分和分级系统

考试完毕后,你就需要进行打分和评分了。通常情况下,教师用于评分的标记形式是由学校或地区决定的,例如,A—F分级制、优秀—良好—中等—较差—不合格或数字评分系统(如1—100)。作为一名课堂教师,你在决定如何给学生打分时,有相当大的灵活性。

评分和分级系统是以比较为基础,通常将学生与下列一个或多个因素进行比较:

- 其他学生;
- 既定标准;
- 能力倾向;
- 成绩与努力;
- 成绩与进步。

与其他学生的比较

"曲线评分法"的意思是,你评定的级别或分数取决于你如何将学生的成绩与班上其他同学的成绩进行比较。有时候,地区或学校会指定按百分比为学生打分,以此鼓励教师使用曲线评分法。例如,排名前10%的学生将获得A等级。

这种系统的主要优点在于简化了评分的决策,使人们不用纠结或考虑要划什么样的分数线来决定学生是否能够得到成绩。然而,这种类型的评分系统没能考虑到班级学生的整体知识或能力水平差异。在这个系统中,不管学生成绩如何,总会有一些学生一直得A,一些学生一直得F。

与既定标准的比较

在使用与既定标准做比较的评分系统时,任何学生都有可能获得A或F或介于两者之间的分数。个体学生的成绩与其他学生的成绩并无关联。有关联的部分在于,学生是否达到了既定标准中规定的成绩或表现。我们将此方法标记为前面

章节中提到的标准参照。在此系统中,字母等级的分配可以按照学生回答正确的测试题目的百分比来进行,如下所示:

等级	回答正确的测试题百分比(%)
A	90—100
B	80—89
C	70—79
D	60—69
F	少于60

从理论上讲,如果学生付出了足够的努力(假设画线百分比不是高得离谱),他们在这个系统中就很有可能得高分。此外,等级分配也会被简化:学生要么正确回答了90%的题目,要么就没有。与之前的方法(与其他学生比较)一样,本方法在分配等级时也毫不费力或麻烦。此外,想要提高教学有效性的教师,还可以用此方法观察学生成绩如何随着时间的推移而发生变化。

如你所料,这个系统也有缺点。为每个学生获得的等级或技能建立标准不是一件简单的事情,对A等级的要求也会因为能力水平、内容和课程的变化,在校与校之间、班级与班级之间有所差异。如果学生的学习历史、特殊需求和能力差异很大,为了区分教学,教师会给学生分发有不同认知要求的材料,这也会使评分变得复杂。

与能力倾向的比较

能力倾向是表达潜力或能力的一个术语。以能力倾向为基础的评分系统,既不将学生与学生做比较,也不与既定标准做比较,而是进行自我比较。也就是说,分配分数取决于学生与其潜力的接近程度。这样,具有高才能或潜力的学生会获高分,因为他们将发挥出自己的潜力。具有一般才能和一般成绩的学生也会获得高分,因为他们也会被教师认为是在发挥自己的潜力。但是那些天资聪颖、成绩一般的学生将会得到较低的分数,因为他们没有充分发挥自己的潜能。

很显然,从绝对成绩的角度看,同样的分数级别可能意味着截然不同的东西。然而,这个评分系统也为那些在当前理解水平成功使用不同教学材料的学生提供了奖励和认可(Tomlinson, 2014)。

成绩与努力的对比

将成绩与努力做比较的系统与那些将成绩与能力倾向比较的系统很类似。考试成绩一般但学习努力的学生能得到高分。而考试成绩一般却没有付出努力的学生只能得到较低的分数。根据努力程度进行评分的好处在于,它能激励那些学习进度较慢或不愿学习的学生。然而,这也可能引起聪明学生的反感,他们很快就会认为这样的制度不公平。而且,确定学生学习是否努力也很困难。

成绩与进步的对比

另一个系统比较了学生在教学开始和结束之间的进步程度。进步最大的学生成绩最好。这也会产生一个明显的问题,对于那些在教学开始前就表现良好的学生而言,即在前测中表现好的学生,他或她的进步很可能会比那些在前测中表现差的学生要小。

与其他学生、既定标准、能力倾向、努力和进步的比较都是评分的基础。最终,你必须要根据班级和学习的目标,在各个方法中找到平衡,找出最适合的那一个

你会选择哪种评分系统呢?现在,大多数教育工作者都认为,与既定标准(参

考标准)比较的评分系统最适合于课堂评分,因为它可以提供关于学业进展的反馈。然而,事实上,许多学校、学区和不同课堂中的教师都选择了多样化的评分系统,比如分别为成绩和努力评分,或为成绩、努力和进步分别打分。如果等级的成绩部分能够反映了学生成绩,那么这样的系统就是合适的。

标准化测试

形成性评价与终结性评价

到目前为止,我们的讨论主要局限于教师编制测试。这些测试的目的不仅是为学生提供关于他们学了多少的反馈,而且也为你提供关于教学质量教得如何的反馈。换句话说,在学习过程中,教师采用正式和非正式的评估程序,是为了修正他们的教学活动,提高学生的成绩。这类数据可以是质性的反馈,包括学生和家长自愿提供或被征集的反馈活动同事和学校管理员对你的教学进行的观察,也可以使用一些记录了学生长期以来学习进步的、课程和单元测试分数或课堂项目和活动的分数(Frey,2007)。这些数据的一些形成性的目的可能是(1)提高教学策略的实施效果(如学生是否达到了我用这个策略设定的课程目标),(2)提升内容的组织效果(如他们的文章是否展现出更好的组织能力),以及(3)提高学生高阶思维的运用(如学生的档案是否展现出他们能跨越常规标准的界限来看待问题)。收集这些观察和学生数据的目的在于,提供一些能够帮助你评价、改进教学实践的反馈,从而实现"形成性的"评价。形成性评价的总体目标是利用直接来自学生和同伴观察的数据来改进你的教学。你还可以收集一些其他的信息来进行形成性评价,例如:

- 让学生在一项合作活动后做汇报,询问他们的小组是如何运作的,以及促进或阻碍小组活动的因素。

- 问学生关于下一单元的问题,看看他们是否已了解有助于理解这节课的知识。

- 通过课堂测试和活动来确定你的教学方法是否达到了你的单元目标。

如果你的学校参加了国家级"干预反应法"项目,你会有机会使用这些简短且常用繁施行的测试(称为基于课程的测量CBM)来进行形成性评价。干预反应法的目标是为了通过频繁实施基于课程的评估（或探询）来评测学生对研究性教学法的反应，从而为所有学生提供更好的教育机会。在本章后面的章节中，我们将更多地讨论干预反应法和基于课程的测量在进行教学实践中的形成性评价时发挥的重要作用。

> 这段视频中的教师正接受个性化的施行形成性评价的建议。注意她接受的可以应用到教学中的建议。

我们已经描述了形成性评价在改善日常课堂中教学决策的作用，重要的是，你要记住每年你会至少被要求做一次标准化测试，评估测试结果，并且出于好奇或为了家长来解读这些结果。因为为了实现对课堂内外问责的这一目的，这些数据被用来监控教育的成果，称为终结性评价。尽管终结性数据也可以用于改进你的教学实践（例如，在学年初，通过调整你的教学实践来解决一些已知的教学问题），但标准化测试数据的主要目的在于，展现学生从一年到下一年相对于其他学生的整体发展情况或进步总和，因此这个阶段称为终结性评价。

与大多数用以提升你的日常教学的形成性评估非常不同，标准化测试，也叫高风险测试，是由编写测试的专家开发，并在课程专家、教师和学习管理者的帮助下编制而成，用于决定一个学生相对其他处于类似年龄和年级的学生的表现水平。之所以称为标准化测试，是因为它是根据特定和统一（标准）的程序来施行和评分的。

当学校使用标准化测试时，管理者相比使用教师自制的考试，可以更容易、更自信地对比不同学生、班级、学校和学区的测试结果。在大多数情况下，学校使用标准化测试是为了进行比较，这与教师自制考试的目的有很大不同，后者是为了确定学生的掌握情况或能力，给学生打分评级，并为你提供反思的具体依据，必要时改进你的教学实践。表13.2比较了标准化测试和教师自制考试在几个重要维度上的差异。

标准化测试的结果以百分等级的形式呈现。百分等级能够使你决定如何将一个学生的成绩与其他同年级或年龄的学生的成绩进行比较。在解读百分等级时请注意：

1.百分等级常常与正确率百分比相混淆。在使用百分等级时，要确保你传达的信息是一个百分制的排名，例如，"62"意味着某一个体的分数高于62%的参加该考试的人的分数（称为标准样本）。或者，你可以说在所有参加考试的人中，有62%的人分数低于该个体。(通常,排在第 62 位的分数会被误读为该学生只回答对了 62% 的题目。但排在第 62 位的分数可能等同于 B 级或 C 级,而 62 分则可能属于 F 级)。

2. 百分等级之间的同等差异不一定意味着成绩上的同等差异。在一个由 100 名学生构成的班级中,第 2 位和第 5 位的成绩具有实质性的差异,然而第 47 位和第 50 位之间的成绩差异却可以忽略不计。在解读百分等级差异时必须考虑到,在百分数的分布中极端或终点旁的百分数往往是分散开的(像橡皮筋一样),因此,这些百分位往往会代表更大的成绩差异,而中间段位的百分位代表的差异往往会很小。

表 13.2　标准化成就测试和教师自制成就测试的比较

维　度	标准化成就测试	教师自制成就测试
测量的学习成果和内容	测量适合大多数美国学校的整体成果和内容;往往不反映当地课程的具体或独特的重点	良好适应当地课程具体、独特的成果和内容;适应各种容量的内容,但是往往忽视学习结果的复杂性
测试题目的质量	题目的质量普遍较高;题目由专家编写,预先进行测试,并基于量化的试题分析来选择	题目的质量往往是未知的;由于教师可用的时间有限,其质量通常低于标准化测试
信　度	信度高,通常在 0.80 和 0.95 之间,较多在 0.90 之上(最高可能为 1.0)	信度通常是未知的,但如果考试题是认真构建的,信度也可以变得很高
管理和评分	过程标准化;提供了具体的说明	可能有统一的程序,但通常是灵活的和不成文的
分数解读	与常模组的分数进行对比;测试手册和其他指南也可以帮助解读和使用分数	分数的比较和解读限制在当地班级或学校的情景中;几乎没有任何指南可以用来提供分数的解读和使用

帮助学生准备标准化测试

标准化考试可以用来决定一个学生是否能参加大学的预修课程(AP)和荣誉课程、升学,甚至是从高中毕业。同样,这个测试对于校长和教师而言也存在很高的风险,他们会因考试的结果收到认可或批评。不管你个人对这些考试持有什么样的看法,他们已经在 50 个州推行使用,而且很可能在未来的一段时间内继续传播。下面是库比斯金和鲍里奇(Kubiszyn & Borich, 2016)的一些建议,这些建议有可能减轻你对这些测试的沮丧情绪,并帮助你的学生在测试中取得更好的表现。

专注于任务,而非你对它的感觉。因为学生的提升和你的教学岗位可能会受到你所在州的标准化评估项目的影响,所以不要太在意你对考试的感受,而应更多关注摆在你面前的任务和要求。因此,获取你所在年级、所在州的学术或共同核心州立标准(CCSS)将是至关重要的,它们可以从你所在州的教育机构或国家 CCSS 网站上获得。确保你在班中设定了合适的标准,是你帮助学生在考试中取得更好表现至关重要。要做到这一点,你可能需要调整你的教学方法,从而与标准中强调的内容和过程相匹配。

告知学生和家长测试的重要性。尽管一些学生已理解测试的目的和相关性,但总有一些学生不了解。为了让学生全力以赴,一些教育工作者极力警告学生或给学生颁发奖励。另一些人则认为这样的策略会向学生传递错误的信息,只会让学生徒增压力,从而削弱了学生的表现。上述两种方法都不如花时间给学生解释一下测试的原因、测试结果的用途及测试与学习的相关性来的有效。通过这种方法,你更可能吸引学生并激发他们更好的表现,使他们认真对待考试。不要做关于考试利弊的演讲,而是要直截了当地让你的学生知道:他们已经学会了在考试中取得好成绩的必要条件,并且你希望他们取得好成绩。

从开学第一天开始教授应试技巧,把它作为日常教学的一部分。有些学生考试成绩似乎比其他学生好。这似乎是由运气、能力倾向、自信或其他因素导致的。然而,考试中还有一个影响学生表现的技能因素。如果你班上所有的学生都具备基本的应试技能,他们的整体表现就会提高。例如,你可以教学生做以下事情:

1. 认真遵循指令。有些学生,尤其是那些冲动型或有阅读困难的学生,很可能不会仔细阅读指令或根本不阅读指令。在日常课堂练习中,你可以多多提起这一关键点,并且在常规课堂测试中提醒学生注意。

2. 仔细阅读测试题目、段落和相关信息。匆忙完成测试题的人会发现,他或她因为漏掉或误读单词而失去了某道题的分数。你可以在课堂上、家庭作业和常规测试中通过让学生练习划出关键词、重读题目、反复检查答案的技能,以此降低上述情况发生的可能性。对于多项选择题,提醒学生在选择答案前阅读每个选项。这对于那些来自其他文化背景的学生尤其重要,他们可能不像在美国学校那么频繁地使用标准化测试。

3. 管理考试的时间。学生在快速完成标准化测试的同时,也要保证自己做题的准确度。这种技能也可以通过在课堂上做练习来提高。不要给学生太多的时间回答课堂测试中的问题,而要限制他们练习的时间。对于长时间的测试,要让学生规划他们在测试的每个阶段要花费的时间。

4. 先尝试简单的题目。许多教师自制的测试都以简单题目开始,以最难的题目结束。然而,在标准化测试中,题目的难度等级通常是随机排列的。毫无准备的学生可能在考试刚刚开始时就遇到一道难题,即使是最好的学生也可能会绕开,他们却在这上面花费大量的时间。在你进行课堂测试时,要鼓励学生先完成所有他们知道答案的题目,然后再尝试回答难度较大的题目。

5. 在回答之前排除选项。善于应付考试的学生知道,如果他们在选择正确答案之前剔除一两个多选项或匹配项,就可以增加选择正确答案的概率。让学生在课堂上练习这个技能,并提醒他们在做客观题时使用这个策略。

6. 教学生在答完题后检查答案。一些小学生对考试非常反感,或者对考试过于轻视,以致即使有时间他们也不会在考试结束后检查答案。你可以在课堂测试中提醒学生,利用全部测试时间来检查他们的答案,从而让学生练习这一技能。

随着标准化测试日期的临近,公开、直接地回答学生的问题。在标准化测试开始的前几天,你可以预想到一些孩子会开始怀疑自己或担心考试(考试会是什么样子?我会是最后一个完成的吗?如果我考不好怎么办?如果我在考试中有问题,该怎么办?)这种不确定性是造成考试焦虑的一个常见原因,过分焦虑则会影响学生的表现。

为了避免考试前的焦虑,你要尽可能地多向学生提供有关考试的形式和施行程序方面的信息。这包括考试的基本信息,比如考试日期、科目、形式和答题方式,以及如何评分。你还可以与班里学生对考试场景进行角色扮演,以确保学生熟悉考试的流程。

利用任何可用的准备材料。在许多州,州教育机构或学区会提供一些有用的练习性测试和习题,旨在让学生熟悉考试的风格、形式和主题。在美国范围内,你还可以从CCSS信息网站,以及马尔扎诺、雅诺斯基、霍格、西姆斯(Marzano、Yanoski、Hoegh & Sims, 2013)和马尔扎诺、西姆慕斯(Marzano & Simms, 2013)等书目中获取练习题目和准备材料。虽然这些练习会占用课堂时间,但是它们会将不确定性最小化,增加学生在测试题目上的专注时间,而非让学生空想如何填写答题卡,从而提高学生考试效率,教会他们调节自己的压力。充分利用所提供的考试准备材料,也可以补充一些你自己的材料。

表现评估

对于有些技能,尤其是那些涉及独立判断、批判性思考和决策的技能,最佳评估方法是要求学生展示他们能做什么。在竞技运动中,跳水和体操就是一个通过表现形式要求学生展示所学知识的例子。他们的分数会用于决定,比如谁获得奖牌,谁赢得第一、第二、第三名,或者谁有资格参加地方或区域比赛。这些方法均被称为表现评估。表现评估的相关例子,请参见"在实践中:关注表现评估"。

教师可以使用表现评估来评价复杂的认知过程,以及在科学、社会科学和数学等学术领域的学术态度和社交技能(King, 2009;全国科学研究委员会,2013)。采取表现评估时,教师可以创建一些情景,让学生进行分析、解决问题、开展实验、做出决策、实施测量、与他人合作、进行口头展示或产出一些成果,与此同时教师对学生的表现进行直接观察和打分(Burke, 2010)。这些情景是对真实活动的模拟,如同真的在工作、社区或各种形式的高级培训中发生的那样。

让学生展示他们所知道的和所能做的好方法之一就是创建一个档案袋。尽管一些传统的纸笔测试试图测量复杂的认知成果,但档案袋作为一种表现评估的方式,可以实现在更真实的环境中对这些成果的测量。通过档案袋,教师可以观察和评价学生在课堂内外进行复杂活动的能力。

在实践中:关注表现评估

表现评估可以是对过程、结果或二者的评估。例如,在加拿大马尼托巴省温尼伯市的达尔文学校,教师通过标注学生在口头阅读中单词阅读的准确率,在故事情境中有意义的句子数量,以及学生在读后活动中能用自己的话谈论的故事元素的百分比,评估每个学生的阅读过程。

在美国俄勒冈州格雷沙姆市的西东方学校,四年级的学生将他们自己的写作稿件收集成册,建构档案袋。这些档案可以是刚刚草拟的或经过修改的诗歌、散文、自传或反思。在加州,波威市双峰中学的几位数学老师也要求学生建立数学档案袋,主要包括以下几种他们通过解决问题、努力付出所产生的成果:长期项目、每日记事、棘手的测试题目记录、如何解决问题的书面解释,以及他们自己的问题解决方法。

科罗拉多州奥罗拉市的公立学校还对社会科学课的学习过程和成果进行评测,他们让学生参与到围绕以下问题展开的一系列活动中。问题为:"根据你所掌握的科罗拉多州的历史,你认为目前应当解决的一个最重要的问题是什么?你认为有哪些解决的办法?对于这些解决办法,你会为之做出哪些贡献?"学生可以通过提交个人和小组作业、口头报告和展示等多种方式来回答这些问题。

在美国各州,教师不仅仅使用这些表现测试来评估学生的高阶认知技能,还会用它来评估一些非认知成果,如自我导向、与他人合作的能力和社会意识(Marzano, Pickering, & Helflebower, 2010)。这种对学习情感领域的关注反映了教育者的一种意识,即学生在复杂任务中的技能表现不仅仅包括回忆信息、形成概念、总结概括和解决问题的能力,还包括思维习惯、情感态度和社交技能(Costa & Kallick, 2004a, b)。

科罗拉多州奥罗拉市的公立学校系统为 K-12 级学生列出了一份学习成果与学习指标的清单(见图 13.6)。对于这 19 项指标,有四类评价表可以作为教师的指南,比如有些教师可能不确定如何定义"承担责任"和"表现关怀"。当教师在观察学生在社会科学、科学、艺术或经济等学科表现测试中的活动时,要对那些能够表明学生已获得预期结果的行为保持警觉并进行打分。

奥罗拉公立学校鼓励教师在计划课程时使用这个成果列表。他们首先问自己:"学生应该记住哪些关键事实、概念和原则?"此外,教师要尝试设计特定表现测试,从而实现学科内容与五个区域成果的融合(见图 13.5)。例如,三年级语言艺术教师需要设计一个能够与指标 8、指标 9 相匹配的写作单元内容,来实现"合作学习者"区域的学习成果。指标 1 的内容是为实现"自主学习者"的成果,而指标 13 的内容是为达成"优质产出者"。然后,教师可以设计一个表现评估,以便让学生展示他们在这些方面的学习成果。他或她在随后的单元或表现测试中,还可能选择其他的指标和成果。

同样,一名九年级的历史教师在确定了民权单元的重点内容后,可能会开发一项表现测试,用来评估与"复杂思考者"、"合作学习者"和"团体贡献者"区域相关的学习成果。这个表现测试可能会通过以下形式呈现:"你所在社区的少数民族成员,因种族、民族或宗教信仰等原因被拒之门外。你认为哪些程序在法律和道德上是合理的?你认为他们应该遵循哪些程序呢?"(改编自 Redding, 1992, p.51)。这项表现测试可能需要通过广泛研究、小组合作、角色扮演和为改善当前少数群体权利提出建议等方式来实现。

自主学习者
1. 设定优先选项和可实现的目标。
2. 监控和评估进度。
3. 为自己创建选择项。
4. 为行为承担责任。
5. 为自己和未来创造一个积极的愿景。

合作学习者
6. 以小组成员的身份监控自己的行为。
7. 评估和管理小组运行。
8. 展现互动交流的能力。
9. 展现考虑个体差异的能力。

复杂思考者
10. 使用各种各样的策略来处理复杂问题。
11. 选择适合于解决复杂问题的策略,并准确、全面地应用这些策略。
12. 评估和使用与主题相关的知识。

优质产出者
13. 创造能达成意图的作品。
14. 创造适合于受众的作品。
15. 创造能反映技艺的作品。
16. 使用合适的资源/技术。

团体贡献者
17. 展现他或她对多样化团体的知识。
18. 采取行动。
19. 反思他或她作为团体贡献者的角色。

图 13.6　奥罗拉公立学校的学习成果列表

资料来源:@ 奥罗拉公立学校,2012。经许可转载。

表现测试是对纸笔客观型测试的补充,是一种用以评估学生知识、理解以及某些应用能力的最高效、可靠和有效的工具。但是当涉及对复杂思考技能、态度和社会技能进行评估时,如果构建得当,表现测试可以发挥更好的作用。如果构建不当,与传统测试相比,表现评估会在真实性、评分效率、信度和效度方面存在一定的问题。鲍里奇和通巴里（Borich & Tombari，2004）以及斯蒂金斯和沙皮伊（Stiggins & Chappuis,2012）强调,情感类表现评估必须遵守与成就评估相同的评分和分级标准,否则,测试结果会变得过于主观而失去其价值。鲍里奇和通巴里（Borich & Tombari，2004）概述了一些在课堂中构建表现评估的步骤。

♥ ♥ ♥

档案袋

档案袋原理

从你在本课程中建立的电子档案袋可知,档案袋是对一段时间内的成就表现的收集。档案袋的建立是学生展现其学习成绩及努力的最佳方式之一（Lightfoot, 2006；Reynolds & Rich，2006）。

档案袋不是什么新鲜事物。传统上,画家、时装设计师、艺术家、作家等都将其最佳作品集合成档案袋。电视、电台广播员将其最佳的作品剪辑整理成代表作,以便在面试时展示出来。档案袋可以向他人显示自己的能力。

课堂档案袋也有类似的目的,它能展示学生最好的作文、艺术作品、科学项目、历史思考,或数学成绩,同时还展现了学生完成作业的步骤。档案袋里既包含学生最好的作业,也包括进展中的作业:草稿、测试、前期研究和初步试验。因此,档案袋是评估学生学习的最终掌握、努力、反思及成长的理想方式。总之,它是学生成长的故事集。

有三类档案袋——学习档案袋、展示档案袋及评估档案袋,每一种都有各自的目的：

1. 学习档案袋里展示进展中的作业。它保存了学生学习过程中为最终评估或展示而选择的、不断打磨的作业。

2. 学生从学习档案袋中选择最佳作品,形成展示档案袋。学生在老师的帮助下学会批判地评判作业,把重点放在那些使作业脱颖而出的特点上。

3. 评估档案袋可包括部分或全部展示档案袋中的作品,及部分工作档案袋中的作品。尽管工作档案袋的目的是完成好的作品,而展示档案袋的目的是展示成品作业,但是这些内容通常都用于评价。因此,教师是评估档案袋的主要观众。

工作、展示和评估档案袋可以以电子方式来组织和呈现,或者以活页夹、手风琴文件、方框文件格式呈现。电子档案袋借助了计算机的所有多媒体功能,如音频、视频、图形和转换成计算机可读格式的文本,然后通过点击鼠标就可以显示学生的作品。这种档案袋的特殊优势是时时交互地呈现信息,而不是线性地强调条目之间的连接和关系,一个典型的活页夹或文件呈现方式在这方面就比较模糊。商业化的档案设计软件和一些常见软件,如微软幻灯片(Microsoft PowerPoint)和一本通(OneNote)都为学生提供了可用模板,促进了档案袋的发展。有关电子档案袋的更多信息,请参阅亚当斯布洛克和霍克的著作(Adams-Bullock & Hawk, 2009)。

许多学区用档案袋和其他展示形式来激励学生,并记录他们在学习中的成长和成就。课堂教师所作判断的信度和效度始终是一个值得关注的问题,但如果教师有很多的机会与学生互动,并在多种场合下观察他们的学习和确定自己对其成就的评价,那么信度与效度就不是什么问题了。

许多教育工作者认为,档案袋的最大价值在于,它向教师、家长和学生展示了大量的关于学生所知和能做的信息,这比纸笔测试和其他快速评估的方式所能提供的丰富得多。如果设计得当,档案袋评估可以显示学生思考和解决问题的能力,如何使用策略和程序性技能,以及如何建构知识。但除此之外,它还能展现出学生的坚持、努力、改变的意愿、监控自己学习的技能以及自我反思或元认知的能力。从这个意义上讲,档案袋可以给教师提供其他测量工具所无法提供的关于一个学生的信息。

还有其他理由支持档案袋的使用。要激励不愿学习的学生,创建档案袋是一种理想的方式。它还提供了一种交流途径,可以向家长和其他教师传达学生已经达到的成就水平。成绩报告单给了我们一些这方面的信息,但档案袋可以通过展示支持性的证据为成绩做个很好的补充。

档案袋不是纸笔测试、论述测试或表现测试的替代品。每一种工具都有它的有效性。如果你想评估一个学生的事实性知识,客观型的测试很合适。如果你对一个学生如何使用一种认知策略的快速评估感兴趣,你可以使用一个延伸性或限制性的论述题,这些都不是档案袋评估所需要做的工作。但如果你想在真实的环境中评估学生的成就和成长,你应该考虑使用档案袋。

建立档案袋

在教学领域建立档案袋有五个步骤:

步骤1:确定档案袋的目的。让学生思考他们评估档案袋的目的。让学生自己来确定档案袋的目的是一种提高任务真实性的方法。然而,学生的目的(例如,在当地新闻台工作)并不一定与你的目的一致(例如,评估学生),所以在设计档案袋的开始时就要清楚你的目的。

> 听视频中老师提醒学生在离开前将测试卷放入档案袋。注意老师如何为每类项目创建档案袋,以及她如何评估学生成长和进步。

档案袋在课堂层面能达到的目的有:

- 监控学生的进步。
- 与家长交流学生的学习。
- 将信息传达给接任教师。
- 评估教学的效果。
- 展示取得的成就。
- 给课程打分。

步骤2:确定认知技能和倾向。与其他表现评估一样,档案评估是对深层理解与真实成绩的测量。它可以测量知识建构和组织,认知策略(分析、解释、计划和修改),程序性技能(沟通、编辑、绘画、演讲、建造),元认知(自我监控、自我反思),以及一定的倾向或习惯(灵活性、适应性、接受批评、坚持、合作、渴望掌握)等方面的能力发展。

在本文中,你已练习了如何明确不同类型的认知成果,识别这些学习类型的各个层面,并计划对其进行评估。你会想用同样的练习来确定你可以从学生的档案袋中了解到他们的哪些信息。因此,作为教学策略的一部分,你要决定你期望学生完成的作品类型、过程或成果:

- 作品:诗歌、散文、图表、图形、展示、绘画、地图等。
- 复杂的认知过程:习得、组织和运用信息的技能。
- 可观察的表现:身体运动,如跳舞、体操和打字;口头展示;使用特殊程序,比如解剖青蛙、平分一个角或按照食谱来做。
- 态度和社交技能:思维习惯、小组工作、识别技能。

步骤3：确定谁来设计档案袋。在确定由谁来设计档案袋时，想想在帮助体操运动员和滑冰运动员为大型比赛做准备的过程中会涉及什么。父母雇一名教练，然后教练、学生和家长一起设计日常活动、服装、练习时间和音乐等。他们是一个团队，唯一的目的是尽可能地创造最佳的表现。体操运动员或滑冰运动员想做到最好，他们也想让父母和教练满意，达到他们的期望。因此，整体气氛是兴奋、投入和为之努力的决心。

这也是在使用档案袋时你应努力营造的气氛。你、学生和家长是一个团队，共同帮助学生提高写作、数学推理或科学思维，并收集能显示能力不断发展的例子。学生希望展示他们的能力，并验证你和父母对他们投注的信任和信心。档案袋是他们的独奏会、锦标赛和角逐赛。

档案袋的主要受益者是你、学生和家长。因此，你应该让家长参与进来，向他们发送一份档案袋评估的说明，并要求他们和孩子讨论评估的目标和内容。图13.7是老师写给家长的一封档案袋评估项目的介绍信。

我是您孩子的八年级英语老师。班里即将开展一项令人兴奋的项目，希望得到您的帮助。本项目想让孩子们在本学期中创建写作档案袋，可以展示给您、我和同学们看。他们选择放入档案袋里的材料可以是书信、散文、说服他人的文章、评论、诗歌、自传、小说，甚至可以是戏剧。您的孩子可以从中选择他们最想放入档案袋里的写作作品。

我期望您帮助孩子修改和编辑，以便他们能将最具代表性的作品放入档案袋。成为一个好的写作者的最佳方法就是别人能阅读并给出修改意见。您的阅读意愿以及在拼写、语法及内容等方面提供的修改意见对鼓励孩子完成最好作品非常重要。学期末，我们将在班级展示所有同学的档案袋，届时将邀请您参观孩子们的作品。

请您在读过的每一篇文章的开头签名，以表明您的孩子已找您帮忙做了改进。

感谢您的帮助，期待在学期末的展示活动中与您见面。

图13.7　一位教师写给家长的档案袋评估项目介绍信

步骤4：决定在档案袋中放哪些、放多少作品。确定档案袋中包含什么和多少内容时，你必须就所有权和教学这两个方面做出重要决策。所有权是指你的学生认为他们的档案袋中包含了他们想要的东西。你在步骤3中已经考虑到了这个问题。通过让学生和他们的父母参与计划过程，你可以增强他们的主人翁意识。你也可以通过让他们决定档案袋中放什么来做到这一点。任务是要平衡你想加强所有权的愿望和你的责任,以确保档案袋中内容能衡量步骤3中所确定的认知技能和倾向。

至于教学方面,学生和家长都需要看到你侧重于教授塑造档案袋中内容所必需的那些技能。例如,如果你没有预备学生去创作数学作品,你就不应该要求包含这些内容。如果学生正在创作写作档案袋,你的教学目标必须包括诗歌、散文、社论等方面的写作技能或课程所指定的写作技能。科学、社会科学、地理和历史等课程的档案袋也是如此。因此,在决定将哪些内容纳入档案袋时,确保只要求放入学生有能力完成的作品。

要满足学生对所有权的需求和你衡量所教内容的需求,最好的方法就是让档案袋中的作业类别与你的教学目的和认知成果相吻合,并允许学生和家长在每个类别中选择样本。例如,你可能需要一个八年级数学档案袋,里面包含代表了以下类别的材料:

1. 数字和运算,学生从中展示他们对相对数、运算对数字的影响等的理解,并展现他们进行数学运算的能力。

2. 估算,学生从中展示对基本事实、位置值和运算的理解,心理计算,容忍错误,以及对策略的灵活运用。

3. 预测,学生从中展示根据概率进行预测的能力,系统地组织和描述数据的能力,根据数据分析进行推测,构建和解释图形、图表和表格。

学生和他们的父母可以选择每个类别所包括的作业。学生还将简短地陈述样本展示了他们哪些数学思维能力的发展。

高中写作档案袋也是一个例子。教师可能要求学生在档案袋中包含以下类别的写作:说服性的社论、叙事故事、自传和对话。学生将为每个类别选择写作样本。对于每个样本,他们都会附上信件来解释为什么选择这个样本,以及样本显示了他们作为一个作者的哪些发展过程。

你还必须决定档案袋中每个内容类别的样本数。例如,你是否需要两个说服性写作的样本、一个批评样本、三个对话样本?决定样本数量取决于档案袋是否能合理评估学生的表现,请听取学生建议后再做出决定。

步骤5:建立档案袋的标准。在第二步中,你确定了档案袋测量的认知技能和倾向。在第四步中,你明确了档案袋中包括的内容类别。现在你要决定档案袋中的每份作业以及档案袋作为一个整体,好、中、差的表现分别是什么样的。

_____初稿
_____二稿
_____终稿

学生填写：
1. 提交日期：_____
2. 简要说明该论文证明你什么观点。_____
   _____
3. 这篇文章你最喜欢什么？_____
   _____
4. 你想如何改进下一稿？_____
   _____
5. 如果这是终稿，你会放入档案袋吗？为什么？_____
   _____

教师填写：
  等级   描述
1. 反思质量
   5 非常清晰地陈述自己对该论文最喜欢及最不喜欢的部分。详细描述如何改进。
   4 清晰地陈述自己对该论文喜欢及不喜欢的部分。较详细地描述了如何改进。
   3 陈述喜欢及不喜欢的部分，但不清晰；对如何改进有所涉及。
   2 对喜欢与不喜欢的部分不清楚。对如何改进几乎没有涉及。
   1 没有看出对论文有何反思。
2. 写作规范
   5 写作规范运用非常有效。没有明显的错误。规范流畅而复杂：拼写、标点符号、语法使用和句子结构。
   4 写作规范运用有效。只有细微的错误。规范大多有效：标点符号、语法使用、句子结构和拼写。
   3 写作规范运用有一定的效果。错误不会干扰意义表达。规范有些有效：标点、语法使用、句子结构和拼写。
   2 写作规范运用时的错误会干扰意义。规范有限而不均：标点符号、语法使用、句子结构和拼写。
   1 写作规范运用的主要错误使意思模糊不清。缺乏对标点符号、语法使用、句子结构和拼写的理解。
3. 组织
   5 清晰合理。
   4 合理。
   3 大部分合理。
   2 有尝试，但不合理。
   1 不合理。
4. 计划（仅初稿）
   5 对读者有清晰的认识。目标完全清晰明确。有清楚的整体文章计划。

续

　　4 对读者有认识。目标大体清晰明确。有文章计划。
　　3 对读者有点意识。目标有所说明,但不清晰。整体文章计划不是很清楚。
　　2 对读者不清楚。目标不明确。没有明显的计划。
　　1 写作没有明显的计划。
5. 修改质量(仅第二稿)
　　5 跟进所有修改建议。有明确的改进。
　　4 跟进大多数修改建议。改进了之前的草稿。
　　3 解决了一些但不是所有的修改建议。比以前的草稿有一些改进。
　　2 忽略了大多数修改建议。修改没有改善早期的草稿。
　　1 只做了很小的修改尝试。
成绩总和_____
平均成绩_____
评语_____
_____
_____
_____
_____

图 13.8　论文档案袋的评价表

内容类别:
　___√___　解决问题　　　　　　　　　　　　问题_____ 1
　_____　数字与运算　　　　　　　　　　　___√____ 2
　_____　估算　　　　　　　　　　　　　_____ 3
　_____　预测

学生填写:
1. 提交日期:_____
2. 作为解题者,这道题能说明你什么? _____
_____
_____

3. 你对自己解决这道题最满意的是什么? _____
_____
_____

4. 你如何改进自己解决问题的技能? _____
_____
_____

续

教师填写：

等级　　　　　　描述

1. 反思质量
   5 对自己解决问题的能力有非常好的了解,清楚如何改进。
   4 对自己解决问题的能力有较好的了解,了解如何改进。
   3 反思解决问题的优势和需求。知道作为问题解决者如何改进。
   2 很少反思解决问题的优势和需求。不了解作为问题解决者如何改进。
   1 对自己作为问题解决者没有概念。

2. 数学知识
   5 对数学问题、数学概念及原理理解深刻。能适当使用数学术语,计算正确。
   4 对数学问题、数学概念及原理理解较好。多数情况能适当使用数学术语,有少量计算错误。
   3 对数学问题、数学概念及原理有理解。术语使用有误,有计算错误。
   2 错误较多。术语使用错误。
   1 问题中有严重错误。对数学问题、概念及原理不理解。

3. 策略知识
   5 识别出问题的所有重要元素。运用了适当、系统的解决问题策略;有解题过程的明确证据。
   4 识别出问题的大多数重要元素。运用了适当、系统的解决问题策略;有些解题过程的证据。
   3 识别出问题的一些重要元素。有运用策略解决问题的一些证据,但过程不清楚。
   2 几乎没有识别出问题的重要元素。没有运用策略解决问题的证据,过程不清楚。
   1 运用无关的外部信息。照抄问题的一部分,没有尝试解决。

4. 交流沟通
   5 给出完整的回答,并给出清晰、明确的解释;当用图表可以更清楚地解释时,使用图表;有逻辑较强的有力论据。
   4 给出很好的回答,并给出相当清晰的解释;使用了一些示意图和图表;有大部分逻辑较好的论据。
   3 对问题解决方案的解释和说明清楚,但不完整;利用图表和实例阐明要点,但论证不完整。
   2 对问题解决方案的解释和说明不充分,很少用图表和实例来解决问题,论证存在严重缺陷。
   1 使用无效的沟通;图表歪曲问题;论点没有合理的前提。

成绩总和＿＿＿＿＿＿＿＿＿＿＿＿＿＿＿＿＿＿＿＿＿＿＿＿＿＿＿＿＿＿＿＿＿
平均成绩＿＿＿＿＿＿＿＿＿＿＿＿＿＿＿＿＿＿＿＿＿＿＿＿＿＿＿＿＿＿＿＿＿
评语＿＿＿＿＿＿＿＿＿＿＿＿＿＿＿＿＿＿＿＿＿＿＿＿＿＿＿＿＿＿＿＿＿＿＿
＿＿＿＿＿＿＿＿＿＿＿＿＿＿＿＿＿＿＿＿＿＿＿＿＿＿＿＿＿＿＿＿＿＿＿＿＿
＿＿＿＿＿＿＿＿＿＿＿＿＿＿＿＿＿＿＿＿＿＿＿＿＿＿＿＿＿＿＿＿＿＿＿＿＿
＿＿＿＿＿＿＿＿＿＿＿＿＿＿＿＿＿＿＿＿＿＿＿＿＿＿＿＿＿＿＿＿＿＿＿＿＿

图13.9　数学解题档案袋的评价表

你对做这些工作已经有些经验了。对于评估档案袋中内容的量表的每个维度，请列出你认为重要的特征或特点。图13.8显示了如何评定一个论文档案袋，教师认为反思质量、写作规范、组织、计划和修改质量的认知成果是判断该档案袋中作业的重要标准。接下来，构建一个评分量表，描述每个维度上（如1—5）学生的表现，如图13.8所示。这些评分量表是评估特定作业及表现的一套明确准则。一个标准包括了每一个预期成果的潜在成就水平，然后再给出数值（Burke, 2010）。图13.9显示了如何在数学档案袋评估中完成这项工作，教师希望从中评估反思质量、数学知识、策略知识和沟通等认知成果。

一旦你为档案袋的具体内容设计了评估标准，你可能就会想为整个档案袋来设计评分标准（Burke, 2010）。在设置整个档案袋的评分机制时，需要考虑的是缜密性、多样性、成长或进步、整体质量、自我反思、灵活性、组织性及外观。从这些特征中进行选择或者包含其他特征，并为每个特征建立一个5级评分量表。

档案袋评估和成绩报告单

档案袋评估需要教师投入大量的时间和学生的参与。因此，如果决定使用档案袋评估，教师应确保在六周或最终的成绩报告单中，档案袋的表现或成绩要占相当大的权重。实现这一目标的一种方法是，按百分制对测验、测试、作业任务、表现测试和档案袋来评分。计算最终分数只需要求每个部分的平均值，将这些平均值乘以指定的权重，再求和来确定总分数。图13.10提供了三个成绩计算公式的例子。

计分公式例1（"一、二、三次计划"）
家庭作业和课堂作业：所有家庭作业和课堂作业的成绩求和，计算平均分。平均分将计算一次。
家庭作业和课堂作业成绩，平均分：
$(84 + 81 + 88 + 92 + 96 + 85 + 78 + 83 + 91 + 79 + 89 + 94) \div 12 = 1040 \div 12 = 86.6 \approx 87$
测验：所有测验的成绩求和，计算平均分。这个平均分将计算两次。
测验成绩，平均分：
$(82 + 88 + 80 + 91 + 78 + 86) \div 6 = 505 \div 6 = 84.2 \approx 84$
考试和重要项目：所有考试和重要项目的成绩求和，计算平均分。这个平均分将计算三次。
考试和重要项目成绩，平均分：
$(81 + 91 + 86) \div 3 = 258 \div 3 = 86$ 平均
6周的成绩计算如下：
$[87(一次) + 84 + 84(二次) + 86 + 86 + 86(三次)] \div 6 = 513 \div 6 = 85.5 \approx 86$

续

> **计分公式例 2（百分比计划）**
> 教师决定每个部分的百分比。例如，家庭作业和课堂作业占总成绩的 20%；测验成绩占 40%；考试和重要项目占 40%。
> 使用上面列出的相同分数，学生的成绩计算如下：
> 家庭作业和课堂作业，86.6 的 20% 是 17.3 分；测验，84.2 分的 40% 为 33.7 分；考试和重要项目，86 分的 40% 为 34.4 分。
> 六周的成绩是 17.3 + 33.7 + 34.4 = 85.4 ≈ 85。（平均值不同是因为在两个例子中，每个部分的比重各不相同。）
>
> **计分公式例 3（语言艺术计划）**
> 一位语言艺术教师决定将出版、达到目标、日志和日常进展的成绩各占六周成绩的四分之一（25%）。
> 语言艺术成绩的计算方法如下：
> 出版成绩仅在六周结束时发布 = 88
> 目标达成成绩仅在六周结束时发布 = 86
> 日志成绩为 (82 + 92 + 94 + 90 + 88 + 86) ÷ 6 = 532 ÷ 6 = 88.7 ≈ 89。
> 日常进展成绩为 (78 + 82 + 86 + 94 + 94 + 91) ÷ 6 = 532 ÷ 6 = 87.5 ≈ 88。
> 六周的成绩是 (88 + 86 + 89 + 88) ÷ 4 = 351 ÷ 4 = 87.75 ≈ 88

图 13.10　三种计算成绩和权重的不同方法示例

计划一个档案袋讨论会

在年终或学期末与学生及家长（如果可能的话）召开会议，讨论档案袋以及它所显示的学生发展及最终成就。会议可以由学生负责，教师给予一定的指导。这对激发学生产出模范档案袋是一个莫大的动力。

评估普通课堂中特殊学生的学业进步

你应对三项重要立法有所了解，它们规定了在普通课堂中对特殊学习者如何进行教学和评估。这些法案包括力争上游（RTT）、残疾人教育改善法案（IDEIA）和反应干预法。

从《不让一个孩子掉队法案》过渡到"力争上游"

2002 年 1 月，《中小学教育法》（ESEA）重新获得授权和立法，并更名为《不让一个孩子掉队法案》（NCLB）。NCLB 的目标是"增加每个美国儿童的教育机会，不论何种种族、家庭收入或背景"，特别帮助那些传统上成绩不理想、经济条件差的学生提高其学业成绩。为了实现此目标，该法建立在"四项常识基础"之上：

- 结果的问责制；
- 强调基于科学研究的有效工作；
- 扩大家长的选择；
- 拓展当地政府的控制及灵活性。

NCLB 是一项涉及面很广的法案，涵盖几个重要的联邦教育项目，涉及通识教育和特殊教育教师。这些项目正在向"力争上游"转变，包括面向弱势群体的教育、阅读优先/早期阅读优先、安全无毒的学校以及双语和移民教育等。你所在的州、学区和学校每年将评估学生在过去一年中是否取得足够的年度进步（AYP），即年度评估。对年度评估的执行情况将直接关系到你所在学区中上述项目的联邦资金投入。

"力争上游"计划通过向州和地方 K-12 学校提供有竞争力的资助，刺激创新和改革，比如教师和校长的绩效标准、遵守共同的核心标准、取消特许学校的上限，以及扭转表现不佳学校的颓势等。此外，"力争上游"计划对于特殊教育和常规课堂中弱势群体学生的帮助涉及推进一系列的调节政策，包括实施基于计算机的测试以及开发能保障特殊教育学生获得各年级课程和评估的测试。

2004 年残疾人教育改善法案的再授权

你将参与的第二个大型联邦项目是 2004 年 11 月通过的《残疾人教育促进法》（IDEIA-04）。国会通过 IDEIA-04 的目的是，重申残疾儿童有权享受免费和适合的公共教育（FAPE），并确保特殊教育学生能享受常规教育学生享有的通识课程，包括 2002 年由 NCLB 发起的改革。IDEIA-04 要求除了那些参与功能性技能项目的学生，对其他残疾学生必须按常规课堂的课程进行教学。此外，IDEIA-04 要求残疾学生与常规教育学生的评估方法必须相同，但对参与功能性技能课程的学生的评估方法要有适当的调整或替换。

根据 IDEIA-04，常规教育教师必须成为为每一个残疾儿童提供个性化教育计划（IEP）小组的成员。通识教育教师、特殊教育教师、学校管理者和家长组成 IEP 小组，共同决定如何评估特殊学生在通识课程中的表现和进步。因此，小组成员必须收集做出这些决定所必需的数据，包括残疾儿童的行为阻碍通识课程进展时的行为数据；需要课堂教师对常规教室内的残疾儿童进行测试，以确认学生是否需要特殊教育，及其行为在多大程度阻碍了通识课程的进展。课中测试也是必要的，用以评估每一个残疾儿童实现 IEP 中确立的年度目标的进展,并满足 IDEIA – 04 和"力争上游"(RTT)的问责性要求。

国会通过 IDEIA – 04 和 RTT 的意图一目了然:残疾儿童必须接受通识课程的教育,并对其在通识课程中的进展进行定期评估。此外,除非 IEP 能够提供一个调整或替代测试,否则这些残疾学生必须参与正常学生的年度学业考核。由于通识教育的教师是 IEP 团队中最了解通识课程和常规课堂年度学业考核的专业人员,所以他或她应该在 IEP 团队会议中发挥重要作用。由于残疾儿童的进步往往会受其行为和社会需求的阻碍,因此也必须定期评估这一点,以确认这些因素是否会在 IEP 要求时阻碍通识课程的进展。

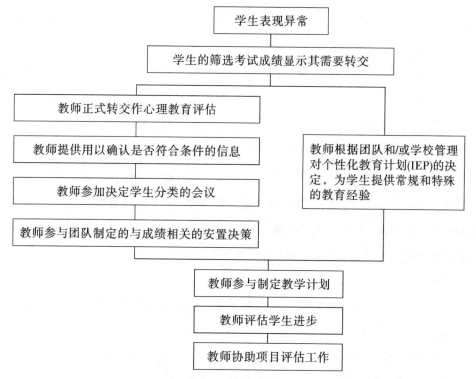

图 13.11　教师参与对特殊学习者的识别、指导和评估过程

资料来源:J. 伊塞尔戴克和 R. 亚格赛《教师资源手册,特殊教育概论(第 2 版)》(1990)。经允许转载。

常规教育教师的任务之一是评估残疾儿童,确认他们能否适合参加每年的学业评估,因此教师需要本章(例如,教师制定的目标和论述题测试以及表现评估和档案袋评估)和第五章(目标、标准和目标)所提及的技术和工具。由于每个残疾儿童可能都有特殊情况,适合于一个学习者的评估调整不一定适用于其他的学习者,比如提供额外时间来完成测试和评估、使用大字体或盲文辅助、减少干扰,或允许更多次的休息等。对残疾儿童在通识课程中学习成绩和进步的评估主要依赖 IEP 小组在常规教室收集的数据。因此,常规教育教师需要为特殊学习者提供成绩和进步的相关数据,以及为完成对其进行年度评估而可能需要的任何评估调整。

亚格赛、伊塞尔戴克(Algozzine & Ysseldyke, 2006)以及伊塞尔戴克、亚格赛(Ysseldyke & Algozzine, 1990)指出了常规教师参与评估过程的方式。图 13.11 的流程图说明了通识教育教师的测试和评估技能如何在常规课堂中识别、指导和评估特殊学习者,并在特殊教育过程的每个步骤中发挥重要作用。这张图表还描述了通识教育教师应该承担的评估特殊学习者的责任。每个项目都强调对所有学生取得的进步进行持续监控,使学习问题能够得到尽早识别,为需要帮助的学生提供专门或强化的指导。

反应干预法(RTI)

除了对 RTT 和 IDEIA 的认识,你还需要对"反应干预法"有所了解,不仅是因为这是必需的,而且因为它可以对你的学校和课堂产生重大影响。之前我们看到 RTI 如何有助于开展基于研究的实践,同时通过专门构建基于课程的措施,它又如何为频繁施行的形成性评估提供了帮助。虽然 RTI 在常规教育课堂上的实施并不均衡,但它毫无疑问将对每一位未来的教师产生重要影响。

RTI 的特征如下:

• 这是一项全系统的倡议,从秋季开始对所有学生进行普遍筛查,通过综合性评估、教学和决策来改善教育成果。

• 使用频繁、简短的形成性评价(称为基于课程的测量或 CBMs)而不是一次性的、终结性评价来评估学生对基于研究的教学的反应。

• 反思常规教育改革(RTT)与特殊教育改革(IDEIA)最近的融合情况。

综合起来,RTT、IDEIA 和 RTI 有望能在未来实现更大程度的常规教育与特殊教育的融合。所有教师都应该接受 RTI 基础方法的培训,并了解它与传统终结性评价方法的区别和互补之处。越来越多的证据表明,形成性的、基于课程的测量

（CBMs）（Burns、Parker & Tucker, 2014; Hosp、Hosp &Howell, 2006）中使用的大多数RTI方法能更早地识别出需要帮助的学生（Shapiro、Keller、Edwards、Lutz & Hintze, 2006），而每周一次的基于课程的测量可以用来预测两年后学生在州立高风险测试中的表现（Keller-Margulis, Shapiro & Hintze, 2008）。

简单来说，"反应干预法"是一个帮助学习困难者的多层次方法，通过三层干预模式促进对可能存在学习困难的学生进行早期识别。

在干预的每一阶段（层次）都密切监测学生的进展情况，以确定是否需要在通识教育、特殊教育或两者之间进行进一步的指导或干预。大多数RTI的应用都基于一种越来越密集的基于研究的干预模式，以满足学生越来越大的干预需求。在三层模型中最大和最常见的组件称为主要干预（第1层）。

在第1层（一级干预）中，学生从通识教育课堂的常规教师那里接受研究证明有效的指导。预计大约80%的常规教育学生将接受一级指导，并延续至整个学业生涯。

在第2层（二级干预）中，对那些经过筛选确认对第1层干预无效（即存在着学业失败风险）的学生提供更深入的基于研究的第2级指导，预计这一部分学生将占学校人口的15%。第2层的指导更加集中和专业化，可以由课堂教师以小组形式提供，也可以由专家提供。如果大多数同班同学在一级指导下取得了足够的进步，为了确认某个学生对一级指导缺乏反应的原因在于学生自身而不是低质量的指导，大多RTI方法要求为该生提供二级指导。

在第3层（三级干预），学生可接受全面的特殊教育评估，以确认该生是否符合享受残疾学生特殊教育服务的资格。未能对二层指导做出反应是判断一个学生是否有资格获得特殊教育服务的主要标准。IDEIA要求学生对第二层或第三层指导的反应性必须通过每周形成性的、基于课程的措施进行反复监测，即进度监测。进度监测为教师提供所需信息，以便其做出正确的、以数据为基础的教学决策，从而迅速调整教学水平。基于课程的措施将进度监控的重点从终结性评估（如确认学生在年底的标准化测试中学到了什么）转移到形成性评估（如确定学生在全年的教学中不断学习了什么）。

RTI的承诺是，通识教育教师能提高所有学生的学习能力，并能更快、更准确地识别有困难的学习者，从而提供有针对性的指导，使更多学习者从常规课堂中受益。

对 RTI 的更多介绍参见库比斯金和鲍里奇(Kubiszyn & Borich, 2016, 第三章)。

表 13.3　RTI 的问题解决方法和标准协议方法的比较

RTI 方法的比较		
	解决问题	标准干预方案
普遍筛查	在班级范围内进行评估/全面筛查,以确定可能有困难的学生	
第 1 级	对所有学生提供高质量的教学,经常进行进度监察,以评估有困难学生的表现水平和进步速度	
第 2 级	在第 1 级学习中,进展不明显的学生将获得额外的单独指导 1. 研究小组根据每个学生的表现做出教学决策。小组确认学生的学习问题并找出其原因;之后制定、实施并评估解决方案 2. 根据学生的独特需求和表现数据,向他们提供各种干预措施。 3. 保证干预的灵活性和个性化,以满足学生的需要	在第 1 级学习中,进展不明显的学生将获得额外的小组指导 1. 提供干预者根据标准方案做出的指导决策 2. 为有相似需求的学生提供一种标准的、经过研究验证的干预 3. 干预以预定形式进行,可能涉及多个技能集,以便更好控制质量(例如,由于单一干预措施易于实施,因此更容易监测干预的真实度)
第 3 级	在第 2 级指导中,进步不明显的学生可能会接受更深入的干预。根据一个州或地区的政策,部分学生可能会获得基于他们的进度监测数据而提供的特殊教育服务。在一些州或地区,他们可能会接受一个简短或全面的评估,以辨别其学习障碍	

资料来源:由 IRIS 中心(见网站)为全国特殊教育思想伙伴关系州级主管协会创建的材料,美国教育部特殊教育项目办公室赞助,2007 年。

表 13.3 展示了三个 RTI 级别。首先是针对所有学生的普遍筛查。二级指导使用了两种方法,一种是学生接受根据其个性化需求而进行的干预并对前面的指导做出反应;第二种是为有相似困难或技能的学生提供一个标准的、基于研究的干预。作为一名通识教育教师或特殊教育教师,你对这两种方法的了解对于为第二级学习困难者提供有效和即时的补救非常重要。

RTT、IDEIA 和 RTI 应被视为教育立法的补充部分,而不是针对常规教育或特殊教育的具体补救措施。特别是 IDEIA,旨在打破常规教育和特殊教育之间的障碍,强调形成性评价和进度监测为 RTT 和 RTI 的主要意图做了补充,即通过频繁施行基于课程的措施以及使用基于研究的教学方法,为所有学生提供教育机会。

案 例

说明: 以下案例与第十三章的内容有关。读完这个案例,请根据提示回答一些批判性思考问题,并把从本章中学到的知识应用到这个案例中。

对于目前的工作,维尔切克老师在受聘之时感到非常兴奋。这所新建的中学拥有最先进的设施,包括计算机、语言和生物实验室。当她看到她所带六年级社会科学班的标准化考试成绩时,她很高兴。班上大多数学生在科学、词汇、阅读理解、数学等关键领域上的能力都高于年级平均水平,在她自己的社会科学领域也是如此。开学之夜,教室里挤满了关心和支持她的家长。

但就在这一学年开始的第六周,维尔切克老师就泄气了。在这个看似理想的班级里,她遇到的麻烦丝毫不亚于前一年她在一个拥挤的班级里遇到的麻烦。那个班级里的学生都来自市中心,被认为是有学习风险的学生。尽管她现在的学生在每周的小测验和客观题中都表现优异,但她怀疑他们仅仅通过粗略阅读而获得了高分。大多数学生都取得了 A 和 B 的成绩,但似乎没有人对上课真正感兴趣。此外,她怀疑学生能否长期记住他们在考试中提供的大部分信息。

起初,阅读学生的文章是令人兴奋的。他们的句子结构写得很好,思想很有条理性,很少犯拼写错误。但是现在,维尔切克老师想知道,是否他们的写作能力掩盖了一个事实,即他们对她所教授概念的理解相当肤浅。

维尔切克认为,通过改变她的考试甚至是评分系统可以使她改进测试,从而帮助学生获得更深的理解。她决定取消对/错题。在这些题中,学生可以通过猜测答对一半的题目。她会继续使用多项选择题,但会把它们写下来,以激发学生运用所学技能的能力,而不仅是依靠记忆。

班里刚完成一个关于世界地理的单元内容,学生希望考试主要涉及气候和地形情况。像往常一样,他们来的时候带着新记住的事实信息——这次是关于年降雨量和水体、山脉和沙漠地区的专有名称。

马克希望在上午之前把昨晚看电视时死记硬背的所有事实和数字都留在他的记忆里。吃早饭时他匆匆瞄了一眼书中的章节,所以他觉得自己和往常一样准备得很充分。但当他看到第一个问题时,他的头就低了下来。

那些死记硬背的信息——降雨、温度和地形的知识——现在都没有用了。马克面前是一个关于矿藏、植被、降雨和温度数据以及有关河流、湖泊和山脉细节的虚构国家。其中一个问题是:"请根据你对地理及其对经济和人口增长的影响方面的知识,回答以下有关这个假想国家的问题。这里有四种可能的示意图显示了人口分布,根据所给数据,你认为这些数据最能代表哪些群体?"另一个关于经济发展的问题,显示了四幅不同地区的地图,分别为牧场、商业谷物、矿业和工业。

马克使劲咽了咽口水,翻到了最后一页,那是他平时很容易回答的问答题。在大多数考试中,对教科书中段落的释义足以让他取得高分。他有"文字功底",可以用精心挑选的形容词来弥补那些遗忘的细节。但他的叙述能力在今天并没有起多大作用。这道作文题的题目是:"写一段话,详细解释你在多项选择题中的选择原因。"

这学期快结束了,这次没有人提前完成考试。考试开始时学生迷惑不解的表情已被坚定的表情所取代,有些人脸上还流露出一丝满意。

点击 第十三章 评估测试你对本章知识的掌握情况。

总 结

学习成果 13.1

- 决定一个学生在其他学生中的位置或排名的测试称为标准参照测试(NRT)。此类测试能通过与同一年龄或年级的大样本学生比较而告知学生的表现情况。NRT 的主要优点是在一个测试中涵盖了许多不同的内容领域,主要缺点是太过于笼统,在区分与单个文本或习题相关的特定强项和弱项时用处不大。
- 将学生的表现与掌握水平进行比较的测试称为标准参照测试(CRT)。此类测试意在获知学生是否需要额外的技能指导。CRT 的主要优势在于,它可以提供关于个人技能或行为的非常具体的信息,主要缺点是需要对学校通常教授的技能和行为范围做出决定。

学习成果 13.2

- 测试蓝本是将编写的测试题目与内容领域和行为的复杂度水平进行匹配。测试蓝本有助于确保测试样本在涵盖的内容范围内学习,以及被认为是重要的认知和/或情感过程。

学习成果 13.3

• 客观测试题的形式包括以下几种：

• 对/错题：为了减少猜对/错题的影响，鼓励所有学生在不知道答案时进行猜测，并要求修改错误的陈述。

• 配对题：构建良好的匹配项：

1. 使列表同质化，表示相同类型的事件、人物或环境。

2. 将较短的列放在前面，并按时间、编号或字母顺序列出选项。

3. 提供比描述项大约多三个的选项。

4. 编写说明，以确定列表包含哪些内容，并明确匹配基础。

5. 仔细检查有多个正确答案的选项。

• 多项选择题：填写多项选择题时，应避免以下错误：

1. 使用题干线索，在题干和选项中出现相同的单词或相近的派生词。

2. 语法线索，一个冠词、动词或代词排了一个或多个语法不正确的选项。

3. 在选项中重复相同的单词，本可以在题干中只出现一次。

4. 选项的长度不相等，暗示最长的选项可能是正确的。

5. 使用"以上都对"会干扰人们对答案的辨别，而"以上皆错"则会鼓励猜测。

6. 编写高水平多项选择题的建议包括：图片、图形或表格刺激；显示题目之间关系的类比；应用之前学过的原则或程序。

• 填空题或简答题，以下是对编写填空题的建议：

1. 需要单个词的答案。

2. 用简短、明确的陈述提出问题或难题。

3. 检查以确保答案真实准确。

4. 只省略题目中的一两个关键词。

5. 先进行陈述，把空白放在末尾。

6. 如果问题要求一个数字答案，请给出表示答案的单位。

学习成果 13.4

• 论述测试题适合于以下情况：当(1)教学目标规定高阶认知过程，(2)需要相对较少的测试题目(学生)，以及(3)考试安全是一个考虑因素时。

• 延伸性论述题容许学生自己决定回答的长度和复杂度。限制性论述题提出一个特定的问题,学生必须回忆和组织出适当的信息,形成一个站得住脚的结论,并在规定的时间或长度内表达出来。

- 编写论述题的建议包括:事先确定你想要测量的心理过程;明确表述学生要完成的任务;问题以关键词或短语开始,如比较或预测;要求对有争议的问题提供证据;避免使用可选题目;建立合理的时间和/或页面限制。
- 确保每一道论述题都与考试蓝本上的目标相关。
- 使用以下标准将有助于提高论述题目评分的一致性和准确性:内容、组织、过程、完整性/内部一致性,以及原创性/创新性。

学习成果 13.5

- 效度是指一项测试能否测到其想测量的内容。效度分为三种类型:内容效度、共时效度和预测效度。内容效度是通过检查测试的内容来确定的。建立共时效度是通过将一项新测试的分数与同一组个体的既定测试分数相比较而实现的。预测效度是通过将新考试的分数与考生未来的一些代表考试内容的行为相比较而建立的。
- 信度是指测试结果是否一致。信度也有三种类型:重测信度、复本信度和内部一致性信度。通过对同一个人进行两次测试,并将第一组分数与第二组分数进行比较,就建立了重测信度。复本信度是通过将两种平行但不同的测试提供给同一个人,并将两组分数进行比较而建立的。内部一致性信度通过确定测试在多大程度上测量单个概念来建立。

学习成果 13.6

- 评分和分级系统以比较为基础,通常对学生与以下内容的一个或多个进行比较:

1. 其他学生;
2. 既定标准;
3. 能力倾向;
4. 成绩对努力;
5. 成绩对改进。

学习成果 13.7

- 标准化测试是由测试专家开发,通过与其他处于类似年龄和年级的学生进行对比,来确定一个学生的表现水平。因为它们是根据特定和统一的程序进行管理和评分的,所以是标准化的考试。

学习成果 13.8

- 表现评估通过使用真实、实际的任务来衡量复杂的认知技能,要求学习者展示他们所知的内容。

学习成果 13.9

- 档案袋是一个有计划的材料集合,记录着一个学生完成的内容,以及他或她采取的具体步骤。

学习成果 13.10

- 《不让一个孩子掉队法案》(NCLB)的目的是增加每一个学生的教育机会,不论他们的种族、家庭收入或背景如何。
- 《残疾人教育促进法》(IDEIA)旨在为残疾儿童提供免费和适当的公共教育(FAPE),并确保特殊教育学生享有常规教育学生从通识课程中获得的所有潜在好处。
- "反应干预法"(RTI)的目的是通过一个三层干预模型,较早地识别可能有学习困难风险的学生。

关键术语

评估档案袋	评分和分级系统	限制回应论述题
标准参照测试(CRT)	《不让一个孩子掉队法案》(NCLB)	评估准则
干扰项	常模参照测试(NRT)	标准化测试
延伸回应论述题	档案袋评估	题干
形成性评价	力争上游	终结性评价
《残疾人教育促进法》(IDEIA)	信度	测试蓝本
	反应干预法	效度

讨论与练习

带星号的问题在附录 B 中有相应答案。有些带星号的问题可能要求学生做后续回应,这些答案没有包括在附录 B 中。

*1. 说出常模参照测试和标准参照测试的特征,以及它们各自最适合的目的。

*2. 测试蓝本衡量哪两个教学维度?请给出一个示例,说明如何将这两个维度与实际数据一起用于可能构造的测试。

*3. 指出客观测试题的四种形式,并给出每种形式的优缺点。

*4. 编写多项选择题要避免的四件事是什么?你觉得哪个是最难避免的?

*5. 哪三种技巧可以用来准备复杂程度较高的多项选择题?举出用每种技巧设计多项选择题的例子。

*6. 找出本章所讨论的准备论述测试题而不是客观测试题的原因。你可能选择论述题的其他原因或情况是什么?

*7. 描述论述题的三个优点和三个缺点。在你看来,最大的优点和缺点各是什么?

*8. 确定五个评分标准。你会为每一项分配多少百分比的权重?

*9. 界定效度和信度的概念,并结合你最近参加的测试进行讨论。你对测试的信度和效度有了解吗?如果没有,你知道从哪里可以获得这些信息吗?

*10. 提供一个可接受的效度和信度系数的近似范围,最大可能是多少?

*11. 什么是标准化测试?举出一项你最近参加的测试,并说明为什么你认为该测试准确地测量了你所知道的东西。

*12. 百分位排名对一个特定个体来说意味着什么?在解释百分位排名时,应记住的两点是什么?

*13. 描述你为多个档案袋评级汇总分数的过程。通过提供为评级形式的条目假设的评价等级,用实际数字和平均水平确定如何(1)计算权重,(2)取每一个条目平均分数,(3)加起来得到一个总分的条目,和(4)确定平均分的等级(比如,A 到 F)的平均得分。

*14. 指出"力争上游"立法的目的,并在课堂上做出改变。

专业实践

现场体验和实践活动

带星号的问题在附录 B 中有相应答案。有些带星号的问题可能要求学生做后续回应,这些答案没有包括在附录 B 中。

*1. 比较和对比延伸回应论述题和限制回应论述题的特点。从你的实地经验或课堂观察中各举一例。

*2. 什么是评分规则? 使用图 13.7 中的示例为一个档案袋论述题构建一个评分规则。

*3. 测试效度分为哪三种类型? 每种效度会为你的课堂提供什么样的测试信息?

*4. 哪三种方法可以用来确定测试的信度? 每种信度会为你的课堂提供什么样的测试信息?

*5. 说明五种评分程序及每种程序的一个优点和缺点。在你的工作场地或课堂观察中能观察到哪种方法或几种方法的结合?

*6. 以图 13.7 和 13.8 作为指导,开发一个档案袋评级形式,必须包括所有评分量表中的选项定义(例如,1 到 5)。

*7. 用自己的话描述 NCLB、IDEIA 和反应干预法为你课堂带来的不同焦点和价值。

电子档案活动

以下电子档案活动与 InTASC 标准 6 和 9 有关。

1. 在现场体验和实践活动 1 和 2 中,你被要求写一个关于延伸回应论述题和限制回应论述题的例子,并准备一个评分规则,确定其中一个回应的评分标准。之后检查你的规则是否完整,并将其放入你的电子档案袋中,建立一个以"学习者评估"命名的文件夹。

2. 在现场体验和实践活动 6 中,你被要求开发一个档案袋评级形式,包括所有评分量表中选项的定义(例如,1 到 5)。此评级表单将作为一个通用模板,你可以以此准备其他量表和标准,并与档案袋中的产品相匹配。把评分表放在你的"学习者评估"档案袋文件夹中,以备将来参考。

附录 A 教师关注检查表

弗朗西斯·F.富勒和加里·D.鲍里奇
得克萨斯大学奥斯汀分校

这个清单探讨了教师在职业生涯的不同阶段所关注的问题。这里不存在答案对或错的问题,因为每个教师都有自己的关注点。

下面呈现了一些你可能会关注的事项。阅读每条陈述,并问问自己:"当我思考教学时,我是否关注这一项?"

- 如果你不关注,或该项不适用,在横线上填写"1"。
- 如果你有点关注,在横线上填写"2"。
- 如果你关注程度中等,在横线上填写"3"。
- 如果你非常关注,在横线上填写"4"。
- 如果你完全专注于这个问题,在横线上填写"5"。

____ 1. 没有足够的秘书帮助。

____ 2. 学生是否尊敬我。

____ 3. 有太多额外的事务和责任。

____ 4. 我被观察时表现良好。

____ 5. 帮助学生重视学习。

____ 6. 没有充足时间休息和备课。

____ 7. 没有得到专业教师足够的帮助。

____ 8. 有效管理我的时间。

____ 9. 失去同事的尊敬。

____ 10. 没有足够的时间评分和测验。

____ 11. 课程不灵活。

_____ 12. 对教师设置了太多标准和规定。

_____ 13. 我有充分准备课程计划的能力。

_____ 14. 让其他教师知道我的不足。

_____ 15. 提升学生的成就感。

_____ 16. 固定的教学流程。

_____ 17. 诊断学生的学习问题。

_____ 18. 如果我的课堂太吵闹,校长会怎么想。

_____ 19. 每个学生是否达到了最大潜力。

_____ 20. 我的教学得到了良好评价。

_____ 21. 班里学生太多。

_____ 22. 认识到学生的社会和情感需求。

_____ 23. 挑战没有动力的学生。

_____ 24. 失去学生的尊敬。

_____ 25. 学校缺乏公众的支持。

_____ 26. 能够对班级保持适度的控制。

_____ 27. 没有充足的时间作计划。

_____ 28. 让学生行动起来。

_____ 29. 理解为何某些学生进步缓慢。

_____ 30. 课堂上发生了我应负责的尴尬事件。

_____ 31. 不能应对班里捣乱的学生。

_____ 32. 同事们可能认为我做得不够好。

_____ 33. 与捣乱学生相处的能力。

_____ 34. 理解健康和营养问题可能影响学生的学习。

_____ 35. 在家长面前显得有能力。

_____ 36. 满足不同类型学生的需求。

_____ 37. 寻找替换的方法来确保学生学习本科内容。

_____ 38. 理解可能影响学生行为的心理和文化差异。

_____ 39. 适应不同学生的需求。

_____ 40. 大量的行政干扰。

____ 41. 引导学生实现智力和情感的成长。

____ 42. 每天应对太多学生。

____ 43. 学生是否能应用他们所学的内容。

____ 44. 当其他教师在场时能有效地教学。

____ 45. 理解什么因素能激发学生学习。

教师关注清单上的以下事项代表了自我、任务和影响等维度。

自我:2, 4, 8, 9, 13, 14, 18, 20, 24, 26, 28, 30, 32, 35, 44

任务:1, 3, 6, 7, 10, 11, 12, 16, 21, 25, 27, 31, 33, 40, 42

影响:5, 15, 17, 19, 22, 23, 29, 34, 36, 37, 38, 39, 41, 43, 45

确定你的得分,将自我、任务和影响三个关注类别中每个类别的答案分数相加。你在某个类别的得分越高(最高为75分),你就越关注那个阶段的事务。另外,汇总每个类别的答案得分并除以完成事项的数目,你还可以计算出在每个关注阶段所得的平均分值。对于实习教师而言,一个典型的情况是,在经过一学期的现场体验后,其关注点会从自我转移到任务上。而更大的转变,特别是从任务转向影响,则往往发生于在职教师的头两三年的教学实践中。

附录 B　各章问题和活动的参考答案

这里是各章结尾处"讨论与练习"、"现场体验和实践活动"部分带星号问题的答案。

第一章　讨论与练习

略

❤❤❤❤❤

第二章　讨论与练习

1.（1）使教学方法与个体学习需求相匹配。

（2）理解个体学习者学业成就背后的原因。

2. 环境主义者认为，群体之间智力分数的差异可以归因于社会或环境的差异。遗传主义者则相信决定智力的主要因素是遗传而非环境。

3. 据估计，学校学习大约有75%可以由社会影响来解释，只有约25%是受到了环境的影响。如果可以排除社会经济身份对学习的影响，那么学习者的智力差异有望变小。

4. 比一般智力更能预测学校学习的因素，是那些由瑟斯顿、加德纳、海奇等所建议的特殊智力，可能包括言语智力（英语）、空间智力（艺术）和人际交往智力（社会研究、戏剧）。

5. 前半部分/后半部分，女生/男生，能力较强/能力较弱，非少数民族/少数民族。

6. 与不同类别的学生互动；随机选择学生；为学生配对；在课堂笔记中做标记。

7. 形成由不同同伴群体成员组成的多样化小组。开展全班形式的小组讨论。

❤❤❤❤❤

第三章 讨论与练习

1. 专家权威和参照权威。在实践领域中保持发展,并给学生一种归属感和接受感,你就可以实现每一种权威。

2. 当不同成员持有的不同学业和社会期望在整个小组中流传时,观点就会得到传播和扩散。当期望汇集并形成一种共享的经验,观点就会结晶和升华。扩散先于凝聚。

3. 三个角色分别是唯一的信息提供者(总指挥)、学生想法的阐释者或总结者,以及作为平等的合作伙伴,与学生共同创造想法和解决问题。学生的观点、话语和自发性将从前一个角色到后一个角色而逐步增加。

6. (1)门口有访客时,坐在座位上并保持安静。

(2)离开教室时,排队依次而出。

7. (1)制定与课堂氛围相一致的规则。

(2)制定可以被执行的规则。

(3)全面概述规则,使之包含具体的行为。

8. 经过一段时间后,如果规则不能被连贯地执行则需修改或删除。

9. (1)不许交谈。

(2)不许超过必要时间。

(3)根据要花费的时间而非要完成的练习来布置作业。

(4)留出5分钟,并做2分钟的警告。

10. 给出布置这项作业的理由,并在呈现相关内容之后立即布置作业。

11. (1)重申最高层次的概括。

(2)总结所学内容的重要方面。

(3)提供用于记住内容的代码或符号。

现场体验和实践活动

1. 形成、冲突、规范和表现。

2. (1)操练与练习。

(2)小组讨论。

(3)课堂作业。

3.可能的答案包括以下内容:他或她营造一个开放而没有风险的氛围,设计与学生兴趣和需求相符的课程,允许与学生文化相宜的活动和责任。

第四章 讨论与练习

1.(1)建立正向关系。

(2)防止吸引他人注意力和逃避学习的行为发生。

(3)迅速而不引人注目地矫正不当行为。

(4)制止持续和长期的不当行为。

(5)教导自我控制。

(6)尊重文化差异。

2.(1)建立班级规则。

(2)获得学校行政方面的支持,设立一个可以暂时安置捣乱学生的区域。

(3)与捣乱学生进行私下会谈。

(4)坚持给学生重返教室机会的规则。

4.正强化:在理想行为出现后立即给予奖励。负强化:当理想行为出现时,要终止让人不舒服的凝视。

5.暂停:将学生移至一个不能受到强化的区域。反应代价:根据干扰性或不当行为来取消强化或特权。

6.(1)他们投入大量的时间组织课堂,以减少干扰并提升工作参与。

(2)他们有条不紊地教授规则和惯例,并监督学生遵守。

(3)他们告知学生打破规则的后果,并执行这个后果。

7.(1)你自己判断发生了什么、合适的惩罚是什么,以及是否达成了惩罚的效果。

(2)你提供了替换形式的惩罚,学生必须从中选择。

(3)你从学生提供的替换形式中选择一种惩罚。

10.(1)惩罚不能确保理想行为会出现。

(2)惩罚的效果通常取决于特定环境和行为。

(3)惩罚的效果可能带来不良影响。

(4)惩罚可能引发敌对性或反抗性的回应。

(5)惩罚可能与惩罚者有关。

11.(1)获得父母的支持,让他们承担一些行为管理过程中的责任。

(2)设计一份行动计划,分别解决学生在家庭和学校中的问题。

现场体验和实践活动

1.向学生理智传达他们的行为不可接受,而不要采取责备、责骂或羞辱的方式。

2.在实施惩罚时如果说明理想行为,并与奖励配套使用,那么惩罚会比较有效。

第五章 讨论与练习

3.(1)将总的目的和目标与具体课堂策略结合起来,以便实现这些目的和目标。

(2)表达教学策略的方式要使你能够测量它们对学习者的影响。

4.行为是可观察、可测量的,并发生在特定时间段内。

5.三个组成部分是可观察的行为、观察的条件和展示的熟练水平。

6.教师倾向于把注意力集中在自己和任务上,有时会忽略他们对学生的影响。

7.行为动词指向实现预期行为和观察其实现情况等目的。

8.A,O,A,A,A,O,O,O

9.条件是指行为得以展示的环境。

10.明确行为测试环境的条件,以便引导学生如何学和学什么。

11.你的选择应遵循一个度,即行为发生条件与实际执行该行为的条件的相似度。

12.标准水平是展示行为必须达到的熟练水平。

13.(1)b;(2)a;(3)c;(4)e;(5)f

第六章 讨论与练习

1.目的和目标知识,学习者知识,学科内容和组织知识;教学方法知识;默会知识。

2.单元成果可能大于个别课时成果的总和,因为个别课时按顺序排列并彼此搭建才构成了一个单元整体。

3.层级结构的概念有助于我们看到个别课时成果与单元成果之间的关系,还帮我们鉴别不大不小正合适的课时。教师使用与任务相关的前期学习,确定教授单元成果所需的恰当的课时序列。这两个概念都有助于我们描绘课程计划的流程和次序。

4.认知的:分析、综合和评价。情感的:评价、组织和表征。意识运动的:精确、清晰和归化。

5.方框代表了较小的、更详细的内容部分。

6.前者必须展示层级和序列,后者不必。

8.呈现内容。

9.评估行为。

10.引发期待行为。

11.提供反馈是即时和非评价性的,但评估行为是延迟和评价性的。

现场体验和实践活动

3.区分教学的方式包括能力分组、同伴辅导、学习中心、复习和后续材料。

4.七项事件为引起注意、告知学生目标、激发对先备学习的回忆、呈现刺激材料、引出期待行为、提供反馈和评估行为。

第七章 讨论与练习

1.支持学生的认知过程;减少学生认知负荷,练习一些较低水平的认知技能;允许学生参与真实环境中的认知活动;允许学生生成问题解决方案,并评估他们的表现。

2.利用不同来源的多样化信息展示来创造新的知识。

3.分布式认知强调认知的社会层面,涉及学生、电脑和学习环境之间的同步互动。

4.接受或离开是指旧的Web1.0只读平台,其中的内容只能由网站所有者来创建。Web2.0为网站访问者提供了在线合作和共同创建内容的机会。

5.Moodle是一个免费、开放的课堂管理系统资源,可以与学生在课堂内外保持联系,或者也可以在教室内外。

6. 异步学习环境可以使学生在正式课堂例程中进出,检索和交换信息,并讨论相关主题和协作。

7. Web2.0技术支持一个学习平台,通过动态、动画和别具一格的展示渠道促进交流、互动和集体智慧的开发。

8. 博客是自我表达和反思的平台,可以在线显示学习者的学习,以供他人查看。

9. RSS允许学生订阅特定的博客或播客,并下载到他们的电脑、MP3播放器或智能手机上。

10. 社交书签可以把已保存的书签汇总起来,并使联结的用户共享书签,从而管理和存档来自多种网络资源的研究性信息。

11. 社交演示应用程序允许学习者共同体共享和协同工作,从而组织和建构知识进行在线展示。

12. 概念图是一种用于知识组织的图形组织器,可以帮助学习者在相互合作中解释、展示和组织信息。

13. 它可以用于任何小组共享活动,比如报告或作品集,从中希望所有小组成员都能持续看到和获得全部内容,以便开发集体智慧来创造知识和理解。

14. 虚拟世界技术提供了一种三维格式,让用户沉浸在教学性在线角色扮演活动中,从中他们可以实时创建角色并与角色互动。

现场体验和实践活动

5. 在Web2.0应用程序中,有利于小组工作的有博客、播客、社交书签、社交演示、wikis和虚拟世界。

❤❤❤❤❤

第八章 讨论与练习

1. 有效的问题是能够使学生积极参与学习过程的问题。

2. 多达80%的学校时间可能用于提问和回答。

3. 低阶的问题占所有问题的80%之多,而高阶问题仅占20%。

4. 聚敛性问题只有一个或少数的正确答案,因此有很多错误答案。发散性问题没有单一的最佳答案,并且通常有多种答案;不过,发散性问题可能有错误答案。

6. 高阶问题不太可能影响标准化成就,但可能会提升学生的分析、综合和评价技能。

10. 等待时间是教师等待学生回答问题的时间。一般来说,新手教师应努力增加他们的等待时间,以鼓励学生回应,教师和其他学生还可以在此基础上推动进一步学习。

11. 提出过于复杂的问题,没准备好听到意想不到的答案,不知道问题背后的目的,在学生能回答之前就提供了问题的答案,用提问作为一种惩罚形式。

现场体验和实践活动

2. 吸引兴趣和注意力,诊断和检查,回忆具体事实或信息,管理,鼓励高层级思考过程,组织和重新引导学习,允许情感表达。

3. 对话应呈现漏斗形,以开放问题开始,在推进中缩小问题范围,并要求作出简单的推理,回想或论证,以及解决问题。

♥♥♥♥♥

第九章 讨论与练习

1. 类型1:事实、规则和动作序列。类型2:概念、模式和抽象理论。类型1的结果一般适用于知识、理解和应用层面;类型2的结果一般适用于分析、综合和评价层面。

2. 知识习得:事实、规则和动作序列。探究或解决问题:概念、模式和抽象理论。

3. 特征包括:全班教学;教师提出的问题;详细而冗余的练习;先掌握一个事实、规则或序列,之后再呈现下一个;课堂安排将操练和练习达到最大化。

4. 认知的:回忆、描述、列出。情感的:听、注意、意识到。意识运动的:重复、跟踪、摆放。

5. 教学目标包括:(1)适量地传播课文或练习册中没有的信息;(2)引起或提高学生的兴趣;(3)达到掌握内容。

6. 提供指导性练习可以引发学生回应,不管答案多么粗糙,都可以成为学习的基础。

9. 教师应努力实现60%到80%的正确答案。改变教学方法的方式有减少内容覆盖面,以及提升练习和反馈的机会。

10.独立练习的主要目的是形成动作序列。课程和讨论会发生变化。独立练习应该与现实世界中的应用越来越相似。

11.保持最低限度的接触时间(平均每人30秒),并与大多数学生接触,避免集中在少数几个学生身上。

12.大约95%的回答应该正确、快速和肯定。

现场体验和实践活动

1.(1)让学生纠正彼此的作业。

(2)让学生识别出有困难的作业问题。

(3)抽查一些学生的理解情况,以他们作为全班学生的代表。

(4)明确地复习当天课程所必需的与任务相关的信息。

2.技巧包括部分——整体、序列、组合和比较。

3.方法包括:复习关键事实,解释所需步骤,提示线索或暗示,引导学生完成一个类似的问题。

4.你可以逐渐增加每周复习的范围和深度,最后对当月内容进行一次全面的复习。

第十章 讨论与练习

1.三个要素是探究、发现和问题。

2.直接教学模式:事实、规则和动作序列。间接教学模式:概念、模式和抽象理论。

3.学习者通过将刺激材料转化为回应或行为而间接获得一种行为,它不同于用于呈现学习的刺激行为,以及由学习者发出的任何先前反应行为。

4.要想在涉及概念、模式和抽象理论等较高水平的复杂性层面取得学习成果,直接教学通常不能带来什么成效。

5.普遍化是在标准属性的基础上,将明显不同的刺激划分到相同的类别中。区别化则是将一个概念的示例与非示例区分开来。一个需要这两种过程的学习任务实例是,学习民主这个概念的意义。

6.(1)类型1

(2)类型2

(3)类型1

(4)类型2

(5)类型2

(6)类型1

(7)类型2

(8)类型2

(9)类型1

(10)类型2

7.(1)如果我们试图记下概念的所有可能的实例,那么我们的记忆会负担过重。

(2)概念的示例将很容易与非示例相互混淆。

9.本质属性:授课清晰,教学多样化,任务导向,参与学习过程,中到高等程度的成功率。非本质属性:获得的学分时数,持有的学位,参与在职培训的数量,大学成绩,教学经历的年限。

10.在直接教学中,提问的目的是引出唯一的正确答案或揭示理解的水平。而在间接教学中,其目的是用最少的辅助来帮助学生寻找和发现合适的答案。

11.学习的类型可能是以学生为中心和无指导的发现式学习。在间接教学中,学生的想法被用作实现规定课程目标的手段。

12.(1)直接

(2)直接

(3)间接

(4)间接

(5)直接

(6)直接

(7)直接

(8)间接

(9)间接

(10)间接

两个模式都可以用于(3)、(4)、(8)和(10)等主题。

现场体验和实践活动

3. 作为一种思维过程,归纳是先呈现或观察一组具体数据,然后从数据中得出一个概括性结论或统一模式,而演绎是在一个具体实例中验证理论的真实性和效度。

4.(1)鼓励学生使用他们经验中的例子和参考。

(2)让学生与他们已知的事物进行对比和关联。

(3)将观点与学生的兴趣、关注点和问题联系起来。

第十一章 讨论与练习

1.(1)使学生积极投入学习过程中。

(2)帮助他们获得推理、批判性思考和解决问题的技能。

2.(1)提供有关何时以及如何运用心理策略的信息。

(2)说明如何使用这些策略。

(3)鼓励学习者重新建构内容。

(4)通过实践活动逐渐把学习的责任转移到学生身上。

3. 元认知指学习者用于理解所教内容的心理过程。运用元认知策略可以帮助学习者内化、理解和回忆所学的内容。

4. 心理模式可以帮助学习者在以后的时间内化、回忆所学内容,并针对不同的内容概括出问题的解决方案。

5. 在调节中,教师帮助学生重构正在学习的内容,使它们更接近预期的成果。

6. 最大回应机会区是指学生在某刻所能最大收获的内容难度和行为复杂度。

7.(1)让学生就课文做出预测,然后从课文中读取。

(2)选一位讨论组长就课文提问,其他学生回答问题。

(3)让讨论组长总结课文,并邀请其他学生做出评论。

(4)讨论尚不清楚的点,引导更多预测,如有需要再重读课文。

8. 你的主要目标应该是把学习的责任逐渐转交给学生。

9. 内部言语的目的是把同样的推理路线模式化,并运用教师在较早阶段所用的相同类型的问题、提示和线索。

10. 陈述性知识仅用于口头和字面的重复。程序性知识则用于一些问题解决或决策性任务。

11.(1)提供一个新的学习任务。

(2)让学生解释如何完成任务(例如,学习这项内容)。

(3)描述并建立一个学习该内容更有效的方法模型。

(4)提供另一个学习任务,使学生能够尝试新的方法。当学生正在学习新材料时,塑造学生的自我提问行为。

(5)提供其他练习机会,减少你作为监督者的角色。

(6)通过提问学生理解和策略使用的情况来检查结果。

现场体验和实践活动

1.(1)向学生展示所涉及的推理。

(2)让学生意识到这一点。

(3)使他们专注于推理的应用。

3.互惠学习提供了通过小组讨论来探索所学内容的机会。

6.(1)诗句或启发句。

(2)叙事链接。

(3)标出韵律或关键字。

(4)语块。

第十二章 讨论与练习

1.共同的目标是(1)使学生参与到学习过程中,(2)促进更高、更复杂的思维模式的形成。

2.(1)态度和价值观。

(2)亲社会行为。

(3)可替换的视角和观点。

(4)整合的身份。

(5)较高的思维过程。

3.(1)确定目标。

(2)组织任务。

(3)教导和评价合作过程。

(4)监督小组表现。

(5)听取汇报。

4. 成果或行为的形式包括小组书面报告、较高的个人成绩、口头表现、细目或解决方案、评论和数据收集。

5. 最高效的小组规模为4至6名成员。

6.(1)为孤立的学生建立小组。

(2)随机分配学生。

(3)形成异质化小组。

(4)与学生分享选择的过程。

7. 答案应包括以下几种方法中的三种:

(1)布置一项任务,要求学生有明确的分工。

(2)结成对子,学生监督彼此的作业。

(3)绘制小组进展图,展示个人完成的任务。

(4)限制提供的资源,促进分享和联系。

(5)在他人之前完成的成果基础上形成新的成果。

8.(1)总结者。

(2)检查者。

(3)研究者。

(4)跑腿者。

(5)记录者。

(6)支持者。

(7)观察者/解决困难者。

9.(1)算出个人得分的平均值,以此决定小组的成绩。

(2)为所有小组成员分配成员分数最高(最低)一半的平均分。

(3)算出个人得分和小组得分的平均值。

10. 教师的角色是(1)提醒每个小组被分配的角色;(2)调整小组的努力方向;(3)提供情感支持和鼓励。

11.(1)公开谈论小组如何运作。

(2)征求关于如何改进过程的建议。

(3)了解预先指定的观察者的看法。

12.(1)没有足够时间。

(2)汇报含糊不清。

(3)学生不参与。

(4)书面报告不完整。

(5)学生运用较差的合作技能。

现场体验和实践活动

1.(1)师生互动。

(2)生生互动。

(3)任务专门化和材料。

(4)角色期待和责任。

2.(1)成绩——个人和小组。

(2)附加分。

(3)社会责任。

(4)令牌和特权。

(5)团体奖励。

3.(1)交流个人的观点和情感。

(2)使信息完整和具体。

(3)使口头和非口头信息一致。

(4)传递一种尊重和支持的氛围。

(5)评估信息是否被适当地接受。

(6)解释另一个人的观点。

(7)协商意义和理解。

(8)参与和领导。

第十三章 讨论与练习

1.常模参照测试将学生表现与作为测试代表的一个大的学生样本(称为常模

小组)的表现进行对比。如果你需要将一个学生的表现与其他同龄或同年级层学生进行比较,这种测试比较有用。标准参照测试将学生的表现与掌握的水平(称为标准)进行对比。当你需要判断一个学生在某种技能或内容领域是否还需更多指导时,就需要用这种测试。

2. 测试蓝本测量包括认知复杂程度和教学内容范围。

3. (1)对/错。

(2)匹配。

(3)多项选择。

(4)完形填空或简答。

4. (1)题干线索。

(2)语法线索。

(3)冗余字/不等的答案长度。

(4)使用"以上全正确"和"以上全不正确"。

5. 三种手段是:(1)图画、图形或图表刺激;(2)用类比表明术语之间的关系;(3)应用先前学习过的原则或程序。

6. 使用论述题的理由是:(1)已经教了更高水平的认知过程;(2)相对来说可以对少数题目进行评分;(3)考虑到测试的安全性。

7. 优点:论述题要求学生运用更高水平的认知过程,非常适合于某些主题和目标,并且可以测量与学科领域相关的沟通技能。缺点:论述题的评阅工作比较繁琐,得分可能受到学习者沟通技能的影响,还可能涉及评阅人某种程度的主观性影响。

8. (1)内容。

(2)组织。

(3)过程。

(4)完整性/内部一致性。

(5)构思/创意。

9. 效度指测试是否测量了它所应该测量的内容。信度指测试是否一贯地得出相同或相似的分数。

10. 可接受的效度系数介于0.60到0.80之间或更高。可接受的信度系数在0.80到0.90之间或更高。效度或信度系数最大可能的大小为1.0。

11.标准化测试由专家编制,用于判断一位学生与其他同龄或同年级学生相对的表现水平。

12.百分位等级表示学生的分数高于标准样本中占此百分比的人的分数,也就是说,在标准样本中,占此百分比的学生的得分低于这个学生。解释百分等级时需要记住以下两点:

(1)百分位等级不是正确答案的百分数。

(2)百分位分布的极限值或端点倾向于扩展,而朝向中心的百分位倾向于紧缩。这就难以对不同测量方法下得出的相同数字进行比较。

现场体验和实践活动

1.延伸性回应论述题使得学生决定答题的长度和复杂度。当问题提供了较少或几乎没有提供什么结构以及需要在分析、综合和评价等层面取得成果时,这种测试最为有用。限制性回应的论述题是提出一个具体的问题,学生必须回忆适当的信息,对其进行组织,得出一个合理的结论,并根据特定标准将其表达出来。如果提出的问题是结构化的,并且需要在应用和分析层面取得成果时,这种测试最有用。

2.评分标准是预先编写的指南,表明一个可接受的答案的标准或构成。

3.三种效度类型是(1)内容效度、(2)共时效度和(3)预测效度。

4.三种检验信度的方法是(1)测试—复试、(2)替换形式、(3)内部一致性。

5.评分和分级系统要基于与以下内容的对比:

(1)其他学生。

(2)已建立的标准。

(3)能力倾向。

(4)成绩对努力。

(5)成绩对进步。

附录 C 高阶思维和解决问题的列表

核查以下各列栏目,它们表明(1)课程要求学生达到下列学习成果的程度;(2)你正在教学生达成这些成果的程度。

为每项核查栏目分配分值,"极大程度"为 5 分,"相当程度"为 4 分,"一定程度"为 3 分,"一点儿"为 2 分,"完全没有"为 1 分。将"重要性程度"栏目中每项行为的评分或分值中减去"实施程度"栏目的得分,从而得到你的最高优先项。

	重要性程度					实施程度				
	1	2	3	4	5	1	2	3	4	5
	你的课程是否要求学生达到下列目标?(核查一下)					你是否正在教学生实现这些目标?(核查一下)				
知识应用										
1. 在记忆中搜索他或她对问题已知的信息										
2. 绘制一张显示所学或所观察的内容的图画或图表										
3. 建构和解释图形、图表和表格										
4. 根据定义的属性区分事物或将事物分类										
5. 用书面或口头的形式传达所观察的结果										
6. 运用给定规则得出结论										
7. 查阅多种知识来源以收集信息										
分析技能										
8. 确定各要素间的相同点和不同点										

	重要性程度					实施程度				
	1	2	3	4	5	1	2	3	4	5
	你的课程是否要求学生达到下列目标?(核查一下)					你是否正在教学生实现这些目标?(核查一下)				
9. 将问题与先前遇到的问题进行对比										
10. 理解每个成分与整体之间的关系										
11. 通过对数据的观察或分析得出合理的结论										
12. 识别并明确说出自己想法或他人想法中的错误										
13. 解释结论产生的原因										
14. 根据已有信息,预测将要发生什么										
15. 设计一种检验预测的方式										
16. 鉴别问题中最重要的要素										
17. 按照一种逻辑方式组织问题的结论										
18. 确定评估问题解决方案的标准										
19. 收集信息或证据来解决问题										
20. 在各种不同数据来源中查找确凿的证据										
21. 确定证据的可信度										
22. 在当前情况下对问题进行解释										
综合/创造力										
23. 生成新的方法,查看标准惯例界限以外的情况										
24. 重新表述问题以使其更易于管理										

	重要性程度					实施程度				
	1	2	3	4	5	1	2	3	4	5
	你的课程是否要求学生达到下列目标？（核查一下）					你是否正在教学生实现这些目标？（核查一下）				
25. 对内容的新应用集思广益										
26. 预知潜在的问题										
27. 口头上或书面上准确地总结你读过的或他人所说的内容										
评价/元认知										
28. 问问自己学到了什么										
29. 根据反馈做出适当的修改										
30. 评估解决方案中涉及的风险										
31. 在适当的情况下，监控结果并修正策略										
32. 判断证据的可信度										
33. 评价和修改所写的内容										
34. 询问自己不确定的观点										
35. 抓住谬误和矛盾之处										
倾向										
36. 有目的地赞扬他人的表现										
37. 分享并轮流发言										
38. 帮助他人完成任务										
39. 需要时为他人提供帮助										

	重要性程度					实施程度				
	1	2	3	4	5	1	2	3	4	5
	你的课程是否要求学生达到下列目标？（核查一下）					你是否正在教学生实现这些目标？（核查一下）				
40. 即使答案或解决方案没有立即显现，也会投入任务										
41. 寻求准确性										
42. 为匹配事实而灵活地改变观点										
43. 表现出对冲突行为的克制										
44. 为解决问题而编写草稿和试行										
45. 处理困难任务时表现出坚持不懈的品质										
46. 回应他人时使用建设性的语气										
47. 展现出学习的热情										
48. 在需要时寻求反馈										
49. 在团队中与他人合作										
50. 当被询问时向他人提供帮助										
51. 完成项目时表现出独立性										
52. 认真倾听他人的意见										
53. 忽视干扰目标达成的事物										
54. 记录自己朝着重要目标前进所取得的进展										
55. 真实评估自己的表现										
56. 设定在一个特定时间段内能够实现的目标										

	重要性程度					实施程度				
	1	2	3	4	5	1	2	3	4	5
	你的课程是否要求学生达到下列目标？（核查一下）					你是否正在教学生实现这些目标？（核查一下）				
价值观										
57. 表现出对伦理问题和冲突的意识										
58. 遵循行为准则										
59. 展示解决伦理困境和冲突的能力										
60. 在处理困难状况时保持自律										
61. 行事方式传达出对他人的关心和关注										
62. 负责地处理任务和对待他人										

术语表

A

Active listening 积极聆听　听者向说话者就所听到的信息和传达的情感提供反馈,并让他或她知道自己被理解和尊重。

Active responding 积极回应　口头回答问题、写出正确答案、计算一个答案或身体作出反应(比如,聚焦显微镜)。

Active uninvolvement 积极不参与　当小组成员谈论任何规定目标以外的内容时。

Activity structure 活动结构　任务在一个整体单元内所需的系统变化。

Adaptive teaching 适应性教学　对不同学习者采用不同的教学策略,从而使他们都能取得成功。

Advance organizer 先行组织者　将内容组织成有意义成分的框架或结构。

Affective domain 情感领域　与态度、信念和价值观发展相关的行为:接受、回应、评价、组织和表征。

Applied behavior analysis 应用行为分析　强调行为矫正技术和强化理论的课堂管理。

Assessment portfolio 评估性档案袋　展示性档案袋中的全部或部分内容,以及工作档案袋开始的部分内容。

Asynchronous learning 异步学习　一种允许学生自由进出正式课堂程序的学习系统。学生可以检索和交换信息,讨论相关话题,并与同伴和其他教师合作。

At-risk learners 有风险的学习者　那些经常开小差、不积极参与并难以按平均速度学习的学习者。

Authentic behaviors 真实行为　现实世界中所需的行为类型。
Authentic tests 真实测试　要求学习者按照课堂之外现实世界中应展示的方式来展示他们的技能和行为。

B

Behavioral antecedents 行为前因　当执行引发或触发行为的行为时出现的事件或刺激。
Behavioral objective 行为目标　一份书面陈述,规定了实现预期目标所需的具体课堂策略,而且表达这些策略的方式要允许测量它们对学习者的影响。
Behavior modification 行为矫正　通过重复某种强化类型的行为来改变或修正行为。
Blended learning 混合式学习　包含在线资源和间断在线讨论的传统教学课程。
Blogs 博客　一个在线发布文本、音频或视频的平台。学生可以在该平台上通过写作、录音或录像等进行反思和表达思想,提升他们的认知和元认知技能。

C

Centering behavior 集中行为　一种可接受的极限测试,在此过程中,学习者会质疑他们作为小组成员将如何获得个人利益。
Classroom management tradition 课堂管理传统　关注计划、组织课堂、教学规则和惯例,并告知学生破坏规则的后果。
Classroom response system 课堂应答系统　一个师生互动系统,学生可以通过遥控来回答教师以多项选择形式提出的问题,答案可以立即展示给所有人查看。
Cognitive Academic Language Proficiency(CALP)认知学术语言能力　一种语言能力模型,侧重于文化敏感的语言学习干预,以提高那些在社会、经济、语言上与主流学习者不同的学生的学业表现。
Cognitive domain 认知领域　与智力和技能发展相关的行为:知识、理解、应用、分析、综合和评价。
Cognitive learning strategy 认知学习策略　通过帮助学习者保留传入信息(接收),回忆与任务相关的先前知识(可用性),并在传入知识之间建立逻辑关联(激活)来改进学习的一般思维方法。

Common Core 共同核心　K-12学习目标的国家标准,概述了学生在每个年级结束时应该知道的和能做到的。

Compensatory approach 补偿方法　教师选择教学方法来弥补学习者在信息、技能或能力上的欠缺,并改变内容呈现方式以规避学习者的弱点、发挥他们的优势。

Concept mapping 概念图　一种用于知识组织的结构图或思维工具,可以帮助学习者通过与他人合作制图来解释、再现和组织信息。

Congruent communication 一致性沟通　利用沟通技巧来促进学习者的自尊,从而影响他们选择可接受的行为。

Constructivism 建构主义　设计和组织课程,鼓励学习者利用自己的经历积极建构对他们更合理的意义,而不是被动按照教师组织的方式来获得理解。

Constructivist teaching strategies 建构主义教学策略　强调学习者的直接体验和课堂对话而非讲授的教学工具。

Convergent question 聚敛性问题　限制答案为唯一或少数几种回应的问题。

Cooperative learning 合作学习　学生在小组中工作并以小组的成功获得奖励的教学安排。据格拉瑟所说,合作学习营造了良好的环境,使课堂成为学习者所期待的地方。

Cooperative learning role functions 合作学习角色功能　总结者、检查者、研究者、跑腿者、记录员、支持者,以及观察者和疑难解答者。

Course management system 课程管理系统　一种个人的交流工具,教师可以借此与学生在课堂内外保持联系。

Criterion level 标准水平　达成一个学习目标所需的表现程度。

Criterion-referenced test(CRT)标准参照测试　将学生的表现与掌握的绝对基准或标准进行比较。

Cross-age tutoring 跨学龄辅导　一个学生辅导另一个学生,辅导者可能是高于学习者一年或多个年级的学生。

Crystallization 结晶　学习者的期望随着他们共同参与活动而汇合为一种对于课堂生活的共享视角。

Cultural deficit model 文化赤字模式　使用遗传或文化引发的因素来解释文化少数

群体与主流学习者在能力和语言等方面的差异。

Cultural difference model 文化差异模式　关注那些需要建立文化敏感性联系并从学校获得回应的解决方案,以便促进在社会、经济和语言上与主流学习者不同的学生的表现。

Cultural frame 文化框架　个人从经验中获得的参考框架,是他或她用于解释和回应事件的透镜。

Culturally responsive teaching 文化回应的教学　教师能够用不同的语言或非语言课堂管理技巧对不同文化的学生作出回应。

Culture-specific questioning 文化特定性问题　支配不同文化群体社交对话的规则,可用以更好地将问题指向特定的学习者群体。

Curriculum guides 课程指南　年级、系别或学区关于在什么时间段内必须覆盖哪些内容的规范说明。

D

Debriefing 汇报　通过讨论收集有关活动的反馈,征求改进建议,并获得观察者对此活动的观点。

Declarative (factual) knowledge 陈述性(事实)知识　与特定领域或话题相关的事实、概念、规则和概论,用于口头或书面表达。

Deduction 演绎　从原则或概论到具体实例中应用的推理过程。

Differentiated instruction 差异化教学　通过适应学生的现有水平,提供使其走向学习阶梯下一步所需的教学和资源,最大限度地促进每个学生的学业成功和个人成长。

Diffusion 扩散　学习者不同的学术和社交期望随着他们彼此沟通而在课堂上传播的过程。

Direct instruction 直接教学　一种以教师为中心、获取知识和呈现—背诵的教学模式,用于教授事实、规则和动作序列。

Discrimination 区分　排除看似与概念匹配但在关键层面与其不同的事物,以选择性地限制一系列实例。

Distancing behavior 远离行为　一种可接受性的极限测试,小组成员从中挑战学术期望,以及确立在什么条件下应用和不应用的规则。

Distracters 干扰项　多项选择和匹配测试题中的错误答案选项。

Distributed cognition 分布性认知　媒体强调认知的社会层面,并提倡涉及学生、计算机和学习环境同步互动的学习。

Divergent question 发散性问题　具有很多或广泛的可接受回应的问题。

E

Effective questions 有效问题　促使学生积极组织答案从而投入学习过程的问题。

Eliciting probes 引发探询　要求学生回应澄清从而确定其适当性或正确性的问题。

Engaged learning time 投入学习的时间　学生在课堂中投入学习的时间量。

Examples 示例　一个概念的表现形式,包含将其识别为更大类别中成员的所有基本属性。

Expert leadership 专家权威　被认为有能力解释或做某些事,并对特定主题有深入了解。

Expressive objective 表现性目标　可能有多种正确答案的学习目标。

Extended-response essay question 延伸回应论述题　允许学生决定回答的长度和复杂度的问题。

F

Family-school linking mechanisms 家庭—学校联系机制　学校与家庭参与的机会,如家长会、家访、教师参与社区活动、内部通讯、打电话、个人笔记、家长志愿作为课堂助手,以及使用家庭课程材料等。

Feedback and correcting errors 反馈和纠正错误　处理正确和错误答案的直接教学策略。

Field-dependent 场依赖　从大的、相互关联的模式来看待世界。

Field-independent 场独立　从具体部分看待世界。

Formative evaluation 形成性评价　使用基于课程的措施(CBM)改善课堂教学的数据

收集实践,在整个学年中持续应用以衡量学生的进步。

Full-group discussion 全组讨论　通过大量学生之间的连续互动,学生交流信息。

Functional errors 功能性错误　错误或部分正确的答案可以加深内容的意义和对它的理解,并为学生攀登学习阶梯的下一阶段奠定基础。

G

Generalization 概括　以类似的方式回应与中心概念不同但受其约束的刺激。

Gestural prompts 身体提示　为学习者示范或演示正在教授的技能。

Goals 目的　源于标准,并具体确定为要达到标准必须完成的工作以及谁必须做什么。

Gradual Release model 逐步释放模型　一种教学模式,要求教师从承担呈现内容的全部责任转向由学生逐渐为自己的学习负责,最终掌握所学内容。

Guided student practice 指导性学生练习　一种直接教学策略,首先呈现刺激材料,然后在教师的指导下引出有期待行为的练习。

H

Helping behaviors 辅助行为　实施关键有效教学行为的组合性行为,包括使用学生的想法和贡献、结构化、提问、探究和教师情感(发展师生关系)。

Horizontal relationships 水平关系　与同龄人之间的成功关系可以满足学习者的归属需求,并使他们获得和实践重要的社交技能。

Humanist tradition 人文主义传统　关注个体学习者内心想法、感受、心理需求和情感的课堂管理。

Hypermedia 超媒体　通过使用多种方式展现不同来源或视角的信息并利用创造新知识的机会来满足学习需求的媒体。

I

Independent practice 独立练习　一种直接教学策略,教师将事实和规则汇集在一起,强制同时考虑问题的所有个别单位,并将各单位联结成一个和谐的行动序列。

Indirect instruction 间接教学　强调概念学习、探究和解决问题的教学策略,用于教授概念、模式和抽象理论。

Individuals with Disabilities Education Improvement Act(IDEIA)《残疾人教育促进法》　一项立法授权,明确规定残疾儿童有权接受免费和适宜的公共教育,并确保特殊教育儿童能够获得正规教育儿童可获得的所有可能的利益。

Induction 归纳　用于从具体实例中得出结论或做出推论的推理。

Inner speech 内部语言　学习者的私人内在对话,代替了教师的提示和问题,并使学习者自我引导解决类似的问题。

Instructional variety 教学多样性　教师在上课期间授课方式的变化性和灵活性。

InTASC standards 美国州际新教师评价与支持联合会的标准　根据美国州际新教师评价与支持联合会,有十条原则描述了教师应该知道什么和能够做什么。

Integrated bodies of knowledge 综合知识体系　强调思想关联和相关主题的逻辑连贯性的单元和课时。

Integrated thematic teaching 整合主题教学　将来自不同主题领域的内容和材料关联起来。

Interactive individualized practice activities 互动的个性化实践活动　使用问题和提示吸引学习者参与并给予即时反馈的光盘课程。

Interactive White Board(IWB)互动式白板　连接电脑并允许多个用户查看、输入和合作的交互式显示屏。

Intercultural competence 跨文化能力　教师能够在不同文化、种族和社会经济水平的学生中充当翻译和跨文化交流大使。

Interdisciplinary unit 跨学科单元　横向设计的学习单元,将各话题围绕特定主题整合起来。

Intermittent reinforcement 间歇性强化　随机或间断性地强化一种行为,以将其维持在当前的水平。

K

Key behaviors 关键行为 有效教学五种基本行为：授课清晰、教学多样化、教师任务导向、参与学习过程和学生成功率。

L

Lateral unit planning 横向单元计划 设计教学单元，将跨学科或内容领域的知识整合起来，以传达关系、模式和抽象理论。

Learning activities 学习活动 达成学习成果的手段。

Learning conditions 学习条件 学习发生的特定条件。

Learning outcome 学习成果 可观察和可测量的行为；教学课时或单元的最终结果。

Learning style 学习风格 个体学习者偏好的教学和课堂条件。

Legitimate leadership 法定权威 因为一个人的头衔或角色而不是其实质而具有影响力。

Lesson clarity 授课清晰 教师授课应该为处于不同理解水平的学习者明确要点，并按照有逻辑的、逐步推进的顺序解释概念；口头传递信息应直接，让所有学生都能听清楚，并且避免分散学生的注意力。

Low-profile classroom management 低调的课堂管理 教师在不中断课程的情况下用于制止不当行为的应对策略。

M

Marks and grading systems 评分和分级系统 以比较为基础，通常是将学生与下列中的一项或多项进行比较，如与其他学生、既定标准、能力倾向、成绩与努力以及成绩与进步等。

Mastery learning 掌握学习 一种基于以下原则的教学策略，即所有学生在给予适当的指导和足够学习时间的情况下都可以达成课时和单元目标。

Mental modeling 心理模拟　演示决策的过程,以帮助学生在之后面对不同内容时能内化、回忆和概括解决问题的方案。

Metacognition 元认知　通过内化、理解和回忆要学习的内容,帮助学习者反思自身想法的心理过程。

Metacognitive knowledge 元认知知识　思考自身想法,以了解自己的知识水平。

Metacommunication 元沟通　学习者识别出教师身体姿势、语言和眼神接触的模式,然后根据传达的信息,有意或无意地采取行动。

Moderating tasks 调节性任务　教师将学生引导到讨论目标的手段;提供新的或更加准确的信息;评论、总结以及把观点和事实联系起来;并将信息和想法的走向重新引回到目标上。

Monitoring 监督/监控　观察、心理记录以及在必要时调整或纠正学生行为的过程。

Moodle 穆德尔　一个用于创建个人通信工具的免费、开放的课堂管理系统,教师可借此与学生在课堂内外保持联系。

N

Natural reinforcers 自然强化物　在行为发生的环境下自然出现的内部奖励或强化物。

Negative reinforcement 负强化　避免痛苦、不舒服和厌恶的状态,以达到更为理想的状态。

No Child Left Behind Act(NCLB)《"不让一个孩子掉队"法案》　一份为改善每个孩子教育机会的立法授权,不论其种族、收入或背景。

Nonexamples 非示例　未能代表所说明的概念的例子,故意不包括一个或多个能将其识别为更大类别成员的基本属性。

Norm-referenced test(NRT)常模参照测试　将学生表现与常模群体或一组大的、有代表性的学习者样本进行比较。

Norms 常模　群体成员对于他们如何思考、感受和表现的共享期望。

O

Objectives 目标　一些陈述,向学习者传达要达到的具体行为、展示行为所必需的条件,以及行为展示必须达到的熟练程度。

Ordered turns 顺序轮流　有条不紊地开展课程,并期待每个学生在轮到他或她时都能做出回应。

Organizational environment 组织环境　教师对课堂的视觉或物理安排。

P

Pair or team discussions 结对或小组讨论　最好在下列情况下使用,比如任务高度结构化、对于主题已经存在一些共识,以及规定的指令全面界定了每个成员的角色。

Passive responding 消极回应　听教师解答,读出正确答案,或听同学念出正确答案。

Passive uninvolvement 消极不参与　当一名小组成员不关心小组目标并变得沉默时。

Peer tutoring 同伴指导　在同一年级和年龄层,一名学生指导另一名学生。

Performance assessments 表现评估　学习者通过使用复杂的认知技能执行真实的实际任务来展示他们所知道的;直接测量一种技能或行为的测试,如在课堂外的世界中使用。

Physical prompt 身体提示　使用手把手的辅助来引导学习者获得正确的表现。

Podcast 播客　学生可以下载到电脑或手机中观看的视频博客。

Portfolio assessment 档案袋评估　展示学习者在特定学术领域的能力成长、长期的成绩和重大成就的作品集。

Positive Behavioral Intervention and Support(PBIS) 积极行为干预与支持　一种全校范围内大型的预防性干预计划,使用行为矫正的概念作为减少问题行为——扰乱行为、不服从和攻击行为的手段。

Positive reinforcement 正强化　在行为发生频率增加后,提供所期望的刺激或奖励。

Presenting and structuring 呈现和组织　一种直接教学策略,以符合学习者先前知识、能力水平和经验的步调呈现新材料,从而使其在教师介绍下一个知识点之前能掌握当前的知识点。

Probe 探询　在学生回应问题之后紧跟着提出的问题。

Problem-based learning skills 基于问题的学习技能　围绕着结构松散和不明确的问题组织教学任务,学习者往往需要使用不同学科的知识和技能来解决这些问题。

Procedural knowledge 程序性知识　解决问题或决策性任务中的行动序列或程序;学习过程遵循的行动序列或程序;关于如何做事的知识。

Project-based learning 基于项目的学习　围绕着最可能引发和支持学习者兴趣、努力和坚持的任务来组织教学,从而促进学习者的内在动机。

Prosocial behavior 亲社会行为　儿童从与家庭成员和课堂中的亲密而有意义的接触中学到恰当的态度和价值观。

Psychomotor domain 意识运动领域(动作技能领域)　与身体运动和表现的协调性相关的行为:模仿、操作、精确、清晰、归化。

Q

Question sequence 问题序列　用多种可能的形式组织、征询和回应。

R

Race to the Top(RTT)"力争上游"　一项联邦政府资助计划,为了促进州和地方 K-12 级学校的创新和改革而提供竞争性的拨款。

Reacting 反应　教师对学生的回答做出回复。

Really Simple Syndication(RSS)简易信息聚合　一种允许用户订阅特定博客、播客和视频博客并自动下载到他们的电子设备中(如电脑、MP3 播放器或智能手机)的技术。

Reciprocal distancing 互惠距离　来自一种文化的教师对于孩子行为的解释效果与另一种文化的教师不同。

Reciprocal teaching 互惠教学　一种课堂小组对话的类型,教师期望学生做出预测、提问、总结和澄清文本。

Redirecting probes 重新引导探询　通过后续行动重新组织讨论以使学生回到正轨的问题。

Referent leadership 参照权威　被认为值得信赖、公平和关心学生。

Reflective practice 反思性实践　受到从日常经验中获得的缄默或个人知识启发的教学。

Reflective teacher 反思型教师　对教学深思熟虑并有自我批判意识的教师。

Reliability 信度　指的是测试是否始终如一地产生相同或相似的分数。

Remediation approach 补救方法　教师为学习者提供从规定教学中受益所需的必备知识、技能或行为。

Response to Intervention "反应—干预法"　一项立法授权,通过使用重复的基于课程的措施而不是一年一次的终结性评价来评估学生进步,将测评、教学和决策整合起来,从而提高所有学生的教育成果。

Restricted-response essay question 限制回应论述题　提出一个特定问题,学生必须回忆恰当的信息,适当地组织,从而得出合理的结论,并根据具体标准表达出来。

Reward leadership 奖励权威　能够授权、批准或有形补偿。

Rigor and relevance framework 精准框架　学习者在认知、情感和意识运动领域的思维发展连续体,是他们在课堂之外和成人生活中将会遇到和预期发生的。

Rubrics 细则　在点评论文或档案袋的内容时,用于表示标准的评分量表。

Rule-example-rule order 规则—例子—规则的顺序　先给出规则,然后提供规则的实例,之后重复规则。

Rules and procedures 规则和程序　与学术工作、课堂实施、教师必须在第一天沟通的信息和可以在之后交流的信息等相关的规则。

S

Self-directed learning 自我导向学习　一种使学生积极参与学习过程以获得高阶思维技能的教学方法。

Small-group discussions 小组讨论　每组大约四至六名学生。

Social bookmarking 社交书签　一种有助于构建易于访问的在线书签库并可供会员或公众搜索的应用程序。

Social competence 社会能力　除了智力以外,影响学习者成功的因素包括:动机、健康、社交技能、教学质量、先前知识、情感健康和家庭支持。

Social environment 社会环境　教师在课堂中推行的互动模式。

Social framing 社会框架　接收和理解诸如课程之类的信息的环境。

Social learning theory 社会学习理论　关于人们如何从观察他人中学习的研究。

Social presentation 社交展示　一种万维网2.0的应用程序,帮助学习者共享和协同工作,从而组织和建构在线展示的知识。

Socioeconomic status(SES)社会经济阶层　一个人的收入和受教育水平的近似指数。

Sociolinguistics 社会语言学　关于文化群体在语言礼貌和习惯方面而不是语法结构方面的差异的研究。

Soliciting 征询　鼓励学生行动和思考材料的提问行为。

Soliciting probes 征求探询　在学生部分正确地回应之后,提问要求其提供新的信息,以便将学生推至更复杂的理解水平。

Special populations 特殊群体　在身体、学习、视觉、心理和沟通等层面存在障碍的学习者群体,这些障碍可能会影响学习。

Stages of group development 小组发展阶段　小组发展经历一系列的阶段,如形成、风暴、规范和表现等,其间要完成一些任务并解决关注事项。

Standardized tests 标准化测试　根据具体和统一的程序进行管理和评分;用于确定学生相对于其他类似年龄或年级学生的表现水平。

Standards 标准　对教育价值的一般表达,为决策提供了方向感。

Stem 题干　多项选择题的陈述部分。

Structuring 组织/结构化　教师如何利用问题来指导学习。

Student-centered learning 以学生为中心的学习　允许学生选择学习体验的形式和内容。

Student success rate 学生成功率　学生理解和正确完成练习和作业的比率。

Summative evaluation 终结性评价　呈现学生整体进步趋势的数据收集实践,通常从一年到下一年,使用标准化测试。

Surface behaviors 表面行为　在与大量其他孩子被限于狭小空间时,孩子表现出的正常发展行为。

Synchronous learning 同步学习　在线设置信息和消息,以便学习者立即接收和处理。

System perspective 系统视角　将课程设计为更大的关联学习系统或单元的一部分。

Systems-ecological perspective 系统—生态视角　将学习者视为一个生态系统,其中主要系统包括家庭、学校和同伴群体,行为被认为是学习者以及运行于他或她所属系统内的需求和力量的产物。

T

Tacit knowledge 缄默知识　教师反思课堂上什么起作用,并随着时间的推移和个人经验的积累而发现。

Task specialization 任务专门化　将更大的任务分解为较小的子部分,以供开展单独的小组工作。

Task structure 任务结构　在合作学习中,确定目标,组织任务,指导和评价合作的过程,监督小组表现,并进行汇报。

Teacher-mediated dialogue 教师调节对话　教师用于帮助学习者运用自己的想法、经验和思维模式重新组织学习内容的交流对话。

Teacher-mediated learning 教师调节学习　调整教学对话,帮助学生重新组织他们的学习,并从内容中建构自己的意义。

Teacher task orientation 教师任务导向　教师投入多少课堂时间在教授学术科目的任务上。

Teaching concerns 教学关注点　教师在职业生涯的不同时期最认同的关注事项。

Team-oriented cooperative learning 团队导向的合作学习　使用由不同学习者组成的小组来提高个体学习者的合作技能、自尊心和成就。

Test blueprint 测试蓝本　将要编写的测试项目与所教的内容领域和行为复杂度相匹配的表格。

Thematic units 主题单元　各种活动和材料聚焦于几个相关的内容领域,并采用不同的教学策略进行教学。

Think, pair, share 思考—结对—分享　一种教学技术,学生结成对子相互学习,在没有威胁的环境下尝试说出自己的想法,然后再向全班展示。

Thinking curriculum 思维课程　侧重教学生如何在真实的实际环境中进行批判性思考、推理和解决问题。

Track system 分轨制　将一些教学环节分配给低水平和/或高水平学生的制度。

Tutorial and communication technologies 指导和沟通技术　灵活的教学方法,允许在内容范畴内外快速推进,对回应的准确性提供即时反馈,并逐步将学习责任从教师转向学生。

U

Unguided discovery learning 无指导发现式学习　为了使学生保持高水平的兴趣,基于学生的问题或兴趣选择内容,并提供个性化的反馈。

V

Validity 效度　测试是否测量了它所要测量的内容。

Verbal prompts 语言提示　给学习者的暗示、提醒或指导,帮助他们正确执行所教的技能。

Vertical relationships 垂直关系　与家长和教师建立的成功关系,满足学习者对于安全、保障和保护的需求。

Vertical unit planning 垂直单元计划　教一门学科时的一种单元式教学的方法,即分层或分步安排所要教授的内容,并遵循先后顺序,确保在随后课程中所需的所有与任务相关的先前知识都在前面的课程中教授过。

Virtual worlds 虚拟世界　一种二维或三维的交互式网络环境,学习者可以沉浸在以教学为目的的在线角色扮演中。

W

Web 2.0 technologies 万维网 2.0 技术　互联网最重要的信息和通信技术,是促进课堂学习与教学的重要手段。

Wait-time1 等候时间1　教师在初次提问时给学习者回答的时间。

Wait-time2 等候时间2　学习者初次回答问题后到教师或其他学生肯定或否定答案所经过的时间。

Wiki 维基　一个分组用户可以合作创建内容的网站。

Z

Zone of maximum response opportunity 最大反应机会区　学习者可以最大收益的内容难度和行为复杂度。

主题索引

A

Abilities 能力,智力
　　general,普通智力,39—41
　　specific,特殊智力,40—46
Abuse child,虐待儿童,121
Academic achievement 学术成就,学业成就
　　comparison of,与……相比,395—396
　　cooperative learning and,合作学习,353
　　teacher's role in,教师角色,59—60
Acceptance unconditional,无条件接受,69—70
Accountability,问责,77
Achievement tests,成就测试,225;See also Tests,另见"测试"
Active listening,积极倾听,118
Active responding,积极回应,271
Active teaching,积极教学;See Direct instruction,参见"直接教学"
Active uninvolvement,积极不参与,358
Activity structure,活动组织结构,16,336—337
Adaptive teaching 适应性教学
　　benefits of……的好处,38
　　compensatory approach,补偿式方法,37—38

explanation of,……的解释,37

remediation approach,补救式方法,37

Advance organizers,先行组织者,16,287,296—297,300,301—302

Affective domain,情感领域,140,145—147,151—152

Alternate form,替代形式,reliability of tests,测试的信度,393

Analysis,分析,objectives for,关于……的目标,143

Analysis questions,分析性问题,231—232

Anger,愤怒,104

Antecedent control,先行控制,106

Antecedents,前因、来历,111

Anticipation,预见、预期,110—111

Application,应用,objectives for,关于……的目标,143

Application questions,应用性问题,230—231

Applied behavior analysis 应用行为分析

behavior modification and,行为矫正,105—107

explanation of,……的解释,102,105

Aptitudes,能力倾向,41,395

Articulation,发音,objectives for,关于……的目标,148—149

Assessment portfolio,档案袋评估;See Portfolios,参见"档案袋"

Assignments,作业、任务,86—87

Asynchronous learning,异步学习,209

At-risk learners,有风险的学习者,90—91

Attention,注意力,learners,学习者,268

Attention-gaining instructional event,获取(吸引)注意力的教学事件,180—181

Attitudes,态度,352

Attribution theory,归因理论,343

Authentic behaviors,真实行为,142,150—151

Authenticity,真实性,183

Authentic tests,真实测试,141—142

Authoritarian climate,权威气氛,78

B

Behavioral antecedents,行为前因,106

Behavioral objectives 行为目标

    criterion levels and,标准水平,137—139

    explanation of,……的解释,134

    learning conditions and,学习条件,136—137

    learning outcomes and,学习成果,134—136

    method to simplify,简化方法,139—140

    misunderstandings about,对……的误解,150—152

Behavior modification,行为矫正,105—107

Behaviors,行为,See also Misbehavior,另见不当行为

    authentic,真实的,142,150—151

    centering,集中,73

    disruptive,干扰的,111—112

    distancing,远离,73

    influence of home/family on,家庭对……的影响,116—117

    prosocial,亲社会,352

    surface,表面,109

Bias,偏差,teachers and,教师,60—61

Blended learning,混合式学习,209

Blogger(Google tool),博客作者(谷歌工具),204—205

Blogs,博客,203,205

Blueprints,蓝本,tests,测试,378—379

Branching,分支,327

Bullying,霸凌、欺凌,121

C

CALP. *See* Cognitive Academic Language Proficiency(CALP)参见"认知学术语言能力"

Case histories and licensure preparation,案例和认证准备,28—29,62—63,95—96,123,152—153,194—195,217,277—278,313,345—346,370—371,415

CD-ROMs,光盘,instructional,教学,179

Cell phones,手机,212

Centering behavior,集中行为,73

Characterization,特征,objectives for,关于……的目标,147

Child neglect/abuse,忽视/虐待儿童,121

Class meetings,班会,76—77

Classroom climate 课堂气氛

 explanation of,……的解释,77

 nurturing,培养,70

 organizational environment and,组织环境,78,79—81

 social environment and,社会环境,77,78—79

Classroom management 课堂管理

 applied behavior analysis tradition in,应用行为分析传统,105—107

 connecting with learners and,与学习者联系,69—70

 criteria for,……的标准,102

 culturally responsive,文化回应,89—91,122

 democratic approach to,民主的方法,76—77

 first day planning,第一天计划,92—94

 group development stages and,小组发展阶段,72—77. See also Group development stages,另见"小组发展阶段"

 humanist tradition of,人文传统,102—105

 integrated approach to,综合方法,109—116

 low-profile,不引人注目、低调,109—112

problem areas in,问题领域,84—89

tradition of,关于……的传统,102,107—109

trust and leadership for,信任和领导,70—72

Classroom response system,课堂应答系统,211—212

Classrooms 课堂

cooperative task structure in,合作任务组织;See Task structure interaction in,参见"任务组织互动",3—6

as learning communities,作为学习共同体,94—95

rules and procedures for,规则和程序,81—84,93

seating arrangements in,座位安排,79,80

social dialogue of,社会对话,332,333—337

Classroom strategies,课堂策略;See Teaching strategies,参见"教学策略"

Closure,结束,87—89,94

Cognition,认知,distributed,分布的,201

Cognitive Academic Language Proficiency(CALP),认知学术语言能力,48

Cognitive domain 认知领域

analysis and,分析,143

application and,应用,143

behaviors for,……的行为,151—152

comprehension and,理解,142

evaluation and,评价,143—144

explanation of,……的解释 140—142

knowledge and,知识,142

synthesis and,综合,143

Cognitive learning strategies 认知学习策略

comprehension monitoring and,理解监控,338

elaboration/organization as,阐述/组织,337—338

explanation of,……的解释,337

problem solving,解决问题,338—341

Cognitive processes,认知过程,learning,学习,287—290

Cognitive science,认知科学,144—145

Common Core State Standards,共同核心国家标准,21,25,133,200

Communication,交流、沟通,congruent,一致,103—104

Comparative relationships,比较关系,266

Compensatory approach,补偿方法,37—38

Competitive climate,竞争气氛,78,79

Completion tests,完形测试,386

Comprehension,理解,142

Comprehension questions,理解性问题,230

Concept learning,概念学习,297—298

Concept map,概念图,172,208

Concurrent validity,共时效度,tests,测试,393

Confidence,信心,69

Congruent communication,一致性沟通,103—104

Constructivism,建构主义,18,94—95,287,322—324

Constructivist teaching strategies,建构主义教学策略,18,287—290

Content 内容
 organization of,……的组织,295—302
 presentation,and lesson plan,展示和课程计划,183—184
 for unit/lesson plans,单元和课时计划,164
 validity of,……的效度,393

Content questions,内容问题,16—17

Convergent questions,聚敛性问题,225—226

Cooperative climate,合作氛围,78,79

Cooperative learning,合作学习,47
 assessment of,……的评价,392
 components of,……的组成部分,354—355
 culturally responsive,文化回应,369—370

example of,……的例子,363—364

explanation of,……的解释,104,352

outcomes of,……的成果,352—353

principles of,……的原则,104—105

role functions,角色功能,359—360

task structure and,任务组织;See Task structure,参见"任务组织"。

team-oriented,团队导向,366—368

Corporal punishment,体罚,116

Correctives,纠正;See Feedback,参加"反馈"。

Course management technology,课程管理技术,208—212

Criterion levels,标准水平,137—139

Criterion-referenced tests(CRT),标准参照测试,376—378

Cross-age tutoring,跨学龄辅导,178

Cross-links,交联,concept map,概念图,208

CRT. See Criterion-referenced tests(CRT)参见标准参照测试

Crystallization,结晶,75

Cultural deficit model,文化赤字模式,49

Cultural difference model,文化差异模式,49

Cultural diversity,文化多样性;See also Diverse,另见"多样化"

learners 学习者

academic achievement and,学术成就、学业成就,59

classroom management and,课堂管理,89—91,122

cooperative learning and,合作学习,369—370

direct instruction and,直接教学,276—277

impact on learning,对学习的影响,46—47

indirect instruction and,间接教学,312

language and,语言,48—49

and learning style,学习风格,53

lesson planning and,课程计划,177—179

questioning and, 提问, 239—241

self-directed learning and, 自我导向学习, 344—345

socioeconomic status and, 社会经济身份, 21, 36, 47—48

statistics related to, 相关的统计数据, 69

Cultural frame of reference, 文化参照框架, 49

Culture, 文化, effects on learning, 对学习的影响, 46—47

Culture-specific questioning, 文化特定性提问, 239

Curriculum 课程

elements of, ……的元素, 39

standards for, ……的标准, 132—133

thinking, 思维, 131

Curriculum guides, 课程指南, 161—162

D

Debriefing, 述职、汇报, 364—366

Declarative knowledge, 陈述性知识, 141

Deduction, 推论, 302—304

Deflection, 偏转, 111

Dialogue, 对话, 312

Differentiated instruction, 差异化教学, 38—39

Diffusion, 扩散, 75

Digital games, 电子游戏, 206—207

Digital portfolio, 电子档案, 32—33, 402

Direct instruction 直接教学

appropriateness of, ……的适当性, 258—259

assessment of, ……的评价, 392

culturally responsive, 文化回应, 276—277

example of, ……的例子, 259, 260—262

explanation of,……的解释,254,255—258

forms of,……的形式,275

indirect instruction *vs.*,间接教学对,290—291

lesson plan example,课程计划样例,275—276

Direct instruction strategies 直接教学策略

feedback and correcting errors as,反馈和纠正错误,269—271

guided student practice as,指导性的学生实践,266—269

independent practice as,独立的实践,271—273

monitoring and diagnosing as,监控和诊断,262—263

presenting and structuring as,呈现和组织,263—266

reviews as,评论,273—275

Disciplinary unit plans 学科单元计划

explanation of,……的解释,165

teaching activities,教学活动,visualizing,可视化,165—166

visualizing sequence of activities for,可视化的活动顺序,166—168

written,书面的,format for,……的格式,168,169

Discipline,学科;See Punishment,参见"惩罚"

Discrimination,区别、偏见,291

Display/show portfolio,展示档案,402

Disruptive behavior,干扰行为、捣乱行为,111—112

Distancing behavior,远离行为,73

Distributed cognition,分布式认知,201

Divergent questions,发散性问题,225—226

Diverse learners,多样化学习者;*See also* Cultural diversity,另见"文化多样性"

bias and,偏差,60—61

classroom management for,课堂管理,89—91,122

cooperative learning and,合作学习,369—370

direct instruction and,直接教学,276—277

effective teaching with,有效教学,21—22

    indirect instruction and,间接教学,312

    language and,语言,48—49

    lesson planning for,课程计划,177—179

    questioning for,……的提问,239—241

    self-directed learning and,自我导向学习,344—345

    socioeconomic variations and,社会经济变化,21,36,47—48

E

edTPA. *See* Teaching Performance Assessment(edTPA)参见"教学绩效评估"

Educational standards,教育标准;*See* Standards,参见"标准"

Effective teachers,有效教师;*See also* Teachers and classroom management,另见"教师和课堂管理",108—109

    for diverse learners,为了多样化学习者,21—22

    explanation of,……的解释,3—6

    helping behaviors of,辅助行为;*See* Helping behaviors、teachers,参见"辅助行为"、"教师"

    keybehaviorsof,关键行为;SeeKeybehaviors、teachers,参见"关键行为"、"教师"

    socioeconomic variations and,社会经济变化,36

Elaboration,阐述,as cognitive learning strategy,作为认知学习策略,337—338

Engaged learning time,投入学习的时间,10,11—12

Engagement,参与、投入;*See* Learner engagement,参见"学生参与"

Engagement rate 参与率

    classroom management and,课堂管理,108

    explanation of,……的解释,11

Enthusiasm,热情,21

Erikson's personality theory,埃里克森的人格理论,50—52

Error correction,错误纠正,as direct instruction strategies,作为直接教学策略,269—271

Essay tests 论述题

explanation of,……的解释,386,388

extended-response essay questions,延伸回应论述题,388,389

restricted-response essay question,限制回应的论述题,388

scoring,评分,criteria for,标准,390—391

writing questions for,写作问题,389—390

Evaluation 评价

formative *vs.* summative,形成性评价对终结性评价,396—397

objectives for,关于……的目标,143—144

questions,问题,233—234

Examples,案例、示例,304—305

Existential intelligence,存在智力,41

Expert leadership,专家领导,70—71

Expressive objective,表现性目标,138

Extended-response essay questions,延伸回应论述题,388,389

F

Factual knowledge,事实知识,141

Families,家庭;See also Parents,另见"家长"

effect on learning,对学习的影响,55—58

influence on classroom behavior,对课堂行为的影响,116—117

involvement of,涉及、参与,119—120

linking mechanisms between schools and,学校之间的联系机制,56

single-parent,单亲,58

teacher conference with,教师会议;See Teacher-family conference,参见"家长会"

Family—school linking mechanisms,家庭—学校联系机制,56,57

Feedback 反馈

as direct instruction strategy,作为直接教学策略,269—271

methods to provide,提供的方法,185,186

Field-dependent learners,场依赖的学习者,52—53,369

Field-independent learners,场独立的学习者,52—53,369

Focus question,concept map,焦点问题、概念图,208

Follow-up materials,后续材料,178

Formative evaluation *vs.* summative evaluation,形成性评价对终结性评价,396—397

Forming,形成,group development stage,小组发展阶段,72,73

Full-class prompting,全班提示,267—268

Full-group discussion,全组讨论,308

Functional errors,功能错误,328—329

G

Generalization,普遍化、概括,291

Gestural prompts,手势提示,267

Goals 目的

  development of,发展,129—130

  explanation of,解释,129

  specification of,规格,355—356

Goals 2000: Reforming Education to Improve Student Achievement (Department of Education),《目标2000:改革教育提高学生成绩》(教育部),130

Goal theory,目标理论,343—344

Google,谷歌,204—205

Grading system,评分系统,for tests,测试,394—396,405—409

Gradual release model,逐步释放模式,274—275

Group development stages,小组发展阶段,72—77

  forming,形成,72,73

  norming,规范,74—75

  performing,表现,75

  storming,冲突,73—74

Group discussions,小组讨论,308—310

Grouping,分组,task-ability,任务能力,178

Groups 小组

 composition of,组成,357—358

 monitoring performance of,监督……表现,363

 size of,规模,357

 tasks in,任务,357—361

Guided student practice,指导性的学生练习,266—269

H

Helping behaviors,辅助行为,teachers,教师,14—22

 lesson content,课程内容,structuring of,组织结构,15—16

 probing,探询,19—20

 questioning as,提问、质疑,16—19

 student ideas/contributions,学生的想法/贡献,usage of,使用,14—15

History,历史,educational standards for,教育标准,132—133

Horizontal relationships,水平关系,51

Humanist tradition,人文传统,classroom management,课堂管理

 congruent communication,一致的沟通,103—104

 cooperative learning,合作学习,104—105

 explanation of,解释,102

Humor,幽默,312

Hypermedia,超媒体,201

I

IDEAL(problem-solving system),问题解决系统,340

IDEIA. See Individuals with Disabilities Education Improvement Act(IDEIA)参见《残疾

人教育促进法》

"I messages,""我消息",118—119

Imitation,模仿,objectives for,关于……目标,147—148

Incentives,激励,115—116

Independent practice,独立练习,271—273

Indirect instruction 间接教学

 assessment of,评估,392

 changing views of,改变观点,307

 culturally responsive,文化回应,312

 direct instruction *vs.*,直接教学,290—291

 example of,284—287,例子,292—295

 explanation of,解释,255

 group discussions in,小组讨论,308—310

 lesson plan example,课程计划样例,311

Indirect instruction strategies 间接教学策略

 content organization as,内容组织,295—302

 deduction as,演绎,302—304

 examples as,例子,304—305

 function of,功能,291—292

 induction as,归纳,302—304

 list of,列表、清单、目录,293

 nonexamples as,非示例,304—305

 questioning as,提问、质疑,305—307

 student ideas as,学生想法,307—308

 student self-evaluation as,学生自我评价,308

Individualistic climate,个性化氛围,78,79

Individualized learning,个性化学习,327

Individuals with Disabilities Education Improvement Act(IDEIA),《残疾人教育促进法》,36,405,411—413

Induction,归纳,302—304

Inner speech,内部语言,332—333

Inquiry learning,探究式学习,298—301

Instructional events,教学事件,lesson plan,课程计划
  attention-gaining event,引人注意力的事件,180—181
  communication about objective,目标沟通,181—182
  content presentation,内容呈现,183—184
  eliciting desired behavior,引发期待行为,184—185
  explanation of,解释,179
  feedback,反馈,providing,提供,185,186
  outcome,成果,assessment of,评估,185—186
  prerequisite learning,先决条件学习,stimulating recall of,刺激回忆,182

Instructional strategies,教学策略;See Teaching strategies,参见"教学策略"

Instructions,教学、指导;See also Teaching,另见"教学"
  differentiated,区分、差异,38—39
  integration of technologies into,技术融合、技术整合,212—217
  variety in,多种多样,8—9,184

InTASC standards,"州际新教师评价与支持联合会"标准,23—24,28,32—33

Integrated bodies of knowledge,综合知识体系,289—290

Integrated thematic teaching,综合主题教学,171—172

Intelligence 智力
  characteristics of,特征,45—46
  existential,存在,41
  misconceptions of,误解,40
  multiple,多项;See Multiple intelligences,参见"多元智力"
  social-emotional,社会—情感,43

Interaction,互动,classroom,课堂,3—6

Interactive individualized practice activities,互动的个性化实践活动,179

Interactive White Board(IWB),互动式白板,213—217

Intercultural competence,跨文化能力,122

Interdisciplinary unit plans 跨学科单元计划

 explanation of,解释,168,169—171

 guidelines for,指南,175—176

 integrated curricula for,综合课程,171—172

 objectives for,关于……的目标,170—171

 obstacles to,障碍,175

 theme development for,主题发展,171

 visualization of,可视化,172—173

 written format for,书面格式,173—174

Internal consistency,内部一致性,reliability of tests,测试的信度,393

International Reading Association(IRA),国际阅读协会,28

Internet,网络,199,201. See also Technology,另见"技术"

Interstate New Teacher Assessment and Support Consortium(InTASC)standards,"州际新教师评价与支持联合会"标准,23—24,28,32—33

IRA. See International Reading Association(IRA),参见"国际阅读协会"

IWB. See Interactive White Board(IWB),参见"互动式白板"

J

Jigsaw II,拼图,367

K

Key behaviors,关键行为,teachers,教师,7—14

 engaged learning time,投入学习的时间,10,11—12

 instructional variety,教学多样化,8—9

 lesson clarity,授课清晰,7—8

 student success rate,学生成功率,12—13

teacher task orientation,教师任务导向,9—10

Knowledge 知识

 acquisition of,习得,254

 declarative/factual,陈述的/事实的,141

 integrated bodies of,综合体系,289—290

 metacognitive,元认知,141

 objectives,目标,142

 procedural,程序的,141

 tacit,缄默的、默会的,160

Knowledge questions,知识型问题,229—230

L

Language 语言

 and culturally responsive questioning,文化回应性问题,240—241

 proficiency,熟练、能力,and learning,学习,48—49

Language arts,语言艺术,lesson plan,课程计划,192

Lateral unit planning,横向单元计划,165

Leadership,领导,trust and,信任,70—72

Learner engagement 学习者参与

 in learning process,学习过程,10,11—12

 success rate and,成功率,12

 using student ideas and contributions for,使用学生的想法和贡献,15

Learners,学习者;*See also* Diverse learners,另见"多样化学习者"

 at-risk,处于风险中,90—91

 attention,注意力,268

 field-dependent,场依赖,52—53

 field-independent,场独立,52—53

 ideas,想法,as indirect instruction strategy,作为间接教学策略,307—308

interaction among,互动,354

monitoring,监督、监控,84—85

prior knowledge of,先前知识,163

and project-based learning,基于项目的学习,342

self-evaluation by,自我评价,308

special,特殊的,academic progress assessment of,学业进展评估,409—414

success rate of,成功率,12—14

teacher knowledge of,教师知识,159

teachers and,教师,interaction between,……的互动,354

using ideas and contributions of,使用……的想法和贡献,14—15

Learning,学习,179

 asynchronous,异步,209

 blended,混合的,209

 categories of,类别,252—255

 cognitive processes of,认知过程,287—290

 concept,概念,297—298

 cooperative,合作的;See Cooperative learning,参见"合作学习"

 culture and,文化,46—47

 general abilities and,普通智力,39—41

 home life and,家庭生活,55—58

 individualized,个性化的,327

 inquiry,探究,298—301

 language proficiency and,语言能力,48—49

 mastery,掌握,258,259—260

 online,在线,209—210

 peer groups and,同伴群体,54—55

 personality and,个性、人格,50—53

 potential for,潜能、潜力,69—70

 prerequisite,先决条件,recall of,回忆,182

problem-based,基于问题,338—341

　　problem-centered,以问题为中心,299,302

　　project-based,基于项目;See Project-based learning,参见"基于项目的学习"

　　self-directed,自我导向;See Self-directed learning,参见"自我导向的学习"

　　socioeconomic status and,社会经济身份,47—48

　　specific abilities and,特殊智力,41—46

　　student-centered,以学生为中心,308

　　style,风格;See Learning style,参见"学习风格"

　　synchronous,同步的,209

　　teacher-mediated,教师调节,325—327

　　unguided discovery,无指导的发现,308

Learning activities,学习活动,135,136

Learning centers,学习中心,178

Learning communities,学习共同体,94—95

Learning conditions,学习条件,136—137

Learning outcomes,学习成果,134—136

Learning process,学习过程,10,11—12

Learning strategies,学习策略,91

Learning style 学习风格

　　cultural differences in,文化差异,53

　　explanation of,解释,52

Least-to-most intrusive prompting,最少干扰性提示,267

Legitimate leadership,法定权威,71

Lesson plans,课程计划,174,176—179,See also Unit plans,参见"单元计划"

　　content for,内容,164

　　decision making for,做决策,161—164

　　direct instruction,直接教学,275—276

　　for diverse learners,为了多样化学习者,177—179

　　examples of,例子,186—194

factors to consider for, 考虑的因素, 163

indirect instruction, 间接教学, 311

instructional events for, 教学事件; See Instructional events, lesson plan, 参见"教学事件"、"教学计划"

objectives and, 目标, 161—162

prior knowledge of learners and, 学习者的先前知识, 163

process to begin, 开始的过程, 176—177

standards and, 标准, 161—162

Lessons 课程

clarity of, 清晰, 7—8

content, 内容, structuring of, 组织结构, 15—16

Licensure preparation, 认证准备; See Case histories and licensure preparation, 参见"案例和认证准备"

Listening skills, 听力技能, 118

Literature, 文献, lesson plans, 课程计划, 189—191

Low-profile classroom management, 低调(不引人注意)的课堂管理, 109—112

M

Manipulation, 操作, objectives for, 目标, 148

Marking system, 评分系统, for tests, 测试, 394—396

Mastery learning, 掌握学习, 258, 259—260

Matching tests, 匹配题, 380—382

Mathematics instruction 数学教学

constructivist approach to, 建构主义方法, 289

lesson plan for, 课程计划, 193

McREL. See Mid-continent Regional Educational Laboratory (McREL), 参见"中大陆区域教育实验室"

Mental modeling, 心理模拟, 324

Metacognition 元认知

　　explanation of,解释,324

　　self-directed learning and,自我导向学习,324—325

Metacognitive knowledge,元认知知识,141

Metacommunication,元沟通,276

Mid-continent Regional Educational Laboratory(McREL),中大陆区域教育实验室,28

Misbehavior,不当行为;See also Behaviors,另见"行为"

　　respond to,回应,112—113

　　types of,类型,112—113

Modeling,建模,268—269

Moderating tasks,调节性任务,309—310

Monitoring,监督、监控,84—85

　　comprehension,理解,338

Moodle,(课程管理系统),210—211

Motivation,动机,87,88,269

Multiple-choice tests,多项选择题,382—386

Multiple intelligences 多元智力

　　in classroom,课堂,43—44

　　explanation of,解释,41—42

Mutual trust,互信,69

N

National Board for Professional Teaching Standards(NBPTS),国家专业教学标准委员会,23,28

National Council of Teachers of Mathematics(NCTM),全国数学教师委员会,28

National Governors' Conference,全国州长会议,55

Naturalization,同化,objectives for,目标,149

Natural reinforcers,自然强化物,114

NBPTS. See National Board for Professional Teaching Standards(NBPTS),参见"国家专业教学标准委员会"

NCLB. See No Child Left Behind Act(NCLB),参见《"不让一个孩子掉队"法案》

NCTM. See National Council of Teachers of Mathematics(NCTM),参见"全国数学教师委员会"

Negative reinforcement,负强化,105

No Child Left Behind Act(NCLB),《"不让一个孩子掉队"法案》,21,410—411

Nonexamples,非示例,304—305

Norming,规范,groupd evelopment stage,小组发展阶段,74—75

Norm-referenced test(NRT),标准参照测试,376—378

Norms,标准,classroom,课堂,74—75

NRT. See Norm-referenced test(NRT),参见"标准参照测试"

O

Objectives 目标

 for affective domain,情感领域,146—147

 behavioral,行为的;See Behavioral objectives for cognitive domain,参见"认知领域的行为目标",142—144

  cultural roots of,文化根源,152

  explanation of,解释,129

  expressive,表现的,138

  and lesson-planning process,课程计划过程,161—162,181—182

  purpose of,目的、意图,134

  simplification of,简化,139—140

Objective tests 客观题

 advantages and disadvantages of,优点和缺点,387

 completion,完形,386

 matching,匹配,380—382

multiple-choice,多项选择,382—386

true/false,判断正误,379—380

Online learning,在线学习,209—210

Ordered turns,顺序轮流,268

Organization 组织

as cognitive learning strategy,作为认知学习策略,337—338

objectives for,目标,146—147

Organizational environment,组织环境,78,79—81

Overcorrection,过度纠正,punishment procedure,处罚程序,106

P

Pair/team discussions,对子/团队讨论,310

Parents 家长

involvement of,加入,119—120

participation of,参与,58

partnership between teachers and,教师之间的伙伴关系,55—58

Participation,参与,structure of,组织结构,240

Part-whole relationships,部分—整体关系,264

Passive responding,被动回应,271

Passive uninvolvement,消极不参与,358

PBIS. *See* Positive Behavioral Intervention and Support(PBIS),参见"积极行为干预与支持"

PCK. *See* Pedagogical content knowledge(PCK),参见"学科教学知识"

Pedagogical content knowledge(PCK),学科教学知识,160

Peer groups,同伴群体,54—55

Peer tutoring,同伴辅导,178

Percentile ranks,百分位等级,397

Performance assessment,绩效评估、表现评估;*See also* Tests,另见"测试"

examples of,例子,400—401

explanation of,解释,141,399

portfolios for,档案袋;See Portfolios,参见"档案袋"

Performing,表现,group development stage,小组发展阶段,75

Periodic review,周期性复习,273

Personality,个性、人格,and learning,学习,50—53

Physical prompt,身体提示,267

Plans/planning disciplinary unit,设计/规划学科单元;See Disciplinary unit plans,参见"学科单元计划"

first day,第一天,92—94

interdisciplinary unit,跨学科单元;See Interdisciplinary unit plans,参见"跨学科单元计划"

knowledge requirements prior to,先前的知识要求,159—160

lesson,课程;See Lesson plans,参见"课程计划"

strategies to begin,开始的策略,176—177

PLT Tests,PLT测试;See Principles of Learning and Teaching(PLT)Tests,参见"教学原理测试"

Podcasts,播客,204—205

Portfolios 档案袋

assessment,评估,402

building,建立,403—405

conference,会议,405

rating forms for,评级表,406—409

rationale for,……的理由,401—402

report card grades and,成绩单,405

rubrics,细则,405

types of,类型,402;See also specific types,另见"特定类型"

Positive Behavioral Intervention and Support(PBIS),积极行为干预与支持,105,107

Positive reinforcement,正强化,105

Practice 练习

    guided student, 被指导的学生, 266—269

    independent, 独立的, 271—273

Praise, 表扬, measuring individual, 个体测量, 6

Praxis I: Pre-Professional Skills Tests, 实践 I: 职前技能测试, 25

Praxis II: Subjects Assessments, 实践 II: 学科内容评估, 25, 28

Praxis III: Teacher Performance Assessments, 实践 III: 教师绩效评估, 25

Praxis II Series Elementary Education: Curriculum, Instruction, and Assessment Test, 实践 II 系列基础教育: 课程、教学和评估测试, 131

Praxis™ Series: Professional Assessments for Beginning Teachers, 实践™系列: 新手教师专业评估, 25

Precision, 精确, objectives for, 关于……的目标, 148

Precursors, 前导, 111

Predictive validity, 预测效度, tests, 测试, 393

Principles of Learning and Teaching (PLT) Tests, 教学原理测试, 25

Probes, 探询, 234—236; *See also* specific probes, 另见"具体探询"

Probing, 探测, 19—20

Problem-based learning, 基于问题的学习, 338—341

Problem-centered learning, 以问题为中心的学习, 299, 302

Problem-solving strategies, 解决问题的策略, 74

Procedural knowledge, 程序性知识, 141

Process questions, 过程性问题, 17—19

Production, 产出, 269

Project-based learning 基于项目的学习

    explanation of, 解释, 341

    learner's role in, 学习者的角色, 342

    tasks in, 任务, 341—342

    teacher's role in, 教师的角色, 342

    theories related to, 相关的理论, 342—344

Prompts, 提示, in guided student practice, 在指导性学生练习中, 267—268

Prosocial behavior, 亲社会行为, 352

Psychomotor domain, 意识运动领域, 140, 147—149, 151—152

Punishment 惩罚

 corporal, 肉体的, 116

 incentives *vs.*, 奖励, 115—116

 questions as, 问题, 244—245

Q

Question-Answer-Feedback Sequences form, 提问—回答—反馈的序列形式, 4

Questions/questioning 问题/提问

 analysis, 分析, 231—232

 application, 应用, 230—231

 complex/ambiguous/double, 复杂/模糊/双重, 241—242

 comprehension, 理解, 230

 content, 内容, 16—17

 convergent, 聚敛的, 225—226

 culturally responsive, 文化回应, 239—241

 divergent, 发散的, 225—226

 effective, 有效的, 223, 238—239

 evaluation, 评价, 233—234

 explanation of, 解释, 223

 extended-response essay, 延伸回应的论述, 388, 389

 as helping behavior, 作为辅助行为, 16—19

 as indirect instruction strategy, 作为间接教学策略, 305—307

 levels of, 水平、层次, 228—234

 multiple-choice, 多项选择, 383—386

 probes, 探询, 234—236

problems associated in usage of,使用中的相关问题,241—245

process,过程,17—19

as punishment,作为惩罚,244—245

purposes of,目的、意图,224

research on,关于……的研究,238—239

restricted-response essay,限制回应的作文,388,389

sequences of,序列,227—228

synthesis,综合,232—233

targets of,目标,226—227

wait time between,……等待时间,236—238,239

writing for essay tests,论述题写作,389—390

R

Race to the Top(RTT),力争上游,409,411—412

Reacting,反应,as teacher behavior,作为教师行为,224

Reaction,反应,to destructive behavior,对破坏性行为,111—112

Reading 阅读

constructivist approach to,建构主义方法,288

educational standards for,教育标准,132

lesson plan,课程计划,186—188

Really Simple Syndication(RSS),简易信息聚合,204

Receiving,接受,objectives for,关于……的目标,146

Reciprocal distancing,互惠距离,46

Reciprocal teaching,互惠教学,46,329—332

Redirecting probes,重新引导探询,235

Referent leadership,参照权威,71

Reflective practice,反思性实践,160

Reflective teacher,反思性教师,36

Regular reviews,常规复习,273

Reinforcement/reinforcers,强化/强化物,106,114;*See also* Rewards,另见"奖励"

 behavior modification and,行为矫正,105—106

 in cooperative learning settings,在合作学习环境下,360—361

 intermittent,间歇,106

 natural,自然的,114

 negative,负面的,105

 positive,正面的,105

Relationships 关系

 combinations of,联合,265—266

 direct instruction and,直接教学,264—266

 horizontal,横向的、水平的,51

 vertical,纵向的、垂直的,51

Reliability,信度,tests,测试,392,393—394

Remediation approach,补救式方法,37

Resilient children,适应力强的孩子,91

Response cost,反应代价,punishment procedure,惩罚程序,106

Response Form,反应形式,5

Responses,反应,objectives for,关于……的目标,146

Response to Intervention(RTI),反应干预法,396,409,413—414

Restricted-response essay question,限制回应的论述题,388,389

Retention,保留,269

Review,复习,as direct instruction strategy,作为直接教学策略,273—275

Review materials,复习材料,178

Reward leadership,奖励权威,71—72

Rewards 奖励

 in cooperative learning settings,在合作学习环境下,360—361

 explanation of,解释,114—116

 and reinforcement,强化,114—115

Rhythm,节奏,conversational,对话的,240

Rigor and relevance framework,严谨性和相关性框架,精准框架,149—150

RSS. See Really Simple Syndication(RSS),参见"简易信息聚合"

RTT. See Race to the Top(RTT),参见"力争上游"

Rubrics,规定,portfolios,档案袋,405

Rule-example-rule order,规则——例子——规则的次序,266

Rules and procedures,规则和程序,for classrooms,课堂,81—84,93

S

Sane messages,理智的信息,103

Schools 学校

 crises,危机,121—122

 as learning communities,作为学习共同体,94—95

 linking mechanisms between families and,家庭之间的联系机制,56

Science instruction 科学教学

 constructivist approach to,建构主义方法,289

 educational standards for,教育标准,132

 lesson plan for,课程计划,193—194

Selectivity,选择性,183—184

Self-directed learning 自我导向学习

 assessment of,评估,392

 classroom dialogue and,课堂对话,332

 cognitive learning strategies for,认知学习策略;See Cognitive learning strategies,参见"认知学习策略"

 culturally responsive,文化回应,344—345

 explanation of,解释,320—322

 functional errors and,功能错误,328—329

 inner speech and,内部语言,332—333

metacognition and,元认知,324—325

project-based learning strategies,基于项目的学习策略,341—344

reciprocal teaching and,互惠教学,329—332

sample dialogues of,样例对话,333—337

teacher-mediation and,教师-调节,325—328

teaching,教学,337

zone of maximum response opportunity and,最大回应机会区,326—328

Self-disclosure,自我表露,312

Self-efficacy theory,自我效能理论,343

Self-evaluation,自我评价,learners,学习者,308

Sequential ordering,顺序次序,264—265

SES. See Socioeconomic status(SES),参见"社会经济身份"

Single-parent families,单亲家庭,58

Small-group discussions,小组讨论,310

Social bookmarking,社交书签,205,207

Social competence,社交能力,41

Social context,社会环境,learning and,学习,55—58

Social-emotional intelligence,社会-情感智力,43

Social environment,社会环境,77,78—79

Social framing,社会框架,312

Social learning theory,社会学习理论,268

Social presentation,社交演示,208

Social rejection,社会排斥,51

Social studies instruction,社会科学教学,289—290

Socioeconomic status(SES) and learning,社会经济身份和学习,47—48

variations in,变化,effective teaching and,有效教学,21,36

Sociolinguistics,社会语言学,239

Soliciting,征求、征询,224;See also Questions/questioning,另见"问题/提问"

Special populations,特殊群体,36

STAD. See Student Teams-Achievement Division(STAD),参见"学生团队成就分组"
Standardized tests 标准化测试
 explanation of,解释,396—397
 formative vs. summative evaluation,形成性对终结性评价,396—397
 helping students prepare for,帮助学生为……做准备,398—399
 questions on,关于……的问题,225
 teacher-made vs.,教师制定的,397
Standards,标准,23
Common Core State,国家共同核心,21,25,133,200
 for curriculum,课程,132—133
 explanation of,解释,129
 InTASC,州际新教师评价与支持联合会,23—24,28
 and lesson-planning process,课程计划过程,161—162
 origin of,……的起源,130—133
Stem,题干,multiple-choice tests,多项选择题,382
Storming,冲突,group development stage,小组发展阶段,73—74
Structuring 组织结构
 function of,功能,224
 lesson content,课程内容,15—16
Student-centered learning,以学生为中心的学习,308
Student engagement,学生参与,276—277
Students,学生;See Learners,参见"学习者"
Student Teams-Achievement Division(STAD),学生团队成就分组,366
Study aids,学习辅助工具,91
Subject matter,学科主题,teacher knowledge of,教师知识,159
Summarizing,总结,88—89
Summative evaluation,终结性评价,formative evaluation vs.,形成性评价对,396—397
Surface behaviors,表面行为,109
Survival stage,生存阶段,teaching,教学,26—27

Synchronous learning,同步学习,209

Synthesis,综合,143

Synthesis questions,综合问题,232—233

System perspective,系统视角,for planning,……计划,161

Systems—ecological perspective,系统—生态视角,56—57

T

Tacit knowledge,默会知识,160

TAI. See Team-Assisted Individualization(TAI),参见"团队辅助的个性化"

Task orientation,任务导向,teachers,教师,9—10

Task specialization,任务专门化、任务具体化,354—355

Task structure 任务结构

 characteristics of,特征,357—361

 debriefing and,汇报,364—366

 goal specification and,目标说明,355—356

 teaching collaborative process and,教学合作过程,361—362

Teacher behaviors 教师行为

 helping,辅助的,7,14—22;See also Helping behaviors,teachers,另见"辅助行为,教师"

 key,关键,7—14;See also Key behaviors,teachers,另见"关键行为,教师"

Teacher-family conference 家长会

 establishment of,建立,117

 evaluation of,评价,119

 issues associated with,相关问题,120—122

 preparation of,准备,117—119

 strategies for,策略,118—119

Teacher-mediated dialogue,教师调节的对话,15

Teachers,教师;See also Effective teachers,另见"有效教师"

affective nature of,情感的本质,20—21

　　and bias,偏差,60—61

　　conference with parents,与家长的会面;See Teacher-family conference,参见"家长会"

　　as decision makers,决策制定者,159—160

　　first-day strategies,第一天的策略,92—94

　　interaction between learners and,学习者之间的互动,354

　　partnership between parents and,家长之间的伙伴关系,55—58

　　reflective,反思的,36

　　role in academic achievement,在学业成就中的作用,59—60

　　role in project-based learning,在基于项目学习中的作用,342

　　task orientation of,任务导向,9—10

Teaching,教学,179;See also Instructions,另见"教学、指导"

Adaptive,适应的;See Adaptive teaching,参见"适应性教学"

　　categories of,类属,252—255

　　complexity of,复杂性,22—23

　　concerns,关注,26

　　culturally responsive,文化回应,122

　　integrated thematic,综合主题的,171—172

　　reciprocal,互惠的,46,329—332

　　self-directed learning,自我导向学习,337

　　standards,标准;See Standards,参见"标准"

　　transition to,向……过渡、转换,26—27

Teaching Foundations Exams(TFE),教学基础考试,25

Teaching Performance Assessment(edTPA),教学绩效评估,25—26

Teaching strategies 教学策略

　　constructivist,建构主义的,18,287—290

　　for direct instruction,直接教学;See Direct instruction strategies,参见"直接教学策略"

　　for field-dependent and field-independent learners,场依赖和场独立的学习者,53

　　for indirect instruction,间接教学;See Indirectin struction strategies,参见"间接教学策略"

knowledge of,……的知识,159

for learners with multiple intelligences,多元智力学习者,43—44

social environment and,社会环境,78

Team-Assisted Individualization(TAI),团队协助下的个性化,367—368

Team-oriented cooperative learning 团队导向的合作学习

explanation of,解释,366

Jigsaw II,第二类交错搭配,367

StudentTeams-Achievement Division,学生团队成就分配,366

Team-Assisted Individualization,团队协助下的个性化,367—368

Teams-Games-Tournaments,小组游戏竞赛,367

Teams-Games-Tournaments(TGT),小组游戏竞赛,367

Technology 技术

applications for,应用,209—210

benefits of,益处,201

cell phones,手机,212

classroom response,课堂应答,211—212

course management,课程管理,208—212

gaming,游戏,206—207

integration into instruction,融入教学、教学整合,212—217

virtual worlds,虚拟世界,205

Web2.0,202—205

Test-retest method,重测法,393

Tests,测试;*See also* Performance assessment,另见"绩效评估、表现评估"

achievement,成绩、成就、表现,225

authentic,真实的,141—142

blueprints for,蓝本,378—379

criterion-referenced,标准参照,376—378

essay,作文、论述;*See* Essay tests,参见"论述题"

marks and grading systems for,评分和评分系统,394—396

norm-referenced,常模参照,376—378

objective,客观的;See Objective tests,参见"客观题"

reliability of,信度,392,393—394

standardized,标准的;See Standardized tests,参见"标准化测试"

validity of,效度,392—393

TFE. See Teaching Foundations Exams(TFE)参见"教学基础考试"

TGT. See Teams-Games-Tournaments(TGT)参见"小组游戏竞赛法"

Thematic units,主题单元,171

Think,pair,share technique,思考——配对——分享技巧,310

Thinking curriculum,思维课程,131

Thinking map,思维导图,172

Think sheets,思考清单,335

Time-out,暂停,punishment procedure,惩罚程序,106

Title I schools,一类学校,21

Track system,追踪系统,90

Transitions,过渡、转换,85—86

True/false tests,判断正误题,379—380

Trust 信任

and leadership,领导,70—72

mutual,相互的,69

Tutorial and communication technologies,教程和通信技术,177—178

Tutoring,辅导,178

Tyler's goal development approach,泰勒的目标发展方法,129—130

U

Unconditional acceptance,of learners,无条件接受,学习者,69—70

Unguided discovery learning,无指导发现式学习,308

Unit plans,单元计划;See also Lesson plans,另见"课时计划"

Disciplinary,学科;See Disciplinary unit plans,参见"学科单元计划"

inputs for,输入,161—164

interdisciplinary,跨学科;See Interdisciplinary unit plans,参见"跨学科单元计划"

lateral,横向的,165

vertical,纵向的,164

U. S. history lesson plans,美国历史课程计划,189—192

V

Validity,效度,tests,测试,392—393;See also specific types,另见"特定类型"

Values,价值观,352

Valuing,评价,objectives for,关于……的目标,146

Verbal deflection techniques,言语偏转技术,111

Verbal markers,言语标记,16

Verbal prompts,言语提示,267

Vertical relationships,垂直关系,51

Vertical unit planning,纵向单元设计,164;See also Disciplinary unit plans,另见"学科单元计划"

Virtual worlds,虚拟世界,205

W

Wait time,等待时间、等候时间,236—238,239

Warnings,警告,116

Web2.0 technologies,万维网2.0技术,202—205

Wiki,维基,203—204

Wikipedia,维基百科,203

Working portfolio,工作档案袋,402

Writing,写作,constructivist approach to,建构主义方法,289

Z

Zone of maximum response opportunity,最大回应机会区,326—328

译后记

《有效教学方法(第9版)》的中译稿终于告竣。回顾整个翻译过程,可谓感慨万千,深感翻译之艰辛。

这本书内容涉及有关课堂教学的最新研究成果,阐述了丰富多样的有效教学活动与策略,其中所引案例多是来自美国课堂,其对案例描述具有鲜明的地方色彩,很难完全对应中国学校的课堂教学生态,这给翻译工作带来了极大挑战。

为此,译者认真阅读分析原文,并参考有关国外教育理论、概念、方法等为国人熟知的中文表述方法,力求忠实原文,同时兼顾中文表达习惯。翻译该书的过程也是熟悉最新课堂教学研究成果的过程,拓宽了我的研究视野,领悟到不同学科在实现有效教学方面的共同点。简言之,有效教学需具备五种关键行为:授课清晰、教学多样化、任务导向、学生参与学习过程和学习任务完成的成功率。这五种关键行为可以细化为多种具体活动与策略。

希望读者在阅读过程中能够联系自己熟知的教学环境,客观审视本书推介的教育理论与教学方法,探究出适合自己学生的有效教学行为。

我的博士生苏芳、傅帅、李琛、陈文婷、范厉杨、张琳涛都实质性地参与了本书的初稿翻译,我的博士后张宁与我共同汇总、校订译稿,在此一并向他们表示诚挚谢意。由于水平所限,差池或不妥在所难免。敬请读者谅解并指正。

杨鲁新
2021 年元旦于北京外国语大学